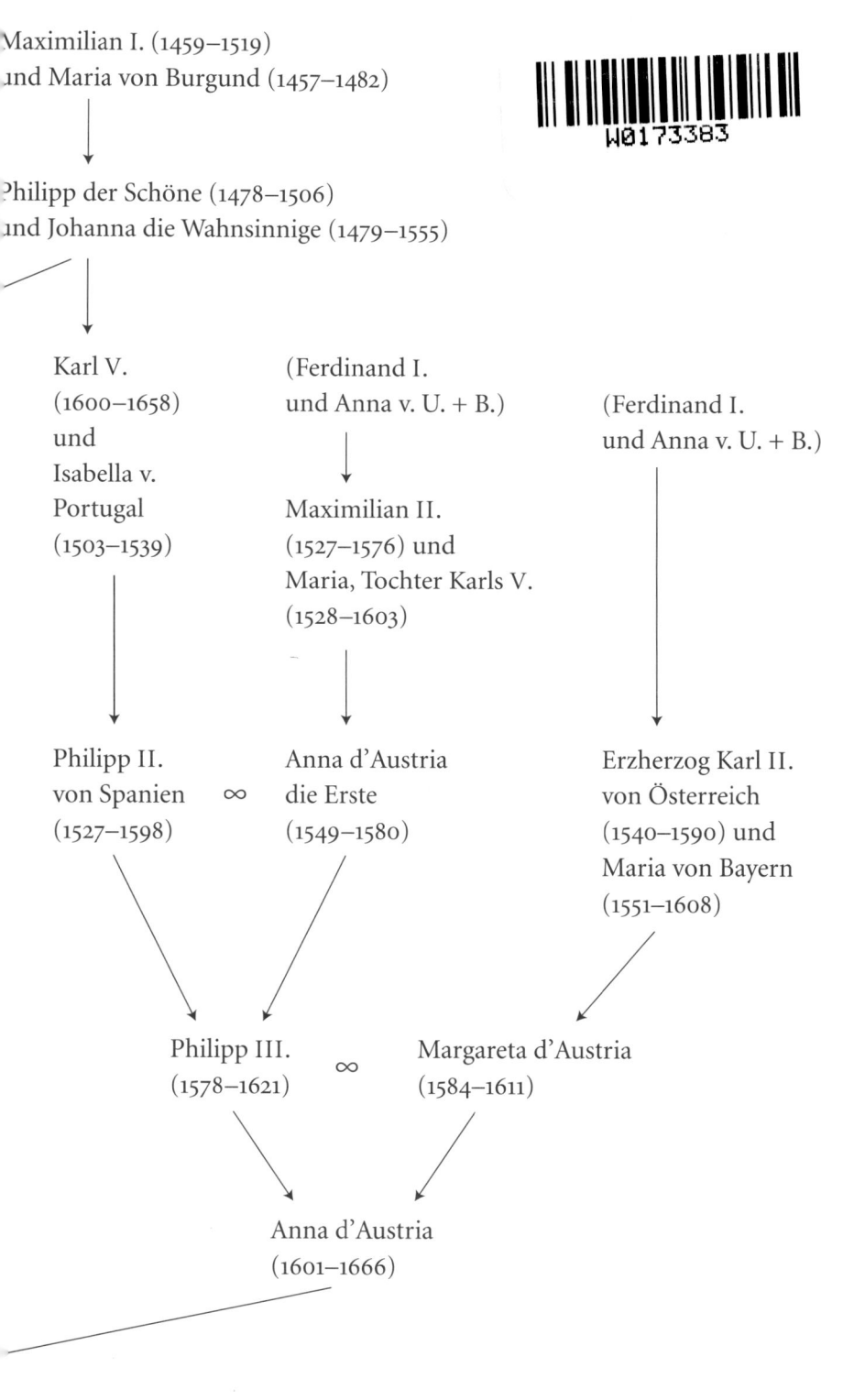

Max Melbo
Die Königsfälschung
Ludwig XIV. – das Kardinalsbaby

Max Melbo

DIE KÖNIGSFÄLSCHUNG

Ludwig XIV. – das Kardinalsbaby

Osburg Verlag

Erste Auflage 2009
© Osburg Verlag Berlin 2009
www.osburgverlag.de
Alle Rechte vorbehalten, insbesondere das der
Übersetzung, des öffentlichen Vortrags
sowie der Übertragung durch Rundfunk und Fernsehen,
auch einzelner Teile.
Kein Teil des Werkes darf in irgendeiner Form
(durch Fotografie, Mikrofilm oder andere Verfahren)
ohne schriftliche Genehmigung des Verlages reproduziert
oder unter Verwendung elektronischer Systeme
verarbeitet, vervielfältigt oder verbreitet werden.
Lektorat: Anne Vonderstein, Berlin
Herstellung: Prill Partners producing, Berlin
Umschlaggestaltung: Toreros, Lüneburg
Satz: Dörlemann Satz, Lemförde
Druck und Bindung: GGP Media GmbH, Pößneck
Printed in Germany
ISBN 978-3-940731-22-7

INHALT

SCHERBENMONTAGE	9
GESETZTE FAKTEN	11
Sterile »Eltern«	11
Die Conception Show	13
»Präparierter« Dauphin	13
Die Zeugungs-Chronik	16
Astro-Tricksereien	19
Das Ärzte-Verschwinden	22
Milchzahn und Schwarzauge	25
Parental Cloning	26
Louis le Dérangé	29
Louis l'Explosé	31
Louis le Déplacé	34
Mazzarinos Wunder	41
Das Papsttum in Not	51
Medici-Coup I	54
Medici-Coup II	56
Die Geschichtsfälschung	59
KOMMENTIERTE FAKTEN	67
Öffentliche Geburt?	67
Offener Muttermund?	78
Das schwul-lesbische Paar	95
Ludwig 13	95
Anna Ö.	115
Ludwig 13	136
Der Heideggerhimmler	138
Die Teufelslizenz	160
Viri-corpi-archat	190
Der Heiligkeitsschwund	195
Gottes-Usurpator	197
Der Doppelpapa	199

Das Adelsminus	201
Papstschizophrenie	204
Die Felsaufweichung	205
Das Männlichkeitsoktroi	207
Todesvermeidung	208
Der Ärakollaps	210
Rache an den Frauen	212
Mafiaboss und Weihnachtsmann	214
»Weihnachtsmänner«	219
Konzilsabschaffung	224
Mafiabosse	226
Pädopapst und Holocaust	240
Der Führervorläufer	247
Die Kardinalsbraut	282
Die KaKö-V-Frau	282
Kernfamilienhorror	285
Stiefmutter(um)triebe	288
Personenaustauschung	291
Die »Milchschwestern«-Fiktion	298
Prinzenschreck-Schraube	302
Europa-sprachlos	304
Das MM-Duplikat	306
»Was die Bilder sagen«	309
Richelieu outet die Dosen	316
Morbus Medici	319
Verwandtschaftstaubheiten	322
Die Kardinalsgifttorte	324
Verrottungsspur	326
Erst mästen, dann fressen	328
Frankensteinerin	330
Menschenversuche	334
Robotermaschinisten	338
Der Geheimstagent	340
Die Chaotennote	344
Der Samenbankier	347
Die Leibverminung	351
Königs-Gen-Vermasselung	354
Die Sohnvermanschung	358
Intelligence-Coup	362

Die Bank der Mafia   363
Mord von langer Hand   367
Der Mann mit den Masken   368
    Die Story   368
    Das Ding   377
    Der Macher   383

REFLEKTIERTE FAKTEN   395
»Noblesse oblige«   395
Mitschuld der Könige   400
Protestantische Ehe   406
Gesunde Genealogie   416
Der Familienfluch   425
Subjektiver Faktor   430
Volksbeobachtung   438
Leere Retourkutsche   444
Viva Catholica   447
Der Marquis von O.   450

SCHERBENMONTAGE

Der »Sonnenkönig« Ludwig der Vierzehnte war ein Tonnenkönig. Er stammte aus dem Müll der Gesellschaft, den Resten und Rändern des damals herrschenden sogenannten Feudalismus. Louis XIV wurde als Säugling von einem Vertrauensmann des Papstes in die vom Aussterben bedrohte französische Königsdynastie eingeschmuggelt.

»Louis XIV« ist der dritt-ausgewuchertste französische Nationalfetisch – nach »Napoleon« (zweiter) und »1789« (erster), die Louis beide mit seinem königs-inadäquaten Verhalten heraufbeschwor.

»Louis le Grand« – so huldigen ihm die Franzosen noch heute – war ein Mann, der das französische Volk ausgebeutet, die Hochadligen gedemütigt und das Verhältnis zum Nachbarn Deutschland mit seinen Aggressionskriegen für Generationen getrübt hat wie kein französischer König zuvor.

Dieser »Absolutist« – ein verschleierndes Wort für »Diktator«, ja »Führer« – ist kein Bourbone, kein »prince du sang« (Fürst von Geblüt)!

Quelle horreur?! – Nein, kein Abscheu, geschweige denn eine Schande, sondern eine längst fällige Analyse, einem der disparatesten Regenten Europas in die Augen, in die Seele, in das Fehlverhalten zu schauen, um das Rätsel zu lösen, warum sich dieser König auf dem französischen Thron so unfranzösisch und unköniglich benahm, auf dass sich nach seiner halbjahrhundertjährigen Staatsmacht die Geschicke Frankreichs und die Schicksale Europas in Richtung Terror und Totalitarismus verrückten.

Die Geburtsurkunde Ludwigs des Vierzehnten ist eine lückenlose Fälschung. Weder Ort noch Zeit der Geburt dieses männlichen Babys stimmen mit der Wirklichkeit überein.

Es gibt bei Vorgeschichte, Geburt, Aufzucht und Regentschaft von Louis XIV eine Anzahl von feudal-politisch abweichenden Auffälligkeiten, die für die kulturgeschichtliche Expertise wie Faktenscherben gehandhabt werden können. Zusammengesetzt ergeben sie das Mosaik eines Bildes von einem nicht auf rechtem Ehewege hervorgebrachten französischen König.

GESETZTE FAKTEN

STERILE »ELTERN«

Das Ehepaar Louis XIII (1601–1643) und Anne d'Autriche (1601–1666) hatte schon lange vor dem Coup 1638, der sie zu den Offizial-Eltern von Ludwig dem Vierzehnten machte, den fruchtbringenden Kampf um einen Thronfolger aufgegeben. Die beiden waren 23 Jahre lang verheiratet (seit 1615) und 26 Jahre lang offizial-liiert (seit 1612).

Ludwig der Dreizehnte hatte von seinem zehnten Lebensjahr an männliche Liebhaber. Sein erster war Charles de Luynes (1578–1621). Seinen letzten Lover, Henri de Cinq-Mars (1620–1642), hatte er mit 39/40 in den letzten Jahren seines Lebens, bevor er mit 41 Jahren starb. Affären, die auf einen *körperlich*-heterosexuellen Affekt Ludwigs des Dreizehnten gegenüber dem weiblichen *Geschlecht* schließen lassen könnten, gab es in seinem Leben nicht. Louis XIII zeugte keinen Bastard mit einer nicht mit ihm verheirateten Frau – übliches Verhalten aller französischen Könige, wenn sie denn heterosexuell orientiert waren.

Zum protokollarisch erforderlichen nächtlichen Gang in das Schlafzimmer seiner Frau musste Ludwig 13 nach der Hochzeit gezwungen werden. Er war 14 Jahre alt. Nach vergeblichen Bettversuchen gab er die Pflicht-Nocturnes auf und verschwand nächtlich ab da wieder nur noch in den Zimmern seines inzwischen 37-jährigen Liebhabers, Charles d'Albert, duc de Luynes, den Louis XIII ab seiner Hochzeit in ein Appartement über dem seinen im Louvre hatte einziehen lassen, erreichbar mit einer Geheimtreppe, welches Arrangement deutlich macht, *wen* Ludwig 13 in der Realität seiner sexuellen Interessen wirklich geheiratet hat.

Die Frau Ludwigs des Dreizehnten, die gebürtige spanisch-habsburgische Prinzessin Anne d'Autriche, Anna d'Austria oder Anna von Österreich, wie diese französische Königin von der Geschichtsschreibung ständig wechselnd genannt wird, hatte ihrerseits keine »Günstlinge« und *männlichen* »Favoriten« – zeitgenössische Termini für sexuelle Verhältnisse –, dafür mindestens vier heftige Affektgeschichten mit Hofdamen, die ihr treu ergeben waren und von denen manche der Königin in ihren Aufzeichnungen zärtliche Ovationen darbrachten. Da in der französischen, prinzipiell polygam orientierten Hofetikette auch Liebhaber der Königinnen nicht verboten waren, lässt das komplette Manko intimer männlicher Bezugspersonen Königin Annas in Verbindung mit ihren vier Herzensdamen auf eine lesbische Orientierung dieser Regentin schließen.

Margarete von Valois (1553–1615), die erste Frau von Henri IV (1553–1610), hatte unzählige Bettgenossen, Maria Medici (1573–1642), Henris zweite Frau, brachte ihren Kumpan Concino Concini (1575–1617) aus Italien in die Ehe mit!

Die nach sechs Jahren unfruchtbarer Ehe über ein Jahrzehnt lang (zwischen 1622 und 1631) kolportierten abgebrochenen Schwangerschaften oder Fehlgeburten der Königin Anna entstammten der Hofpropaganda, um die dynastische Pleite dieses Königspaares zu kaschieren. Die einzige vom Hofarzt Jean Héroard 1622 protokollierte »Fehlgeburt« war eine Fiktion des Königsmentors, um das Paar, auf das sich die Augen aller Welt fruchtbarkeitsinteressiert richteten, von dem ungeheuren Druck, Nachkommen zu liefern, etwas zu befreien.

Zu diesen Schwierigkeiten von König und Königin kam noch hinzu, dass sich Mann und Frau in einer unüberbrückbaren Gefühlsaversion voneinander abstießen, die beim König in Hass umschlug und sich bei der Königin in Depressionen *nieder*schlug. Beide waren Herrscher-unüblich oft krank.

Die Aversion zwischen den königlichen Partnern war nicht nur eine Privatangelegenheit, sondern heizte die Königin auch an, sich in mindestens *zehn* Komplotten und Putschversuchen gegen ihren Mann und dessen Regenten, Kardinal Richelieu, zu verwickeln, die alle scheiterten und den Graben zwischen den »Angetrauten« immer breiter werden ließen. Um die Zeit der Geburt von Louis XIV und seinem zwei Jahre jüngeren angeblichen Bruder, Philippe d'Orléans, rissen allein vier Revolten das Königspaar völlig auseinander.

1637, im Jahr der propagierten königlichen Zeugung Louis XIV, war das Paar tiefstzerstritten, weil der Richelieu'sche Geheimdienst die Königin zweimal erwischt hatte, wie sie an einer Konspiration gegen die Politik des Regenten ihres Mannes mitwirkte. Vor allem opponierte sie gegen die Anti-Spanien-Politik von Richelieu, befleißigte sich über ihre engste Vertraute, Marie de Chevreuse, einer Hochverratskorrespondenz, des Verrats von Staatsgeheimnissen an ihren Bruder, Philipp IV., König von Spanien, mit dem Richelieu seit zwei Jahren Krieg führte.

DIE CONCEPTION SHOW

Louis XIV wurde nicht etwa klammheimlich beschafft und war dann plötzlich dynastierettend da, sondern er erschien nach einem beispiellosen, prä-Goebbels'schen Propagandafeldzug in sämtlichen Medien, über die die staatliche Machtapparatur des frühen 17. Jahrhunderts in Frankreich verfügte. Die monatelang praktizierte Vorankündigung eines Kronprinzen mit der Suggestion seines absolut sicheren »Erscheinens« enthüllt den 20.-Jahrhundert-Geborenen die Illegalität dieses königlichen Hervorbringens.

»Präparierter« Dauphin

Louis XIV wurde 1638 geboren. 1635 beginnen mindestens vier Kirchenleute (zwei Nonnen, eine Äbtissin und ein Mönch) an verschiedenen Orten in Frankreich für die Ankunft *des* Kronprinzen zu beten – nicht etwa *eines* Kronprinzen oder überhaupt eines königlichen *Babys*. 1637 – ein Jahr vor der Geburt Ludwigs des Vierzehnten – hat das Beten des Bruders Fiacre, eines Augustiner-Bettelmönchs aus Paris, einen vorgespiegelten ersten Erfolg: Der Mönch war 1637 auf Anweisung seiner Kirchenoberen in die Provence gepilgert – zur Chapelle de la Vierge de Grâce à Cotignac. – Nach ein paar Tagen, die er in Andacht zu Füßen der Skulptur der Gnadenjungfrau verbracht hatte, gab der im Gebet kniende Mönch vor, Baby-Geschrei gehört zu haben. Er habe sich umgedreht, niemanden gesehen, stattdessen die Botschaft der Heiligen Jungfrau empfangen, die zu ihm gesagt haben soll: »Du hörst da nicht meinen Sohn Jesus schreien, sondern die Stimme des Baby-Kronprinzen, den der Himmel für Frankreich vorbereitet.« – Der Originaltext heißt: »C'est le dauphin que le Ciel prépare à la France!« (89, S. 40)

Das Verb »préparer« bedeutet nicht »ankündigen« oder »prophezeien«, vielleicht noch »botschaften«. »Préparer« ist mit dem deutschen »präparieren« identisch, heißt »zurechtmachen«, »vorbereiten«, auch »vorkochen«, also »zusammenbrauen«! – Medizinstudenten absolvieren einen »Präparierkurs«, in dem sie an Leichen die körperlichen Strukturen für das spätere Operieren von Menschen kennenlernen sollen.

Das Wort »präparieren«, das der aus Paris nach Cotignac gesandte Bruder Fiacre für den Text seiner simulierten göttlichen Offenbarung benutzt, ist eine Freud'sche Fehlleistung, die die »Operation Kronprinz« enthüllt, die das römische Kardinalskollegium in Frankreich betreibt.

»Coeli Munus«
(Himmelsgabe)
Zeitgenössische (Geburts-)Anzeige des Kardinalsproduktes
Rückseite einer Bronzemedaille 1638

DIE CONCEPTION SHOW 15

Als Erstes fällt das Timing auf: Eine Königin, die über 20 Jahre lang kein Kind bekommen hat – nach der Eheschließung 1615 gibt es bis 1638 keine registrierte Hofgeburt –, diese Königin soll nun ein gesundes und wie bestellt ein männliches Baby, nämlich *den* Kronprinzen, zur Welt bringen?

Es gibt in der katholischen Kirche eine Geschichte der Prophezeiungen. Prophezeiungen sind über 90 Prozent Propaganda. Mit ihnen wurde bis ins Zeitalter der Aufklärung nur so um sich geworfen. Ab dem Zeitalter der »Belichtung«, dem »Klugwerden« des Menschen wurden die Prophezeiungen rar. Die Kirche beschränkte sie auf die »Beschränkten im Geiste«, auf naive = sozial untere »Geschöpfe« wie Bernadette von Lourdes 1858 in Frankreich und die drei Hirtenkinder von Fatima 1917 in Portugal. Vor allem ging die Kirche sparsam mit dem Erscheinen des Göttlichen bei Religionsprofessionellen um. Jesus erschien »nochmals« Papst Pius XII., aber generell hielten sich die Kleriker mit dem Empfangen von »Erscheinungen« zurück.

Von diesem neuzeitlichen Prinzip weicht der Louis-XIV-Beschaffungs-Promotor, Kardinal Richelieu, ab. Im Thronfolger-Propaganda-Feldzug treten die Baby-Erscheinungen bei Kirchenbeamten gleichzeitig viermal auf, denn die drei weiblichen Religionsprofis, die seit zwei Jahren um einen Thronfolger beteten, verkündeten 1637 plötzlich eine ähnlich lautende Zuversicht wie Bruder Fiacre. Die Äbtissin Jeanne de Matel prophezeite: »Kronprinz in Sicht!«

Und unüblich ist, dass Empfangende von Prophezeiungen hinterher von staatlichen Machthabern belohnt werden. Meist kommen die Prophezeiungen, wie die von der Ankunft Jesu, dem aktuell Regierenden, wie König Herodes, ungelegen, so dass der weltliche Potentat mit Mordpraktiken ihre Verwirklichung zu verhindern sucht (Bethlehem'scher Knabenmord).

Das Königspaar Ludwig 13 und Anna Ö. zahlte den Stimmen-Hörerinnen und -Hörern dagegen in öffentlich demonstrierter Dankbarkeit für den Erhalt der »göttlichen« Visionen von seinem baldigst ankommenden gesunden männlichen Kind Tausende Livres! Die Regenten spendeten den – wie Geheimdienstler behandelten – religiösen Funkstationen, den Kapellen, Kirchen und Wallfahrtszentren königliche Schätze, teuerste Heiligenreliquien. Und sie gründeten neue Gebetshäuser und Klöster.

Selbstverständlich war zum mönchischen Stimmenempfang der frohen Baby-Botschaft ein Pariser Augustinerbruder der heiligen *Margarete* ausgesucht worden, die von der Bevölkerung als Heilige der Fruchtbarkeit und Schwangerschaft verehrt wird! Doppelt genäht hält besser: Die 17/18-jährige Carmeliterin Parigot, Mitglied in der – sieben Jahre zuvor gegründeten – sittenkonservativen »Compagnie du Saint-Sacrement«, hieß mit Vornamen

Margarete, nannte sich »Marguerite du Saint-Sacrement«. Sie war spezialisiert auf die Anbetung des *Jesu*-Babys, hatte ab 13-jährig für die Ankunft eines Kronprinzen gebetet und eine Woche nach der inszenierten »Empfängnisnacht« Anfang Dezember 1637 »von Gott die Nachricht empfangen, dass Anne d'Autriche schwanger« sei (20, S. 28).

Die Spitze der mit der Geburt des Kronprinzen gleichgeschalteten Aktionen war: Ludwig der Dreizehnte, der glücklich werdende Strohmann-Vater, widmete schon zu Anfang des simuliert *zweiten* Monats der Scheinschwangerschaft seiner Frau, am 10. Februar 1638, in einem offiziellen Akt ganz Frankreich der Jungfrau Maria.

Das Tolldreisteste der Präparierungs-Koordination: Der Zeitraum der Empfängnis des französischen Kronprinzen Louis XIV wurde auf das Huldigungsdatum der »Unbefleckten Empfängnis Mariä« 1637 verlegt, das die katholischen Gläubigen am 8. Dezember jeden Jahres feiern. Schwangerschaftstypisch fast genau nach neun Monaten, am 5. September 1638, wurde Louis XIV geburtsterminiert.

Wie ein Eingeständnis, dass dieser dringlich erwartete und ihm daher mit allen Mitteln nachgeholfene Königssohn nicht von unten aus Geschlechtstiefen, sondern von oben mit Hilfe von Herrenköpfen strategisch produziert worden ist, wird Louis XIV von Stund seiner Präsentation an »Dieudonné« genannt, er sei ein »Gottesgeschenk«, was, solange *Herrscher* von Gott reden, immer »Patriarchatsprodukt« bedeutet!

Die Zeugungs-Chronik

Zwischen Anfang 1630 und Anfang 1631 trifft der nebenamtliche päpstliche Unterhändler, Giulio Mazzarino, *achtmal* mit den höchsten französischen Regierungsmitgliedern zusammen: viermal mit dem Regierungschef, Kardinal Richelieu, zweimal mit dem König Louis XIII, einmal mit Richelieus engstem Mitarbeiter, der Grauen Eminenz Père Joseph, und einmal mit der Königin Anne d'Autriche, der Mazzarino ein Jahr später, im April 1632, zum zweiten Mal begegnet. Die acht ersten Treffen markieren den Beginn der Kronprinzen-Fabrizierung.

Das Erste, was Mazzarino – der 28-jährige, auffallend viril gut aussehende italienische Sonderbeauftragte Papst Urbans VIII. – seinen französischen Mitarbeitenden für das Funktionieren der »Gen-Manipulation«, hier speziell der Genealogie-Manipulation, empfiehlt, ist die Kreierung eines heterosexuellen Images für den schwulen König Louis XIII. Um eine so späte Zeugung nach so langer kinderloser Ehe glaubhaft zu machen, musste der König seine 20 Jahre schwule Vergangenheit im Alter zwischen zehn und 30 demonstrativ löschen. Der erste Akt der Royal Fuck Public Relation war, dem König in seinem vierten Jahrzehnt noch ein Hetero-Profil einzustanzen.

Das höfische Leben funktionierte fast ausschließlich über Darstellen und Verkleiden. – Louis XIII kam 1631 und 1635 mit seinen platonisch gebliebenen Favorisierungen der beiden Hof- und Herzensdamen seiner Frau, Marie de Hautefort (1616–1691) und Marie Louise Motier de La Fayette (1615–1665) wenigstens hetero-*emotional* ins öffentliche Gespräch. Dass die plötzlichen und für ein feudal-heterosexuelles Leben viel zu späten Favorisierungen »ausgerechnet« der nahesten Bezugspersonen seiner Frau keine Beckenstrategien, sondern Busenvibrationen waren, bestätigt die gesamte auf Louis XIII und Louis XIV spezialisierte Geschichtsschreibung.

Eine weitere Strategie Mazzarinos ist, das Königspaar medizinisch und religiös um Fruchtbarkeit *bemüht* im Land zu präsentieren: König und Königin reisen zu Kuren in Bädern, demonstrieren Aufenthalte bei Heilquellen, denen Fruchtbarkeits-animierende Wirkungen nachgesagt wurden. Sie begeben sich zu zwölf Wallfahrtsorten und zelebrieren dort vor aller Öffentlichkeit ihr Niederknien vor den Altären. Sie beauftragen Heerscharen von Klerikalen, im ganzen Land für den Erfolg der »Befruchtung« zu beten. Die Fürbitte wird intensiviert auch in Kultstätten *männlicher* Heiliger, denen ein Einfluss auf die Fortpflanzungskraft zugesprochen wird. – Ludwig 13 und Anna Ö. absolvieren früh-neuzeitliche Wahlkampfreisen. Alle Regionen Frankreichs bekommen mit, dass das Königspaar plötzlich nach mehr als 20 Jahren unfruchtbarer Ehe ununterbrochen zugunsten von Fruchtbarkeit im Einsatz ist – nur nicht an dem Ort, der dafür geeignet wäre, im Bett!

Und doch glaubt Frankreich an die »Empfängnisnacht« vom 5. Dezember 1637. Diese »Empfängnisnacht« wird von den ersten Adressen zu Louis XIV noch um die Jahrtausendwende verbreitet, vom »Dictionnaire du Grand Siècle« bei beiden Putativ-Elternteilen Anna Ö. und Ludwig 13 (52) und von der französischen 1000-Seiten-Top-Biografie »Louis XIV« (20, S. 29, 963). Alle Biografien und wissenschaftlichen Standardwerke zum Thema repetieren es.

Über die »Empfängnisnacht« gibt es keine schriftlichen Primärquellen eines Zeitzeugen. In zwei Memoiren von Sekundär- und Tertiär-Zeugen, einer Hofdame (151) und einem Geschehens-entfernten Aristokraten (146), wird die »Empfängnisnacht« der Öffentlichkeit *schriftlich* vorgestellt – erstmals veröffentlicht fast ein Jahrhundert später! Darauf bezieht sich 120 Jahre nach dem fantasierten Ereignis ein Geschichtsschreiber, der sie in seiner dreibändigen *Histoire du règne de Louis XIII* 1758 zur bis heute kolportierten Story ausbaut (98, III, S. 101).

Die Bildung der Legende von der »Empfängnis des Louis Dieudonné« funktionierte wie das Mysteriumskonglomerat der Erfindungen um Jesus Christus. Er ist schriftlich = evangelisch von Männern überliefert worden, die ihn alle persönlich nicht mehr gekannt haben. Die Suggestion mit Hilfe der Zeit-prolongierenden Mystifizierung ist unwiderstehlich. Die Nichtfaktizität von »unbefleckter Empfängnis«, »Jungfrauengeburt«, »Auferstehung« und »Himmelfahrt« hat einen solchen Sog, dass im Bewusstsein der Menschen ein Loch gerissen wird, in das sich der Glaube füllen kann.

Dass die schriftliche Fixierung der Legende von der »Empfängnis des Louis XIV« erst Jahrzehnte nach seiner Geburt unternommen wurde, entblößt das anhaltende metareligiöse Verfahren der »Königsfälschung«, die nicht nur einmal geschah, sondern an der bis heute weitergewirkt wird:

Nach einem gemeinsam verbrachten Aufenthalt im Schloss Saint-Germain-en-Laye im Verlaufe des Novembers 1637 war die Königin Anfang Dezember 1637 wieder in Paris und befand sich im Schloss Louvre, der König war noch bei seiner beliebtesten Beschäftigung anzutreffen, dem Sitzen zu Pferde, reitend in Richtung eines seiner Schlösser, außer Paris gelegen. Da verhindert widriges Wetter sein Weiterkommen! Er muss außerplanmäßig zurück in den Louvre, findet dort seine Gemächer leer und kalt, denn seine »Belegschaft« erwartet ihn an seinem nächsten Reiseziel. Kein warmes Bett für den König in den 400 Zimmern des Stadtschlosses, nur ein gemachtes Bett bei der Königin, so dass der König in diesem schlafen muss, wobei »es« zur Zeugung von Louis XIV gekommen sein soll – in dieser einen Nacht!

Es überrascht, dass solch ein Kopulations-Fertilisations-Quark noch im Zeitalter der »sexuellen Revolution« breitgetreten wird:

1. Die Fruchtbarkeit einer Frau sinkt ab 25, stand 1637 bei einer Frau wie der 36-jährigen Königin Anna vor ihrem Endpunkt.

2. Um zu einer voraussagbar sicheren Befruchtung zu gelangen, muss das Paar viele Geschlechtsakte regelmäßig absolvieren.

3. Um ein männliches Individuum entstehen zu lassen, muss sich die Samenzelle eines Mannes, die ein Y-Chromosom enthält, mit einer Eizelle der Frau vereinigen. Die Samenzellen enthalten *entweder* ein X- *oder* ein Y-Chromosom. Welchem »Träger« von einem der beiden Chromosomen die Befruchtung gelingt – was über das Geschlecht der neuen Zygote entscheidet –, war im 17. Jahrhundert noch nicht der Manipulation unterworfen.

4. Die Befruchtung geschieht innerhalb von ungefähr zwölf Stunden des periodischen Höhepunktes eines weiblichen Zyklus, in denen sich das Ei im Eileiter samenempfänglich benimmt.

5. Ja, es gibt den Sonderfall eines bis-in-die-Haarspitzen-geil ineinander verliebten Paares, das – meist ungewollt – Zeugungen zu den unmöglichsten biologischen Bedingungen zustandebringt, mitten im Tiefstpunkt eines Zyklus, während laufender Periode, als ob Scharen von Follikeln einer heißest begehrenden Frau in den Eileiter geschickt worden wären. Klappt es mit dem einen Ei nicht, schafft es ein anderes, sich allerbereitest follikelsprengend samenzuergeben. Oder ein extrem resistenter, die »holde Kraft« seines Herrn demonstrierender Spermwitzbold hält sich tagelang in seiner neuen ovarialen Umgebung am Leben, bis er sich zeckengleich des nächsten angewanderten Eies nach Ende der Periode bemächtigt.

Zu viele »Neins« vernichten diesen Sonderfall in Anbetracht von Anna Ö. und Ludwig 13 und spülen seine Eventualitäten aus allen Möglichkeiten der Diskussion. Anna und Ludwig sind ein »altes«, nie aufeinander geiles Ehepaar und haben *vor* der gemeinsam verbrachten Louvre-Bett-Nacht entweder nie miteinander geschlafen oder seit 20 Jahren nicht mehr.

ASTRO-TRICKSEREIEN

Das politische Genie des späteren französischen Alleinherrschers, Kardinal Mazarin, des Organisators der Beschaffung von Ludwig Lebensborn, hat an alles gedacht: Jungfrau Maria und das Jesuskind – das war die *eine* Ebene des ideologischen Koordinatensystems, in dem die Menschen im 17. Jahrhundert in Frankreich leben mussten. Die andere geistige Orientierung der Massen war die Astrologie. Vor allem Adlige waren horoskopversessen.

Spätestens nach der Prophezeiung des 1559 geschehenen Turnier-Unfall-Todes des französischen Königs Henri II (1519–1559) – vorausgesagt vom französischen Star-Astrologen Nostradamus – war Prophezeiung gesellschaftlich »in«, war sie ein biografischer Kitzel, dem sich täglich gewidmet wurde und dessen Ergebnisse mit wissenschaftlicher Glaubwürdigkeit abgesegnet wurden wie im 20. Jahrhundert die Dogmen der Gen-Industrie.

Der Königsmacher und Papstvertraute Mazzarino kam auf die Idee, einen philosophisch-religiös-astrologischen Sonderling, den italienischen Querdenker und Autor Tommaso Campanella, mit der Aufgabe der *astrologischen* Kronprinzenpräparierung zu betreuen und nach Frankreich zu holen.

Campanella, geboren am 5. September 1568, hatte über 30 Jahre seines Lebens in Gefängnissen verbracht, darin sein später weltberühmtes Buch *Civitas solis (La Città del Sole)* verfasst – *Die Sonnenstadt* oder *Sonnenbürgerschaft*, im Deutschen übersetzt mit *Der Sonnenstaat*.

Papst Urban VIII. bewahrte Campanella vor erneuter Haft und schickte ihn nach Frankreich. Campanella wurde in Rom unter den Schutz des französischen Botschafters am Vatikan gestellt, der ihn auf seiner Reise nach Frankreich begleitete. Fast gleichzeitig trafen der päpstliche Geheim-Gesandte und der astrologische Ideologiefabrikant in Paris ein, Mazzarino am 26. November 1634, Campanella eine Woche später, am 1. Dezember 1634.

Campanella hatte zwei Aufgaben:

1. Er musste Ludwigs des Vierzehnten Horoskop erstellen – eine schwere Aufgabe bei einem beschafften Kind! Normalerweise filtern Astrologen die planetarischen Konstellationen – die Wirkungen des Firmaments auf den Lebenslauf eines Menschen – aus den realen Geburtsdaten heraus. Bei der Organisierung von Ludwig Lebensborn musste Campanella *umgekehrt* vorgehen – Ende August, Anfang September 1638 die günstigsten astrologischen Gegebenheiten zusammenstellen und *nach* ihnen dann für den zukünftigen Louis XIV Geburtstag und Geburtszeit festlegen, mit denen der Kronprinz öffentlich als geboren deklariert wurde.

Campanella wählte der Einfachheit halber seinen eigenen Geburtstag, an dessen 70. Wiederkehr der Philosoph den zukünftigen König auf die Welt »holte«: am 5. September 1638.

2. Campanella musste in seinen Schriften Geburt und Superkönigszukunft Ludwigs des Vierzehnten prophezeien.

Kardinal Richelieu hatte alles vorbereitet, den eingeschleusten Schriftsteller umgehend zu einer berühmten Autorität zu machen. Campanella wurde Hofastrologe von König und Königin, auch freundlichst von der Sorbonne empfangen. *Jedes* Jahr nach Campanellas Ankunft in Paris erschien eines seiner mehrbändigen Werke – ein regelmäßiges Autorenglück, das Campanella nie zuvor in seinem Leben in Italien gehabt hatte. Richelieu machte Campanella zum französischen Bestsellerautor und infolgedessen zum Weltschriftsteller.

Die französische Ausgabe von *De sensu rerum et magia*, erschienen 1636 im Jahr vor der Beschaffung Ludwigs des Vierzehnten, widmet Campanella Richelieu, lobhudelt ihm als Retter Frankreichs, als Bollwerk der christlichen Kirche. Zugleich geschehe durch Richelieus Regierung eine Heilung Europas. Campanella forderte Richelieu auf, den von ihm propagierten »Sonnenstaat« zu bauen – eine neue utopische Gesellschaft.

ASTRO-TRICKSEREIEN

Aus diesem für magisch gehaltenen Bezug zwischen Utopia »Sonnenstaat« und geglaubtem »Wundererscheinen von Louis XIV« wurde der Begriff »Sonnenkönig« geboren, mit dessen Hilfe Ludwig der Vierzehnte sich später ein schier unbegrenztes sonnengleiches Herrschaftsrecht usurpierte.

Campanellas im Januar 1639 publizierte Schrift *Ecloga in portentosam Delphini nativitatem* (»Sinngedicht auf den wunderbar geborenen Dauphin«) trifft schon im Titel ein Arrangement mit der Fälschung des in Wirklichkeit nicht »gebürtigen« Kronprinzen. Campanella deckte dem beschafften Kardinalsbaby »sternweis« den Rücken. Alle Himmelskonstellationen und Planetenstellungen hätten diesen König vorbereitet. Louis XIV werde die Welt umgestalten wie Karl der Große, ja der Himmelskörper Saturn in Verbindung mit einem feurigen Dreieck beschwöre das Zeitalter der Apostel Jesu herauf.

Höher in den Himmel und tiefer in die Zeit zurück ging's nicht! Sonne, großer Karl und Jesus Christus = »Ludwig Firmament« – Widerstand unmöglich!

Bis heute wundern sich Historiker über die Koinzidenz von religiösen mit semireligiösen = astrologischen, damals angenommen wissenschaftlichen Wegbereitungen und Ankündigungen des *rex ultimo* »Roi Soleil«. Man glaubt auch der astrologischen Fälschung, vor allem diejenigen tun es, die an religiöse Prophezeiungen nicht glauben können.

Genau das war von den Kronprinzenmachern beabsichtigt: mit den Astro-Tricksereien die nicht-religiös gläubige Klientel der Gesellschaft für Ludwigs des Vierzehnten »Bestimmung« empfänglich zu machen. – Man ergibt sich immer noch Campanellas Ursache-Folge-Vertauschung. Er hat eine Herrschafts-Hurra-Konstellation in den Himmel projiziert, den Moment von Louis' »Erscheinen« im Pariser königlichen »Wöchnerin«-Zimmer optimiert und daraus Louis' sonnenzentrale Regierung figuriert.

Die – unter dem Überbau der conter-reformatorischen Gläubigkeit des 17. Jahrhunderts – inszenierte perfekte Glaubwürdigkeit des gottgegebenen und sternegesandten Kronprinzen entlarvt sich im 21. Jahrhundert nach Wegfall dieses Überbaus als perfekte Unglaubwürdigkeit, der nicht nur Menschen des Volkes, sondern auch die Historiker aller Länder fast 400 Jahre lang aufgesessen sind.

DAS ÄRZTE-VERSCHWINDEN

Wie haben die Ärzte mitgespielt? – Gar nicht! Es gab keinen königlichen Hofarzt oder untergeordneten Arzt, der bei der »Geburt« Ludwigs des Vierzehnten der »werdenden Mutter«, Anna von Österreich, assistiert hat.

Der seit über 50 Jahren amtierende Hofarzt Jean Héroard – Autor des *Journals über Kindheit und Jugend von Louis XIII* – hatte ab Karl dem Neunten vier französischen Königen gedient und war 76-jährig am 8. Februar 1628 bei der Belagerung der protestantischen Festung La Rochelle gestorben.

Héroards zwei Nachfolger Charles Bouvard und Pierre Séguin ziehen sich vor der »Geburt« Ludwigs des Vierzehnten zurück oder werden »aus dem Verkehr genommen«, was hier hieße, an der Baby-Transaktion nicht beteiligt. Ein dritter Arzt wird nicht eingestellt.

Héroards erster Ersatz, der neue königliche Leibarzt Charles Bouvard, meldete die Königin-»Schwangerschaft« auffällig früh. Schon fünf bis sechs Wochen nach der mundpropagandistisch verbreiteten »Empfängnisnacht« Anfang Dezember 1637 hat Dr. Bouvard am 14. Januar 1638 dem politischen Staatsmacht-Inhaber, Kardinal Richelieu, eine Erklärung übermittelt, in der von der Schwangerschaft Anne d'Autriches geredet wird. Unverzüglich nach seiner Mitteilung verabschiedet sich der Leibarzt aus der Funktion des »médecin du roi«.

Als Nachfolger fungiert Pierre Séguin, der heute in keiner Enzyklopädie mehr »auftritt«. Séguin meldet sich ein paar Wochen vor der avisierten »Geburt« Ludwigs des Vierzehnten krank und übergibt seinem »Neffen« die Verantwortung! Dieser in den Berichten nicht namentlich erwähnte »Neffe« wird wegen angeblich sich verzögernder amtlicher Formalitäten nicht mehr rechtzeitig eingestellt, so dass buchstäblich bei der »Geburt« von Ludwig 14 *kein* Arzt anwesend ist!

1989 hat eine detailgenaue Recherche zu den Umständen der »Geburt« von Louis XIV Behauptungen über die Anwesenheit von Ärzten beim »Erscheinen« des Dieudonnés als Fantasie enttarnt (143). Kein Arzt wollte seinen Eid des Hippokrates brechen. Schweigen zu dem Geschehen, von dem mindestens zwei Ärzte etwas mitbekommen haben – ja, aber nicht als Geburtsvortäuscher tätig sein müssen.

Das trifft vor allem für den fast zehn Jahre lang amtierenden zweiten Hofarzt Ludwigs des Dreizehnten zu, Charles Bouvard (1572–1658). Er war Medizinprofessor am »Collège de France« in Paris, »von gebieterischem Naturell, er beherrschte zu seiner Zeit die medizinische Fakultät und untersagte Dissertationen, wenn sie seinen Anschauungen widersprachen. Er hat während seiner Tätigkeit als ›Arzt des Königs‹ für Ludwig den Dreizehnten 200 Arzneien zusammengestellt, ebenso viele Darmspülungen beim König vorgenommen und allein in einem einzigen Jahr 47 Aderlässe absolviert.« (126). Als Bouvard Anfang 1638 den Königshof verließ, war er 65/66. Er lebte danach noch 20 Jahre, wirkte auch weiter als Arzt. Héroard war bis wenige Tage vor seinem Tod für Ludwig 13 tätig.

Ein Mann wie Bouvard mit einer so starken ärztlichen Identität wollte sich nicht vor den Karren eines medizinischen Scheingeschäfts spannen lassen. Das haben auch die Inszenateure der Königsfälschung begriffen. Bouvard als Geburtshelfer-Simulant – das hätte bei Fehlgehen der Aktion seine Laufbahn beendet, ja, die ganze Pariser Medizinische Fakultät diskreditiert! Denn Bouvard, ebenso wie Héroard, war auch Autor medizinischer Bücher. Unmöglich, ihn bei einem solchen Wahrheitskomplott, das die »Königsfälschung Louis XIV« bedeutete, persönlich direkt mitwirken zu lassen!

Kein Arzt präsent bei der für damalige Zeiten spätgebärenden Königin von Frankreich, der ersten Frau der Christenheit, nach angeblich vier Fehlgeburten und sechs unwillentlichen Schwangerschaftsabbrüchen! Nicht zehn Spezialisten und Berufene aus ganz Europa zugegen am Wochenbett der Königin oder abrufbereit hinter der Tür ihres Wöchnerinraums für den Fall von Komplikationen? Dass das alles noch mit rechten Dingen zugegangen sein soll, kann die Geschichtsschreibung »ihrer Oma erzählen«!

Der Tatbestand der Ärzte-Vakanz bei dieser Geburt von Weltrang, einer Geburt von exorbitantem Weltinteresse daran, wer nach dem über 20-jährigen Passen des »sterilen« Ehepaars nun der Nachfolger auf dem Thron Frankreichs sein, ob er lebensfähig und überhaupt ein »Er« werden wird – diese Ungereimtheit allein enthüllt das Unternehmen »Kronprinz« als die Camouflage der Lieferung eines längst anderswo und von anderen Eltern gezeugten und geborenen männlichen Säuglings, um den sich in der Nacht vom 4. zum 5. September 1638 kein Geburtshelfer mehr Sorgen zu machen brauchte.

Schon ab dem demonstriert zweiten Monat der »Scheinschwangerschaft« zeigte sich die Königin nicht mehr im Louvre. Sie nahm ab dem berechneten vierten Monat – nachdem der Staatschef, Kardinal Richelieu, Ende April 1638 die »anderen Umstände« der Königin in einer Regierungserklärung publik gemacht hatte – die nicht endenden Gratulationsdelegationen aus der ganzen Welt nur noch entrückt thronsitzend entgegen, im damaligen

Auswärtsschloss Saint-Germain-en-Laye am heutigen westlichen Stadtrand von Paris.

Richelieu ordnete zur »Überwachung der Geburt« eine dubiose Pariser Hebamme, Mademoiselle Personne, die in den Chroniken keinen Vornamen hat und von der kein einziges Wort über das Geschehen erhalten ist. Sogar ihr Nachname wird nicht eindeutig wiedergegeben. Mal heißt sie »Personne« mit einem S, mal heißt sie ohne S »Péronne«. Mit ihrem Namen »Personne« käme die Zweideutigkeit des französischen Wortsinns »niemand« heraus. Witz des »Schicksals« oder Ausrutscher, jedenfalls »überwachte« »Niemand« diese Geburt, weil niemand dafür erforderlich war. Es bedurfte nur eines Transportes des gesunden männlichen Säuglings von einem Top-Secret-Platz in der Nähe des Château neuf Saint-Germain-en-Laye in den Showroom mit dem Wochenbett der Königin, deren Wehen angeblich am 4. September 1638 samstagnachts 23 Uhr begonnen hatten.

Dann gingen am Sonntagvormittag des 5. Septembers 1638 die Türen des Schlafzimmers der Königin auf, und der »Dieudonné« alias Deputy-Donné oder Pape-Donné, das lebende Kuriergeschenk für Frankreich, wurde auf den Armen seines sich glücklich gebärdenden Offizial-Vaters, Ludwigs des Dreizehnten, erstmals dem vor den Gemächern der Königin versammelten Hof präsentiert.

Der Erzbischof von Paris, Kardinal de Gondi, unternahm eine »Nottaufe«. – Warum denn das? Nottaufen wurden nur bei todbedrohten Kindern vorgenommen, nicht bei strotzend gesunden, wie Louis XIV es war.

Der Glaube an den Teufel, der ein Baby hole, wenn es zu lange nicht getauft worden war, mahnte zur Eile! Die reale Geburt Ludwigs des Vierzehnten lag schon ein paar Monate zurück, weil die Beteiligten der »Operation Kronprinz« für wenigstens kurze Zeit die Gesundheit der Jungs aus der »Bourbon-Bébé-Fabrique« kontrollieren wollten.

Als Geburtszeit wurde 11:22 bis 11:38 Uhr vormittags am Sonntag, dem 5. September 1638, angegeben.

Und zwei berühmte Astrologen, Jean-Baptiste Morin und Hugo Grotius, bestätigten den Glanz des von Campanella errechneten Lebensausgangspunktes dieses Teufel-aus-dem-Sack-hervorgezauberten Hofbabys.

MILCHZAHN UND SCHWARZAUGE

Es gibt zwei medizinische Merkmale des politischen Väterpräsents »Louis XIV«, die seine Beschaffung indizieren:

1. Louis XIV hatte bei seiner Dauphin-»Geburt« schon zwei Milchzähne!

Milchzähne wachsen einem Säugling frühestens zwischen dem dritten und dem vierten Monat *nach* seiner Geburt. Kinder, die mit Zähnen geboren werden, kommen so selten vor, dass darüber keine Statistiken existieren!

Vor Installierung der modernen Medizin kam es aber *nicht* selten vor, dass Babys an der Prozedur des »Zahnens« starben.

Die beiden Gegebenheiten – die physiogenetische und die medizinhistorische – entblößen, dass Louis XIV bei seiner ersten öffentlichen Präsentation schon mehrere Monate alt war und dass er aus einem »Fundus« von Knaben, die bis zur ersten Zahnung beobachtet worden waren, ausgewählt wurde. Die Kronprinzen-Macher wollten sichergehen, dass der Säugling, der die spätere Königsrolle spielen sollte, das im 17. Jahrhundert noch gefährliche Stadium des ersten Zahnens unbeschadet überstanden hatte.

Um das bedeutungsgeschwängerte Baby mit besonders vielen Immunstoffen zu versorgen, die in der Milch einer Mutter entsprechend deren durchlaufener gesundheitlicher Widerstandsgeschichte enthalten sind, wurde Louis XIV von mehreren Ammen genährt.

Aber der schon früh vorgenommene häufige Wechsel der über *acht* Louis-XIV-Ammen hatte auch negative Gründe. Ludwig 14 biss mit seinen munter weitersprießenden Zähnen die Brüste der Ammen wund, die bei entzündeter Brust pausieren sollten oder ausgewechselt werden mussten. – Bauernkinder wurden geschlagen, kopfbehämmert, geschüttelt und gestaucht, wenn sie begannen, brustzubeißen. Solche Traktierungen durfte die Ludwig'sche Versorgungstruppe ihrer kostbaren Frucht nicht antun.

Es hatte sich 1638 im Lande sofort die Nachricht verbreitet, der Kronprinz ist ein außerordentlich großes Baby und »gesegnet« mit einem unersättlichen Appetit, der Scharen von Ammen verschleißt.

2. Eines der ersten Porträts des Säuglings Louis XIV mit seiner ersten Amme zeigt ihn mit pechschwarzen Augen, die auch von allen späteren Porträts des erwachsenen Königs in die Welt schauen. Das Ammen-Louis-Doppel-Bild ist ein paar Tage nach Ludwigs erstem Hof-Erscheinen am 5. September 1638 angefertigt worden (Abb. 1).

Ein frischgeborenes Baby hätte wie alle hellhäutigen Babys blau wirkende, das heißt hell-farblos leuchtende Augen haben müssen, weil der Farbstoff

Melanin, der im Verlaufe des ersten Jahres die echte Farbe der Iris produziert, bei Neugeborenen noch kaum vorhanden ist.

Die schwarzen Augen auf Louis' Baby-Porträt – dem Louis-Ammen-Doppel – sind nach Milchzähnen und Nottaufe der dritte Hinweis darauf, dass Ludwig der Vierzehnte seine königliche Laufbahn nicht bei null, sondern nach dem dritten oder vierten Monat seines Daseins auf der Erde begonnen hat – zu einem Zeitpunkt, als das Melanin schon die später fixierte schwarze Augenfarbe bestimmen konnte.

Aber noch entlarvender für die Prinzen-»Geber«, die zur Vertuschung ihrer Aktion nicht an Dinge denken konnten, von denen sie noch keine Kenntnisse hatten: Die Augenfarbe eines jeden Menschen ist genetisch festgelegt, sie ergibt sich aus den Angeboten der Augenfarben seiner Großeltern.

Von Louis' vier Offizial-Großeltern Henri IV, Maria Medici, Philipp III. von Spanien und *Margareta* von Österreich hatte *keine* Person schwarze Augen. Die Augen der Vier changieren auf den Gemälden zwischen grau-grünblau und braun – ein Umstand, der zusammen mit dem frühen Schwarz der Augen des Louis-XIV-Kleinkindes heute den Zeitgenossen leicht die Beschaffung dieses Neugeborenen plausibel macht, was den Menschen des 17. Jahrhunderts zu erkennen noch nicht möglich war (Abb. 2, 3, 26, S. 183).

Mit dem Augenfarbentest, der bei Louis XIV Bourbon-Habsburg-Medici-negativ ausfällt, wird auch gleich Ludwigs jüngerer Offizial-Bruder Philippe d'Orléans, der zwei Jahre später nach gleichen Prinzipien wie Ludwig 14 beschafft wurde, aus der königlichen Abstammung gekippt. – Die Organisation des Ersatz-Kronprinzen Philippe lief unspektakulär ohne religiös-astrologisches Begleit-Tamtam, weil das französische Volk nach Erscheinen Ludwigs des Vierzehnten an die Fruchtbarkeit von Anna Ö. und Ludwig 13 »von vornherein« nun glaubte. Aber Philippe d'Orléans' Augen waren ebenfalls von mediterranem Tiefstschwarz (Abb. 9, 10).

PARENTAL CLONING

Zwischen dem Gesicht des Knaben und Jünglings Louis XIV einerseits und dem Gesicht des erwachsenen, ab etwa 17- bis 18-jährigen Königs andererseits gibt es keine physiognomisch-strukturellen Verbindungen, so dass davon ausgegangen werden kann, dass sämtliche Gemälde aus der Ludwig'schen Knaben- und Jünglingszeit retuschiert worden sind. Vor allem wurde das später im Erwachsenen-Stadium eindeutig mediterrane Gesicht Ludwigs des Vierzehnten in dessen Kindheit regelmäßig auf die germanisch konturierte

Offizial-Mutter Anna von Österreich »nordisch« abgestimmt, was mit dem zweiten, 1640 beschafften Kind, Philippe d'Orléans, selten gemacht wurde, da Louis' jüngerer Offizial-Bruder – in Wirklichkeit auch mit Louis XIV nicht verwandt – nicht so im »Rampenlicht« des öffentlichen Interesses stand wie der »Retorten«-Dauphin (Abb. 8, 9, 5, 6, 4, 22).

Erst ab dem nachpubertären Louis wird unzweifelhaft deutlich, dass dieser behauptete Königssohn nicht physisch von diesen vorgegebenen Königseltern hervorgebracht worden sein kann. Louis XIV zeigt plötzlich ungeniert als junger Mann bis in sein hohes Alter immer sein Mittelmeer-originales, »wahres« Gesicht: zyprisch-sizilianisch braune Haut, griechisch-ägyptisch hervorspringende, gebogene, lange Nase ohne Einkerbung zwischen Stirn und beginnendem Nasenrücken! (Abb. 7, S. 184) Vor allem fehlt Ludwig die sich bis in die fünfte Generation vor ihm ab Karl V. und Ferdinand I. vererbte Habsburg-Maultasch-Unterlippe, die auch seine Offizial-Mutter und -Tante zierte.

Die Retuschen und »Nordifizierungen«, die mit dem Gesicht des kleinen Louis XIV ölmalerisch vorgenommen wurden, gehen weit über die biologisch-natürlichen Veränderungen hinaus, durch die sich das Gesicht eines männlichen Heranwachsenden entwickeln kann.

Babys, Kleinkinder und noch Jungs haben im Prinzip rundere Gesichter als Jünglinge und erwachsene Männer – um den sogenannten »Kindchen-Reflex« auszulösen, der die betreuenden Erwachsenen provozieren soll, sich dem Schutzbefohlenen permanent zuzuwenden. Das Gesichtsrund der jungen Exemplare weicht beim Heranwachsen allmählich dem gewohnten, mehr länglichen Schädelbau. – Zur Motivierung des »Kindchen-Reflexes« gestaltet die Natur auch bei allen dem Menschen nahest verwandten Arten die frisch Geborenen gesichtsrund und lässt sie dadurch typisch »süß« wirken.

Ein ebenfalls natürlicher Prozess der Veränderung findet bei manchen in der Kindheit blonden Menschen mit der Haardunklung statt: Aus Silbrig und Goldblond werden im Laufe der Zeit beim Erreichen der Grenze zum zweiten Jahrzehnt Mittel- oder Dunkelblond.

Auf den Bildern von Louis XIV handelt es sich jedoch nicht um Darstellungen natürlicher Veränderungsprozesse, sondern um Austauschungen eines ganzen Typs. Das nicht mehr retuschierte Gesicht des erwachsenen Louis XIV hätte ein anderes kleines und groß werdendes Kindergesicht zum Vorläufer haben müssen, und zwar immer. Griechisch-spanisch-süditalienisch-südfranzösisch dunkle Erwachsenengesichter mutieren nicht so »dramatisch« aus mitteleuropäisch-slawisch-britisch-irisch-skandinavisch hellen Konturen, wie die Gemälde es bei Louis XIV suggerieren.

Louis' eigene – zu seinem Südtyp passende – schwarze Haare werden dem Kleinkind unter Kappen versteckt oder gold gemalt. Dann – ab dem Alter von zwei/drei – wird Louis' Haar in der gesamten Knabenzeit mittelblond gefärbt, partienweise hellblond getönt und stocklockengekringelt.

Eine Blonddunkelung – wenn es sich denn bei Louis XIV um einen mittel- bis nordeuropäischen Typ gehandelt hätte – wäre eher abgeschlossen gewesen. Die Bildchronologie der Ludwig'schen Haarfarbe läuft außerdem der Natur entgegen. Die noch eigenen Haare Ludwigs verändern sich »andersherum« als bei den Mittelblonden: Auf den frühen Öls sind sie braun, gegen zehn werden sie blond. Die Haarspitzen sind schwarz. Das Haarteil und die Schläfen wurden hell gepudert (Abb. 8, 9, 10, 11, 22).

Am überraschendsten wird die »Germanisierung« beim Offizial-Bruder Philippe d'Orléans vorgenommen. Dessen Gesicht stimmt schon als Kind mit dem späteren sarazenisch-persischen Flair des erwachsenen Mannes überein. Als Junge darf er oft seine original-schwarzen Haare zeigen. Doch um zu verhindern, dass Hofklatsch sich zum Steppenbrand einer Beschaffungs-Fama ausbreitet, wurde dem in Mädchenkleidern kostümierten Körper des »dauphin substitut« Philippe d'Orléans plötzlich in seinem vierten bis sechsten Lebensjahr mehrmals ein völlig anderer Kopf – ein anderer als der, den er bisher gezeigt hatte – aufgepfropft.

Unüblich ist auch die sich immerzu wiederholende malerische Ausstellung der Mutter-Söhne-Beziehung, in der sich Anna von Österreich mit ihren Offizial-Prinzen Louis XIV und Philippe d'Orléans zeigen musste.

Die Eltern-Kind-Beziehung war kein Permanenz-Thema in der höfischen Malerei. – Die europäisch bekannte Familiendarstellung um den preußischen König Friedrich Wilhelm I. ist ein Ausdruck der Verbürgerlichung des Adels: Kind als materieller und später als psychischer Besitz, mit dem sich gebrüstet wurde, wie es bürgerliche Familien auf zahlreichen Abbildungen schon ab dem ausgehenden Mittelalter zeigten. – Die Kinder von Königen *vor* dem 18. Jahrhundert wurden prinzipiell nicht in Begleitung ihrer Eltern gemalt oder allenfalls als »Beiwerk« auf Porträts der Erwachsenen mitgeliefert. Es gibt in der Generation vor Anna d'Austria nur vereinzelt königliche Eltern-Kind-Gemälde wie das von Henri IV, seiner zweiten Frau Maria Medici und ihren vier ältesten Kindern (s. S. 314). Aber generell war auch für Annas Schwiegermutter, Maria Medici, Mutterschaft kein profiliertes Thema in der Selbst-Apotheose, die sie von Rubens über ihr Leben im Palais du Luxembourg malen ließ.

Im Gegensatz dazu existieren noch heute in Europa bis zu 20 bildliche Demonstrationen der Königin Anne d'Autriche Seit' an Seit' mit Louis XIV oder mit Louis und Philippe d'Orléans.

Als ob das Misstrauen des Landes sich erst *nach* Ludwigs Präsentation zusammengebraut hätte, werden die Gesichter von Anna und Ludwig auf einigen der Gemälde ähnlichkeitshalber geradezu eineiig verzwillingt! (Abb. 11)

Glich man das Gesicht des älter werdenden Louis-Kindes dem Gesicht seiner Offizial-Mutter immer mehr an, so arbeitete die ölmalerische Mimikry in der »Vater-Sohn«-Beziehung genau umgekehrt.

Aus den »Massen« von optischen »Ungereimtheiten« bei Louis XIV im Bilde ragt eine »Vater«-bezügliche Auffälligkeit heraus: Ab etwa 1635, dem Zeitpunkt des Starts der Aktion »Kronprinz« mit dem religiös-astrologischen Training der französischen Öffentlichkeit für das Erscheinen des Dauphins, verändert sich das Gesicht des Offizial-Vaters in spe, Ludwigs des Dreizehnten, in Richtung mediterraner Kontur! Louis XIII wird in seinen letzten vier bis fünf Lebensjahren nach der Beschaffung seines Offizial-Sohnes Louis XIV schließlich so gemalt, dass er ähnlichkeitshalber durchaus der Vater des Dieudonnés hätte sein können, vor allem seine ursprünglich runden braunen Augen schwärzen sich ein und verschmälern sich, bis sie den zukünftigen Fast-Schlitzaugen Ludwigs XIV. angepasst sind!

LOUIS LE DÉRANGÉ

Louis XIV wurde ab 1667 zu »Ludwig dem Verrückten«, da er nach dem Tod seiner Offizial-Mutter, Anna von Österreich, 1666, zu einem – Zehntausende metzelnden – Mörder explodierte, der ab nun Europa mit Kriegen überzog und sein eigenes Land mit militärischen Aktionen peinigte, dabei unzählige Menschen foltern und töten ließ. Seine staatspolitischen Destruktionen dauerten bis 1714, bis ein Jahr vor seinem Tod 1715.

Louis XIV gibt während seiner letzten Lebensmomente seine fast 50 Jahre in ihm wütende Kriegsmanie sogar zu. Auf dem Sterbebett gesteht er seinem Nachfolger, seinem fünfjährigen Urenkel, Louis XV, er habe zu viele Kriege geführt, Ludwig 15 möge es besser machen!

Der Tod von Königin Anna markiert für Louis XIV eine der schärfsten Zäsuren innerhalb von Herrscherbiografien, die in der Geschichte untersucht werden können. Vorher führte Louis XIV ein unauffälliges Männerleben an der Spitze seines Landes. Er war Bühnenkünstler, Tänzer, Schauspieler, Regisseur, Musiker, Liebhaber von Frauen, Intimus des fünf Jahre älteren schwulen, aus Italien stammenden französisierten Komponisten Jean Baptiste Lully, geboren als Giovanni Battista Lulli! (Abb. 12)

Louis XIV war auch gelehriger politischer Schüler seines Paten, Kardinal Mazarin, der ihn ab Ludwigs 16. Lebensjahr täglich mindestens vier Stunden lang im Regieren unterwies, ja an den politischen Entscheidungen beteiligte. Vor Mazarins Tod war Louis nicht interessiert, über den De-facto-Regenten hinwegzuregieren, was er von seiner Stellung her gekonnt hätte, da er bereits am 7. September 1651, zwei Tage nach seinem 13. Geburtstag, für volljährig erklärt worden war.

Nach Mazarins Tod am 9. März 1661 war Louis XIV – inzwischen 22 – als Schüler des ehemaligen Staatsführers ein autokratischer, aber noch kein auffällig destruktiver Herrscher.

Da er ein solcher, ein Diktator, erst sechs Jahre später, nach dem Tod von Königin Anna wurde, muss angenommen werden, dass die streng religiös eingestellte ehemalige spanische Habsburgprinzessin sich vor ihrem Tode von der Königsfälschung geständnishalber reinigen wollte. Sie hatte in ihrer zentralen Position als Königin von Frankreich an einem genealogischen Betrug mitgewirkt, denn von »*Gottes* Gnaden« wären 1643 nach dem Tod ihres Mannes Louis XIII dessen Bruder Gaston d'Orléans oder höchstadlige Franzosen kronberechtigt gewesen.

Die seit 1664 an einem Krebs ihrer linken Brust erkrankte Anne d'Autriche führte kurz vor ihrem Tod am 20. Januar 1666 letzte Einzelgespräche unter vier Augen mit beiden ihrer Offizial-Söhne. Louis XIV war während seines privaten Beisammenseins mit Königin Anna ohnmächtig geworden, hatte sich später geweigert, das Sterben Annas zu begleiten, und seinem Offizial-Bruder Philippe verboten, bis zum Tod am Bett von Anna zu verweilen. Ludwig war 27, als er zusammenbrach.

Die Menschen des 21. Jahrhunderts mit einer bürgerlich-kapitalistischen Psyche können sich den Schock nicht mehr vorstellen, den die Nachricht bei einem jungen König des 17. Jahrhunderts ausgelöst hat, er ist *null* legitimiert, in Wahrheit ein beschafftes Kind!

Louis XIV hatte während seiner höfischen Erziehung ein royal-feudalistisches Ich ausgebildet bekommen.

Ein König im Feudalismus besaß zwei Leben, ein ewiges und ein sterbliches. Das ewige wurde ihm als Königs-Abgestammtem und Königs-Fortsetzendem zuteil. Er gab es an seinen Sohn oder seinen rechtmäßigen verwandten Erben weiter. In Frankreich herrschte die Ideologie: Der König stirbt nie. Der physische Tod des leibhaftig regierenden Königs kann der Regentschaft des ganzen Königtums nichts anhaben. Mit einer Art Automatismus begann der Kronprinz sofort als König zu leben, wenn sein königlicher Vater gestorben war.

Nicht abzustammen, nicht Sohn des (ehemals) regierenden Königs zu sein, ja, auch keinen einzigen königlichen Vorfahren mütterlicherseits zu haben hieß für Louis XIV, als König tot zu sein. Er musste von Stund an seine Herrscher-Berechtigung mit den tolldreistesten, törichtsten und brutalsten Legitimationsverrenkungen unter Beweis stellen. Von der »Allongeperücke« bis zum »Absolutismus« war Louis XIV kein Mittel zu blöd und zu blutig.

Louis l'Explosé

Frankreich und Europa werden 47 Jahre lang militärisch in Atem gehalten, um weder Zeit noch Kraft zu bekommen, Ludwig dem Vierzehnten Abstammungsfragen zu stellen:

1667/68 sogenannter Devolutionskrieg gegen Spanien, geführt im spanisch besetzten Flandern und Burgund. Louis XIV behauptete zu Anfang seiner Militäraktionen, er habe ein Recht, die Fürstenthrone in den überfallenen Gebieten zu besetzen.

1670 Einfall in Lothringen, Vertreibung des dort rechtmäßig regierenden Herzogs. Fast 30 Jahre erzwungene französische Fremdherrschaft über Lothringen (bis 1697).

1672–1678 Französisch-niederländischer Krieg. Zehn Jahre zuvor, 1662, hatte der noch nicht verrückte Ludwig der Vierzehnte eine Defensiv-Allianz mit den Niederlanden geschlossen. Anlass zum Einmarsch 1672 war nichts anderes als Ärger Ludwigs über das prosperierend-vive, protestantisch selbstbewusste kleine Land über seinem »Kopf«. Der Krieg hätte fast zur Auslöschung der holländischen Selbstständigkeit geführt, was nur durch eine niederländische Volkserhebung verhindert werden konnte, wonach es 1679 zum Frieden von Nimwegen kam.

1679 und in den folgenden Jahren eignet sich Louis XIV mehr als 600 Städte und Dörfer im Elsass und in Lothringen an, deren behauptete Zugehörigkeit zu Frankreich Louis durch neu installierte französische Sondergerichte (»chambres de réunion«!) bestätigen lässt.

1681 Annektierung Straßburgs. Aneignung der norditalienischen Festung Casale, die ein günstiger militärischer »Knotenpunkt« ist.

1684 Besetzung Luxemburgs und Triers.

In diesem Jahrzehnt »Subsidien-« = Beistands-Verständigungen mit der Türkei, die gegen das deutsch-römische Kaiserreich anrückt und erst vor Wien am 12. September 1683 zurückgedrängt werden kann. Mit der türkisch-französischen Umklammerung zwingt Louis XIV den Kaiser, Leopold I., die französischen Annektierungen von Elsass-Lothringen im Regensburger Stillstandsabkommen vom 15. August 1684 zu akzeptieren!

Ab 1685 »Endkampf« gegen die französischen Protestanten:

18. 10. 1685 Rücknahme-Edikt von Fontainebleau, Widerruf des Toleranzedikts von Nantes (13. 4. 1598) – Zerstörung der Ausgleichspolitik von Henri IV – Totalverbot des Protestantismus bei gleichzeitigem Verbot der Auswanderung der noch eine Million in Frankreich lebenden reformatorisch Gläubigen, genannt »Hugenotten«, von denen 500 000 in die Niederlande, die Schweiz, nach England, Nordamerika, Skandinavien und Brandenburg fliehen. Zu Zeiten des Königs Henri IV (1589–1610) war ein Sechstel der französischen Bevölkerung protestantisch, das heißt über drei Millionen. In Berlin ist infolge der Louis'schen »Ausmistungen« mehr als ein Drittel der Bevölkerung hugenottisch. Louis's Terror-Aktionen – genannt »Dragonaden« – beginnen 1680 mit Einquartierungen von Soldaten in Protestanten-Häusern. Der Armee ist alles erlaubt, von Schikane über Gewalttat bis zu Mord.

Nach fünf Jahren Auslöschung der Protestanten in Frankreich: »Aufreibung« der letzten Hugenottensiedlungen mit Massenfolterungen und Tausenden von quälerischen Tötungen, die Louis XIV seinem verlängerten Ich, dem Kriegsminister Louvois und dessen Destru-Mannen, ab 1685 zu verüben gebietet. – Am zähesten der Widerstand der »Camisards« (der Bloß-»Hemden«) – der Bauern in den Cevennen und im Languedoc – von 1702 bis 1710, den die Louis'sche Armee, auch für Einsätze im Inneren des Landes gedrillt, erst nach acht Jahren »zum Schweigen« bringen kann (Abb. 25).

1688–1697 Pfälzischer Krieg. Louis XIV marschiert in Süddeutschland ein, weil er dubiose Erbansprüche auf die Pfalz militärisch expansiv durchreißen will. Jahrelanger Stellungs- und Belagerungskrieg. Nur durch die Verbündung Spaniens, Englands, der Niederlande, Savoyens und deutscher Fürsten mit dem österreichischen Kaiser gelingt es den Alliierten, Louis XIV zurückzuschlagen. »Verbrannte Erde« in Südwestdeutschland.

1692 Ludwigs Versuch einer Invasion in das papstunabhängige England wird in der Seeschlacht am Cap de La Hague (an der französischen Küste im Atlantikkanal) zum Scheitern verurteilt. Vernichtende Niederlage der französischen Flotte, Louis muss den Frieden von Rijswijk hinnehmen (1697).

Beim Rückzug aus Südwestdeutschland werden unter anderem Heidel-

1

*Der 180-Tage-Neuankömmling Louis XIV –
ausgegeben als 10-Tage-Säugling mit seiner ersten Amme
Gemälde von Charles Beaubrun um 1638*

2

3

Putativ-Oma
Margareta d'Austria
Gesichtsausschnitt
Gemälde von Velázquez
Anfang 17. Jahrhundert

Putativ-Opa
Philipp III.
Gesichtsausschnitt
Gemälde von Velázquez
Anfang 17. Jahrhundert

4

Putativ-Tante
Maria d'Austria, jüngere Schwester von Anna d'Austria
Gesichtsausschnitt
Gemälde von Velázquez um 1615

Offizial-Mutter
Anna d'Austria
Gemälde von Peter Paul Rubens um 1625

Die Almlieseln
Anna d'Austria und ihre Nichte ersten Grades, Maria Theresia,
Tochter von Annas Bruder, Philipp IV., Ehefrau Ludwigs XIV.
Gemälde von Simon Renard de Saint-André 1664

Der Sohn
Louis XIV
Wachsplastik von Antoine Benoist 1706
mit einer Ludwig'schen Originalperücke

Die Mutter-Sohn-Show
Anna d'Austria mit Offizial-Sohn Louis XIV
Anonymes Gemälde um 1640

*Anna d'Austria mit Offizial-Söhnen
Louis XIV (links) und Philippe d'Orléans
Gemälde von Jean Nocret um 1644*

berg und Speyer zerstört, vor allem hat es Louis XIV auf die Kaisergräber im Dom zu Speyer abgesehen, die er schleifen lässt.

Die europäischen Fürsten beginnen, sich *gegen* die von den Louvois-Soldaten verübten sogenannten Gräuel zu äußern, so dass Louis XIV gezwungen wird, von seiner geplanten »Schleifung« Triers Abstand zu nehmen.

1701–1714 Spanischer Erbfolgekrieg. Absicht Louis', die 200-jährige enge Verbindung zwischen Spanien und Österreich zu zerschneiden, die sich bis zum Aussterben der Habsburger-Dynastie der spanischen Könige von Generation zu Generation miteinander verbunden hatten. 1700 war der letzte Habsburg-spanische König Karl II. gestorben, ohne Kinder zu hinterlassen.

Ab 1705 endgültiger »Garaus«, den Louis XIV den Jansenisten bereitet, einer reformatorischen Untergruppe, die sich nicht wie die Hugenotten auf Calvin beriefen, sondern auf den Theologen Cornelius Jansen (1585–1638). – Louis XIV hatte Klemens XI. (1700–1721) veranlasst, die denzentristischen antiautoritären Jansenisten in der Bulle »Vineam Domini« (15. 7. 1705) zu verketzern, wodurch er einen Freibrief bekam, gegen sie militärisch vorzugehen. 1709 Vertreibung der Gläubigen, 1710 Zerstörung ihrer Glaubensstätten.

Zwischen 1667 und 1714 führt Louis XIV sieben mehrjährig ausgedehnte pure Aggressionskriege oder unternimmt militärische Aktionen gegen außerhalb von Frankreich gelegene Gebiete. Kein Anspruch Louis' auf einen Thron, ein Land, eine Stadt oder ein Dorf ist legitim! Louis' militärische Legitimitäts-Demonstrationen sind alle an seinen nicht mehr echten Haaren herbeigezogen, ein Ausdruck seiner Legitimitätsparanoia, in die er nach dem Tod seiner Offizial-Mutter gerät. Ludwigs Legitimitäts-Verfolgungwahn geht so weit, dass er sich noch von den Gräbern der römisch-deutschen Kaiser bedroht fühlt und sie zerstören muss.

Niemand Legitimes thront mehr nach Königin Annas Tod auf Frankreich. Der im Inneren des Landes Illegitime will sich mit seinen soldatischen Fuchteleien im Äußeren Legitimität ertrotzen. So wie er die französischen Hochadligen hasst, so tendiert er dazu, alles Außerfranzösisch-*Christlich*-Legitime in Europa zu bekämpfen.

Erst die religiös, geschichtlich und geografisch weit abgelegenen »mohammedanischen« Herrscher »bedrohen« Ludwig nicht mehr. Mit ihnen gemeinsam hätte er gern das ganze legitime christliche Europa »eingestampft«.

Louis le Déplacé

Im Ausland unternimmt Louis XIV militärische Permanent-Verrückungen, im Inland zeigt er sich nicht minder verrückt.

Die Auslöschung der französischen Protestanten gehört zu Louis' Destruktionen in »äußeren Angelegenheiten«, da er die Hugenotten als fremd, als nichtfranzösisch, als nicht zu Frankreich gehörend halluziniert, die entweder geistig nichtexistent gemacht oder physisch ausgetilgt werden müssten.

Das Verrückte Ludwigs des Vierzehnten zeigt sich auch in allen seinen »inneren Angelegenheiten«, die seine Stellung als Landesherrscher betreffen. Er wird nach dem Tod seiner Offzial-Mutter sogenannt größenwahnsinnig. Er verliert das Augenmaß für die Dimensionen seiner selbst. Er wird als König wahnköniglich, wahnaristokratisch.

Louis XIV hatte in den Dutzenden Schlössern der Könige vor ihm keinen Platz finden können, auf Regierungsdauer sich zu inthronisieren, auch wenn sie bahnhofsgeräumig waren wie der Louvre. Alle Schlösser waren erbaut worden von Dynastie-Berechtigten, als deren illegitimer Nachfolger sich Louis XIV in den Vorläufer-Wänden unbehaglich fühlte.

Aus einem kleinen Zweckgebäude, dem Jagdschloss Versailles seines Offizial-Vaters Ludwig 13, ließ er einen babylonischen Breitbau anschwellen für einen Hof»staat« von 15000 Höflingen und Bediensteten, an dessen Errichtung 20 Jahre lang (1661–1682) 22000 Männer, sich krankschindend, arbeiten mussten – während gleichzeitig in Paris die Bevölkerung unter Wohnungsnot litt! In diesem dinosaurisch-labyrinthischen Ungetüm »wohnte« Louis XIV ab 1682 – als was?

Nicht als französischer König, sondern als »Orientale«. Die Anbetung des Herrschers als Sonne, die dieser fürstlich total unbesonnene Unbesonnte auf sich fokussieren ließ, kommt aus dem alten Ägypten und der Gott-Personen-Kult der Könige aus dem alten Persien.

Die französischen Könige waren bis zu Louis' Offzial-Vater Ludwig 13 »Kumpels« ihrer Untertanen, benahmen sich lässig im Umgang mit ihnen, konnten »angefasst« werden, wenn sie sich auf ihren Ausritten oder Ausfahrten zeigten. Louis XIV distanzierte das ganze Land von sich in der sogenannten Etikette, die für ihn zu einer Königs-Abstands-Haltung erstarrte.

Das kurioseste Merkmal dieser Etikette wurde die »Staatsperücke«, die Louis ab Ende der 1660er Jahre für alle »hohen« Männer erzwang und die ganz Europa imitierte. Die riesige, sich andauernd mit neuen Modellen verändernde blonde, braune, graue und schwarze Lockenpracht ums Haupt rahmte Ludwigs Gesicht nicht nur ein, gab dem »Hergeholten« auftrumpferischen Bedeutungshalt und entrückte den prosaisch *rot*blütigen Zeitgenossen in ungebärdige Antikentiefe, sondern das voluminöse Kunsthaar verfremdete Louis' Gesicht auf Dauer auch so sehr, dass alle Abstammungs- und Ähnlichkeitsfragen, für die sich die höfische Gesellschaft noch interessierte, »mundtot« gemacht wurden. Die Perücke als »Geradhaltung«, Verrätselung und Schablone für alle adligen und bürgerlich gehobenen Männer garantierte Louis täglich, sein Gesicht unter ihnen nicht verlieren zu müssen.

Um sich jedoch als König gegen die Normierung der Männer von Stande durch die Pflichtperücke abzuheben, trug Louis XIV in der Öffentlichkeit immer einen Hut. Die Könige vor ihm trugen manchmal eine Kopfbedeckung, wenn sie sich draußen zeigten oder malen ließen. Louis XIV installierte einen Hutzwang, dem nur er folgen musste. Niemand Französisches außer ihm durfte neben ihm einen Hut tragen. Er trug ihn bei jedem höfischen Erscheinen auch *innerhalb* von Gebäuden und – sehr unpraktisch – zu Pferde, wenn er an Jagden und Schlachten teilnahm. Man erkennt ihn auf einem Bild sofort als Mann mit dem Hut. Louis' Hüte änderten sich wie seine Perücken. Filmstarvorweggenommen überrascht er seine Zeitgenossen und bis heute seine Betrachtenden mit immer neuen voluminösen Modellen. Louis trug keinen Hut ein zweites Mal! (Abb. 13, 14, 15, 16, 17)

Trotz Louis' zweifacher Kopf-Einfassung mit Hut und Kunsthaar »rutschte« ihm sein eigener Körper »weg«.

Louis XIV war ein ganz besonders gesundes Kind, über das sich sein dritter Hofarzt, Antoine Vallot, wunderte, der 1647 in den königlichen Dienst kam, als Louis neun Jahre alt war. Vallot hatte Louis' Offizial-Vater Ludwig 13 noch gekannt, dessen Tod 1643 bei Dienstantritt Vallots erst vier Jahre zurücklag. Vallot hatte Ludwig 13 in dessen letzten Lebensjahren so zerrüttet und verfallen erlebt, dass der Arzt glaubte, der von Louis XIII »gezeugte Sohn« werde gebrechlich sein und dem Jungen kein langes Leben bevorstehen (36, S. 11).

Das Strotzen und die ländlich stabile Gesundheit von Ludwig dem Vierzehnten hatte Vallot dem »Erbteil« der spanischen »Mutter«, Anna von Österreich, zugeschrieben. Aber die spanisch-habsburgische Prinzessin brachte pur physische Degeneration mit, da sie Inzuchtsopfer schon in dritter Generation war. Ihr Großvater, Philipp II., hatte in vierter Ehe seine Cousine Anna d'Austria (die *Erste*!) geheiratet und mit ihr den Thronfolger Philipp III. gezeugt. Der hatte wieder nach »Inner-Österreich« geheiratet, seine Cousine ersten Grades, Margareta d'Austria. Älteste Tochter dieses Paares wurde die Louis-XIV-Offizial-Mutter Anna d'Austria (die *Zweite*!), die nach ihrer inner-österreichischen Großmutter benannt wurde. Annas (der Zweiten) Bruder, Philipp IV., heiratete in zweiter Ehe abermals eine Habsburgerin, seine Nichte, Marie-Anna d'Austria, und zeugte als 60-Jähriger mit ihr den Top-Degenerierten, den späteren spanischen König Karl II., der sofort nach Kursierung seiner Beschädigtheit die ersten Ansätze zum spanischen Erbfolgestreit provozierte, weil ganz Europa wusste, nach dem Tod Philipps IV. war durch Karl II. mit keiner genealogisch-physischen Fortsetzung der Dynastie mehr zu rechnen.

Louis XIV als ein original-leiblicher Sohn aus Adern und Blut, Samen und Schoß seiner Offizial-Eltern, des »verfallen-zerrütteten« Ludwig 13 und der auf der Kippe zur Degeneration stehenden Anna Ö., hätte nicht mit der »fantastischen« Gesundheit des *beschafften* Ludwig des Vierzehnten konkurrieren können.

Aber der Mensch lebt nicht vom Gen allein! Und Louis XIVs extreme Spannung zwischen Sein und Schein, zwischen physischem Glanz und biografischem Elend ließ ihn fast Tag für Tag krank sein.

Sofort nach diesem Statement muss fein-medizinisch nachgeschärft werden: *Wie* krank ist Louis XIV, wo, an welchen Körperteilen und ab wann?

Ludwigs physisches Elend beginnt mit 24 – im Jahr nach dem Tod Mazarins, zu den Zeiten des Beginns von Ludwigs Alleinregentschaft, als seine Offizial-Mutter Anna sich aus dem Geschäft des Mitregierens zurückgezogen hatte. Mazarin starb 1661. Ab 1662 erleidet Louis XIV bis ins hohe Alter in unkontrollierbaren Intervallen Schwindelanfälle und Zustände.

Dass alles falsch (Schwindel) und Louis eigentlich kein *Stand* möglich, da er null »von Stande« (Zustände) war – das wusste sein *Körper* schon *vor* Annas Konfession der Wahrheit auf dem Sterbebett vier Jahre später.

Die immer wieder und immer noch schwer verständliche Psychosomatik gewinnt im Leben von Louis XIV eine Plastizität, die noch bis ins 20. Jahrhundert hinein unter Staatsführern ihresgleichen suchen muss. Das Krankheitsphänomen enthüllt sich gegen die Wortschöpfung »Psychosomatik« als ein Vorgang der *Sozio*somatik: Paar-, Freundes-, Familien-, Gruppen- und Gesellschaftskonflikte machen krank.

Auch Ludwigs königliche Vorläufer sind krank – manchmal! Sie zeigen aber nicht wie Ludwig Krankheit, Körper-Dysfunktion und Fehlreaktion als Lebensbegleiterscheinung. Henri IV ereilten nach großen Anstrengungen zuweilen Fieberschübe, die er mit ein paar Tagen Bettruhe kurierte.

Sogar der als »kränklich« geltende Offizial-Vater Ludwig 13 ist bei naher Betrachtung seiner Krankheiten ganz anders krank als Ludwig 14. – Als

Schwuler hatte Ludwig 13 eine anders konturierte Unlösbarkeit mit auf den Thron Frankreichs bekommen. Die gesollte Heterosexualität ging von innen nicht, und die gewollte Homosexualität bekam von außen oft so hohe und schwere Hindernisse in den Weg zur Erfüllung gelegt, dass sich Krankheit als Reaktion der Unübereinkunft zwischen Individuum und Gesellschaft immer wieder einstellen musste. Ludwigs des Dreizehnten kolportierte Melancholie und gesundheitliche Mürbe zeigten sich jedoch erst nach dem Tod seines ersten Liebhabers, Charles de Luynes!

Ludwig 14 strotzte nicht nur gen-gesundheitlich, sondern auch heterosexuell! Frauen drängten sich in seine Nähe. Er hätte aus dem *Bett* regieren können. Aber, aber, aber: kein Alkoven konnte die Vorhänge über Ludwigs schärfster Asymmetrie zwischen Sein und Schein dauerhaft schließen.

War er bis zum Tode Mazarins als Künstler identisch mit sich selbst, mit diesem Beruf, so kippte er als Allein- und Realregent aus den Fugen jeglicher Identität. Künstler ging nicht mehr, und König ging »tiefsten Herzens« nie. – Das Grauen Ludwigs des Vierzehnten bestand für die Psyche dieses Mannes nicht in seiner Usurpation, sondern im Nicht-Darstellenkönnen, in der nie zu überwindenden Unmöglichkeit, die Wahrheit seiner Baby-Beschaffung herauszuschreien. Diese biografische Falle musste sich für einen so talentierten Darstellungskünstler, der Louis XIV theatralisch bis 1661 war, als Verhängnis auswirken. Er konnte die Fälschung, sein eigenes Gefälschtsein, nie vorführen, nie behandeln, nie »thematisieren« – wie es modern heißen würde. Ludwigs *Körper* musste die »Drecksarbeit« übernehmen, und sein königlicher Unkörper wütete so gut wie mit allem Möglichen und Unmöglichen an Instrumentarium, mit dem die Menschen zu seiner Zeit Konflikte und Komplikationen zum Ausdruck brachten.

Zu Schwindel und Zuständen – das sind Nervenanfälle, Verrutschungen des Selbstgefühls – kamen Hautausschläge, Darmgeschwüre, Abszesse, Gicht, Magen-Darm-Unpässlichkeiten, auslaugendes, lang anhaltendes Fieber, schwer zum ersten Mal zu praktizierende Operationen. Ludwig schüttelten Krankheiten, die weniger robuste Zeitgenossen nicht überstanden. Mit 16/17 Jahren zog er sich schon einen Tripper zu. Am Ende seiner Zwanziger wäre er an einer Krankheit fast gestorben. Ab Einzug in Versailles 1682 war er arthritisch und benutzte gern einen Rollstuhl (Abb. 20).

Doch das extremste Beispiel dafür, dass Louis XIV in seinem anlagemäßig gesunden und starken Körper *psychosozial* nicht »drinsteckte«, waren seine oral-analen Ausfall-Erscheinungen. Ludwigs feudal-ideologisch anathematisches Fehl-am-Platze-Sein machte sich mit körperlichem Fehlverhalten und an geistigen Fehlentscheidungen »bemerkbar«. Ludwigs Nicht-in-sich-selbst-Sitzen drückte sich zuallererst in einer hysterischen Angst vor Krankheiten aus, die für diesen Von-der-Wurzel-aus-Gesunden unwahrscheinlich gewesen wären, dann aber kamen »wie gerufen«.

Louis trachtete danach, uralt zu werden, um alle Mitwissenden und seine Königsfälschung Ahnenden zu überleben. 1685, schon mit 46 Jahren, ließ er sich alle Zähne seines Oberkiefers herausreißen, weil schadhafte Zähne im 17. Jahrhundert Infektionsherde waren, die damals unheilbare Krankheiten in den Körper schleusen konnten. Bei der Prozedur der Zahn-Amputation wurde ein Stück Kiefer mit herausgebrochen und Louis' Gaumen versengt, wonach Louis unter Mundfäule und Mundhöhlen-Schmerzen litt, (36, S. 138). Kauen – unmöglich! Verdauen – eine Wunschvorstellung! Permanent-Verstopfungen die Folge, die Permanent-Abführmittel erzwangen, die zu multiplen Stuhlgängen Tag und Nacht führten – 18 Mal pro zwölf Stunden sind übermittelt! Das alles ohne WCs und mit den Multi-Trikotagen-Verpackungen des Körpers in den Königskleidern des 17. Jahrhunderts! – Durch das Loch im Gaumen konnte Louis nicht mehr regulär trinken. Die eingeführten Getränke flossen ihm rinnsalhaft aus seiner Nase heraus!

Zur gleichen Zeit wucherte aus dem Hintern Louis' ein Ei-dicker Furunkel, der ihn nur noch auf einem Loch-ausgeschnittenen »Kackstuhl«, durch den das Geschwür nach unten hängen konnte, sitzen ließ. – »Wahnsinns«-Operation erst, nachdem Männer aus dem Volke gefunden wurden, die am gleichen hinterlichen Fremdkörper litten und mit denen der königliche Chirurg die damals schwierige, weil neue OP üben konnte. Nach einigen Volksmann-Trainings-OPs dann am 18. November 1686 der gelingende Versuch am inzwischen 48-jährigen König – damals ohne Betäubung! Aber das infernalische und unkönigliche Schmerzgefühl provozierte in Biografie-somatischer Logik das Realitätsgefühl »nichts ist am richtigen Platz«, das Ludwigs Körper mit jedem Schmerz von oben bis unten ganz durchdringen konnte.

Von einer gewaltsamen Zahn-Amputation in seinen Vierzigern wird bei keinem anderen König berichtet. – Ludwig 14 geht seinen Hof-Ärzten auf den Leim, die sich an ihm versuchen, die stümpern, sich irren und ihn unnötig quälen. Louis XIV hat kein Körpergefühl, kann sich von seinen Ärzten nicht abgrenzen, lässt sich zum Jaucheschlauch verunstalten: Verlust von Anfang und Ende, Eingang und Ausgang, die selbstverschuldete Zerstörung seines Lebensanfangsorgans Mund mit den widerwärtigen Folgeerscheinungen des oben und unten produzierten Dauergestanks, der ihm die Verhöhnung einbrachte »L'odeur – ç'est moi!« (Der Gestank bin ich!) (187)

Unheimliches, undurchdringbares, ver-rücktes Misslingen auch bei Louis' Versuchen, sich mit legitimen Nachkommen »nach unten« fortzusetzen: Fast alles Männliche in Louis' Umfeld starb vor ihm, Sohn, Enkel, Urenkel. Ein einziger Urenkel, erst 5-jährig, schaffte es noch gerade, den knapp 77-jährigen Sterbenden zu überleben.

Dieses Legitimierungs-Verenden der königlichen Erben geschah nicht in gleicher Weise mit Louis' 13 illegitimen Kindern und ungezählten Kindeskindern.

Nicht Louis' Körper war »degeneriert« oder Nachkommen-insolvent. Seine feudal-soziopsychischen Bedingungen der Legitimationsverheerung, die seine Beschaffer ihm angetan hatten, wirkten auf seine dynastiebelasteten männlichen Nachkommen krankmachend und verhaltensstörend, so dass sechs königliche Nachfolge-Männlichkeiten in jüngstem, jüngerem und bestem Alter *vor* Louis starben. Nur Louis' Enkel, der spätere spanische König Philipp V., der als 17-Jähriger aus Louis' Sozialkonfliktfeld herausgestellt wurde – weg von Paris nach Madrid –, konnte sich aus dem Legitimationsdilemma des Großvaters, das wie ein Familienfluch generativ weiterwirkte, befreien und wurde alt, was dem überlebenden Urenkel und Nachfolger auf dem französischen Thron, Ludwig dem Fünfzehnten, auch gelang.

Der Legitimationsbruch nach oben ließ nach unten – mit einer Ausnahme – alle Louis'schen Nachfolgekandidaten zu Bruch gehen, so dass bei den unüblich vielen Toden unter Louis' Kronerben immer wieder von Vergiftungen fantasiert wurde. So viele Menschen in so verschiedenen Lebensumständen und Altersphasen können nicht von einem äußeren Feind attackiert worden sein. Solch ein Feind lässt sich nicht personifizieren, noch hätten jemals *der* Feind oder die Feinde als dynastische Rächer der durch die Königsfälschung ausgebooteten realkönigsberechtigten hochadligen Franzosen vergiftenden Zugang zu Louis' legitimen Erben gehabt.

Der Gifthauch von Louis' gefälschtem verdorbenem System ist es, der die männliche Brut dahingerafft hat.

Mit solch »hinraffender« Energie verzehrte aber auch Louis XIV selber sein legitimes »Erbfeld«. Seine königsdisparate Situation provozierte in ihm eine Unersättlichkeit, auf dem Thron Frankreichs sitzen zu bleiben und von dort aus seinen frankreich- und europapolitischen Dreck zu machen. Louis XIV ist der längstamtierende europäische Herrscher dieses Gebildes gewesen. Die *langen* Thronperioden von Fürsten umfassten zehn bis 20, allerhöchstens 30 Jahre, wobei die formalen Kinderregent-Zeiten nicht als Machtzeiten mitgezählt werden. Louis' 54 Jahre der Alleinthronung und insgesamt

72 Jahre des Sitzens überhaupt auf Frankreich wurden von niemandem sonst erreicht.

Die unkönigliche Sitzfleischgroteske Ludwigs des Vierzehnten springt am Tragikomischsten ins Gesicht, wenn der Blick auf Leben und Sterben von Ludwigs Sohn, dem verhöhnenderweise »Grand Dauphin« genannten, gerichtet wird, der seinen Namen seiner voluminösen Größe und Fettleibigkeit verdankt. Den Kronprinzen überfiel eine starrmachende Angst in der Nähe seines Vaters (Abb. 17). Er starb am 14. April 1711 mit 49, viereinhalb Jahre vor dem zu dieser Zeit 72-jährigen Louis XIV. – Ein Alter von 49 erreichten nur wenige französische Könige. Anstatt seinem Sohn noch eine adäquate Regierungszeit zu vergönnen, überlebt Louis ihn wie zum Trotz – gemäß der Abwandlung von Cäsars »Keiner neben mir!«: Keiner *nach* mir!

Im Jahr danach, 1712, sterben auch die anderen männlichen Thronerben: Enkel und Urenkel. Louis XIV ist 73/74. – Und es sieht 1715 um ein Haar so aus, als würden alle direkten Kronerben *vor* Louis sterben. Der fünfjährige Urenkel, Ludwig der *Fünf*zehnte, war der letzte männliche Nachfahre, der Ludwig den Vierzehnten bei dessen Tod am 1. September 1715 überlebte!

Auch die Länge der Louis-XIV-Königszeit entblößt etwas Monströses, Adels-Inadäquates. Das Falsche konnte keine sogenannte Erfüllung finden, konnte auch nicht zu Läuterungen reifen, gar in altersweisen Humanisierungen münden: Die »Schleifungen« der französischen Protestanten, die Zerstörungen ganzer Ketten von südwestdeutschen Städten, der Versuch, vom Meer aus England zu überfallen, die 13 Jahre spanischer Erbfolgekrieg – alles Ereignisse in Ludwigs Fünfzigern, Sechzigern und Siebzigern!

Die nicht bewussten Anteile der Person des Unkönigs steuerten auf eine Königs-untypische Lösung des Zusichkommens zu, die frei nach Andersens Märchen »Des Kaisers neue Kleider« geheißen hätte: »Ich bin's nicht! Macht euern Dreck alleine!«

Aber ein freiwilliger Rücktritt Louis' ging wegen seines 27 Jahre lang geformten König-Ichs nicht, das der royalen Kunstbiografie »Louis XIV«, beginnend von den ersten Tagen ihrer höfischen Präsentation, in die Person eingraviert worden war. So ging nur, die Existenz eines neuzeitlichen Minotaurus bis zur physischen Alterserschöpfung durchzuziehen und durchzuhalten – unter »sagenhaften« Schmerzen, die dem eigenen Körper, dem Volkskörper Frankreichs und den um Frankreich lebenden Völkern Europas zugefügt wurden.

MAZZARINOS WUNDER

Der Aufstieg des Papstvertrauten und Vertragsunterhändlers, Giulio Raimondo Mazzarino, zum fast 20 Jahre lang wirkenden Beherrscher der Geschicke Frankreichs (1643-1661) und seine Metamorphose zum französischen Spitzenpolitiker Jules Mazarin ist ein beispielloser Vorgang in der Geschichte der europäischen Neuzeit, höchstens vergleichbar mit der Papstwerdung selbst, wie sie ihm sein Mentor und Protektor von Jugend auf, Maffeo Barberini, späterer Papst Urban VIII. (1623-1644), vorgemacht hat.

Günstlinge, Favoriten, Regenten, Co-Regenten und Regierungschefs gab es in der Geschichte des europäischen Feudalismus zuhauf, aber deren Macht war immer limitiert – bezogen auf die Zeit der Minderjährigkeit eines Königs oder auf die Dauer der Gunstbezeugung des legitimen Herrschers. Das Ende der Macht eines Günstlings konnte von *einem* auf den anderen Tag eintreten, wenn der »gottbegnadete« Herrscher starb oder der Regierende in Ungnade des aktuellen legitimen Thron-Einnehmers fiel.

Mazarins Macht scheint auf den ersten Blick nach den gleichen Gesetzen funktioniert zu haben. Es gab sofort nach Antritt seiner Position als französischer Regierungschef 1643 die Bewegung der »Importants« gegen ihn und fünf Jahre später den vier- bis fünfjährigen Aufstand von Richtern, Adligen, Bürgern und Bauern, die »Fronde«, der es fast gelungen wäre, Mazarins Regierung auf ein Intermezzo zu beschränken.

Erst bei näherer Betrachtung von Mazzarinos 13-jährigem Anmarsch auf die Position des französischen Regierungschefs wird deutlich, dass es sich bei seinem Werdegang ganz und gar nicht um den Aufstieg eines normalen Günstlings handelte.

Der italienische Louis-XIV-Macher Giulio Mazzarino wurde systematisch auf die eigene französische De-facto-Regentschaft vorbereitet, die der Kardinal Mazarin schließlich 1642/43 übertragen bekam, als er zuerst Stellvertreter und dann Nachfolger Kardinal Richelieus wurde.

Deutliche Weichenstellungen auf dem Wege zum französischen Kardinalskönig Mazarin gibt es schon, kaum hat der 27-/28-jährige Mazzarino die französische politische Szene zum ersten Mal betreten.

Am 15. September 1629 wird Mazzarino Unterhändler des Papstes im Mantuanischen Erbfolgestreit. Nach einem Jahr genialer Verhandlungsführung gelingt es ihm, die in Fehde liegenden Parteien der auf ihren Vorteil bedachten Nationen und Fürstentümer an den Verhandlungstisch zu locken. Die Gefahr eines damaligen Weltkrieges, der Ausweitung des schon laufenden »Dreißigjährigen Krieges«, wird gebannt, der Mantuanische Erbfolgestreit am 26. Oktober 1630 vorläufig beigelegt.

Der erfolgreiche Unterhändler Mazzarino, weder ein päpstlicher Nuntius noch als ursprünglicher Konfliktschlichter vorgesehen – er war lediglich ein Ersatz für den erkrankten Nuntius in Mailand, Gian Francesco Sacchetti –, hätte nun lorbeerbekränzt »nach Hause fahren« können. Er hatte sein Meisterstück aus der erst 1628 eingenommenen offiziellen Position nur des *Sekretärs* des Mailänder Nuntius heraus vollbracht.

Das Gegenteil von »Nach-Hause-Fahren« tritt ein – eine Involvierung Mazzarinos in das französische regierungspolitische Leben, die weit über sein Wirken für den Mantuanischen Erbfolgestreit hinausgeht. – Diese Seltsamkeit wird ersichtlich aus Mazzarinos wiederholten Begegnungen mit dem französischen Königspaar Louis XIII und Anne d'Autriche. Für die Treffen 1630/31/32 gibt es keine andere Erklärung als die Besprechung der Kardinalsbabyschaft, die das Königspaar zutiefst und hautnah selbst anging.

Ludwig 13 war politisch unbegabt und uninteressiert. Er »aß« alles, was sein Regierungschef, Kardinal Richelieu, ihm »vorkaute«. Ausgeschlossen, dass er sich für ein – die französischen Interessen verhältnismäßig peripher betreffendes – Problem wie den Mantuanischen Erbfolgestreit aus eigenen Motiven so sehr interessiert hätte, dass er einen italienischen Nuntius-Sekretär, zweimal persönlich hätte sprechen wollen. – Ludwig 13 konnte nicht Europa-verflochten auf die Bedingungen seines Landes hin denken – einer der Gründe, die ihn zwangen, immer und immer wieder seinen Regierungs»dreck«macher, den in Frankreich verhassten Richelieu, das politische Genie, im Amt zu halten.

Und für die innerhalb von anderthalb Jahren sich wiederholenden Treffen zwischen Mazzarino und der Königin Anna d'Austria versagt jede politisch aktuelle Kalkulation. Richelieu hat die gegen ihn renitente und vielmals konspirierende spanisch gebürtige Königin strikt aus allen politischen Aktivitäten *heraus*gehalten, höfisch isoliert und nach jedem gescheiterten oder verhinderten Komplott für eine Weile »hausarrestieren« und reiseplanmäßig extrem observieren lassen. Nun aber das überraschende plötzliche Gegenteil in Richelieus Strategie gegenüber der Königin: Jetzt muss Anna Ö. zu ihrer ersten Begegnung mit Mazzarino im Januar 1631 sogar anreisen – zweieinhalb Monate *nach* Abschluss der Mantuanischen Erb-Verhandlungen!

Nach diesem Vertragsabschluss beginnt eine Beziehung zwischen den französischen Staatsrepräsentanten und Mazzarino, die umso erstaunlicher ist, als sie zwischen positionell Obersten und einem positionell Untersten läuft.

Schon 1631 fordert Richelieu Mazzarino bei Papst Urban VIII. als Nuntius an, als offiziellen Botschafter des Heiligen Stuhls am französischen Hof. Dem Antrag wird *nicht* entsprochen. Dennoch reist Mazzarino zwischen April und Juli 1632 nach Frankreich. Ohne eine diplomatische Position wird er von König und Königin empfangen, vom König zum dritten Mal, von der Königin zum zweiten Mal.

Am 18. November 1632 bekommt Mazzarino den knautschigen Ehrentitel »protonotaire apostolique«, was so etwas bedeutet wie päpstlicher »Honorarkonsul«, ein päpstlicher Untergesandter mit eingeschränkten Vollmachten.

Eiertänzerisch geht es mit Mazzarinos Priesterschaft zu. Nach seiner Rückkehr von den Mantuanischen Verhandlungen nach Rom ab Herbst 1630 verlangt Urban VIII. von ihm, er solle Priester werden. Ein ultimatives Datum wird ihm gesetzt, der 11. Januar 1631. Mazzarino lehnt ab, reist jedoch Mitte Januar 1631 wieder nach Frankreich.

Anderthalb Jahre später, am 18. Juni 1632, erhält Mazzarino in Sainte-Menehould, unweit von Verdun (!), die »Tonsur«, den religiös motivierten Kreisrundhaarausschnitt auf dem Hinterkopf, den danach ein Käppchen bedecken muss. – Doch im Oktober 1632 wird er Domherr von San Giovanni di Laterano in *Rom*.

Das eine Ereignis geschieht in Frankreich, das andere in Italien. Beide werfen ein Licht auf Mazzarinos subdiplomatische Tätigkeit als Italien-Frankreich-Pendler, der weder ein eindeutig positionsfixierter, römischer Kurienbeamter ist – »Domherr« war nur eine Geldquelle – noch französisiert wurde.

Im Februar 1633 wird Mazzarino »auditeur à la légation d'Avignon«, ein Berichterstatter, ein Beobachter in der südfranzösischen Stadt Avignon, die im 14. Jahrhundert Papstsitz war und auch in den Jahrhunderten danach immer noch gut klerusbestückt wurde – von Rom im benachbarten Land gehalten wie ein »Heiliger Schemel« für Notfälle.

Im März 1633 »nimmt« Mazzarino die »Soutane« – er kleidet sich nun in die Gewänder der Führer der katholischen Kirche, ohne je Priester geworden zu sein, was heißt, er *demonstriert* die Mitgliedschaft im Kader des Kirchenapparates nur, und auch das tut er in *Frankreich*, nicht in Italien!

Im Jahr 1633 ernennt Urban VIII. Mazzarino zum »Referendar«. Mazzarino ist Jurist und hat 1622 in Rom zum Doktor juris promoviert. – Normalerweise werden Jurastudenten bald nach ihrem Studium »Referendar« und als solcher von amtierenden Juristen ernannt. Doch Päpste machen, was sie wollen. »Referendar« heißt auch »Referent«. Mazzarino referiert seinem Dienstherrn tatsächlich unentwegt über alles, was dieser wünscht, was zwischen beiden vereinbart wurde. So ist »Referendar« wieder nur ein demonstrativer Titel, der nichts Näheres über die Tätigkeit besagt, mit der Mazzarino geheimdiplomatisch zwischen Rom und Paris auf Reisen ist.

Am 24. Juli 1634 wird Mazzarino in Avignon, dem Ort permanenter päpstlicher Dependance, »pro-légat« = »Legationsrat«. Papst Urban schickt ihn noch im selben Jahr nach Paris als »nonce extraordinaire«. »Extraordinaire« ist nicht, wie sich der Wortsinn umgangssprachlich verschoben hat, »außergewöhnlich«, sondern »halbamtlich«, »außer«- = »nicht«-ordentlich, somit ist Mazzarino aufs Neue nur ein ehrenhalber Botschafter des Papstes in Paris.

Und trotzdem spricht die Chronik von »entrée solennelle de Mazarin à Paris« (26. 11. 1634) (99, S. XIV). – »Glänzend, fürstlich, feierlich« wird Mazzarino als ein *nicht*offizieller Botschafter des Papstes empfangen? Solch ein Empfang wird nicht einmal den *regulären* Botschaftern am französischen Hof zuteil, allerhöchstens obersten Herrschern, wenn die Gastgeber ihnen eine Sonderbewillkommnung demonstrieren wollen.

Mazzarino bleibt von 1634 bis 1636 eineinhalb Jahre in Paris. Am 7. Mai 1635 findet ein erneutes Treffen zwischen ihm und der Königin Anna statt.

Mazzarino verflicht sich in seinen fast zwei Jahren in Paris mit der rechten Politszene, bindet sich eng an den Kardinal Louis Nogaret de La Valette, einen Vertrauensmann Richelieus – jüngster Sohn des Herzogs von Epernon, einem der Drahtzieher des Attentats auf Henri IV 1610!

Alle weiteren Treffen zwischen Richelieu und Mazzarino nach den ersten vier im Jahre 1630 in Norditalien werden in der Chronik nicht mehr aufgeführt, da sie zum Alltag der beiden Kurien- und Staatspolitiker gehören.

Doch etwas scheinbar Nebensächliches wird der Mitteilung für wert befunden: Mazzarino steht mit dem französischen König Ludwig 13 inzwischen so auf »Du und Du«, dass sich im September 1635 die seit fünf Jahren von Richelieu ausrangierte, exilierte Königin Mutter, Maria Medici, an ihren Landsmann Mazzarino heranmacht, um über den neuen Intimus ihres Sohnes eine abermalige Versöhnung mit Ludwig 13 zu erreichen und ein Comeback nach Frankreich zu versuchen. – Mazzarino kann es sich leisten, abzuwinken und die Ex-Königin abblitzen zu lassen. Er ist »durchlöchert« mit politischen Verpflichtungen und Koordinationen, befindet sich aber immer noch in einer geisthaften Nicht-Positioniertheit.

Von April bis November 1636 ist Mazzarino wieder in Avignon. Ende 1636 Rückkehr nach Rom.

Richelieu intensiviert formal-diplomatisch seine Anstrengungen bei Urban VIII., dieser möge Mazzarino als »nonce ordinaire« an den französischen Hof entsenden. Von 1637 bis 1638 bemüht sich Richelieu demonstrativ, Mazzarino mit einem Rechtstitel zurück an den französischen Hof zu holen. Ohne diplomatischen Erfolg – so scheint es.

Eine Anstrengung scheinbar »rein« privater Natur unternimmt Richelieu jedoch erfolgreich: Als das Kardinalsbaby Louis XIV am 5. September 1638 der Weltöffentlichkeit übergeben wird, »bittet« Richelieu seinen Coproduzenten Mazzarino, die Patenschaft für den zukünftigen französischen König zu übernehmen! – An dieser Geste zerschellt jeder politisch-*offizielle* Erklärungsversuch. Sie wuchtet die Frage in den Action-Trubel: Wie kommt ein päpstlicher »Unterhändler« dazu – ein Chorusline-Tänzer auf dem diplomatischen Parkett seiner Zeit –, Pate des französischen Kronprinzen zu werden?

Am 18. Dezember 1638 stirbt Richelieus »rechte Hand«, Père Joseph. Richelieu will Mazzarino zu Père Josephs Nachfolger haben! Er beantragt beim Papst den Kardinalshut für Mazzarino, der sich gerade in Rom aufhält. Dieser Fakt wird im Fluss der Chronik nicht als völlige Abwegigkeit im politischen Geschehen bemerkt. Mazzarino ist nicht Priester, ist nicht Franzose, lebt nicht permanent in Frankreich und wird als *französischer* Kardinal vom französischen Regierungschef gegenüber dem Papst »angefordert«, um die verstorbene »rechte Hand« des französischen Staatschefs zu ersetzen!

Ende 1639 verlässt Mazzarino Rom und trifft erneut in Frankreich ein – am 5. Januar 1640 befindet er sich in Paris und wird umgehend für Frankreich in diplomatischen Aufgaben nach Köln und Turin geschickt.

Als 1639/40 Urban VIII. immer noch zögert, Mazzarino zum französischen Kardinal zu ernennen, lässt Richelieu Ludwig 13 unfreundlich gegenüber dem Papst werden. Schließlich wird der Kardinalshut für Mazzarino am 16. Dezember 1641 gewährt. – Wofür? Mazzarino ist kein Kurienbeamter in Rom, auch kein Bischof mit einer Diözese. Und trotzdem bekommt der nie geweihte Mazzarino am 26. Februar 1642 vom französischen König während eines öffentlichen Festaktes in der Kirche Saint Apollinaris in Valence im Rhônetal den Tonsur-Kopfschutz – das Kardinals-Birett – aufgesetzt, das ein Bote eigens von Urban VIII. aus Rom überbracht hatte. Für diese *ceremonia sanctissima*, vorgenommen *nur* vom Papst, müssen Bischöfe sich eigentlich nach Rom begeben. Ludwig 13 fungiert in einem unvergleichlichen Publikumsbetrug als »Stellvertreter des Papstes«! Zur Aufsetzung des Kardinalshutes auf Mazzarinos uneigentlichen Kardinalskopf ist es nie gekommen in dieser kardinalen Maskerade. Doch die Diözese Valence wurde dem Nichtbischof ohne Residenzpflicht trotzdem verliehen, um dem Staatsführer in spe harte Währung zufließen zu lassen.

Am 17. April 1642, knappe zwei Monate nach Mazzarinos Erhebung zum »Stroh«-Kardinal von Valence, unternimmt Richelieu einen Staatsstreich von oben, der Mazzarino direkt in seine Regierungsposition hineinkatapultiert: Richelieu verlangt von Louis XIII, alle Kardinäle den Herzögen Frankreichs gleichzustellen, und erzwingt damit für die Kardinäle dieselbe hierarchische Position, die seit etwa tausend Jahren nur die »Prinzen von Geblüt« einnehmen.

Damit wird Mazzarino schon Anfang 1642 als französischer Kardinalskönig avisiert.

Es bleiben nur noch einige letzte »Federstriche«: Richelieu stirbt am 4. Dezember 1642, nicht ohne Mazzarino zuvor zu seinem Nachfolger bestimmt zu haben. Berufung Mazzarinos in den Kronrat durch Ludwig 13. Tod Ludwigs des Dreizehnten am 14. Mai 1643. Seine Witwe Anna von Österreich wird absolute Regentin und erhebt Mazzarino zum Staatsführer.

Zeugnisse über ein offizielles Naturalisationsverfahren Mazzarinos gibt es nicht, so dass davon ausgegangen werden muss, dass er, der sich von nun an »Jules Mazarin« nennt, staatsbürgerrechtlich immer noch Italiener ist.

So weit das »Märchen« vom Sohn eines gescheiterten sizilianischen Hutmachers, geboren am 14. Juli 1602 in Pescina, Abruzzi, im von Spanien besetzten italienischen Königreich Neapel (Geburtsort umstritten), nunmehr als 40-jähriger Mann Kardinalskönig von Frankreich.

Nur über eine Randnotiz kann in den eigentlichen Grund dieser feudal unerhörten, unerlaubten und anderswo auch unmöglichen Laufbahn eingestiegen werden.

Kurz vor dem Tod Ludwigs des Dreizehnten am 14. Mai 1643 wird der viereinhalbjährige Kronprinz, Louis XIV, unter der Anteilnahme vom Hof im Schloss Saint-Germain-en-Laye getauft – noch einmal war eine Demonstration nötig, denn die eigentliche sogenannte Nottaufe des Babys war schon drei Tage nach seinem öffentlichen Erscheinen am 5. September 1638 vorgenommen worden.

Jetzt, bei dem prunkvollen Festakt am 21. April 1643, wird Kardinal Mazarin der Öffentlichkeit als Pate von Kronprinz Louis, späterem König Ludwig dem Vierzehnten, präsentiert und damit erstmals auf seine enge Beziehung zum Königspaar Anna Ö. und Ludwig 13 hingewiesen. Und doch ist Mazarin im Moment der öffentlichen Taufe immer noch ein Regierungs-Niemand – zwar als Nachfolger Richelieus nominiert, aber in der Position des neuen Regierungschefs noch nicht bestätigt. Mazarin tauft Louis XIV nicht als französischer Alleinmachthaber, der er erst in ein paar Wochen nach dem Tod von Ludwig 13 wird. Denn dann geschieht erst Mazarins eigene »Krönung« – Übernahme der »Krone« durch die Königswitwe Anna und ebenfalls durch sie die Ernennung Mazarins zum De-facto-Regenten.

Unter dem Versteckspiel »Priester oder Nichtpriester«, »päpstlicher Gesandter oder französischer Regierungspolitiker« konnte bis in die Gegenwart hinein der Louis-XIV-Macher Mazarino hinter dem Kardinalskönig werdenden Mazarin verschleiert werden.

Noch die soeben im Text referierte *Chronik* der Mazzarino'schen Geheimtätigkeit für den Erhalt der französischen Dynastie kann nicht aus sich selbst heraus Mazzarinos wirkliches Tun in den 13 Jahren bis zu seiner Regentschaft über Frankreich erhellen, sondern arbeitet fort und fort an der Verheimlichung mit.

Die Häufungen von Mazzarinos nebenamtlichen Distanzpositionen, die er im Jahrzehnt zwischen 1630 und 1640 übertragen bekam, wecken gegen einen politisch talentierten Mann vom Kaliber Mazzarinos den Verdacht, dass sich hinter den heruntergespielten Harmlos-Ämtern etwas anderes verbirgt, der Anmarsch von jemand kardinalspolitisch Potentem auf eine Machtposition *außerhalb* der Kurienkörperschaft Roms.

Das Hin und Her Mazzarinos zwischen Papst und Frankreichs Regierungschef wäre demnach ein Spiegelgefecht, um die Zeitgenossen zu foppen, sie davon abzulenken, was Sache ist und Sache werden soll. – Papst und Frankreich waren im Zentrum des Interesses von Europa, das mit allem, was beim Anlauf Mazzarinos auf die Position des französischen Regierungschefs geschah, *nicht* informiert werden sollte.

Keine der Mazzarino offiziell übertragenen Positionen war allzu festgelegt päpstlich und italienisch, so dass er jederzeit gut und schnell aus der Untergeordnetheit beim Papst in die oberste Ordnung des fremden Staates überwechseln konnte. Nichts an Mazzarino war – ihn fixierend – laufbahnmäßig definiert worden, alles immer nur nebenamtlich, inoffiziell, außer-(un)ordentlich, Honorar-halber. – Mit dieser Unterbesetzung schob man den überbegabten Politiker geradewegs auf das französische Regierungsspitzenamt zu. Jede profilierte Position eines italienischen Bischofs, italienischen Kardinals oder päpstlichen Nuntius hätte den Wechsel an die Regierungsspitze im fremden Land von beiden Seiten aus unmöglich gemacht.

Die ein Jahrzehnt währenden Nebenbei-Tätigkeiten des in Wirklichkeit intensivst professionell *Zentral*-Tätigen bei gleichzeitigem Dauerpendeln zwischen Italien und Frankreich, dem drahtzieherischen Ursprungs- und dem absichtsvollen Bestimmungsland, indizieren die verwegensten Absichten, die Papst Urban VIII. und der französische Königskardinal Richelieu mit diesem Mann hatten.

Mauschel-enthüllende Wirkung hat die Beleuchtung von zwei Begleiterscheinungen des Mazzarino'schen Anmarsches auf die französische Regierungsspitze:

1. Mazzarino hinterließ bei seinem Tod ein Privatvermögen von 20 Millionen Livres. Die Selbstbereicherung eines Günstlings – kein Sonderfall, hier nur die Höhe des gehorteten Eigentums. Zum Vergleich: Henri IV starb nach der Sanierung des von seinen Vorläufern zerrütteten Staatshaushaltes mit einem Plus von zwölf Millionen Livres. Fast doppelt so viel floss in die Privattaschen des fünften Henri-IV-Nachfolge-Regierungschefs (Concini, Luynes, Nicolas Sillery und Richelieu waren Mazarin vorausgegangen).

Auch Mazarins »gemachtes« Privatvermögen in Höhe von zwei sanierten Staatshaushalten – Richelieu hinterließ nur eineinhalb Millionen Livres! – wäre jedoch für sich allein noch nicht auffällig. Überraschend ist vielmehr das *frühe* Zufließen von Staats- und Landesgeldern in die Hände Mazzarinos – zu einer Zeit, da er noch keine sichtbare politische »Größenordnung« ist.

Die Zuwendungen an ihn beginnen genau zehn Jahre vor Mazarins Antritt der Regentschaft über Frankreich. – Nachdem Mazzarino im März 1633 die Soutane angelegt hat, macht ihn Urban VIII. zum »Referenten«, dem nichtssagenden Titel eines »Mächtigen für alles«. Für diese wenig aussagende Tätigkeit erhält Mazzarino aber alles andere als ein Titel-entsprechend untergeordnetes Gehalt: nämlich die Einkünfte aus einer in den Chroniken nicht spezifizierten Abtei. Diese Gelder müssen schon so opulent gewesen sein, dass sie Mazzarino ein mondänes Leben in den Salons von Rom ermöglichen. Er ist zu diesem Zeitpunkt 30/31 Jahre alt.

Ab dem 3. März 1634 beginnen dann die *aufgeschlüsselten* finanziellen Zuwendungen, nunmehr aus französischen staatlich-kirchlichen Quellen belegt, zuerst aus der Abtei von Saint-Avold in Lothringen. Es ist das Jahr, in dem der französische Regierungschef, Kardinal Richelieu, den beiden rätselhaften Italienern »zur besonderen Verwendung«, Mazzarino und Campanella, einen glänzenden Empfang in Paris bereiten lässt.

1637 erhält Mazzarino die Einkünfte aus der Abtei Saint-Médard in Soissons, östlich von Compiègne. Angeblich ist Mazzarino zu dieser Zeit in Rom. (Bis zur Publikation der vollständigen Mazarin-Notizen können auch die Reisen Mazzarinos nicht genau verifiziert werden.)

Wiederum *angeblich* verlässt Mazzarino Rom Ende 1639 für immer, kauft sich dort aber am 23. März 1641 den Palast des Kardinals Guido Bentivoglio – von den Einkünften seiner Diplomatenposten nicht bezahlbar!

Auch wenn es möglich ist, dass Mazzarino den Kaufvertrag nicht persönlich unterzeichnet hat, fällt doch eine Doppelstrategie auf: in Richtung französischer Regierungschef streben, sich aber gleichzeitig schon in *Rom* das Gebäude eines regierenden (Kirchen-)Fürsten zulegen.

Am Ende seiner französischen Regierungszeit erhält Mazarin Einkünfte aus über 60 Positionen, Titeln und verbrieften Berechtigungen, die zur Multimillionenhöhe seiner Hinterlassenschaften gemacht werden konnten.

Die Unermesslich-Bereicherung Mazarins ist noch immer nicht »Beleg« genug, dass sich dahinter etwas anderes als nur das übliche tausendfache Eigene-Taschen-Füllen der europäischen politisch-wirtschaftlichen Machthaber verbirgt – praktiziert bis zum heutigen Tag. – Bei Mazarin fällt höchstens auf, dass nicht *er* sich bereichert hat, sondern dass ihm geldbringende Positionen und Ämter vom fremden Land regel(un)recht »nachgeworfen« wurden – und das geschieht schon zu einer Zeit, da er noch nicht die Macht hatte, sich selbst zu bereichern.

2. Ganz aus dem Usus der Aristokratisierung im feudalen Zeitalter rutscht die Behandlung der Familie Mazarins durch den französischen Staat.

Die Herkunft Mazzarinos väterlicherseits ist bürgerlich-bäuerlich, mütterlicherseits kleinadlig. Vater Pietro Mazzarino hatte sich nach seinem Scheitern als sizilianischer Hutmacher nach Rom in die Dienste des – für die spanischen Okkupanten tätigen – Artillerie-Offiziers Filippo Colonna begeben, über dessen Vermittlung er Ortensia Bufalini begegnete, einer Colonna-Haus-Zugehörigen, die Pietro heiratete.

Giulio ist das älteste Kind von Pietro und Ortensia, sein jüngerer Bruder Michele wird klipp und klar Priester (später echter französischer Bischof und Kardinal). Von Giulios vier jüngeren Schwestern wird die älteste Äbtissin, die drei jüngeren heiraten, die dritte Schwester bleibt kinderlos, die zweite und die vierte bekommen insgesamt elf Kinder, vor allem sieben Töchter, auf die es der französische Staat unter Mazarin alsbald abgesehen haben wird: Die zwei Nichten Martinozzi und die fünf Nichten Mancini lässt Mazarin 1653 – nach seiner Rückkehr in die Position des Regierungschefs – zu sich kommen und in enger Beziehung mit dem jungen König Louis XIV heranziehen! – Der inzwischen 15/16-jährige Louis verliebt sich in Marie Mancini so »schwer«, dass er sie heiraten will. Mit Olympia Mancini soll er sogar ein Kind gezeugt haben, den späteren Prinz Eugen, untergeschoben dem Herzog von Savoyen!

Sämtliche sieben Nichten Mazarins werden mit dem europäischen Hoch- und Herrschaftsadel verheiratet. Mazarin selbst stirbt als Herzog von Nevers, welchen Titel er seinem Neffen, Philippe Jules Mancini, vererbt.

Aristokratisierungen von Personen und Familien waren seit Jahrhunderten das Recht der Landesfürsten. Beim Umgang mit Mazarins Familie geschieht etwas anderes. Über Sex- und Sach-Meriten von Bürgerinnen und Bürgern hinaus wird ein ganzer Clan nicht nur in Adelspositionen gehoben, sondern auch umgehend mit den europäischen adligen Herrschenden verbandelt. Die beiden Schwäger Mazarins, die Herren Mancini und Martinozzi, werden eilig baronettiert und vergräflicht, damit ihre Töchter, Mazarins Nichten, schon als »Geborene« in den Hochadel einheiraten können.

Hinter der biografisch-biologischen Europa-Verflechtung der Nichten des französischen Kardinalskönigs – in Verbindung mit der emotional-sexuellen Verquickung der Nichten mit dem französischen König, Ludwig 14, selbst – verbarg sich ein zur Methode erhobenes staatspolitisches Interesse: Die Verheiratungen und Liaisons waren Abdichtungsmaßnahmen gegen die Inkontinenz des Faktes des am Hof von Paris in der Position des Königs aufwachsenden, in natura unadeligen »Kardinalslümmels«. Je adliger dessen Pate und Beschaffer Mazarin war – er hatte sich das Herzogtum Nevers gekauft! –, je hoch- und Herrschafts-aristokratischer seine Familie mit den legitimen Machthabern Europas vernetzt wurde, desto weniger kam es darauf an, woher der »Hergeholte« eigentlich selbst »stammte«. Der Beschaffer und die Seinen waren nun von höchstem Stande, wie sie europaweit demonstrierten. Das sollte auf den Beschafften abfärben, als sei er ein Stück von ihnen.

Mazarin hat in »weiser Voraussicht« gehandelt. Neben ihm gab es bis zu einem Dutzend Mitwissende von der »Operation Kronprinz«. Mazarin musste davon ausgehen, dass zumindest in der nächsten Generation die Geheimhaltung undicht werden könnte. Wenn selbst der Hochadel Frankreichs und Europas mit der Familie des Beschaffers verheiratet war, konnte sich niemand Machtpotentes mehr gegen den »Emporkömmling« verhalten. Auch die blaublütigen »Hohen« waren nun mit ihrer siebenfachen »Runterheiratung« in die Familie des gebürtigen Sizilianers ein Stück von ihm.

Die französischen, deutschen und englischsprachigen Lexika, Enzyklopädien und sogar die Spezial-Biografien können sich nicht entscheiden, den jungen Mazzarino eindeutig beim Namen zu nennen. Sie stellen ihn mit zwei verschiedenen Namen vor: »Mazarino oder Mazarini«.

Die italienischen, spanischen und portugiesischen Standardwerke tun das nicht. Mazzarinos Geburtsname wird immer mit einem »o« am Ende geschrieben und in der überwiegenden Mehrzahl mit zwei »z«, entsprechend der sizilianischen Stadt Mazzarino, woher der Name kommt.

Giulio Raimondo Mazzarino ist in Süditalien geboren, in Rom zur Schule gegangen, hat in Italien studiert und gearbeitet, einen zweijährigen Aufenthalt in Spanien (Madrid) absolviert und an der spanischen Universität von Alcalá Jura studiert.

Unter seinem Namen »Mazzarino« ist Mazarin mehr als 30 Jahre »gelaufen«, in denen er noch nicht als französischer Staatspräsident, der er zwischen 40 und 58 war, Retuschen an seinem Namen und mit seiner Biografie vorgenommen hat, um »fast« französisch und »ganz« aristokratisch und dadurch vor der französischen Öffentlichkeit berechtigt zu erscheinen, als Consortiums-»König« mit Königin Anna von Österreich und als Interims-Regent für den unmündigen Ludwig den Vierzehnten zu fungieren.

Der Name »Mazzarini« taucht in Mazzarinos Taufurkunde auf, in der alle Namen der Beteiligten latinisiert wurden. Der Täufling Giulio Raimondo heißt »Julius Raimundus«, der Vater Pietro »Petrus aus Palermo (Sizilien)«, die Mutter Ortensia »Hortensia« und die Familie Mazzarino »Mazzarini« (74, S. 6).

Dieses einmalige Ereignis der »Umbenennung« nur über einen einzigen Buchstaben »verwirrt« nicht den Originalnamen Mazzarino. Es war in der Zeit Mode, Namen für bestimmte, begrenzte Zwecke zu latinisieren: Cornelius Jansen publizierte unter »Jansenius«, René Descartes unter »Cartesius«.

Auch in Briefen noch Ende 1629, Anfang 1630 wird der Unterhändler im Mantuanischen Erbfolgestreit so genannt, wie er von Geburt an hieß und sich *vor* seiner französischen Spitzenposition präsentierte: »(Signor) Mazzarino« (74, S. 29).

DAS PAPSTTUM IN NOT

Wie kommen die römischen Spitzenpolitiker des Kirchenstaates Vatikan dazu, sich auf so eine heikle Angelegenheit einzulassen und durch einen der Ihren, eingeschleust in die französische Regierungsapparatur, den französischen Thronfolger zu organisieren?

Ihre Aktion war die Ultima Ratio, das System des Papsttums zu retten. Das Papsttum, ein Parasit auf Gläubigen *und* Kirche, war seit einem halben Jahr*tausend* in die Krise geraten. Auseinandersetzungen zwischen Kaisern/Königen (der Erb-Aristokratie) und den Päpsten (der Wahl-Aristokratie) –: »Wer steht über wem? Wer befiehlt wem?« – begleiteten schon das Hochmittelalter zwischen 900 und 1100.

Seit etwa 500 Jahren probten die Christen selbst den Aufstand. Mönche, Priester, Bischöfe, Theologieprofessoren und Konzile – das waren Versammlungen aller zeitgenössischen Religionsprofis – machten den Päpsten die Herrschaft streitig. Die Päpste wurden als Mafiabosse enttarnt, ihr Christi-Stellvertretertum als *ökonomische* Herrschaft entlarvt, vergleichbar der einer heutigen Ölgesellschaft, eines Waffen- oder Fleischproduzenten, eines Baugiganten oder Pharmamoguls, eines Bankkonsortiums oder einer Nahrungsmittel»kette«, eines Elektro-, Chemie- oder Medienkonzerns, dem Konglomerat der Krankenhausindustrie ...

Die Abgaben der Gläubigen – der sogenannte Zehnte –, die Bitt-, Heiligen- und Wallfahrts-»Entgelte«, die Spenden und Stiftungen, flossen alle nach Rom zu den Päpsten, die sich und ihre Familien damit zu Multimillionären machten.

Um 1400 kulminierte der Protest gegen das Papsttum in der Gestalt des tschechischen Reformators Jan Hus (geboren etwa 1370), der am 6. Juli 1415 in Konstanz verbrannt wurde.

Die Wehr gegen den denkbar korruptesten Amtsmissbrauch, den die Päpste und Kardinäle betreiben, steigerte sich unter den Gläubigen im Laufe des 15. Jahrhunderts. In Deutschland, Skandinavien, England, Italien, Polen, Böhmen, in der Schweiz, in den Niederlanden, vor allem in Frankreich wurden die Lichterketten des Protestantismus, des Protestierertums, angezündet. Die Eisbergspitzen des Widerstandes zeigten sich vor, nach und neben Jan Hus in den Glanzlichtern des Humanismus, der sich *innerhalb* des katholischen »Lagers« profilierte (es gab noch keine gegenkatholische Kirche, die erst im Verlaufe des 16. Jahrhunderts gegründet wurde): Bruno, Calvin, Kopernikus, Erasmus, Hutten, Jansen, Latimer, Luther, Melanchthon, Morus, Müntzer, Reuchlin, Savonarola, Wycliff, Zwingli ...

Immer heikler wurde für die römische Kardinalscorporation, dass sich religiöse Erneuerungen mit sozialen Reformplänen mischten. Ab ungefähr 1520 entstand in Deutschland um Thomas Müntzer die »Wiedertäuferbewegung«. In der Stadt Münster wurde 1535 das »Königreich Zion« ausgerufen – eine frühe Bürgerrevolution, gerichtet gegen alle Arten von Herrschaft –, noch im selben Jahr von »oben« zerstört und danach einer ihrer Vorkämpfer, Jan van Leiden, mit 27 Jahren hingerichtet.

Anfang des 16. Jahrhunderts verliert der Vatikanstaat seine Position als europäische Großmacht. 1530 wird in Bologna zum letzten Mal ein Kaiser von einem Papst gekrönt (Karl V. durch den zweiten Medici-Papst Klemens VII.). 1523 stirbt der letzte ausländische Papst, der deutsche Hadrian VI., nach nur anderthalb Jahren Regierungszeit. Danach reduziert sich das Papsttum auf eine inneritalienische Angelegenheit. Die römischen Kardinäle wählen bis zum polnischen Papst Johannes Paul II. 450 Jahre lang nur noch Italiener und verinzüchten das System damit ideologisch immer mehr.

Für dieses Schrumpf-Papsttum war der *staatliche* Protestantismus in Südfrankreich das Lebensbedrohlichste. Deutsche Fürsten und Patrizier (Städte der Hanse) lösten sich vom Papst, Holland war trotz abscheulichster Unterdrückungen durch die spanische Fremdherrschaft nicht mehr zu halten. England musste seit Heinrich VIII. (1491–1547) als verloren angesehen werden. Aber Frankreich lag ungemütlich landberührend nah am Papststaat Vatikan! Die französischen Könige Charles VIII, Louis XII und François I fielen um 1500 in italienische Stadtstaaten ein, Mailand, Venedig, Florenz, Neapel waren plötzlich französisch. Und wenn französisch = calvinistisch = antipäpstlich hieß, dann war es mit dem Saus und Braus des Papsttums aus. – Die südfranzösische Königin Margarete von Navarra (1492–1549), Schwester des großfranzösischen Königs Franz des Ersten (1494–1547), Großmutter Heinrichs des Vierten, Aufklärerin, Humanistin und mit ihrem »Heptameron« weltberühmte Autorin, gewährte Papstverfolgten in ihrem Königreich Navarra an der französisch-spanischen Grenze Asyl. Katholisches Gesamtfrankreich und protestantisches Südfrankreich waren also schon miteinander verschwistert! Mit jedem neuen großfranzösischen König konnte der Funke des Protestantismus auf das ganze französische Land politisch überspringen, was dann mit der Thronbesteigung des protestantischen Navarra-Königs Henri III, der gesamtfranzösischer Henri IV wurde, 1589 auch geschah. Das Königreich Navarra war zwischen 1540 und 1590 schon ein halbes Jahrhundert lang protestantisch regiert worden. Die einzige Tochter Margarete von Navarras, die Kronerbin und Königin Jeanne d'Albret, hatte den Protestantismus zur Staatsreligion erklärt.

Was sich in Südfrankreich entwickelte, war das Ultra-Gefährlichste für die römischen Kardinäle, denn dieses papstnahe Gebiet hatte das Papsttum schon einmal aufständisch-alternativ bedroht: die Bewegung der Katharer, die nach Jahrzehnten Existenz 1229 vom damaligen französischen König Ludwig dem Neunten, dem (Un)»Heiligen« »ausgerottet« wurde.

Frankreich war das Einwohner-zahlreichste, militärisch stärkste Land im Europa der beginnenden Neuzeit. Von dort flossen die meisten Gelder nach Rom. Mit militärischen und diplomatischen Mitteln konnte Frankreich nicht mehr wie zu Zeiten Ludwigs des Neunten zur Papstgefolgschaft bestimmt oder gezwungen werden, denn auch schon das *katholische* Frankreich machte seit langem Papst-unabhängige, ehrgeizige Weltpolitik. François I zwang den Päpsten 1516 das Konkordat von Bologna auf, in dem er sich das Recht verbriefte, alle kirchlichen Positionen in Frankreich selbst zu besetzen. Der Papst hatte nur ein Bestätigungs- oder Gegenzeichnungsrecht. Ohne den Willen des französischen Königs konnte niemand in Frankreich Bischof oder Kardinal werden!

Die Kardinalscorporation in Rom kam auf einen Trick. Der Trick hieß: »Mitbieten auf der europäischen Heiratsbörse des Hochadels und dadurch Infiltration papstgenehmen, reaktionär gesinnten ›Erbgutes‹, das Papst-konformes Verhalten *auf* dem französischen Thron garantierte.«

Es gab ab 1500 für die nächsten 150 Jahre drei Schritte, um an das Ziel zu kommen, Frankreich pro-päpstlich zu *genealogisieren*, so dass von *innen* heraus der dort um sich greifende protestantische Virus bekämpft werden konnte:

Medici-Coup I

Die Erhebung des Mitglieds eines Zweiges der italienischen Bankiersfamilie Medici in den Herzogstand, vollzogen am Anfang des 16. Jahrhunderts vom Ablasspapst Leo X., selbst ein geborener Medici, der seinen Neffen Lorenzo zum Herzog von Urbino kürte – eine Aktion gegen den Kaiser des »Heiligen Römischen Reiches Deutscher Nation«, der allein befugt war, mittlere deutsche und italienische Adlige in den Herzogstand zu versetzen.

Sowie Lorenzo Medici Herzog von Urbino war, heiratete er die französische Herzogstochter Madeleine de la Tour d'Auvergne, starb Papstplan-zeitadäquat mit seiner Frau ein paar Tage nach der Geburt seiner Tochter Katharina, die der Familie entrissen und in päpstlichen Hallen zu einer Homuncula herangezogen wurde – psycho-spirituell mit einer einzigen Botschaft aufgebläht, in Frankreich, in das sie vom nächsten Medici-Papst, Klemens VII., eingeheiratet wurde, verbrannte Protestanten-Erde zu veranstalten. – Tatsächlich gelang es dem Papst, Katharina Medici als Herzogstochter an König Franz den Ersten von Frankreich zu verkaufen, wobei nicht etwa der französische König der Zahlende war, sondern ihm Gelder in Millionenhöhe für den Fall in Aussicht gestellt wurden, dass er seinen zweiten Sohn Henri, den späteren König Henri II (1519–1559), mit dem Biografie-politischen Papst-

Der Vater
Concino Concini
Zeichnung von Daniel Dumonstier 1624

produkt, Katharina Medici, verheiratete. Franz 1 tat es 1533. Der Medici-Papst Klemens VII. brachte als europaweit sich demonstrierender Braut-»Führer« persönlich seine Großnichte Katharina nach Frankreich, als überführe ein Herzog seine Tochter in das Land ihrer zukünftigen Bestimmung.

Fast 60 Jahre, von 1533 bis 1589, betätigte sich Katharina Medici wie eine Adolfine Hitler als Einzel- und Massenmörderin, ging in die Geschichte ein als Drahtzieherin der »Bartholomäusnacht«, in und nach der im August 1572 Zehntausende französische Protestanten ermordet wurden.

Und doch: Der erste Coup der Kardinäle gelang nur deshalb nicht, weil sämtliche von Katharina Medicis fünf Söhnen starben, ohne legitime Nachfolger für den Thron Frankreichs zu hinterlassen. Die Valois' erloschen in der männlichen Linie. Der Bourbonenvetter und protestantische Navarra-König, Henri III, kam als Henri IV 1589 auf den französischen Thron. Die römische Kardinalsrunde musste sich neue Perfidien ausdenken.

Medici-Coup II

Abermals gelang es den Kardinälen, einen Medici-Coup in Frankreich zu landen. Sie schleusten die zweite Medici-Braut mitten in das *Bett* des französischen *Königs*. Durch die Heirat der Medici-Großherzog-Nichte Maria 1600 mit Henri IV in zweiter Ehe wurde Chaos andersherum nach Frankreich infiltriert.

Die Noblifizierung des zweiten Medici-Familienstranges ging nicht so »easy« wie der innerfamiliär-adelnde Federstrich des Medici-Papstes Leo X. für seinen Neffen Lorenzo.

Mit den 60 Jahren Staatsterror durch ihre Fastfood-hochgehievte Herzogstochter Katharina Medici waren die Kardinäle immer noch nicht an ihr Ziel gekommen, Frankreich »protestantenfrei« zu säubern. Die Kardinäle ahnten, dass sie auf *einem* Medici-Herzogbein nicht stehen konnten. So traten sie gemeinsam mit den Medicis in eine Phase des zähen Ringens mit dem deutschen Kaiser ein, die Medicis stabil und für immer höchstzuaristokratisieren. Vor allem ging es darum, die Medicis zu regierenden erbberechtigten Großherzögen emporheben zu lassen, was *allein* sie auf Dauer befähigte, auf der europäischen Heiratsbörse des Hochadels mitzubieten.

Der Großvater Maria Medicis, Cosimo (1519–1574), erhielt schon als 19-Jähriger von Kaiser Karl V. 1537 in Gegenleistung für die Aufbesserung von Karls Kriegskasse den persönlichen Herzogtitel. Dann veränderte sich 30 Jahre nichts, bis Papst Pius V. »nachstieß«. Er handelte eigenmächtig wie sein Vorgänger Leo X. und »beförderte« – ohne eine Lizenz dafür zu haben – Cosimo Medici 1569 zum Großherzog. Das nützte nicht viel, denn es fehlte weiterhin der Titel des *erblichen* Großherzogs. Und es fehlte der Adelsbrief vom Kaiser.

Cosimos ältester Sohn, Francesco Maria Medici, arbeitete an dem Problem. Er heiratete 1565 – wieder für viel gezahltes Geld – Johanna d'Austria, eine Schwester des Kaisers Maximilian II. Nun war ein Medici schon einmal Schwager eines deutsch-römischen Kaisers. Aber den Erbgroßherzog-Titel bekam er immer noch nicht. Dafür musste Cosimo Medici, der päpstlich usurpierte, also reichsrechtlich falsche Großherzogsvater Francesco Marias, erst sterben, was er 1574 tat, ein Jahr nach Enkelin Maria Medicis Geburt.

1575 sandte Maximilian II. endlich den Adelsbrief nach Florenz, der den von Cosimo begründeten Medici-Familienstrang in den erblichen Fürstenstand versetzte und die männlichen Vertreter zu regierenden Großherzögen machte. Die Weichen für den zweiten Weg einer Medici-Braut auf den französischen Thron waren nunmehr gestellt.

25 Jahre später war es endlich so weit. Maria Medici, ein ent-ichtes Werkzeug der Kurie, agierte wie deren ferngesteuertes »Fahrzeug«. Sie zeugte mit dem ihr »anvertrauten«, nach Frankreich eingeschleusten, desaströsen, alkoholischen, manisch-depressiven, in Italien gescheiterten jungen florentinischen Abenteurer Concino Concini (1575–1617) fünf ihrer sechs Kinder! Das waren auch schon »gefälschte Königskinder« – diesmal nicht »beschafft«, sondern von der Ehefrau dem Ehemann »untergeschoben«.

Die Medici-Concini-Produkte, die bis heute von der Geschichtsschreibung als Henri-IV-Kinder »geführt« werden, benahmen sich politisch unfähig, Aristokratie-traditionell »unbeleckt« und diplomatisch untrainiert in Frankreichs Politik und auf Europas Thronen. Sie hatten keinen Funken staatsmännlichen und staatsfraulichen Verstandes und waren gesamt-untergänglich tätig, was sich pro-päpstlich auswirkte, versteht sich, worauf es der Kardinalskörperschaft allein ankam. Es waren in Frankreich Louis XIII (1601–1643) und Gaston d'Orléans (1608–1660), in Spanien Elisabeth de France (1602–1644), erste Frau des spanischen Königs Philipp IV., in Savoyen Großherzogin Christine de France (1606–1663) und in England Henriette de France (1609–1669), Frau des englischen absolutistischen Königs Karl des Ersten (1600–1649), der ab 1641 Revolten provozierte und 1649 hingerichtet wurde.

Statt Henri IV ist also Concino Concini der Offizial-Großvater Ludwigs des Vierzehnten. Dessen *leiblicher* Großvater könnte Concini jedoch nach der Augenprobe so wenig sein wie Henri IV, denn Concini hat braune Augen in einem ethnisch mittel-europäischen Misch-Gesicht, das sich sehr deutlich in seinen fünf Kindern von Ludwig 13 bis zu Henriette de France wiedererkennen, aber in den mittelmeer-orientalischen Konturen und schwarzen Augen von Louis XIV nicht finden lässt.

Das geschichtliche Elend der politischen Apathie und Insolvenz des Medici-Concini-»Bastards«, Ludwigs des Dreizehnten, ermöglichte die erste Implantierung eines Beamten der römischen Kurie in die französische Regierungsspitze, den Aufstieg und die fast 20 Jahre anhaltende quasi-diktatorische Alleinherrschaft Kardinal Richelieus über Frankreich. Die politische »Kopflosigkeit« der Medici-Concini-Söhne Louis XIII und Gaston d'Orléans ließ ein Vakuum im Regierungszentrum Frankreichs entstehen, in das die Kardinäle mit einem der Ihren direkt eindringen konnten. Die Schaltzentrale für diese Aktion war Maria Medici.

Nach der »Erbgutvermasselung« wirkte die ideologische Papstgesandte auf dem französischen Königsthron noch mehrfach staatspolitisch verheerend. Ihr Ehemann, Henri IV, wurde einen Tag nach ihrer Krönung zur allein-regierungsberechtigten Königin ermordet (14. 5. 1610). Die Witwe ersetzte Henri IV, den unvergleichlichen katholisch-protestantischen Balanceur auf Frankreichs Thron, durch ihren italienischen Partner Concini, hochgeadelt zum Marquis d'Ancre, der sich umgehend als eine Regenten-Karikatur erwies und nach sieben Jahren mafiotischer Mistwirtschaft vom eigenen, inzwischen 15-jährigen Sohn, Ludwig 13, umgebracht wurde, der dafür seinen Liebhaber Charles de Luynes angeheuert hatte.

Jedoch, das – für die nächsten Jahrhunderte – Europa-Verheerende war die von Maria Medici 1616 vorgenommene Beauftragung Bischof Richelieus mit den wichtigsten Regierungsämtern, dem Militärministerium (damals »Sekretariat« genannt) und dem Außenamt.

Ab diesem Moment war Richelieu im französischen Regierungsgeschehen »drin«, aus dem er sich trotz eines Rückzug-Intermezzos in den Jahren zwischen 1617 und 1620 nie wieder herausdrängen ließ, im Gegenteil, in das er unaufhaltsam – zur Spitze strebend – immer weiter eindrang, bis er 1624 als zwei Jahre zuvor gekürter Kardinal von Ludwig 13 die Gesamtregierungsgeschäfte übertragen bekam, die ihm erst der Tod im Dezember 1642 aus der Hand nahm, was keiner der Dutzenden von Erhebungen Frankreichs gegen Richelieu gelungen war.

Mit Kardinal Richelieu als De-facto-König und gleichzeitig als Mitglied des römischen Kirchenstaates, was jeder Kardinal sein muss, war das Papsttum in Ansehung Frankreichs gerettet.

Kardinal Richelieu, der politische Großvater Ludwigs des Verrückten, ist der erste Direkt-Emissär des Papstes an der französischen Regierungsspitze gewesen. Er hat die seinem Land blutig eingepaukten Prinzipien in seinem politischen Testament zusammengefasst: 1. Zentralmacht totalisieren = einen Führer-Staat konstruieren, 2. diesen mit den Interessen des Papstes koordinieren, das heißt jede kirchliche Reform vereiteln, den protestantischen Staat im französischen Gesamtstaat eliminieren, 3. Frankreichs Position in Europa als die die Geschicke Europas lenkende, ja beherrschende Großmacht etablieren (165, 166).

So etwas hätten in Frankreich ab 1600 von Rom aus die Päpste allein nicht mehr durchpauken können. Die französischen Herrscher als mit verschiedenen Mitteln eingeschleuste Italiener, als europapolitische Interessenvertreter des Papstes, konnten das aber: Katharina Medici, Maria Medici, Concino Concini, die Kardinäle Richelieu und Mazarin und deren Produkt, der »beschaffte« Louis XIV.

Richelieu heckte 1630, sechs Jahre nach seiner Machtergreifung 1624, mit seinem Schüler Mazzarino den dritten Coup des Papsttums gegen Frankreich aus, die »Königsfälschung Louis XIV«, die der römischen Kardinalskörperschaft für immer die Pfründe Frankreichs sicherte, schlimmer, die die gesamteuropäische Geschichte so verdrehte, dass sie in Diktaturen, Gewalt- und Schreckensherrschaften bis zu Weltkriegen für 300 Jahre ständig »nach hinten losging« – um das Geschehen im Slang zu verknappen.

DIE GESCHICHTSFÄLSCHUNG

Die Totalisierung der Zentralmacht und die Kapitalisierung der Bürger geschahen seit ein paar Jahrhunderten ab dem ausgehenden Mittelalter – zulasten der Regionaladligen und der Kleinbauern. In Louis XIV sieht die Geschichtsschreibung den Höhepunkt der Entwicklung, den sie als »Absolutismus« bezeichnet = absolute Willkür von feudalen Herrschern in nahezu unanfechtbaren Positionen.

Die Kulmination des Politisch-Autoritären wird gemeinhin in Defekten, ja Degenerationen der Klasse des Adels gesehen. Zugleich war jedoch in ganz Europa (auch in Frankreich bis 1610) zu beobachten, dass die Repräsentanten der Zentralmacht von den Landesadligen und Landesbürgern finanziell und militärisch »in die Mangel genommen« werden konnten und dass die Staatsspitzen sogar sich von selbst – dem Volksganzen entgegenkommend – »herabsenkten«.

Unabhängig von den Geldinteressen einiger Landesherren blinkten ab dem 15./16. Jahrhundert Anzeichen in Richtung Moderierung, »Säkularisierung«, ja Konstitutionalisierung des Feudalismus auf. Außerdem leuchteten die vielen Signale der Reformierung des total autoritär-ausbeuterisch gewordenen christlichen Kultes, also einer Emanzipation vom Papsttum, an der in erster Reihe auch regierende Fürsten teilnahmen.

Es gab in Europa den Fürsten als den »guten«, »weisen«, »klugen«, »großmütigen« oder »beständigen«. Solche Herrscher wie den »schrecklichen«, »grausamen« und »wahnsinnigen« gab es immer seltener. Der französische König Ludwig 12, der direkte Vorläufer von Franz, wurde von seinem Volk »père du peuple« genannt, weil er ein Herz fürs Volk hatte. Die Gefolgsmänner von Henri IV sprachen von ihrem König als »nostre Henri«, weil sie sich mit ihm verbunden fühlten. – Gegen den Bannfluch Papst Sixtus V., der Henri IV am 9. September 1585 exkommunizierte, schreibt der 31-jährige, seit dem 10. Juni 1584 Thronerbe von Gesamtfrankreich gewordene König von Navarra seinen Beschwörungsbrief an den französischen Adel: Ein rechtmäßiger Thronerbe ist kein Krimineller. Der Papst will über die Nachfolge des Katharina-Medici-Sohnes und amtierenden schwulen kinderlosen Königs Henri III entscheiden. Schlimmer: Frankreich soll (weiter) von der Kardinalscorporation in Rom dirigiert werden. Mit Religion hat die politische Lage nichts zu tun (108, II, S. 169 f.).

Heinrich VIII. von England (1491–1547) zeigt beides: das noch in Willkür Wüterische und das schon Emanzipatorische. Er befreit die gesamte Kirche seines Landes vom Papst, ohne sie zu reformieren, und er bricht mit dem Dogma der ausschließlich männlichen Erbfolge, bestimmt seine beiden Töchter, Maria und Elisabeth, zu seinen Nachfolgerinnen – ein Schritt, der nicht als bedeutend genug angesehen werden kann, bahnt er doch den fast 50 Jahren »Elisabethanischen Zeitalters« den Weg, der schließlich in der konstitutionellen Monarchie gemündet ist, dem verfassungsgebundenen Fürstentum, das ganz Großbritannien im eigenen Land bis heute vor faschistischen Ausbrüchen in politische Diktaturen bewahrt hat.

Mit dieser Entwicklung, von Elisabeth 1 angefangen, geht es auch auf dem Festland Europas weiter. Die Jahrhunderte vom 16. bis 18. kontrastieren Ludwig den Vierzehnten in außerfranzösischen Nationen. In deutschen und skandinavischen Ländern und Städten, in den Niederlanden, in der Schweiz herrschen Religionsfreiheit und Prosperität der Bürger.

Russland wird fast das ganze 18. Jahrhundert über von Frauen regiert, von vier Zarinnen und einer Regentin.

An der Vorbereitung der Französischen Revolution sind wesentlich französische Adlige beteiligt, auch die Fürsten Bourbon-Condé und Bourbon-Conti. Ein Conti geriert sich als Mäzen der Eckpfeiler der Revolution, der Schriftsteller Beaumarchais und Rousseau. Letzterer wird sogar von Bourbon-Conti gegen Verfolgungen durch Ludwig den Fünfzehnten geschützt.

Im deutsch-österreichischen Kaiserreich regiert von 1711 bis 1740 Karl VI. (geboren 1685), verheiratet mit der protestantischen Großherzogin Elisabeth-Christine von Braunschweig, das Elternpaar Maria Theresias, für die die »Pragmatische Sanktion« durchgesetzt wird, die Maria Theresia berechtigt, in Ermangelung eines männlichen Thronerben Königin von Böhmen und Ungarn zu werden und zugleich als Kaiserin zu fungieren – in Verbindung mit ihrem nominell als Kaiser posierenden Franz I. von Lothringen. Maria Theresias Söhne Joseph II. und Leopold II. profilieren sich als aufgeklärte Regenten.

In Frankreich lief die Entwicklung ursprünglich ebenso wie im restlichen Europa. Henri IV regierte gemeinsam mit seinem Administrations-Strategen Sully, wie Elisabeth die Erste von England mit ihrem Kanzler Baron Burghley zusammen regierte.

Ludwig der Dreizehnte berief 1614 zum letzten Mal die Generalversammlung der Stände, eine Art Hoftagung, an der Vertreter aller Interessengruppen des Landes teilnahmen, um Dinge von Staat und Gesellschaft zu diskutieren, neue Regelungen durchzusetzen – eine Vorläufer-Einrichtung der demokratischen Parlamentsdebatten.

Bis der nächste französische Ständetag von Ludwig dem Sechzehnten 1789 einberufen wird – und das auch nur, weil der König dazu gezwungen wird –, vergehen 175 Jahre. – Allein dieser Fakt des fast 200-jährigen »Ruhens« jeglicher Mitbestimmung der Bürger in den Belangen der Nation beweist, dass etwas mit der Entwicklung in Frankreich nicht stimmte, härter: Was zwischen 1615 (dem Ende der letzten französischen Generalversammlung) und 1789 in Frankreich »gelaufen« ist, war Europa-»abartig«.

Richelieu überzog sein Land und infiltrierte die europäischen Höfe mit einem vorfaschistischen Geheimdienst, mit Hilfe dessen er jeden Anflug eines Komplottes gegen seine Diktatur aufspüren konnte. Richelieu ließ *einen* – nach Vorbild von Henri IV – balancefähigen kooperationsbereiten Aristokraten nach dem anderen wegen Konspiration gegen seinen »rechtskonservativen« katholischen Totalitarismus, der das Land mit inadäquaten, um das Vierfache erhöhten Steuern auspresste, öffentlich hinrichten. Alle ein bis zwei Jahre fällt der Kopf eines hohen Adligen oder hohen Militärs. – Der Pariser Hof verödete in der Regierungszeit Richelieus. Louis XIII floh in seine Jagd- und Militär-Abenteuer unter Männern, die Königin Anne d'Autriche verschloss sich mit ihren Frauen zu religiösen Exerzitien und erging sich in ihren Rinnsal-Subversionen gegen Richelieu.

Das Kind, das die beiden Königskardinäle, der alte thronende Richelieu und der junge Mazzarino, Kardinal in spe, ausbrüteten, drehte dann als Louis XIV die Verhältnisse zu allen Seiten hin zurück. Altertümlicher Orient im Personenkult, den er mit sich selbst als Sonnen-anbetungs-benötigender König betreiben ließ, und Volksaderlass im Stil von mittelalterlichen Destrutypen wie Dschingis Khan und Kriemhilds König Etzel. Die Einwohnerzahl Frankreichs sank allein in den letzten 15 Louis'schen Herrscherjahren zwischen 1700 und 1715 um drei Millionen, von 21 auf 18 Millionen – um ein Siebtel der Gesamtbevölkerung! Überall sonst in Europa stieg sie. Das Land ist beim Tod von Louis XIV erschöpft, der Staatshaushalt im Minus, um *achtzehn* Jahresbudgets überzogen! Das Gegenteil: Henri IV hinterließ bei seinem Tod einen Staatshaushalt mit einem Plus von zwölf Millionen.

Der Nachfolger Ludwigs des Vierzehnten, Louis XV, begann delirisch zu prassen und zeigte auf andere Weise, dass er nichts von dem Verhältnis zwischen Volk und Regenten versteht. Er richtete sich ein Orgien-Ministerium ein, dessen Vorstand »maître de plaisir« genannt wurde, der täglich neue gruppensexuelle Arrangements zur Befriedigung der unstillbaren promiskuitiv-heterosexuellen Bedürfnisse des Königs treffen musste. Zugleich fielen die ärmsten Menschen in Paris auf der Straße vor Hunger tot um.

Auch wenn die Fürsten Europas Louis XIV imitierten, war das, was an dessen Hof und mit dessen Umtrieben in Land und Europa geschah, ein »Ausflippen« – nicht um Adel zu repräsentieren, sondern um nichtgehabten Adel drohgebärdend nonstop an-aristokratisch zu demonstrieren. Das zeugungs- und geburtsverbriefte Blutsfürstentum der »Gottesgnade« hatten ausgerechnet die Kardinäle, die Helfer des Gottesstellvertreters in Rom, unterlaufen.

Der beschaffte Louis XIV verfügte über keine phylogenetisch vermittelte Erfahrung, sich auf dem französischen Thron generationsgeübt richtig, das heißt zeitadäquat moderiert und aufgeklärt zu verhalten.

Alles, was sich politisch in Frankreich regional-reformatorisch auch nur *äußern* wollte, wurde ab dem frühen 17. Jahrhundert von der Zentralgewalt in der Epoche zwischen Richelieu und Louis XIV ausgelöscht, die Rechte der Bürger und des Parlaments auf null geschraubt, das Volksvermögen für die ins Dinosaurische aufgepumpten privaten Spleens und Macken der entgrenzten Fremd-Herrscher verpufft.

DIE GESCHICHTSFÄLSCHUNG 63

Das Geschichtsverständnis nach Karl Marx tut so, als sei die Französische Revolution etwas Gutes gewesen, beschämt die Deutschen, die zu solch einer Sprengung des Feudalismus nicht fähig gewesen seien.

Die Französische Revolution war nicht gut und hat den Feudalismus auch nicht abgeschafft. Sie kam anderthalb Jahrhunderte zu spät. Die Franzosen haben seit den Kardinals-Regimen von Richelieu und Mazarin 1624 bis 1661 zahllose Aufstände, Sprengungen, ja Revolutionen versucht, die alle entweder in ihren Keimstadien erstickt oder niedergeschlagen wurden. Was dann 1789 passierte, war eine ausufernde Explosion nach 179 Jahren diktatorischer Fremdbestimmung – gezählt ab Ermordung des Königs Henri IV 1610.

Der letzte revolutionäre, zeitadäquate und Umstände eingrenzende revolutionäre Akt in Frankreich war die Entmachtung des Usurpators Concini 1617, der nach der Ermordung Heinrichs des Vierten 1610 mit dem volkstödlichen pur-selbstbegünstigenden Aderlass der französischen Gesellschaft begonnen hatte. – Der rechtmäßige Thronerbe Louis XIII und sein Liebhaber und designierter Regent, der allgemein unterschätzte Charles de Luynes – wie Henri IV ebenfalls zur Balance begabt – ließen den Chaoten Concini erschießen und verbannten seine Regierungs-anästhetische Partnerin, die Königinmutter Maria Medici, sogleich vom Hof und aus allen Regierungsämtern. – Aber die Luynes-Regentschaft war wegen Richelieus Anmarsch auf die Macht und der von ihm gesponnenen Fäden, die das Duo Luynes/Louis XIII Ende Dezember 1621 schließlich politisch erwürgten, nur eine Atempause in den 180 Jahren französischer Staatsfehlentwicklung.

Vergleichbar dem Concini-Putsch gewalteingegrenzt und gesellschaftlich effektiv verlief auch die Englische Revolution. Sie spielte sich in zwei Phasen ab:
I. 1648/49 Sturz des absolutistischen Königs Karl I. durch Oliver Cromwell und das Parlament. Errichtung einer Republik (Commonwealth of England) mit einem Staatsrat, dessen Haupt Cromwell wurde. – 1660, zwei Jahre nach Cromwells Tod 1658, reetablierte Karl II., Sohn des 1649 hingerichteten Karls I., in einem Staatsstreich von rechts die absolutistische Königsherrschaft. Er war als Jüngling in den ersten Revolutionswirren mit seiner Mutter, der Concini-Medici-Tochter Henriette de France, Mitte der 1640er Jahre nach Frankreich emigriert und wurde von ihr aufgehetzt, gegen die englische Republik vorzugehen, was er schon 1650, mit 20 Jahren, von Schottland her in einem Krieg gegen die Cromwell-Regierung vergeblich versucht hatte. – Nach seinem Tod 1685 kam sein jüngerer Bruder Jakob II. an die Macht, der – als »treuer Sohn« der französischen Reaktionärin, Henriette de France –

das seit Elisabeth I. protestantisch gewordene England rückverpäpstlichen wollte.

II. 1688/89 Das englische Parlament bat den Schwiegersohn und Neffen Jakobs II., Wilhelm von Oranien, seit 1674 Statthalter der protestantischen Niederlande, um Hilfe. Es geschah etwas, das auch in Frankreich schon seit einem Jahrhundert zum Erfolg drängte: der Hochadel verband sich mit der Volksvertretung zum Zwecke der Demokratisierung der Gesellschaft. Wilhelm von Oranien und seine Ehefrau, Maria, Tochter des reaktionären Jakob II., provozierten einen Wandel und sicherten in ihrer Verwandtschaft mit dem herrschenden König zugleich die Kontinuität. Sie zwangen den amtierenden Jakob II., Büttel der römischen Kardinalscorporation, ins Exil nach Frankreich und begründeten gemeinsam mit dem englischen Parlament die konstitutionelle Monarchie, der sie als König Wilhelm III. und Königin Maria II. präsidierten. Sie akzeptierten die »bill of rights«, das erste demokratische Grundgesetz, das auch Frauenregentschaft und Frauenerbrecht verbriefte. Nach dem Tod von Wilhelm III. 1702 kam Anne Stuart, die Schwester seiner Frau, auf den englischen Thron.

Die Gunst des politischen Schicksals Englands ist dessen Insellage. Die Kardinalskörperschaft hat auch zum Beifußbleiben Englands für ihre finanzielle Ausbeute jahrhundertelang alles an Rückdrehung der Verhältnisse versucht. Doch die englische Erneuerung war je um je schneller als der Nachschub der Reaktion von Rom aus. – Im direkt neben Italien liegenden Frankreich verlief alles umgekehrt. Reaktion und Unrecht waren schneller und mächtiger, um die Durchsetzung von Recht zu vereiteln und die Progression gesellschaftlicher Entwicklung aufzuhalten.

In Frankreich flogen 1789 die Brocken von 180 Jahren Rechtsstau durch die Gegend – und trafen ganz Europa. Rechtlich ging es in Frankreich – mit Ausnahme der Interimsregierung des moderaten Luynes zwischen 1617 und 1621 – seit der Ermordung von Henri IV nicht mehr »mit rechten Dingen« zu.

Solch eine 200-jährige Rückdrehung der Verhältnisse, wie sie Frankreich mit allen denk- und undenkbaren Tricks von der römischen Kardinalscorporation angetan worden ist, kann eine einzige Revolution nicht aufheben, nicht die Entwicklung ohne weiteres wieder nach vorn mobilisieren.

Die französische Gesellschaft schlingerte auch nach der Revolution hin und her zwischen Chaoten-Blutherrschaft, Inthronisierung des korsisch-italienischen Usurpators Napoleon plus später seines Neffen Napoleon III. und der Wiederinstandsetzung der Beschafften-Dynastie durch die Louis-XVI-Verwandten, die Brüder Louis XVIII (1814–1824), Charles X (1824–1830) und den Neffen Louis Philippe (1830–1848), so dass Frankreich trotz noch vieler

DIE GESCHICHTSFÄLSCHUNG   65

nach 1789 unternommener Revolutionen bis zum Ende des Zweiten Weltkriegs 155 Jahre lang nicht in die eigene Balance gekommen ist. Die Zeit zwischen der Schreckensherrschaft in den Jahren 1792 ff. und der politischen Nazi-Kollaboration 1939 bis 1945 dauerte fast genauso lang wie die der italienischen Fremdherrscher vom Medici-Concini-Paar bis zum Ende des letzten Potentaten der Kardinalsbaby-Dynastie, Ludwigs des Sechzehnten.

Was bei den Medici-Concinis noch Dilettanten-destruktiv spontan ablief, das wurde nach ihnen professionelle Methode: die Kardinäle Richelieu und Mazarin, die Ludwige 14 (Verrückter), 15 (Promisker) und 16 (Hilfloser), die Guillotine-Schwuchteln Robespierre und Saint-Just und der Weltkriegsmacher Napoleon – mit diesen acht Destrukteuren an der Macht im stärksten und mächtigsten europäischen Lande war Mitteleuropas Hineinschliddern in die Dauerdestruktivität der ersten Hälfte des 20. Jahrhunderts nicht mehr zu bremsen.

Auch Geschichte ist etwas Lebendiges, Meta-»Natürliches«. Wenn Herren in gesellschaftliches Leben und in Natur mit anti-vitalen Maßnahmen eingreifen, kommt Tod heraus und – wie sich aus den Folgen Ludwigs des Verrückten zeigt – auch gesellschaftlicher Tod, der dann mit Napoleon die Regentschaft über ganz Europa bis vor Moskau antrat.

Frankreich hat eine Todesspur auch *nach* Napoleon zurückgelegt, die bis in die Gegenwart des 20.-Jahrhundert-Endes reicht – die Unterwasser-Atombomben-Versuche im Stillen Ozean. Sie wurden von der Nordhemisphäre nicht richtig wahrgenommen (= nicht im Bewusstsein der »Kulturvölker« gespeichert), aber die Südsee hat sie bemerkt und muss bis heute an manchen Orten ein »schleichendes Hiroshima« aushalten: Kilometerweit zerstörte Unterwasser-Biotope, Vernichtung der Ernährungsgrundlage für diejenigen Klein-Insulaner, für die das Unter-Wasser-Leben ihr Überwasser-Überleben war. – Ein Atomversuch *unter* Wasser in ihrer Nähe hatte ähnliche Wirkungen wie ein »*über*irdischer« Abwurf einer Atombombe auf die Nachbarschaft der Explosion. Die Folgen: Sprunghafter Anstieg der Krebsrate bei den im Gebiet der nuklearen Unterwasser-Sprengungen Lebenden. Bis heute proportional unverhältnismäßig hohe Zahl von siechenden Krebskranken.

Der französische Geheimdienst hat mit Gestapo-Methoden das Greenpeace Schiff »Rainbow Warrior« zerstört, das in den 1980er Jahren im ganzen Pazifik Aufklärungstouren unternahm. Bei der Sprengung des Schiffes durch Spione des französischen Geheimdienstes im Auckländer Hafen wurde ein Greenpeace-Protestierer getötet.

Die Unterwasser-Atombomben-Versuche Frankreichs in der Südsee sind ein faschistisches Rinnsal der französischen Zustände ab Katharina Medici bis in die Gegenwart hinein. – Die USA und die damalige Sowjetunion unternahmen ihre Atombomben-Versuche in ihren eigenen Territorien in Wüsten oder sibirischen »Einöden«. Frankreich beging mit den Versuchen einen Übergriff auf das Gebiet fremder Völker – unter dem Vorwand, die Versuche in den von Frankreich besetzten und deshalb zu ihm »gehörenden« Kolonien stattfinden zu lassen, als handele es sich bei dem betroffenen Gebiet um ein Mondlandschafts-unbelebtes Eigentum Frankreichs.

Als Australien und Neuseeland, die nicht zu weit weg von den Zerstörungen der Meeresregion liegen, immer wieder protestierten, antworteten die jeweiligen französischen Präsidenten, die Versuche seien ungefährlich für »den (Nordkugel-)Menschen« (aber nicht für die Südseeinsulaner). – Warum werden die »Versuche« dann nicht im Atlantik vor der Küste Frankreichs gemacht?, fragten die Protestierenden. – Keine Antwort von französischer Seite her.

Die Unterwasser-Atombomben-Explosionen waren eine Europa-ausgelagerte Staatsterror-Aktion im Stile des politischen Verhaltens von Katharina Medici über Louis XIV bis zu Napoleon Bonaparte, das bis heute von Frankreich nicht (ganz) überwunden wurde.

KOMMENTIERTE FAKTEN

Kommentare sind dazu da, das Missverständliche, Doppeldeutige, Unklare von gesetzten Fakten auf den Punkt des Sinns einer Aussage zu bringen.

ÖFFENTLICHE GEBURT?

Die französische Königin Marie Antoinette, Frau des letzten französischen Vor-1789-Königs, Ludwig des Sechzehnten, jüngste Tochter Maria Theresias, hat ihre Kinder öffentlich geboren.
»Öffentlich« meint, die Königin hat bei ihrer Geburt einen Raum – eher Saal – mit dem anwesenden Hof geteilt. Ausgewählte Personen des Hofes durften den Geburten der Königin »beiwohnen«, ja dem Geschehen, soweit sie nahe genug waren, zuschauen.
Stefan Zweig beschreibt die Situation in seiner Biografie *Marie Antoinette* und macht einen Schlenker über das befremdliche Verfahren, die öffentliche Geburt der französischen Königinnen sei ein »jahrhundertelang geheiligter Brauch« am Königshofe Frankreichs gewesen (191, S. 172). So »schlenkern« sich auch sämtliche Biografien, die das Thema »öffentliche Geburt am französischen Königshof« berühren, über viele Jahrhunderte von Geburten französischer Thronfolger und Prinzen hinweg.
Die kritische Biografik, die wissenschaftlich haltbare Aussagen machen will – wenigstens bis zum Auftauchen neuer Quellen und Befunde –, kann sich solche unüberprüften Schlenker nicht leisten. Hätte es am französischen Hof den Zwang zur Teilung desselben Raumes zwischen Hof und königlicher Gebärerin gegeben, wäre die Beschaffung Ludwigs des Vierzehnten nicht möglich gewesen.

Aus einem Vergleich der Berichte der Königinnen- oder Kronprinzessinnen-Geburten vor und nach der Beschaffung Ludwigs des Vierzehnten erweist sich aber, dass es die Raumteilung zwischen oberster Gebärerin und Hof, außer bei Marie Antoinette, nicht gab.
Wenn von Anwesenheit des Hofes bei der Geburt gesprochen wird, dann bezieht sich das Wort »anwesend« auf »den Hof hinter der Tür«. Angehörige

des Hofes wurden ab dem zu erwartenden Beginn der Wehen der Königin herbeigerufen und durften – ebenso wie mussten – sich *vor* den Gemächern der Königin, in denen sich das Wochenbett befand, versammeln.

Die Nachwelt hat ein genaues Bild von der königlichen Geburt nur *eine* Generation vor dem »Manöver Louis XIV«, nämlich von der Geburt Ludwigs des Dreizehnten durch seine Mutter Maria Medici. Die bei der Geburt mitwirkende Hebamme Louise Bourgeois hat ihre Erinnerungen daran aufgezeichnet. Ihre Memoiren über die »gelungenen Geburten der Königskinder« (25) lassen keinen Zweifel daran, wie eine Geburt bei einer französischen Königin genau vonstatten ging – so geschehen in der Elterngeneration von Ludwig 13 und Anna Ö., nur 37 Jahre vor der Königsfälschung.

Maria Medicis Mann, Henri IV, hatte für die Geburt ihres ersten Kindes im September 1601 eine alte erfahrene Pariser Hebamme bestellt, die dem König insofern lieb war, als sie seine nichtehelichen Kinder mit Gabrielle d'Estrées entbunden hatte. – Die Königin lehnte die Estrées-Hebamme ab und wählte stattdessen die junge Louise Bourgeois, weil sie wusste, dass Geburt ein emotional-sozialer Akt zwischen Gebärerin und Hebamme ist, der desto besser gelingt, je näher werdende Mutter und Hebamme einander sind, je mehr die Gebärende die Hebamme psycho-physisch mag, je intensiver sie ihr persönlich vertrauen kann, denn »alt und erfahren« »bringt« der Gebärenden wenig bis nichts, wenn ihr die Hebamme nicht angenehm ist.

Das Vertrauen Maria Medicis in Louise Bourgeois ging so weit, dass die Königin ihr für die Zeit der Geburt die volle Regentschaft über das Geschehen überließ. Sämtliche »Potentaten« und »Honoratioren« am französischen Hof waren für ein paar Tage »entmachtet«. Niemand, der nicht unbedingt im Zimmer der Gebärenden gebraucht wurde, durfte es während der Geburt betreten.

Das entscheidende Zeugnis zur besonderen Art der Öffentlichkeit der Geburt am französischen Königshof war das Diktat der Hebamme an alle Helferinnen im Raum: Niemandem wurde erlaubt, das *Geschlecht* des geborenen Kindes »nach draußen« zu geben, ehe die Geburt abgeschlossen sein würde. Und wann der Moment »abgeschlossen« gekommen war, signalisierte allein Hebamme Bourgeois.

Wie diese weise Frau wusste, stören beide Nachrichten den Abschluss der Geburt immens: Der Schrei »Junge!«, sowie das Zeichen dafür aus der Scheide der Gebärenden sichtbar ist, hätte die vor den Türen lauernde Menge das Gebärzimmer stürmen lassen. Der Jubel hätte allem, was im Ge-

ÖFFENTLICHE GEBURT?

burtsprozedere noch zu laufen hat, entgegengewirkt, die erschöpfte Mutter drangsaliert und den Beginn ihrer Erholung vereitelt.

Die Nachricht »Mädchen« hätte einen Störungseffekt mit anderen Vorzeichen gehabt. Eine Königin, die ein Mädchen zur Welt brachte, wurde als Versagerin, ja als Lieferantin unbrauchbarer »Ware« gescholten – welche Einschätzung auch keine Situation herstellt, die den Vorgang der Geburt optimal abschließt und der Mutter ihr erstes Ruhen nach den Anstrengungen garantiert!

Das Wichtigste bei dem Diktat »keine sofortige Bemerkung über das Geschlecht des soeben zur Welt gekommenen Kindes!«: Das Gebot galt auch der Gebärenden gegenüber, die während des Geburtsvorgangs nicht sofort das Geschlecht ihres Kindes sehen kann, was sie gemäß den Erfahrungen Louise Bourgeois' nicht sollte, denn die Gebärende muss sich ganz auf den Vorgang der Geburt konzentrieren und darf sich nicht von den patriarchalischen Dogmen der Wertigkeit eines Geschlechts stören lassen. Stolz oder Enttäuschung wären im Moment des Gebärens geburtsvermasselnde Gefühle gewesen.

Maria Medici wusste nicht gleich, wes Geschlechts ihr erstgeborenes Kind ist, denn sie fragte, als die Geburt zu Ende war, in ihrer italienischen Muttersprache: »È maschio? È maschio?«

Nachdem die Hebamme die Frage mit »Ja!« beantwortet hatte, wurde der gewaschene Säugling, Maria Medicis erstes Kind, der spätere Ludwig 13, dem vor der Tür wartenden König Henri IV in den Arm gelegt, damit er ihn einmal kurz den versammelten Höflingen entgegenhalten konnte. Kurz, kurz, denn die Hebamme »kassierte« das Baby schnell wieder ein, um es nicht dem Angeblasenwerden Dutzender verschiedener Ausatmungen und körperlicher Ausdünstungen zu lange zu überlassen.

Warum weiß dergleichen Spitzengenaues »die Menschheit« nicht über die Geburt des Kronprinzen, Ludwig 14, in der nächsten Generation?

So allernahest dieses Baby im Begriff »Dieudonné« dem Göttlichen platziert, so direkt es der Sonne unterstellt wurde, hätten sich doch schon die Zeitgenossen für vergleichbare Geburtsbeschreibungen durch seine »Geburtshelferin«, Demoiselle Personne, interessiert. »Fräulein« Personne war wohl so begabt, der Fälschung »beizuwohnen«, und so katholisch eingebunden, darüber kein auffindbares Wort zu hinterlassen, aber bis in die Gefilde der Schöpfung und Ausschmückung eines fiktiven Geburtsberichts gingen ihre Talente nicht.

Die Baby-Cloner Mazzarino und Richelieu haben versucht, den Informationsmangel übers Zentrale mit der Streuung von Randnotizen wettzumachen. So wurden der Öffentlichkeit die *Tapeten* des ersten Kinderzimmers des neuen Erdenbürgers Louis XIV deutlichst ausgemalt. Es wurde behauptet, Königin Annas Ehemann Ludwig 13, der Astrologe Campanella und der drei Tage später die Nottaufe vornehmende Erzbischof von Paris, Kardinal de Gondi, seien bei der Geburt am 5. September 1638 dabei gewesen. Alle drei Männer konnten bisher schon als Kronprinz-Komplott-Beteiligte geoutet werden! Doch 1638 wirkten die drei männlichen Autoritäten als Geburtsbeteiligte noch wie ein Beleg der Geburt selbst, wobei den Dauphin-Propagandisten ein zeitgemäß geburtstypischer Fehler unterlaufen ist. Wie Standardwerke zur Geschichte der Geburt in Europa zwischen dem 16. und 19. Jahrhundert offenlegen, waren noch bis weit in die Neuzeit hinein Männer bei Geburten nicht zugelassen, sogar Ärzte nicht, nur in den Fällen eingetretener oder zu erwartender Komplikationen, wie bei der Geburt der damals spätestgebärenden Königin Anne d'Autriche, bei der Ärzte hätten zugegen sein *müssen*. Auf keinen Fall verlief eine Geburt im 17. Jahrhundert unter religiöser und Horoskop-früherkennender Mitwirkung von Bischöfen und Astrologen. Auch Ehemänner hatten, ganz anders als heute, im Gebärzimmer nichts zu suchen. – Geburt war noch bis ins 18. Jahrhundert hinein ein Frauenritus, den die Frauen nach Gelingen auch untereinander festlich mit Frauenfeiereien begingen.

Was von der Geburt Ludwigs des Vierzehnten kolportiert wurde, Ludwig 13 habe seine Frau Anna Ö. bei der Geburt im Arm gehalten, ist Zeit-unmöglich gewesen.

Die Details der Geburtspropaganda für Louis XIV – »Königin-im-Arm-Halten« und »Beisein des Königs beim Gebären der Königin« – sollten die Nähe, geradezu die Verliebtheit des Eltern-werdenden Königspaares Anna Ö. und Ludwig 13 unterstreichen. Dass diese Mitteilung eine damalige geburtstechnische Ente war, konnte sich das französische Volk nicht sofort klarmachen.

Die Gründe der Geburtspräsenz der anderen beiden Männer, des Astrologen Tommaso Campanella und des Kardinals François de Gondi, waren strategisch sehr gut angepeilt. Der Kardinal sollte sofort die Beziehung des Neugeborenen zur Göttlichkeit herstellen, die das Baby sowieso schon Frankreich geschenkt hatte, und so bald wie möglich die (Not-)Taufe, den Bund mit Gott, zelebrieren.

Noch dreister war die Begründung für Campanellas Anwesenheit bei der Geburt: Der Astrologe sollte sekundenbruchteilpräzise das Horoskop des aus dem Mutterleib hervortretenden Babys aufstellen. – Und nach Ludwigs des Vierzehnten Offizial-Erscheinen habe Campanella das Baby noch zweimal persönlich kontaktiert, sogar medizinisch untersucht, was Horoskop-prozessual nicht nötig gewesen wäre, aber beim Volk enormen Eindruck gemacht hat.

Kompetenter als König, Erzbischof von Paris und medizinisch versierter Hofastrologe konnte man 1638 als Geburtszeuge nicht sein.

Mit der damals gemachten Beschränkung der Geburtsanwesenden auf diese drei Männer wird zugleich bestätigt, dass noch nicht der *ganze* Hof vorm Bett der Gebärerin stand, wie er es im Falle Marie Antoinettes 140 Jahre später unzweifelhaft tat.

Die Richelieu'sche Informationspolitik speiste die Öffentlichkeit mit Details über das Geschehen vor und nach der Geburt ab.

Die ranghöchsten Prinzessinnen waren Ende August 1638 im Schloss Saint-Germain-en-Laye angekommen, um (hinter Türen akustisch) den Vorgang der Geburt begutachten zu können.

Am 18. August 1638 Ankunft des Königs und werdenden Vaters des gewiss männlichen Kindes. Ludwig 13 hatte eigens seine Front in Flandern verlassen, um der Geburt beiwohnen zu können. Er wurde prompt krank. Was hätte er anderes in den noch 18 Tagen Wartezeit bis zum 5. September tun können, um albernen Bemerkungen und Fragen der Höflinge auszuweichen, vor allem den misstrauischen Blicken seines jüngeren Bruders Gaston, der am 22. August im Schloss eintraf!

Zwölf Stunden hätten die Wehen gedauert, aber kein Wort über die Inneneinrichtung des Zimmers der Wöchnerin, nichts darüber, ob sie auf einem damals noch üblichen Gebärstuhl entbunden hätte, den man vor allem bei sich verzögernden Geburten einsetzte, eine solche mit den zwölf Stunden Wehen annonciert worden war. Nichts wird zur Kleidung der Königin spezifiziert, nichts über ein im 17. Jahrhundert getragenes Gebärnachthemd. Das ausgestellte Gebärbett belegt nicht, dass Anna darauf Louis XIV geboren hat.

Mit Einzelheiten wird die Gesellschaft erst dann wieder versorgt, wenn es heißt, dass der König täglich vier- bis fünfmal seinen Sohn besucht habe, um dessen korrekte Nährung durch die Ammen zu kontrollieren (17, S. 3ff.).

Es gibt auf dem Geburtsmythengobelin einen speziellen Farbton, den die Zeitgenossen nicht als besonders bemerken konnten, ein Detail, das erst 370 Jahre später ins Auge sticht, eine unauffällige Einzelheit, die 1638 weder nach außen gekehrt noch verheimlicht wurde und die heute etwas zur Erklärung der Art dieser Geburt beiträgt: Wer war die Koordinatorin der Handlungen, die im Wöchnerinzimmer und um es herum gemacht werden mussten? Königin Anna hatte als Supervisorin ihre komplotterprobte Hofdame Marie de Hautefort ausgewählt und Richelieu vorgeschlagen. Richelieu lehnte ab. Obwohl zwischen den beiden Frauen ein unverbrüchliches Vertrauensverhältnis bestand, war Hautefort für Richelieu nicht vertrauenswürdig genug. Schließlich waren die Konspirationen, an denen die Königin und ihre enge Freundin Hautefort sich beteiligt hatten, gegen Richelieu selbst gerichtet gewesen – die letzte noch im Jahr zuvor, 1637! Ganz in der Hand hatte Richelieu diese ihm gegenüber zwielichtige Begleiterin Annas nicht.

Die Supervisorin musste in die »Operation Kronprinz« eingeweiht werden *und* Richelieu vollkommen ergeben sein. Vor allem musste sie ihre Ergebenheit schon unter Beweis gestellt haben. Richelieu brauchte eine Frau, die sonst nichts mit der Königin zu tun hatte. Eine solche Frau, die die »Operation Kronprinz« in der letzten Phase mit Richelieus eigenen Augen überwachte und koordinierte, fand er in der Marquise de Lansac, der Tochter Gilles de Souvrés, eines 1626 84-jährig verstorbenen, jahrzehntelang von mehreren Königen und Regenten erprobten politisch-militärisch-didaktischen, Herrschafts-solidarischen Royalismus-Spezialisten.

Mit dieser Frau an der Spitze der Wöchnerin-Gleichschaltungen entlarvt sich heute, dass die Geburt Louis XIV' *keine* »Frauensache« war, sondern eine Staatssicherheits-Angelegenheit, denn bei der Geburtsfälschung war nicht mehr wichtig, was die Gebärerin »lieferte«, sondern wie die Lieferung des außer-ordentlichen Königin-Kindes in das Zimmer der Scheinwöchnerin vonstatten zu gehen hatte.

Richelieu sicherte 1638 mit der Beschaffung von Louis XIV nicht nur der vom Aussterben bedrohten papsttreuen Familie den französischen Thron, sondern hier und jetzt erst einmal seinen eigenen Staat, den er weiterzuführen gedachte, was ihm in den nächsten vier Jahren mit dem Coup auch wirklich gelang. Für etwas staatspolitisch derart zentral Wichtiges durfte nur eine V-Frau tätig werden, die dem Staat einspurig mit einer einwandfreien Geheimdienstleistung zur Verfügung stand.

Der V-Frau zur Seite gab Richelieu die Dame de La Chesnay, die Witwe eines ehemaligen königlichen Kammerdieners, der einst von Richelieu als Spion gegen den König selbst eingesetzt worden war.

Im Wöchnerin-Bett-Zimmer konnten damals unmöglich Männer tätig sein. Also mussten Frauen ausgesucht werden, die in allernächster Nähe zu

ÖFFENTLICHE GEBURT? 73

Männern des Richelieu'schen Kontrollstaates standen. Die Tochter des ehemaligen multipositionellen Royalisten und die Witwe des königlichen Kammerdiener-Spions erfüllten dieses Erfordernis vorzüglich.

Richelieu hatte bei den kommunikativen Problemen der Beschaffung Ludwigs des Vierzehnten an alles gedacht. Er war so weit gegangen, auch für die Funktion der ersten Amme von Louis XIV eine »Secret-Service«-Frau auszuwählen – sehr im Gegensatz zu den sonstigen Usancen des Adels, Frauen vom Lande, »aus dem Volke«, das heißt, von den niederen Ständen anzuheuern – nach dem Gesichtspunkt: »Arm nährt am besten!«

Louis XIV' erste Amme war Elisabeth Assel, Dame Longuet de la Giraudière, Ehefrau eines königlichen Finanzbeamten und Tochter eines Botschafters – beides Männer, denen Richelieu abermals selbst vertrauen musste, denn der ersten Amme würde nicht entgehen können, dass dieses Kind schon etwa ein halbes Jahr alt war. Ammen sind Frauen, die Still-Erfahrungen mit eigenen Kindern haben müssen, sonst produzieren ihre Brüste keine Milch. Das Stillen der eigenen Kinder macht Mütter zu spezialisierten Säuglings-Fachfrauen, die wissen, dass ein gerade geborenes Kind ganz anders säugt als ein halbjahraltes – nämlich noch ungeübt (Abb. 1).

Eine echte Frau »vom Lande« hätte die Befremdlichkeit des bezahnten, säugungstrainierten Babys, das vor ein paar Stunden geboren sein soll, sofort bemerkt und »gequatscht«. Es musste also als erste Amme eine Frau ausgewählt werden, die Beschaffungs-kooperativ schweigen konnte. Und nicht nur *eine* Frau! Es mussten mehrere avisiert und vorbereitet werden, solche, die 1637/38 schon oder noch stillten *und* schweigen konnten. Wegen der »Bissigkeit« des großen Neuankömmlings Louis XIV mussten es ebenfalls von Anfang an mehrere Ammen sein, da die Brustverwundung einen Wechsel verlangte. Madame de Longuet hatte daher auch noch die Funktion, vertrauenswürdige Frauen auszusuchen, die mit ihr den Job alsbald teilen würden.

Es gab zwischen der Beschaffung Ludwigs des Vierzehnten und Marie Antoinettes real-öffentlichen Geburten noch fünf Generationen von Königinnen oder Kronprinzessinnen, die Kinder auf die Welt brachten. Die nächsten prinzlichen Hervorbringungen in Frankreich verliefen ab den sechs ehelichen Kindern Ludwigs des Vierzehnten mit seiner Frau Maria Theresia (Infantin von Spanien 1638–1683) unauffällig. Noch die vielen Geburten der französischen Kronprinzessin, Maria Josepha von Sachsen (1731–1767), Mutter Ludwigs des Sechzehnten (1754–1793), gezeugt vom Kronprinzen Louis Ferdinand (1729–1765), dem Sohn Ludwigs des Fünfzehnten (1710–

1774), waren nicht öffentlich im Sinne: Der Hof stand um das Bett der Gebärenden.

Dass die Geburten Marie Antoinettes in großer Öffentlichkeit eingerichtet worden waren, hatte zwei Gründe:

Die mafiotische Prasserei der Könige Ludwig 14, Ludwig 15 und ihrer Regenten während ihrer Unmündigkeit hatte in den über hundert Jahren Missverhaltens auf dem französischen Königsthron so sehr das Verhältnis der Könige zum Volk getrübt, dass Ludwig 16 gezwungen war, öffentliche Akzente der Glaubwürdigkeit der französischen Krone zu setzen. Die möglichst »hautnahe« Demonstration des Gottesgnadentums war solch ein Akzent: Die Kaiserintochter höchstpersönlich lieferte den nächsten König! Und »alle« sollten sich *das* anschauen. Auch Menschen »aus dem Volke« waren zur Anwesenheit vor dem Wöchnerinbett geladen worden!

Der zweite heikle Grund für die Schaugeburten Marie Antoinettes: Ludwig der Sechzehnte war jahrelang unfähig gewesen, den Penetrationsakt bei seiner Frau vorzunehmen. Ludwig 16 litt an einer zu engen Vorhaut, die das männliche Glied im Zustand der Anschwellung nicht verlängert, sondern verbreitert, so dass – anstatt Rute und Stab, wie gewöhnlich und gewünscht – die Verformung zu einer Kartoffel dem Phallus den Scheideneintrittsakt verunmöglicht.

Da Marie Antoinette das phimotische Problem ihres Mannes, Ludwig 16, in ihren Briefen an ihre Mutter, Kaiserin Maria Theresia, nur andeutete und da darüber keine diplomatischen Korrespondenzen geführt, auch mit dem Transport des Faktes keine Geheimkuriere hin- und hergeschickt werden konnten, reiste Marie Antoinettes Bruder, Kaiser Joseph II., Mitregent Maria Theresias, extra nach Frankreich, um mit dem König Ludwig 16 das Problem unter vier Augen zu besprechen, der es daraufhin unverzüglich mit einer damals chirurgisch schon möglichen Vorhautbeschneidung im Erwachsenenstadium des Mannes aus dem Weg räumte.

Danach endeten das königseheliche »Vornean« und »Vor-der-Tür«. Die spät erworbene Eindringlichkeit Ludwigs des Sechzehnten führte prompt zu Schwangerschaften Marie Antoinettes. Aber die vielen Jahre Mann-bedingter Schwangerschaftsvereitelungen hatten sich im Lande herumgesprochen. Deshalb sollte mit der öffentlichen Geburt nicht nur höchst-abgestammtes, Gott-»verbrieftes« Königtum demonstriert werden, sondern auch der »Vollbesitz der Manneskraft« des zeugungsfähigen Königs.

Summe:
Die direkte Hofvisite bei Marie Antoinettes Geburten ist ein Sonderfall, der nicht verallgemeinert werden kann. Die französischen Königinnen oder Kronprinzessinnen haben also nicht immer unter den Augen des wartenden Hofes ihre Kinder zur Welt gebracht.

Die sogenannten öffentlichen Geburten der französischen Königinnen sind ein Mythos, über den Unklarheiten in Details bestehen. Bei den Historikern und Historikerinnen wird auch darüber geschrieben, das ganze Volk habe Zutritt zur Königin-Gebärstunde gehabt, um eine Beschaffung zu verhindern, die ein nur vorgespiegelt geborenes, ein totes, ein weibliches oder ein behindertes Kind mit einem schon »präparierten« wohlgeraten strotzenden Landbuben heimlich »ersetzen« sollte. – Wenn schon Nimbus vom gottesbegnadeten »blauen Blut«, dann habe »das Volk« auch kontrollieren wollen und dürfen, ob die höchste Frau Frankreichs das Balg zwischen Pisse und Scheiße – wie Kirchenvater Augustinus den menschlichen Eintritt ins irdische Leben definiert – in Blut und Schleim mit Schmerz und in Lebensgefahr wirklich und »leibhaftig« aus sich herauspresst.

So war es nicht. – Die öffentliche Geburt der französischen Königinnen ist ein Brauch zur Herrschaftsstabilisierung gewesen, innerhalb dessen den Aktual-Gebärerinnen ein Ermessensspielraum zur Verfügung stand. Die öffentliche Geburt war kein Vagina-Dialog. Der Hof und »das Volk« hatten während des Gebärens der Königinnen oder Kronprinzessinnen ein Recht auf den Zutritt zum Schloss, aber nicht auf einen Sperrsitz vor den sich öffnenden Beinen der Gebärenden – auch wenn solche frauenärztliche Hof-Nähe zur damaligen Königsgeburt heute immer noch angenommen wird.

Sogar die Menge in Anwesenheit der Geburten Marie Antoinettes nahm nicht die Perspektive des Arztes vor dem Gynstuhl ein. Im Gegenteil, Ludwig der Sechzehnte hatte vor dem Bett der Königin Paravents aufstellen lassen, die wenigstens einen etwas distanzierenden Sichtschutz vor den Anwesenden gewährten. Schon hinter solchen Paravents hätte mit einigem Geschick »beschafft« werden können!

Die Kupferstiche aus der Zeit des 17. Jahrhunderts zeigen ganz genau die Anwesenheit der Hofleute *nach* dem eigentlichen Geburtsakt. Die Bilder halten fest, wann die Show begann und was dargestellt und betrachtet werden musste.

Als hätten die Graveure einen Instinkt für die Wahrheit gehabt, gestalten sie Maria Medici nach echt vollbrachter Geburt erschöpft *liegend* im Bett, während ihr Kind, Ludwig 13, Leuten des Hofes, die auf Stühlen vor Wänden weitab vom Bett sitzen, vorgeführt wird. Alle Beteiligten, inklusive Baby, sind bekleidet und ruhen manierlich, liegen, sitzen, präsentieren den neuen Weltankömmling wie ein Schaustück. Von einer Dramatik des eigentlichen Gebärens mit Zuschauern – keine Spur (118, Abb. 7).

Vier Jahrzehnte später die königliche Säuglings-Vorstellung in der nächsten Generation: Königin Anna d'Austria *sitzt* aufrecht im Bett, während eine andere Person das Kleinkind Louis XIV hochhält. Auch es ist festlich herausgeputzt. Anna wirkt – im Gegensatz zu Maria – gar nicht schwach, eher verschmitzt und diebisch lächelnd, als freue sie sich und hätte einzig den Gedanken ihrer Nachfolgerin in 160 Jahren, Madame Mère, der Mutter Napoleons, im Kopf, die zu den Umtrieben und Operationen ihres Sohnes rosenkranzmurmeln würde: »Pourvu que ça dure!« = »Vorausgesetzt, es ist von Dauer!« – mit ihrem korsischen Sohn als französischem Kaiser. – Auf Anna Ö. übertragen: »Vorausgesetzt, die Geheimhaltung des Coups ›meines‹ beschafften Sohnes ist von Dauer!«

Von den Geburtsvorgängen bei Marie Antoinette sind neben der »großen Öffentlichkeit« außerdem noch viele Details bekannt, zum Beispiel, dass die Königin schwitzte, dass sie ohnmächtig wurde in der schlechten, massenverbrauchten Luft, dass ihr Mann nicht durch die Menge kam, um bei einer Komplikation einen ärztlichen Spezialisten hereinzuholen.

Solche Details wurden unabhängig von dem Vorgang der »öffentlichen Geburt« übermittelt, derartige Einzelheiten für die Geburt Ludwigs des Vierzehnten beschaffungsgemäß fehlen.

Die Hofleute stehen auf der bildlichen Darstellung der »öffentlichen Geburt« Ludwigs des Vierzehnten vor dem Bett Königin Annas Schlange, um das ihnen präsentierte Baby erstmals zu betrachten. Jedoch keine *Volksmassen* sind auf dem Kupferstich zu sehen! (70, Abb. 21)

Beide Bilder zeigen Szenen *nach* der Geburt. – »Öffentlichkeit« ist in Ansehung der Geburten an den französischen Königshöfen ein dehnbarer Begriff, der fakultativ gehandhabt werden konnte. Die Höflinge und auch Repräsentanten des Volkes wurden geladen, um die Nachricht von der Geburt zu empfangen, aber nicht live vor dem Bett zu stehen und mit eigenen (Fernsehkamera-)Augen das Gebären zu verfolgen. Das hätten mehr als zehn Personen auch gar nicht tun können. Bei der »öffentlichen Geburt« Marie Antoinettes fanden sich aber mehr als hundert ein.

Es gab einen räumlichen und zeitlichen Zwischenraum zwischen dem noch quasi-privaten Erscheinen des Babys in der Scheide der Mutter und seiner öffentlichen Präsentation vor der Menge. Und genau in diesem räumlich-zeitlichen Zwischenraum lag die Chance der Operateure, den beschafften Säugling aus einem Nebenraum in das Wöchnerinzimmer »eintreten« zu lassen, ihn durchzuschleusen und danach den Versammelten als Kronprinz vorzustellen.

Eine Beschaffung des »Geborenen« von anderswoher als aus dem Uterus der vorgegeben werdenden Mutter war also technisch möglich. Allerdings nicht, wenn stimmen würde, was vor allem Biografinnen immer noch behaupten, die gebärenden französischen Königinnen hätten doch auf einem »Gynstuhl« gelegen, vor dem eine höchstadlige Zeugin Frauenarzt-perspektivisch gesessen haben soll (56, 118).

Wenn es solch einen Stuhl auch bei Anna von Österreich hätte geben müssen, dann hätte vor ihm Richelieus »Geheimdienstchef«-Tochter, die Marquise de Lansac, oder die Kammerdienerspionswitwe, die Dame de La Chesnay, gesessen, aber nicht die Prinzessin Bourbon-Condé, die dritte Frau im Staat, die traditionell dazu ein Recht gehabt, die Richelieu aber in solcher Nähe zur Königin in den Stunden der simulierten Geburt nicht zugelassen hätte, da sie zu den protestantischen Anti-Richelieu-Konspirateurinnen gehörte. – Richelieus zwei V-Frauen wären als adlige »Mitscheiden« des französischen Hofes *auch* geburtspräsent-berechtigt gewesen. Niemand hätte sich über deren Anwesenheit im »Wöchnerin«-Zimmer kritische Gedanken gemacht.

Richelieu ist bei der Erlangung und Erhaltung seiner Position als Regierungschef Frankreichs über ganz andere Rechte von Höchst- und Uralt-Adligen mit einer Serie von Morden hinweggegangen. Die Modifizierung eines Geburtsritus der französischen Königinnen war für ihn ein »Kinderspiel«.

Im Übrigen gibt es für die Nährung der Fantasie von der Gynstuhl-Szenerie mit der gebärenden Königin von Frankreich und für die Spekulation darüber, welche höfische Dame in der Nacht vom 4. auf den 5. September 1638 vor der (nicht-)gebärenden Anne d'Autriche gesessen habe, kein hinterlassenes Zeugnis.

Im Bewusstsein der Europäer ist die öffentlich demonstrierte Geburt Kaiser Friedrichs II. durch seine Mutter Konstanze (1154–1198) am Ende des 12. Jahrhunderts gespeichert. Die sizilianische Königstochter und Frau des deutschen Kaisers, Heinrichs VI. (1165–1197), präsentierte sich als 40-jährige Spätgebärende, wozu auch die französische Königin Anna von Österreich hergerichtet wurde. – Um dem Gerede die Spitze zu nehmen, stellte Kaiserin Konstanze ihr Wöchnerin-Bett auf dem Marktplatz der mittelitalienischen Stadt Jesi auf und brachte dort ihren Sohn Friedrich II. am 26. Dezember 1194 zur Welt. – Ihr Tun war damals auch keine Pflicht der Kaiserinnen. Konstanze demonstrierte die Geburt zur Unterstreichung ihrer Fähigkeit und der Rechtmäßigkeit des Geschehens. Es gab politische Auseinandersetzungen um die Kaiserkrone und um den sizilianischen Königsthron – schon damals das gleiche Theater: Der sizilianische König Roger II. hatte keinen männlichen Erben, »nur« seine Tochter Konstanze!

Europa glaubte der Kaiserin, tut es teilweise bis heute – auch wenn die Geburtsdarstellung Legendencharakter hat. Aber die Paravents um das Jahrmarktsbett! Die Vorhänge um die Gebärstätte? – Auf vielen Darstellungen von Geburten werden feine Damen beim Gebären *bekleidet* gezeigt.

Das Späte von Friedrichs II. Geburt, die politisch kalkuliert wirkende Männlichkeit des Baby-Geschlechts, die Top-Gesundheit des späteren Kaisers, sein Erreichen eines für mittelalterliche Verhältnisse hohen Alters von fast 56 Jahren, seine Promptheit des Erscheinens über den Weg einer angeblich normalen Geburt und sein völliges Aus-der-Art-Schlagen als Künstler und als Wissenschaftler geben Anlass zum Forschen anstatt zum Glauben. – Heinrich VI. und Konstanze waren schon acht Jahre kinderlos miteinander verheiratet, Konstanze war elf Jahre älter als Heinrich VI., der sich die sizilianische Krone mangels des dortigen männlichen Erbes mit Waffengewalt für seine Frau erobert hatte ... Ähnliche Vorgänge um wackelnde, rutschende Dynastien wie 450 Jahre später in Frankreich!

Auch schon hinter der öffentlich demonstrierten Marktplatzgeburt am zweiten Weihnachtsfeiertag 1194 kann sich eine raffiniert ausgeklügelte Babytransplantation verborgen haben. – Mit Glauben und Fantasieren kann auch diesem mittelalterlichen natürlichen oder unnatürlichen Kinder-Lieferungs-Verfahren nicht »zu Leibe« gerückt werden, sondern nur mit der Knackung von stutzenlassenden Einzelheiten.

Wenn Autoren über Ludwigs des Vierzehnten Geburt schreiben, wird aus jeder Passage des Textes deutlich, sie kümmern sich nicht um befremdliche, einander widersprechende Einzelheiten, schreiben über ein Phantom. »So machen's alle«, auch Frauen, wenn sie – ungleich seltener als Männer – das Thema »Louis XIV« berühren. Alle schweifen ab in Fiktion. Sogar die Enzyklopädien fantasieren!

OFFENER MUTTERMUND?

Die Propaganda-Maschinerie Richelieus tut so, als ob die zukünftige Mutter des staatlich dringend benötigten nächsten Königs eine junge, gesundheitlich top-fitte Gebär-Professionelle wäre, die aus biologischen Gründen auf die Geburt von männlichen Babys spezialisiert sei. Schon zehn Mal konnte sie das beweisen. Man habe nun bei der genealogischen Instituts-Direktorin einen elften Jungen bestellt, auf den sich das ganze Land schon mal gefasst machen möge.

Das Gegenteil ist der Fall. Die halbstimmige, halbunstimmige Realität der »werdenden Mutter« Anna d'Austria in der Kronprinzen-Strategie ist wie folgt: Die spanisch gebürtige Anna von Österreich, geboren am 23. September 1601, wird bei der »Geburt« Ludwigs des Vierzehnten am 5. September 1638 fast 37 Jahre alt sein. Sie hat zuvor noch keine Geburt vollbracht. Stattdessen ist von vier Fehlgeburten und sechs »Abgängen« die Rede. Außerdem leide sie unter unregelmäßigen Monatszyklen – so die von der Hofkamarilla jahrelang ins Land gestreute Fama, um der Welt den 22-jährigen Ausfall an Fruchtbarkeit dieser Königin zu erklären.

Das Einzige, was mit Sicherheit gesagt werden kann: Die religiös-astrologischen Vorhersehungen und -sagungen zum baldigen Erscheinen *des* Kronprinzen passen nicht zu derjenigen Realität, die zwei Jahrzehnte lang über diese Königin kolportiert werden musste, deren Realität anders ist, als sie in den zwei Jahrzehnten der Fruchtbarkeitsmisere schwarzgemalt wurde.

Die bis zu zehn möglichen Fehlgeburten lassen sich mit *einer* Ausnahme nur als Hofklatsch verifizieren. Ein einziger Abgang ist im Tagebuch Héroards zu finden, in der Chronik des königlichen Hofarztes, der Leben, Liebe und Leiden des Königs Ludwig 13 und ab 1615 auch die Angelegenheiten von dessen gleichaltriger Frau Anna Ö. – soweit er sie beobachten konnte – schriftlich festgehalten hat. Wenn es nur noch zwei weitere gynäkologische Unfälle der Königin gegeben hätte, hätte Héroard davon erfahren und sich dazu in seinem *Journal* geäußert, einer fünfbändigen Reflexion der persönlichen Geschehnisse um Louis XIII. Drei der sechs gerüchtehalber übermittelten Fehlgeburten geschahen 1622, 1623 und 1626 – zu einer Zeit, da Héroard noch als »médecin du roi« im Amt war.

Wie sich aus der Analyse der Bruchstücke des einen angeblichen, weil ärztlich bestätigten Faktes ergeben wird, ist auch um diese Fehlgeburt herum alles unstimmig.

Am 16. März 1622 berichtet Héroard, dass um 3 Uhr nachmittags die Königin Anna einen Embryo von 40 bis 42 Tagen verloren habe (111, S. 2815).

Der Fruchtverlust wird von der Geschichtsschreibung mit einem Unfall in Zusammenhang gebracht, der der Königin gemäß einem Bericht von François de Bassompierre zwei Tage zuvor widerfahren sei. Die Prinzessin Condé habe, so heißt es, am 14. März 1622 in ihrer Suite im Louvre eine Gala gegeben, zu der auch die Königin und ihre damals erste Hofdame, die Witwe Marie de Luynes, ab April 1622 wiederverheiratete Chevreuse, und Gabrielle Angélique de Verneuil, eine der illegitimen Töchter von Henri IV, gekommen waren. Hinterher seien die drei jungen Frauen – alle erst 20 oder noch darunter – ausgelassen gewesen. Angélique Verneuil und Marie Luynes hätten die Königin untergehakt und wären mit ihr durch eine Louvre-Galerie gerast, wobei Anna stürzte und infolge dieses Sturzes den Fruchtabgang erlitt (13, III, S. 15).

Die Story von der Jung-Frauen-Louvre-Flur-Durchsausung wirft sofort Fragen auf: Wenn die Königin erstmalig schwanger gewesen wäre – sechseinhalb Jahre nach der Eheschließung –, dann hätte sie sich »wie auf Eiern« vorsichtig benommen. Ihre erste Schwangerschaft hätte sie in einem Alter von 20 ereilt – verhältnismäßig spät. Wenn es heterosexuell und Empfängnis-»regelhaft« mit rechten Dingen in einer Königsehe zugegangen wäre, hätten die Schwangerschaften schon Jahre früher, ungefähr im Alter von 17, beginnen können. Aber kein Bericht von einer Schwangerschaft zu diesen Zeiten im *Journal* Héroards.

Die Louvre-Saal-Rennerei der Königin, ihr Sturz und die anschließend eingetretene Fehlgeburt sind eine Version fürs Volk.

Charlotte Marguerite Condé war die Frau des Prinzen Henri II Bourbon-Condé, des vor »Ankunft« von Louis XIV zweiten Thronberechtigten nach Ludwigs des Dreizehnten jüngerem Bruder Gaston d'Orléans. Eine Rezeption in den Gemächern dieser Frau war damals eine Angelegenheit des Protokolls von Staats wegen. Die Königin, die diese Gala besucht hat, erschien in einer Robe, die alle anderen Frauen in den Schatten stellen musste und die ein »Rennen« gar nicht möglich machte, was mit einem Blick auf Gemälde des 17. Jahrhunderts verifiziert werden kann, die Empfänge und Galas zum Gegenstand haben. Die Königin besuchte und verließ solche Feste auch nicht nur mit *zwei* Hofdamen, sondern in einem Pulk von Frauen. Für ein nächtlich-ausgelassenes Sausen durch Louvre-Hallen und Über-die-Stränge-Schlagen – noch dazu in beschwipster Laune – lässt sich kein protokollarischer Moment finden.

Es gibt zwei Möglichkeiten der Realität hinter dieser Überlieferung:

1. Die Königin war schwanger und litt an »offenem Muttermund« (Cervix-Insuffizienz) – einer Anomalie, die einen zu frühen Verlust des Fötus bewirkt. Um ihr Leiden zu kaschieren, wurde das Hofdamen-Ausflippen mit dem Königinnensturz nach dem Condé-Empfang erfunden.

2. Die ganze Schwangerschaft ist erfunden. Héroard trug die Fiktion aus demselben Grund in sein *Journal* ein, aus dem sein Nachfolger Bouvard die

OFFENER MUTTERMUND?

1638 nicht eingetretene Schwangerschaft Königin Annas dem Regierungsoberhaupt Richelieu meldete – Mitwirkung der Ärzte an den Fälschungen in einem für sie noch unverfänglichen Moment. Die Dynastie am seidenen Faden brauchte zur Beruhigung des Volkes und zur In-Schach-Haltung der sich rüstenden Kroninteressenten die Schwangerschaftsfälschungen.

Die erste Variante wäre nicht triftig, weil im März 1622 die *erste* kolportierte Schwangerschaft der Königin verzeichnet wurde, bei der man – im Falle der Echtheit – noch nichts vom Leiden des »offenen Muttermundes« der Königin gewusst hätte. Dieses Leiden – wenn die Königin von ihm betroffen gewesen wäre – spielte aber bei allen weiteren fünf übermittelten Fehlgeburten 1623, 1626, 1628, 1630 und 1631 keine öffentliche Rolle. Es gibt für diese angeblichen Schwangerschaften keine angefügten Zusatzberichte, mal wäre die Königin zu lange in der Kutsche auf und nieder geschüttelt worden oder wäre zu lange geritten, mal hätte sie aus Versehen etwas Fruchtabtreibendes zu sich genommen und wieder ein anderes Mal sei sie krank geworden, was sich negativ auf die Schwangerschaft ausgewirkt hätte. Es gibt für die übrigen fünf »in die Welt gesetzten« fehlgelaufenen Schwangerschaften keine Kommentare wie bei der ersten vom Sturz der Königin in der Louvre-Halle. So müssen alle fünf jahresterminierten Schwangerschaften der Königin, aus denen nichts wurde, als Gerüchte angesehen werden.

Schon der Bericht von der Ursache des ersten Aborts ist etwas Propagandistisches, wie 18 Jahre später die Meldungen von der Schwangerschaft der Königin für Louis XIV und Philippe d'Orléans. Beim zweiten demonstriert gelingenden Mal für die Beschaffung des Zweitprinzen Philippe 1640 wurde – außer der Information – kein Rummel mehr veranstaltet. Genauso wäre es dann schon mit den frühen weiteren fünf Schwangerschafts-Streuungen 1623, 26, 28, 30 und 31 gemacht worden. Es genügte nur noch die Verbreitung des Gerüchts, um die Welt »in Atem« zu halten. Denn die »ganze Welt« hatte ihre Augen auf die Genitalien des französischen Königspaares geheftet. Nach sechseinhalb Jahren Pleite zwischen 1615 und 1622 musste ab 1622 ein Jahrzehnt lang immer wieder die Schwangerschafts-Botschaft ausgesandt werden: »Gute Hoffnungen« der französischen Königin! Bitte Säbel, Schwerter und Pistolen wieder einstecken! Soldaten nach Hause schicken! Französischer Thron wird doch noch dynastisch gesichert werden!

Erst nach Giulio Mazzarinos Auftauchen 1630 findet eine Kurskorrektur der Fruchtbarkeitspropaganda statt: Schwangerschafts-Nachrichten zu streuen ist ab jetzt überflüssig, da mit den Vorbereitungen einer Beschaffung begonnen wird, die ab 1635 mit religiös-astrologisch konzertierter Aktion als göttliche Instruktion behauptet werden sollte.

Da der Schwangerschafts-abbrechende Unfall sich so nicht ereignet haben konnte, muss auch die erste Schwangerschaft Anne d'Autriches in Frage gestellt werden. Wäre behauptet worden, die 20-jährige Königin sei bei einer Inkognito-Tollerei im Louvre während eines Drei-Mädel-Schwanks gestürzt, wäre das Ereignis noch halbwegs glaubhaft gewesen. Aber im Anschluss an eine Prinzessin-Condé-Gala überzeugt der Unfall schon allein aus Protokoll- und Kostümzwang-Regeln nicht. Abgesehen davon, dass die Königin nach sechseinhalb unfruchtbaren Ehejahren im zweiten Monat ihrer ersten Schwangerschaft abtreibungsfördernde Sprünge und Abenteuer unternommen haben sollte.

Fünf der sechs Schwangerschafts-Gerüchte zwischen 1622 und 1631 wurden in der Zeit verbreitet, in der die Königinmutter, Maria Medici, ab Ende 1620 wieder an den französischen Hof in eine Machtposition zurückgekehrt war und das Fruchtbarkeits-Debakel von Sohn Louis XIII und Schwiegertochter Anne d'Autriche als eigene Schlappe verbuchen musste. Maria Medici hatte kurz nach der Hochzeit mit Henri IV im Dezember 1600 innerhalb von neuneinhalb Ehejahren sechs Kinder zur Welt gebracht, und nun stoppte der dynastische Zug beim Kronprinzen und seiner Frau schon sechseinhalb Jahre lang! Die Königinmutter wollte diese Schlappe nicht auf sich sitzen lassen. Sie streute einfach in regelmäßigen Abständen von ein bis drei Jahren neue Schwangerschafts-Gerüchte, um lästigen Nachstellungen über ihre insolventen Kinder aus dem Weg zu gehen und auch um Sohn und Schwiegertochter unter Druck zu setzen.

Maria Medici konnte ihre Schwiegertochter Anna d'Austria nicht leiden. Sie quälte sie, setzte sie zeremoniell zurück, beleidigte sie, wann sie konnte, und ärgerte sich, wenn der Titel »Königin« auch für Anna eingesetzt wurde, da Medici am französischen Hof die einzige Königin sein wollte. Es machte ihr noch Spaß, die junge Frau mit Schwangerschafts-Gerüchten zu quälen, die das höfische Beobachtungsnetz sofort enger um Anna zogen.

Der Umstand, dass die sechs Schwangerschafts-Gerüchte ausgerechnet innerhalb einer Zeit entstanden, in der das Ehepaar Ludwig 13 und Anna Ö. sich ab 1622 praktisch wie geschieden verhielt – sie sahen einander nur noch aus höfischen Zeremoniell-Unerlässlichkeiten, redeten aber privat sozusagen nicht mehr miteinander –, kann als Hinweis auf versuchte Unterschiebungs-Schwangerschaften gesehen werden.

Die Praxis der Unterschiebung eines Kindes, die im feudalistischen Zeitalter gang und gäbe war, konnten sich die Menschen der kapitalistischen Sittenordnung Europas vor allem im 19. und noch im beginnenden 20. Jahrhundert nicht mehr vorstellen. »Unterschiebung« meint – im Gegensatz zu »Beschaffung«: nur der Vater des Kindes wird ersetzt.

Der königliche oder hohe adlige Ehemann ist nicht zeugungsfähig, oder es kommt in der Kombination zwischen ihm und seiner Ehefrau zu keiner Befruchtung oder »nur« zu Töchtern. Das patriarchalische Dilemma: Die Herrschaft durfte – außer in Heinrichs des Achten Sonderregelungen und der Situation in Russland im 18. Jahrhundert – in ganz Europa im Prinzip jahrhundertelang nur durch männliche Erben fortgesetzt werden. Wenn es an der Frau lag, keine Nachkommen zu haben oder »nur« Mädchen auf die Welt zu bringen, wurden Ehefrauen nicht selten »ins Jenseits befördert«, um eine sexuelle Kombination zwischen diesem Herrn und einer anderen Frau zu versuchen. Die Unterschiebung war die humanere Version, setzte aber voraus, dass die höchst-adlige Frau zu Geburten überhaupt fähig war.

Unterschiebung war möglich, weil im feudalen Zeitalter noch nicht liebesgeheiratet wurde. Die Ehe war ein sozialer Bund, um Nationen, Gebiete, Besitzungen und Ländereien gemeinsam zu verwalten und familien- oder dynastiestabilisierende Nachkommen hervorzubringen.

Im Falle von Königs-Ehen war es besonders krass. Die zukünftigen Partner wurden wie »Zuchtvieh« aufeinander gezwungen, schon als Kinder füreinander bestimmt und um die Wende zur Pubertät miteinander liiert. Das Geschlecht gehörte den königlichen Partnern nur zum Teil. Zum wesentlichen Hauptteil war es »Staatseigentum«, mit dem sie »*das* Geschlecht« fortsetzen mussten. Ihre eigenen Geschlechtsorgane waren Werkzeuge im Fortpflanzungslabor.

Was die höchsten Adligen mit ihrem Geschlecht für Lust und Liebe noch nebenher machten, war »privat« und interessierte staatspolitisch nicht. Eine Königin musste vor allem »männliche Erben« »bringen« – das war ihre erste Pflicht als Regentin zur Erhaltung der Dynastie. Ihre zweite Pflicht war, Mädchen zu bekommen, die das Königtum zur Heiratspolitik benötigte. *Gar nicht* zu gebären war eine Königin-»Unart«, die der Papst mit Scheidung und der König mit Verstoßung der obersten Frau vom Hofe ahnden konnten. Es gab daher also auch eine dritte Pflicht der Königin: Wenn »es« mit dem Ehemann nicht klappte – und ein solcher Fall lag zwischen Ludwig 13 und Anna Ö. vor –, dann musste die Königin Ersatzzeuger zulassen, die heute »Samenspender« genannt werden.

Das aristokratische Liniengesetz war – in Ermangelung einer DNS-Analyse der Vaterschaft – einfach: Als Vater des Kindes gilt der Ehemann, mit dem die

Gebärende zur Zeit der Geburt verheiratet ist, wenn der Ehemann die Vaterschaft nicht anzweifelt. Es herrschte in der feudalen Ära quasi Mutterrecht, ähnlich wie in der hebräisch-jüdischen Gesellschaft von den Anfängen bis heute: Das Kind einer Jüdin gilt als jüdisch, unabhängig davon, wer der Vater ist. – Das Kind einer verheirateten Frau galt im Feudalismus als Kind des Ehemannes.

Auch wenn Maria Medici alle ihre sechs Kinder nicht mit Henri IV gezeugt hat, galten sie als seine Kinder, da alle in der Ehe mit ihm geboren wurden. Ludwig der Dreizehnte ist der letzte Bourbone auf Frankreichs Thron, obwohl er nicht physisch von Henri IV, dem ersten Bourbonen auf Frankreichs Thron, gezeugt worden war.

Louis XIV ist kein Bourbone mehr, weil auch seine *Mutter* ersetzt worden war – eines der Nationaltraumen Frankreichs, die erklären, warum dieses Land nicht von selbst an die Königsfälschung herangegangen ist, denn der geschichtliche Ausguss des sonnenglänzenden »Absolutismus« in den Gulli der Fälschung wäre immens gewesen: »Ach, wir sind ab Louis XIV gar nicht von Bourbonen regiert, ausgebeutet und massakriert worden? Ja, was denn dann?« – Ein definitorischer Schlamassel, dem ein Selbstverständnis-Geschlingere ohnegleichen gefolgt wäre.

Unterschiebung? Keine Probleme hätte es gegeben! – Einer der Gründe, warum der Königin Anna sechsmal Fehlgeburten angehängt wurden und keine Biografie die Wahrscheinlichkeit dieser Behauptungen überprüft: Annas insgesamt auf alle Menschen nicht ganz koscher wirkendes spätes zweimaliges Söhnezurweltbringen soll mit den frühen Schwangerschafts-Fiktionen Fruchtbarkeits-potenziell konsolidiert werden.

Die Biografik zitiert die einander widersprechenden und in sich nicht stimmigen Zeugnisse nicht oder unvollständig. Die Fakten werden mit erzählten Nachberichten verdüstert, und alles wird damit im Nebel gelassen, durch den hindurch nicht mehr zu erkennen ist, wie es wirklich war. Der »Lore-Roman«-Blick der Biografik wird noch immer gläubig nach irgendeinem nun nicht mehr theologischen, sondern moralischen »Oben« erhoben, wahrheitssehnend: Es könnten »zumindest« Unterschiebungs-Schwangerschaften gewesen sein, die Frankreich den »Dieudonné« beschert hätten. Denn damit ist das dynastische, Bourbonen-verliebte Selbstverständnis des Landes ein für alle Male beruhigt worden. Ende der 1630er Jahre, ein bis einhalb Jahrzehnte später, hätte »es« die Königin, nach all den vielen Misserfolgen, ja sowieso wieder oder endlich doch noch »gebracht«.

OFFENER MUTTERMUND?

Der sechsmalige »Rausfall« der Frucht im 20er Jahrzehnt bis 1631 indiziert möglicherweise einen »offenen Muttermund«, eine Gebärmutterhals-Insuffizienz der Königin – eine Besonderheit mancher Frauen, den wachsenden Fötus nicht halten zu können, weil sich der Uterus zu früh öffnet, ein Leiden, dem heute dadurch begegnet wird, dass die werdende Mutter ab dem vierten Monat nur liegen muss. Jedes Stehen oder schon Aufrecht-Sitzen riskiert den Herausfall des Embryos vor dem neunten Monat.

Es gibt keine Zeugnisse darüber, dass die Königin Anna für die Behaltung des »Dieudonné«-Embryos ab dem vierten Monat – April 1638 – permanent im Bett gelegen habe. Im Gegenteil, es wird davon berichtet, sie sei noch in den letzten Tagen vor dem 5. September 1638 hin und her gegangen und habe lamentiert, sie überlebe die bevorstehende Geburt ihres Kindes nicht. – Sie prophezeite lauthals ihren Tod, was hofinszenatorisch eingeübt wirkt und vor allem nach draußen zum Volk dringen musste. Da der Königin eine späte *erste* Geburt bevorstand, musste der Schwangerschaft im letzten Stadium Gefährlichkeit suggeriert werden. Das ganze Land wurde in den letzten vier Wochen vor dem 5. September 1638, dem Erscheinen von Louis XIV, noch einmal »flächendeckend« ermahnt, bloß nonstop zu beten, keine Minute nachzulassen, um alle göttlichen Kräfte zu bitten und irden zu bündeln, sich für ein Gelingen der Geburt zu verwenden.

Die Nachrichten zum gynäkologischen Status der Königin im 20er Jahrzehnt und gegen Ende des 30er Jahrzehnts stimmen nicht miteinander überein. Entweder litt die Königin unter »Fruchtfall«, dann hätte sie 1638 ruhen und liegen, wenn sie königinpersönlich die Geburt Ludwigs des Vierzehnten hätte vollbringen müssen. Oder die Königin wäre eine Marie-Antoinette-robuste Frau gewesen, die ihre »etwas« späte Geburt dem ganzen französischen Hof präsentiert. Was aber hätte es dann mit dem sechsmaligen Fötus-Verlust 1622, 23, 26, 28, 30 und 31 für eine Bewandtnis?

Klar ist wieder nur: Die verschiedenen Kolportagen »Rausfälle in den 20ern« und »Noch-Herumlaufen der Hochschwangeren im August 38« passen nicht zueinander. Der »offene Muttermund« der Königin ist nur ein Bild, das sich die Geschichtsschreibung von den gynäkologischen Bedingungen dieser Königin gemacht hat. Das Bild ist falsch, auch wenn der König selbst daran mitgemalt hat. Ludwig 13 sagt, als er dem Hof zum ersten Mal das Baby Ludwig 14 zeigt: »Hier ist das wunderbare Zeugnis der Gnade unseres Herrn, wie man es beschreiben muss, ein Kind, so schön geboren nach meinen 22 Ehejahren und den 4 unglücklichen Fehlgeburten meiner Frau.« – Diesen Satz zitiert der venezianische Botschafter, Alvise Contarini, in einem Schreiben an die Regierung seines Stadtstaates (17, S. 3).

Ludwig 13 spricht also im Moment seiner ersten Hofvorführung des beschafften Babys Louis XIV von vier Fehlgeburten, die seiner Frau widerfahren seien, womit er neue Unklarheiten gesät hat. Meinte er noch vier Abgänge zusätzlich zu den sechs, oder sind seine vier ein Teil der sechs, und hat er die übrigen zwei im Moment der Aufregung vergessen?

Neben Héroards Notiz und Bassompierres Memoiren ist die Übermittlung Contarinis vom Ausruf Ludwigs des Dreizehnten über die vier Fehlgeburten seiner Frau die Quelle, auf die sich für Annas Schwangerschaften berufen wird.

Ein Dilemma, Beschaffungszeugnisse zu finden: Es gelingt meist nur negativ, indem der Wahrheitsgehalt von Zeugnissen gekippt wird, die der Beschaffung auf den ersten Blick zu widersprechen scheinen. Zeitzeugen kann zum Beispiel dann *nicht* getraut werden, wenn sie Partei der »Operation Kronprinz« sind oder wenn sie leichtgläubig von etwas berichten, das in der Weise, wie sie davon berichten, nicht stattgefunden haben kann.

Françoise de Motteville, die engste Vertraute Annas in deren Lebensjahren ab 1643 bis 1666, hat fünf Bände über ihre Königin verfasst, die 1723 ohne Autorin-Namen in Amsterdam erschienen (152). Auch wenn Motteville die Zeit um 1637 bis 1640, die Jahre der Beschaffung der beiden »Bourbonenprinzen«, nicht persönlich miterlebt hat, ist sie Partei und hat als engste Freundin Annas in deren letzten 22/23 Jahren »alles« mitbekommen. Doch sie verfasst den Hauptteil ihrer Erinnerungen an Anna zur Zeit nach deren Tod während der absolutistischen Regentschaft von Louis XIV und kann sich ein Durchsickernlassen der Wahrheit unter Lebensbedrohung nicht leisten. Deshalb nur dürre Worte zur Schwangerschaft Annas mit Louis XIV: »Der König zeigte zu Beginn der Schwangerschaft, wie erfreut er war, und ging sogar zärtlich mit der Königin um.« (151, I, S. 398) – Beim Bericht von der »Empfängnisnacht« im Louvre, dem ersten schriftlichen Zeugnis davon, wird Mottevilles Stil dreherig: »Der König war gezwungen, das Bett mit der Königin zu teilen, so ist gesagt worden, dass diese Begegnung uns unseren gegenwärtigen König [Ludwig 14] gab.« (151, I, S. 393) Diesen einen Satz baut der Offizier Montglat zur »Empfängnisnacht«-Story aus (146, I, S. 180 f.), die der Jesuit Griffet übernimmt (98, III, S. 101). In Mottevilles Text konnte nicht einmal der Passus »ist gesagt worden« bei der Erstveröffentlichung acht Jahre nach dem Tod von Louis XIV stehenbleiben. Er wurde verändert in: »Und Gott gab Frankreich den heute regierenden König!« (151, I, S. 394) – Im Originaltext geht es dann weiter mit umwölkenden Gottesverweisen: »Als die Königin diese Gnade vom Himmel [die Empfängnis Louis XIV] erhielt, brauchte sie sie dringend, um sie vor all den Leiden zu bewahren, die auf sie warteten.« (151, I, S. 356) – Anspielungen auf Annas Hochverrat kurz vor dem Anlauf der Beschaffung von Ludwig 14.

Die Wahrheit über die Beschaffung Ludwigs des Vierzehnten herauszubekommen heißt beim Umgang mit Texten aus dem 17. Jahrhundert oftmals, gegen den Strich dieser Texte von Zeitzeugen lesen zu müssen: »Der König ist gezwungen, das Bett mit der Königin zu teilen«? »Es ist gesagt worden, dass diese Begegnung uns den gegenwärtigen König gab«? »Die Königin brauchte dringend diese Gnade vom Himmel«? »Vier Fehlgeburten«? »Der König hat die Königin bei der Geburt (nach der fünften, erfolgreich verlaufenen Schwangerschaft) im Arm gehalten!«, wie der venezianische Botschafter Contarini dem Ausruf Ludwigs des Dreizehnten von den vier Fehlgeburten noch hinzugefügt hatte. – Schall und Rauch!

Die Technik des Gegen-den-Strich-Lesens eines zeitgenössischen Textes erfordert Genauigkeit der Lektüre und Klarheit über die Personen der Schreibenden und ihre Beziehungen zu den Beschriebenen und deren Handlungen. Der venezianische Botschafter Contarini und Louis' letzter Kammerherr Montglat, eingestellt erst 1643, sowie Motteville waren keine Augenzeugen der Geburt Ludwigs des Vierzehnten, sondern Hörensagenzeugen. Contarini konnte sich nur darüber äußern, was ihm mitgeteilt wurde, es sei denn, er gehörte als politisch hochstehender Italiener zum engsten Kreis der Mitwisser um Mazzarino und war beauftragt worden, in die Welt Falschmeldungen zu tragen, auf die sich bis heute Wahrheits-chimärisch bezogen wird: »Vier Fehlgeburten« habe »die Königin gehabt« und »der König« habe »sie bei der« fünften, ersten »glücklichen Geburt im Arm gehalten!« stimmt, weil es der König selber gesagt hat!!

Françoise de Motteville, geboren 1621, war Tochter einer spanisch gebürtigen Hofdame Königin Annas in deren Jugendzeit, sie war siebenjährig selbst an den französischen Hof gekommen (1628), weil in diesem Alter die Menschen schon als erwachsen galten. 1631 mit ihrer Mutter wegen deren Putschbeteiligung von Richelieu aus der Nähe Annas verbannt, lebte sie zwölf Jahre im Exil, musste 1639 einen 60 Jahre älteren Mann heiraten, der 1641 starb. – Nachdem Anna d'Austria 1643 Alleinregentin geworden war, berief sie Motteville zurück an den französischen Hof, woselbst die Motteville bis zum Tode Annas als ihre Kammerfrau wirkte.

Motteville wusste entweder nichts über Einzelheiten um die Entstehung von Ludwig dem Vierzehnten oder musste das ihr Anvertraute tiefst und lebenslänglich im eigenen Inneren verschließen.

Die Summe der sich gegeneinander verschiefenden Zeugnisse über Annas und Ludwigs Fruchtbarkeit und die Entstehung von Louis XIV ergibt nach der »Begradigung« des Faktisch-Möglichen: Anna war nie schwanger! Dieser Eindruck kann mit einem Vergleich von drei Zeugnissen erhärtet werden, die von der Biografik zu frühen Schwangerschaften von Anna Ö. inhaltlich erwähnt, aber nie in ihrer Gänze zitiert werden.

Am Mittwoch, dem 16. März 1622, schreibt Héroard in sein *Journal*: [Ludwig 13] »erwacht um 8 Uhr morgens sanft ... Betet zu Gott. Frühstückt um 9 ... Geht zur Königin; in die Kapelle ihres Vorzimmers; zum [Staats-]Rat. Um 11 Uhr Mittagessen ... Geht zur Königin; zu seinen Vögeln; zum [Staats-] Rat. Gegen 3 Uhr verliert die Königin einen Embryo von 40 oder 42 Tagen. [L] geht zur Königin. Um 6 3/4 Abendessen ... Geht in sein Kabinett. Um 10 Uhr entkleidet ... Trinkt Wasser mit Kirschsirup, legt sich ins Bett. Betet zu Gott; schläft ab 10,30 bis 8 Uhr am nächsten Morgen.« (Punkte und übrige Satzzeichen von Héroard (111, II, S. 2815).

In der Art des Notats unterscheidet sich der Eintrag zu diesem Tag von keinem anderen innerhalb von fast drei Jahrzehnten, in denen Héroard das Leben, besser die gewöhnlichen täglichen Abläufe des Lebens seines Königs festhält. Die Mitteilung vom Fruchtverlust bei der Königin ist eine Passage, die wirkt, als berichte Héroard von sonst oft vorgenommenen Reisen und Ausritten des Königs, manchmal von Treffen mit Personen des Hofes. Es fehlen sämtliche Anläufe zu diesem Ereignis und seine Nachbereitungen, geschweige denn, dass wenigstens Skizzen zur Wirkung gemacht wurden, die dieses Vorkommnis auf König und Königin gehabt hätte. Auch in den nächsten Tagen kein Hauch einer Erwähnung der Fehlgeburt.

Die Schwangerschaft der Königin wäre 1622 das positivste Thema der Regentschaft Ludwigs des Dreizehnten seit seiner Verheiratung im November 1615, das nicht deutlich genug hervorgehoben sein konnte. Aber kein Eintrag im *Journal* zur Schwangerschaft der Königin zwei bis drei Wochen *zuvor*, den Héroard gemacht hätte – jubelnd! –, wenn die Königin wirklich schwanger gewesen wäre! Und keine Bemerkung über den Nachhall des jähen Endes einer Schwangerschaft, um die sich das »Sinnen und Trachten« des Königspaares seit fast sieben Jahren drehen musste.

»Unregelmäßige Monatsblutungen«, die der Königin angedichtet worden sind, können nicht »durchgehen«, nachdem das »Manöver Dieudonné« 1637/38 mit Früherkennung der Schwangerschaft Anna Ö.s gearbeitet hat: Eheliche Zeugung in der Nacht des 5. Dezembers 1637, Meldung der »Schwangerschaft« durch Hofarzt Bouvard am 14. Januar 1638 – normaler geht's nicht.

Warum fälscht Héroard? Sein *Journal* war kein Geheimdossier, ein für ihn selbst gedachtes intimes Bekenntnisbuch, das nur Wahrheiten enthält – verschlossen und veröffentlicht erst nach dem Tod des Autors! Das *Journal* war ein halbamtliches Bulletin über das Befinden und die Aktivitäten des Königs, über so gut wie alles, was körperlich und sozial mit ihm geschah. Genauigkeit darüber, wie er sich fühlt, was er so macht, isst und trinkt, wann und wie er scheißt und pisst, inklusive der Konsistenzen seiner Leibesprodukte, wenn es nötig ist, darüber etwas zu bemerken. Wichtig ist im Übrigen für Héroard festzuhalten, wann der König Herztablettten, wann er Aufputschmittel braucht, vor allem auch, wann *nicht*.

Doch plötzlich wird über etwas Zentrales, das den König angeht, *nichts* oder nur das Alleroberflächlichste berichtet.

Zwei Beispiele: Die Ermordung von Henri IV. Man sucht vergebens nach Mitteilungen über die psychischen Reaktionen, die der plötzliche Verlust des tief geliebten (Sozial-)Vaters für den achteinhalbjährigen Ludwig 13 ausgelöst haben muss, ja der damalige Noch-Kronprinz erscheint während der ersten Stunden nach dem Attentat gar nicht in Héroards Notaten und später nur randnotizmäßig innerhalb von Mitteilungen darüber, wo er die erste Nacht nach dem Mord schläft, weil er nicht allein schlafen soll oder will.

Noch krasser: Beim von Louis XIII selbst befohlenen Attentat auf den Usurpator Concini, seinen nichtgewusst leiblichen Vater, lässt Héroard zweimal nach dem 24. April 1617 große Flächen im *Journal* frei. Er wollte etwas notieren, wozu er in der Aufregung über das Attentat nicht kam, ließ den Raum für spätere Einträge leer, füllte ihn aber nie (81, I, S. 316 f.).

Sowie Ereignisse um den Kronprinzen und späteren König Louis XIII von staatspolitischer Bedeutung waren, arbeitete Héroard vorsichtig, zurückhaltend, diplomatisch, ja fälschend. Er ließ weg, er retuschierte, er fügte hinzu.

Im höfischen Leben hatten alle Wände hörende Ohren und sehende Augen. Eine sogenannte Privatsphäre gab es fast nicht. Alle wussten alles von allen. Die Bücher, die Héroard vollschrieb, konnte er weder ständig bei sich tragen noch hundert Prozent einbruchssicher verschließen. Im Gegenteil, seine Notate wurden von ihm auch dafür gemacht, dass ihr Inhalt durchsickerte, sich mundpropagandistisch verbreiten sollte. Gebetsmühlenhaft referiert Héroard die Gläubigkeit, Anständigkeit und Normalität in der Lebensführung des Königs. Was Letzteres betrifft, so machte dieser schwule König seinem Arzt große Schwierigkeiten. Zu den Ausritten, dem fast täglichen Verschwinden des Königs in Pariser Ortsteile oder Vororte, wird im Einzelnen geschwiegen, nichts wird darüber gesagt, was genau der König dort tut. Genau ist Héroard immer nur mit allem Unverfänglichen: »Morgens und abends zu Gott beten« erscheint täglich, was in der Regelhaftigkeit überflüssig wäre. Nein, Héroard gibt Kunde vom Gott wohlgefallenen und bürgerbeliebten ersten Mann des Landes und hält seine Feder im Zaum, achtet darauf, ob ein Detail aus Ludwigs Leben nicht in das Königsbild passt. Bei Nichtpassen – kein Eintrag in Héroards Chronik des Lebens Ludwigs des Dreizehnten von Tag zu Tag.

Auch das *Journal* Héroards *allein* ist daher nicht immer ein Wahrheitsgarant, manchmal ist es wie bei Louis' schwerer Krankheit zwischen Juli und September 1627 ein exakter Patientenbericht, manchmal jedoch nur ein Barometer für die Situationen, in denen sich dieser besondere König befand, über dessen anderes »Manches« der Arzt an einigen Stellen ganz schweigt.

Héroard montierte die »Fehlgeburt« in seine Tagesrevue wie ein schon seit fast sieben Jahren fehlendes Glied unter seinen Infos über König und Königin. Er hat den von der Fruchtbarkeits-Pleite geschlagenen Jugendlichen – sie sind 20 $^1/_2$ am 16. März 1622! – den Gefallen getan, einmal von einer Fehlgeburt zu schreiben, weil er damit am Hof und im Land die Hoffnung sät, eines Tages werde es auch zur Richt(ig)geburt eines königlichen Kindes kommen.

Héroards Mitteilung von einem Fruchtverlust der Königin im zweiten Monat fliegt nicht als Fälschung in sich selbst auf, sondern erst im Vergleich mit allen Einträgen des Arztes in den Wochen vor und nach diesem Notat.

Vollends marode wird die ganze These von Annas erstem Fruchtabgang 1622, wenn die Biografik Héroards Notat mit der Fehlgeburts-Passage in Bassompierres Memoiren in Verbindung bringt: »Die Königin wird schwanger, und nach 6 Wochen gibt die Prinzessin (Condé) einen Empfang, an welcher Soirée die Königin mit den anderen Prinzessinnen und Damen des Hofes bis nach Mitternacht teilnimmt. M. de Guise, die zwei Brüder de Luynes, M. le Grand, Blainville und ich, wir fanden uns dort auch ein, und die Gesellschaft war sehr ausgelassen. Als die Königin sich zurückzog, um schlafen zu gehen und durch die große Halle des Louvre kam, nahmen Mme la Connétable de Luynes und Mlle de Verneuil sie unter die Arme und zwangen sie zu laufen. Sie ließ sich das gefallen und stürzte bei diesem kleinen Staffellauf des ›hohen Baldachins‹, wobei sie sich verletzte und ihre Frucht verlor. Man verheimlichte die Angelegenheit vor dem König, so lange man konnte ... Man ließ den König wissen, wie und auf welche Weise die Königin sich verletzte, und man brachte ihn gegen die beiden Damen auf, so dass er von Touri La Foulaine aus an die Königin depeschierte, um ihr mitzuteilen, er wolle nicht mehr, dass Mlle de Verneuil und Mme la Connétable de Luynes um sie seien, und er schrieb jeder von ihnen einen Brief, um sie wissen zu lassen, dass sie sich vom Hofe zurückziehen mögen.« (13, III, S. 15 f.)

Obwohl Bassompierre kein Datum zu diesem Ereignis festhält, setzen die Biografen es auf den 14. März 1622, zwei Tage vor dem Eintrag Héroards über den Fruchtverlust der Königin. Bassompierre behauptet aber, die Königin habe *sofort* nach Sturz und Verletzung ihre Frucht verloren. In seinen Formulierungen steckt kein Später, bei ihm sind Fall der Königin, ihre Verletzung und der Fruchtfall *ein* Vorgang: »... wobei sie sich verletzte und ihre Frucht verlor.«

Kein Hinweis bei *Héroard* auf Sturz, Verletzung und Fehlgeburt der Königin zwei Tage zuvor, sondern deutlichst sein Notat: »Am 16. 3. 1622 ... Fehlgeburt 3 Uhr nachmittags.« Außerdem erscheint in Héroards *Journal* nichts über die Rezeption bei der Prinzessin Condé am Montag, dem 14. März 1622. Im Gegenteil, der König ist mit der Königin am 14. März noch bis 21 Uhr zusammen, um ihr einen für sie neuen Sekretär vorzustellen, einen schon seit langem in königlichen Diensten bewährten Politiker – ein Detail, das wegen seiner Nüchternheit faktisch eins zu eins genommen werden kann.

Beide Zeugnisse heben einander auf. Werden die Berichte miteinander verglichen, zerfällt die Einheit von Zeit, Ort und Handlung ein und desselben Vorkommnisses:

Zeit – Bei Bassompierre nach Mitternacht an einem ungenannten Tag.

Bei Héroard am 16.3.1622 drei Uhr nachmittags, nicht nachts, was sich eindeutig aus der Tages-Chronik ergibt.

Ort – Bei Bassompierre Louvre-Halle.

Bei Héroard »kein Ort nirgends«! – Héroard ist bei allen »kleinen« Ereignissen immer genau in der Beschreibung, *wo* etwas geschieht, wohin der König geht, woher er kommt. Selten vergisst Héroard einmal den Ortszusatz, der sich dann aber aus dem Zusammenhang ergibt. Ludwig 13 ist ins eigene Bett gegangen, also von dem zuvor beschriebenen Ausflug wiedergekommen.

Handlung – Bei Bassompierre: Die Gäste verlassen den Empfang, das Über-die-Stränge-Schlagen der drei Frauen beim Rückweg durch das Schloss zu ihren Gemächern, Sturz und Verletzung der Königin, Abort.

Bei Héroard fehlt auch die Handlung! Kein Hinweis, wie der Fötusverlust geschah. Nur ärztliches Kürzel, das aber in der Beschreibung eines Embryos von eineinhalb Monaten genau ist. Der Laborbefund suggeriert eine ärztliche Untersuchung nach dem Fruchtverlust, als wäre Héroard selbst dabei gewesen. Oder ein anderer Arzt hätte ihm den Sachverhalt übermittelt. Es gab bei Hofe mehrere Ärzte. Doch dieses interessierende Detail bleibt Héroard auch schon wieder schuldig, ebenfalls im Gegensatz zu seinen sonstigen Gewohnheiten, alle Personen aufzuführen, mit denen der König am Tag in näheren Kontakt kommt.

Und Héroard, der erste Hofarzt Ludwigs des Dreizehnten, hätte über eine royale Wichtigkeit wie das Zerstieben einer Chance, endlich einen Nachkommen zu erhalten, nicht mit dem König gesprochen?

Erst recht ganz abwegig das Detail in Bassompierres Vorstellung des Ereignisses: Ludwig hätte bei der Lauffeuer-Nachrichtentechnik im Louvre, die von Mensch zu Mensch stromschnell funktionierte, nichts erfahren, wenn die Fehlgeburt während der Zeit seiner Anwesenheit beim (Staats-)Rat stattgefunden hätte? Unmittelbar nach Héroards Satz von der Fehlgeburt geht Ludwig zum dritten Mal an diesem Tag zu seiner Frau!

Ein Fruchtfall ist »mindestens« eine so erhebliche Schwächung einer Frau, dass ihr Partner, der sie danach besucht, sie bemerken muss. Kein Notat zu Ludwigs »Bemerken«. Im Gegenteil: Am nächsten Tag morgens und mittags wieder die Besuche des Königs bei der Königin, ohne einen Kommentar Héroards dazu. Am übernächsten und dem darauffolgenden Tag das Gleiche, bis Ludwig am vierten Tag danach – am 20. März 1622 – Paris für seine Reise zur Armee verlässt. Am fünften Tag nach dem vorgespiegelten Abort ist Louis XIII in Longjumeau, am sechsten und siebten Tag in Touri. Er ergeht sich auf seiner Reise zum Kriegsschauplatz in allerlei Abwechslungen, tötet Massen von in der Natur lebenden Tieren, bevor er seine Soldaten fremde Männer töten lässt (111, II, S. 2822).

Bassompierres Behauptung, man habe »die Affäre« vier Tage lang bis zu Ludwigs Aufbruch in die Schlacht vor ihm geheim gehalten, der König habe davon erst während seines Aufenthaltes in Longjumeau oder Touri erfahren, ist eine kontrahöfische Blase:

Bassompierres Bericht von Sturz und Verletzung der Königin mit anschließendem »Fruchtfall« mitten in einer Louvre-Halle wäre ein Skandal gewesen: Die groß-festlich gekleidete Königin rennt, fällt, verletzt sich und erleidet eine Fehlgeburt, liegt blutverschmiert am Boden, ihr Hof-»Aufzug« aufs Äußerste »derangiert«, was zahllose Personen in dem großen Schloss alarmiert hätte, erste Hilfe zu leisten. Ein Verbergen der Nachricht vor dem noch vier Tage im Louvre anwesenden König wäre nicht möglich gewesen, weil sich das Ereignis wegen seiner Drastik wie eine moderne Tagesschau-Meldung durch ganz Frankreich verbreitet hätte. – Bassompierre tut so, als sei der Unfall bei jemandem »zu Hause« unter Ausschluss der höfischen Öffentlichkeit geschehen.

Sollte es doch gelungen sein, die Nachricht vor Ludwig zu verheimlichen, dann stimmt sofort etwas nicht mit der Übermittlung der Nachricht eine Woche später. Wenn die Verheimlichung im Louvre für vier Tage gelungen wäre, warum informiert seine Entourage Louis dann von einem Vorgang, der seine Begleiter auf der Reise zum Kriegsschauplatz null anging? Aus den Berichten Héroards, der – wie immer – seinen König auch auf allen größeren wochenlangen Reisen begleitet, ist zu entnehmen, dass Ludwig Besichtigungen und Besuche auf der Tour absolviert. Er befand sich auf einer vorbereiteten Staatsreise, von der das Land schon wusste, denn eine Volksmenge hatte sich vor dem Louvre versammelt, um den König abreisen zu sehen. Er entwich ihr jedoch durch einen hinteren Ausgang! – Es gab keinen Moment auf dieser Politiker-Tour, dem König zu sagen: »Ach übrigens, was Eure Majestät noch gar nicht wussten, Eure Frau hat vor einer Woche eine Fehlgeburt erlitten!«

Wenn solch eine Nachricht verspätet zu Ludwig dem Dreizehnten in Touri La Foulaine »gedrungen« wäre, hätte Héroard darüber ebenfalls etwas berichtet. Nichts davon in seinem *Journal*.

Warum fantasiert Bassompierre, oder warum berichtet er von einem Gerücht?

Als Bassompierre seine Memoiren zum Teil schrieb, zum Teil redigierte, saß er im Gefängnis. Er war von 1631 bis 1643 – zehn bis 20 Jahre nach dem beschriebenen Ereignis der »Fehlgeburt« – wegen seiner Verbindungen zu den Konspirateuren, dem jahrzehntelangen Kronprinzen, Gaston d'Orléans, und dem Prinzen Bourbon-Condé, im Staatszuchthaus der Bastille eingekerkert gewesen. Er retuschierte bewusst an einigen Ereignissen aus seiner Vergangenheit, denn er wollte seine Memoiren herausbringen (lassen) und musste sie so abfassen, dass sie Richelieu-genehm ausfielen. Die Politik Richelieus vor und nach der Beschaffung Ludwigs des Vierzehnten konzentrierte sich bei dem Thema »späte Geburt der zwei Söhne des Paares Anna Ö. und Ludwig 13« darauf, dass die Königin Anna in ihrer Vergangenheit empfängnis- und fehlgeburtsfähig war. – Richelieu, geboren 1585, war sechs Jahre jünger als Bassompierre (1579–1646), hatte im Jahrzehnt zwischen 1631 und 1642 Frankreich fest im Griff. Ihm zu entkommen schien – solange er lebte – unmöglich und gelang Bassompierre erst ein paar Monate nach dem Tod des Diktators.

Bassompierre fälscht, was sofort ins Auge springt, wenn der Originaltext gelesen wird – im Zusammenhang mit dem Umfeld des Zitats. Bassompierre ist in seinem *Journal* ähnlich wie Héroard überpräzise, wenn es um unverfängliche Nachrichten geht: Jahr, Monat, Datum, sogar der Wochentag werden immer genau zu einem Ereignis angegeben. Einen so gravierenden Unfall wie die Fehlgeburt der Königin hätte Bassompierre ebenfalls genau datiert. Er tut das Gegenteil. Er spricht verschleiernd nur von »Fastenzeit«. Noch befremdlicher: Mit dem Bericht über die Fehlgeburt der Königin beginnt Bassompierre mitten in einer Zeile, auf der es abschließend um genossene Festivitäten geht (13, III, S. 15). Nach der Fehlgeburts-Episode werden Bassompierres Mitteilungen wieder wie vorher terminexakt. Wie Héroard flickte Bassompierre in seinen laufenden Text etwas hinein, was – inhaltlich und formal – an dieser Stelle nicht passt, was es demnach gar nicht gab.

Bassompierre war Feldmarschall. Ein solcher Mann kann sich Ungenauigkeit von Berufs wegen nicht leisten. Er verlöre Schlachten. – Und er war von Jugend an Diplomat – in Exaktheit gedrillt.

An der Fälschung der Fehlgeburt Annas haben alle Beteiligten mitgewirkt, auch die beiden Hofdamen. Sogar Louis XIII selbst! Die Briefe, die Ludwig 13 angeblich »zornentbrannt« an die drei »fruchtabtreibenden« jungen Frauen geschrieben hat, sind Zorn-Simulationen! – »Wir« befinden uns Anfang 1622 in einer der »Operation Kronprinz« zuvor veranstalteten »Aktion Fehlgeburt«. Ludwig auf der einen Seite, Anna und die Hofdamen auf der anderen Seite depeschieren innerhalb eines Monats zwischeneinander mehr als zehn Briefe – herum um etwas in den Schreiben Ungenanntes, das sich in Hof und Land *herum*sprechen sollte (13, III, 421 ff.). Die Hofdamen wurden mitnichten vom Hof verbannt, wie Bassompierre sein Fälschungssoll übererfüllt. Sie blieben während der ganzen Zeit des inszenierten Schlagabtauschs im Louvre, den sie in Bälde sowieso verlassen würden, da beide vor Hochzeiten standen!

Ludwig 13 ließ das Sich-Drehen um eine ungenannte Angelegenheit seine Reise-Sekretäre vollführen. Er war viel zu beschäftigt mit der realen Kriegsführung im Süden Frankreichs, als dass er den Kopf für die Korrespondenz über einen Phantomabort freigehabt hätte. Bassompierre berichtet über das Kriegerische wieder episodenversessen genau (13, III, S. 17 ff.).

Wer überhaupt noch auf Frühschwangerschaften der Königin Anna weitersegeln will, sollte sich den Zweizeiler der späteren Vertrauten Annas zu Gemüte führen, Hofdame Mottevilles dürres Statement zu dem Problem: Gab es Schwangerschaften zu Beginn der Ehe Ludwig 13 mit Anna Ö. oder nicht?

»Die Königin hat geglaubt, schwanger zu werden, wie sie es einige Zeit geglaubt hat, und dafür geschlagen zu sein, dass sie zu sehr gelaufen ist mit der Connétable (Marie de Luynes).« (151, I, S. 338)

Der Text stottert, stolpert wie der behauptete nächtliche Louvre-Unfall der Königin, auf den er verweisen soll, und stürzt in die Nachricht: Frühe Schwangerschaften Annas – eigentlich nicht!

Es gibt hier keinen Grund zur Vorsicht, warum Motteville nach dem Tod von Anna d'Austria *nicht* von frühen Schwangerschaften der ehemaligen Königin hätte schreiben dürfen. Eher wäre das Bekenntnis »keine Schwangerschaften, nur Glauben daran« am Ende des 17. Jahrhunderts zu Zeiten der diktatorischen Hochtouren Ludwigs des Vierzehnten *un*willkommen gewesen, da die Königin in den Jahren, in denen Motteville die Memoiren verfasste, als gynäkologisch einwandfreie »niet- und nagelfeste« Originalmutter von Louis XIV präpariert wurde, die schon in ihrer Jugend gewusst haben sollte, was Schwangerwerden bedeutete.

Mottevilles Text sagt unzweifelhaft: »nie schwanger, nur geglaubt – und geglaubt, nach einem Unfall mit Unfruchtbarkeit ›geschlagen‹ zu sein«.

DAS SCHWUL-LESBISCHE PAAR

Ludwig 13

Ludwig der Dreizehnte war 14 Jahre und zwei Monate alt, als er seine »Hochzeitsnacht« verlebte, zu der er gezwungen werden musste. Seinem Arzt, Jean Héroard, gelang dazu eine präzise atmosphärische Aufschlüsselung.

Mittwoch, den 25. November 1615: Nach der Heirats-Zeremonie in der Kirche St. André in Bordeaux »kommt er [Ludwig 13] 5,30 Uhr [nachmittags] zurück, begleitet die Königin [Anna, seine soeben ihm angetraute Frau] zu ihrem Zimmer. Er war abgespannt, geht in das seine, entkleidet sich, legt sich ins Bett. Um 6,45 Uhr Abendessen ... M. de Guise, M. de Gramont [ein Kammerdiener] und einige andere junge Herren erzählen ihm deftige Geschichten, um ihn sicher [standhaft] zu machen. Er hat Scham und eine gesteigerte Angst. Schließlich machen sie ihn standhaft. Fragt nach seinen Pantoffeln und zieht sein Gewand an, und geht um 8 Uhr in das Zimmer der Königin, wo er ins Bett neben die Königin, seine Frau, gelegt wird, in Anwesenheit seiner Königinmutter. Um 10,15 Uhr [nachts] kommt er wieder, nachdem er ungefähr eine Stunde geschlafen und es zweimal gemacht, wie er uns gesagt hat. Es erschien davon die Eichel rot. Befragt, wie er es gemacht hat, [sagt] L.[ouis] R.[ex]: ›Ich habe sie gefragt, ob sie es gern will, sie hat mir gesagt,

dass sie es gern will, etc.‹ Hat Durst, trinkt *julep rosat* [französisches Stärkungsgetränk] mit Wasser. Legt sich um 10,30 ins Bett; Puls [gemessen] ... Schläft bis sieben Uhr morgens.« (111, II, S. 2330)
(Die Punkte im Text stammen vom Chronisten. Das gerippig wirkende Deutsch folgt dem Französischen in allen übersetzten Zitaten so nah wie möglich, da jeder sich angenehm lesende Schwung in der deutschen Sprache vom Wahrheitsgehalt des Originaltextes zu sehr abheben würde.)
Abermals ist Héroard – wie beim Thema »Anna von Österreichs Fehlgeburt« – mehr ein *Medium* für die Wahrheit, als dass er selbst wortwörtlich die Wahrheit berichtete.

Ludwig 13 musste nach der kirchlichen Trauungs-Zeremonie dazu gebracht werden, überhaupt in das Zimmer seiner Frau zu gehen, um die »Hochzeitsnacht« zu vollziehen. Er hatte schon vorher gewusst, um was es ging, was seine eheliche Pflicht sein würde, hat sich ihr jedoch verweigert. Er musste aus seinem Bett herauskommandiert werden, nicht etwa von seiner Mutter, die ihm diesen Befehl schon längst erteilt hatte, nein, von einer Gruppe junger Männer, die ihn anmachten, hochnahmen mit anzüglichen Geschichten, bis er in seiner Ehre so bedroht war, dass er ihnen gehorchen musste.

Dieser wenigstens virtuelle Moment des Vollzugs des ersten ehelichen Geschlechtsverkehrs wäre der Augenblick der Befruchtung des königlichen »Zuchtviehs«, der manchmal durchaus auch »öffentlich« zelebriert werden musste, wofür es aber keine Regel gab, ebenso wenig wie für die öffentliche Geburt der französischen Königinnen und Kronprinzessinnen. – Hier berichtet Héroard von der Anwesenheit zumindest der Mutter des Königs bei dessen erstem ehelichem »Beischlaf«, von niemandes sonstiger physischer Präsenz. Alle anderen Höflinge, auch der Hofarzt selbst, waren nur spirituell »beteiligt«, mit Wissen und Drandenken – hinter der Tür!

Als gebürtige Italienerin in sexuellen Dingen unverklemmt, wusste Maria Medici seit Ludwigs des Dreizehnten frühester Jugend, wie es sexuell um ihren Sohn bestellt war. Die Fruchtbarkeitspleite war noch nicht offensichtlich, die heterosexuelle Misere des Thronfolgers aber ja. Die Königinmutter stand unter öffentlichem Druck, denn sie höchstpersönlich hatte die Hochzeit ihres Sohnes mit der spanischen Prinzessin vorangetrieben und vertraglich festgelegt. Die Ehe musste mit der inszenierten sexuellen »Vorschubleistung« als vollzogen gelten und sich so in Europa auch herumsprechen, da sie sonst – ohne Vollzugs-»Beleg« – hätte annulliert werden können, was Medici aus den politischen Gründen ihrer Verbindung mit Spanien auf keinen Fall wollte. So wollte allein *sie* überwachen, was von der »Hochzeitsnacht« nach draußen dringt, ließ ihren Sohn dem Arzt Héroard und den Kammerleuten den Bären vom »Zweimal« aufbinden und färbte die Eichel des königlichen Schwanzes so eindrücklich rot, dass sein Zustand dem Arzt nicht entging! Eichel rot? Vom zweimal vollführten hochzeitsnächtlichen Geschlechtsverkehr? Noch nach *einer* geschlafenen Stunde nach den GAs?

Der Vollzug der Hochzeitsnacht wurde in früheren Jahrhunderten mit einem martialischen Zeichen »angekündigt« = öffentlich gemacht. – Noch heute ist es Antifrauen-Brauch in männerherrschenden Gesellschaften des Vorderen Orients, den Vollzug der Hochzeitsnacht mit einer als Jungfrau geheirateten Ehefrau durch ein aus dem Fenster des Schlafzimmers gehängtes blutverschmiertes Laken anzuzeigen. Ob die Rötung des Lakens wirklich durch das Hymenblut der Ehefrau geschah, wird und wurde kriminalistisch nicht recherchiert. Aber rot musste das Laken von irgendetwas sein.

Die während der ersten »Nacht« ihres Sohnes mit seiner ihm zwangsangetrauten Frau im Raum zugegen gewesene Maria Medici war erfindungsreich genug, Farbstoffe aller denkbaren Herkünfte zu organisieren, um die Eichel ihres Sohnes rot zu bestreichen: blutverschmierter Penis vom Riss der Jungfernhaut nach einem für eine junge Frau ersten penetrierenden Geschlechtsakt!

Diese winzige Einzelheit gibt einen Hinweis auf die Penisfärbung mit außer-vaginalem Rot: Héroard beschreibt nicht etwa den gesamten Penis des Königs rot, sondern nur die Eichel. Und in Héroards Niederschlag des Ereignisses heißt es auch nicht »*war* rot«, sondern »*erschien* rot«, was schon hier auf einen Gefälligkeitseintrag deutet wie bei Königin Annas Fehlgeburt sechseinhalb Jahre später. Auch die rotrückständige Eichel des Königs diente einer flüsterpropagierten Information durch Louvre und Land: Der junge König hat seine Hochzeitsnacht vollzogen!

Ein durchstoßenes Hymen hätte nicht nur die Eichel, sondern die männliche Geschlechtsgegend gesamtrot gefärbt. Dieses Rot wäre aber nach der postcoital geschlafenen Stunde Ludwigs im Bett seiner Frau von den Laken aufgesogen worden. Letzte Spuren hätten sich auf dem ganzen Schwanz verteilt, wenn sie denn unabgewaschen als demonstrierte Trophäe an der Intimhaut des Königs noch zu sehen gewesen sein sollten. *Nur die Eichel rot* – das ist der Hinweis auf Héroards Schummeln im *Journal* oder die Frucht des mütterlichen Farbpinsels.

Wieder lüftet *ein* Detail das andere, lässt eines das andere auffliegen, bis die behauptete Wahrheit selbst sich ganz verflüchtigt hat.

Das Liebespaar
Louis XIII und Charles de Luynes
Kupferstich 1611

DAS SCHWUL-LESBISCHE PAAR 99

Es setzten sich nach diesem Ereignis etwa drei Jahre lang nichtssagende Besuche des Königs bei der Königin fort, das heißt, es geschah nach dieser Sex-Demo in der sogenannten Hochzeitsnacht kein weiterer, auch kein geschauspielerter sexueller Kontakt zwischen Ludwig 13 und Anna Ö. Was denn dann? Von anderen jungen Mädchen und Frauen Ludwigs – kein Wort, nirgends!

Von der Beziehung zwischen Ludwig 13 und seinem »Vögler«, Charles de Luynes, gibt es aber reichhaltiges Material, Schilderungen, die keinen Zweifel am Charakter dieser Beziehung lassen. Sie sei ganz nah und intim gewesen. Die beiden seien total vertraut miteinander umgegangen, hätten täglich viel Zeit zusammen verbracht.

Der schüchterne, gehemmte, scheue Louis öffnet sich, der Stotternde sprudelt plötzlich, unablässig spricht er mit seinem Freund.

Es fällt das Wort »Besessenheit«, wie die Königinmutter, die Realität halb klerikal dramatisiert, halb liebestorheitsecht beschreibt, wenn sie sagt, Luynes sei ein »Dämon« ihres Sohnes. Louis macht nichts mehr ohne Luynes. – Da Louis XIII seit Beginn seines 13. Lebensjahres öffentlich als erwachsen erklärt und zum König ausgerufen worden war (2. 10. 1614), konnte niemand seine Beziehung zu Luynes unterbinden. Sie hatte begonnen, als Louis neuneinhalb war. Luynes hatte sich Mitte 1611 für die Stelle des »maître du cabinet des oiseaux« (»Meister des Vogelparks«) beworben und sie bekommen – eine Position bei Hofe, die auch mit dem Begriff »fauconnier« (»Falkner«) gekennzeichnet wurde.

Es war ein Zeitvertreib der Könige und Prinzen, Falken zu züchten, die bei der Jagd auf andere Vögel beobachtet und im Verhältnis zum Menschen zahm dressiert wurden. Die Falken lebten in einem Gehege, von dem sie ausflogen und in das sie zurückkamen. Sie begleiteten die Jagdgesellschaften, wurden seit Generationen auf Armen und Schultern von Königen und Kaisern abgebildet. Louis reitet manchmal los – mit einem Falken, den er in der geschlossenen Faust an den Füßen festhält. Falken waren nicht nur Genossen der Könige und Prinzen, sondern auch Raubvögel, mit denen sich die Landesführer identifizierten. So verlangte das Falkengehege einen Fachmann, der den Umgang mit diesen Vögeln und die Geheimnisse ihrer Zucht beherrschte – eine Fähigkeit, die wegen des psychisch besetzten Vogels besondere Nähe zu den Königlichen provozierte.

Luynes war Vogelzüchter, Südfranzose, kleinadliger Herkunft, trat seinen Job bei Hofe an unter dem Namen Charles d'Albert. Aber der *coup de foudre* zwischen ihm und dem Knabenkönig Louis XIII schoss jegliche Standesschranken nieder. Der »Kanzler des Vogelkabinetts« musste sofort zum »Herzog von Luynes« gemacht werden, um die Bettnähe eines königlichen »Mätres« genießen zu dürfen.

Normalerweise laufen solche Blitz-»Hochfürstungen« immer »andersherum«, wie zum Beispiel im Falle von Henri IV – Ludwigs des Dreizehnten Offizial-Vaters und Thronvorläufer –, der seine Geliebte Gabrielle d'Estrées (ab 1592) zuerst zur Marquise de Montceaux (1595) und dann noch zusätzlich zur Duchesse de Beaufort (1597) »erhoben« hatte.

Die Zahl der geadelten oder hochgefürsteten Mätressen der europäischen Königlichen geht in die Hunderte. Berühmteste Beispiele in Frankreich sind La Vallière, Montespan, Maintenon (Ludwig 14) und Pompadour (Ludwig 15), in Deutschland Augusts des Starken Gräfin Cosel und Friedrich Wilhelms II. Gräfin Lichtenau.

Die Könige und Kaiser hatten das Recht, alle Personen zu noblifizieren oder adelsrangzuerheben. Ein Indiz für sexuelle Motive der »Anhebung« liegt in der Eile des Aktes und in der Höhe des Ranges. Die Noblifizierung war eine Vorform der modernen »civil union«, der De-facto-Partnerschaft.

Über den Louis-XIII-Liebhaber, Charles de Luynes, wird berichtet, dass er sich Louis gegenüber verhalten habe, wie ein Schwerverliebter sich gegenüber seiner Angebeteten benimmt: alles eifersüchtig verfolgen, was um die begehrte Person geschieht, Nebenbuhler argwöhnisch beäugen, Aufwartungen, Ständchen, Verwöhnungen zelebrieren und sich mit permanenten Anwesenheiten aufdrängen. Wenn Louis mal krank war, schlug Luynes sein Bett neben dem Bett des Geliebten auf und wich auch nachts nicht von seiner Seite, was in der Protokollar-Architektur des Kontaktes mit Königlichen so ohne weiteres nicht ging. Auch König und Königin hatten »getrennte« Betten und mussten einander fürs »Eigentliche« extra begegnen, das heißt, der König kam in das Schlafzimmer der Königin. Ebenso ging es zu beim Paar Louis – Luynes – zuerst mit umgekehrten »Vorzeichen«: Luynes kam zu Louis, bis er 1615 in den Louvre in eine Etage über seinem König zog. Dann ging Ludwig 13 immer in das Appartement seines Mätres. – Das Bett-neben-Bett-Schlafen der Freunde während der ganzen Nacht war eine Ausnahme. Der Liebhaber blieb nur während der Krankheit des Geliebten tags und nachts neben ihm.

Für das übrige Hofpersonal war eine derart auch gezeigte Nähe zwischen König und Mätre so frappierend und zuweilen Anstoß erregend, dass ein Kammerherr, der wie der Arzt Héroard immer um Louis herum sein durfte und musste, sich einmal erlaubte, Luynes nicht in die Gemächer des Königs vorzulassen. Das war ein schwerer Verstoß gegen die unverbrüchlichen Nähebedürfnisse Louis' gegenüber Luynes. Der König befahl die unverzügliche Entlassung des Übeltäters, der ihm jahrelang gedient hatte.

Die Schattenkontur, die dieses Mann-Jünglings-Verhältnis Luynes – Louis als ein homosexuelles akzentuierte, bildete sich auf einem heterosexuellen Hintergrund ab: Ekel, Abneigung, Impotenz, wenn Ludwigs gerüchteverbreiteten Gefühle und Stimmungen vor dem nackten Körper der Königin, seiner Frau, getroffen werden wollten. Louis empfand gegenüber *der* Frau nicht nur nichts – und mehr als *seine* Frau gab es nackt in seinem erwachsen werdenden Leben nicht –, sondern er demonstrierte auch die schärfsten Stadien des Widerwillens.

Ludwigs Frauen-Aversion zeigte sich schon sehr früh. Héroards *Journal* ist auch darin einzigartig, dass es die Chronologie einer *schwulen* Entwicklung entblößt, ohne einen Ansatz von solcher Reflexion beabsichtigt zu haben. Héroard hat – außer in politischen Dingen – alles unzensiert, vor allem unmoralisiert und unbelästigt von Einstellungen, Fragestellungen und Hypothesen festgehalten, was sich physio-sozial mit Louis XIII ereignete und wie sich der Heranwachsende zu den Dingen des Lebens äußerte.

Mit noch nicht drei Jahren, am 6. Juli 1604, wehrte Ludwig Annäherungsversuche der Mätresse Heinrichs des Vierten ab, die im Louvre in unmittelbarer Nähe des Königs lebte, als sei sie eine Tante des kleinen Ludwig. Henriette d'Entragues wollte mit Ludwigs nackter Brust spielen. Er verscheuchte sie mit drastischer Zurückweisung: »Weg, weg! Lass das! Hau ab!« (111, I, S. 496)

Louis schlug sein Zimmermädchen, Mlle Mercier, als er viereinhalb war, mit Birkenzweigen, nachdem er zuerst mit ihren Zehen und ihren Oberschenkeln rumgemacht hatte (7. 5. 1606) (111, I, S. 940 f.).

Die betreuenden Frauen schliefen in Ludwigs unmittelbarer Nähe. Die Hauptsorge-Verpflichtete, Mme de Montglat, teilte ihr Bett sogar mit ihrem Ehemann. Ludwig lag in seinem Bett im selben Zimmer mit seinen »Zieh-Eltern«. Von den Frauen bekam er daher auch »Intimschauplätze« zu sehen, die ihn nicht zu begeistern schienen. Er sprach unaufgeregt und begutachtend nüchtern vom Hintern einer Kammerfrau, von ihrer Muschi, die so groß wäre wie zwei Fäuste – so zeigte er die Maße des gesehenen weiblichen Geschlechts mit seinen Händchen; und mit Wasser darin, kommentierte er »kalt« Sachverständigen-ungerührt! (11. 7. 1606) (111, I, S. 1003 f.).

Frauenfinger vom eigenen Körper wegscheuchen, Frauenschenkel peitschen und eine Zwei-Fäuste-Vagina mit Wasser darin – das sind keine Tätigkeiten und Organwahrnehmungen, die einen Weg in die Geilheit auf den weiblichen Körper einschienen, eher das Gegenteil. Die Reaktionen des noch nicht fünfjährigen Louis enthüllen erste Zeichen von Widerwillen und Abneigung gegenüber dem Weiblichen.

Gleichzeitig aber schmusig-begeistertes Liegen im Bett mit dem Sozial-Vater Henri IV, auf den hin Louis' ganzes Sinnen und Trachten sich richtete, auf den er sehnsüchtig wartete, nonstop frohlockend, wenn er ihn besuchte, den er mit Grüßen und Botschaften bedachte, wenn jemand von Saint-Germain-en-Laye, wo Louis XIII aufwuchs, ins Pariser Zentralschloss Louvre fuhr.

Mit seiner Mutter im Gegenteil Krieg von Anfang an. Sie hasste ihren Erstgeborenen aus psychoanalytisch bisher nicht gehobenen Gründen. Das Alleräußerste an gezeigter Emotion waren Gleichgültigkeit, Kälte, Konvention im Umgang mit dem Kronprinzen, das Ärgste an Negation aber Prügel – die Peitsche ab seinem zweiten Lebensjahr!

Der pubertär gewordene Louis XIII erklärte sein nach draußen gesickertes sexuell-aversives Verhalten gegenüber seiner Frau: Er sei noch zu jung »dafür«. Mit 14 bis 17! (143, S. 38)

Für die Beziehung Louis – Luynes war Louis nie zu jung! Sie war keine »Jugendtorheit«, Pubertäts»schwärmerei«,»Entwicklungshomosexualität«, wie »Homosünden« in Heterobiografien gekennzeichnet werden. Die Beziehung Louis – Luynes hat über zehn Jahre gedauert, zwischen Louis' Alter von neuneinhalb und 20 und zwischen dem 32- bis 43-jährigen Luynes, der – geboren 1578 – am 14. Dezember 1621 starb.

Die biografische Gestalt dieses Mannes, die seine sexuelle Verhaltensstruktur durchscheinen lässt, verrät eine gesamt-homosexuelle Lebensweise: Der Vogelmeister war bis 39 nicht verheiratet. Von Frauenverhältnissen vor und neben seiner Beziehung zu Louis XIII wird nichts berichtet.

Als er nach der Ermordung des Usurpators Concino Concini, am 24. April 1617 von Louis XIII zum Regierungschef ernannt wurde, konnte die Liaison Louis – Luynes so offiziell, wie sie vorher gelaufen war, nicht weiterbestehen. Auch der Mätre musste nun mit einer Frau verheiratet sein. Dem Erfordernis wurde Genüge getan. Luynes heiratete am 11. September 1617 eine der kompetentesten französischen Heteropraktikantinnen, die 16-jährige Marie de Rohan, spätere Chevreuse, die eine große Liebhaberinnen-Karriere neben ihrer alsbald beginnenden Komplotteurinnen-Laufbahn absolvieren sollte. – Höfische Glanzhochzeit zwei Tage lang – unter Anteilnahme des französischen Hochadels! Jedoch, die Betten dieses Paares standen auch für aristokratische Verhältnisse sehr weit voneinander entfernt, weil es die darin

DAS SCHWUL-LESBISCHE PAAR 103

Schlafenden gar nicht nach einer heterosexuellen Überbrückung ihres bloß formellen Eheverhältnisses verlangte. Mit 19 bekam Marie Luynes 1620 ihr erstes Kind, ihren schöngeistigen Sohn Louis-Charles, der – in der Ehe mit Luynes geboren – für dessen Sohn gehalten wurde und dem schwulen Ehemann willkommen war, jedoch als Autor und Übersetzer seinem Vogelzüchtervater (phylo)genetisch nicht ähnelte, auch wenig seiner Abenteuerinmutter, die sich ihn von einem »homme de lettres« am Hof nach Unterschiebungsrezept geholt hatte (43, S. 33).

Die herrschende Meinung der französischen männlichen *und* weiblichen Historiker ist sich einig, dass Louis XIII seine Hochzeitsnacht vom 25. auf den 26. November 1615 *nicht* vollzogen hat. Die Anglo-Historiker/-innen folgen ihr, deutsche Stimmen gibt es nicht zu dem Thema »Sexuelle Bedingungen des Offizial-Vaters von Louis XIV«.

Der Stand der Erkenntnis: Alles Theater zwischen Ludwig 13 und Anna Ö. in ihrer Hochzeitsnacht am 25. November 1615. Und weitere drei Jahre geschieht auch nichts, nicht einmal »Schau-Ficken« hinter verschlossenen Türen.

Aber dann verliert die Geschichtsschreibung ihren Verstand und kapituliert vor einer neuerlichen, allerdings sehr trickreichen Fuck-Show. Sie bildet sich ein, Ludwig 13 hätte am 25. Januar 1619 mit 17 Jahren doch noch seine Ehe vollzogen. Sie versteift sich auf ein zweites Zeugnis des King Body Controllers, Jean Héroard:

Freitag, der 25. Januar 1619: »Wacht 8,30 Uhr sanft auf. Betet zu Gott. 9,15 Uhr Frühstück ... Geht zur ›chapelle de la tour‹; beim [Staats-]Rat. 11,45 Uhr Mittagessen ... Geht zur Königin, geht durch die ›galerie aux Tuilleries‹. Kommt 4,30 Uhr denselben Weg zurück, beim [Staats-]Rat. Steigt zu M. de Luynes, wo er sein Ballett probt. Kommt 7,30 Uhr wieder. Abendessen ... Geht zur Königin. Kommt 10 Uhr zurück ... Trinkt *Ptisane* [Gersten-Gesundheitstrunk, bis heute französisches Nationalgetränk], legt sich ins Bett. Betet zu Gott. Um 11 Uhr ungefähr, ohne dass er daran gedacht hat, kommt M. de L[uynes], um ihn zu überreden, [mit der Königin] zu schlafen etc. Er widersetzt sich heftig und entschieden, mit großer Anstrengung, bis zu Tränen. Wird weggetragen, hat beigeschlafen, sich zweimal abgemüht, wie man es sagt. haec omnia me inscio [Es geschieht alles ohne mein Wissen]. Um 2 Uhr kommt er zurück. Entkleidet sich, legt sich ins Bett, schläft bis 9 Uhr morgens.« (111, II, S. 2591)

Nach dieser erneuten »On-dit«-Darstellung hebt die Fantasie der heterohistorisierenden Geschichten-Erzählenden ab: Nun habe die hohe Liebeszeit der beiden jugendlichen königlichen Ehepartner begonnen. Nächtliche Besuche, tägliche Zärtlichkeiten bis zu Liebesgedichten von ihm an sie. Die *royale* Identität Frankreichs ist bis ins 20. Jahrhundert hinein so tief auch im intellektuellen Bewusstsein verankert, dass ihr Super-König, Louis XIV, keinen schwulen antistammtätigen Vater gehabt haben darf. Das Standardwerk über die Zeit des 17. Jahrhunderts, der *Dictionnaire du Grand Siècle*, proklamiert wie eine Regierungserklärung: »Ehe (Ludwigs des Dreizehnten) vollzogen am 20. 1. 1619« (52, S. 896). Die posthumen Regierungssprecher Ludwigs des Dreizehnten vertun sich dabei in der Hektik ihrer Wahrheitsknautschung auch noch um fünf Tage, denn die halluziniert vollzogene Hochzeitsnacht zwischen Ludwig 13 und Anna Ö. war laut Héroard nicht am 20., sondern am 25. Januar 1619!

Hinzu kommt der sexologische Analphabetismus, der durch solche Zeilen nässt: Es gibt sehr wohl Kurskorrekturen in der sexuellen Orientierung, aber immer erst in der Mitte des Lebens, 40- bis 50-jährig. Ehefrauen und vielfache Mütter werden lesbisch. Schwule Männer heiraten Frauen, zeugen Kinder. Familienväter entdecken ihre große Liebe zu einem anderen Mann oder einem Jüngling.

Louis XIII lebt 1619 – als er laut Geschichtenerzählenden plötzlich heterosexuell praktiziert haben soll – schon acht Jahre, von neuneinhalb bis 17, im schwulen Affekt auf einen 23 Jahre älteren Mann. Er lässt, als er 14 war, diesen Mann zur Zeit seiner ihm aufgenötigten Heirat in ein Appartement über seiner Wohnung ziehen, das mit Hilfe einer Geheimtreppe erreicht werden kann. Héroard spricht mindestens einmal, meist zweimal und nicht selten dreimal täglich in seinem *Journal* vom Hochgehen des Königs zu dessen Freund. »Monte chez M. de Luynes« gehört zu den Stereotypen in den Aufzeichnungen wie »betet zu Gott«. Ab einer Stunde bis zu drei Stunden verbringt Louis dort regelmäßig, manchmal verbunden mit Gelagen, ausgedehnten Abendessen, auf die Héroard extra hinweist.

Die Geliebten waren seit April 1617 in einer prekären neuen Situation. Zwischen 1611 und 1617 war ihr Verhältnis nur beobachtet und in der Tat von der »entourage« um Louis XIII sexologisch exakt kommentiert worden. Doch niemand kümmerte sich moralinätzend darum. Im April 1617 war der Usurpator Concini tot und seine Gönnerin, die Königinmutter, Maria Medici, verbannt. Louis XIII war mit *einem* Schlage alleiniger und wirklicher König, sein Liebhaber erster Minister, was dem 15-jährigen König gegenüber bedeutete, der Inhaber der realen Staatsmacht. Das Paar konnte unmöglich so weitermachen wie bisher in seiner öffentlichen Repräsentation von sich selbst,

DAS SCHWUL-LESBISCHE PAAR

die bis zu bildlichen Darstellungen aus der damaligen Zeit geführt hatte: Louis und Luynes nebeneinander ausreitend, einander zugewandt, Luynes einen Falken auf seinem linken Arm! (S. 98)

Der König und sein Regierungschef standen jetzt unter zusätzlichen protokollarischen Zwängen – und die hießen zuallererst, Hetero-Repräsentationen zu absolvieren. Beide mussten sich Hetero-Zertifikate ausstellen (lassen). Luynes heiratete noch im selben Jahr die heterosexuell unkomplizierte Mitspielerin in der Show, die 16-jährige Marie de Rohan-Montbazon. Aber das war nicht genug. Man tuschelte und munkelte weiter – durchrieselnd informiert über den detailgenauen Zeitplanchronisten des Königs, den *Leibarzt* Jean Héroard. Denn im Lebensstil des Paares Louis – Luynes hatte sich nichts geändert. Die junge Gemahlin Luynes' war Kammerfrau der Königin Anna geworden. Jedoch, das sich nur demonstrierende Ehepaar Charles und Marie Luynes hatte kein Palais bezogen, keinen Hausstand gegründet und nicht mit der Zeugung und Gebärung von gemeinsamen Kindern begonnen. Im Gegenteil, Luynes blieb im Appartement über dem König wohnen, um ihn allabendlich empfangen zu können. Seine Frau lebte irgendwo im Louvre in einem eigenen Appartement mit »eigenen« Männern in der Nähe der Königin. Auf diese »Art und Weise« Kommunikationsverquirlung zwischen Louis, Luynes, Anna und Marie war über ein Jahr ins Land gegangen.

Nun musste der 17-jährige *König* mit Hetero-Demonstrationen nachziehen. Verheiratet war er zwar schon, aber die höfischen Rezeptoren wussten, auf welche Weise er das war – in einer Vogelscheuch-Ehe.

Das Paar Louis – Luynes kam auf die Idee, mit etwas Praktisch-Vögelndem die Gerüchte vom schwulen Jünglingskönig und seinem mehr als doppelt so alten Liebhaber zu verscheuchen.

Die halslaute nächtliche Szene im Schlafzimmer des Königs wirkte Wunder. Alle Bedienten hörten sie mit und sahen deren Ende: Der 40-jährige Mätre trägt den 17-jährigen König ins Schlafzimmer der Königin – ein Bild für schwule Spötter!

Und abermals wie bei der blank gebliebenen, Königs-Eichel-rot-gepinselten Hochzeitsnacht berichtet Héroard am 25. Januar 1619 vom zweimaligen »Bringen« des Königs und fügt wie vor dreieinviertel Jahren fatalistisch an: »wie man es [uns] sagt!« Klartext: Die Lampe über dem königlichen Ehebett hat Héroard auch jetzt wie damals nicht gehalten.

Um das Drama der »tragédie française« abzuschließen, gibt Héroard zwei Nachfolgenächte des fiktiven ehelichen Vollzugs preis, soweit er Gehen und Kommen des Königs miterlebt hat:

Sonntag, der 27. Januar 1619: »... 5 Uhr [nachmittags] bei M. de Luynes, wo er sein Ballett probt. Um 6,45 Uhr Abendessen ... Geht zur Königin. Kommt 8,15 Uhr wieder. Macht sein [großes] Geschäft ... Steigt um 9 Uhr zu M. de Luynes. Kommt wieder um Mitternacht. Entkleidet sich. Geht zur Königin, legt sich [bei ihr] ins Bett, sehr wenig geschlafen. Kommt 6 Uhr morgens zurück, schläft bis 8 Uhr.« (III, II, S. 2591)

Mittwoch, der 30. Januar 1619: »... 5,15 Uhr [nachmittags]. Geht rauf zu M. de Luynes, wo er sein Ballett probt. Kommt um 7 Uhr wieder, zur Königin. Um 7,15 Uhr Abendessen ... Geht zur Königin, steigt rauf zu M. de Luynes; zur Comédie. Kommt 11,45 Uhr wieder ... Trinkt *Ptisane*, legt sich ins Bett; betet zu Gott. Kurz danach Aufstehen, [wirft sich] in seine Robe[,] geht zur Königin. Ab 1 Uhr schläft er bis 3 Uhr.« [zurückgekehrt in seine Zimmer, was Héroard vergisst zu notieren!] (III, II, S. 2592)

Die anstrengende Wirkung dieser dritten Ehe-Sex-Schau auf den 17-jährigen Louis muss der hetero-verbissenen Zunft der Geschichts-Retuschierenden entgangen sein. Louis hatte sich schon ausgezogen, ins Bett gelegt und sein Nachtgebet gesprochen, war gegen Mitternacht wieder aus dem Bett gesprungen, weil er den geplanten Pflichtbesuch bei seiner Frau vergessen hatte. Trotz der Geisterstunde zieht er sich noch einmal an und geht zur Königin, kommt aber schon innerhalb einer Stunde zurück, denn Héroard registriert ihn zwischen 1 und 3 Uhr morgens im Königsbett schlafend. Gegen seine Gewohnheit wacht Louis nach zwei Stunden wieder auf. Es ist erst 3 Uhr. Louis überfällt eine Art Katzenjammer, der aus den dürren Details von Héroards Notaten am nächsten Tag herauszuhören ist.

Donnerstag, der 31. Januar 1619: »Wacht 3 Uhr nach Mitternacht auf, sanft [!]. Kleidet sich in seine Robe, isst Brot, wonach er bei seiner »Wickelfrau« [»remueuse«] verlangt hat, reichlich, und tunkt es in *Hypocras* [einen französischen Gewürzwein]. Legt sich wieder zu Bett, schläft bis 8 Uhr. Wacht sanft auf ... Stärkungspillen, zieht sich an. Betet zu Gott ...« (a.a.O.)

Ein so heterosexuelles Volk wie die Franzosen, das das Bidet erfunden hat, kann sich *Nicht*-Heterosexualität schwer vorstellen. »So heterosexuelles Volk« meint, vor allem von Frauenseite her, »heterosexuell ungehemmt«, »kulturell hetero-*bewusst*«.

Der Anteil der Homosexuellen ist im französischen Volk der gleiche wie bei allen anderen Völkern. – Und trotzdem würde man bei einer vergleichbaren Schönheitswettbewerb-Apfel-Vergabe durch den Trojanischen Prinzen Paris an die Göttinnen Aphrodite, Athene oder Hera: »Wer ist die hete-

DAS SCHWUL-LESBISCHE PAAR 107

rosexuellste Nation auf Gottes Erde? Die britische, die deutsche oder die französische?«, den Apfel Frankreich geben.

Das hat Nachteile, wie sie Paris' Apfelgabe an Aphrodite gehabt hat: Anbahnung des Trojanischen Krieges. Die französische Kultur hat trotz der großen französischen Schwulen Flaubert, Verlaine, Rimbaud, Proust, Cocteau und Genet verbundene Augen vor der *Homo*sexualität, in deren heterototeste Hosen, die Anna Ö. und Ludwig 13 anhatten, jahrhundertelang bis heute mit Heterotaschenlampen geleuchtet wird.

Aus der Tragödie zwischen Louis XIII und Anne d'Autriche wird in Frankreich eine Debussy'sche Stotteroper gemacht. Debussy hat das Heterogebrünste seiner Landsleute in einem innovativen Opernstil verhöhnt. Immerzu wird in *Pelléas et Mélisande* Anhieb- und Abbruch-gesungen, was als Neuschöpfung nach Wagner und vor Schönberg zu feiern ist, woraus sich aber als Prinzip keine Wagner'sche 10-Opern-Ziehharmonika ausdehnen ließ.

Von Tag zu Tag der Héroard-Chronik lässt sich die Debussy'sche Stotteroper zwischen »Pel-louis« und »Mél-anne« genau nachzeichnen. Ein halbes Jahr lang geht's immer wieder los mit dem »Nun fang' wa aber jleich an!« Und dann sackt alles gleich wieder in sich zusammen, ähnlich wie mit dem Katzenjammer am 31. Januar 1619 nach den angeblich spät vollzogenen drei Hochzeitsnächten.

Nach dem 31. 1. gibt es drei Tage Ruhe, dann eine Einzelleuchte am 3. 2., gefolgt von sechs Tagen Ruhe. Am 10. 2. zu Ehren der Schwester-Christine-Hochzeit eine Einzelperformance von Ludwigs mitternächtlichem Gang in die Gemächer Annas. Zwei Tage später, am 12. 2., ist die Premiere von Louis' Ballett, der wochenlang seine Proben vorausgegangen waren. Großer Empfang für die Mitwirkenden in Luynes' Gemächern. Anna *nicht* dabei! Aufführung um Mitternacht. Ins eigene Bett kommt Louis erst um 4 Uhr morgens. – Nach zwei Tagen, am 14. 2., Abreise zum Jagdvergnügen nach Saint-Germain-en-Laye. Kein Lebewohl-Bett mit Anna! – Für *einen* Tag, am 17. 2., Rückkehr nach Paris. Kein »Verlangen«, mit Anna die Mitter-Nacht zu verbringen, welches Verlangen echt hetero-geile Jugendliche nach drei bis vier Tagen Trennung hätten. – Am 18. 2. erneute Abreise nach Saint-Germain-en-Laye. Aufenthalt dort bis zum 24. 2. Rückkehr in den Louvre. Neuer Zweier-Set des mitternächtlichen Einschritts ins Zimmer der Königin Anna: 25. und 28. 2. Danach vier Tage Pause. Nächste Einzelleuchte am 5. 3. Schon wieder Erschöpfung, die acht Tage Pause braucht bis zum Zweier-Set 14. und 18. 3. Anschließend 15 Tage Pause. Ein einsamer »Einer« am 3. 4. Aber der wiegt die kommenden 16 Tage Pause nicht auf, die sich zum nächsten »Einer«

am 22. 4. hangeln. Erneuter »Zusammenbruch«, der in 18 Tagen Pause kuriert werden muss. Dann Aufschwung zum überraschenden Dreier-Set 11., 12., 14. 5. Doch schon wieder elf Tage Pause. Plötzlich ein Vierer-Set 26., 27., 30. 5. und 1. 6. Nun verdiente Pause von elf Tagen. Neuer Zweier-Set 13. und 15. 6. Mit vier Tagen Pause geschieht ein Anlauf zum nächsten Dreier-Set 20., 22., 25. 6., dem sechs Tage Pause folgen, die eine Einzelleuchte erhellt: 2. 7., der schon wieder sieben Tage Pause folgen. Zweier-Set 10. und 12. 7. Mit sieben Tagen Pause ist Louis wieder vor den Fall gekommen, »bringt's« zum Einer am 20. 7., macht fünf Tage Pause, liefert einen Zweier am 26. und 27. 7. Mit neun Tagen einstweiliges Ende der Oper (111, II).

Also, (Nachbars-)Leute, Ihr wisst es doch, mit 17-jährigen Heteros ist es so: Wenn die mal anfangen, dann stottern die nicht mehr, sondern wollen und zelebrieren jede Nacht das Berg-Büchner-Wozzeck'sche »Immerzu! Immerzu!«

Es gibt neben der sich prolongierenden simulierten Schub-und-Stoß-Choreografie noch ein paar rein textliche Selbstentlarvungen: Am 25. Januar 1619 feiert ganz Frankreich sogar lexikalisch den (Hetero-)Sex-Start seines verzweifelt nichtheterosexuellen Königspaares. Aber zwei Monate später, am 18. März 1619, notiert Héroard seinerseits »zum 1. Mal«! – Am 25. Januar fand nur »l'on dit« oder »l'on m'a dit« statt, »man sagt es«, »man hat's mir gesagt«, wie Héroard immer wieder schreibt. Er hat nicht die Scheinwerfer über der Show angeschaltet, er ist nicht mitgegangen ins Königin-Schlafzimmer, sondern musste aufpicken, was Louis ihm hinwarf. Am 18. März 1619 bestätigt Héroard achselzuckend sein Nicht-Wissen: »Cum sua (...) voluptate, nihil exit utriusque.« [»Mit seiner Wollust kommt zu beiden Seiten nichts raus.« Soll bedeuten: Unklar, ob der König homo oder hetero ist!] (111, II, S. 2602).

Dass Héroards *Journal* immer ganz genau »zu Leibe« gerückt werden muss, um herauszufinden, wann ihm getraut werden kann, wann nicht, erweist sich an einer Nebensächlichkeit:

Die Königin fuhr zwischen dem 14. und 24. Februar 1619 nicht mit Louis gemeinsam nach Saint-Germain-en-Laye, nur Héroard begleitete ihn wie auf allen Königsreisen. Und während der letzten fünf Tage in Saint-Germain ohne Anwesenheit Annas notiert Héroard jeden Tag die Floskel: »Geht zur Königin«, »bei der Königin«, an zwei Tagen sogar zweimal! – Das heißt, Héroard vergaß, dass sein Gebetsmühlen-Hinweis »(va) chez la Rne« jetzt für Saint-Germain während der Abwesenheit der Königin überflüssig gewesen wäre!

Die sieben Male »geht zur Königin« oder »ist bei der Königin« zu einer Zeit, da die Königin nicht erreichbar *da* ist, nagen an der Glaubwürdigkeit

DAS SCHWUL-LESBISCHE PAAR 109

Héroards, wenn er die mitternächtlichen Besuche Louis' bei Anna angeblich protokolliert. – Was jedenfalls auch an Héroards Notaten klar wird: Eine ganze *Nacht* hat der »junge Verliebte« bei seiner Frau nie verbracht. Auch wenn das Ganze-Nacht-miteinander-Schlafen bei König und Königin damals nicht üblich war, hätte ein Verliebter so etwas machen *wollen* und ausnahmsweise dann auch können und dürfen. Aber immer nur heißt es: »Zwischen 23 und 24 Uhr hin«, um dem Louvre die Erfüllung der Königs-Pflicht zu demonstrieren, und »Zwischen 1 und 3 Uhr *(einmal* 5 Uhr) zurück«.

Wie zu dem peinvollen Intim-Theater zuzüglich zu erwarten ist, reagiert »unser« Hetero-Darsteller seine Anspannungen psychosomatisch aus. Als Luynes ab Oktober 1618 beginnt, Louis unter Druck zu setzen, der König *müsse* darstellen, verlangt Louis von seinem Arzt Stärkungspillen. Da die »tablettes cordiales« immer morgens eingefordert werden, handelt es sich um Aufputschmittel, Antidepressiva, die Louis nicht braucht, wenn er wochenlang sein Ballett probiert oder in Saint-Germain-en-Laye auf die Jagd geht. Zehn Tage vor der »Aktion Fehlgeburt« am 16. März 1622, braucht er sie dreimal hintereinander!

Zweimal muss er sie nehmen, nachdem lange nächtliche Sitzungen bei Luynes stattfanden, am 4. und 14. Januar 1619, zehn bis 20 Tage vor der Pietà-Show des Transportes des Jünglings ins Schlafzimmer seiner Frau auf den Armen seines Liebhabers. Louis verbrachte an den beiden Spätabenden des 4. und 14. Januar viel Zeit bei Luynes. Die Aktion am 25. 1. musste vorbereitet werden. Am 25. 1. geht Louis dann ausnahmsweise spätabends *nicht* zu Luynes, damit der zu ihm kommen und die Szene in den Räumen des Königs stattfinden kann – für die Ohren der Louvre-Wände. Jedes Mal nach den Diskussionen am 4. und 14. 1. vergeht am nächsten Morgen Louis der Appetit, und er braucht stattdessen die Antriebstabletten. Sonst berichtet Héroard turnusmäßig wie von den Gebeten immer vom Frühstück des Königs. Ganz gleich, wie früh Louis aufsteht, will er morgens etwas essen.

Dreieinhalb Wochen nach der großen Schrei-Szene zwischen Louis und Luynes mit anschließendem Transport des 17-jährigen Louis auf den Armen Luynes' in das Schlafzimmer Annas präsentiert Louis seinem Arzt am rechten äußeren Oberschenkel einen Furunkel (18.2), an dem wochenlang »herumgedoktert« wird. Der Oberschenkel ist ein »erweiterter« verlängerte Teil der Sexualregion.

Die Schlussszene der Show vom königlichen Eheglück: Nach einem Jahr höfischer Demonstration, aber nicht echt heterosexueller Definition des jungen Eheglücks wird die inzwischen 18-jährige Königin tödlich krank. Im Februar 1620 bricht sie zusammen. Sie produziert loderndes Fieber, sackt ab ins Delirium. Neun Ärzte kommen der Krankheit nicht bei. Der Hof gibt sie verloren. Sie erhält ihre (vor)letzte Ölung, springt dem Tod in letzter Minute von der Schippe! Erst nach zweieinhalb Monaten ist sie wieder gesund.

Der Jüngling Louis hatte schon nach dem dritten Mal mitternächtlicher Ehebett-Demo Zustände bekommen, nicht schlafen können, nächtliches Brot und einen Beruhigungs-Trunk von seiner *Kinderfrau* verlangt und am nächsten Morgen Stärkungspillen gebraucht. Die letzten hatte er zwei Wochen zuvor nach der zweiten Besprechung mit Lunyes übers königseheliche Beischlafen eingenommen.

Wie es dem jungen Mädchen Anna in den ersten Stadien des Schauglücks ergangen ist, erfährt das Publikum des Héroard'schen *Journals* nicht. Erst der Zusammenbruch der 18-Jährigen ein Jahr später macht der Mär vom Eheglück der beiden nicht einmal Orientierungs-strukturell zueinander passenden Zwangspartner den Garaus.

Aber die Rechnung des Regierungschefs, Charles de Luynes, ging auf. Die ganze damalige (europäische) Welt erfuhr Anfang 1619 vom »späten Vollzug der Ehe des französischen Königspaares«. Der spanische Botschafter schrieb darüber an seinen König, Philipp III., den Vater von Königin Anna. Der Nuntius verkündete dem Papst die Nachricht!

Die römische Kardinalskörperschaft war seit langem in Unruhe, dass ihr zweiter Medici-Coup mit Maria Medici wieder wie beim ersten Mal mit *Katharina* Medici schon in der nächsten Generation der in ein französisches Königsbett infiltrierten Horrorbräute verenden wird. Alle vier erwachsen gewordenen Söhne Katharina Medicis starben ohne legitime männliche Nachkommen! Henri III, der Vorläufer von Henri IV, war transvestitisch schwul! – Nun sollte *wieder* der Königssohn einer Medici schwul sein! Wie ging das nur satanisch subversiv am französischen Königshofe zu?! – Da! Mit *einem* Male gegen alle Befürchtungen *doch* der königseheliche Vollzug! Und die baldigen »Fehlgeburten« ließen nicht lange auf sich warten! (Un)gute Hoffnungen wurden ab 1619 gesät.

Luynes' Trick war, den Königsjüngling auf den eigenen Armen ins Bett des Königinmädchens zu tragen. Das machte Eindruck und wirkt bis heute in die Registratur der Standardwerke über das »große Jahrhundert« hinein. Luynes' Tat geschah nicht im Verborgenen wie die heimlichen Gänge des Königs zu seinem Liebhaber rauf und runter zwischen ihren Wohnungen. Die Suite der Königin lag ganz woanders. Gänge, Hallen, Säle, Korridore,

DAS SCHWUL-LESBISCHE PAAR   111

Galerien mussten durchquert werden. An jeder Ecke stand ein Wächter. Durch die Flure huschten die Bediensteten und fingen auf, was los war, gaben es weiter, sodass sich die Nachrichten bis zu den Botschaftern ferner Länder verbreiten konnten.

Concini – das hatte Luynes von ihm gelernt – machte es immer so, dass er, wenn er aus den Zimmern seiner Mentorin kam, sich die Schuhe zuband. Das Gerüchte-Kader des Louvre sollte genau mitbekommen, dass Concini in den Gemächern der Königin etwas Intimes tat, wofür man die Schuhe besser nicht anhat!

Auch die mitternächtliche Drei-Mädel-»Relais« 1622 nach dem Empfang bei der Prinzessin Condé mit dem anschließenden Sturz Annas hatte Publizitäts-Funktion. Nicht auszuschließen ist, dass Laufen und Stürzen inszeniert worden sind, um die Nachricht von einer Fehlgeburt der »sterilen Königin« so plastisch wie möglich zu streuen. »Königin-Fall = Frucht-Rausfall« stopft erst einmal den echt Zeugnis redenden Tratscherinnen und Tratschern die Münder. Fehlgeburt schließt auf ehelichen Verkehr, der auf *hetero*sexuellen König schließt.

Charles de Luynes wusste 1619 durch seine achtjährige Erfahrung im Umgang mit dem jugendlichen König, noch mehr durch seine zweijährige Position als Regierungschef, wie höfische Sittenordnung funktioniert. Er hatte die nächtliche Auseinandersetzung mit Louis am 25. Januar 1619 für den Beginn des ehelichen Beischlafs zeitlich genau kalkuliert. Es war nämlich *höchste* Zeit, denn unlängst erst hatte der spanische Botschafter den König beleidigt. Zwei oberste Hoffräulein befanden sich in Heiratsprozeduren: Ludwigs vier Jahre jüngere Schwester Christine und seine Offizial-Halbschwester Cathérine de Vendôme, nichteheliche Tochter von Henri IV mit Gabrielle d'Estrées. Solche Heiratsgeschäfte, Ehe-Vorbereitungen und dann Sex-Vollzüge waren der Hauptzeitvertreib der Königshöfe, weil nicht endende Festivitäten sich um sie rankten – immer feudal-natürlich mit der Pleite der Abstoßung der beiden aufeinander-gefeierten Zuchtpartner endend, die dann spätestens ab Hochzeitsnacht sehen konnten, was sie aus der Pleite machten.

Für derlei Partnerprobleme interessierte sich die Normapparatur von Päpsten, Kardinälen und Botschaftern nicht. Der spanische Botschafter nahm es sich heraus, den jungen schwulen König mit einer Andeutung zu reizen, ihn gezielt unter der Gürtellinie zu treffen: Jetzt werde Louis' jüngere Schwester Christine dem König den Rang ablaufen und noch *vor* ihm Thronfolger produzieren, denn sie heiratete in das regierende Haus Savoyen ein. Louis errötete!

Der spanische und alle anderen Botschafter mussten eine »*balleteuse*« Botschaft bekommen – der König war gerade mit den Vorbereitungen zu einem selbstinszenierten Tanztheater beschäftigt, das er in Luynes' Räumen probierte: Der Liebhaber trägt den Geliebten über die Louvre-Hallen ins Bett der Königin. Er leistet tänzerisch Verzicht und zwingt den Jünglingskönig, das Gleiche zu tun. Dass »das Publikum« eine solche staatstheatralische Szene 400 Jahre nicht vergisst, davon kann das künstlerische Theater nur träumen.

Szenenwechsel: 20 Jahre später. Louis XIII ist 36. Ihm stellt Richelieu eine 17/18-jährige männliche Sexbombe vor – Henri Coiffier de Ruzé d'Effiat, marquis de Cinq-Mars. Der »fünffache Kriegs(gott)«, wie sein Name »Cinq-Mars« direkt übersetzt werden könnte und zu dessen Marquis-Titel er eilig hochgeadelt wurde, dringt allmählich in alle Sinne Louis' ein, wird – begleitet von »Ewigkeitsschwüren« – dessen größter Liebesmeister. Er gebietet nun nicht mehr spielerisch über das Kabinett der Vögel, sondern steigt sofort mit strategischen Absichten ins Zentrum der Macht. Cinq-Mars wird zuerst »Grand Maître de la Garde-Robe«, schließlich jüngster Kommandeur der königlichen Leibgarde (»Capitaine de la Garde Royal«) und dann ebenso jüngster »Grand Ecuyer« (Oberstallmeister).

Cinq-Mars ist ein bisexueller, politisch ambitionierter Jüngling, dem es Spaß macht, dass ihm die Frauen nachlaufen, der gern Herzog, ja politischer Führer des Landes werden will. Dieser Position ist er nahe. Er hat einen politischen Vorläufer, den zum Herzog geadelten Charles de Luynes, Bett- und Regierungsgenossen des Königs vor 20 Jahren.

Es ist März 1638, als Louis XIII und Henri Coiffier einander zugeführt werden. Dass die Altersverhältnisse zwischen König und Mätre jetzt umgekehrt sind, ist für den neu-benamten Cinq-Mars kein Hindernis. Er ist während seiner Beziehung zu Louis XIII zwischen 17 und 22 Jahre alt.

Das Originalbild, das von Cinq-Mars zu Lebzeiten angefertigt wurde, zeigt die Apotheose eines schönen jungen Mannes. Günstig gebaute Dimensionen des Gesichtes werden von üppigen schulterlangen kopfeigenen (!) schwarzen Haaren eingerahmt, die schmerzhafte Androgynie des Jünglings zum Ausdruck bringend. Die Gesichtshälften sind zwischen Mädchen-Schalk und Mannes-Eis gespalten – ein Trauerflor um beide Augen kündigt an, dass Cinq-Mars die Spannung der Prinzipien nicht aushalten und von ihnen zerrissen werden wird (28, III, S. 449 und 70, Abb. 22).

Louis XIII erliegt. Vier Jahre Männerbeziehung von 1638 bis 1642, dramatisch, »kistig« wechselhaft, weil Cinq-Mars im Gegensatz zu Luynes nicht treu ist, also Spannungen, Kräche und Versöhnungen ...

DAS SCHWUL-LESBISCHE PAAR 113

Nach vier Jahren Cinq-Mars' zu schneller Steil-Anflug auf die Spitze der Macht. Er ist 21! Er will mit seinem Freund, François Auguste de Thou, den landesverhassten Richelieu stürzen, einen neuerlichen Aufstand wagen – den letzten, den es gegen Richelieu geben wird. – Spanien komplottiert auf besondere Weise kooperativ von außen, unterschreibt im März 1642 einen Vertrag mit Cinq-Mars. Seit sieben Jahren herrscht Krieg zwischen Frankreich und Spanien. Sowie Richelieu entmachtet oder umgebracht worden ist – so der Geheimvertrag mit Cinq-Mars –, werden spanische Truppen in Frankreich zur Unterstützung der Aufständischen einmarschieren.

Richelieu kommt – wie immer – hinter die Absichten der Komplotteure. Er erhält durch seine Spione eine Kopie von Cinq-Mars' Geheimvertrag mit Spanien. Cinq-Mars wird im Juni 1642 festgenommen, ihm der Hochverratsprozess gemacht, und er wird am 12. September 1642 mit François Auguste de Thou öffentlich hingerichtet.

Louis XIII, der Haftbefehl und Todesurteil unterschreiben musste, stirbt acht Monate nach der Köpfung dieses geliebten jugendlichen Kopfes, am 14. Mai 1643 mit 41 Jahren.

Nun ist es nicht so, dass Louis XIII zwischen seinen Beziehungen zu Luynes und Cinq-Mars homosexuell 17 Jahre pausiert hätte. Im Gegenteil, die Namen seiner Partner und die Zeiten seiner Beziehungen mit ihnen sind genau bekannt. Und doch begeht die heterosexuell-stereotypisierende Geschichtsschreibung seit 370 Jahren eine Persönlichkeitsverletzung an dem schwulen König Ludwig 13, indem sie ihm eine heterosexuelle Zwangsjacke überstülpt. Die Geschichte-Schreibenden tun ihm auch geistig an, was die Zeitgenossen ihm seelisch und körperlich antaten, indem sie ihn bis heute an das Schablonen-Kreuz »Vater-Mutter-Kind« schlagen und ihm allernötigstens »höchstens« »homosexuelle Tendenzen« oder »starke homosexuelle Tendenzen« konzedieren – unter dem Vorwand, man und frau wisse ja nicht, was »Günstling« wirklich hieße und geheißen habe. Meint das Wort eine Beziehung *mit* oder ohne Sexualität? Auch Offizial-Sohn Louis XIV hätte so viele Günstlinge gehabt, und mit denen wären doch wegen einwandfrei nachweisbarer »*hete*rosexueller Tendenzen«, vielmehr Tatbestände, keine sexuellen Beziehungen unterhalten worden.

Das verstockte Hetero-Bewusstsein benimmt sich pur klemmlöchrig, wenn es behauptet, nicht zu wissen, was ein Favorit oder Günstling war.

Innerhalb der Hetero-Dogmatik aller jüdisch-christlichen Institutionen und Verständnis-Kategorien gibt es den sexuell eindeutigen Begriff »Mätresse«, der eine Beziehung zwischen einem mächtigen Mann und einer nicht mit ihm verheirateten Frau als ein sexuelles Verhältnis definiert. Die Hetero-Vorherrschaft hat den Schwulen den männlichen Pendant-Begriff »Mätre« vorenthalten, und nun beklagt sich die reaktionäre Geschichtsschreibung, sie könne die Verhältnisse Ludwigs des Dreizehnten zu seinen Favoriten nicht homosexuell definieren, weil der Begriff doppelmeinend sei – sexuell und nichtsexuell. Aus Faulheit vorm Umlernen belässt sie es bei ihrem achselzuckenden »Weiß nicht!«. Es gibt ein frappierend einfaches Mittel, die sexuellen Mätres von den »nur« befreundeten Favoriten und Günstlingen zu unterscheiden.

Ein heterosexueller Mann hat manchmal ein Leben lang nichtsexuelle Freunde, sexuelle Freundinnen aber periodisch Zeitabschnitt-begrenzt. So ist es mit den Schwulen auch: Die Favoriten Ludwigs des Dreizehnten erweisen sich als sexuelle Partner, weil sie einander im typischen Verlauf einer Schwulenbiografie abwechseln, nie überschneiden. Nichtsexuelle Freunde brauchen sich nicht abzuwechseln, können sich überschneiden, ja, auch jahrelang nebeneinanderher laufen.

Wenn ein schwuler Mann neuerlich »heiratet« und mit seinem Partner über die Zeit der heißen Phase zusammenbleibt, ist es ihm gelungen, eine sexuelle Beziehung in eine soziale Beziehung umzuwandeln und als Beziehung überhaupt zu halten. Dann wechseln aber einander unter dem Dach dieser Beziehung die sexuellen Partner des einen und anderen schwulen Ehepartners auch weiterhin ab, wie die Mätressen sich bei einem König abwechselten. Das Klinke-in-die-Hand-Geben von Beziehungen definiert ihren sexuellen Charakter.

Die Günstlinge Ludwigs des Dreizehnten gaben einander mit kurzfristigen Pausen gemäß der »Grand-Siècle«-Liste die Klinke in die Hand: »Die Favoriten folgen einander. Oktober 1624 bis Anfang 1625: Jean du Caylar de Saint-Bonnet, marquis de Toiras [Ludwig ist 23]. März 1625 bis Dezember 1626: François de Baradat. 1627 bis 1636: Claude de Rouvroy, duc de Saint-Simon [Vater des Memoiren-Schreibers Saint-Simon], zum Herzog und ›pair‹ erhoben.« (52, S. 896) – Nach dem Ende der fast zehnjährigen Beziehung zwischen Louis XIII und Saint-Simon (Vater), der – geboren 1607 – sechs Jahre jünger war als Louis, ist mehr als ein Jahr Pause bis zum Beginn des Verhältnisses mit Cinq-Mars im März 1638. – Die Beziehung Louis' zu Toiras hielt viel länger, als im *Dictionnaire du Grand Siècle* behauptet wird. Diese Beziehung war ein sogenanntes emotionales Dachverhältnis, innerhalb dessen sexuelle Beziehungen zu anderen Männern liefen. Toiras, geboren 1585, gestorben 1636, gehörte noch der Generation Luynes' an, war bis 1633 in mehreren

Positionen für Louis tätig und wurde im selben Jahr von Richelieu aus der Nähe des Königs gedrängt.

Die sofort ins Auge springende Unverschämtheit der Favoriten-Liste des »Wörterbuchs des Großen Zeitalters«: Luynes fehlt! Charles de Luynes ist die schwule *Basis* der Louis XIII-Biografie. Sechs Jahre leben die Freunde in einer durch eine Geheimtreppe verbundenen Wohngemeinschaft im Louvre!

Die Geheimtreppe ist eine »Schwulentreppe«, da Könige, die nachts zu ihrer Mätresse gelangen wollten, keine Geheimwege dafür brauchten. Es war *öffentlich*-rechtens für einen König, eine Geliebte zu haben, die als solche eine höfische Position war, die gekannt, geduldet bis geachtet und verehrt wurde. Ludwig der Vierzehnte demonstrierte seine Mätressen mit einer Schar von um ihn herum lebenden Kindern, die er mit seinen »Nebenfrauen« hatte und als seine Kinder legitimierte. Die Mätresse von Henri IV, Henriette d'Entragues, lebte im Louvre neben den Gemächern der Königin Maria Medici.

Der Begriff »l'escalier de la maîtresse« ist eine eher bürgerlich-kapitalistische Wortschöpfung, da unterm Monogamiezwang des kapitalistischen Zeitalters auch die Geliebte des Mannes verpönt wurde, zur Prostituierten herabsank und den dunklen Hintereingang benutzen musste, wenn sie hinter dem Rücken der Hausherrin zum Hausherrn wollte und von ihm weggehen musste.

Die feudalistischen *Mätres* mussten immer den »Hintereingang« benutzen. Ludwigs des Dreizehnten Geheimtreppe, die ihn sechs Jahre lang (von 1615 bis 1621) mit Luynes verband, ist von einem seiner Vorläufer für eben diese Zwecke der Durchsetzung des Unerlaubten gebaut worden, denn in der christlichen Königs-Nomenklatur war ein schwuler Herrscher mit seinen Mätres immer verboten. Die Praxis stand für ihn wie für den »gemeinen« Mann in den Gesetzbüchern unter Todesstrafe durch Verbrennen!!

Anna Ö.

Die lesbische Praxis der Königin Anna d'Austria lässt sich auch mit den Kategorien der Sexualwissenschaft nicht so eins zu eins statuieren, wie sich schwule Praxis aus der Biografie Ludwigs des Dreizehnten Verhaltens-Schwamm-gedrückt ziemlich einfach herausgießen lässt. Aber es gibt auch in Anne d'Autriches Biografie Faktenrudimente, mit deren Hilfe die lesbische Orientierung der Königin rekonstruiert werden kann.

Eine altarflügelhafte Begebenheit zu den jungen Herren, die in der Hochzeitsnacht am 25. November 1615 angehalten waren, Ludwig 13 mit obszönen Storys in frauenlüsternen Schwung zu bringen, enthüllt die heterosexuelle Unempfindlichkeit auch der jungen Königin.

Es war anderthalb Jahre nach der Eheschließung. Der Staatsstreich von oben gegen den seit sieben Jahren Frankreich nervenden Gewaltherrscher Concini war am 24. April 1617 geglückt. Die Regierung lag in den Händen Luynes'.

Die aphroditische Spitzenkünstlerin Marie de Rohan, Tochter des Herzogs von Montbazon, wurde für zwei staatliche Hetero-Erfordernisse eingesetzt: Dem De-facto-Regenten Luynes durch Heirat eine heterosexuelle Hüftenlizenz umzugürten und den Motor der rätselhaft heterosexuell stillstehenden Königin Anna von Österreich anspringen zu lassen.

Die mit Luynes verheiratete Marie wurde Erste Hofdame Anne d'Autriches. Beide waren zu der Zeit »Teenager« – Marie Luynes, geboren im Dezember 1600, noch nicht 17, Anne d'Autriche, geboren im September 1601, auf der Wende zu 16. Marie Luynes belieferte Anne mit erotischer Literatur und Hofbettgeschichten. Pornografie ist noch immer das Lackmuspapier in der Lauge der wahren sexuellen Empfindung.

Die literarischen Mann-Frau-Stellungen und die akuten Steckungen und Pflanzungen in Anna Ö.s Louvre-Umfeld interessierten die Königin nicht! Marie Luynes gelang es nicht, Anna für Liebhaber heißzumachen.

Der aristokratisch pflichtverheiratete Ehemann kann in 99 Prozent der Arrangier-Ehen von der Ehefrau nicht begehrt werden. Wenn diese Ehefrau an der Seite einer ihr zur Hofdame gegebenen Hetero-Spezialistin sich für keinen anderen Mann sexuell erwärmen lassen kann, dann ist diese Frau gegenüber Männern prinzipiell »unempfindlich«. Marie Luynes scheiterte bei dem Versuch, Anna für einen Liebhaber zu öffnen, mit dem der Weg der Kronprinzen-Unterschiebung gangbar gewesen wäre.

Da die allgemeine Situation so war, dass die Königin Anna die Pflicht zur Nachkommenschaft hatte, und die besondere Situation von schwulem Ehemann Ludwig 13 und schwulem Regenten Luynes ein Hetero-Verhältnis der Königin mit einem Mätre freundlichst förderte, hätte sich jede Hetero-Frau in Annas Position und Situation die Gunst der Stunde nicht entgehen lassen und sich *drei* Mätres zu Gemüte geführt.

Der Begriff »Mätre« gebührt auch in *heterosexueller* Hinsicht den Liebhabern mächtiger feudaler Frauen, wenn ein Verhältnis einer Regentin mit einem Mann als ein sexuelles gekennzeichnet werden muss.

DAS SCHWUL-LESBISCHE PAAR   117

Es gibt sieben Jahre später einen zweiten Fall von Königin Annas Aversion gegen einen Zeugungs-Mätre. Diesmal führte ihre Weigerung zu einem Hofskandal.

Der zum Duke of Buckingham hochgeadelte George Villiers, engster politischer Vertrauter des englischen Königs Karl I., war 1625 an den Pariser Hof gekommen. Er sollte die diplomatisch vorbereitete Eheschließung zwischen König Karl 1 und der 16-jährigen Henriette de France, der jüngsten Schwester von Ludwig 13, als Bevollmächtigter des englischen Königs verifizieren. Das Verfahren nannte sich Prokura-Hochzeit – ein Staatsakt von besonderer Wichtigkeit, da er die Völker, die sich mit ihren obersten Angehörigen verheirateten, für eine Weile zur politisch-militärischen Allianz verband.

Buckingham blieb ziemlich lange in Frankreich, jedenfalls weit über die Zeit hinaus, die der Vollzug dieses Vertrages der königlichen Hochzeit benötigt hätte, insgesamt ein halbes Jahr lang.

Maria Medici war nach ihrer dreieinhalbjährigen Verbannung vom Pariser Hof zwischen 1617 und 1620 mit Hilfe von Richelieus anwaltlicher Finesse ab November 1620 wieder zurückgekehrt und fungierte erneut als Königinmutter in allerhand Machtressorts. Vor allem betrieb sie die Dynastiefragen mit eigenem Elan, die Vermittlung ihrer jüngsten Tochter nach England und die Thronfolgemisere des sterilen Ehepaares Louis XIII und Anne d'Autriche (Sohn und Schwiegertochter).

Nun erweist sich der geschickte Aufsteiger Buckingham auch als Vertrauensmann in der härtesten Problematik von Maria Medicis Pariser Hofposition. Einen schwulen Kronprinzen zur Welt gebracht zu haben, ist für eine Königin eine »schlimmere Fehlleistung« als eine *Tochter*, mit der immer noch außenpolitisch »Staat« gemacht werden konnte. Ihre drei Töchter hat die Königinmutter an ersten Fürstenhöfen Regenten-partnerschaftlich höchstplatziert. Elisabeth, die Älteste, wurde Königin von Spanien, die erste Frau Philipps IV., Christine, Medicis zweite Tochter, wurde Großherzogin von Savoyen, und Henriette, die Jüngste, ist nun per Prokura Königin von England geworden. Aber Medicis französischer Sohnkönig und ihre Schwiegertochter bekommen seit zehn Jahren kein Kind! Was tun?

Die Königinmutter, ihre Tochter Henriette, ihre Schwiegertochter Anne d'Autriche und der englische Spitzendiplomat Buckingham unternehmen am 7. Juni 1625 eine Reise in die französische Stadt Amiens. Warum? Was ist dieser »Vierer« doch für eine befremdliche Kombination, da Schwiegermutter und Schwiegertochter einander nicht ausstehen können! Nun plötzlich führt die Rivalinnen in der Königinposition etwas Rätselhaftes gemeinsam heraus aus dem alles beobachtenden Hof des Louvre. – Um das Verheiraten von Medicis Tochter Henriette geht es nicht mehr. Der Prokura-Kontrakt ist einen Monat zuvor geschlossen worden. Ein anderes Problem als die Erzeugung eines französischen Kronprinzen hatte Maria Medici zu dieser Zeit nicht. Das Problem nagte besonders an ihr persönlich, da *sie* es war, die die Ehe zwischen Ludwig 13 und der spanischen Kronprinzessin Anna Ö. jahrelang mit Spanien verhandelt und schließlich geschlossen hatte (1612 und 1615). Und nun diese Fruchtlosigkeit! Seit zehn Jahren!

Ein sogenannter Hofskandal dringt kurze Zeit nach dem Aufenthalt des fertil-konspirativen Kleeblatts der drei französischen höchsten Staatsfrauen mit dem englischen Königsgesandten in Amiens an die internationale höfische Öffentlichkeit und wird bis heute als bemerkenswerter Fakt in den französischen Hof-Annalen geführt: Buckingham provoziert nach der Rückkehr der Vier aus Amiens einen Eklat im Louvre. Vor versammeltem Hof gesteht er seine Leidenschaft für Königin Anna.

Das Skandalöse von Buckinghams Vorgehen erschließt sich dem nachfeudalen, bürgerlich-kapitalen Blickwinkel auf die aristokratischen Verhältnisse nicht mehr unmittelbar. – Nicht die »unerfüllte Liebe« des Diplomaten, nicht die Königin als Objekt der Begierde eines Untergeordneten und Ausländers, also nicht die Verwicklung der Königin in eine erotische Affäre, sondern die Brüskierung der heterosexuell unnahbaren Königin war es, was Skandal machte.

Verhältnisse zwischen allen Leuten, die da in dem Regierungsschloss Louvre zusammenlebten, kamen »kreuzweis« vor. Man sprach darüber nicht öffentlich. Man machte zwar alles – wie an den schwulen Verhältnissen zwischen König Louis XIII und seinen Mätres gesehen werden kann. Die Menschen stellten ihre Sympathien füreinander sogar öffentlich dar. Was sie aber nicht taten, war: einander während eines Hofzeremoniells ihre Liebesgefühle zu erklären. Und schon gar nicht wurde die Geschichte einer Nicht-Erwiderung preisgegeben.

Dass der oberste außenpolitische Diplomat des englischen Staates als engster Vertrauter des Königs Karl I. diese Regel nicht gekannt haben sollte, iat ausgeschlossen. George Villiers-Buckingham ist gerade dadurch so hoch gekommen, *dass* er die aristokratischen Spielregeln präzise erlernt und angewendet hat. – Er war einige Zeit zuvor zusammen mit dem damaligen Kronprinzen Karl, dem ältesten Sohn König Jakobs I., nach Spanien gereist, um dort eine Prinzessin als Frau für Karl »loszueisen«, was nicht gelang.

DAS SCHWUL-LESBISCHE PAAR

Die verbale Veröffentlichung eines *männlichen* Liebesgefühls für die französische Königin vor versammeltem Pariser Hof war ein Schachzug in der Dynastie-Politik, die heterosexuell unempfindliche Königin wenigstens als *Objekt* der »Leidenschaft« eines Mannes hervorzukehren. War diese Königin erst einmal eine Adressatin heterosexueller Empfindungen, dann dauerte es nicht mehr lange, bis sie mit einem Unterschiebungsbaby das französische Volk erfreuen konnte. Der Akt der Demonstration von Buckinghams Gefühlen – deren öffentliche Darstellung das Letzte gewesen wäre, was ein Spitzenpolitiker sich hätte leisten dürfen (er wäre entlassen worden) – war die Entzündung eines anti-lesbischen Feuers: Endlich, nein erstmals wirklich »gute Hoffnungen« auf einen Thronerben!

Buckingham – ein extrem gut aussehender junger Mann von Anfang 30 – gerierte sich nicht nur für Frankreich, sondern für alle Welt als ein herausposaunter Gefühlsträger in Richtung 23-jähriger französischer Königin. Mit dieser amourösen Inszenierung einer Commedia di stato konnten der bedrohten Dynastie 1625 erst einmal wieder ein paar Jahre Aufschub gegönnt werden.

Was aus der Liebeserklärung Buckinghams für die französische Königin dann liebes*praktisch* wurde, interessierte nicht mehr. Es gibt keinen Hinweis auf ein »Erhörtwerden« Buckinghams, aber seine *Erklärung* war national und international gehört worden, hat so gewirkt, dass sie sich bis heute in den Chroniken hält.

Buckingham hat Maria Medici und dem alle Fäden des politischen Geschehens in Händen haltenden Richelieu – seit einem Jahr Zentral-Agierender der französischen Staatsmacht – einen großen diplomatischen Dienst erwiesen. Die Gefühlserklärung war ein öffentlicher Hetero-Ausweis der Königin, der ihr schon allein dafür ausgestellt wurde, dass sie endlich als Adressatin sexueller Wünsche eines *Mannes* hervortrat!

Die »tote Dynastie« brauchte solche Shows, da die Thronberechtigten, Kronprinz Gaston d'Orléans, jüngerer Bruder Ludwigs des Dreizehnten, und Herzog César de Vendôme, Ludwigs älterer Offizial-Halbbruder, nichtehelicher Sohn von Henri IV mit Gabrielle d'Estrées, andauernd gegen das sterile Königspaar Ludwig 13 und Anna Ö. konspirierten, rüsteten und Unruhen schürten. Sie waren »normale Familienväter«, die ihre Fortpflanzungsfähigkeit mehrmals unter Beweis gestellt hatten und sich daher schon zu Lebzeiten Ludwigs des Dreizehnten als royal echt potent darstellten. Richelieu musste die Aktivitäten der beiden Ersatzkönige während der ersten 14 Jahre seiner Regierungszeit immer im Auge behalten. Die Beschaffung von Louis XIV war dann die Ultima Ratio auch gegen diese Bruder-Thronerben.

Wer mit Unterschiebungs-Schwangerschaften Anna von Österreichs noch weiter spekulieren will, muss sich einiges klarmachen, um sich nicht ins Leere zu verlaufen. Buckingham käme als Erzeuger einer Schwangerschaft bei Königin Anna nicht in Frage. Eine der behaupteten sechs Fehlgeburten Annas wurde 1626 datiert, im Jahr *nach* Buckinghams Anwesenheit am französischen Hof.

Wenn Buckingham als Unterschiebungs-Mätre gedient hätte, hätte er »seine Liebe« zu Anna *nicht* Hof-öffentlich erklärt. Die Unterschiebungen mussten komplett geheim »verlaufen«, weil mit ihnen das patriarchalische Linien- und Abstammungsgesetz torpediert wurde. Zur Dynastie-Rettung drückten Gesetz und Ehemann jahrhundertelang ihre Augen zu. Aber die sexuelle U-Bootung durfte sich nicht als väterliche Ausbootung *erweisen*.

Henri IV hat alle »seine« sechs Maria-Medici-Kinder von anderen Männern zeugen lassen, fünf von Concini, eines von einem bisher unbekannten Samenspender. Maria Medicis zweiter Sohn Nicolas wurde in Concinis Abwesenheit gezeugt. Nach der Geburt von Kronprinz Louis XIII waren in der Concini-Medici-Verbindung zwei Mädchen hervorgebracht worden, Elisabeth und Christine. Die Dynastie brauchte aber zweitdringendst das zweite männliche Baby als Ersatzkronprinzen, sonst wäre beim Tod des Kronprinzen wieder der ganze Medici-Braut-Coup umsonst gewesen. Wenn schon mit Henri IV prächtig untergeschoben werden konnte, dann musste in Concinis Abwesenheit eine andere Kombination mit der empfängnis- und gebärfreudigen Maria Medici versucht werden, was prompt zur Geburt eines zweiten *männlichen* Kindes geführt hatte. Als Concini aus Italien zurück war, fruchtete auch die Beziehung Concini-Medici zu einer zweiten Sohnesgeburt, dem überlebenden Kronprinzen-Ersatz Gaston.

Am Schluss der Misere Anna Ö. und Ludwig 13 wurden nach der Beschaffung von Louis XIV ab September 1638 sechs Samenspender im Lande diskutiert, unter ihnen auch die Beschaffungsväter Mazarin und Richelieu und der schon zehn Jahre tote Buckingham! Diese Diskussion zeigt, dass die Volksmeinung dem schwulen König die späte Zeugung bei der eigenen Frau nach über 20 Ehejahren nicht mehr zugetraut hat, da auch das Zeugungsdatum in der Nacht vom 5. auf den 6. Dezember 1637 ein fertilisatorisches Unding ist, was jeder Bauer weiß.

Nichtsdestotrotz: Für die Geburten der Babys Louis XIV und Philippe d'Orléans noch Samenspender in Erwägung zu ziehen, ist erbarmungslos überflüssig. Es floss nichts in Annas Schoß, aus dem am 5. September 1638 nichts herauskam. Richelieu konnte sich bei seiner phänomenalen Dauphin-

DAS SCHWUL-LESBISCHE PAAR   121

Erscheinungs-Propaganda mit der sicheren Voraussagung eines »spätgeborenen« Thronfolgers auf nichts Natürlich-Uterales mehr einlassen. Neben der dringend benötigten Geburt eines gesunden, männlichen Kindes mit der Chance, erwachsen zu werden, wären bei einer Unterschiebung für die *natürliche* Geburt von Annas spätem Baby *vier* Unwägbarkeiten mit im Spiel gewesen, die verboten hätten, so positiv propagandistisch mit dem Erscheinen eines Dauphins aufzutrumpfen: 1. Abgebrochene Fehlgeburt, 2. vollendete Schwangerschaft, aber Totgeburt, 3. Geburt eines geistig oder/ und körperlich behinderten Kindes, 4. Geburt eines Mädchens.

Noch heute trotz Früherkennung des Geschlechts des Embryos und bestmöglicher Begleitung von Schwangerschaft und Geburt plus optimaler Säuglings-Versorgung könnte nicht zu hundert Prozent sicher vorausgesagt werden: Da kommt ein Supermann-Baby aus dem Leib seiner Mutter! Dergleichen Kunde aber ließ Richelieu im Lande streuen!

Anne d'Autriche war in Amiens während ihrer Reise mit Buckingham, Medici und Henriette im Juni 1625 krank, lag unwohl im Bett. Sie hat sich jeder Diskussion, die mit ihr vorgehabt wurde, erst recht jeder Tätigkeit entzogen. Maria Medici ist alles zuzutrauen. Sie kann in ihrer dynastischen Not mit Buckingham, Tochter und Schwiegertochter einen »Vierer« angepeilt haben, der zur Erzeugung einer Schwangerschaft bei Anna führen sollte, da Anna sich für Einzel-U-Akte nicht hergab.

Buckingham war schwul, was Maria Medici bei dem schrill guten Aussehen des englischen Diplomaten entgangen sein muss, oder was sie für die Versuchsanordnung zum Zwecke einer U-Schwangerhaft extra einsetzen wollte. Schwule eignen sich besser für sexuelle Experimente als Normalos. – Buckingham verdankt seine Karriere seinem Verhältnis mit dem ebenfalls schwulen englischen König Jakob I. Zwischen beiden war 1614 – elf Jahre vor der Reise nach Amiens – ein *coup de foudre* wie zu gleicher Zeit zwischen Louis XIII und Luynes geschehen. Jakob (1566–1625) war damals Ende 40, George Villiers (1592–1628) Anfang 20.

Villiers wurde »am nächsten Tag« Mâtre des Königs und später Herzog von Buckingham. »Buckingham« klingt wie ein sprachpolitischer Kompromiss zwischen »Fuckingham« und »Baggingham«, notdürftig die durch den Namen lugenden Tätigkeiten verbergend, die zwischen den Beteiligten »verhandelt« wurden.

So schnell und so unkontrolliert geht es bei den echten Liebesblitzen zu, die auch bei zwei Männern sofort Folgen haben, aus denen Machthaber Folgen *machen*. – Nach zehn Jahren Beziehung zwischen Jakob und George stirbt der englische König. Dessen Sohn, Karl I., übernimmt Buckingham als Spitzen-Diplomaten, nicht als Liebhaber, weil Karl 1 nicht schwul war.

Völlig überraschend wurde Buckingham 1628 umgebracht, nicht in politischen Zusammenhängen, sondern in schwul-privaten, was jedoch politische Folgen hatte, da Buckingham sich als Richelieu'sche Gegenkraft gemausert hatte, die vom englischen Ausland her gegen ihn zu Felde ziehen wollte.

Solange die Geschichtsschreibung den schwulen Faktor ausblendet, entgeht ihr die Hälfte der historischen Facts, was zu einer Lawine von Fehleinschätzungen führt, bis die Nachwelt unter der Masse von historischen Fälschungen begraben ist und nicht mehr weiß, wie es wirklich war.

Die Pointen des Dornenwegs der Wahrheitsfindung: Jede neue Alternative des Anders-Gewesenen klingt zu Anfang »total« unglaubwürdig: »Was? Buckingham hat Anna nicht geliebt, begehrt, eine Leidenschaft für sie gehabt?« – Nein. – »Glauben wir nicht!« – Dann kommen zwei scheinbar unbedeutende, unauffällige Fakten-Späne »heraus«, die das Ganze doch zum Feuerwerk der Wahrheit entfachen: Buckingham schwul, zehn Jahre praktizierender Mätre des schwulen Königs Jakob 1! Anna d'Austria in Amiens bettlägerig! Nicht bettliegend mit Buckingham – wozu es einer anderen Reise bedurft hätte –, sondern allein, kränkelnd, sich gegen die Zumutungen und Attacken ihrer sexuell strategisch agierenden Schwiegermutter wehrend. – Schon wird aus den Liebesschwüren Buckinghams vor versammeltem französischem Hof eine Farce mit politischer Bedeutung.

Beim heutigen Stand der Ausmerzung der Homosexualität von Personen in der Geschichte ist es nur möglich, die andere Sexualität negativ nachzuweisen – in der Feststellung der Abwesenheit der Heterosexualität. Es werden sich keine Zeugnisse finden, die »belegen« dass die französische Königin Anna von Österreich mit Freundinnen lesbisch praktiziert hat. Aber die Minus-Analyse der abwesenden Heterosexualität kann auch auf Annas Freundinnen angewandt werden.

Nur *eine* ihrer engsten vier Hofdamen hat eine »wasserdichte« Hetero-Biografie durchlaufen: Marie de Rohan-Montbazon, duchesse de Luynes, ab April 1622 duchesse de Chevreuse (1600–1679). Diese Hofdame kam im Alter von 16 Jahren in Annas Nähe. Sie wurde ihr noch im Zuge der mit höfischen Mitteln versuchten »Heterosexualisierung« der Königin vom damaligen Regenten und Ehemann Maries, Charles de Luynes, an die Seite gegeben. Anne d'Autriche hat Marie de Luynes als ihre Lebensbegleiterin nicht selbst ausgesucht. Die spätere Marie de Chevreuse wurde dann jahrelang Annas Putschgenossin, aber wegen der »Eins-ins-andere«-Kette von Liebhabern in Chevreuses Leben ist ein auch lesbisches Verhältnis zwischen Marie und Anna allein aus der Biografie der Chevreuse her nicht zu beweisen. Das Gleiche ist für Annas nächste Hofdame, Marie Louise Motier de La Fayette (1615–1665) *nicht* zu sagen. Als 22-jährige im Mai 1637 mit von der Partie bei einer Intrige gegen Richelieu, die aufflog, rettete La Fayette sich mit einem Sprung in das Kloster »le couvent des Filles de la Visitation de la rue Saint-Antoine«. Sie lieferte ab dann hinter den Gittern des Kloster-Foyers den noch weiter benötigten Gegenpart für Ludwigs des Dreizehnten Profilierung seines Hetero-Images zwischen 1635 und 1637. Louis XIII folgte La Fayette nun tageweise ins Kloster, um ihr »seine Liebe zu erklären«, *hinter* dem Gitter, was physisch nichts kostete. Männer dürfen nicht ins Frauenkloster. La Fayette erschien als »sœur Angélique« von der Innenseite des Klosters her. Louis kam in die Rezeption, blieb »draußen« vor dem Gitter und lieferte alle zeitdramatisch typischen Liebesschwüre ab, die er gut memoriert hatte, da er von Jugend auf auch Bühnenmann war, Regisseur und Choreograph! – La Fayette hatte nach den sieben Jahren Dienst bei Anne d'Autriche von 1630 bis 1637 gemerkt, dass das heterosexuell dominierte höfische Leben für sie nichts ist. Sie blieb bis an ihr Lebensende Nonne, wurde 1657 Oberin des Klosters »le couvent de la Visitation de Chaillot«.

Die heterosexuelle Marie Chevreuse verschwand zu ihrer Rettung niemals im Kloster. Sie emigrierte für Jahre nach Spanien oder zog sich in das Herzogtum Lothringen zurück.

Françoise Bertaut, dame Langlois de Motteville (1621–1689), die engste und längst-begleitende Vertraute Annas, wies nur einen Pflicht-Ehemann in ihrem Leben vor. Sie musste als 17/18-Jährige 1639 einen 80-jährigen oberen Finanzbeamten, den Senatspräsidenten Nicolas Langlois, seigneur de Motteville, heiraten, um einen adligen Namen zu bekommen. Zwei Jahre später, schon Witwe, blieb sie Witwe ihr Leben lang, ohne neuerliche Nähen zu Männern heiratender- oder nichtheiratenderweise zu versuchen.

Marie de Hautefort (1616–1691) war eine amazonisch verwegene Reiterin und Abenteurerin zugunsten von Königin Anne d'Autriche, deren Hoffräulein sie 1631 ab 15-jährig wurde. Hautefort war die erste Adressatin von Louis' platonischen Hetero-Demos, für die sie sich gleich zu Anfang ihrer höfischen Laufbahn anbot. Sie wagte immer wieder Grenzgängerisches für die Konspirationen, wurde dabei jahrelang nicht erwischt, eignete sich *best* als Partisanin gegen Richelieu, flog schließlich doch auf, wurde 1639 vom Hof verbannt, 1643 von der Königin zurückgerufen, als Anna nach Richelieus und Louis' Tod dazu die Macht hatte. – Hautefort komplottierte wieder, diesmal in der

»Cabale des Importants« gegen den neuen Usurpator Mazarin, wurde wegen Scheiterns der Konspiration 1644 abermals verbannt, heiratete mit 30 den Berufsoffizier duc de Schomberg, der viel unterwegs war, mit dem sie keine Kinder bekam und der nach zwölf Jahren starb.

Alle drei nahen, selbstgewählten Frauen Annas hatten keine Kinder. Für Hautefort war die Ehe mit dem gebürtig deutschen Haudegen Schomberg eine für damalige Verhältnisse spätere Beziehung mit einem Mann, die ihre lesbischen Affekte ab 15 für Anne d'Autriche nicht ausschließen, mit der sie innerhalb eines Zeitraums von 13 Jahren in ihrer Jugend verbunden war und aus deren Nähe sie sich nicht freiwillig begeben hatte. – Die Chronistin Motteville schreibt deutlich davon, dass Liebe zwischen den blonden Frauen Anna und Marie geherrscht habe. Das zweifache »l'amour«, das sie für die Konturierung des Verhältnisses benutzt, ist beim Vorgang der Erwiderung im »schriftlichen« 17. Jahrhundert ein Äquivalent für Sexualität. Motteville hat beide Frauen in deren Verhältnis zueinander aus eigener Anschauung 1643/44 wahrnehmen können (151, I, S. 379).

Der Strohhalm, an dem sich Heteros bis heute festhalten wollen, um einer Verirrung in Annas gleichgeschlechtliche Ambitionen und Praxen nicht anheimzufallen, ist die »Vermutung«, Anna habe mit Mazarin in einer »heimlichen Ehe« gelebt.

Auch wenn die überwiegende Meinung der Historiker/-innen den Gedanken aufgegeben hat, wird er weiter »vertreten« und in allen Standardwerken über Anne d'Autriche und Mazarin immer noch erwähnt (56, S. 224ff., Abb. 1). – Als Zeugnisse für die »heimliche Ehe« zwischen Anna und Mazarin wurden elf erhalten gebliebene Briefe Annas an Mazarin heterosexuell aufgepeppt. – Mazarin seinerseits schrieb an Anna in der Zeit seines Exils während der Fronde (1648–1653) nur Briefe mit politischem Inhalt. Kein Stelldichein-Billet von ihm an sie ist erhalten.

In den Briefen von Anna an Mazarin geht es um Treffen – für »die Liebe«? Warum schreibt Anna dann solche Briefe in schlechtem Französisch? Mazarin hat in Spanien Jura studiert. Er hätte Annas Briefe in ihrer spanischen Muttersprache genau verstanden. Dass Anna sie in bemühtem, durchgestrichenem und verbessertem Französisch eigenhändig schrieb, belegt nicht »Liebe«, sondern wieder nur die *Darstellung* einer Liebe, von der etwas in den allgemeinen Hof durchsickern *sollte*. Mazarin – ein sonderbegabter Schauspieler – brauchte diese Darstellung, denn er wollte über sein eigenes Sexualleben nichts nach draußen dringen lassen. Da war ihm die Streuung des Gerüchts, er lebe in »heimlicher Ehe« mit der Regentin, das Passabelste. Das band ihn als

Italiener politisch fester ans Frankenland: »Heimliche Ehe« mit der Königin machte ihn auch *sexuell* beinahe zum König.

Feministinnen wissen »ein Lied davon zu singen«, wie kompliziert es ist, noch Frauen des 19. Jahrhunderts, die miteinander eine Wohnung geteilt haben, eine lesbische Lebensform nachzuweisen. Kommunikative Sexualität ist die durch Berührung von Häuten und Schleimhäuten gemeinsame Erlangung eines Orgasmus. Dafür gibt es kein »anständiges« Wort, in keiner europäischen Sprache. Und die »unanständigen« Wörter sind Männerpraxis-bezogen. Soweit hat es das Sex-aversive, lustfeindliche und weiblichkeitsunterdrückende christliche Patriarchat gebracht! Die Wörter-Malaise hat jedoch an der sexuellen Praxis der Menschen nichts geändert. Im Feudalismus hieß die Praxis: Machen – ja, immerzu, zu allen Gelegenheiten, an allen Orten, mit allen Menschen, die erwiderndes Interesse signalisierten, denn wir waren in dem Punkt der Sexualität früher nicht anders, als wir es heute sind. Aber darüber eins zu eins Zeugnis ablegen – damals nein, im Gegensatz zu heute.

Wenn die Spanierin Anna und der Spanisch sprechende Italiener Mazarin eine sexuelle Lebensgemeinschaft am Hof von Frankreich eingegangen wären, hätte es darüber *keine* elf französischen Stell-dich-ein-Billette Annas gegeben!

Wegen dieser höfischen Trickserei zwischen sexueller Praxis und Nichtpraxis befindet sich die Biografik im Elend: Sie weiß in Ermangelung von »Belegen« über die Bio-Ekstasen sogar zwischen miteinander lebenden nichtverheirateten Menschen in der Vergangenheit fast nichts. So blieb es bis ins frühe 20. Jahrhundert hinein.

Erst ab Virginia Woolf und Marcel Proust wurde das anders. Und diese beiden sind neuzeitgeschichtliches Gestern. Die Änderung geschah jedoch nur bei Leuten aus der Kunst, nicht bei denen aus Politik, Wirtschaft oder Wissenschaft. Mit wem der ehemalige deutsche Außenminister und Präsident der AEG, der lebenslang unverheiratete und mit Frauen nur »latenzierende« Walther Rathenau (1867–1922), Zeitgenosse von Proust und Woolf, Orgasmen hatte, darüber tappt die Forschung weiterhin im Dunkeln.

Anna d'Austria und Kardinal Mazarin waren zwischen 1643 und 1661 die – nicht miteinander verheirateten – obersten Personen des französischen Staates. Bei gemeinsamer Zelebrierung von Orgasmen – kein *Wort*, nirgends!

Die »Proberitte« der 18.-Jahrhundert-Politikerin, Katharina II. von Russland, bei denen gewusst wird, um was es sich handelt, auch die Ermunterungen des Leibarztes Maria-Theresias an ihren Mann, Franz von Lothringen, die Klitoris Ihrer Majestät nie zu vergessen, sind Ausnahmen. Die Publizierung von Hinweisen auf den fröhlichen Unterleib von Staatsführerinnen geschah außerdem erst im 18. Jahrhundert. Es gibt auch aus dem 17. und 16. Jahrhundert übermittelte Storys – Storys wohlgemerkt! –, die keinen Zweifel an praktizierter kommunikativer Sexualität lassen, aber immer im Feld der Heterosexualität.

Die Gegenwart braucht sich über die Abwesenheit von Zeugnissen zur Homosexualität nicht zu wundern, wenn diese Praxis mit Verbrennen bei lebendigem Leibe geahndet wurde.

Hinzu kommt eine zweite Schwierigkeit, Homosexualität bei historischen Personen zu »belegen«: Selten war Heterosexualität im schwul-lesbischen Leben ganz abwesend. Denn die Heterosexualität hatte die Funktion eines »Dachverbandes«, als welcher die Ehe im Feudalismus sowieso verstanden wurde. Und es interessierte die unter dem Dach einer Ehe lebenden Partner grundsätzlich nicht, wie Lust beim anderen funktionierte, es sei denn, Mann und Frau wären schon eine bürgerliche Liebesehe miteinander eingegangen.

Es gibt innerhalb der neueren Kulturgeschichte schwerlich ein zweites Frau-Mann-Paar, das im Bewusstsein der Menschheit geblieben ist und mit so vielen Zeugnissen heterosexueller Abwesenheit geglänzt hat wie Anna Ö. und Ludwig 13, zwei Menschen, die sich heute die Heterosexualität ganz vom Leibe gehalten hätten! Es lässt sich auch so leicht kein zweites Paar finden, mit dem die Zeitgenossen und Nachfahren solche Norm-artistischen Verrenkungen unternommen haben, wie mit Anna Ö. und Ludwig 13, um dieses Paar doch noch für repräsentative Hetero-Darstellungen zurechtzutrimmen. – Gerade weil dieses Paar sich so komplett *un*heterosexuell verhielt, konnte mit ihm die Beschaffungs-Schlittenfahrt unternommen werden.

Anna Ö. und Ludwig 13 werden im 21. Jahrhundert zum klassischen Liebespaar avancieren und Romeo und Julia entthronen, welchen beiden zu huldigen heute nur noch Kitsch bringt, weil die Heterosexualität keine gesellschaftliche Tragödie mehr ist. Sie hat in den vier Jahrhunderten nach der Kreierung des Stückes *Die Liebenden von Verona* ihre Rechte erkämpft. Sie scheitert zwar immer noch massenhaft, aber das liegt an psycho-familiären Gründen, nicht mehr an normativ-sozialen. Öffentlich ist der Heterosexualität zum Siege verholfen worden, da mag sie privat noch so häufig scheitern.

Tragidramatisch ging es bei Anna Ö. und Ludwig 13 zu, weil die beiden als Königspaar eine falsche, ihnen fremde Sexualität nicht nur darstellen mussten, sondern auch hätten praktizieren müssen.

DAS SCHWUL-LESBISCHE PAAR 127

Dem feudalen Zeitalter ist nicht generell der Vorwurf zu machen, es hätte sich besonders homophob benommen. Im Gegenteil, im Aufbau der Lebensform »Sozial-Ehe versus Sexual-Gemeinschaft« konnte normalerweise Homosexualität ungesehen praktiziert werden. Und darüber hinaus wurden beiden Geschlechtern reichhaltige Lebensformen außer der Heterosexualität ermöglicht. Dem Mann standen zwei homoerotische Karrieren gegenüber einer heteroerotischen offen: »Armee und Kirche« – das bedeutete, Leben im Verband unter Männlichkeiten, während »zu Hause zu bleiben und zu heiraten« hieß, sich dauerhaft heterosexuell benehmen zu wollen.

Ein Drittel aller Männer wählte den Homo-Weg, was heutige Prozentual-Einschätzungen, es gäbe nur zehn Prozent Schwule, durcheinanderbringt. – Beim Studium von Genealogien springt ins Auge, dass immer nur eine Minderheit heiratete und sich fortpflanzte. Die Mehrheit blieb steril oder nichtehelich, was – neben ökonomischen Aspekten – auf Multi-Amourösität und Homosexualität schließen lässt.

Auch wenn den Frauen nicht die zwei Karrieren in Armee und Kirche offenstanden, verhielten sie sich ebenfalls nicht alle nach biografischem Partnerschaftsrezept »Ein-Mann-und-eine-Frau«. Die Stammbäume zeigen es abermals nur negativ – in den »morschen Ästen«! Bis zu einem Drittel von Frauen lebte nicht heterosexuell sichtbar, führte ein Leben in Familien und Wohngemeinschaften aller Stände im Status der »Beigruppierten«. Oder Frauen entschieden sich definitiv für das Leben untereinander in Klöstern.

Das Tragödienstoffliche des homosexuellen Königspaares Anna Ö. und Ludwig 13 resultierte daraus, dass die beiden in einer Position aneinandergekettet waren, die sie nicht gewählt hatten, in die sie schon als Jugendliche zu Beginn des zweiten Lebensjahrzehnts gezwungen worden waren und die mit einem durchaus berechtigten Anspruch der feudalen Gesellschaft auf Heterosexualität *dieser* Personen verbunden, weil das oberste Landespaar verpflichtet war, dynastisch zu arbeiten, »Früchte für den Stammbaum zu tragen«.

Wären Anna Ö. und Ludwig 13 nicht von Maria Medici zwangsverheiratet worden – keine Tragödie! Beide hätten irgendwo ihr Homo-Nischen-Leben ohne ansatzweise die Probleme geführt, die ihnen der Job als Königspaar eingebrockt hat.

Die Zuspitzung des Unerträglichen lag darin, dass *beide* homosexuell waren. Wäre es nur eine Person gewesen – ebenfalls keine Tragödie: Ludwig schwul, Anna hetero = Unterschiebungs-Geburten. Ludwig hetero, Anna lesbisch, dann hätte sie freiwillig nicht geheiratet, hätte ein Leben im Kloster geführt. Wäre sie trotzdem zwangsverheiratet, dann auch zwangsbefruchtet worden. Bei Unfruchtbarkeit hätte der Staat sie laut oder leise, gewalttätig oder rücksichtsvoll ausgewechselt, worauf ein heterosexueller Louis XIII bestanden hätte, weil er sich nicht lebenslänglich eine lesbische *und* unfruchtbare Frau hätte »bieten« lassen (Ehe-Annullierungsrecht).

Das System hat nicht nur von oben nach unten funktioniert, sondern ging auch brutal mit den Oberen um, wenn sie nicht »spurten«. Dass gleichzeitig beide Partner nicht »spurten«, kam selten vor.

Aber, aber und nochmals aber: Feudalnormalerweise wäre auch das Leben dieses Königspaares auf Dauer keine Tragödie geworden. Die Situation von Anna und Ludwig spitzte sich erst zu durch den Angriff der Kardinäle auf das Thronerbrecht. Die römischen Kardinäle wollten ihre Pfründe behalten und setzten alles daran, sich selbst einen französischen Kronprinzen heranzuzüchten und alsdann heranzuziehen. Die Kardinäle Richelieu und Mazarin agierten zuerst gemeinsam, Mazarin fuhr dann allein fort, bis er das katholisch astreine Kardinalsbaby Louis XIV eichenfest im französischen Staat verwurzeln konnte.

Auch für den Anna-Ludwig-Fall des heterosexuellen Doppel-»Versagens« hatte das feudale System vorgesorgt.

Möglich ist, dass in der Person Annas noch ein drittes Dynastie-Hindernis hinzukam – ihre Unfruchtbarkeit. Aus den montierten Zeugnissen hat sich nur ergeben, dass Anna weder ausgewachsene Embryos geboren noch Föten »fallengelassen« hat, nicht aber, ob sie überhaupt hätte empfangen, austragen und gebären können.

Auch die weibliche »Ausfallerscheinung« der Unfruchtbarkeit war für das Prinzip der Königsherrschaft kein Problem. Es gab bei Tod Ludwigs des Dreizehnten dessen jüngeren Bruder Gaston d'Orléans, der Louis XIII noch 17 Jahre überlebt hat und Anfang 50 war, als er 1660 starb. 17 Jahre für Gaston wären eine normale Königs-Phase geworden. Gaston hatte in zwei Ehen erwachsen gewordene Töchter hervorgebracht. Sein erstes Kind aus zweiter Ehe war ein Sohn (genannt ebenfalls Gaston), geboren und gestorben 1630 (!), als Richelieu so mächtig war, dass er über »eigene« Söhne zur Erhaltung der Louis-Anna-Regentschaft nachdachte. – Gaston hätte, wie es Ludwig der *Zwölfte* (1462–1515) tat, eine dritte Ehe zur nochmaligen Sohneszeugung versuchen können.

Das echte Königtum im Feudalismus war ein Gruppengeschehen. »Enthielt sich« ein König genealogisch, kam einer seiner Verwandten an die Reihe, auch aus derselben Generation. Die Vettern und Neffen Bourbon-

DAS SCHWUL-LESBISCHE PAAR

Condé standen zur Verfügung, die alle schon überlebensfähige Söhne gezeugt hatten und noch weiter zeugen würden!

Aber deren Übernahme der Krone wollte das Kardinalskollegium mit allen Mitteln verhindern, weil sowohl Gaston als auch die Prinzen Condé während ihrer politischen Tätigkeiten ein Protestierertum, die Neigung zur Emanzipation vom Papsttum, zumindest eine *katholische* Eigenwilligkeit, signalisiert hatten, die bis zu einem englischen Heinrich-8-Weg hätte führen können. Dieser Weg wurde mit dem Dynastie-torpedierenden Mittel der Kronprinzenfälschung ein für alle Male blockiert, denn mit der Beschaffung Ludwigs des Vierzehnten wurden zugleich sämtliche potenziellen Papst-»undichten« Thronerben für alle Zeiten vom französischen Thron ferngehalten, die gesamte Familie Bourbon und alle anderen regierungsberechtigten Hochadligen Frankreichs. Alle Könige ab Louis XIV waren keine Bourbonen mehr, sondern Nachfahren des Beschafften.

Anna Ö. und Ludwig 13 sind in ihrem anti-heterosexuellen Extrem modern wetterleuchtend, weisen mit ihm in die Moral des kapitalistischen Zeitalters hinein, die jedem Menschen die Mann-Frau-Paarschaft suggeriert. In der bürgerlich-kapitalen Sittenordnung sind die anderen Lebensformen ideologisch verschwunden. Jeder Mann, jede Frau soll heiraten und Kinder kriegen, weil der kapitalistische Produktionszwang sich auch auf die Umgangsweisen im Intimen gelegt hat.

Der Mehrwehrts-fertilistische Druck zum Heiraten und Kinderkriegen treibt Menschen wie Anna Ö. und Ludwig 13 in biografische Desaster. In den USA bringen täglich drei Männer ihre Partnerinnen um, versuchen siebenmal so viele, es zu tun.

Die Weigerung der (französischen) Geschichtsschreibenden, in die offene Diskussion über die Homosexualität des Paares Anna Ö. und Ludwig 13 einzusteigen, geschieht vor dem Hintergrund des sittenpolitischen Kollapses, der sich zwischen den Systemen Feudalismus und Kapitalismus ereignet und schon die homosexuellen Biografien von Anna Ö. und Ludwig 13 getroffen hat. Daher »betretenes« Schweigen über die Homosexualität bei gleich beiden königlichen Ehepartnern, was eine besondere Pikanterie und Zumutung für die Hetero-Friseure ist, da in dieser Ballung, verbunden mit der extremen Berühmtheit des Paares, nicht oft vorkommen.

Im Feudalismus musste zwar ein *Herrscherpaar* heterosexuell sein, aber nur es allein. Auf keinem anderen Menschen lag der Zwang, sich heterosexuell zu benehmen oder nur darzustellen. Im Kapitalismus muss jeder Mensch, der einen Rang in der Gesellschaft einnehmen will, verheiratet sein oder es gewesen sein. Alle anderen Formen, auch Asexualität, sind nicht genehm oder werden nicht prämiert mit Eins-A-Sozialstatus-Anerkennung. Schwule Heer- und Staatenführer – bisher im Kapitalismus, vor allem bei seinem Anführer Amerika, undenkbar. Im Feudalismus gab es davon eine Vielzahl, verheiratete *und* unverheiratete. – Schwule regierende Bürgermeister, Oberste Richter und Parteiführer sind eine Rarität, die erst der Beginn des 21. Jahrhunderts eröffnet hat. – Das neuseeländische Regierungspaar, die Premierministerin Helen Clark und ihr Ehemann, der Soziologieprofessor Peter Davis, wurden von der konservativen Opposition 2005 als lesbisch und schwul »denunziert« oder geoutet. Die Gesellschaft war in ihren Grundfesten erschüttert.

So unvergleichlich sich die rechtlich-praktische Situation für homosexuelle sogenannte *Außenseiter* seit dem Ende des 20. Jahrhundert in den OECD-Staaten verbessert hat, so hat sich die moralpolitisch theoretische Situation für die *Innenseiter*, das sogenannte Normverhalten, verschlechtert.

Die Homosexualität Philippe d'Orléans', des zweiten Offizial-Sohns von Ludwig 13, wurde und wird munter diskutiert. Er war nur Zweite-Wahl-Kronprinz und nach männlichen Nachkommen seines Bruders, Louis XIV, aus der nahen Thronfolge herausgerückt. Daher von damals bis heute freies Schreiben über die Homosexualität dieses Prinzen. Die zum Schweigen verpflichtete Peinlichkeit gegenüber Louis XIII wird von seinem Status als König, als Repräsentant eines (Hetero-)Landes, provoziert.

In dem Kneifen der Geschichtsdenkenden vor der Homosexualität des Königs Louis XIII erhält sich immer noch die Untertanen-Mentalität: König = von Gott = wie Gott = Gott. Und Gott ist abrahamitisch – allen germanischen, griechischen und römischen Göttinnen und Göttern sei es geklagt – offiziell *nicht* homosexuell!

Bei der Behandlung der Intimwelten geschichtlicher Personen wird außer Acht gelassen, dass auch die »andere Sexualität« nicht nur eine andere Tätigkeit im Bett ist – praktiziert mit anderen Personen und mit zum Teil anderen Körperteilen –, sondern ebenfalls mit einer *Identität* einhergeht, die sich von der Identität der heterosexuellen Personen unterscheidet.

Von Jahwes Gebot: »Homosexualität, bei Todesstrafe, nicht!« über die »Carolina« (das Strafgesetzbuch Kaiser Karls V. von 1532) bis zum Preußischen und ab 1872 Deutschen Strafgesetzbuch wurde Homosexualität – definiert immer nur für Männer! – als antikollektive Frechheit gehandhabt, als sei sie so etwas wie Mord, Raub und Vergewaltigung. – Nicht viel besser erging es der Homosexualität noch bis in die zweite Hälfte des 20. Jahrhunderts hinein. Sie war eine Rubrik unter »Krankheiten« im Weltgesundheits-Verzeichnis, aus dem die Schwulen-Bewegungen sie befreien mussten.

Das Missverstehen der Homosexualität als soziale oder physiopsychische *Aktions*-Abweichung – so ihre Einschätzung durch die Heterosexuellen bis heute – verhinderte, der Homosexualität ihre nahe Verbindung zur Person zu konzedieren. Homosexualität als Identität – dafür muss ihr erst im 21. Jahrhundert der Weg ins gesellschaftliche Verständnis geebnet werden.

Homosexualität als Identität kommt im Leben von Anna Ö. und Ludwig 13 deutlich zum Ausdruck. Noch 1637, als die Vorbereitungen der »Operation Kronprinz« auf Hochtouren liefen, Richelieu sich schon seit zwei Jahren in der heißen Phase der supervisierten Fruchtbarkeits-Aktionen befand – Zeugungs-Fürbitten in den Kirchen und Klöstern und Empfängnis-Kurreisen des Königspaares –, probte Anna d'Austria den Aufstand. Sie fuhr zum von ihr selbst gegründeten Kloster Val-de-Grâce und versandte von dort Geheimbriefe an ihren Bruder, Philipp IV. von Spanien, mit dem sich Richelieu seit zwei Jahren im Krieg befand. – Wenn Anna die Konspiration gegen Richelieu jetzt noch geglückt wäre, hätte die »Operation Kronprinz« abgeblasen werden müssen.

Da Richelieu Anna bei ihren Hochverrats-Aktivitäten schnappte – auch in den Frauenklöstern hatte er seine Informantinnen –, drohte Anna das Schicksal der Anne Boleyn, der zweiten Frau von Heinrich VIII.: Schafott! – Oder das Schicksal Maria Stuarts: Jahrzehntelange Gefängnishaft bis zur Hinrichtung! – Oder Verbannung!

Richelieu nutzte die Situation für seine »Operation Kronprinz«. Er zwang Anna, ein Schriftstück zu unterschreiben, das sie zur Gefolgschaft in allem verpflichtete, was Richelieu von ihr wollte.

Das war im August 1637, Anna stand kurz vor ihrem 36. Geburtstag, war französische Königin seit 22 Jahren. Sich Richelieu weiter zu widersetzen hätte für sie das Ende ihres Lebens oder ihrer Laufbahn bedeutet. Anna unterschrieb. – Nach drei bis vier Monaten musste sie in ihre mundpropagandistisch verbreitete Empfängnisnacht vom 5. auf den 6. Dezember 1637 einwilligen, die ihr ihre *sozial* »ungewollte« Scheinschwangerschaft mit Louis XIV »bescherte«. Die Beschaffung des Dauphins konnte anlaufen, ja, in die auf »Morgenkommraus« drängende Schlussphase eintreten.

Erst mit Richelieus Erpressung wird deutlich, welches Drama um Anne d'Autriche seit sechseinhalb Jahren tobte. Anfang 1631 war das erste Treffen zwischen der Königin Anna und Mazzarino, in dem der scheinbar unterste Angestellte des Papstes der obersten Frau Frankreichs in fließendem Spanisch die Beschaffung ihres »Sohnes« schmackhaft machen sollte. Schon gleich 1631 hatte die »Operation Kronprinz« *in medias res* gehen wollen. Aber Anna band sich die Schwellbauchkissen nicht um! Sie war sechseinhalb Jahre lang Spielverderberin. Sie ließ sich auch nicht beim zweiten Treffen mit Mazzarino 1632 umstimmen. Mazzarino blieb ebenfalls während seines Paris-Aufenthaltes 1635 und 1636, in welcher Zeit Anna ihn immer wieder empfangen musste, mit seiner Geheimmission erfolglos. Niemand konnte die Königin von Frankreich zur Rolle der Scheinmutter des beschafften Kronprinzen zwingen. Die Operateure mussten »den Schwanz einziehen« und die 1631 angepeilte Schwangerschaft Annas als Fehl(anzeigen)-Geburt deklarieren. So kam es 1631 – auch *nach* Maria Medicis Verbannung vom Hofe im November 1630 – zur letzten der Falschmeldungen, die zu verbreiten ein Jahrzehnt lang, ab 1622, die Domäne der Königinmutter gewesen war. Die 1631-Schwangerschaft war nicht das »Schlusslicht« in der Reihe der ab 1622 hofpropagandistisch ins Land gestreuten »bösen Hoffnungen«, sondern die »Null-Nummer« der »Operation Kronprinz«. Richelieu musste erst einen Krieg gegen Spanien beginnen (Mai 1635) und Anne d'Autriche in die Falle des Hochverrats locken (August 1637), bis er nach den sechseinhalb Jahren von Annas Weigerung erfolgreich operieren konnte: Todesurteil oder Dieudonné! An etwas anderem als der Dynastiesicherung mit außersexuellen Mitteln war Richelieu politisch im historischen Moment des Jahres 1637 nicht interessiert, wenn er von Anna Ö. verlangte zu unterschreiben, »alles« zu tun, was Richelieu von ihr will. Ihm war klar: Wenn nicht *jetzt* der Kronprinz beschafft wird, rieselt Frankreich an »Konstitution« und Reformation aus.

Sowie Richelieu Anna d'Austria mit ihrer Unterschrift erpresst hatte, gab er den Klöstern grünes Licht für Endstadiums-Prophezeiungen. Die »Saint-Sacrement«-Nonne Marguerite und der Augustiner-Mönch Fiacre »empfingen« die »göttliche Botschaft« über den bald zu erwartenden Dauphin. Richelieu ließ die konzipierte Nachricht im Lande streuen.

Der Plan der Beschaffung Ludwigs des Vierzehnten war ein Anschlag auf die homosexuelle Identität beider Lebenspartner Anna und Ludwig, denn die besondere Identität drückt sich bei vielen Lesben und Schwulen gerade darin aus, keine eigenen Kinder haben zu wollen. Anna Ö. und Ludwig 13 wurden ein zweites Mal zu einer Fälschung ihrer Biografie gezwungen. Heiraten war für sie falsch und Kinderkriegen erst recht.

Die Homosexualität ist ein Sozialphänomen, das die Natur auch bei den nahesten Artverwandten des Menschen immer wieder von Generation zu

Generation herstellen lässt, obwohl es nicht der generativen Fortpflanzung dient.

Eine Gesellschaft meldet ihre Degeneration am schwarzen Brett des Firmamentes an – genau in dem Moment, in dem sie Homosexualität aus ihren Sitten verbannen will, was nicht geht, da es sich um eine gesellschafts-*immanente* Kraft handelt, die man wie eine physikalische Energie nicht eliminieren, nur umlenken kann in etwas sich destruktiv Auswirkendes. Und dieses Destruktiv-Wirkende heißt im Falle der unterdrückten homosexuellen Energie, den Weg in die Selbstzerstörung des heterosexuellen Kosmos anzutreten.

Anna wurde, als der Druck zur Heterosexualität auf sie zunahm, mehrmals tödlich krank, in der Zeit 1619/20, als sie mit den nächtlichen Besuchen ihres Mannes in ihrem Schlafzimmer ebenfalls Heterosexualität – für sie von »passiver« Seite her – darstellen musste, und 1622/23 im Zusammenhang mit den ersten beiden Schwangerschafts-Gerüchten. Im April 1623 stürzte sie erstmalig oder wiederholt. Die Ärzte diagnostizierten diesmal einen epileptischen Anfall. Epilepsie ist eine noch nicht gänzlich durchschaute Krankheit, die in den Fällen des Erworbenseins mit sexuellen Vorgängen in Verbindung steht.

Die gesamte Unterschiebungs-Strategie, mit der Maria Medici und ab 1624 auch Richelieu der jungen Königin Dynastie-erhaltend ein Jahrzehnt lang zusetzen wollten, war ein permanenter Angriff auf die lesbische Identität der Königin.

Eine Hetero-Ehefrau vom Kaliber der Marie de Chevreuse hätte zu ihrem schwulen Königspartner gesagt: »Was?! Schatz, du kannst nicht? Mach dir nichts draus! Wir haben uns ja sowieso nicht ausgesucht. Fahr du nur fort mit deinen Männern. Ich werde auch fahren, habe schon ein Auge auf jemanden geworfen. Wenn es mit dem klappt, unterschieben wir, was das Zeug hält, bis du am laufenden Band deine Königskinder bekommst. Und fertig ist die Laube!«

Anna konnte auf die Anforderungen von Mann, Schwiegermutter und Staat so nicht reagieren. Sie war von den gleichen Hemmungen und Aversionen gegenüber dem anderen Geschlecht gequält wie ihr Mann, was man von ihr nicht gleichermaßen übermittelte wie von Ludwig 13, da das Hetero-*Nicht*-Können bei Frauen »verschwiegener« vonstatten geht als bei Männern – unter anderem im Ausbleiben von Orgasmen beim Geschlechtsverkehr mit einem Mann. Aber Annas Biografie beweist, dass Anna heterosexuell nicht »spurte«. Sie war in diese Spur sexuell nicht einzuschienen, auch wenn sie männliche platonisch gebliebene Vertraute wie Pierre de La Porte hatte – als Pendant zu Ludwigs des Dreizehnten zwei platonischen Freundinnen Hautefort und La Fayette.

Im feudalen Zeitalter sahen Hetero-Laufbahnen von Frauen so eindeutig und unmissverständlich aus, dass sie sich allerdeutlichst von der geheim gebliebenen heterosexuellen Stagnation Anne d'Autriches abhoben.

Aus dem reichen Fundus für die Beweisführung eines gelungenen heterosexuellen Rollenspiels eignet sich am besten die Biografie der Françoise Babou de La Bourdaisière, verheiratete d'Estrées, Mutter Gabrielles und De-facto-Schwiegermutter von Henri IV. Die Babou entstammte der Familie, die seit Generationen die Mätressen der französischen Könige lieferte. Die Bourdaisière-Frauen waren immer wieder so sexy, dass die Könige ihnen aufs Neue erlagen. Auch die Männer der Mätressen-Familie hielten mit Reizen nicht zurück. Babous Bruder Georges galt zu seiner Zeit als der schönste Mann Frankreichs. Schon im feudalen Zeitalter gab es Schönheitswettbewerbe für beide Geschlechter! Die Abstimmung verlief per automatischer Demoskopie.

Françoise d'Estrées hatte sieben Kinder, jedes von einem anderen Mann. Alle hießen mit Nachnamen »Estrées«. Und ihr Ehemann, Antoine d'Estrées, marquis de Cœvres, hatte seinerseits seine Geliebten, mit denen er Kinder für andere Ehemänner zeugte. Die allgemeine bürgerlich-kapitalistische Ideologie vom »eigenen Kind« gab es noch nicht. Der französische Hof amüsierte sich über »die Babou« und nannte ihre Kinder, wenn die Mutter mit ihnen erschien, »die sieben Todsünden«!

Deutsche Frauen standen solcher Präzision in der Heterosexualität nicht nach: Katharina Rickers, Tochter eines Emmericher Gastwirts und Weinhändlers, spürte in sich Kräfte zur Verwirklichung einer außerordentlichen Lebensbahn. Sie floh als 16-Jährige (1692) von zu Hause, versteckte sich auf einem Weintransport-»Treck« nach Berlin. Damit ihre Flucht gelang, hatte sie den Begleiter des kurfürstlichen Weintransportes »angemacht«, in Berlin geheiratet und ihn auf die Reise ins Jenseits geschickt. Als 16-jährige Witwe befand sie sich nun in einem »Status« und konnte gesellschaftlich loslegen. Wegen ihrer reizvollen Erscheinung kam sie bei Männern aller Stände best an. Das nutzte sie für ihren Aufstieg am Berliner Hof bis zur Mätresse des Kurfürsten Friedrich III., späteren Königs Friedrich I. (ab 1701).

Um der Begleiterin des preußischen Regenten den auch nominellen Eintritt in den Adel zu ermöglichen, heiratete Katharina Rickers, verwitwete Bidekap, den 33 Jahre älteren Günstling des Königs, Johann Kasimir von Kolbe. – Das Ehepaar Kolbe befand sich alsbald in einer Doppelregentschaft

DAS SCHWUL-LESBISCHE PAAR 135

über den ersten preußischen König Friedrich I. Gelder, Titel, Ländereien häuften sich, bis Kasimir und Katharina als Reichsgrafen von Wartenberg regierende Landesfürsten geworden waren.

Bevor Katharina als vielfache Mutter und 60-jährige Landgräfin nach ihren letzten 20 Jahren Lebens in Paris starb, antwortete sie auf die Frage eines »Interviewers«, wie viele Männer sie gehabt habe: So viele wie die Muscheln am Strand.

Auch bei »Katharina der Kleinen« das Rezept gelungenen Frauenlebkuchens: Jedes ihrer Kinder hat die Reichsgräfin Wartenberg von einem anderen Mann empfangen. Alle führten aber den Namen ihres Ehemannes Kolbe von Wartenberg! (68, S. 66ff.)

Eine der unstichhaltigsten Begründungen für die abrahamitisch-traditionelle Drangsalierung homosexueller Menschen ist die Behauptung, Homosexualität sei unterdrückt worden und werde weiter unterdrückt, um die Menschheit vor dem Aussterben zu bewahren!

Die heterostabilen Lebensläufe zeigen samt und sonders, dass sie zu Überbevölkerungen neigen. Ab sieben Kinder aufwärts! Die Homosexualität soll schon von Natur aus dieses Verfahren des rücksichtslosen »Über-Zeugens« ausbalancieren. Der Über-Zeugung und dem sturmlaufenden Gebären zu wehren, ist die Aufgabe der Homosexualität, in Form eines Anti-Fertilisationsreflexes in die Zellen des betreffenden Individuums eingearbeitet. Wenn man diesem bio-logischen Konstituum Gewalt antut, bereitet das der homosexuellen, nicht generativ funktionierenden Kreativität eines Menschen Schmerzen.

Um die Wende zum 21. Jahrhundert scheinen sich auch die Einteilungen in generativ tätige Heteros und nicht generativ tätige Homos verändert zu haben. Lesben- und Schwulenpaare wollen Kinder haben, verschaffen sich Kinder über künstliche Wege, oder sie adoptieren Kinder. In diesen Zeiten verrutschen auch viele Festigkeiten bei Heteros: Hetero-Männer wollen *keine* Kinder, hauen aus der Beziehung ab, wenn Kinder durch Geschlechtsakte entstehen. Hetero-Frauen lassen sich sterilisieren. –

Damit ist noch nicht gesagt, dass das ursprünglich Natur-Gewollte sich verändert hätte. Nicht immer haben sich alle Menschen vermehrt. Auch unter Heteros gibt es entweder Unmöglichkeiten oder Unwilligkeiten. – Inwieweit ein Kinderwunsch bei Schwulen und Lesben sich auf den Willen bezieht, Kinder selbst herzustellen, oder auf den Wunsch, Kinder aufzuziehen, macht auch noch einmal einen Unterschied. – Es gibt bei manchen Heteros dezidierte Kinderhervorbringungswünsche, also doch so etwas wie einen

Fortpflanzungstrieb, wie es früher hieß. Dieser Trieb richtet sich dann generell auf die Kreierung mehrerer Kinder, während Lesben und Schwule sich meist mit der Aufzucht von einem Kind begnügen.

Neueste britische Statistiken mit absoluten Zahlen führen einen Trend bei Heteros vor, Kinder immer mehr durch künstliche Besamungen zwischen einem Paar zu produzieren, das ein Kind will, aber die regelmäßige Koitusfrequenz nicht »bringt«, die dafür erforderlich wäre: Macht zu viel ... – Dreck? – Lieber schnell Samen des Ehemannes abgegeben und der Ehefrau in den Opti-Tagen injiziert – und schon klappt die Fortpflanzung! – Haben Leute mit »Fastfucking« einen *echten* Kinderwunsch oder nur einen Druck auf der Biografie, dem Standard zu genügen, ein Kind herzustellen?

Was – dem Verständnis von Anne d'Autriche und Louis XIII dienend – mit dem Hinweis auf menschliche Unterschiede gegenüber der Fertilität gesagt wurde, trifft immer noch die Regel. Es gibt bei jedem Menschen Verhaltensweisen gegenüber der Fruchtbarkeit: pro, contra, gemischt, schwankend, veränderlich. – Auf jeden Fall gehören diese Einstellungen zur Identität einer Person.

Die neuerdings sich häufenden Babymorde, verübt von Frauen kurz nach der Geburt ihres Kindes, geben noch immer Rätsel auf. Bestimmt nicht darin, dass Frauen zu spät bemerkt haben, eigentlich kein Kind gewollt zu haben. Diesen Kind-negativen Wunsch können heute junge Mädchen nicht mehr genau entwickeln. Sie bemerken ihn erst, wenn ihr Kind da ist. Sie erleben es so überwältigend Person-bedrohlich, dass sie es umbringen müssen.

Ludwig 13 ging mit dem ihm aufgezwungenen Kind Ludwig 14 verstörend unangenehm um. Der kleine Ludwig 14 hatte vor seinem Offizial-Vater nur Angst, von dem im höfischen Umgang mit Ludwig 14 später nicht gesprochen werden durfte.

Auch Anne d'Autriche war keine »Mama«, die sich freute, endlich ein Kind zu haben. Sie erfüllte nur das, was von ihr höfisch-demonstrativ verlangt wurde. Elternliebe musste sich Ludwig 14 von seinen ihn pflegenden und erziehenden Beipersonen holen.

Ludwig 13

Im Leben von Ludwig dem Dreizehnten existieren unzählige Zeugnisse darüber, dass er als Künstler von »anderer Kreativität« gekennzeichnet war und weder Kinder herstellen noch mit Kindern umgehen, das heißt, sich nicht heterosexuell im allerumfassendsten Sinne betätigen wollte.

DAS SCHWUL-LESBISCHE PAAR 137

Ludwig 13 reagierte nach der Daumenschraube, die Giulio Mazzarino dem französischen König bei ihrem zweiten Treffen anlegte, selbstschädigend. Sechs Wochen nach der zweiten Begegnung zwischen Louis XIII und Mazzarino im August 1630 wurde Louis im September 1630 lebensgefährlich krank. Er bekam ein Darmgeschwür, das ihn zu vergiften begann. Tagelanges Koma. Man feierte im Land schon Richelieus Ende. Die Ärzte gaben Louis auf. Letzte Ölung. Da passiert das Wunder: Das Geschwür bricht durch, Louis gesundet. – Der Darm ist das Gehirn des Unterleibs (Rudolf Steiner).

Mazzarino hatte dem 28-jährigen König beim zweiten Treffen den Beschaffungsplan im Detail auseinandergesetzt und ihn in Richelieus Auftrag bedrängt, der »Operation Kronprinz« zuzustimmen.

Héroard ist seit zweieinhalb Jahren tot. Es gibt keine vergleichbare Chronik mehr über das Befinden des Königs. Aber die 27 Jahre, in denen Héroard die Lebensbedingungen um Louis XIII festgehalten hat, sind *das* Standardwerk zur Funktionsweise von Soziomorbidität, genannt »Psychosomatik«, der Wirkung von sozialen Ereignissen auf die Identität einer Person. Mit Héroards Langzeitbeobachtung von fast drei Jahrzehnten kann dem Gesetz »Sozio hat Wirkung auf Soma« nicht mehr ausgewichen werden.

Die Geschichtsschreibung begeht einen weiteren Frevel an Louis XIII, indem sie behauptet, er sei kränklich gewesen. – Das Gegenteil erweist sich in Louis' Leben von Tag zu Tag. Louis absolvierte oft kilometerweite Reisen auf Pferderücken. Er war ein körperlich durchtrainierter und tapferer Mann. Er hatte eine eigene Schmiede, in der er selber arbeitete! – Seine häufigen Krankheiten haben ihre Ursachen in Kränkungen seiner Identität, die ihm das Kollektiv zufügte und die darin bestanden, ihm als Schwulen die Hetero-Position eines Königs aufzuzwingen.

Schon als es Mitte des Jahres 1612 nur an das *verträgliche* Heiraten ging, reagierte der erst zehnjährige Louis mit Ausfallerscheinungen. Er produzierte ab Ende Juli 1612 Schlafstörungen, die sich zu Abrupt-Aufwachen und Angstträumen steigerten. – Sein körperlicher Protest gegen die auf ihn zurollenden Zumutungen nützte ihm nichts. Der Heiratsvertrag zwischen Frankreich und Spanien »für« Louis und Anne wurde am 22. August 1612 geschlossen. Der schwule Knabe und werdende Jüngling wusste, was ihm drohte. Er befand sich schon ein Jahr in seiner Beziehung zu Charles de Luynes. Der von Louis übermittelte Satz: »Ich habe Angst vor ihr (Anna), weil sie ein Mädchen ist« (70, Abb. 4), muss stimmen, denn vor der *vollziehenden* Heirat reagierte Louis im November 1615 wieder soziosomatisch, diesmal mit Leistenschmerzen! – Monatelange seelisch-körperliche Irritationen wie vor und nach der Prokura-Heirat im August 1612 und vor und nach der Praxis-Heirat im November 1615 treten sonst nicht auf – beginnen erst wieder nach der Show-Sex-Zeit im Januar 1619: Stimmungsabfall und Furunkel am rechten Oberschenkel. – Zehn Tage vor der »Aktion Fehlgeburt« ab 16. März 1622 muss Louis an drei Tagen wieder Stärkungspillen nehmen (7., 9., 12. 3. 1622). Drei Nächte vor dem 16. März wird sein Schlaf unruhig (111, II, S. 2814 f.). Sogar Philippe Ariès zitiert nicht, dass Louis XIII vor der zu vollziehenden Hochzeitsnacht am 25. November 1615 einen Schwächeanfall erlitt, sich hinlegen musste und dass er dann bei der Anmache durch die »jungen Herren« Scham und heftige Angst vor dem ihm bevorstehenden obligatorischen Gang ins Schlafzimmer seiner Frau empfand (7, S. 105).

Ariès' Kulturverdienst liegt in der Montage der vergessenen vor-kapitalistischen europäischen Sitten der Menschen im Umgang mit dem Kind. Sein Buch *L'enfant et la vie familiale sous l'Ancien Régime* (1960 *Geschichte der Kindheit*) ist für die Befreiung des Kindes von einer ähnlichen Bedeutung wie Freuds gut 50 Jahre zuvor veröffentlichten *Drei Abhandlungen zur Sexualtheorie* (1905). – Ohne Ariès keine Bekanntschaft der Welt mit Héroard! Auf solche Einzelheiten wie die heterosexuelle Gewalt, die einem jugendlichen schwulen König angetan wurde, konnte Ariès mit seinem gesamtgesellschaftlichen Blick auf die vor-bürgerliche Zeit nicht schauen. Er nannte sich einen »Sonntagshistoriker« und führte durch ungewohnte Methoden, wie genaue Bildbetrachtungen, ungeahntes, verschüttetes Wissen in das intellektuelle Bewusstsein der jüdisch-christlichen Menschheit zurück.

Die Alltagshistoriker sind nach dem Aufgeschrecktwerden durch Ariès in ihre gewohnten Methoden zurück*gefallen* und faseln Ursachen-verdunkelnd von Ludwigs des Dreizehnten »Melancholie«, versuchen, sie philosophisch als »Seins-Kategorie« zu überhöhen und verkneifen sich zu sehen, dass es sich um Depressionen eines Schwulen handelte, der in seiner Position als König notorisch täglich daran erinnert wurde, schwul *nicht* sein zu dürfen.

Depression ist die Reaktion auf »falschen Dampfer«, »falsche Hochzeit«, das Signal: »Ich sitze im falschen Zug, gehe auf falschem Wege.«

DER HEIDEGGERHIMMLER

Das Leben Tommaso Campanellas ist eine der gequältesten Schöpferbiografien zwischen Genie und »Wahnsinn«, Gnade und Komplott, Revolte und Komplizenschaft.

Campanella wurde am 5. September 1568 in Stilo, Kalabrien, geboren. Kalabrien liegt im Fuß Italiens, ist die Spitze, die den Ball Sizilien ankickt. Über Kalabrien liegen Mazzarinos Mutterregion und Geburtsgegend, die Abruzzen, Neapel und Rom. Vor und unter Kalabrien liegt Mazzarinos Vaterherkunft Sizilien.

Er wurde auf den Vornamen Giovan(ni) Domenico getauft. Seine Eltern waren Analphabeten. Ihr Sohn zeigte schon in seinem ersten Jahrzehnt ein überragendes Sprachtalent, so dass er Jura studieren sollte, was er nicht mochte. Wie alle hochbegabten Jünglinge kam er ins Kloster. Im Alter von 14 Jahren trat er in den Orden der Dominikaner ein und legte seine Vornamen ab, nannte sich von da an »Bruder Tommaso«.

Nach Berührung mit den philosophischen Schriften des Bernardino Telesio verließ Campanella 22-jährig 1590 das Kloster und ging nach Neapel. Dort publizierte er 1591 sein erstes Buch *Philosophia sensibus demonstrata*. Darin ist ein Gedanke enthalten, der von jüngeren Zeitgenossen wie Descartes und Nachfahren wie Goethe aufgegriffen wurde: Es gibt eine einzige göttliche Weltkraft, die sich in allen Religionen und Gottheiten zeigt, für die jede göttliche Variante nur eine lokale Ausdrucksform ist.

Bis Rudolf Steiner hat sich dieses »panreligiöse« Weltverständnis fortgesetzt, war aber für die damals zeitgenössischen Päpste ein Affront, weil der jüdische Jahwe und der römisch-jüdische Jesus, genannt Christus, relativiert, und erst recht, weil jeder Papst zur Witwe eines »Ortsgeistes« minimiert wurde.

Mit seinem ersten Buch heftet Campanella unverzüglich die Inquisition, die Verfolgungsbehörde der Kirche gegen Ketzer und Dissidenten, an seine Lebensfersen und wird sie nie wieder abschütteln können, auch wenn das Ende seines Lebens in Frankreich wie eine Befreiung aussieht. Immer wieder schrieb oder tat er etwas, das die Gleichschaltungs-Diktatur der gegenreformatorischen, nunmehr meist nur noch sogenannt katholischen Kirche nicht billigte. Campanella musste aus Neapel fliehen.

Die Inquisitionsbehörde sucht weiter nach einem Vorwand, ihn verhaften zu können. Sie findet ihn in einem missbilligten *Verhalten* Campanellas: Er hatte sich mit einem Rabbiner angefreundet, war mit ihm auf Reisen gegangen und hatte mit ihm über Glaubensfragen diskutiert, was er ohne Erlaubnis seiner Kirchenoberen nicht hätte tun dürfen. Campanella ist Mönch! Und Mitgliedern der christlichen Kirche war die Diskussion mit einem Angehörigen der jüdischen Religion verboten.

Campanella wird 1592 gefangen genommen und nach Rom gebracht, dort ins Gefängnis geworfen. – Ketzerprozess wegen häretischer Passagen in seinem Werk *Philosophia sensibus demonstrata* und wegen »Umgangs mit Dämonen und Juden«! – Campanellas Selbstrettung durch Abschwörung, sein Widerruf und »Zu-Kreuze-Kriechen« vor der Inquisition. – Entlassung, behördliche Auflage, in sein kalabrisches Kloster Altomonte zurückzukehren, in dessen Abgelegenheit er schon vorher zur Bändigung seines lebhaften Geistes wie strafversetzt worden war.

Campanella macht nicht, was er soll, geht – anstatt zurück in den Süden nach Altomonte – gen Norden in die Toskana. Er sucht eine Anstellung in den Universitäten von Pisa und Siena oder in Florenz direkt beim Großherzog Ferdinando I., dem Onkel Maria Medicis. Nichts klappt. 1593 Weiterreise nach Bologna und Padua. In Padua begegnet er Galilei, der ihm gegenüber reserviert bleibt.

Als Campanella sich im Dominikanerkloster in Bologna aufhält, werden ihm durch einen an seine Seite geschleusten V-Mann der Inquisition sämtliche seiner Skripten gestohlen, in deren Besitz die Kirchsicherheitsbehörde kommen wollte, um erneut gegen Campanella vorgehen zu können.

Frühjahr 1594: Campanellas Gefangennahme in Padua, Oktober 1594 seine Verlegung ins Gefängnis nach Rom. Folter. Mai 1595 wiederholte öffentliche »Abschwörung« von ketzerischen Ansichten, die man ihm aufgrund der geraubten Skripten vorwerfen konnte. Hausarrest im Kloster San Sabina in den Abruzzen bis Ende 1596. – Entlassung. Anfang 1597 abermals verhaftet, weil wieder von einem Spion denunziert wegen Häresie – abweichendem Denken. Gefängnis bis Dezember 1597. Entlassung! Rückkehr über Neapel in seine Heimatstadt Stilo, dort ab Mitte 1598 im Dominikanerkloster.

1599 Verwicklung in einen kalabrischen Aufstand gegen die spanische Fremdherrschaft. – Spanien hatte ab 1503 Süditalien besetzt, das es über die Soldateska eines Vizekönigs im sogenannten Königreich Neapel annektierte und 200 Jahre lang ausbeutete. Die Ausbeutung des süditalienischen Volkes hatte zum Permanent-Hunger der landarbeitenden Menschen geführt, so dass im letzten Jahrzehnt des 16. Jahrhunderts nach fast hundert Jahren Knechtschaft eine Revolte gegen die Spanier vorbereitet wurde.

Durch einen Spitzel der Spanier konnte der Plan verraten werden, die Konspirateure wurden verhaftet, gefoltert, hingerichtet. Campanella versteckte sich. Am 16. Juni 1599 wurde er »gesichtet«, entfloh seinen Häschern, denen seine Festnahme schließlich Ende 1599 gelang. – Ab Januar 1600 Verhöre und Folterungen. – Campanella wurde geisteskrank oder simulierte unter der Folter eine so große geistige Beschädigung, dass die Verfolger davon abließen, ihn mit der Todesstrafe zu richten. Sie wurde am 13. November 1602 in lebenslängliche Kerkerhaft umgewandelt.

Ab 1599 bis 1626 verbringt Campanella fast drei Jahrzehnte – von 31- bis 58-jährig – im Gefängnis, wo die meisten seiner Bücher entstehen. Die Haftbedingungen entsprachen aber nicht dem Leben in einer Eremitenklause mit ungestörtem Schreiben, sondern wechselten alle paar Jahre zu echter Schinderei: Ankettung in Zellen ohne Licht.

In einer Phase der Haft-Erleichterung besuchten Campanella 1612 deutsche Verehrer – Rudolf von Bünau und sein Reisebegleiter, Tobias Adami –, die Manuskripte von Campanella aus dem Gefängnis schmuggelten. Adami gelingt zwischen 1617 und 1623 die Veröffentlichung eines halben Dutzends von Campanellas Werken, vor allem in Frankfurt am Main. Zwei davon erschienen sogar in deutscher Übersetzung *(Über die spanische Monarchie* und *Sonette. Philosophische Gedichte)*.

26 Jahre nach der Publikation von Campanellas erstem Buch *Philosophia sensibus demonstrata* 1591 eröffnete die Adami-Ausgabe den europäischen Intellektuellen erstmals die Möglichkeit, sich in größerem Rahmen mit dem Gedankengut Campanellas vertraut zu machen.

Nach der Thronbesteigung des spanischen Königs Philipp IV., Bruder von Anne d'Autriche (1621), und der Wahl des Papstes Urban VIII. (1623), der Campanella gewogen war, kamen dessen Bemühungen um Freilassung voran, die am 23. Mai 1626 nach 27-jähriger Dauerhaft geschah. Aber schon nach eineinhalb Monaten, am 8. Juli 1626, wurde Campanella aus seinem Leben im neapolitanischen Dominikanerkloster wieder herausgerissen und nach Rom »transportiert«. Urban VIII. interessierte sich für Campanella so sehr, dass er ihn im Vatikan unter Hausarrest stellen ließ, währenddessen die Inquisition drei weitere Schriften Campanellas auf kirchengefährdende Inhalte examinierte und von ihm verlangte, sich von seinen in Deutschland veröffentlichten Büchern zu distanzieren. Campanella war gefügig. – Nach zweieinhalb Jahren endlich, am 11. Januar 1629, erhielt er seine Rehabilitierung. Am 6. April 1629 wird er sogar kirchenbehördlich »abgesegnet« mit dem Titel »Maestro di teologia«.

Campanellas nahes Verhältnis zu Papst Urban VIII., ehemaligem Kardinal Maffeo Barberini, ist belegt durch seinen Briefwechsel mit ihm und mit den zwei Urban-Neffen, den Kardinälen Francesco und Antonio Barberini. – Urban war frankophil, machte sich vielmehr Papst-spezifische Sorgen um den in Frankreich stark angefochtenen Katholizismus, vor allem um die französische Dynastie, die mit ihrer seit 1610 betriebenen angenehmen Kardinalskonformen Politik vom Aussterben bedroht war. Urban motivierte Campanella, dessen Ideen über die christliche Weltherrschaft, die *Spanien* als Weltführer inthronisiert hatten, von diesem machtpolitisch nicht mehr ganz

»straighten« Lande abzuziehen und auf das weltführerisch ambitionierte Frankreich hinzulenken. – Bis Anfang der 1630er Jahre war fast vier Jahrzehnte lang *Spanien* Campanellas Favorit für die Vollführung einer christlichen Herrschaft über die ganze Welt. Schon 1593 hatte er sich darüber zum ersten Mal schriftlich geäußert – in seinem Traktat *De monarchia christianorum* (nicht überliefert) –, seine Gedanken wieder aufgegriffen in seiner Schrift *Monarchia di Spagna* (1600), erstmals 1620 und 1623 in Deutschland publiziert *(Von der spanischen Monarchy)*.

Die Jahre 1629/30 sind die Zeit, in der Papst Urban VIII. und sein Sonderbeauftragter, Giulio Mazzarino, begonnen haben, konkrete Schritte für die Rettung der französischen Dynastie per Kronprinz-Beschaffung zu unternehmen. Ab 1630 führt Mazzarino seine ersten Gespräche mit den französischen Regierungsspitzen Richelieu, Louis XIII, Père Joseph und dann auch mit der eigentlich »Betroffenen«, Königin Anna von Österreich.

Campanellas Wende in seiner Superstaat-Idee von einem *einzigen* Land als Weltherr wurde die Voraussetzung für seine astrologisch-prophetisch konsolidierende Tätigkeit innerhalb des französischen Staatsstreichs von oben, der »Operation Kronprinz«. Spanien hatte Campanellas Wünsche für eine Herrschaft über die ganze Welt nur halb erfüllt. Zum spanischen Mutterland hatten lange Zeit Portugal gehört, Teile von Südfrankreich und seit 1503 Süditalien. Mit den Entdeckungen der Überseeschiffer waren auch Mittel- und Südamerika dazugekommen. Aber das alles war noch nicht »die Welt«.

Campanella glaubte unter dem Einfluss des Papstes seit Anfang der 1630er Jahre an *Frankreich* als neue Nation, die die Weltregierung stellen werde. Deshalb ließ er sich in die von ihm gebrauchten Maßnahmen einspannen, die erst einmal helfen sollten, die aktuelle Richelieu-Regierung zu sichern: Voraus*sehung* der »Geburt« des Dauphins und Voraus*stanzung* der späteren Weltteil-Herrschaft als Europaherrschaft des »Sonnenkönigs« Louis XIV.

Campanella war für das, was der französische Staat von ihm wollte, bestens prädestiniert. Philosoph, Theologe, diktatorischer Utopist und kritischer Katholik, dem Papststaat *zu* kritisch und abwegig, aber immerhin strenger Antiprotestant. – Letzteres machte ihn am vertrauenswürdigsten. Allem voran gefiel den Kardinälen Campanellas Weltherrschafts-Ideologie – seltsam veraltet, als ob er einen neuen Super-Kaiser inthronisieren wollte, verantwortlich für die weltlichen Dinge, über dem noch der Papst *sitzen* sollte, zuständig für die geistlichen Belange. – Mit diesem Rüstzeug seiner politischen Überzeugung war Campanella zwischen 1630 und 1634 argumentativ schnell für seinen Beitrag zu gewinnen: »Weltherrschaft Frankreich?« Ja!

Aber doch nicht durch ein *protestantisches* Frankreich, wohin sich die Verhältnisse immer noch gefährlich entwickeln können! 15 bis 20 Jahre präsidiert in Frankreich ein Königspaar, das unfruchtbar ist. Beide sollen nicht »können«, wie sich die Gerüchte im Lande verbreitet haben, denn Louis XIII hat nicht nur keine legitimen Kinder, sondern auch keine Bastarde, obwohl die spanische Verwandtschaft der französischen Königin wenigstens zur Ehrenrettung des »sterilen« *Königs* diese Gerüchte immer wieder über die Grenze nach Frankreich streut. – Die zur Zeit der Kinderlosigkeit des Paares Louis XIII und Anne d'Autriche Kronerbberechtigten und erst recht die entfernteren französischen Hochadligen sind katholisch unzuverlässig, liebäugeln mit dem Protestantismus. Das Henri-IV-Gespenst geht nach der Ermordung des genuin protestantischen Königs immer noch im Lande um! Weltherr Frankreich – das war Campanellas tiefste Überzeugung – geht also nur mit einem festverwurzelten *katholischen* Königtum. – »Wenn nicht so, dann anders!«, wie die Neuseeländer sagen! – Die Keime zur nächsten Generation werden auf biologisch-natürliche Weise nicht mehr gelegt werden können. Ergo: selbst Hand anlegen, das wackelige katholische System mit anderen Mitteln festigen!

Nun musste Campanella nur noch leibhaftig nach Frankreich manövriert werden, denn ihn über Geheimkuriere von Italien aus an der »Operation Kronprinz« mitwirken zu lassen, war zu aufwendig und zu gefährlich. Er musste nach Paris »verfrachtet« und – ähnlich wie fünf Jahre später Mazzarino – zu einer französischen Instanz gemacht werden.

Das geschah so: Ein neuer Verschwörer gegen die spanische Fremdherrschaft in Süditalien wurde am 15. August 1633 in Neapel festgenommen, der Dominikanermönch Tommaso Pignatelli, der ein Schüler Campanellas war. Pignatelli wurde unter Folter die Behauptung abgepresst, Campanella sei der Urheber und Anstifter der neuen Verschwörung, was Pignatelli ein Jahr später vor seiner Hinrichtung am 6. Oktober 1634 widerrief. – Mehr als ein Jahr nach der Anschuldigung läuft Campanella immer noch frei herum, zwar nicht im Königreich Neapel, aber dicht daneben, in Rom und Frascati, 20 Kilometer südlich von Rom. Die Spanier hätten sich bei einem *realen* Verdacht gegen Campanella wie schon 35 Jahre zuvor zu helfen gewusst. Jedoch ausgerechnet nach Campanellas *Entlastung* durch den Widerruf des zum Tode verurteilten Pignatelli wird er eines Tages Anfang Oktober 1634 in den Palazzo Farnese in Rom gebeten, wo ihn der französische Botschafter »in Empfang nimmt«, um ihn sozusagen gleich mit nach Frankreich zu nehmen – unter dem Vorwand, Campanella stünde vor einer neuen Verhaftung durch die

Spanier, er müsse sofort nach Frankreich fliehen. Man werde ihm dort Asyl gewähren. Am 21. Oktober 1634 reist Campanella in Begleitung des Botschafters aus Rom ab.

Ob sich der Mitte-60-jährige Campanella nach 30 Jahren Freiheitsberaubung gleich wieder »unvernünftig« verhalten haben sollte und sich noch einmal in eine Konspiration gegen die spanische Herrschaft über Süditalien verwickelt hätte, braucht nicht diskutiert zu werden, wenn die konzertierte Aktion zwischen Richelieu, Urban VIII. und dem französischen Botschafter am Heiligen Stuhl, François comte de Noailles, reflektiert wird. Eiligkeit und Heimlichkeit der Reise Campanellas von Italien nach Frankreich indizieren politisches Kalkül und eine genaue Vorbereitung von Campanellas französischer Gefangenschaft besonderer Art.

Das »Manuskripte einpacken und los!« wirkt wie Abenteuer. Aber was zwischen Rom und Paris geschieht – dieses »Der französische Botschafter höchstpersönlich begleitet die Reise Campanellas, stellt damit Campanella unter den Schutz des französischen Königs« –, ist ein Staatsakt. – Solch einen Staatsakt kann der französische Botschafter nicht spontan aus eigenem Gutdünken vornehmen. Die Aktion ist von Richelieu jahrelang vorbereitet und mit Papst und Botschafter abgestimmt worden.

Denn Richelieu hat eine dringende Verwendung für Campanella in Frankreich. Ab 1635 geschahen die religiösen Einstimmungen der französischen Bevölkerung auf die »Ankunft« des Kronprinzen. Es fehlten noch die astrologischen »Überzeugungen«, die kein anderer als Campanella hätte vornehmen wollen. Aber *er* wollte nicht freiwillig nach Frankreich ziehen. Er war in seinem ganzen Leben bisher immer im örtlichen Rahmen seiner Herkunft geblieben. Seine Reisen in die Toskana waren die weiteste Entfernung, die Campanella noch in seiner Jugend zurückgelegt hatte. Danach die 30 Jahre Gefängnis, die ihn so immobil gemacht und auch körperlich lädiert hatten, dass für den Mitte-60-Jährigen ein Umzug in das fremde Land, dessen Sprache er nicht sprach, undenkbar schien. – So musste Campanella von Papst Urban und Richelieu schließlich sanft zu seiner Übersiedlung nach Frankreich gezwungen werden. Und das ließ sich am leichtesten mit der abermaligen, diesmal simulierten Bedrohung seines Lebens bewerkstelligen.

In Südfrankreich sind für Oktober/November 1634 Treffen zwischen Campanella und reputierten französischen Wissenschaftlern arrangiert. Der Philosoph ist wochenlang Gast des französischen Astronomen Nicolas Claude Fabri de Peiresc (1580–1637) und besucht den Astronomen und Philosophen Pierre Gassendi (1592–1655).

Campanella möchte in Südfrankreich bleiben, sich weiter im Austausch mit den französischen Spitzen-Denkern der Zeit ergehen. Geht nicht! Richelieu »ruft« ihn nach Paris, weil er ihn dort und nur dort zu ganz speziellen Zwecken braucht. Vor spanischer Verfolgung in Sicherheit wäre Campanella auch in Südfrankreich gewesen. Aber *seine* Sicherheit steht nicht auf dem Spiel, wie sich aus solchen Reisefahrplänen ergibt, sondern die Sicherung des französischen Staates, die von Paris aus mit Beiträgen von Campanella unternommen werden soll. Campanella muss nach Paris kommen. Seine Ankunft findet dort am 1. Dezember 1634 statt, sechs Tage nach Mazzarinos festlichem Einzug in die französische Hauptstadt. Erstes *offizielles* Zusammentreffen mit Richelieu wurde am 11. Dezember 1634 annonciert.

Am 9. Februar 1635 erste Audienz Campanellas bei Louis XIII, der auf ihn zugeht und ihn abküsst, ihm eine Staatspension in Aussicht stellt! Und Campanella wird ein Empfang durch das corps académique in der Universität zuteil.

Richelieu gründet 1635 die *Académie Française*. Campanella soll nicht gerade ihr Direktor werden, aber er erhält ein Forum für die geistige Auseinandersetzung der zeitgenössischen französischen Denker mit ihm.

Schon 1635, noch im ersten Jahr seines Pariser Aufenthaltes, erscheint zum ersten Mal ein Werk von ihm in Frankreich (Lyon). Ab 1636 werden in jedem Jahr zwei seiner zum Teil vielbändigen Schriften in Frankreich publiziert – ein Stakkato-dringendes Tempo im Druckverfahren, ja, eine Überschwemmung der französischen Gesellschaft mit den Essays des alten Querdenkers!

Flüchtlinge wurden und werden je nach Brauchbarkeit von den aufnehmenden Ländern »verwendet«. Asyl ist Asyl. Asylanten werden aber nicht von den Staatsspitzen empfangen, permanent protegiert und mit höchst wichtigen Aufgaben betraut. Das geschieht nur, wenn der Staat an einem Eingewanderten ein staatsspezifisches Interesse hat. Dieses Interesse betraf nicht das Werk eines Herrschafts-ambivalent denkenden Theologen und Philosophen, sondern eine stille Mission des Protegierten *für* Herrschaft – von Frankreich als Gegenleistung dafür verlangt, dass die Bücher Campanellas »am laufenden Band« gedruckt wurden.

Das französische Regierungs-Establishment, geschnurrt auf die eine Person des Aktualmachthabers Richelieu, empfand die utopischen und Anti-Kirchen-Dogmen-Schriften Campanellas als so ungefährlich für die gegenwärtige französische Regierungspolitik, dass es den Deal mit der astrologisch-futuristischen Königsfälschung ohne Schaden machen konnte, die der Autor für seine französische Hochjubelung schriftstellerisch unternehmen musste.

Mit Campanellas Expatriierung wurde ihm zugleich eine Entspiritualisierung angetan. Campanella hat schon in seinem ersten Buch *Philosophia sensibus demonstrata*, wieder aufgenommen in seinem *De sensu rerum et magia*, von der Existenz einer universalen Sinnlichkeit, einem »aeternellen« Empfindungsvermögen geschrieben. Diese Sensibilität sei in Menschen, ihren nahesten Mitgeschöpfen und in sogenannten Dingen – in Sachen und Vorgängen – enthalten. Zwischen allem bestünde eine Beziehung. Oder simpelst verständlich gemacht: Die Dinge sprechen mit, immer, bei allen Aktionen. Campanella entwarf eine Definition der Seele. Die Seele kenne sich unzweifelhaft selbst, wisse über sich »Bescheid«. Das *sensible* Wissen rangiere vor dem rationalen Wissen, das immer Prüfungen und »Belege« brauche, die das Sinneswissen nicht braucht. Kurz: emotio = klüger als ratio! – Schön! Und gut! Aber wahr schon einmal nicht. Denn im Weltall und in der Erdnatur geht es nicht so zu wie in der Seele vielleicht nur einiger »sensibler« Männer wie Campanella & Co. Im Weltall knallen Meteore und Meteoriten auch ganz unsinnvoll auf Planeten und bringen die Gewohnheiten, Bedingungen, Gezeiten, Jahreszeiten und planetarischen Umlaufbahnen durcheinander. – Auf der Erde fressen einige Tiere andere und ist die Spezies »Mensch« außer Sinn von allem dort Seienden geraten, geschieht dadurch Sinn*loses* als Geo- und Öko-Katastrophales, das Individuen und Arten zuhauf ausrottet.

Doch jeder Mensch, wenn er nicht contra-existenziell aufzuchtsvermasselt wurde, kann seine Seele als Kontaktzentrum *mit* allem und als Wahrheitsreflektor *von* allem verstehen. Damit hat Campanella *doch* Recht. – Und ausge*rechnet* ihm selbst sollte seine Gefühlsweisheit nicht gesagt haben: »Es ist falsch, was du gemacht hast, indem du den falschen König astrologisch abgesichert und damit zum richtigen gemogelt hast!«? – Doch, genau das hat Campanellas Gefühlswissen getan. Es hat den Stab über Campanellas Körper und Geist gebrochen. – Unmittelbar nach Campanellas infamem »Hirtengedicht« oder »Sinnspruch« *(Ecloga)* auf den Säugling Louis XIV fiel er in schwere Depressionen. Er starb am »Weltekel«, wie es der *Moréri*, eine Enzyklopädie aus dem 18. Jahrhundert, drastisch formuliert hat, das näher als das 21. Jahrhundert an den Geschehnissen des 17. Jahrhunderts war (149).

Campanella hatte bei seiner Metamorphose zum Diener von Richelieus Staat einen Pakt mit dem Teufel geschlossen, seinen Brüder-Ethos vom »Sonnenstaat« mit den fingierten Prophezeiungen des »Sonnenkönigs« verraten, der als Louis XIV dem von Campanella imaginierten menschlichen herrschafts*losen* Miteinander so ins Gesicht schlagen wird wie kein anderer Herrscher in der Liste der französischen Regenten zuvor.

Auch Campanella musste – darin ähnlich seinem deutschen Kollegen, Dr. Faustus, ein Jahrhundert zuvor – die Rechnung für seinen Selbstverrat mit einem schlechten Tod bezahlen, bei Faust von den Dichtern versinnbildlicht mit der Höllenfahrt, dem Vom-Teufel-Geholtwerden!
Aber es müssen für die Bluts- und Samenkumpanei eines Mannes mit dem Bösen auch immer zusätzlich noch *andere* bezahlen. Goethe hat das in seinem Drama mit der »Gretchentragödie« zum Ausdruck gebracht. Der verjüngte und teufelsgeile Heinrich Faust bringt das Leben der jungen Margarete so durcheinander, dass sie zur Kindsmörderin wird, die im Gefängnis am Wahnsinn stirbt.
In der Realität können die Opfer eines »Teufelspaktes« ganze Völker sein. – Durch die Einschleusung des beschafften Kronprinzen auf den französischen Thron wurden Generationen von Franzosen in Mitleidenschaft gezogen, da sich der aus dem »Diabledonné« entpuppte Monsterkönig ab seinem Wissen von seiner unrechtmäßigen Herstellung explosiv landes- und europaschädigend benahm. Das im 17. Jahrhundert schon dämmernde aristokratische System war auf solche Destru-Eruptionen eines Landesherrschers nicht mehr vorbereitet und konnte sich gegen Louis XIV weder früherkennend adäquat noch Spätfolgen-contraeffektiv wehren.

Wenn Campanella sagt, es gebe eine einzige göttliche Zentrale, von der alle Religionen nur Varianten seien, dann bedeutet das den Sturz des religiösen Monopol-Monotheismus und die Propagierung eines *theologischen* Sozialismus, passend zum praktisch-gesellschaftlichen Sozialismus der *Sonnenbürgerschaft* – wie *Civitas solis* besser verstanden werden kann, weil »Staat« neuzeitlich fast nur noch ein Synonym für »Terror und Fälschung« ist.
Gott und menschliche Gemeinschaft sind ein Konglomerat von gleichberechtigten Vielheiten. – Ähnliches könnte zu den Sexualitäten gesagt werden: Hetero- und Homosexualitäten in allen ihren Abwandlungen sind gleichberechtigte Äußerungen einer einheitlichen Sinnlichkeit des Menschen.
Campanella ist in seiner Jugend wegen »Sodomie« angeklagt worden – der damalige Begriff für Homosexualität zwischen Männlichkeiten allen Alters. Campanella war ein kirchlich nicht akzeptierter Schwuler, dessen Genossen zu Hunderten von der Inquisition verfolgt, gequält und hingerichtet, vor allem bei lebendigem Leibe verbrannt wurden, wenn sie nicht unter besonderer Protektion standen, wie die größten Maler der Renaissance von Botticelli bis zu Caravaggio. – Campanellas oftmalige Verhaftungen in seiner Jugend galten nicht nur seinem *geistigen* »Abweichlertum«, sondern auch seinem sexuellen. Seine Schriften waren ihm in Genua von einem *Gigolo* im Auftrage

der Inquisition gestohlen worden. – Geistiges Eigentum und sinnliche Eigenheit wurden in Campanellas Leben von der Kardinalscorporation gleichermaßen missachtet.

Und doch paktiert Campanella sein ganzes Leben lang mit den kardinalen Herrschenden, diesen Gemeinschafts-abgestorbenen Singular-Rigiditisten, die die Welt nicht in Vielfalt sein lassen wollen, sondern zur *Ein*falt dogmatisieren. – Campanella bildet sich noch als 65-Jähriger ein, seine Peiniger, Unterdrücker und Verfolger würden sich verändern, wenn sie zur »Stabilisierung« ihrer Herrschaft ein dynastiegemäß nicht mehr hervorbringbares männliches Königsbaby beschaffen und er ihnen dabei hilft.

Campanella verhängte 1639 sein Zimmer im Pariser Jakobskloster, in dem er ab Dezember 1634 lebte, mit weißen Tüchern, um das Böse von *Außerirdischen* abwehren zu können. Aber seine rationale Vernunft erkannte nicht den Vampirismus der *Irdisch*-Bösen von nebenan.

Mit seiner Hymne auf den »portentose puer« Louis XIV hat Campanella seine geistigen und physischen Sinne tödlich vergiftet. – Campanellas italienisch-lateinische Sprachfluktuation ließ ihn zu einem Begriff greifen, der vielfach Schlechtes und sinngemäß nur einmal Gutes bedeutet. *Portentosus* heißt im Lateinischen übernatürlich und ist von Campanella mit Hilfe des italienischen *portentoso* = wunderbar, *portento* = das Wunder, zum Wundervollen sinnaufgewertet worden. Im Lateinischen bedeutet *portentosus* vor allem missgestaltet, grauenhaft, unnatürlich. Das lateinische *portentum* ist zwar »das Wunder(zeichen)« und »das Märchen«, aber auch »das Scheusal«, »das Ungeheuer«, »die Ausgeburt« und »Missgeburt«! – Genau diesen Sinn trifft das Gefühlszentrum Campanellas mit dem Titel *Ecloga in portentosam Delphini nativitatem*, dessen Sub-Information heißt: »Stück vom geborenen Kronprinzenungeheuer«! – »Geboren«! Als ob sich das »geboren« bei einem Dauphin nicht von selbst verstünde, aber bei dem »unnatürlich (außerhalb) geborenen Delphin« bedarf es eines »Geborenen«-Hinweises!

Campanellas postulierten Sinnzusammenhang »alles mit allem« gibt es möglicherweise noch nach dem Tod eines Ichs.

Sein Horoskop für Louis XIV ist verschwunden. Ein so wichtiger Text eines Europa und die Geschichte überwuchernden Herrschers nicht mehr existent? – Louis XIV hat als Erwachsener nach seiner Erkenntnis, ein elternloses, »schwarzblütiges« »Suchel«kind zu sein, Campanellas Horoskop vernichtet. – Seriöse Astrologen hätten aus Campanellas Konstruktion und einem Vergleich mit Louis' Verhalten während dessen Leben die Horoskop-Fälschung Campanellas entlarven und dadurch zufällig auf die Spur der Königsfälschung geraten können. Oder Louis XIV hat sich eine solche nach seinem Tod mögliche Entlarvung eingebildet, falls jemand mit Campanellas Horoskop-Fälschung Astro-analytisch gearbeitet hätte.

Die Revolutionäre von 1789 haben Campanellas Unter-einer-Decke mit der Scheusal-Genealogie der falschen Bourbonen begriffen. Sie haben die Königsgräber zerstört, die Leichname wie bei vampirverdächtigten »Umgängern« »in alle Winde zerstreut«. – Campanella war 1639 im Kloster Saint Jacques begraben worden. 1795 wurden seine sterblichen Überreste exhumiert und »aufgelöst«, als sei er ein Stück der bösen Könige selbst.

Kein anderer Universaldenker der Zeit wäre dazu bereit gewesen, die Astro-Fälschung des Louis-XIV-Horoskops für Richelieu vorzunehmen. Galilei, Giordano Bruno und Descartes hätten sich nicht vor den Karren dieses Usurpator-vergleichbaren Herrschenden spannen lassen – auch schon deswegen nicht, weil sie nicht auf Astrologie »standen«, diese leicht missverständliche psycho-soziale Verwandte der Astronomie.

Campanella hat sich für seine Richelieu-Komplizenschaft nicht verleugnen müssen. Seine gesamte Biografie und sein Werk sind eine durchlaufende, nie heilbare Schizophrenie. Er leidet wellenhaft unter Über-Ich-Einbrüchen, die sein Ich kollabieren lassen.

Die Themen seiner Schriften pendeln permanent zwischen Widerspruch und Affirmation. Nach der die Inquisition anstachelnden *Philosophia sensibus demonstrata* 1589/91 schreibt er im fortlaufenden 1590er Jahrzehnt Elogen auf die christliche Monarchie und die Kirchenherrschaft. Er versucht den Spagat zwischen Anwalt des Einzelnen und Unterwerfung unter das inquisitorische Kontrollregime: *De monarchia Christianorum* und *De regimine ecclesiae* (1594) – beide verschollen.

Während er gegen die Spanier putscht, hofiert er sie als neue Weltreichsmacht: *La monarchia di Spagna* (1598 ff.). Sechs Jahre später fordert er die italienischen Fürsten auf, sich Spanien zu ergeben: *Discorsi ai Principi* (1607).

Campanella wütet zweimal in Einzelschriften gegen die Protestanten: *Dialogo politico contro Luterani, Calvinisti e altri eretici* (1595) und *Epistola Antilutherana* (1612). – Er hofft, den Missständen der Päpste durch »gutes Zureden«, in seinem Fall durch »gutes Zuschreiben«, beizukommen und befindet sich damit in vollkommener Gegnerschaft zu den massenbewegenden Protestanten, die vor-marxistisch ein Bewusstsein von der *gesellschaftlichen* Veränderung der Welt hatten.

Campanella glaubt fanatisch an »Führerpersönlichkeiten«, mit denen er sich nicht nur heideggerhaft arrangiert, sondern denen er sich auch korrupt ausliefert, bis er am Ende seines Lebens dem Großreichwahn erliegt. – Er fokussiert das Führerprinzip ebenfalls auf sich selbst.

Er hatte gehofft, bei einem Gelingen des kalabrischen Aufstandes gegen die Spanier 1599 Oberhaupt eines unabhängigen kalabrischen Staates zu werden. – Campanella macht Richelieu in Paris an, General(direktor) seines gewähnt neuen Weltfrankreichs zu werden!

Campanella ist durch und durch Propagandist. Er schreibt für Papst Paul V., gewählt 1605, Missionsschriften: *Quod reminiscentur* (1606) und *Atheismus triumphatus* (1607).

Das Wort »Mission« klingt heute so harmlos wie »Kultivation«. Gemeint ist aber, Juden, Mohammedaner und Protestanten – allen »Heiden« voran – müssen infiltratorisch gehirnwaschend mit allen Mitteln der Beeinflussung katholisch gemacht werden: Eigenheit – nein, Entwicklung – weg!

Von Paul V. (Papst 1605–1621) und seinen Nachfolgern Gregor XV. (1621–1623) und Urban VIII. (1623–1644) wird in Rom eine Propaganda-Institution vorbereitet und zum Zwecke der Infiltration mit katholischen Verhaltens- und Glaubensrichtlinien schließlich auch eingerichtet, basierend auf Gedanken, die unter anderem Campanella geliefert hat.

Paul V. bestellt bei Campanella die Missionsschrift. Campanella schreibt 1606 *Quod reminiscentur*, widmet sie 1617 dem Papst, der den Nutzen des Werkes auf dem »consilium de propaganda« hervorgehoben und es seinem Nachfolger empfohlen hat.

Gregor XV. gründet die Stiftung »congregatio de propaganda«, lässt Campanellas Missionsschrift zirkulieren, ohne ihn als Verfasser zu erwähnen.

Urban VIII. gründet die Stiftung »collegium urbanum de propaganda fide«, aus der die »Urbaniana«, die vatikanische Missions-Universität, hervorgegangen ist. Dieser letzte Schritt der Errichtung einer Propaganda-Institution geschieht 1627, innerhalb der Zeit, da Campanella zwischen 1626 und 1628 während seiner »Beobachtungshaft« in der Nähe des Papstes lebt.

Einen astrologisch gefälschten, von irgendwoher beschafften Königssohn zur Rettung der auf Weltmachtkurs zusteuernden katholischen Dynastie Frankreichs zu protegieren entsprang Campanellas Vatermachthörigkeit. Er musste sich nicht verstellen, wenn er derartig *pro patri* handelte.

Campanellas »Morgengabe« für seine Ehe mit Kardinal Richelieu war seine Vorher»sage« zum Thema: »Wer folgt dem König Ludwig 13?« – das Thema, das Richelieu seit einem Jahr*zehnt* beschäftigte, denn im Falle des Todes von Ludwig 13 war es mit Richelieus Zentralmacht über Frankreich aus. Richelieus Hauptgegner war Ludwigs jüngerer Bruder Gaston. – »Wird

Gaston jemals König von Frankreich werden?«, fragte Richelieu Campanella bei ihrem ersten Treffen im Dezember 1634. – »Niemals!«, antwortete Campanella, »imperium non gustabit in aeternum« (125, S. 76). – Wieder bemächtigt sich des Sprachkünstlers Campanella ein ausfallendes lateinisches Wort: Gaston wird die »Landesherrschaft nicht *kosten* – (bis) in alle Ewigkeit!«. – Solch eine Aussage ist keine Kunst, da Campanella auf den Macht-Geschmack der Mitwirkung bei etwas weltpolitisch Einmaligem gekommen war – der meta-genitalen Lieferung des neuen französischen Königs. – Richelieu ließ Campanellas Diktum gegen eine jemalige Königsschaft Gastons im Lande verbreiten, *damit* es sich überliefert!

Campanella hatte schon Erfahrungen mit Gefälligkeitsastrologie. In der Zeit seines Lebens im Vatikan bei Urban VIII. zwischen 1626 und 1628 rückte er für den Papst die Gestirne so zurecht, bis er dessen Angst vor einem »frühen« Tode zerstreuen konnte, die eine zurückliegende »Vorhersage« dem Papst bereitet hatte, der inzwischen jedoch schon Ende 50 war! Urban VIII. wurde 76. Er starb nach 21 Jahren Amtszeit, einer der längsten Regierungsperioden in der Geschichte des Papsttums. – Campanella verstand etwas von der Suggestion der »self-fulfilling prophecy«, mit deren Einsetzung er sich den gewaltigen »Mächtlingen« schamlos gefällig machte.

So richtig in seinem Element bei der Produktion von Ludwig Lebensborn war der *Eugeniker* Campanella; hatte er doch vor fast 40 Jahren in seinem »Sonnenstaat« Himmler'sches Hühnerzüchter-Vorgehen – in Campanellas Fall Pferdezüchter-Verfahren – propagiert. Nicht nur einmal als Jugendsünde, sondern auch als »Altersweisheit«. Denn für die ersten Ausgaben der *Civitas solis* in Deutschland 1623 hatte Campanella Korrekturen geliefert, die das »Tierzucht«-Prinzip als Fortpflanzung der Menschheit nicht revidierten und die das Sodomie-Verbot – gegen die eigenen homosexuellen Bedürfnisse – mit der Todesstrafe verschärften! Campanella war 55, als sein »Sonnenstaat« erstmals in Deutschland publiziert wurde. – Vermehren sollten sich – gemäß »Sonnenstaat«-Gesetzen – nur die Schönsten und Stärksten: Frauen ab 19 und Männer ab 23, wenn auch nicht von Nordrasse zu Nordrasse, so aber doch von Sportsklasse zu Sportsklasse!

Mit dieser faschistischen Regelung des Menschlich-Intimsten hat sich Campanella für alle Demokratie-Zeiten außer Diskussion katapultiert, hat aber provoziert, *in* die Diskussion seiner Mitwirkung an einem faschistischen Staatsbetrug genommen zu werden.

Campanella starb am 21. Mai 1639 in Angst vor einer Sonnenfinsternis, die für den 1. Juni angekündigt wurde. – Sonne war für Campanella gleichbedeutend mit oberstem *männlichem* Herrscher. Dass dieser Herrscher »abtreten«, nein, nur für ein paar Tage unsichtbar werden würde, machte Campanella so hysterisch, dass er vor Aufregung gestorben sein soll – elf Tage *vor* der Sonnenfinsternis – und seinen Mitmönchen den Eindruck hinterließ: Er ist nun wirklich wahnsinnig geworden.

Die Geschichtsschreibung, wie sie sich bis zum Ende des 20. Jahrhunderts dargestellt hat, ist eine Trainerin der Abwehr von allem Unangenehmen, nicht nur vom Sexuellen.

Auch wenn Campanellas Mitwirkung beim feudalen Staatsstreich von oben – der Beschaffung von Louis XIV – nicht gewusst wird, müsste jedem lauteren offenen Blick auf die Biografie das Extreme von Campanellas Wende ab 1634 auffallen. Dass ein fremder Staat zum Verleger und Promoter eines hereingeholten Denkers und Autoren wird, ist atypisch und hat sich nirgendwo anders in der Neuzeit abgespielt – was deutlich wird, wenn zum Vergleich mit Campanellas Leben die Biografien seiner wissenschaftlichen Zeitgenossen herangezogen werden.

Campanella bekommt nach seinen nur viereinhalb Jahren Leben in Frankreich sogar ein Staats(führer)begräbnis! – Keine Fragen in der Campanella-Literatur! Das Einzige, was zur Erklärung von Richelieus Strategie der Campanella-Hochjubelung angeboten wird: Richelieu habe ihn zu Spanien konsultieren wollen, mit dem er 1635, innerhalb des ersten Jahres von Campanellas Aufenthalt in Paris, in den Kriegszustand tritt.

Campanellas Erfahrungen mit Spanien waren die eines Aller-Untersten, eines 30 Jahre lang leidenden Gefängnisinsassen.

Richelieu konnte sich 20 Jahre lang als erster politischer Machthaber Frankreichs nur halten, weil er in ganz Europa Hunderte Verbindungspersonen hatte, die ihn permanent mit Kenntnissen über französische und europäische Belange belieferten. Spanien war Richelieus »Steckenpferd«, über das er intimst unterrichtet war – für ihn sehr nötig, um mit seiner Lebenslang-Feindin, der französischen Königin Anna d'Austria, der Schwester des spanischen Königs Philipp IV., umgehen zu können.

Für Auskünfte über Spanien, die Richelieu von Campanella eingeholt haben wird, hätte eine einmalige Reise Campanellas nach Frankreich genügt, wäre jedoch keine Ad-hoc-Implantierung des Italieners in die französische Kultur nötig gewesen, denn Campanella machte in Frankreich keine neuen Erfahrungen mit Spanien und war auch kein spanischer Diplomat.

Campanella ist kein Mitläufer, sondern ein Mittäter. Mitläufer sind Menschen vom Handwerker über den Beamten bis zum Spitzenkünstler und

DER HEIDEGGERHIMMLER 153

Weltwissenschaftler, die ihren Betrieben, Amtstätigkeiten, Talenten und Forschungen ungestört weiter nachgehen wollen, obwohl ein diktatorisches System herrscht, das in ihr spezielles Tun nicht wesentlich eingreift – diese Problematik sich zeigend in den Biografien von Furtwängler, Gründgens, Karajan, Schwarzkopf und Richard Strauss während des Dritten Reichs, auch im DDR-»Reisekader« Berghaus, Braun, Hacks, Kupfer, Müller, Wolf und im Ost-West-Pendler Felsenstein. Müller hat es auf den Punkt gebracht, es hätte seine Kreativität gestört, wenn er nicht hätte ins westliche Ausland reisen dürfen. Und doch: Die Mitläufer würden tätigkeitshalber auch ohne das diktatorische System laufen, was sie vor ihm und nach ihm bewiesen haben. Das Mitlaufen *mit* den Diktaturen ist ein opportunes Arrangement.

Der Mit*täter*, auch der kulturelle, hat diktatorisch-faschistische Potenzen. Um einen solchen handelt es sich bei Campanella. Er war wie Mazzarino ein Papstgesandter besonderer Art, und er fügte sich in die Gewalt des Richelieu-Systems »nahtlos« ein: Horoskope für Anna Ö. und Ludwig 13, astrologische Stützungen für Richelieu *und* enge Beziehung mit dem vierten Staatsmachthaber ab 1635, dem Kanzler Frankreichs, Pierre Séguier, comte de Gien (1588–1672) – Campanellas Mittätersonderbeitrag!

Séguier war der Berija des Richelieu'schen Stalinismus, der wie Stalins Geheimdienstchef die eigentliche systemstabilisierende und gegnersäubernde »Drecksarbeit« gemacht hat: die Verfolgung von Königin Anna wegen ihrer Geheimkorrespondenz mit Spanien (1637), die Niederschlagung der Aufstände der »Va-Nu-Pieds« in der Normandie, der Bauern, die sich – ihren existenziell allereingeschränktesten Verhältnissen entsprechend – »Barfuß-Gänger« nannten (1639/40), und die Erzielung des Todesurteils gegen die jungen Männer Henri de Cinq-Mars und François de Thou, die letzten Anti-Richelieu-Konspirateure, gehören zu den – im Bewusstsein Frankreichs gebliebenen – »Marksteinen« von Séguiers »KGB«-Tätigkeit.

Campanella muss wegen seiner Verflechtung in die Spitze der französischen Staatsdiktatur in die Reihe der hochintelligenten Kollaborateure von Unrechtssystemen gestellt werden: 75 Prozent der Nazi-Akteure waren Studierte, über 50 Prozent hatten einen akademischen Abschluss oder sogar einen akademischen Titel.

Faschismus ist keine Frage dessen, wie viel jemand im Kopf hat, sondern wie wenig jemand in seinem Körper »ist«, das heißt, wie nicht-identisch und bio(grafie)-schizophren er sich verhält, welche Merkmale samt und sonders auf Campanella zutreffen.

Theweleit diskutiert die Faschismusfrage als Männer-*Körper*-Devianz, was »Heisenberg-unscharf« ist, da sich Faschismus – die Anfälligkeit von Männern für diktatorisch-destruktives Umgehen mit Menschen (und heute mit der gesamten Natur) – in den Psychen der Männer abspielt, in ihrem *Verhalten* zum Vorschein kommt, in ihren Gesinnungen vorprogrammiert wurde. Doch Theweleits Männer*körper*-Gedanke ist immer noch eine zündende Provokation, mit der eine Attacke gegen die Abkehr von den wahren Ursachen des Faschismus geritten werden kann.

»Faschismus aus Männerkörper« heißt, biografisch-sozial ist etwas im Werdegang eines männlichen Menschen beim Umgang seiner Primärpersonen mit ihm falsch gelaufen, durch Mütter, Väter, Geschwister oder sonstige Tag-und-Nacht-Dauer-Betreuende. Das bestätigen immer wieder Milieustudien, die Kindheiten von Gewaltspezialisten erforschen. Die allergängigste Formulierung: Faschisten wuchsen autoritär auf, Nichtfaschisten wuchsen nichtautoritär auf.

Ob jemand später im Leben viel oder wenig im Kopf haben wird, spielt für die Biografie-Fälschung eines männlichen Heranwachsenden in den falschen = faschistischen Charakter hinein keine Rolle: Bormann, Eichmann, Goebbels, Göring, Heß, Heydrich, Himmler, Höß, Mengele, Ribbentrop, Rosenberg, Streicher ... und sämtliche Generäle der Hitlerarmee waren kluge Leute. Und erst recht sind das die Nazi-Akklamateure aus der Kultur gewesen, der die SA früh bejahende C.G. Jung, der die Hitlerdiktatur staatsrechtlich untermauernde Carl Schmitt, der zeitweise Seit' an Seit' mit den Nazis dichtende Gottfried Benn.

Andere Länder haben solche Typen der höchstmachtlüsternen Intelligenzia auch, wie den französischen Romancier Céline, wie den britischen Faschismus-Führer Mosley, wie den italienischen Mussolini-Apologeten D'Annunzio. – Littell hat gerade diesem Kulturfaschisten mit der Figur des SS-Mannes Maximilian von Aue in seinen »Bienveillantes« ein Schreckmal gesetzt, nachkonstruiert dem belgischen »Hitlersohn« Léon Degrelle (179).

Campanella ist nicht widersprüchlich. – Leben ist die *Einheit* von Widersprüchen, wie es der *Nicht*-Faschist Ferdinand Lassalle pointiert hat. Campanella ist zwielichtig, wofür es ein deutsches Slangwort gibt, er verhält sich »hirnrissig«. Seine Lebensstolperung ist eine solche Schizophrenie, dass sie gesamt wie eine V-Mann-Strategie wirkt: Mitmachen beim Aufstand gegen die Spanier, dessen Verrat von Campanella provoziert wird. Zwei Wochen vor dem geplanten Losschlagen predigt Campanella öffentlich von Weltende und bevorstehenden Umwälzungen, als informiere er die herrschenden Spanier indirekt von der Konspiration, so dass die Autoritäten aufmerksam werden.

Außerdem wirkt die Verlegung des Komplott-Stab-Büros in das Campanella-Kloster wie ein Signal für die Behörden der Unterdrücker, provoziert ihre Anlockung, denn sie können nach dem Verrat durch einen Mitmönch das ganze Kollektiv der Konspirateure sehr einfach durch die Umzingelung des Klosters in der Nacht vor dem Aufstandstermin »kassieren«.

Zwei Jahrzehnte später wieder eine kontradiktorische Seltsamkeit: Vizekönig in Neapel wird 1616 der aufgeklärte Adlige Pedro Girón Herzog Ossuna, der sich von Spanien unabhängig machen und Kalabrien von der spanischen Unterdrückung befreien will. Campanella »berät« Ossuna bei dessen Besuchen im Gefängnis für das geplante Unternehmen. Und schon klappt es nicht. Noch in den ersten Tagen der ausgerufenen Unabhängigkeit Kalabriens unter Ossuna 1620 wird der Revolutionär von den Spaniern entmachtet und ins Gefängnis geworfen, wo er 1624 stirbt. Die Unmittelbarkeit des Zuschlagens der spanischen Gewaltherrscher wirkt so, als hätten sie von dem Umsturzplan schon vorher gewusst und Gegenmaßnahmen vorbereitet.

In der Wiederholung solcher Ereignisse wirkt Campanellas Involvierung in das Nicht-Gelingen einer kalabrischen Revolte, als sei er ein Doppelagent und beliefere beide Seiten mit Informationen, was jedoch nur für die Herrschenden von Gewinn ist und sie zu dem Ziel führt, die Nachrichten zur Zerschlagung der Komplotte zu benutzen.

Campanellas Mitwirkung bei der Einrichtung eines päpstlichen Propaganda-»Ministeriums« und sein psychotherapeutisch stabilisierendes Tranquilizer-Horoskop für den Papst sind biografische Details, die von niemandem bestritten werden. Sie gerieren sich derart unheimlich »paternostraisch«, als sei das ganze Gefängnisleben Campanellas fingiert worden und er ein ausgetrickst Märtyrer-frisierter vatikanischer V-Mann.

Die *Spanier* haben Campanella inhaftiert, sie sind nicht identisch mit der Inquisition des Vatikanstaates. Aber Campanella wurde schon fünfmal *vor* den Spaniern von italienischen Verfolgern festgenommen. V-Männer sind manchmal ehemalige Verbrecher, die aussteigen wollen.

Campanella hat einen Größtmacht-Fimmel, der das Agens der faschistischen Männer ist: Sich-Auflösen als Person im Groß-Körper (Männer-Staat). Campanellas Führertrieb richtet sich auch auf die eigene Person. Wollte er zuerst Führer des neuen kalabrischen Staates werden, wenn es 1599 geklappt hätte mit der Revolte, will er 30 Jahre später nach seiner Entlassung aus dem Gefängnis Kardinal werden, sich also im direkten Weg auf eine eigene Papstposition zubewegen.

Es gibt keine kritische Gesamtausgabe der Werke Campanellas. Die 1954 begonnene (78) stockte nach dem ersten Band. Außer den Gedichten stößt der »double mind« des Schizo-Autors akademische Bearbeiter so ab, dass sie ein edierendes Sich-Hinein-Arbeiten in andere Schriften Campanellas geistig dreherig macht. Am laufenden Band ist Campanella nur in der 1. Hälfte des 17. Jahrhunderts in Deutschland und Frankreich publiziert worden. Das kann so nicht bleiben, weil am Werk und in dessen Zusammenhang am Leben des Autors die Entstehung und Propagierung von Faschismus studiert werden können – immer scheinbar *neben* den »hoch«interessanten Reflexionen und Ausführungen des Philosophen und Theologen, als seien sie *kein* Stück vom Faschismus. Das Studium von Werk und Leben Campanellas würde das Eindringen in die Gespaltenheit von faschistischen Männern erleichtern, um ihre Züchtung im Aufwachsensmilieu zu verhindern. Die faschistischen Männer können nicht verstanden werden, wenn immer nur versucht wird, sie mit Hilfe der schimärischen Einheitlichkeit des ganz und gar bösen Tuns begreifen zu wollen.

Die Spaltung des faschistischen Mannes ist keine *Hirn*rissigkeit, sondern eine Humanrissigkeit. Es geht ein Riss durch das Verhalten der faschistischen Männer, der auch nicht mit den gängigen Jugend-Alter-Antagonismen gekittet werden kann: Früher Campanella = »liberaler und atheistischer Reformer«, später Campanella = »absolutistisch gesinnter Politstratege und orthodoxer Kirchenmann« (100, S. 2).

Campanella ist immer beides: 1612 Antiluther-Schrift, 1615 Revision der Missionsschrift, die 1617 Papst Paul V. gewidmet wird. Dazwischen 1616 Pro-Galilei-Schrift.

Campanella bezog sich positiv auf die geistigen Revolutionäre seiner Zeit. Er lag mit Giordano Bruno in Rom im Gefängnis und freundete sich mit ihm an. Campanella verehrte Galilei, schrieb für ihn seine Verteidigungsschrift. Und doch lehnte Galilei es zweimal ab, Campanella zu empfangen. Galilei fand Campanella zu widersprüchlich, vor allem missbehagte ihm dessen Abdriften in Astrologie und Papsthörigkeit.

Der Riss geht auch durch die *Person* des faschistischen Mannes: Bewusst pro kalabrischer Aufstand, unterbewusst contra = »unwillkürlich«-vegetative Verhaltensweisen, die zum Scheitern des Ganzen führen. – Der Riss provoziert sogar Selbstschädigungen: Alles hat Campanella nach der Vereitelung des Aufstandes 1599 für seine Flucht arrangiert, da unterläuft ihm eine Fehlleistung, die ihn in die Falle der Häscher tappen lässt.

Nicht nötig mehr, dem Auffälligsten am faschistischen Mann wiederholt längere Passagen zu widmen: Human nach oben und gegenüber nahen Personen, inhuman nach unten und gegenüber fremden, fernen Personen.

Zur Großreichssucht Campanellas passt seine Großdenk-Infiltration in alles Kleine, Bescheidene, Vorsichtige. Die Protestanten waren damals die Repräsentanten des Kleinen, Bescheidenen, Identischen, die echten Anwälte des Einzelschicksals, das nicht mehr – über das Maß des Gehtnichtmehr – von den Kirchenfürsten ausgebeutet sein wollte. Die Protestanten nannten sich die »Evangelischen«, weil sie zurückgekehrt waren zu den Evangelien, die einen armen Jesus, (Stief-)Sohn eines Tischlers, beschreiben.

Campanella war ab 14-jährig werdender Kirchenführer, zu dem er seit seinem Eintritt in das Dominikanerkloster in Stilo herangezogen wurde. Er erhielt Unterricht in der Geschichte des Papsttums. Er hätte genau wissen müssen, dass das Papsttum seit mindestens 500 Jahren religiös abgewirtschaftet hatte und nur noch in die eigene Tasche wirtschaftete, überhaupt kein geistliches Unternehmen mehr war, das sich um 1600 für eine spirituelle Weltführung geeignet hätte. Lästernde Zungen behaupteten, dass das Wort »Gott« im Vatikan nicht vorkomme.

Seit über tausend Jahren zeigte die Weltherrschaft der Kirche, dass sie Päpste als geistige Führer immer nur ausnahmehalber präsentierte. Und auch in der ebenso langen Feudalgesellschaft gab es keine Chancen zur Gleichberechtigung und nichts zu sehen von Campanellas apostrophierter menschlicher Fähigkeit, sich von Philosophen, also den klügsten und vernünftigsten Männern der Gesellschaft, regieren zu lassen (»Sonnenstaat«).

Die Menschheit unter der Herrschaft des männlichen Geschlechts ist ein planetarisches Machtsystem, das auch durch aufprallende Meteorite von Utopien nicht außer Funktion gesetzt werden kann. – Es gab einen einzigen Versuch mit fast 200-jährigem Gelingen: Die Jesuiten organisierten im südamerikanischen Paraguay von 1588 bis 1768 eine Gesellschaft nach Ideen, die Campanella später im *Sonnenstaat* komprimierte. Aber Paraguay lag weit weg, Papst-außen-vor. Und der dortige Sozialismus-Versuch geschah in der zeitlichen Übergangsnische zwischen Feudalismus und Kapitalismus. Als gegen Ende des 18. Jahrhunderts dieses neue und ab dem 20. Jahrhundert auf Endzeit loswütende Ausbeutungssystem »Kapitalismus« seinen Siegeszug antrat, war es mit der paraguayischen Brüderlichkeit für ein weiteres »Ein-für-alle-Male« aus!

Die genaue Funktionsweise des Feudalismus mit seinem Derivat »Papsttum« wahrzunehmen war Campanella nicht möglich, da er von der Krankheit des Faschismus befallen war, einer Krankheit der Männergesellschaft in allen Formationen, die patriarchalisch aufgebaut sind. Die Krankheit kann alle Arten von Männern befallen, ist besonders verbreitet unter den sogenannt klugen, weil kluge Männer Meister im Lügen und Verdrängen sind.

Campanella war bewusst vom Lügen überzeugt, das man einsetzen müsste, um Dinge zu erreichen, vor allem das gehirnwaschende Missionieren, das kirchenstaatlich immer Lügen heißt. Juden, Protestanten und Moslems sollten so bearbeitet werden, dass sie in den Schoß der katholischen Kirche (zurück)kehren, um neue finanzielle Zulieferanten für die Prunksucht der Bischöfe und Kardinäle zu werden. – Campanella verdrängte das alles, obwohl er selbst sein ganzes Leben lang arm war.

Campanella polemisierte gegen die Protestanten so eifrig und gekonnt, dass seine Sätze auf Flugschriften von Gegenreformatoren in Deutschland in Umlauf gebracht wurden. Campanellas Stoßtrupp-Argumente haben geholfen, den Dreißigjährigen Krieg vorzubereiten, anzuheizen und zu verlängern.

Der faschistische Mann ist immer auf irgendeine Weise gesellschaftlicher Schädiger und Massenschlächter. Jonathan Littell hat diese Sorte Männer wirklichkeitskonterkarierend als »bienveillantes« charakterisiert. Es sind die »malveillantes«, die Bös*willigen*. Der faschistische Mann *will* Einzelschicksale einstampfen und Gesamtgesellschaften chaotisieren. Er muss die Doppeldestruktion wollen, weil ihm die Konstruktion zur Männerseele beim Heranwachsen vereitelt wurde. Er konnte nur zum Männerkörper anschwellen, der im »Überleib« (179) der Masse Mann ausufern will und aufgehen muss.

Richelieu hat den kulturellen und finanziellen Einsatz des ganzen Staates für Campanella nicht zu hoch kalkuliert, im Gegenteil, alles, was Richelieu für Campanella tat, kam nicht an die Bedeutung heran, die Campanella für die »Operation Kronprinz« hatte.

Prophezeiung war im 17. Jahrhundert wirkungsvoller als eine staatliche Maßnahme – ein Gebot, ein Verbot, ein Gesetz –, weil die Menschen von selbst an Prophezeiungen glaubten, zu welchem Glauben sie durch nichts gezwungen zu werden brauchten und den sie sogar von Generation zu Generation weitergaben.

Es mussten neben die religiösen unbedingt noch die astrologischen Prophezeiungen treten, weil die einen größeren und stärkeren Einfluss hatten, denn sie erreichten auch Menschen, die nicht im engeren Sinne religiös orientiert waren. Die astrologischen Prophezeiungen wirken bis in die Gegenwart hinein. Sie waren der beste Damm für die dauerhafte Haltbarkeit des Usurpatorbaby-Systems: Widerstand nutzlos, denn Louis XIV und erst recht sein »Absolutismus« sind unausweichlich vorhergesehen worden.

Noch bis ins 20. Jahrhundert hinein hatten astrologische Vorhersagen Wirkung auf die Menschen. Sogar Hitler arbeitete mit dem Begriff »Vorsehung«, einer prophetisch nicht nur sub-, sondern auch ausgesprochen sopra-astrologischen Kategorie. Hitler war »vorgesehen« = vorherbestimmt. Und er ließ sich darüber hinaus noch sein »Kommen« ordinär von einem zeitgenössischen Sternespekulanten vorhersagen, von Erik Hanussen, einem ebenfalls zwielichtigen Nachfahren des sich als Magier verstehenden Campanella. – Hanussen betrieb eine Tingeltangel-amüsante Gänsehaut-Show im Berlin der 20er Jahre, die auch von SA-Männern gern besucht wurde. – Hanussen soll von Hitler vor 1933 empfangen worden sein.

Diese Verbindung zwischen der zehn Jahre lang vorbereiteten Staatsergreifung Hitlers und der nachstoßenden Vorhersage des Diktators durch den Show-Astrologen musste nach dem 31. Januar 1933 ausgelöscht werden. Hanussen wurde sofort von der SA ermordet. Vor allem deswegen, weil Hanussen jüdisch gebürtig war – Herschel Chaim Steinschneider – und sich wegen seines »nordischen« Aussehens hatte »germanisieren«, zu einem dänischen Adligen »hochstilisieren« können. Von der Vorhersagungs-Machenschaft durch einen komplizischen Juden sollte »das deutsche Volk« nach Hitlers demokratischem Wahlsieg nichts wissen.

Auch Hanussen war von Geburt aus und Aufwachsen her ein kluger Mann, der hätte wissen müssen, dass Hitler der Anti-David ist. Aber Wissen nützt beim faschistischen Verlangen von Männern aller Herkünfte nach Führerpfahl im Fleische nichts.

Moréri definiert den Tod Campanellas am »Weltekel« rein praktisch. Campanella habe wegen seiner Depressionen nach seiner – im Januar 1639 erschienenen – Ludwig-14-Jubelhymne *Ecloga* mit der Definition der Super-Sonnen-Zukunft des späteren Königs Aufputschmittel erhalten, die keine neutralen Héroardschen »Stärkungspillen« waren, sondern ein delirisch machendes Gift, das Campanella schließlich getötet hat (149). – Für Richelieu waren Campanellas »Schwach-Sinns«-Absackungen extrem gefährlich. Wenn der alte Astro-Alchimist nach seinen Taten von Horoskop-Fälschung und Zukunftsdogmatisierung die katzenjammernde Krise kriegt, einen – sich anti-»Operation-Kronprinz«-auswirkenden – Wahrheitsanfall bekommt und *redet*, geht die ganze Transaktion des italienischen Vielschreibers »nach hinten« los. Die »Operation Kronprinz« war Anfang 1639 noch nicht beendet. Das zweite Kardinalsbaby musste 1640 beschafft und Mazzarino als stiller (Nach-)Brüter der königlichen Kuckuckseier in die Machtposition von Richelieus Nachfolger implantiert werden, was beides zwischen 1639 und 1643 geschah. – Campanella hatte alles zeitgenössisch Erforderliche getan:

Horoskop-Fälschung für den Beschafften und – entsprechend der Fälschung – die »Garantierung« einer supermächtigen Sonnenherrschaft über den europablendenden »Sonnenstaat« Frankreich. – Für die Beschaffung Philippe d'Orléans war Campanella nicht mehr nötig, da niemand an Philippes Mann-Frau-gemachter Herstellung nach Erscheinen des späten Erstkindes des »alten« Ehepaars mehr zweifeln würde. Wie Philippes Horoskop aussah, war unwichtig, ebenso die »Vorhersehung« seines Erscheinens und die »Vorhersage« seiner Zukunft. – So konnte mit dem 70-jährigen Campanella nach Rezept von Richelieus Vorläuferin Katharina Medici verfahren werden: Jeder, der die Herrschaft der römischen Kardinalscorporation in Frankreich bedrohte, wurde in den Orkus geschickt.

DIE TEUFELSLIZENZ

Ohnmacht, Unfall, Krankheit sind im Menschen, der sie erleidet, begründet oder werden zu überwiegenden Anteilen von sogenannten subjektiven Faktoren ausgelöst, sosehr diese von objektiven Bedingungen zuvor konditioniert worden sind.

Louis XIV wusste schon seit über einem Jahr, seit 1664, dass seine Offizial-Mutter, Anne d'Autriche, am Krebs ihrer linken Brust leidet. Die ärztlichen Bemühungen, der Krankheit der Königin beizukommen, hatten nicht angeschlagen.

Das Verhältnis zwischen Offizial-Mutter und Offizial-Sohn wird von allen Seiten der Berichterstattung als kühl und distanziert beschrieben. Die Jugend-Gemälde »Louis XIV mit ›Mutter‹« bestätigen lediglich den höfischen Bezug von Königin und Königssohn, enthüllen gestisch aber kein persönliches Verhältnis, ein Verhältnis, das ein letztes Zusammensein unter vier Augen gebraucht hätte. Gestorben wurde im Feudalismus *coram publico*, wie die letzten Stunden von Ludwig dem Dreizehnten, dem Offizial-Vater von Ludwig dem Vierzehnten, vorführen. Auch Sterben war vom König bis zum Bauern ein Gruppenzeremoniell.

Für das In-Ohnmacht-Fallen von Louis XIV während des unüblichen letzten Geheimgesprächs mit seiner Offizial-Mutter gibt es keine andere Erklärung, als dass Königinmutter Anna ihrem Nichtsohn vor ihrem Tod den Top-Secret-Act der Entstehung des auf genitalem Wege nicht herstellbaren, derzeit regierenden Königs gestanden hat.

Ohnmächte sind Vorformen des Todes. Es gibt einen anderen berühmten Fall der Ohnmacht eines aristokratischen Obersten: Kronprinz Friedrich von Preußen war von seinem Vater, König Friedrich Wilhelm I., gezwungen worden, der Köpfung seines Liebhabers Hans Herrmann von Katte zuzusehen, mit dem gemeinsam er vergeblich versucht hatte, vom preußischen Hof zu fliehen. Als der Kopf des langjährigen Freundes abgeschlagen wurde, fiel Friedrich in Ohnmacht. Sein Geliebter, seine Beziehung, seine Vergangenheit, sein alternativer Lebensplan jenseits des Königsdaseins nach dem Tod des verhassten, sohnquälerisch tätigen Vaters – alles starb in diesem Moment. Übrig blieb eine Humanhülse, gefüllt mit dem väterlichen Destru-Potenzial, das in langjährigen Kriegen des Sohnes *peu à peu* herausschoss, sowie Friedrich die Position des Vaters als preußischer König innehatte.

Mit der Ohnmacht Ludwigs des Vierzehnten starb viel mehr als der Alternativ- und Human-Anteil wie im Falle Friedrichs II. Es starb der König von Frankreich, der Louis seit 23 Jahren war, Alleinregent seit fast fünf Jahren nach dem Tod des zweiten Kardinal-Usurpators Mazarin am 9. März 1661.

Anne d'Autriche und Louis XIII hatten in der Zange ihrer Hintermänner, Anstifter und Befehlshaber Richelieu und Mazzarino einen feudalen Gewaltakt begangen. Sich gegen das dynastische Gottesgnadentum zu vergehen war für Herrscher eine Welttodsünde. Gott regierte die Welt, der König war sein Stellvertreter. Was die Päpste den Gläubigen immer nur einzupauken versuchten, dass *sie* Gottes Stellvertreter auf Erden wären, das glaubte vor allem das französische Volk bereitwillig von seinen Königen.

Noch in den 1650er Jahren kniete Denis Talon, »avocat général au parlement de Paris« während eines Festaktes nach dem Ende der »Fronde« 1653 vor dem pubertären Louis XIV nieder mit den Worten: »Herr, der Sitz Eurer Majestät repräsentiert für uns den Thron des lebenden Gottes. Die Reichsstände entbieten Euch Verehrung und Respekt wie einer sichtbaren Gottheit.« (30, S. 63)

Höher geht's nicht! Und dieser Schwur eines der höchsten Repräsentanten des französischen Volkes wurde im »lit de justice« gemacht. Das sexuell unbekümmerte Volk der Franzosen vereinigte sich mit dem König in einer Zeremonie, die nicht »chaise« (Stuhl) oder »banc« oder noch distanzierter »cour« (Hof) oder »assemblée« (Versammlung), sondern »lit« = »Bett« genannt wurde. Man ging symbolisch ins Bett mit dem Gottgleichen, der dann alles Weitere gerecht betreiben würde, wessen man sich bei der Vereinigung vergewisserte!

Die Ohnmacht von Louis XIV, seine Weigerung, Annas Sterben zu begleiten und sein Befehl, sein Offizial-Bruder, Philippe d'Orléans, müsse ebenfalls die Nichtmutter während ihrer letzten Stunden auf Erden meiden, sind weitere Details, die gegen eine Unterschiebung Louis' mit Hilfe eines Samenspenders »unter« seinen Offizial-Vater Louis XIII sprechen.

Was ist das mit bloßem Auge nicht sichtbare königliche Samentierchen gegen die neun Monate Sein im Königin-Mutterleib, ein Leib, der Louis XIV die spanischen Könige und deutschen Kaiser in die Venen gebracht hätte!! – Dass Louis XIV nicht von seinem »Vater« war, flüsterte ganz Frankreich. Mit dieser »Nachricht« ist Louis aufgewachsen. – Er soll über Ludwig 13 nie gesprochen und sich verbeten haben, in seiner Gegenwart seinen Offizial-Vater zu erwähnen. Ludwigs des Dreizehnten nicht-existente Vaterschaft für Ludwig den Vierzehnten – kein Gegenstand einer letztwilligen Meldung auf dem Sterbebett der Königinmutter, kein Anlass bei einer Bestätigung für eine Ohnmacht des König*ins*ohnes.

Ohnmacht, Sterbebett-Abwesenheit und der vergebliche Versuch, der Fälscherin auch den mitbetroffenen Offizial-Bruder Philippe zu entreißen, sind der Verhaltensbeleg für den totalen Riss, die Scheidung Ludwigs von der bis zu diesem Moment geglaubten königlichen Mutter in deren letzten Lebensmomenten. Anna von Österreich starb am 20. Januar 1666.

Annas 27-jährigem Betrug von Louis' königlicher Sohnschaft musste Louis, um psychisch weiterleben zu können, die öffentlich demonstrierte Aberkennung ihrer Mutterschaft entgegensetzen.

Für den jüngeren zweiten Kronprinzen Philippe war die Nachricht nicht so schwerwiegend. Auch er wurde von der Offizial-Mutter zu einem Untervier-Augen-Gespräch gebeten. Philippe war sein ganzes Leben eine royale Potenzialität, ein Reservekönig, und war das im Januar 1666 nur noch sehr entfernt – nach der Geburt von Louis' Sohn, dem »Grand Dauphin«, den Louis mit der spanischen Königstochter, der Infantin Maria-Theresia 1660 gezeugt hatte. Philippe lebte sein ganzes Leben mehr aus seinen privaten Ich-Anteilen, denen »blaues Blut von oben« oder »schwarzes Blut von unten« »schnuppe« waren. Er widersetzte sich dieses einzige Mal dem königlichen Befehl seines Offizial-Bruders und begleitete das Sterben seiner Offizial-Mutter wie viele entfernter stehende Verwandte und Höflinge auch.

Wie überlebte Louis XIV seinen Tod als König? Und als wer überlebte er? Seine Identität als König war zusammengebrochen.

Im Feudalismus hatten alle Menschen klarere Identitäten, klarer, als der Kapitalismus sie den Bürgern ermöglicht. Vor allem lebten die Menschen in der Identität eines *Seins*. – Wenn Albrecht Dürer Bauern abbildet, dann ruhen auch diese »Untersten« identisch in ihrer Armut und Schlichtheit. Die

Stände – Bauern, Bürger (Handwerker und Händler), Geistliche, Soldaten und Adlige – waren »fest«.

Ab Januar 1666 muss Louis XIV gegen den Taifun der königlichen Nicht-Identität ankämpfen. Er entblößt sich in einer Sucht nach königlicher Identität. Mit jedem Atemzug muss Louis sich nun als König bestätigen. Er ist nicht mehr ein König durch Sein, sondern er muss das Königtum mit seinem Tun demonstrieren. Unrast wird zu seinem Charakteristikum. Zugleich Erstarrung. Louis wird der oberste »Platzanweiser« des Staates. Kein freies, legeres Miteinander mehr bei Hofe, wie es um die französischen Könige Brauch war. – Ludwig 13 war auf den Dominikanermönch Tommaso Campanella bei ihrer ersten Begegnung 1635 zugegangen, hatte ihn umarmt und ihn auf beide Wangen geküsst – ein Akt, undenkbar für Ludwig 14!

Jeder Mensch, der mit Louis XIV Umgang hatte, bekam eine irreversible Position mit unverrückbaren Verhaltensmustern aufgeprägt. Der französische Hof wurde unter diesem König zu einem choreografischen Theater. Etikette und Zeremoniell waren Inszenierungen bis zur Karikatur des menschlichen Miteinanders.

Ohne Lobhudelei durfte sich Louis XIV niemand nähern. Der König war unersättlich im Empfang von Unterwürfigkeit, die er aber auch gegen sein eigenes steriles Kontaktballett zynisch kritisieren konnte: Er gab einem Höfling einen Text zu lesen, den er behauptetermaßen total schlecht fand, und bat den Betroffenen um eine Stellungnahme. Als die ebenso negativ ausfiel wie die des Königs, entgegnete Louis, es handele sich um sein eigenes Elaborat! Der Urheber der ungewollten Negativ-Expertise war erledigt.

Alle Mitarbeitenden »entgrätete« er zu Befehlsempfängern. Er spielte sie gegeneinander aus. Er verteilte und entzog Gunst unberechenbarer, als Wetterstimmungen es sind. Wenn jemand ihm ein kleinstes Missfallen verursacht hatte, kannte er ihn nicht mehr. Er überfiel engste Angestellte mit Überraschungs-Checks – nach der Lenin'schen Maxime: Vertrauen ist gut, Kontrolle ist besser. – Eine eigene Meinung zu haben, die nur um Millimeter von der des Königs abwich, führte unweigerlich zum Fall in Ungnade.

Eine solche Zwanghaftigkeit im menschlichen Nahverhältnis resultiert aus einer durch nichts zu bannenden Lebensangst. Es gab unübersehbare Mitwissende von der »Königsfälschung«: die Amme, die Hebamme, die Secret-Service-Supervisorinnen, die Hof- und Herzensdamen der Betrugsmutter, alsdann ehemalige engste Vertraute der Kardinalskönige Richelieu und Mazarin, der »nottaufende« Erzbischof von Paris, die Beichtväter der Offizial-Eltern Louis XIII und Anne d'Autriche ... Das zentrale Merkmal der Angst war für Louis XIV: Er wusste nicht, wer um ihn die Wahrheit über ihn wusste. Er konnte sich mit niemandem darüber »aussprechen«.

Louis XIV musste nach seinem Wissen von seiner Absolut-Illegitimität täglich gewärtig sein, dass ihm jemand frech kommen könnte und ihm bei einer Umarmung ins Ohr flüsterte: »Na, du kleines Kuck..., Kuck... Kurienei!«

Nur die Unmenschlichkeit als Unnahbarkeit ihm gegenüber und als distanzlos-»eindringliche« Bemächtigung aller Menschen um ihn, das orientalische Ritual des »double bind« im höfischen Umgang, gab Louis ein wenig königliches Krückenselbstgefühl. Kam er nicht von oben hinten, musste er suggerieren, von sehr weit fern draußen herzukommen, fremd-rätselhaft zu sein wie ein persischer König, ganz anders als seine Vorläufer auf dem französischen Thron. Der zelebristische Abstand vom König und seine kontrollistische Allmachtsgegenwart gaben ihm Sicherheit vor dem Mordanschlag, als Königsgespenst enttarnt zu werden.

Ein Hinweis auf einen Bruch in Louis' Leben ist der Bruch im Stil seiner Memoiren. Louis XIV beginnt sie 1661 nach der Geburt seines Kronprinzensohnes (geboren am 1. 11. 1661). Louis ist zwei Monate zuvor 23 geworden. Er verfasst die Schrift als eine Unterweisung seines nun heranwachsenden Nachfolgers, auch als Selbstreflexion, denn Louis XIV ist seit einem Dreivierteljahr wirklicher König, seit dem Tode seines Paten, des zwei Jahrzehnte lang de-facto-regierenden Kardinalkönigs Mazarin (9. 3. 1661).

Was da in den Jahren 1661/62 bei Louis XIV geschrieben steht, liest sich nicht gerade als Revolutions-Vorläufer-Text, wirkt jedoch stimmig aus der Feder eines feudalen Alleinherrschers, der etwas »anpacken«, vor allem es gut machen will. Und Louis strafft und reformiert ja auch Schlaffheiten und Schlampigkeiten in der französischen Verwaltung, eingerissen unter dem »Ausländer« Mazarin, der sich für solche innerfranzösischen Probleme nicht interessierte, da er von seinem Talent her ein Außenpolitiker war (134, S. 31 ff., 107 ff.).

Im Jahr vor seinem Tod zerfällt Ludwigs Kunstkönigs-Ich. Er verbrennt seine Schriften. Der Marschall de Noailles (1678–1766) bemerkt zufällig das Autodafé und rettet die Reste. – Louis XIV bricht am Schluss seines Lebens als König zusammen. Er spricht gegenüber Saint-Simon von seiner Vergangenheit, als er König *war*! (169, S. 365). Erst kurz vor seinem Tod platzt die Königsattrappe ab.

In den erhalten gebliebenen Fragmenten seiner Memoiren steht die Königsidentität (1661/62) dem Beginn der Nichtidentität (1666–1668) gegenüber. Die Aufzeichnungen bestätigen den Bruch. 1661/62 ist Louis ein Mensch, ein Mann, ein Vater, eine Seele, ein Regent, der mit seinem gerade geborenen Sohn schriftlich zu sprechen anfängt. Louis' erste Worte seiner Memoiren 1661 sind »mein Sohn«. Auch 1662 redet Ludwig ihn im Text an. – Ab 1666 verschwindet der Sohn aus dem Text! Was 1666–68 vorgeführt wird, entblößt eine andere Person. Der Du-Bezug zum Sohn ist weg. – Da Louis ab 1666 weiß, dass er sich nicht von Königen herbezieht, kann er Königsein auch nicht mehr weitergeben. – 1661/62 wird aus der Gegenwart heraus geschrieben. 1666–68 werden Scherben aus der Vergangenheit verstreut. Ludwig windet sich in Vorkommnis-Abrechnungen, als schriebe er einen Haushaltsplan oder eine Steuererklärung.

Etwas fast Anrührendes in der Verholzung des Stils: Jeder dritte Absatz beginnt in den Jahren 1666–68 mit »Aber«. Kommt 1661/62 »Aber« pro Jahr sechsmal im Entrée eines Absatzes vor, so »abert« es im Politgewabere durch den ganzen Rechthabenschaftsbericht der Jahre 1666–68.

Memoiren sind Selbst-Reflexionen, Ich-Reinigungen, Abschlüsse oder Phasen-Zäsuren. Ludwigs Seiten 1661/62 spiegeln seine Wandlung vom nur nominellen König zum Alleinkönig. Ein derart tiefenpsychologischer Selbsteinstieg bedarf einer »ganzen« Person, ist zu verfassen einem ver-rückten Ich nicht mehr möglich.

Dass Louis XIV eine Ver-Rückung seiner Person im Januar 1666 widerfuhr, gesteht er selbst: »machte mich mehrere Tage unfähig, mich mit irgendeiner anderen Betrachtung als dem Verlust, den ich erlitten hatte, zu beschäftigen.« – Das Eingeständnis geschieht in einer Fußnote, um zu entschuldigen, dass er politisch »nicht ganz da« war (134, S. 160).

Der Tod einer in höfischen Verhältnissen entfernten Mutter war kein Ereignis, das erwachsene Königskinder tagelang »außer Gefecht« setzte. Louis hatte etwas Außerpersönliches verloren, sein Verhältnis zu »seinem Volk«, dem er 1662 noch Gutes tun möchte, das er als »mein Volk« anredet (134, S. 107), mit dem er wie mit dem Du seines Sohnes 1661/62 kommuniziert hat. Ab 1666 war Ludwigs Verhältnis zum französischen Volkskörper, als dessen Kopf der König von Frankreich gedacht wurde, ein Wut-wucherndes, demontierend-destruierendes.

Das eigene Haus ist ein erweitertes Ich einer Person. Versailles – ein Louis-lebenslänglich nach außen gesetztes Krebsgeschwür, das die zu Geld verwandelte Volksenergie von 150 Millionen Livres verschlang, heute einige Milliarden Dollar, Euro, Pfund etc., das hieß damals genau die Summe von 18 Jahreshaushalten, die in der Staatskasse fehlte. Schon die übernächste Generation nach Louis XIV kritisiert Versailles tödlich. In d'Alemberts und Diderots »Encyclopédie« von 1751 skandiert der Bearbeiter des Stichwortes »Versailles«, Louis de Jaucourt, seine Despektierungen: »Abgrund an Kosten«, »Gipfel an Prunk, protzigem und schlechtem Geschmack«, umgeben von »einer der lieblosesten Landschaften in einer Niederung, die noch dazu ständig von Nebel verhangen ist«. »Man kann den 8 Millionen an Staatsanleihen nur nachtrauern, die bereits dreimal ausgegeben wurden und insgesamt zu einer Schuldenlast von 160 Millionen (!) führten ..., die man mit Vernunft für viele nützliche und notwendige Baumaßnahmen im Königreich hätte verwenden können.« (4, S. 418).

Die Flucht Louis XIV' aus dem Stadtschloss Louvre wird bereits von den Kulturkritikern des 18. Jahrhunderts getadelt, der Begriff »Wohnstätte« fällt ironisch, und ein führender Adliger des Landes bringt die Misere Versailles auf den Punkt, wenn er es als einen »Günstling ohne Meriten« beschreibt (a.a.O.).

Versailles war ein kleines Jagdschloss, gebaut von Louis' Offizial-Vater, Ludwig dem Dreizehnten, der die Ländereien für 20000 Ecu (= 60000 Livres) gekauft hatte. Das »väterliche« Ursprungsschloss strahlt noch architektonische Vernunft aus. Doch seine es völlig verziehende megalomanische Auswulstung, die mit einem einzigen Blick von *keiner* Perspektive her mehr zu erfassen ist, besiegelt die in Stein verewigte Obsession Ludwigs des Vierzehnten, sich aus dem väterlichen Königs»schoß« auftrumpferisch hergeleitet *bauen* zu müssen, bis der Vaterwohnraum mit den Sälen, Suiten, Fluren und Zimmern des Möchtegern-Sohnes vertausendfacht ist.

Die Wucherungen des aus den Fugen geratenen Ersatz-König-Ichs »Versailles« beginnen 1669, drei bis vier Jahre nach Königinmutter Annas Tod. Erste Pläne dazu gab es schon 1662, aber der eigentliche Staatsfinanz-Macher, Jean-Baptiste Colbert, marquis de Seignelay, hatte sich jahrelang gegen das Vorhaben gestemmt, das dann auch den Ruin der Staatsfinanzen provozierte. – Nach Januar 1666 waren alle Dämme gebrochen. Louis trieb seine Königs-Ich-Ummauerung gegen alle Widerstände der Vernunft voran. Nach 16 Jahren, im März 1682, Einzug des Hofes in Versailles. Bestimmung für alle höheren Adligen des Landes, in Versailles zu wohnen. Wer sich dieser Aufforderung entzog, war für Louis XIV gestorben.

Nach anderthalb Jahren (September 1683) war Louis' Finanzjongleur Colbert tot, der die Finanzierung des Molochs am Ende nur noch mit Tricks und Mogeleien, also »White-Collar«-Kriminalität, durchziehen konnte. Die Staatsverschuldungen hörten nach der Fertigstellung von Versailles 1682 nicht auf, Erweiterungsbauten und Unterhaltungskosten köchelten die Ausgaben in permanent schwindelnde Höhen, was die Dauerausbeutung des französischen Volkes auf Hochtouren hielt. Zehn Jahre nach Louis' Einzug in Versailles erlitt das Land eine so große Teuerung der Lebensmittel, dass »die Leute nichts mehr zu essen hatten« und das vorzeitige Sterben der Bevölkerung einen Kulminationspunkt während Ludwigs halbjahrhundertjähriger Thronung auf Frankreich erreicht hatte.

Mit dem Gebäude-Krebsgeschwür »Versailles« konnten die beiden Nachfolger Ludwigs des Vierzehnten nicht umgehen. Einnahme der Königsposition und Auftrag der Landesführung waren ihnen von Versailles aus nur gebrochen möglich. Versailles war im 17. und 18. Jahrhundert kein Stadtschloss. Es lag außerhalb von Paris wie die Urlaubsschlösser Saint-Germain-en-Laye und Fontainebleau. – Dieses Frankreich-von-außen-Regieren war auf die Außenseiterbedingungen Ludwigs des Vierzehnten zugeschnitten, die auf seine Nachfolger nicht zutrafen, die mit dem Regieren aus der Distanz nicht zurechtkamen.

Ludwig der *Fünfzehnte* betätigte sich im Wurmfortsatzpomp, mit dem er seine Mätresse, Mme de Pompadour, noch etwas Ressourcen nachverschleudern ließ. Und Ludwig der Sechzehnte ruderte hilflos in das Ende der fast 200-jährigen Großmannssucht der Bourbonen-Attrappen hinein.

Aus dem Gottesgnadentum herausgefallen zu sein hieß für einen König des 17. Jahrhunderts, aus der christlichen Religion gestürzt zu sein. Louis XIV war nicht heilig, nicht königsehelich, sondern herkunftsabartig entstanden. Damit war er in einen Tannhäuser-heillosen Zustand geraten. Für die Todsünde gegen das Gottesgnadentum gab es keine Absolution. Louis hätte die von seinen Offizial-Eltern begangene Tat mit nichts wiedergutmachen, nur abtreten können. Mit dem Satz »Ich bin's nicht!« hätte er den französischen Thron freigeben müssen. Das ging nicht, da Ludwig schon 23 Jahre als König gelebt hatte. Und seine Beichtväter hätten opponiert, weil Louis XIV vom Klerus selbst beschafft worden war, um die Hugenotten auszurotten, die Politik seiner Vorläufer, der Kardinäle Richelieu und Mazarin, zum Abschluss zu bringen.

Das Dilemma versetzte Louis XIV in ein Dauer-High eines in seiner psychischen Wahrheit human ungebundenen Vogelfrei, aus dem heraus er mit den ihm anvertrauten Menschen seines Landes machen konnte, was er wollte oder wozu ihn seine katholischen Instrukteure zuweilen zwingen mussten. Er blieb sein Leben lang das Kardinalsbaby, eine Vatikan-gesteuerte Marionette, auch wenn er sich mit einigen Repräsentanten der römischen Kardinalscorporation im Einzelnen »gar nicht gut verstand«. Während seiner

Regierungszeit lieferte er sich Matchs mit vier Päpsten. Das waren Sandkastenspiel-Details, die von der großen Marschroute, die Richelieu mit der Herstellung des künstlichen Kronprinzen eingeschlagen hatte, Frankreich protestantenfrei zu machen, nicht um Haaresbreite abwichen. Bei der Jansenisten-Ausrottung ging es sogar »andersherum« zu: Louis verlangte vom Papst eine Bulle, mit der er gegen den nichtangepassten französischen Volksteil vorgehen konnte.

Unter den Umständen von Entfremdung, Entseelung, Ent-Ichung = Entmenschung, in die der Minotaurus der Neuzeit durch die conter-aristokratische Situation hineinverunstaltet worden war, noch irgendwie mit den göttlichen Moralinstanzen »rumzumachen« hätte Louis XIV persönlich nichts »gebracht«, was er auch immer lippenbekennend Gott-ausgerichtet katholisch-rituell täglich zelebrierte.

Die Lösung seines Konfliktes: Louis XIV konnte nur als Teufel »leibhaftig« überleben. Mit dem Geständnis seiner Offizial-Mutter hatte er einen Freibrief zum Satan bekommen: Stinken, Wuchern, Destruieren, Chaotisieren, Franzosen und Europäer um Millionen Menschen dezimieren. – Die Volkszählung bei Louis' Tod ergab ein Minus von drei Millionen Franzosen, nur drei Jahre nach der *letzten* Zählung!

Das Teuflische des Schwefeltonnenkönigs Louis XIV wurde mit Barockzuckergussgekröse verziert.

Die Albert Speer vorlaufende Monumental-Architektur Ludwigs des Vierzehnten wird heute weltweit verehrt. Millionen Touristen pilgern herbei, um die in gefrästen Stein erstarrten Scheißbatzen und Dekorfratzen des Saurierbabylons Versailles zu bewundern, die Scharen von jungen Männern, die sie herstellen mussten, das Leben gekostet, verkürzt oder beschädigt haben. Staatsterroristisch wurden 22000 Franzosen dazu gezwungen, mit Hilfe von 6000 Pferden Versailles zu errichten, zuerst die 5000 Hektar Sumpfland baufähig zu planieren, alsdann die Seen und Kanäle auszuheben, die Rohre für die 1400 Fontänen zu verlegen. Die Arbeiter bekamen bei Unfällen keine Entschädigungen, erst recht nicht bei Eintritt von Spätfolgen.

Aber Louis XIV hat doch die Künste und Wissenschaften gefördert, Akademien und Industrien gegründet! Die Dramatiker Corneille und Racine, der Komponist Lully ... – des Teufels Kumpane? – Kein zeitgenössisches Kulturprodukt hat das Vorgehen des Höllenfürsten substanziell in Frage gestellt. Es gibt zur französischen Hadeszeit keinen Voltaire, Rousseau, Beaumarchais. – Den Hochadel zwang Louis nach Versailles. Den »Hochgeist« konnte er nicht nach Versailles zwingen. Außerhalb von Versailles tummelte sich das intel-

DIE TEUFELSLIZENZ

lektuelle Leben in den Salons. La Rochefoucauld (*Maximes*), Marie Lafayette (*La Princesse de Clèves*) und La Fontaine mieden Versailles. – Die Geistfeindlichkeit eines französischen Königs war keine Tradition. Franz I. förderte Cellini und Leonardo. Henri VI. hatte ein Verhältnis zu Montaigne. Louis' Förderung der Künste und Wissenschaften geschah zur Reglementierung des menschlichen Geistes, an dessen freien produktiven Äußerungen er ebenso wenig interessiert war wie an der freien Meinung im Umgang mit ihm selbst. Er übte einen Normzwang aus. Der schwule Lully musste heiraten!

Louis XIV zementierte den ersten, noch unter aristokratischen Vorzeichen funktionierenden europäischen Führerstaat. Seine Termini, die er durchpauken ließ, lauteten: Konformität, Regulierung, Hierarchie, Kontrolle. Religiös, politisch, kulturell sollte alles *militärisch* ablaufen und wurde auch militärisch überwacht. Louis hatte seine Armee vollständig umstrukturiert zu einem »Organ«, das willfährig Louis' Willen in seiner Willkür vollführte – außerhalb und *innerhalb* der Grenzen Frankreichs –, vor allem als Instrument gegen die Menschen des eigenen Landes eingesetzt wurde.

Die Künste waren dazu da, Louis' Staat zu huldigen. Und da der Staat Louis selber war – gemäß seinem berühmten Ausspruch »l'état, ç'est moi!«, den er als 15-Jähriger von sich gab, als er noch nicht wusste, was das hieß –, bedeutete wieder alles nur Personenkult.

Architektur monumental, Skulptur bombastisch, Malerei allegorisch. – Kein Name eines bildenden Künstlers aus der endlosen Louis-Regentschaft haftet im Gedächtnis der Menschheit. Keinen französischen Balthasar Neumann gibt es, der Augusts des Starken Dresdner Zwinger in Musik verwandelte und Vierzehnheiligen zum Tempel echter Gottespräsenz eröffnete. Auch keinen Fischer von Erlach, der das Wiener Schönbrunn zum – pures Wohlgefühl verbreitenden – Heim für gehobenes Lieben und Arbeiten kreierte.

Frankreich hat bis zu seinen Loire-Schlössern rauschhaft künstlerisch bauen können! Das geht eben nur, wenn auch Architektur sich ohne Kommando entfalten darf.

Die Dramatiker wichen thematisch aus. Molière behandelte Bürgerprobleme, die er mit Königslobhudeleien einrahmte. Aber sein *Tartuffe*, der *Geistliche* kritisierte, wurde von Louis XIV verboten! Molière (1622–1673) ist im übrigen Partner des *jungen* Louis XIV gewesen, starb schon sieben Jahre nach der Verrückung des Königs. Corneille (1606–1684) und Racine (1639–1699) entschwebten in historische Stoffe und schrieben sich damit außer in Frankreich in die Vergessenheit. – Die »Comédie Française«, eine der von Louis ge-

gründeten Anstalten (1680) – ein Albtraum »werkgetreuer« steriler Wiedergabe für jeden Innovator!
Lullys Musik tat nicht weh. Da ließ sich nicht viel kontrollieren. Doch bei den Themen seiner Opern mischte sich schon wieder die Zensur ein. Die Bühnenwerke des kompositorisch außerordentlichen Komponisten Lully starben – im Gegensatz zu denen von Monteverdi, Cavalli, Purcell, Händel und Gluck, die die vergessenen Opern des französischen Louis-XIV-Zeitgenossen einrahmen. Rameau (1683–1764) ist (über-)nächste Generation, konnte wieder durchbrechen und »bleiben« (*Castor et Pollux, Les Fêtes d'Hébé* …). Auch die französischen Maler erreichten mit Boucher, Fragonard und Watteau erst wieder die Welt *nach* Louis' Tod, als sich die Reglementierung des Geistes unter Ludwig dem *Fünf*zehnten lockerte, der den geistfreilassenden Satz gesagt hat: »On n'arrête pas Voltaire!«, welchen Ausspruch Staatspräsident de Gaulle zitierte, als seine Polizei Sartre verhaften wollte!!

Der »Grande Nation«, deren Sprache das politische und intellektuelle Europa während der Herrschaft Ludwigs des Vierzehnten und noch für zwei weitere Jahrhunderte sprach, nun auch noch kulturell am Zeuge zu flicken riecht auf den ersten Blick wie die Pinkulative eines Dackels an einer Eiche.
Doch seit Katharina Medicis »Protestantenlösungen« hat Frankreich für 300 Jahre seine Avantgarde einbüßen müssen, mit deren Ausdünnung schon während der zu drastischen Verbrennungen der Protestierer durch Franz den Ersten und Heinrich den Zweiten, den Mann der »Bartholomäusnacht«-Massenmörderin, begonnen wurde.
Man kann nicht die Blüte eines Landes abschlagen und sich dann wundern, wenn keine Früchte kommen.
Frankreich hat ab dem Anti-Protestanten-Wüten seiner Regierungen immer noch eine Menge von Kulturschaffenden hervorgebracht, aber zweite und dritte Garnitur, die im eigenen Lande zu erster Wahl umetikettiert worden ist. Trotz der Etikettenfälschung im kulturellen Selbstbewusstsein hat Frankreich für mindestens 200 Jahre keine Wahrheitsgiganten mehr produzieren können. Die Zerstörung dieser Spezies wurde im großen französischen Kaputtmach-Jahrhundert bis zur Verfolgungsraserei unter Ludwig dem Verrückten betrieben.
Die Welt erneuerte sich vorbei an Frankreich: Kopernikus, Galilei, Kepler, Newton taten es auf dem astronomisch-wissenschaftlichen Gebiet, Hus, Luther, Erasmus, Calvin auf dem religiös-philosophischen.
Avantgarde heißt, den Zeitgenossen Ärger zu bereiten und die Nachgeborenen zur Anbetung zu stimulieren.

DIE TEUFELSLIZENZ 171

D'Alembert, Diderot und Voltaire sind weithallende Namen, haben jedoch in ihren Werken und Biografien Schlagseiten zum *Verträglichen* zu verzeichnen. Die Definition der Avantgarde ist das Unverträgliche.

Wenn die Weltspitze der Avantgarde während Frankreichs *avantgardistisch* »kleinen Jahrhunderten« noch in französischer Sprache arbeitete, wie Calvin und Rousseau, dann waren sie keine Franzosen, sondern französische Schweizer.

Sogar musikalisch-dramatisch gibt es beim innovativ-kritischen Biss Hinweise auf Calcium- äh, Calvin-Mangel-Erscheinungen der französischen Produzenten: keine Bachs, keine Beethovens, keine Mozarts, keine Wagners, keine Verdis, keine Rossinis, auch Lessings, Goethes, Schillers und Kleists fehlen, vom Gesamt-aus-den-Fugen-Brechen auf Papier und Bühne eines Oxfords (alias Shakespeare) kann bei französischen Dramatikern keine Rede sein. Auch nicht bei Beaumarchais mit seinem einen zeitgenössisch revolutionären und überlebenden Stück *Der tolle Tag*.

»Mount Everest« in der Kultur heißt, wenn von Taten und Produkten *every day* die Rede ist. Das könnte jemand wie Mozart von sich behaupten, der aus dem Getöse von Paris sofort wieder geflohen ist.

Frankreich verabschiedete sich von der kulturellen »Weltmeldung« mit Descartes, Pascal und Molière, um sich dann erst wieder mit seinen impressionistischen Malern und mit seinen Autoren Stendhal, Balzac, Flaubert, Sand, Zola, Proust, Sartre und Beauvoir zurückzumelden. Wann auch immer Avantgarde in der Zwischenzeit auftauchte, gab sie in der Regel außerhalb von Frankreich ihre Signale.

Die gegenwärtige Menschheit denkt, bei der jahrhundertelangen Plattwalzung der Protestanten in Frankreich hätte es sich um Auseinandersetzungen zwischen zwei sich heute so darstellenden verschiedenen Religionsgemeinschaften gehandelt und der Protestantismus habe »halt« verloren. Was in Frankreich ab Anfang des 16. Jahrhunderts geschah, war die Vernichtung des kritischen Geistes, aus dem die Avantgarde erwächst.

Es gibt dafür ein Menetekel, das Einstandsfanal Katharina Medicis als Königinmutter-Regentin, zu der sie nach dem Tod ihres Mannes, Henri II, am 10. Juli 1559 erhoben wurde:

Anne Du Bourg, Rechtsprofessor, Anwalt, dreimal gewählter Rektor der université d'Orléans und führendes Mitglied des Pariser Parlaments, hatte am 10. Juni 1559 eine Eröffnungsrede gehalten, in der er die Massenfolterungen der Protestanten kritisierte, die keine Staatsfeinde seien. Du Bourg plädierte für die Trennung von Staat und Kirche.

Er wurde verhaftet und nach dem Tod von Henri II. vor ein mittäterischgefälliges Gericht gestellt. Der Bischof von Paris klagte Du Bourg der Ketzerei an, obwohl dieser weder Theologe war noch in seiner Rede irgendetwas zu religionstheoretischen Fragen geäußert hatte.

Alle seine Berufungen gegen sein Todesurteil nützten nichts. Er wurde am 23. Dezember 1559 in Paris öffentlich in einer Schauhinrichtung ermordet, qualvoll strangulierend erhängt und verbrannt – ein Exempel: Auch nur Auswüchse der Gewaltherrschaft der Antiprotestanten zu tadeln war folter- und ermordungswürdig. Dem 38-jährigen Du Bourg wurde das Gleiche angetan wie denen, für die er eintrat. Was ihm geschah, widerfuhr bis in die Mitte des 18. Jahrhundert hinein Hunderttausenden Alternativen.

Die Vakanzen der Avantgarde in Frankreich sind mit dem Fehlen von Spezialisten des Unerbittlichen wie Kant, Marx, Kierkegaard, Nietzsche, Freud und Einstein noch weit bis in das 20. Jahrhundert hinein zu spüren. – Dass drei der Genannten ein jüdisches »Gebetbuch« hatten, spielt keine Rolle.

Das 16. und 17. Jahrhundert verpesteten in Frankreich das Klima der Innovation. Im Smog der fälscherischen »Gegen-Reformation« konnte dann kein Mensch zu etwas wirklich Neuem tief Luft holen.

Die von Spanien seit dem 16. Jahrhundert und von Frankreich ab Ludwig dem Verrückten schwer geschändeten Niederländer erblühten in einer Malerei, die noch heute die Menschen vor Bildern eines Rembrandt, Vermeer, van Dyck und Terborch in Räusche versetzt.

Ein Welterfolg mit lange nachwirkender Lächerlichkeit gelang Louis XIV mit seiner höchstpersönlichen Kreation der Allongeperücke für *Männer*.

Louis XIV nutzte eine ihm physio-sozial »eingebrockte« Situation, um sein ganzes weiteres Leben seine Satanie mit einer Tarnkappe zu verhüllen, mit der damals sogenannten Staatsperücke! (Abb. 7, 13, 14, 15, 16, 17)

Die Allongeperücke – auch wenn sie im 17. Jahrhundert noch nicht so hieß – ist ein kostümbildliches, kulturgeschichtlich nie hinterfragtes Unding, das zeigt, wie europaweit es »hergelaufene« Führer mit den ihnen nachfolgenden Männern treiben können.

Die Geschichte der Staatsperücke begann in Louis' persönlichen Verhältnissen schon vor Königinmutter Annas Tod, jedoch erst *danach* machte er die Perücke zur Pflicht der männlichen Kopfbedeckung am französischen Hofe, als ob es sich dabei um eine Staatssicherheit gehandelt hätte.

Alle Knaben- und Jünglingsporträts zeigen Louis' Haar in ähnlicher Weise: dünn, glatt, gescheitelt vom Kopf fallend, ab Schläfe-Ohr-Lage stockgelockt und etwas hellgetönt. Entweder litt Louis unter frühem Haarausfall, der sich bei einigen sehr virilen Männern ab 20 bemerkbar macht. Oder

DIE TEUFELSLIZENZ

Louis' Haare haben unter Brennschere und Haarfarbe so gelitten, dass sie schon gegen Ende des zweiten Jahrzehnts des jungen Mannes verkümmerten, denn Louis beginnt ab 20-jährig, Perücken zu tragen (Abb. 21, 22, 24). Klar geht aus den ersten Bildern Louis' mit Wahnsinnslockentolle hervor, die bis zu den Brustwarzen reicht, dass diese Haare nicht identisch mit denen sind, die ein bis zwei Jahrzehnte zuvor um Louis' Kopf gezeigt wurden. An der Palette der Louis'schen Perücken von nun an besticht auf Lebenszeit das Merkmal des heterosexuell Weiblichen. – Die Staatsperücken von Louis XIV sind aufgelösten französischen Frauenhaaren im Bett nachempfunden. Louis XIV trägt lebenslänglich Weiblichkeit und Heterosexualität auf dem Kopf, die zwei *essentials*, die bei seiner Nicht-Herkunft von einem homosexuellen, geschlechtlich nicht miteinander praktizierenden Elternpaar ihm wie ein Unheilschein um den Kopf schweben geblieben waren.

Die Menschheit kennt die Geschichte der Kopfhaartracht von Männern aus vielen künstlerischen Zeugnissen seit der Antike. Ägypter, Perser, Sumerer, Kelten, Griechen, Etrusker, Römer, Gallier, dann Christen ab Mittelalter bis zu Henri IV' Neuzeit: Männerfrisuren = meist kurz oder »kürzer«! Wenn lang, dann kinn- und hals- bis schulterlang. Falls ganz lang, dann wie bei den Babyloniern, Hetitern und sehr frühen Griechen gerafft und geflochten, gehalten von Bändern oder in Schmuck gefasst. Die zottelhaarigen Germanen und Haar-freitragenden Hebräer haben sich skulpturell oder malerisch nicht verewigt. Trotzdem kann vor allem bei den Germanen keine »Zottel«-frauenweise aufgelöste, bis zum Bauch reichende und deshalb das Gesicht fast bedeckende Männerhaartracht angenommen werden, da solche Louis'schen Haarwucherungen sich kampfstörend ausgewirkt hätten.

Das demonstrativ aufgeplusterte, künstliche Lang-Locken-Vollhaar ist eine Erfindung des Louis XIV. Diese Erfindung erfreut sich auch noch pikanter Zusatzweiblichkeiten, die sich bei männlichen Naturhaaren, falls denen freier Lauf gelassen würde, gar nicht hervortun könnten. Sehr wohl plustern sich manche locken-»veranlagten« männlichen Haupthaare Samson-üppig breit wie lang in die Gegend, aber nicht Kamelhöcker-*hoch*, so dass das männliche Gesicht wie eine voluminöse »Möse ohne Uterus« hervortritt.

Die Männer zur Louis-XIV-Zeit mussten ihren Kopf zu einem Vaginapopo groteskieren. Louis XIV wollte aller Welt sein Problem oktroyieren, aus einer mütterlichen Scheide, die nicht gebären konnte, und einem väterlichen Hintern, der nicht erzeugen wollte, »hervorgegangen« zu sein.

Im Alter migräniert Louis XIV sich immer mehr in das Aussehen einer bejahrten, enttäuschten römischen Hure hinein, die Anna Magnani bravourös in *Mamma Roma* (Pasolini 1962) gegeben hat.

Louis XIV (1638–1715)
Gemälde von Hyacinthe Rigaud 1701

DIE TEUFELSLIZENZ 175

Es war ein genialer Trick von »Luigi Magnani«, allen Männern der damals erreichbaren christlichen Welt sein höchst privates Problem auf den Kopf zu setzen. Alle Männer mussten sich Louis als steriler Vaginapopo präsentieren. – Gleichmachung aller Männer als feminine lotterhaarige Bettengel»scheuche« – und Louis XIV fiel von Stund an nicht mehr auf als unkönigliche Abnormität inmitten dieser Gesichtsuniformierung.

Was für die Nachgeborenen bei der Betrachtung der männlichen Gefolgschaft der 20.-Jahrhundert-Führer Stalin und Hitler und in abgeschwächter Ausgabe Wilhelm II., Mussolini und Franco so schwer verständlich ist, ist mit dem operettenhaften Steppenbrand der Allongeperücken-Mode für Männer, der durch ganz Europa raste, aufs Allerleichteste und Komischste vorzuführen: Ein Machthaber braucht nur mit einer Fälschung *suggestiv* aufzutreten – und alle Männer folgen ihm mitsamt seiner Fälschung, die nicht hinterfragt wird wie die Beschaffung des Louis XIV.

Eben noch hatte die proletarische Internationale Anfang des 20. Jahrhunderts gelobt: »Arbeiter schießen nicht auf Arbeiter!«, als Kaiser Wilhelms II. Satz am 31. Juli 1914: »Ich kenne keine Parteien mehr!« deutsche Hand- und Geistesarbeiter entgeistert in den Ersten Weltkrieg marschieren ließ.

Auf Männer als Masse haben Fälschungen *immer* eine suggestive Wirkung. Stalins »Feinde der Revolution«, Hitlers »Weltjudenfeind« – und schon rollten die Auslöschkommandos in Richtung unschuldiger, vor allem überhaupt nicht feindlicher Personen!

Die Allongeperücke ist eine Fälschung der natürlichen Haarbedingungen des Mannes, eine Belästigung, die sich auch Spitzengeister der Zeit wie Leibniz und Händel auf den Kopf setzten, soweit sie sich konform geben wollten. Die Hitze, die Umständlichkeit, die Pflege und Anschaffung des Objektes, die Läuse im Zwischenraum zwischen Kopf und Perücke – und doch nur geringer männlicher Widerstand und schließlich die europaweite Ergebung darein, das eigene Gesicht zwischen das männerbefremdliche Frauenaccessoire zu packen!

Louis' ganz persönliche Geschichte der Perücke hatte wie der Ausbau des Versailler Schlosses mit seinem Offizial-Vater angefangen. Ludwig der Dreizehnte bekam in seinem Leben ab 20/30 irgendwann schüttere Haare und schämte sich als Schwuler seines kahl werdenden Kopfes. Wie sein Vorvorläufer, der schwule König Henri III (1551–1589), betrieb er mit seinem Kopf aus persönlichen Motiven Arrangements. Heinrich 3 trug Kappenkombinierte Toupés. In der Öffentlichkeit nahm er seine Kopfbedeckung nie ab.

Beide Haarstile von Ludwigs des Vierzehnten Vorkönigen, Ludwig 13 und Heinrich 3, können noch als Imitationen *männlicher* Haartrachten angesehen werden, denen Louis XIV *nicht* nacheiferte. Im Gegenteil, er übertrumpfte noch die künstliche Lockenpracht seines Offizial-Vaters Ludwig 13. Der war der erste französische König, der eine Langhaar-Perücken-Werkstatt in Auftrag gab und auf seinen sämtlichen Gemälden schon ab dem Alter von etwa 25 eine Perücke trug. Doch die Perücke war Ludwigs des Dreizehnten *persönlicher* Stil. Die Gemälde der Zeit enthüllen eindeutig: Die Perücke zu Ludwigs des Dreizehnten Regentschaft war noch keine allgemeine Männerhaartracht. Erst Louis XIV provozierte Nachahmer. Auf Le Bruns Gobelin, der 1660 die Begegnung der spanischen und französischen Delegationen aus Anlass der Verheiratung von Louis XIV und Maria Theresia, Infantin von Spanien, festhält, trägt kein Spanier eine Perücke, aber schon fast alle Franzosen sind Frauenhaar-belockt. Noch nicht wüst, sondern gebändigt, als käme das Haar vom Manne selbst, welcher Eindruck sich ab Louis' Staatsperückenpflicht nach 1666 völlig verwischt (177, 139).

Protestantische Geistliche wagten vor allem im Ausland den Aufstand und predigten anfangs gegen die Kopfhaarlüge, kamen auf die Dauer jedoch nicht durch.

Trotz Bedeutungs-aufplusternder Staatsperücke gelang es Louis XIV nicht, den Eindruck seines Deplatziertseins ganz zu verwischen. Er sitzt auf den Gemälden – meistens im Sitzen entsteht dieser Eindruck – wie sein eigener Kutscher da, fällt aus dem Zeremoniell heraus, als sei er nur eine Beiperson, die eine Nachricht übermittelt, ein Lieferant, der zum Eigentlichen nicht dazugehört. Wird Louis' Beschaffung gewusst, entblößt sich ab sofort der Protagonist des Absolutismus als Lieferant der päpstlichen Botschaft, der er seine Position verdankt – und als weiter nichts.

Die Körpersprache verrät Louis XIV bis heute als nicht dazugehörig zu dem, was er darzustellen vorgibt. Noch wenn seine Familie ihn umgibt – auch als alten Mann –, muss der Maler mit etwas Gestisch-Künstlichem Louis' Königsstatus hervorheben: Eine ausgebreitete Hand oder ein ausgestreckter Arm machen auf Louis' Königswürde aufmerksam. Louis' Sohn und seine Enkel können es wieder, ziehen nie die Frage des Betrachtenden auf sich:»Und wer sind Sie?«

Wenn Louis XIV nicht allein und Bildunterschrift-ausgewiesen dargestellt wird, provoziert die abgebildete Gruppe immer die Frage:»Wo ist der König?«, da er als solcher nicht auf den ersten Blick aus dem Gemälde hervortritt. Als Erwachsener löste Louis XIV sein Problem mangelnder königlicher

Ausstrahlung und fehlender souveräner Erscheinung mit dem Aufsetzen eines Hutes, den nur *er* tragen durfte, damit es nicht zu Verwechslungen kam. Aber schon das Kind sollte auf die »Untertanen« »oberwürfig« wirken, tat es nicht, wie seine beschaffende Umwelt bemerkte, wenn sogar eine Betreuerin das Verhalten des Vierjährigen 1642 kritisierte als »zu bescheiden und unterwürfig« (130, S. 12).

Bescheidenheit und Unterwürfigkeit hätten Louis' Herkommen zu schlechter Letzt noch aus dem *eigenen* Verhalten entlarvt! Also Stock in die Hand! Nicht das Königszepter, sondern einen Gehstock, einen Königsbeleg-Stock, auf den sich der noch unbegabte Königsdarsteller hätte stützen und mit dem er hätte angstmachend fuchteln können. Nicht selten werden dem Jüngling auf den Gemälden zwei Stöcke beigegeben, das nur beinlange Zepter und der richtige Spazier- und Ehrfurcht gebietende Schlagstock. Noch der erwachsene, mittelalte Louis XIV hält sich auf den Abbildungen meist an dem Königwirkungsstock fest oder stützt sich auf ihn – sein zweites Erkennungszeichen neben Hut –, obwohl er noch keineswegs im gebrechlichen Alter war, das für ihn auch nicht gebrechlich wurde, da er rüstig blieb und täglich gern spazieren ging, wenn nicht körperliche Malaisen, arthritische Anfälle, ihn davon abhielten (Abb. 14, 16, 17, 21).

Alle anderen französischen Könige »tragen« nicht wie Louis XIV permanent einen Stock, können in ihrer Position von alleine stehen und gehen, sogar Louis' so geplagter schwuler Offizial-Vater, Louis XIII.

Noch deutlicher ist der Verlust des Königtums in Ludwigs Augen zu sehen. Louis XIV hat kein königliches Auge, das aus Männern von Karl dem Großen bis zu Friedrich dem »Großen« in die Welt schaut (S. 181ff.). »Königliches Auge«? Rutscht die Betrachtung mit diesem Begriff nicht in den »bösen Blick« – eine Vokabel aus der Hexenverfolgung? Ludwig der Vierzehnte ist ein böser König – ja, aber wie schaut ein guter König drein? Ist nicht jeder zweite König ein Schuft gewesen? Haben nicht alle Könige ihren Willen durchgezogen, sich und die Ihren bereichert und sind dabei immer über Leichen gegangen? Ist Louis XIV nicht nur ein Extrem eines Prinzips? – So wird er in der weitverzweigten Biografik gehandelt.

Nein, er ist ein *Aliud*, etwas völlig anderes als ein König der letzten tausend Jahre in Frankreich vor ihm.

Jedes König- oder Kaisertum fing demokratisch an. Zuerst haben alle Männer eines Stammes ihren Leitenden gewählt, dann haben das die »Ältesten« getan, die zuvor von Gruppen gewählt wurden. Schließlich haben nur noch die Fürsten (= die Ersten) eines Landes den König gewählt.

Bis zu Kaiser Maximilian I. hatten sich alle Reichsherzöge (die vor dem Heere Ziehenden) zur Wahl eines Kaisers begeben – in verschiedene Städte. Aber persönlich gewählt werden musste noch bis um 1500. Danach ging man zum nur noch demonstrativ wählenden Erbkaisertum über, ließ die Wahl zu einer Formalität verkommen. Und schon begann es mit der Korrosion des Systems, weil Natur und menschliche Gesellschaft nicht von Generation zu Generation auf dem »normal«-genital-generativen Wege top-befähigte männliche Herrscher liefern. Immer wieder kränkelten die Nachkommen einer Dynastie, die dann vor dem Aus stand und Verwandten Platz machen musste. – Frankreich hatte vor Henri IV, der in seiner Person die Dynastie der Bourbonen auf dem Landesthron begründen wollte, schon zwei Dynastien »versinken« sehen, die Capétiens von 987 bis 1328, und die Valois' von 1328 bis 1589.

Eine Dynastie als verwandter Familien»betrieb« hält ungefähr 200 bis 300/350 Jahre. So war es schon bei den römischen Kaisern, die von 98 bis 200 ein interessantes Prinzip der Herrscher-(Aus-)Wahl zwischen das Erbkaisertum geschaltet hatten, das Adoptiv-Kaisertum, mit dem sie das etwa 100 Jahre herrschende Erbkaisertum für 100 Jahre unterbrachen und dadurch noch einmal eine typische Dynastiespanne von fast 300 Jahren vor sich hatten, ehe Westrom – das alte eigentliche römische Reich – 474 unterging. Das oströmische Reich (Byzanz), mit dem Kaiser Konstantin I. ab Anfang des 4. Jahrhunderts begonnen hatte, war kulturell und sprachlich mit (West-)Rom verwandt, begann jedoch ab dem 5. Jahrhundert, dynastisch etwas Eigenständiges zu werden.

Im (west-)römischen Adoptivkaisertum zog sich der amtierende Kaiser seinen Nachfolger selbst heran.

Eine Dynastie-Degeneration geschah nur beim Erbherrschertum, weil völlig Herrschafts-unbefähigte und daher auch nicht erziehbare »natürliche« Söhne, Enkel oder Neffen an die Macht kamen wie Caligula (37–41), Nero (54–68) und Heliogabal (210–214), deren sich im schlimmsten Falle nur durch Mord erwehrt werden konnte.

Der neuzeitliche Maximilian I. war der letzte Kaiser im deutschen Reich, der den Titel von seinem Vater, Friedrich III., dem Faulen, zwar schon geerbt hatte, aber noch von den deutschen Kurfürsten gewählt wurde. Ab Kaisertitel-Antritt von Maximilians Enkel, Karl V., 1519, wurde nur noch pro forma gewählt, in Wirklichkeit die Kaiserposition vererbt, wonach sich die Feindschaft zwischen dem französischen König, François I, und Karl V. entzündete, weil Franz 1 als Nachfahre von Karl dem Großen die Kaiserkrone ebenfalls beanspruchte und sie theoretisch auch hätte bekom-

DIE TEUFELSLIZENZ 179

men können, wenn die Reichsfürsten 1519 den Kaiser noch wirklich gewählt hätten.

Das gleiche Problem entsteht wieder, als 1658 auch der 19-jährige Louis XIV – »vorgeschoben« von Mazarin – sich um die Kaiserposition bewirbt und gegen Leopold I. (1640–1705) unterliegt, aber nicht, weil er nicht gewählt wurde, sondern weil die deutschen Reichsfürsten gar nicht mehr wählten. Sie bestätigten nur noch die ererbte Nachfolgeschaft eines neuen Kaisers, was die Franzosen plötzlich wieder nicht akzeptierten, obwohl bei ihnen schon lange Erb*königt*um herrschte.

Das Erbkönigtum in Frankreich war zu Zeiten von Louis XIV 700 Jahre lang Herrschaftsprinzip. Schon im 9. Jahrhundert wurde bei den Franzosen die Mischung von Erbe und Wahl praktiziert, die das römisch-deutsche Kaiserreich erst nach Maximilian im 16. Jahrhundert einführte. – Ab dem 9. Jahrhundert herrschte in Frankreich einerseits noch ein gewählter König »misericordia domini nostri et electione populi«, aber der Sohn folgte schon dem Vater, stellte sich der Wahl und wurde nur noch mit dem Spruch bestätigt. – Es gab im 17. Jahrhundert auch in Frankreich immer noch Rest-Riten der ursprünglich echten Wahl, wie die Frage des Erzbischofs an die versammelte Menge, die am 7. Juni 1654 der Krönung Louis' im Dom zu Reims beiwohnte: »Wollt Ihr Louis zum König haben?« – Schweigen war die Antwort: »Wir können ja doch nichts mehr machen« (74, S. 11).

Deshalb der Kampf des französischen Volkes mit seinen Königen um die Akzeptanz von *anderem* Willen, das Ringen um die Eingebundenheit der Könige in die Verfassung, das das Ergebnis des Willens der Vielen ist.

Zur selben Zeit, in der die Verhältnisse sich in Frankreich mit der unheiligen Allianz zwischen Ludwig dem Dreizehnten und Richelieu in Richtung Totalitarismus durch einen ersten europäischen nichtköniglichen Führer drehten, wurde in England vor, mit und nach Cromwell der Weg zur konstitutionellen Monarchie beschritten = einem verfassungsgebundenen Königtum mit nur noch relativer bis hinunter zu repräsentativer Macht.

Das Gottesgnadentum, aus dem Louis XIV schuldlos verstoßen worden war, war nicht nur eine politische Anästhesierung des Volkes, sondern auch eine In-Schach-Haltung des Herrschenden selbst: »Du kommst zwar von oben und von weit hinten, hast blaues Blut, will sagen, ein ewiges Herrschaftsrecht, aber du bist vierfach gebunden: nach oben an Gott, zumindest an deine Vorfahren, denen gegenüber du dich würdig verhalten musst, die auf dich schauen und phylogenetisch in dir wirken! Die Gemälde deiner Ahnen, die Gebäude deiner Vorfahren, die Gene deiner Urureltern – alles bindet dich wie deine weither gekommene Abstammung. – Und du bist auch nach unten gebunden. Eigentlich hat das Volk dich mal gewählt, hat nämlich einen deiner Vorfahren gewählt. Nun kann es aus vielen Gründen nicht mehr selbst wählen, aber ›erwählt‹ bleibst du symbolisch doch. Du kommst aus uns, bist einer der unseren, du musst wenigstens manchmal und mit gewissen Zugeständnissen und Gegenleistungen für unsere Unterwerfung unser gedenken!«

Nach rechts und links war der König auch gebunden, im Inneren des Landes zu seiner Herzlinken an seine Herzogsgleichen, die ihn berieten und noch bis zum Beginn der Neuzeit finanzierten, die ein Anrecht hatten, am Hof präsent zu sein, als seine Ratgeber zu fungieren, sich dabei für die eigene Herrschaft zu trainieren, wenn der König starb und er mit dem Maskulin-Genealogisieren gescheitert war, wodurch seine Verwandten seinen Thron einnehmen durften und mussten. – Nach rechts musste der König sich mit den ausländischen Fürsten ins Benehmen setzen, um seinem Land vernünftige Friedensverhältnisse zu sichern.

Dieses Kreuz von vier Bezogenheiten, nach oben zu Gott und Ahnen, nach unten zum Volk, nach beiden Seiten zu den in- und ausländischen Granden, *weitete* die Herrscheraugen: Gesandt, gesalbt, getragen, gewollt – Henri IV hat die Offenheit des Goethe'schen Universalbezugs im Blick.

Ludwigs des Vierzehnten Gesicht ist misstrauensverschlossen und entbehrungsresigniert, seine Augen fast zum Schlitz verschmälert, was sie physiologisch in seinen 20ern noch nicht waren.

Louis XIV hat die Mimik eines Industrie-Magnaten, der nur noch von dem Kalkül des Profits beherrscht wird: »Nehme ich 100 oder 1000 Tonnen Stahl? Lasse ich eines meiner Produkte zwei, drei oder fünf Dollar kosten?«

Louis hatte keine Königs-Identität, keinen Herrscher-Bezug zu Gott und Ahnen, zu Volk und Granden, die er hasste, erst recht nicht zu den europäischen Mitregenten. Er paktierte schließlich mit den »ungläubigen« Mohammedanern, von denen er noch 1681 Algier befreien wollte, weil dort Christen versklavt würden!

»Fälschung« begleitete Louis auf allen seinen Wegen, ist auch ein Prinzip seines alltäglichen Lebens: »Was interessiert mich mein Gerede und Getue von gestern?«

Aber da Louis' Imperium über 50 Jahre florierte, muss er eine *andere* Identität entwickelt haben. In den Sog des Vakuums der royal-feudalen Identität geriet die Manager-kapitale Identität.

Karl der Große (747–814)
Idealbildnis von Albrecht Dürer 1514

August der Starke (1670–1733)
Gemälde von Louis Silvestre zwischen 1725 und 1730

Henri IV (1553–1610)
Kupferstich um 1605
(Privatbesitz)

Louis XIV
Gesichtsausschnitt
Gemälde von Hyacinthe Rigaud 1701

DIE TEUFELSLIZENZ 185

Mit Louis' Sprung in das neue, sich heranbildende System des Kapitalismus sind sogleich drei Rätsel seiner Laufbahn gelöst, sein unerhörter Erfolg, das gigantische Interesse an seiner Person und die Nicht-Enträtselung seiner Herkunft.

Louis' Ausbeuten und Auspumpen und dabei Millionen-Schuldenmachen funktionierten so perfekt wie heute die Machenschaften der Banken und »Multis«, die Milliarden Schulden anhäufen, sich verspekulieren, Börsenkräche und Inflationen verursachen, das »Volkseigentum« in das steuererblindete nachbarliche Ausland transferieren. Louis XIV nahm die übelsten Praktiken des Kapitalismus voraus, die Amerika an der Spitze dieser Ökonomie-Entartung als das System der unbegrenzten, das heißt, unkontrollierten Möglichkeiten definierte.

Der Kapitalismus entlarvt sich zu Beginn des 21. Jahrhunderts präziser, als Marx sich den Vorgang hätte träumen lassen, so dass die Kirchen schon zu beten anfangen und die Millioneneigner warnen, die Kluft zwischen Reich und Arm nicht revolutionsfördernd zu weit zu treiben: Ungebundenes, rücksichtsloses, gefühlloses, inhumanes, antikreatürliches und kontra-natürliches Einfach*machen*! Auf »Teufel komm raus!«? Ach, woher denn! Der kapitalistische Teufel ist schon längst draußen, macht »am Fließband«, was eigentlich unmöglich ist, bis auch die größten und reichhaltigsten Gefüge wie Regenwälder und Ozeane zusammenbrechen, Taifune, Erwärmungen und Wetterkatastrophen provoziert werden und ganze Völker ernährungsökologisch kollabieren.

Louis XIV behandelte Frankreich wie eine Firma. – Schon in seinen Instruktionen an seinen Sohn und Nachfolger hat er seine Tätigkeit frühkapitalistisch terminiert, sich in seinen »Memoiren« als Generaldirektor mit seinem Privateigentum »Frankreich« präsentiert, das als Staatsbetrieb unter allen europäischen Staaten am besten organisiert sei und über die größte Macht verfüge!

Louis XIV benahm sich auch wie ein Landeigentümer, dessen Gebiet keine oder sehr entlegene Grenzen zu Nachbarn hätte.

Seine Regentschaft über Frankreich war für Louis XIV ein Job, den er als einen exakt studierten Beruf top-professionell auszuüben verstand. Louis hatte sechs Jahre unter seinem Paten, Kardinal Mazarin, gelernt, der ihn ab 16-jährig zum Herrscher persönlich und direkt ausgebildet hatte. Als Louis mit 22 $^1/_2$ Alleinherrscher wurde, lagen sechs Jahre Regierungstraining hinter ihm. – Zuallererst verfügte er über die Fähigkeit, die richtigen Männer in seinen Führungsstab zu berufen, die wie sein erster Finanzminister, Jean-Baptiste Colbert, effizient und unterwürfig, gehorsam und ideenreich agierten.

Psycho-Kapital-logisch stabilisierend hatte sich auf Louis XIV auch ausgewirkt, dass er das Unternehmen »Frankreich« von seinen beiden Vorläufer-Usurpatoren, Richelieu und Mazarin, wie einen Familienbetrieb übernommen hatte. Richelieu und erst recht Mazarin, Ludwigs Regierungsvater im engeren Sinne, waren beide keine Hochadligen, wie es die französischen Interimsregenten während der Unmündigkeit eines Kronerben eigentlich sein mussten. Mazarin war nicht adlig – eine ungeheure Stützung des Selbstbewusstseins für den geborenermaßen ebenfalls nichtadligen Louis XIV!

Und Richelieu war nur halbadlig, von Vaterseite her kleinadlig, geboren unter dem Namen du Plessis (»Richelieu« plus Herzogtitel kamen wie die Kardinalswürde erst viel später), Richelieus Mutter, geborene La Porte, war nicht adlig.

Das Adel-Ausrieselungs- und -Dezimierungsverfahren von Richelieu über Mazarin zu Louis XIV, dessen Herkunft nicht einmal mehr *elterlich*-»gestanden«, sondern »Gossen«-aufgelesen war, hatte dem Funktionieren der Herrschaft im neu entstehenden System des Kapitalismus nichts anhaben können.

Das riesige historische Interesse an Louis XIV betrifft das Wetterleuchten des weltzerstörerischen Großkapitals. Louis ist ein Vorläufer der Gates', Gettys, Flicks, Hughes', Krupps, Murdocks, Rathenaus, Rockefellers und der gegenwärtig nicht mehr namentlich im Gedächtnis der Menschheit haftenden Großisten, die an der Spitze von Autoherstellern, Bauunternehmen, Chemie-Mogoln, Elektro-Computer-Konzernen, Fleischfabriken, Krankheitsindustrien, Kosmetikfirmen, Medienmärkten, Ölgesellschaften, Waffenproduzenten und sonstiger pur Geld machender Wirtschafts-Korporationen stehen. Niemand ist da mehr »kreuzweis« eingebunden, wie ein König es war. Der Reibach wird immer gemacht, bis der Zusammenbruch geschieht, den dann das Volk bezahlen muss. Das demokratisch gewählte Parlament ist fast wie das *parlement* zu Louis-XIV-Zeiten, das zum zeremoniellen Schaumschläger degradiert worden war, ein kapitalistischer Symptomkratzer, aber kein echter Magnaten-in-die-Schranken-Weiser.

Louis XIV war der erste Uferlos-Wucherer. Ein gewöhnlicher feudaler Herrscher konnte nicht »absolut« sein. Er wurde zumindest von den Kirchen-Abgeordneten, seinen sogenannten Beichtvätern, die sein Leben kontrollierten, und von den Co-Königen, die seinen militärischen Aktionen Paroli boten, in Schach gehalten.

»Absolutismus« ist keine feudalistische, sondern eine kapitalistische Kategorie, der auch erst in der kapitalistischen Ära der Menschheit gehuldigt wird. Absolut sind dann jedoch *nach* Louis XIV nicht mehr *einzelne* Herren als Inhaber, Vorsitzende oder Generaldirektoren, die von Vorständen und Aufsichtsräten kontrollierbar, kritisierbar und absetzbar wären, die »Top dogs«. Absolut sind die »Viri-corpi-archate«, die Herrenkörperschaften, die niemand mehr kontrollieren kann und die die Erde in den Untergang »wirtschaften«. Unmerklich hat die Herrschaftsform gewechselt von Patri-archat zu Corpi-archat.

Louis XIV hat als noch Person-Unbeschränkter diese Gesellschafts-Deformation in der Übergangszeit wesentlich vorangebracht. Frankreich war Großmacht und hatte als Gesamtnation innerhalb des Landes keine Grenzen wie die über 300 deutschen Kleinstaaten. Es gab keine Binnenland-Zölle. Produzieren und Handeln funktionierten »reibungslos«! Die produzierende, handelnde und immer mehr besitzende sogenannte Mittelschicht, der bürgerliche Stand, erstarkte, zahlte Louis die Steuern für sein militärisches Ausufern und architektonisches Ausflippen.

Louis' Regentschaft faszinierte das bürgerlich-kapitalistische Bewusstsein, weil sie sich psycho-historisch notgedrungen motorschraubend-antriebshaft im Fahrwasser des kapitalistischen Siegeszuges befand, der in den drei Jahrhunderten nach Louis' Tod seine dezidiert zerstörerische Klimax erreichte.

Kein Wunder, dass sich buchstäblich niemand für Louis' genealogischen Bruch mit dem Feudalismus interessierte. Der Auseinanderfall von Louis' Persönlichkeit in frühkapitalistischen Riesen und spätfeudalistischen Zwerg konnte unter Louis' Ad-absurdum-Führen von Adel nicht gesehen werden.

Die biografische Literatur führt viele Unstimmigkeiten um Louis' Entstehung auf, aber sie nimmt paradoxerweise keine einzige unter das Mikroskop einer Histo(rio)analyse. Diese Technik ist erst einem *nach*-kapitalistischen Bewusstsein möglich, das – ernüchtert von den kapitalistischen Verzerrungen – dem feudalen Elend und kapitalen Glanz Ludwigs des Vierzehnten auf den Grund sehen kann.

Mehr als Gerüchte über Louis' Illegitimität vaterseits werden in den Jahrhunderten nach seinem Tode bis heute nicht gestreift. Wegen der zu offen»sichtlich« gewordenen schwulen Lebensweise von Ludwig dem Dreizehnten, der zum Volk noch keinen Abstand hielt wie sein Offizial-Sohn Louis XIV, wurde Ludwig 13 die Vaterschaft nicht zugetraut. Die kinderlose Ehe und die von Richelieu eineinhalb Jahrzehnte lang betriebene emotionale Trennung des Königspaares, um Ludwig 13 dem Einfluss von dessen spanischer Ehefrau Anna Ö. zu entziehen, all das ließ die plötzliche Zeugung Ludwigs des Vierzehnten durch seinen Offizial-Vater Ludwig 13 als unmöglich erscheinen.

Ludwigs des Dreizehnten letzter Geliebter, Henri de Cinq-Mars, wurde vom Volke am präferiertesten als Vater Ludwigs des Vierzehnten in Umlauf gesetzt. Die intime Beziehung der beiden Männer begann aber erst Anfang 1638, als Ludwig 14 schon gezeugt worden war und in einem höfisch weit entfernten Mutterleib heranwuchs.

Wenn die aufgefundenen Scherben mit den modernen Untersuchungsmethoden von Medizingeschichte und Gynäkologie gegen den Starrsinn der Historiker betrachtet werden, dann ergibt sich ohne einen Rest von Zweifel, dass diese Frau Anna von Österreich in diesem Alter in dieser Position mit dieser Vorgeschichte zu diesem Zeitpunkt an diesem Ort nicht dieses Kind Louis XIV zur Welt gebracht hat.

Mit einer Vielzahl von Perspektiven konnte im 17. und 18. Jahrhundert noch nicht auf die Ereignisse geschaut werden. Davon abgesehen, dass ein Biograf, der bis zur Französischen Revolution die Mutterfrage des Louis XIV gestellt, aus der sich auch die Illegitimität aller Nachfolge-Herrscher ergeben hätte, mit seiner Hinrichtung rechnen musste.

Die Revolutions- und Napoleon-Zeiten hatten mit den (Attrappen-)Bourbonen Tabula rasa gemacht und wollten nichts mehr über deren Genealogie-Fälschungen mit den daraus entstandenen gesamtgesellschaftlichen Konsequenzen wissen.

Das voranschreitende 19. Jahrhundert war mit seiner dramatisch anschwellenden Lust am prosperierenden und aufs gesellschaftliche Ganze gehenden Kapitalismus auch nicht mehr am Louis-XIV-Röntgen interessiert.

Und das 20. Jahrhundert hat sich zu sehr in eigenen Führer-Krämpfen gewälzt, als dass es zur Führer-Vorläufer-Kritik Ludwigs des Vierzehnten befähigt gewesen wäre.

Vor allem bestand zwischen dem 17. und 20. Jahrhundert noch kein Sinn für Louis' »Kardinal«-Komplex, den Zusammenbruch seiner Weiblichkeit, der sich aus seiner Mutterlosigkeit anbahnte. Dieser Sinn konnte sich erst in der Wende zum 21. Jahrhundert entwickeln, so dass jetzt jeder, der sich Louis XIV noch »irgendwie« königinmutterschößig erträumen möchte, sich so lächerlich machen würde, als liefe er heute mit einer Allongeperücke durch die Gegend.

Louis' Verwandlung des europäischen Männergesichtes in einen Vaginapopo wirft ein letztes Licht auf seine Königinmutterlosigkeit. Der Embryo wächst heran und ist lokalisiert in unmittelbarer Nähe zum weiblichen Genital, muss dann im Geburtsmoment mit seinem Kopf durch die Scheide heraus in die Welt kommen. Da Louis XIV nicht aus der königmachenden Königin-

gebärmutter Anna d'Austrias hervor»getreten« ist, hat er versucht, sein kö-
nigs-»uterales« Defizit mit dem lebenslänglichen Allonge-Futteral um seinen Kopf wettzumachen.

Der Feudalismus war noch weiblich. So sehr *auch* der Soldat diese Gesell-
schaftsform regiert hat, immer und immer wieder die Länder im Louis zu-
vorliegenden Jahrtausend mit Kriegen überzog und zerstörte, so wurde doch
das feudale Leben vom *Land* aus geregelt. Die gesamte Hierarchie vom Bauern bis zum König funktionierte vom Lande her, mit dem und in dem sich
Bauer, Adliger und König über das Lehen verbanden.

Das kapitalistische Produzieren funktioniert Land-abgekoppelt, der von
dieser Produktion angetriebene Geldumlauf sowieso hat nichts mehr mit
»Güter-Tauschwert« und »Naturalrestitution« zu tun. Der Kapitalismus organisiert das Leben immer mehr so, als ob der Mensch gar nichts mit Land zu
tun hätte, weder mit dessen Rhythmen noch mit den dem Land abgerunge-
nen Nährstoffen.

Louis' Königinmutterlosigkeit hat nicht nur sein kauderwelsches Verhältnis zu seinem eigenen Kopf und Körper provoziert, sondern auch – im Gegensatz zu seinem wirtschaftlichen Umgehen mit Frankreich – seine »Land-
losigkeit«, sein gestörtes Verhältnis zu Frankreich als seinem ihm von seinen Kardinalsvätern Richelieu und Mazarin zur rigorosen Ausbeutung er-
schmuggelten Privatbesitz. Auch Louis' Apfel fiel nicht weit vom Stamm.
Seine beiden Väter waren schon Generaldirektoren, die Frankreich nicht
mehr könighaft leiteten, sondern wie ein Imperium führten.

Ebenfalls mit seinem durch den Königinmutterverlust hervorgerufenen
Weiblichkeitsmangel war Louis XIV ein Menetekel der sich aus dem Feudalismus herausproduzierenden teuflischen kapitalistischen Gesellschaft.

Das Teuflische ist *nur* männlich. Der Teufel hat keine Weiblichkeit. Aus
dem betrügerischen Dieudonné entpuppte sich Louis XIV als Diableformé.

Louis XIV ist auf den Punkt einer dreifachen Dialektik zu bringen:

1. Er hat keinen Landbezug mehr, behandelt Frankreich aber wie sein
eigenes »Stück Land«.

2. Er war der letzte zeitgenössisch mächtigste Herrscher nach feudalen Sitten, die von ihm alle gebrochen wurden. Als seine legitime Ehefrau gestorben
war, heiratete er keine neue Prinzessin oder Herzogin, sondern heimlich die
kleinadlige, bürgerlich aufgewachsene Françoise de Maintenon, der er sich
als gebürtiger Nichtadliger nicht unterlegen fühlte.

3. Er hatte sich aus der Umfunktionierung des feudalen Systems eine
Quasi-Allmacht verschafft, mit der er die Real-Allmacht der kapitalistischen
Viricorporationen vorbereitete.

VIRI-CORPI-ARCHAT

Die kapitalistische Hymne auf Louis XIV sieht nachgerade so aus, als sei der römischen Kardinalskongregation zu danken, dass sie mit ihrer Einschmuggelung Ludwigs des Vierzehnten in den französischen Staat den Feudalismus in Frankreich unsanft, aber schnell »abgeschafft« hätte.

Im Gegenteil, die Kardinalsrunden der ersten Jahrzehnte des 17. Jahrhunderts haben die Geschichte Frankreichs und damit auch Mitteleuropas brachial zurückgedreht. Eine »organische«, Gesellschafts-adäquat allmähliche Entwicklung der Konstitutional-Monarchisierung, der Verfassungsbindung der Feudalstaatsform, wurde in Frankreich unmöglich gemacht, wie sie sich ab Henri IV und in Spuren schon bei seinen Vorläufern mit noch autonomer Macht, Henri II und François I, abzeichnete und wie sie sich in Skandinavien, den Niederlanden, Großbritannien, dem Kaiserreich und in mittel- und norddeutschen Fürstentümern tatsächlich ereignet hat.

Weil die europäische Menschheit diese sozio-»naturologische« Entwicklung vor Augen hat und die Ansätze in Frankreich beobachtet werden können, muss die »Operation Kronprinz«, die die Mitglieder der römischen Kurie in Frankreich unternahmen, als ein reaktionäres Manöver gewertet werden, das bis zur Französischen Revolution und ihren Nachwirkungen – Napoleon und seine Ausläufer – zu Eruptionen und Sich-Überschlagungen von Terror und Diktaturen geführt hat, die in den Ländern der Allmählichkeit des feudal-kapitalistischen Übergangs nicht stattfanden.

Die Beschaffung von Louis XIV zur Erhaltung des in Frankreich herrschenden Katholizismus war ein mikrowellenhaftes kapitalistisches Schnellbrütverfahren, das zerstörerische Auswirkungen auf ganz Europa hatte.

Verantwortlich für den Coup ist eine Herrenkörperschaft (lateinisch »viri-corporation«), die zu Anfang des 17. Jahrhunderts schon über tausend Jahre bestand und mit keinem versuchten Mittel innerhalb der Kirche und außerhalb der Kirche abgeschafft werden konnte. Sie verbirgt sich in der europäischen Geschichte hinter dem Begriff »Papsttum«, welcher Begriff die Wahrheit verschieft, weil er missverständlich suggeriert, es habe sich bei der Geschichte der Päpste um die Herrschaft *einzelner* Männer, um eine »Patrimon-archie« gehandelt, um ein Wahlkönigtum – im Unterschied zum Erbkönigtum von Gottes Gnaden.

In den ersten vier Phasen der Existenz des sogenannten Papsttums lässt sich keine Deformation dieses Gebildes diagnostizieren, die in den Machenschaften der Kardinalskörperschaft am französischen Hof im 16. und 17. Jahrhundert zum Ausdruck kommt:

1. Die erste Phase kann im strengen Sinne noch nicht als Beginn des »Papsttums« klassifiziert werden. Es gab im ersten Jahrhundert in Rom noch keine christliche Herrenkörperschaft, da dort nur eine Christen*gemeinde* lebte, eine Zusammenfassung von Gruppen von Gläubigen, die sich auf *einen* Weisen bezogen, auf einen besonders Wissenden oder Gott-Bezeugenden, der jemand wie Petrus – der ehemalige Jünger Jesu, der erste in der Reihenfolge gezählte »Papst« – noch wirklich war, ein Guru, ein »Rabbiner«, wie später Luther, der Schriften lesen und Probleme lösen konnte.

Von »Wahl« eines solchen Mannes kann am Anfang auch noch nicht gesprochen werden. Der »Älteste«, der »Zeugende«, der Wissende empfahl seinen Nachfolger, die Gemeinde einigte sich auf jemanden, der sie repräsentieren sollte, auf den sie sich beziehen wollte.

Wann die Festigung einer repräsentativen *Gruppe* von älteren Männern stattfand – die später begrifflich terminierte »Kardinalscorporation« –, die ihren Darsteller wählte, ist umstritten.

Es empfiehlt sich, die Fixierung eines solchen Datums mit dem Erscheinen des ersten »Gegenpapstes« vorzunehmen. Die Erstellung des Gegenpapstes Hippolyt (217–235) entblößt den Beginn von Gruppenstreitigkeiten, überhaupt vom Fungieren einer schon machthabenden »Männer-Gruppe«, die ihr »Oberhaupt« wählte.

2. Die zweite Phase des Papsttums macht keine Terminierungs-Schwierigkeiten mehr. Sie beginnt mit der christlichen Religion als römischer Staatsreligion, erhoben 391 durch Kaiser Theodosius den »Großen«. – Dass es in dieser Zeit schon eine gefestigte christliche Viricorporation gegeben hat, erweist sich aus dem Interesse der römischen Cäsaren an der Position des Repräsentanten dieser Corporation. Die Cäsaren begriffen sie als politisch und wollten auf die Erstellung des Repräsentanten der römischen christlichen Gemeinden Einfluss nehmen. Bis 391 war der Repräsentant, genannt Papst, nur von der Viricorporation der Gemeindehäupter und von den Gemeinden selbst gewählt worden. Jetzt nahmen sich die Cäsaren ein Mitspracherecht heraus.

3. Nach dem Untergang des römischen Weltreiches am Ende des 5. Jahrhunderts – Sturz des letzten weströmischen Kaisers Romulus Augustulus durch den germanischen Heerführer Odoaker 476 – ging die Christengemeinde *nicht* mit unter. – Für ihre Organisation und Repräsentation interessierten sich bald die mitteleuropäischen, vor allem die fränkischen Herrscher, die sich mit der christlichen Viricorporation arrangierten und später,

bis ins 11. Jahrhundert hinein, die Personen des Papstsitzes mitbestimmten. Chlodwig, der Merowinger (466–511), trat 496 zum christlichen Glauben über, weil er schon die (finanzielle) Unterstützung der Kirche brauchte.

In der Zeit zwischen dem Untergang Roms und der Stabilisierung des Frankenreichs (Merowinger ab Merewech, herrschte von 448 bis 457, und Karolinger ab Pippin d. J. 715–768) verfestigte sich die christlich-römische Viricorporation des »Ältestenrates« immer mehr zu einem Viricorpi*archat*, das sich herrschend »nach unten« und machtpolitisch »zur Seite« benahm.

Unter dem Karolinger Pippin dem Jüngeren begann die christliche Viricorporation, einen eigenen Kirchenstaat (Vatikan) zu gründen. Pippin stürzte 751 den amtierenden Merowinger-König und erhob sich – aus der Position eines Maiordomus (Hausmeiers) der Merowinger – selbst zum König, mit Zustimmung des Papstes Zacharias (741–752). Pippins Gegenleistung war immens. Er überließ dem Papst das eroberte Langobardenreich, das die Grundlage des Vatikanstaates wurde.

Das politisch kooperierende »Mit-Zustimmung-des Papstes« signalisiert präzise die Herrschaftsposition und vor allem die *weltliche* Macht, die das christlich-römische Viricorpiarchat unbestreitbar innehatte. Ab dieser Phase kann von Kurien-, Bischofs- oder Kardinalscorporation als Viricorpiarchat im eigentlichen Sinne gesprochen werden.

4. Die Einwirkung der europäischen Könige und Kaiser auf dieses Vatikanische Viricorpiarchat und die Wechselwirkung zwischen Königen/Kaisern und Päpsten dauerte bis 1073, ab dieser Zeit sich die Kardinalskörperschaft von den Königen und Kaisern wahltechnisch emanzipierte und die Päpste nur noch von der Kardinalscorporation selbst installiert wurden. Das politische Wechselverhältnis zwischen Papsttum und Kaiser-/Königtum blieb jedoch bestehen.

Trotzdem gewann das Kardinalscorpiarchat durch seine volle Selbstbestimmung, sein Oberhaupt allein zu wählen, eine politische Souveränität hinzu, die ihm auf Dauer *nicht* zuträglich wurde.

Schon nach *einem* Jahrhundert kardinalsgeschlossener Wahl des Papstes tritt eine viricorpiarchalische *Inzuchtsprogression* in Erscheinung, deren markantestes Zeichen der Auswuchs von Gegenpäpsten ist.

Das immer konfuser werdende Verfahren zur Regelung gesellschaftlicher Probleme, das sich hinter der Papstwahl verbirgt, geriet in den nachfolgenden Jahrhunderten, spätestens um 1300, derart in die Brüche, dass es hätte abgeschafft werden müssen: Wieder-Mitwirkung von Volk, Königen und Kaisern bei der Papstwahl. – Das geschah nicht, stattdessen schritten in den nächsten 300 bis 400 Jahren Deformation und Paralysierung voran, die zu solchen Mitteln wie dem Schmuggel der Medici-Bräute auf den französischen Königsthron im 16. Jahrhundert und die Ausklügelung von Ludwig Lebensborn im 17. Jahrhundert geführt haben.

Bis heute ist die Kardinalskörperschaft nicht als *Allein*schädigerin, als Stachel der christlichen Religion, gesehen worden. Kritik am Christentum wurde und wird immer so vermengt mit anderen Problemen – mit Glaubensfragen, mit Statutenanalysen, mit Kultregelungen, mit religiösen Interpretationen und Anschauungen, ja, mit Kirchenquerelen –, dass das Phänomen der Kardinalskörperschaft »ungeschoren« seine Destru-Machenschaften fortsetzen konnte. *Alles* war nicht abschaffbar, denn »Christentum« war in Europa mit »Menschheit« identisch geworden.

Ab 1500 mussten dann die Gläubigen, die sich nicht mehr von der Kardinalsindustrie ausbeuten lassen wollten, eigene Institutionen gründen. Es entstand die unübersichtliche protestantische Szene mit ihren multiplen Verzweigungen des selbstbestimmten Zugangs zu den Texten des Neuen Testaments.

Das war ein historischer Fehler, ein Ausweichmanöver, weil der Balken im christlichen Auge, die römische Kurie = der Papststaat Vatikan, bestehen blieb und sich neue Auswüchse leistete, wie das wissende schweigende Mittätertum beim Holocaust unter der Führung Pius' XII. im 20. Jahrhundert.

Ein wichtiges Stadium während der Beweisführung in einem modernen »Strafprozess«, heute besser genannt einem Fehlverhaltensverfahren, ist die Beschäftigung mit der Täterpsyche: Kann der Angeklagte diese Tat begangen haben? Passt sein Vorleben zur Tat? Steht sein Verhalten, seine sogenannte Seele, in einer Verbindung zur Tat? Vor allem: Welche Motive zur Begehung dieser Tat haben ihn angetrieben? Wie sind seine Lebensumstände? Gibt es Konflikte in seiner Biografie, die ihn zu dieser Tat gebracht haben können?

Der Täter des Verbrechens gegen das königliche Gottesgnadentum ist ausgerechnet eine Institution, die dieses Recht der Herrschaftsregelung selbst mitgeschaffen, zumindest an seiner Formulierung jahrhundertelang konstitutiv mitgewirkt hat.

Der Täter der »Operation Kronprinz« ist keine natürliche, sondern eine juristische Person, im Fall der Kardinäle eine Organisation von älteren und alten Männern, die gewohnt sind, sich eng aufeinander bezogen zu verhalten, um ihre wirtschaftlichen und politischen Interessen *nur* zu ihrem Vorteil durchzusetzen.

Die ganze Körperschaft einer juristischen Person muss sich die Handlungen ihrer Mitglieder, ihrer natürlichen Personen, anrechnen lassen.

Bei der Beschaffung von Louis XIV und seiner Installierung in der französischen Machtapparatur konnten bisher drei Mitglieder der römischen Kardinalskörperschaft enttarnt werden: Maffeo Barberini, später Papst Urban VIII. (1623–1644), Arman-Jean du Plessis, später unter dem Namen Richelieu erster Kardinalskönig von Frankreich (1624–1642), und Giulio Raimondo Mazzarino, später unter dem Namen Jules Mazarin zweiter französischer Kardinalskönig (1643–1661).

Joel Bakan, der kanadische Autor des Buches *The Corporation*, der die *gegenwärtig* zerstörerisch agierenden Industrie-Giganten attackiert, die alle als juristische Personen organisiert sind, kam auf die revolutionäre Idee, juristische Personen nicht nur rechtlich wie natürliche Personen zu behandeln – so ihre Existenz im Gesetz geregelt ist –, sondern auch medizinisch-psychiatrisch, ja, psychoanalytisch! (11)

Die Kategorien zur Destruktionsdevianz einzelner verhaltensgestörter Menschen, die entweder gegen *andere* oder gegen sich *selbst* zerstörerisch wirken, sind mit Hilfe dieser neuen Idee stringent überzeugend auch auf juristische Personen anzuwenden.

Alle kapitalistischen Giganten sind viricorporativ formiert, setzen sich aus Herren zusammen, die mit ihren wirtschaftlichen Unternehmungen nur oder überwiegend Zerstörungen anrichten – bei anderen Menschen, Millionen von natürlichen Personen, in fremden Ländern, für nahest verwandte Mitgeschöpfe und in der ganzen Natur, so dass die Erde gegenwärtig »aus den Fugen« gerät.

Die Kardinalscorporation ist im 17. Jahrhundert eine schon seit 1200 Jahren *kapitalistisch* agierende Herrenkörperschaft, weil sie über Geld funktioniert, ihren Profit aus den Gläubigen bezieht, die wesentlichen Anteile des von ihnen erwirtschafteten Bruttosozialprodukts und ihres erarbeiteten persönlichen Vermögens an die Kardinalsgesellschaft in Rom abführen (müssen). – Nur bruchstückhaft fließen die Gelder der Gläubigen an diese zurück via Seelsorge, Priesterämter, Wallfahrtseinrichtungen und Kirchenbauten. Der prozentual nicht auszumachende Mehrwert verbleibt im Unternehmen »Vatikan«, der bis heute über Milliardenressourcen verfügt, aus denen zum Beispiel der Schadensersatz für die Opfer sexueller Gewalt durch Priester und Bischöfe auf der ganzen Welt spielend in Multimillionenhöhe gezahlt werden konnte und kann.

Psychopathisch agierte die Kardinalskörperschaft ab 1500: Infiltration in

Frankreich per Unterlaufung der europäischen Hochadels-Heiratspolitik mit Hilfe des personellen Eigenprodukts, der kardinalshergestellten ersten Medici-Braut Katharina.

Dieses Abgleiten in ein gesellschaftliches Fehlverhalten geschah, weil die Kardinäle schon über 200 Jahre lang auf Degenerationskurs liefen und wie eine Feudal-Dynastie eigentlich hätten abdanken, ja,»absterben« müssen: Verlebt, ausgelebt – weg!»Next!« – Ging nicht! Es gab keinen Gegner, der diese seit Jahrhunderten regierende viricorpiarchalisch funktionierende Herrschaft hätte als Ganze ablösen *wollen*, von»können« nicht zu reden.

Die Erbdynastien starben, *konnten* sterben, die Wahldynastie tat das nicht. Die Gefährlichkeit ihres und nur speziell *ihres* Weitermachens wurde nicht erkannt. Innerhalb von Kirchen- oder Christentumskritik wurde die vatikanische»Wandelgesellschaft mit völlig eingeschränkter Haftung« immer nur so mitkritisiert.

Natürliche Personen wie christliche Könige und Herzöge, Bischöfe und Äbte, Mönche und Religionsspezialisten verhielten sich im Feudalismus immer mal wieder sozial völlig»daneben«, das heißt»geistig-seelisch abartig«, wie man sich die Definition»psychopathisch« vergegenwärtigen muss. Aber das Papsttum als Repräsentant der Vatikan-GmbH ist schon ab dem 12. Jahrhundert in die Abart seiner *eigenen* Definition geglitten, weil es seit dieser Zeit nur noch eine politische Herrschaftsinstanz geworden war – mit rudimentär-religiöser Position, schlimmer, ein Wirtschaftsunternehmen, das nichts (mehr) produziert, das nur noch aus seiner blind(darm)theologischen Zurückgeschrumpftheit von allen Menschen ökonomische Zulieferung erzwang und damit die Definition der Mafia erfüllt. Mafia ist Wirtschaftsverbrechen per Parasitentum – bis zur Mordkriminalität.

Es gibt eine Genese des Täters»Kardinalskörperschaft« in deren soziale Destruktionsdevianz:

Der Heiligkeitsschwund

Unter den insgesamt 52 Päpsten von etwa 40 n. Chr. – dem Wirken Petri in Rom – bis Anfang des 6. Jahrhunderts wurden alle später heiliggesprochen.

Um 500 veränderte sich die Stellung des Papstes. Bis dahin war der Papst Bischof von Rom, oberste Instanz in Glaubensfragen und auch Richter in Sittenproblemen. Ab etwa 500 wird der Papst ein Boss-Regent, der er bis heute geblieben ist. Glaubens- und Sittenfragen werden vom wirtschaftspolitischen Kalkül des päpstlichen Handelns in der Welt beeinflusst.

Als ob nach dem Untergang des tausendjährigen römischen Weltreichs das fast 500 Jahre herrschende Cäsarentum auf die Kirche, die sich »römisch-katholisch« nannte, übergegangen wäre, wollten nun die Unternehmensverantwortlichen Kardinäle ihren *Cäsar* wählen.

Zwischen 500 und 1000 n. Chr. gibt es 90 Päpste – beinahe doppelt so viel wie in den 500 Jahren zuvor! Von ihnen werden 19 heiliggesprochen, weniger als ein Viertel des »Gesamtbestandes«!

Zwischen 1000 und 1500 n. Chr. sind von den 73 Päpsten »ganze« zwei heilig! Und ab 1500 bis zur Jahrtausendwende 2000 sind es von den 47 ebenfalls nur noch zwei.

Im ersten Jahrtausend haben die 71 heiligen Päpste etwas mit dem zu tun, was ursprünglich ihr Amt war. Die Hälfte von den insgesamt 142 hat aus den eigenen Reihen einen Jenseits-Pass ausgestellt bekommen. Im zweiten Jahrtausend gibt es nur noch vier Petrus-Travellers!

Die Verlagerung von Glaubensregelung zu »mondäner« Wirtschaftspolitik springt über die nackten Zahlen des Heiligkeitsverlustes ins Gesicht. Auch dass im ersten Viertel der Geschichte des Papsttums nur 52 Männer den »Stuhl Petri« besetzten, in den nächsten beiden 500 Jahr-Intervallen es zwischen 70 und 90 waren – Gegenpäpste nicht mitgezählt –, zeigt das Interesse an der Einnahme dieser Monopolposition, denn es sind bis 1500 in jedem halben Jahrtausend 30 bis 40 Prozent mehr Männer, die auf den begehrten und verruchten Platz gehoben werden (wollen).

»Heilig« erfüllt die gleichen Merkmale wie »menschlich«. Und »menschlich« – auf Herrscher angewendet – ist meist identisch mit volksnah. Die Päpste zwischen 40 und 524 waren auch deshalb noch »menschlich«, weil sie nicht nur von den Glaubenshäuptern, sondern auch vom Volk (Roms) gewählt wurden. Als das Papsttum ein Staatspolitikum wurde, drängten die Kardinäle »das Volk« aus der direkten Wahlbeteiligung heraus.

Louis XIV ist als Produkt von Kardinälen ihr horrendester Spiegel geworden – ein Politiker, der nichts mehr mit Volk zu tun hat. Vor allem spiegelte er das jahrhundertelang auftrumpferische Palästebauen der Kardinäle.

Louis baute für sich drei Schlösser: die Schlossstadt-Anlage Versailles, um den französischen Adel »unter die Fittiche« zu nehmen und ihn auch noch physiopsychisch niederzuzwingen, was ihm politisch schon gelungen war. Das »Haus« Versailles, die »Domestizierungs«-Anlage des Adels (174, S. 81), ist kilometerlang, aber die Wohneinheiten für die Adligen sind so klein, dass sich die Menschen darin drängeln und bücken mussten, was hieß, wohnungsmäßig zu Bürgern und Bauern hinunter »gedrückt« wurden. – Die Versailler Repräsentationsräume jedoch sind so hoch und groß, dass sie immer kalt bleiben. Durch die Säle zieht es. Über dem Ganzen liegt von draußen wegen der ursprünglichen Sumpfgegend andauernd Nebel. Umbauten, Zusatz-Öfen und -Kamine – verboten!

Sich selber aber baute Louis XIV exakt dimensioniert fürs heimelige Beisammensein mit Personen seiner Gunst das Schloss Marly, begonnen 1679 trotz 18-facher Staatsverschuldung, drei Jahre *vor* Einzug ins Regierungs-Versailles! Und für das gänzliche Alleinsein mit sich selbst und seinen Allernahesten hatte Louis sich noch seine »Datsche«, den sogenannten Marmortrianon errichtet. Er wusste also, wie Menschen eigentlich wohnen wollen, wenn sie wohnen *können*, was das Pariser Volk in »Wohnungsnot« immer schlechter konnte, weil es sich in einem *Zimmer*notstand befand!

Gottes-Usurpator

Das Papsttum erlebt seine Blüte im Hochmittelalter (von 800/900 bis 1100/1200). Auf der Wende von Hoch- zu Spätmittelalter (1100/1200 bis 1300/1400) kippt das Papsttum von einer Staatsmacht *sui generis* zum Staatsverbrecher.

Dieser Vorgang kann am besten mit den Worten des Generalkonzils, einer Religionsprofi-Tagung, wiedergegeben werden, das im März 1409 nach Pisa einberufen und von den meisten Königshöfen Europas mit Kirchenführern und Diplomaten beschickt wurde. Auch die 24 damals existierenden Kardinäle nahmen daran teil. Es ging um den Krach zwischen drei Päpsten, unter denen zwei vom Konzil am 5. Juni 1409 für amtsenthoben erklärt wurden. Begründung: »Die heilige allgemeine Kirchenversammlung erklärt, entscheidet, präzisiert und verkündet ... gegen Petrus von Luni (Pedro de Luna), alias Benedikt XIII., und Angelo Corario [Corara], alias Gregor XII., die sich schändlich um die Papstwürde streiten ..., dass beide überführte Schismatiker [Kirchenspalter] waren und sind ..., ja, dass sie sogar überführte Häretiker [Ketzer, Abweichler] und Irrgläubige sind und erwiesenermaßen die ungeheuerlichen Verbrechen des Meineids und des Bruchs ihrer Gelübde begangen haben.« (90, S. 155 f.)

Die Kleist-Frage ist fällig: Was war geschehen?

Es gab bis zum Spätmittelalter das Gerangel zwischen weltlichen und sogenannt geistlichen Herrschern, immer mit der Frage begleitet: Wer steht über wem? Wer kann wem befehlen? Wer kommt zuerst vor Gott? – Zwischen Gottesgnadentum der Könige und Gottesstellvertretertum der Päpste wurde nur ein Millimeter-enger Abstand im Kopf-an-Kopf-Rennen um die höchste Macht gemessen. Trotzdem hatten die Herren sich im Hochmittelalter geeinigt: Bei allem, was »Welt« bedeutet, kommt der Fürst zuerst – kulminierend in der Ansicht Papst Johannes' X. (914–928), der König habe die Macht, die Bistümer zu verteilen, die Bischöfe einzusetzen, der König sei der Amtsherr auch der Geistlichen.

380 Jahre später dekretiert Papst Bonifatius VIII. (1294–1303) das vollständige Gegenteil mit seiner Bulle »Unam Sanctam« (18. 11. 1302): »So erklären wir, sagen und bestimmen, dass alle menschliche Kreatur heilsnotwendig dem Papst in Rom untertan sein muss.« (90, S. 141) Auch die Könige müssten sich nun – so der weiterlaufende Text der Bulle – in allen ihren Angelegenheiten dem Papst unterwerfen, da er der Nachfolger Petri, des Stellvertreters Jesu, sei.

Klarster Text dieses Diktums: Der Papst kann über alles, über ihn aber niemand richten und befehlen, außer Gott. Da »Gott« eine Fiktion fürs Jenseits ist, bedeutete die »Meinung« des Papstes fürs *Dies*seits, für die Realität der Menschen auf der Erde, eine der ersten Definitionen des Führerstaates! – Der König gottes*gnaden*abhängig, da er in *Un*gnade fallen kann. Der Papst jedoch Gottes Stellvertreter, von niemandem auf dieser Welt mehr kontrollierbar. Damit war der Weg des Papsttums ins Staatsbanditentum freigelegt.

Der Terminus »Gottes Stellvertreter« verbirgt die Hybris, in die sich das Viricorpiarchat der römischen Kardinäle hineinkatapultiert hatte: Sie gerierten sich selbst als Gott, denn dieses »Alles-dem-Papst-untertan« bedeutete faktisch eine gottgleiche Position in der Welt.

Angebahnt wurde die Gott-Usurpation durch die »Unkündbarkeit« des Papstes. Absetzen, Abdanken, Rücktritt waren im System nicht vorgesehen und geschahen deshalb nur ganz ausnahmsweise. »Papst« hieß ab nun, auf Lebenszeit Gott zu spielen, die Geschicke der Gläubigen selbstherrlich zu bestimmen. Die Papst-Regierungs-Praxis sah dann für immer so aus, dass auch die Kardinäle auf den Tod eines Papstes warten mussten, ehe sie einen neuen wählen konnten. Oder sie mussten beim Ableben des Papstes nachhelfen, wenn sie sich seiner zu entledigen trachteten.

Die Gott-Usurpation kommt am extremsten in dem »Unfehlbarkeits«-Anspruch der Päpste zum Ausdruck. Was sie ideologisch sagen und wirtschaftlich machen, sei richtig, nicht kritisierbar, nicht korrigierbar. Vor allem: Dem Papst-Handeln gegenüber ist keine Wehr möglich! – Auch wenn der UFEBA-Anspruch sich angeblich nur auf religiöse Dogmen bezogen hätte, wurde er gegenüber den Gläubigen, ja allen Menschen als Rechtfertigung des wirtschaftlichen und politischen Handelns in der Gesellschaft gehandhabt und gegen alle »*Un*gläubigen« mit Knechtungen, Foltern und Verbrennen durchgepeitscht.

Wer Gott usurpiert, wer sich wie Gott geriert, zerstört sein Verhältnis zur Menschheit *und* zur Gottheit. Er begeht die größte »Sünde« des Seienden.

Wäre der Gottspieler eine *natürliche* (Privat-)Person, könnten über sein Ausrutschen aus dem Weltbezug die Achseln gezuckt werden. Die Kardinalscorporation ist aber eine öffentlich tätige juristische Person mit einer tatsächlichen Weltmacht. So zerstört sie überall dort das Verhältnis der Menschheit zur Gottheit, wo sie Macht über Menschen hat.

Mit Ausnahme Asiens und einiger noch nicht eroberter Erdterritorien beherrschte das Viricorpiarchat der römischen Kardinäle ab 1300 wirklich die »ganze Welt« und ist dafür verantwortlich, dass diese »ganze Welt« wegen ihres zerstörten Verhältnisses zum Göttlichen bis heute in den Untergang marschiert.

Das alltägliche Glaubensbekenntnis-Geplappere und wöchentliche Riten-Getue hat niemals das zerstörte Verhältnis zur Gottheit wieder aufgebaut. Das könnte »einzig und allein« der Abtritt aus der Rolle Gott-Usurpator, der Rücktritt in die Bescheidenheit bewirken.

Paulus hat von »Untadeligkeit« gesprochen, als er die Position des Bischofs, des »Papstes«, des Repräsentanten der Gläubigen, definierte (Tit I, 7). »Untadelig« ist genau das Gegenteil von »unfehlbar«. Es ist der demütige, rücksichtsvolle Umgang mit allem Co-Seienden, ob nah oder fern.

Der Doppelpapa

Wenn der so hoch gottnah Thronende, wie Bonifatius VIII. ihn orthodoxiert, ein von Campanella imaginierter religiös geläuterter, »sonnenbürgerschaftlich« entrückter, weiser, gerechter, liebenswürdig-leut»seliger« Philosoph wäre, dann kein Schaden von solcher Höhe einer Person für die Welt.

Aber Bonifatius VIII. (1294–1303) läutete in der Papstposition die institutionelle Breitmachung der katastrophalsten männlichen Verwrackung ein, die es nötig hatte, sich über alle Menschen machtmissbrauchend zu setzen: Bonifatius VIII. war zur Freundschaft unfähig, verachtete die Menschen. Er war selbstsüchtig, habgierig, gefürchtet, verhasst, herrschsüchtig, kalt, arrogant, ungewöhnlich unsympathisch, grausam, unersättlich danach bestrebt, sich und seine Familie zu bereichern. Ihm wird zur Last gelegt, seinen Vorgänger, Cölestin V. (5. 7. 1294–13. 12. 1294), einen liebenswürdigen Einsiedler, der »Engelspapst« genannt wurde, bei dessen – papstinstanziell eigentlich nicht vorgesehener – Abdankung juristisch »beraten« und bei dessen Ableben Schöpfer-kontradiktisch nachgeholfen zu haben. – Bonifatius VIII. gab die Errichtung derart vieler Standbilder von sich selbst in Auftrag, dass römische Lästerer ihm wegen seiner »Selbstbeweihräucherung« die Förderung des Götzendienstes vorwarfen (117, S. 227).

In einem solchen Fall von eklatantest denkbarem Amtsmissbrauch hätte die Viricorporation der Kardinäle die Notbremse ziehen und das Prinzip der Lebenslänglichkeit der Papstposition ändern müssen. Sie tat es nicht, sondern manövrierte sich in die Lächerlichkeit des multiplen Gegenpapsttums. Versagte ein Papst oder entsprach nicht den Wünschen der Kardinäle, wurde ein Gegenpapst nominiert, der schon als Institution das Konstrukt des Gottesstellvertretertums auffliegen ließ.

Es gibt 39 *gewählte* Gegenpäpste zwischen 217 und 1449. Das sind etwa 15 Prozent der insgesamt 267 Päpste bis Benedikt XVI. – die Gegenpäpste nicht mitgezählt, die sich selbst zu Päpsten ernannt und das Amt usurpatorisch eingenommen haben. – Werden die Gegenpäpste während der Zeit ihrer Existenz prozentual auf den Gesamtbestand aller Papst-Kontrahenten berechnet, »schwellen« sie auf 20 bis 25 Prozent an: Auf vier bis fünf Päpste kommt ein Gegenpapst.

Im ersten Jahrtausend – von 1 bis 1000 –, zwischen dem ersten Gegenpapst (217) und dem letzten Gegenpapst (987–998), gibt es insgesamt 16 Gegenpäpste (sechs in den ersten 500 Jahren, zehn in der zweiten Hälfte). In den folgenden 500 Jahren – ab 1012 bis zum Tod des definitiv letzten Gegenpapstes (1451) – steigt die Zahl der Gegenpäpste sprunghaft auf 23 an. Das bedeutet bei 73 Päpsten in diesem halben Jahrtausend ein Verhältnis von 1:3. Auf *einen* Contrapapst »kommen« drei Propäpste. Darüber hinaus komprimieren sich Ballungsphasen mit inflationärem Ausschütten von Gegenpäpsten. Zwischen 1058 und 1180 gibt es 14 Gegenpäpste, das heißt, in einer Spanne von 120 Jahren tut sich jedes Jahrzehnt mindestens ein Gegenpapst hervor. Ebenso laufen Papst und Gegenpapst nebeneinander her zwischen 1378 und 1449, den letzten 71 Jahren der Gegenpapst-Ausuferung: Sieben Contrapäpste bieten den Propäpsten Paroli. Jedes Jahrzehnt grüßen mindestens zwei, manchmal drei Stellvertreter Christi die Menschheit während einiger Jahre *gleichzeitig*.

Am tollsten gebärdet sich der Ausbruch des sportiven Kampfes um die päpstliche Weltmeisterungsschaft innerhalb einer Zeit von 21 Jahren (1159–1180), in denen vier Gegenpäpste gleichzeitig gegen ein und denselben fünften Papst antreten, der die ganze Zeit unschlagbar vor sich hin stellvertritt.

Es kommt sogar zu körperlichen Auseinandersetzungen zwischen den Päpsten – öffentlich, während einer Zeremonie im Petersdom: Victor IV. (1159–1164, Zweiter dieses Namens und dieser Nummerierung), erster der vier Gegenpäpste gegen Alexander III. (1159–1180), reißt diesem den purpurnen Papstmantel von den Schultern und hängt ihn sich selber um!

Und als das Konzil von Pisa 1409 die beiden insolventen Möchtegernpäpste moralisch absetzte, beriefen sich *gleichzeitig* drei Herren auf die Prokura Christi, so dass die Gläubigen vor Rechtsunsicherheit dreherig wurden: An wen sollten sie glauben? Wem ihren »Zehnten« überweisen?

Das Adelsminus

Im Laufe des 12. Jahrhunderts fand eine Entfeudalisierung des Papsttums statt. Die Päpste waren keine Angehörigen des Adels mehr, aus dem sie sich beginnend mit dem Frühmittelalter bis in die Blütezeit des Papsttums im Hochmittelalter mehrheitlich herleiteten.

Theoretisch konnten Männer aus allen Schichten des Volkes zum Papst gewählt werden, wenn sie zuvor Kardinal geworden waren. Trotzdem war es bis ins Hochmittelalter eine Regel, die Päpste aus Aristokratenfamilien zu rekrutieren. Solange die Könige und führenden Adelsgeschlechter bis zum Ende des 11. Jahrhunderts noch die Macht hatten, die Päpste einzusetzen, zumindest vorzuschlagen oder »gegenzuzeichnen«, wurden die Kandidaten häufig aus den *eigenen* Reihen der Adligen gewählt.

Das hatte mehrere Vorteile: Die Päpste waren als Angehörige von Herrschergeschlechtern selbst herrschaftsgeübt, waren in ihrer Jugend als jüngere Brüder oder Königsvettern wie Reserve-Herrscher in staatliche und allgemeinpolitische Leitungsangelegenheiten eingeführt worden. Sie hatten als »hohe« Familienmitglieder schon ein phylogenetisch vermitteltes Machtbewusstsein mit der Kenntnis auch von Machtbegrenzung und von der Gratwanderung zwischen Machtausübung und Macht-missbräuchlichem Zerstörungsverhalten. Zu diesem familiengeschichtlichen Machttraining gehörte auch die Fähigkeit zur Ressourcen-Kalkulation, etwas, was jeder Adlige lernen und später praktizieren musste. Stichwort: Land-Eingebundenheit des Adligen. Herrschende Adlige waren in ihrer Position reich geworden – vor langer Zeit – und waren in dieser Position reich geblieben, so dass Gelderwerb noch keine persönliche Triebfeder dafür war, Papst werden zu wollen.

Entstammten in späteren Jahrhunderten Päpste noch adligen Familien, dann meist »verarmten«, ökonomisch heruntergekommenen Zweigen, wodurch die Jünglinge wie alle anderen Heranreifenden aus unteren und mittleren Schichten in der Dynamik aufwuchsen, reich werden zu wollen.

Ab dem Spätmittelalter war das Papsttum eine Fastfood-Aristokratisierung. Jeder Mann konnte in der Zeitspanne seines Lebens »Kaiser« werden, wozu es früher vieler Generationen eines allmählichen Aufstiegs bedurft hatte – und das über mehrere Jahrhunderte hinweg.

Die Päpste als Adlige waren noch bis zum Hochmittelalter mit den Königen oft auch realverwandt – das förderte ihre Einbindung in das Ganze und verhinderte ihre Überdrehung in die Maßlosigkeit.

Bis zum Ende des ersten Jahrtausends nannten sich die meisten Päpste so, wie sie von Geburt an hießen, was sie außerdem noch königsähnlich sein ließ: Ludwig, Friedrich, Otto, Karl, Heinrich, Konrad, Franz auf der Königsseite standen auf der Papstseite Alexander, Felix, Johannes, Gregor, Klemens, Paul und Victor gegenüber.

Um die Wende zum 11. Jahrhundert hatten Päpste in der Regel nur noch »Künstlernamen«, wie es bis heute praktiziert wird. Aus Joseph Kardinal Ratzinger wurde Papst Benedikt XVI. – oder, so sein Spitzname, »Papa Ratzi«.

Ab Herzog Brun von Kärnten, einem Vetter Ottos III., Urenkel Ottos I. – als Papst Gregor V. (996–999) in die Geschichte eingegangen –, gibt es bis 1305, bis zum Beginn des Avignon-Exil-Jahrhunderts, 45 Päpste, von denen 23 adelsgebürtig sind. Zwischen dem 11. und Anfang des 12. Jahrhunderts sind von den 38 Päpsten sogar noch zwei Drittel adlig.

Die Dominanz der nichtadligen Päpste beginnt erst im Voranschreiten des 12. Jahrhunderts, genau ab 1124–50 Jahre nach der Ablösung der Kardinalscorporation von der kaiserlichen Bevormundung bei der Wahl eines Papstes (1073). Von den 14 Päpsten ab 1124 bis Jahrhundert-Ende sind nur noch vier adlig. Ab 1216 sind von den 17 Päpsten bis zum Beginn des 14. Jahrhunderts nur noch fünf adlig.

Der Verfall des Papsttums im Spätmittelalter geht einher mit dem Wechsel der Gesellschaftsschicht auf dem Stuhl Petri. Ab dem ausklingenden 12. Jahrhundert überwiegen die Päpste, die aus bürgerlich-bäuerlichen Ständen aufgestiegen sind, bis es in den nächsten Jahrhunderten zur Regel wird: Päpste sind Söhne von Juristen, Politikern und Beamten oder von Geschäftsleuten oder von Handwerkern, Bauern und Hirten. 60 Prozent Juristen, 30 Prozent

Geschäftsleute, zehn Prozent sind Landbezogene, wobei die Päpste aus sogenannt einfacher Herkunft immer aufstiegen, weil ein klerikal bezogener Onkel den Jungen schon früh auf den Weg in die kirchliche Ausbildung gewiesen hat (Klostererziehung oder Lehre bei einem corporativ vernetzten Politiker, danach Training in Positionen im Vatikan).

Der hohe Anteil der Päpste aus dem politisch-juristischen Herkunftsmilieu enthüllt die endgültige Umfunktionierung der Behörde »Kardinalscorporation« von einer religiösen Institution zu einem rein wirtschaftspolitischen Interessenverband.

So wie heute Jura und Betriebswirtschaft studiert werden müssen, um ein Unternehmen führen zu können, so ähnlich war es ab dem 12. Jahrhundert in der päpstlichen Nach-Adelszeit. Das mafiotische Wirtschaftsunternehmen »Kardinalskörperschaft« konnte effizient auf seine Ewigkeitsdauer hinaus in den folgenden Jahrhunderten nur noch von Juristen und Betriebswirten gemanagt werden, die nicht nur *Söhne* von Juristen und Unternehmern waren, sondern auch selber Jura mit allen Verzweigungen in Verwaltung und Wirtschaft studiert haben mussten. Die zehn Prozent Päpste mit Herkünften aus der Landbevölkerung glänzten entweder mit juristisch-geschäftlichen Sonderbegabungen oder durch religionsideologisch-pathologische Fanatismen, mit denen zwischendurch den Gläubigen inquisitorisch-verfolgerisch eingeheizt werden konnte.

Die Nachteile dieses »Schichtwechsels« im Papsttum sind evident: Keine familiengeschichtliche Berührung mehr mit Königen und Fürsten. Kein Machttraining »von Hause aus«, stattdessen Augenmaß-verlierende Gigantomanie bis zu Wahnsinnsausbrüchen wegen des ungeheuren Drucks der Höhenposition, die einen jahrzehntelang erfahrenen »Mittleren« und »Niederen« schwindlig macht. Universal-Ambitionen verdrängen Regional-Professionalität. Es widerfährt dem Papsttum ein Verfall der Herrschafts-»Kultur«, in den die Kardinalscorporation es hineintreibt und aus dem sie es nie wieder befreit.

Der Beleg fürs Fuchteln statt Regieren ist die Inflation von Gegenpäpsten im 12. Jahrhundert. Die Gewählten von unten können in diesem Jahrhundert noch nicht richtig oben sitzen und provozieren sofort nach Amtsantritt die zweite, ja, manchmal die dritte und die vierte Wahl eines Gegenkandidaten, den einige, viele oder manchmal sogar (fast) alle Kardinäle wählen, wobei der erste insolvente Papst sich jedoch wegen des Dogmas von seiner unfehlbaren Gottesstellvertretung nicht absetzen ließ.

Vor allem »schießen« Gegenpäpste deswegen aus den Reihen der Kardinalskörperschaft hervor, weil die Propäpste oftmals das Unternehmen *nur* als Privatbereichungsanstalt und nicht genügend auch als Gruppenbereichungsanstalt handhaben. Die unter einem Papst zu kurz gekommenen Kardinäle wählen sich einen neuen, der ihre Interessen besser berücksichtigt.

Papstschizophrenie

Der größte italienische Dichter, Dante Alighieri (1265–1321), hat in seinem Weltwerk *Die Göttliche Komödie* die Verbindung zwischen Papst und Teufel hergestellt, indem er Bonifatius VIII., der versucht hat, den Dichter ermorden zu lassen, in die Hölle verlegte. Der Papst hatte sich in die Unabhängigkeitsbewegung von Florenz erfolgreich eingemischt, die erstickt werden konnte. Dante war ein Mitglied der Befreiungsbewegung, wurde nach ihrem Scheitern zum Tode verurteilt und musste vor seinen Häschern von Stadt zu Stadt fliehen.

Etwas Merkwürdiges, das wie Sterben oder Überlebenskampf des Papsttums aussah, geschah nach Bonifatius' Tod: die Auswanderung des Papsthofes von Rom nach Avignon in Südfrankreich und die Einleitung eines ganzen Jahrhunderts päpstlicher Exklave.

Der Nachfolger von Bonifatius VIII., Benedikt XI. (22. 10. 1303–7. 7. 1304), wich zuerst in die italienische Stadt Perugia aus, wo er nach nur einem knappen Dreivierteljahr Regentschaft starb. In Rom war nach Bonifatius' Tod »die Hölle los«, und es stand kurz davor, das Papsttum abzuschaffen, weil die Stadt von Bonifatius, dieser Ausgeburt des Verruchten, zu sehr geplagt worden war.

Deswegen erschien es den Kardinälen opportun, dass ihre tödlich gewordene Institution nicht bloß Rom aufgab und in eine andere italienische Stadt auswich, sondern für »Generationen« von Päpsten ins Ausland »verschwand«. Von 1305 bis 1378 präsentierte die Kardinalsrunde der Welt ihr Oberhaupt in Frankreich.

Erst mit dem letzten französischen Papst, Gregor XI. (Pierre Roger de Beaufort 1370–1378), geschah eine Rückführung der Päpste nach Rom. Nicht ganz. An die vorgehabte Rückkehr schloss sich eine 40-jährige Papst*sitz*spaltung an, für die der Begriff »Schisma« (griechisch = Spaltung) verwendet wurde, denn es gab unter den Nachfolgern Gregors XI. Päpste in Avignon und *gleichzeitig* Päpste in Rom.

Kardinalsgewählte Päpste in Rom bekämpften kardinalsgewählte Päpste in Avignon.

Es ging zu Anfang des 15. Jahrhunderts so hoch her, dass 1409 das Pisaer Generalkonzil eingreifen und die beiden wildgewordenen gottverlassenen

Päpste Benedikt XIII. (Avignon 1394–1423) und Gregor XII. (Rom 1406–1415) für abgesetzt erklären musste, die im Communiqué despektierlich nur noch »alias Pedro de Luna« und »alias Angelo Corara«, mit Hinweis auf ihre Rückstufung in ihre bürgerliche Existenz, genannt wurden.
Die Kontrahenten hielten sich an solche einmaligen Kündigungen nicht, blieben im Amt, so lange sie konnten. Die Stuhlspalter trieben es so weit, dass sie auch mit Waffengewalt ihrer Söldnerheere gegeneinander zu Feld zogen.
Ausgelöst war die Papstverdopplung, die einmal sogar bis zu einer Papstversechsfachung geführt hatte, durch Urban VI. (1378–1389), der sofort nach Amtsantritt deutliche Zeichen von Größen- und Verfolgungswahn, von Geistesgestörtheit, Umnachtung, Mitarbeiterquälerei und Zügellosigkeit von sich gegeben hatte, so dass die Kardinäle ihre Wahl schon innerhalb weniger Tage für ungültig erklärten und einen ersten Gegenpapst wählten. Das war der aus der Zählung später herausgefallene »Klemens VII.« (1378–1394), der von Urban VI. militärisch schließlich so bedroht wurde, dass »Klemens VII.« in die Papstexklave Avignon zurückweichen musste und »Ahnherr« der Avignon'schen Schisma-Päpste wurde.

Die Felsaufweichung

Als innerhalb von 45 Jahren (1378–1423) neun Päpste sich zwischen zwei Städten in zwei Ländern um den »Stuhl Petri« stritten – immer gab es mehrere nebeneinander –, erkannten vor allem die »weltlichen« Fürsten, dass dieses vier Jahrzehnte lang andauernde Papst-Wildgewordensein für *jegliche* Herrschaft gefährlich geworden war.
Der »kleine Mensch« irgendwo in Europa glaubte an den lebenden Gott, thronend in Rom, zu dem er betete und dem er seinen Obolus entrichtete. Die verschiedenen Namen konnte dieser entfernt von Rom glaubende und zahlende Bürger nicht auseinanderhalten. »Papst« war für ihn immer ein und derselbe. Die alten Männer im protzigen Ornat – ihre Gesichter unter den Mitren verfremdet – wurden nicht einmal von allen Römern je persönlich gesehen und hätten sowieso von niemandem erkannt werden können. Wie bei »Papstens« gewählt, wie gestorben, wie im Einzelnen gehandelt wurde – kein Einblick. Papst blieb Papst.
Und plötzlich provozierten diese statisch Sitzenden ein »Hase-und-Igel-Rennen«: »*Hier* bin ich! Hier spielt die Musik! Hierher muss gezahlt werden!« – Und das geschah 45 Jahre lang, länger als ein damals normales Leben dauerte!

Das »›Hase-und-Igel‹-Hin-und-Her: ›Bin schon Papa!‹« wirkte allgemein gehorsamszersetzend. — Die regierenden Fürsten, Könige und Kaiser taten alles dafür, die Verflüssigung des päpstlichen Felsens — sein plötzliches In-Bewegung-Geraten zwischen zwei und drei Stühlen, ja, verschiedenen Städten und Ländern — wieder zu verfestigen.

In den Konzilen saßen nicht nur alle oder die meisten römischen Kardinäle, sondern auch Gesandte der Fürsten. In Konstanz (1414–1418) war das Verhältnis 22 zu 30: 22 Kardinäle und 30 zum Teil auch Kirchen-unabhängige Botschafter der europäischen Königreiche und Fürstentümer. Diese Mehrheit drückte schließlich das Ende des gesamten Gegenpapst-Gebarens durch, das es seit 1200 Jahren gab und das sich zwischen 1417 und 1449 nur noch mit vier Popanz-Gegenpäpsten austuckerte.

Die Fürsten hätten die Macht gehabt, das gesamte Papsttum aufzulösen, das im Prinzip null gebraucht wurde und sein »Abgewirtschaftet« schon um die Wende 1400 deutlichst bewiesen hatte.

Während der Zeit der Sitzspaltung zwischen Rom und Avignon gab es von 1415 bis 1417 eine zweieinhalbjährige de-facto-papstlose Zeit. In Südfrankreich und Nordspanien geisterte trotz Absetzungen durch zwei Konzile noch ein 90-jähriges Papstgespenst herum, der berüchtigte Benedikt XIII., alias Pedro de Luna (1394–1423). In Rom war der dortige Papst Gregor XII., alias Angelo Corara (1406–1415), am 4. Juli 1415 zurückgetreten, und der nächste römische Papst wurde erst am 11. November 1417 gewählt (Martin V.).

Die zweieinhalbjährige päpstliche Real-Vakanz störte Europa nicht und zeigte, dass die Christenheit ohne Päpste funktioniert. Das war die historische Gelegenheit, das Papsttum abzuschaffen.

Bischöfe und Landesvorsitzende hätten genügt. Aber die Fürsten haben die Gefährlichkeit des *zügellos* selbstlaufenden Papsttums für das Befinden der Welt nicht erkannt. Schlimmer, sie brauchten den *Irden*-Gott-Thronenden für das Mit-der-Rute-Drohen gegen die eigenen Untertanen. Persönlich waren den Fürsten die einzelnen Päpste »Jacke wie Hose«.

So schafften die Fürsten nur den Doppelpapa ab. Die 22 Kardinäle und 30 »Gesandten« wählten am 11. November 1417 in Konstanz einen neuen einheitlichen Herrn der Welt (Martin V. 1417–1431), der nun erst richtig die Deformation der ganzen Menschheit vorantrieb.

Das Papsttum erstarkte unter den Schisma-Nachfolgern Martin V. (1417–1431) und Eugen IV. (1431–1447). Aber damit erstarkte auch das Pathologische dieser Institution.

Das Ende des Gegenpapsttums 1449 ist deshalb nicht positiv zu sehen, denn die Papst-Papst-Kontroverse machte den Gläubigen deutlich, dass

»Papst« nur Papa ist, etwas Menschliches, Fehlbares und der UFEBA-Anspruch ein Nimbus, der bei Durchschauen und Hinterfragen schnell verfliegt.

Dass das Ausweichverfahren »Gegenpapst« zwischen 1417 und 1449 (dem Datum des Rücktritts des definitiv letzten Gegenpapstes) nach 1200 Jahren Existenz gänzlich und für immer abgeschafft wurde, zeigt, dass die Kardinalscorporation auch relativ schnell handeln konnte, wenn ein Missstand ihre eigene Existenz bedrohte.

Das Männlichkeitsoktroi

Das Teuflische ist nur männlich. Louis XIV hat keine Königinmutter. Die Päpste haben keine Frauen. Dass einige von ihnen vor ihrer Papstposition verheiratet waren, andere während ihrer Regentschaft Mätressen hatten, ändert nichts an ihrer Definition: Papst = Mann ohne sichtbare und darstellbare Partnerin, so wie ihre Vorlage, Gottvater Jahwe.

305/306 haben die schon organisierten Kirchen»väter« beschlossen, allen Priestern die Frauenlosigkeit abzuverlangen. Für diesen Zustand wurde das Wort »Zölibat« benutzt, das »Ehelosigkeit« bedeutet, später aber seinen Sinn zu »Keuschheit« drehte = nicht-(hetero)sexuelle Tätigkeit.

Der Anlass der kirchenrechtlichen Regelung auf der Synode von Elvira war die Schmiedung einer für die Herrschaft über Menschen ausgebildeten Männergemeinschaft ohne Frauen, die geführt wird von der Herrenkörperschaft der Kardinäle.

Schon Buddha misstraute 800 Jahre vor den Kirchenvätern allgemein Frauen und behauptete, seine Religion werde doppelt so lange ohne Frauen wie *mit* Frauen existieren. Gegen Buddhas Doktrin haben sich die Buddhisten entschlossen, Frauen nicht generell aus den Klöstern auszuschließen. Die Buddhisten werden nicht vergleichbar den Katholiken von einer Viricorporation beherrscht, obwohl die meisten buddhistischen Priester männlich sind. Und die Buddhisten haben nicht im Ansatz Perversionen durchgemacht, wie sie der katholischen Religionsmenschheit unter dem klerikalen Viricorpiarchat zur Last gelegt werden müssen.

Das männliche und das weibliche Prinzip bringen Leben hervor, physisch, psychisch und sozial. Eine Priestergemeinschaft, die dogmatisch nur aus Angehörigen *eines* Geschlechts zusammengesetzt ist, ist nicht vor Ausfällen gegen das Leben gefeit, welche auch den Priester*innen*-Kollegien und machthabenden Frauengruppierungen in anderen Religionen vorzuwerfen wären.

Die Emanzipation vom Papsttum hieß im Laufe der Weiterentwicklung der neuen christlichen protestantischen, evangelischen, reformatorischen Religionsgemeinschaften ab 1500: Ende der Geschlechterspaltung, Heirat der Priester erlaubt, im 20. Jahrhundert allmählicher Zugang für Frauen zu Priester- und Bischofsämtern.

Die Kardinäle haben das Prinzip des Weiblichen aus ihrer Körperschaft herausverlegt – bei gleichzeitiger Täuschung der Gläubigen, sie hätten mit ihrer Langstoff-Kostümierung im äußerlichen Frauenkleid auch die Werte der Weiblichkeit »verinnerlicht«.

Nach tausend Jahren der Abwürgung der Weiblichkeit (300–1300), zuzüglich 230 Jahren des Seins ohne staatliche Aufsicht (1073–1300) flog die Täuschung auf. Nun hatte sich diese Antifrauen-Organisation aber so in den Gesamtkörper der Christenheit krebshaft hineingefressen, dass sie auf die Zerstörung des Ganzen zuwucherte. Und das geschah gerade *wegen* ihrer Geschlechts-spalterischen Todesformation.

Todesvermeidung

Zu den Deformationen der Eingeschlechts-Körperschaften gehört das Antilebensverhalten, nicht naturzyklisch zu sterben.

Einzelpersonen, Paare und Teams können und müssen ihr »Verfallsdatum« wahrnehmen, sterben, sich trennen und sich auflösen. Die Gefährlichkeit einer Viricorporation besteht darin, dass sie das generell nicht tut. Sie übt den Zwang zur Ewigkeit aus: »Aeternum« – bei jeder kultischen Gelegenheit eine der Lieblingsvokabeln der kardinalen Viricorporation!

Eine solche künstliche Formation bricht sehr selten zusammen wie der US-amerikanische Enron-Konzern. Noch seltener kann sie von außen zur Aufgabe gezwungen werden wie die Hitlerdiktatur, das bislang scheußlichste Viricorpiarchat in der Geschichte der Menschheit.

Die Überschreitung des »Verfallsdatums« einer Viricorporation äußert sich »unaufhaltsam« als Destruktion.

Die Könige und Kaiser mussten immer aus der Perspektive der Männlichkeit *und* der Weiblichkeit regieren und waren daher abschaffbar, überwindbar oder moderierbar. Sämtliche Erbfürsten herrschten mehr oder weniger im Verband mit Frauen und auch aus ihren »weiblichen Anteilen« heraus.

Es trat im Laufe des 12. Jahrhunderts beim noch aristokratisch dominierten Papsttum eine Herrschaftssättigung ein, wie sie später im 16./17. Jahrhundert beim Erbfürstentum in ersten Anzeichen wahrgenommen werden kann.

Anstatt gesamtpäpstlich abzutreten oder einem »konstitutionellen Papsttum« Platz zu machen, was entwicklungsmäßig angebahnt war, ging die Kardinalskörperschaft den entgegengesetzten Weg. Sie schaltete um auf Päpste, die sie aus mittleren und unteren Schichten wählte, und stampfte damit lange vor den faschistischen Regierungen des 20. Jahrhunderts ein Führerpapsttum aus dem Boden der Kirche, das sich aller drei Gesellschafts-Kontrollen, die das Papsttum noch bis zum Ende des 11. Jahrhunderts reglementierten, entledigte: Von 1 bis 300 Volk, von 300 bis 500 Cäsaren, von 600 bis 1100 Fürsten.

Eine Dynastie mit den päpstlichen Ausfallserscheinungen gegen das Lebendige ab dem 13. Jahrhundert hätte auch mit Hilfe noch so vieler Desaster und Blutbäder zur Erhaltung der eigenen Herrschaft »abgewirtschaftet« und müsste neuen Geschlechtern Platz machen, weil der persönliche Psycho-Faktor bei den *natürlich* hergestellten Herrschenden eine dominierende Rolle spielt: Generationenlange Schwächungen und Aushöhlungen machen schließlich auch die einzelnen Machthaber konfus und fortsetzungsunfähig – im Sinne von *psychisch* unfruchtbar.

Was zu Louis XIV statuiert wurde, er sei nicht in das Königskreuz der vier Verpflichtungen eingebunden, trifft auch auf die Päpste zu: Nach oben zu Gott und hinten zu Vorfahren? – Die Päpste haben als *Päpste* keine leiblichen Vorfahren = kein blaues Blut, obwohl sie hin und wieder privat-persönlich von Onkel-Päpsten »abstammen«. – Gott ist für sie eine Privatsache – ob sie glauben oder nicht –, aber keine gesellschaftsverpflichtende Kategorie. – Mitpäpste gibt es nicht, wie für den König die verwandten Adligen zur Seite. Der Papst behauptete ja ab Bonifatius VIII., *über* den europäischen Fürsten zu thronen. – Und »Volk« war für die Päpste lediglich ein Abstraktum für ihre Weltherrschaft.

Mit dem Juristensohn Benedikt Caetani, alias Bonifatius VIII. (1294–1303), hätte das Papsttum Schluss machen müssen. Es war »absolut« aus der Funktion, Oberhaupt von *Gläubigen* zu sein, herausgefallen, eine männliche Privat-Bereicherungs- und Komplex-Auslebungs-Anstalt geworden.

Alles, was lebt, stirbt einmal, sogar Völker tun das. – Ein Volk als kulturelle Energie-Einheit hat normalerweise eine Lebensdauer von 600 bis 1000 Jahren. In Europa, Vorderasien und Nordafrika schichteten sich zahllose, zum Teil nicht mehr gekannte oder im Bewusstsein der Nachwelt lebendig gebliebene Völker übereinander: Ägypter, Alemannen, Burgunder, Etrusker, Dorer, Franken, Gallier, Germanen, Griechen, Goten, Hebräer, Hethiter,

Kelten, Langobarden, Normannen, Philister, Römer, Skythen, Trojaner, Wikinger ..., nicht zu vergessen die vorkulturell mythischen Amazonen und Kentauren, über die es viele Existenzbelege gibt.

Auch juristische Personen sterben, Gesellschaften, Firmen gehen auf in größeren Einheiten, strukturieren sich um, verändern sich bis zur Unkenntlichkeit oder erlöschen einfach. Vereine lösen sich auf, wenn sich der Zweck ihrer Gründung erledigt hat.

Die Kardinalscorporation hätte wie alle menschlichen Gebilde nach etwa tausend Jahren ihrer Existenz ihren »Abgang« zelebrieren müssen. Sie hat zwischen 1300 und 1500 bewiesen, dass sie wie Westrom und später auch Ostrom (395–1453) ihr Verfallsdatum erreicht hat. Ihr Nicht-Sterben, Nicht-Sterben-Wollen und Nicht-abgeschafft-werden-Können ab 1500 hat verheerende Wirkungen auf die Menschheit gehabt, auf das echte Leben, auf die christliche Religion.

Die Verhakung des römischen Kurien-Viricorpiarchats im Nicht-Sterben-Wollen geschah paradoxerweise auch deshalb, weil seine Existenz vom Religionsgründer Jesus nicht vorgesehen war, es also von Anfang seiner Existenz an eigentlich *keine* Existenz*berechtigung* besaß.

Jesus war ein junger Mann, der zwischen dem 35. und 40. Lebensjahr ermordet wurde. Seine Jünger waren meist noch jünger als er. Die christliche Religion ist die Religion von einzelnen jungen Menschen. Auch alle Heiligen waren jung! – Nie hat Jesus imaginiert, seine Wahrheit solle von älteren und alten Männern verbreitet werden, die sich in einer Herrenkörperschaft verschweißen, mit der sie als Viricorpiarchat die Menschheit beherrschen und seine Weisheiten bis zur Verdrehung ins Gegenteil verfälschen.

Der Ärakollaps

Unter der römischen Kardinalskörperschaft hatte sich ein Haufen von Anti-Lebens-Regeln festgesetzt, die das ganze Gebilde schließlich auf Verwesungskurs segeln ließen.

Der Vatikanstaat hat kein Volk. Die Päpste fuchteln andauernd mit der proklamierten Weltherrschaft um sich, sie seien das Haupt der ganzen Christenheit, ja auch der Menschen anderer Religionen, wenn es nach Bonifatius VIII. gegangen wäre. Aber der Vatikan hat trotz Jahrhunderte währender Ausdehnungsversuche vieler Päpste – um dem Vatikanstaat mehr Territorium zu verschaffen – kein Land und kein Volk, die sich »Papstreich« oder »päpstlich« = »kardinalisch« nennen würden. Das Papsttum ist immer nur Wasserkopf ohne Realkörper. Selbst Rom, die Bevölkerung der Stadt Rom, hat ein dauerhaft gespanntes Verhältnis zu ihren selbsternannten »Häuptern«, deren Körper sie auf Dauer ganz und gar nicht sein wollte.

Das Körperlose des Papstkopfes zeigt sich am deutlichsten im Prinzip der »Altherrenwahl«: Im zweiten Jahrtausend des Papsttums werden prinzipiell nur noch alte Männer zu Päpsten gewählt. Unter 50 sind ab Verfall des Papsttums im 12. Jahrhundert nur noch wenige Männer, wie die beiden Medici-Päpste zu Anfang des 16. Jahrhunderts – Leo X. und Klemens VII. –, die für den Zweck der Lancierung der ersten Medici-Braut auf den französischen Königsthron als »Brautproduzent« und »Brautführer« ausnahmsweise unter 40 und unter 50 sein mussten.

In der Regel sind die Päpste zwischen 50 und 70, das heißt für Zeiten ab dem 12. Jahrhundert befanden sich die alten Herren immer in der Nähe ihrer Sterbephase!

Noch ärger: Von Papst zu Papst gibt es keinen Generationenwechsel. – Im 16. Jahrhundert folgen einander acht Päpste aus derselben Generation, was auch in anderen Jahrhunderten keine Seltenheit ist. Oft ist ein Nachfolger *älter* als sein Vorgänger.

In der generativ funktionierenden Königsherrschaft beginnt immer mit dem Tod des Alten die Herrschaft eines Real-Jungen, der Atem schöpfen kann für eine neue Ära.

Es gibt im Papsttum nie einen Generationen*wechsel*. Ist ein Nachfolger einmal ausnahmsweise 20 Jahre jünger als sein Vorläufer, dann wird der Übernächste gleich wieder aus dem »Bestand« der zehn bis 20 Jahre älteren Kardinäle gewählt.

Da die Päpste im 2. Jahrtausend alle alt anfangen, spielt es keine Rolle, ob sie bei Amtsantritt 50 bis 60 oder 70 bis 80 sind, während beim Tod eines Königs dessen Sohn meist jugendlich oder gar noch kindlich ist.

Das »Von Ewigkeit zu Ewigkeit« bedeutet in der Wirklichkeit des Gerontoviricorpiarchats der Kardinalshäupter: »Von Alt zu Alt«, »Von Bleiben zu Bleiben«, was heißt Reform-unmögliches Bestehenlassen von allem, wie es ist.

Viele Päpste waren so krank, dass sie ihre Geschäfte delegieren mussten. »Vergichtet« und »bewegungseingeschränkt bettlägerig« ist medizinisch identisch – wenn die Herren zwischen 60 und 80 waren – mit »vergesslich« sklerotisch = altersstarrsinnig. Und dann auf »Unfehlbarkeit« zu pochen zeugt von »Tattergreisen«-Humor!

Wenn eine Dynastie durch Ausbleiben männlicher Nachkommen erlosch, hörten die Gläubigen die Stimme Gottes, die dieses Geschlecht mit Knaben-Unfruchtbarkeit geschlagen hätte. Gott hat durchaus Sinn für Wandel. Nach

300 Jahren Herrschaft einer Familie ist es dann genug und Zeit zum Platzmachen für andere.

Die Päpste als Teufel sind so weit von Gott entfernt, dass sie – sowieso schon halb taub – dessen Stimme nicht mehr hören können.

Rache an den Frauen

Avignon war die Chance zur Entwicklung für das Papsttum: Sich von Rom zu lösen hieß, sich vom römischen Imperium zu emanzipieren, sich auf die Anfänge der *christlichen* Religion, das Urchristentum, zu besinnen, das »heidnische« Welt*herrschafts*gebaren als Irrweg zu enttarnen, um endlich (wieder) gottnah zu werden.

Zu diesem Mutationssprung in ein neues Papsttum hätte die Kardinalskörperschaft der Weiblichkeit bedurft. Mutationssprünge bei Natur und Gesellschaft können nur *beide* Geschlechter im Zusammenwirken miteinander schaffen. Die Viricorporation ist lediglich zum zellteilerischen Voranschieben ins Immer-Gleiche fähig.

Avignon war ein Schlag ins Wasser, führte zu keiner Erneuerung des Papsttums. Nach der Rückkehr ins Alte wurde das Papsttum – mit wenigen Ausnahmen einiger geistig gesund Hervortretender – gesamtwahnsinnig. Der päpstliche Rückkehrer, Gregor XI. (1370–1378), starb sofort im Prozedere des Retours. Ihm folgen die 45 Jahre Systemschizophrenie zwischen Avignon und Rom, die aber noch gar nichts sind gegen das, was sich – nach einem sechsjährigen Sinnfindungsintervall des Piccolomini-Papstes Pius II. (1458–1464) – ab den 1480er Jahren auf die Menschheit loswälzte.

Das Papsttum als Ganzes – trotz rühmlicher Ausnahmen einzelner Vertreter – konnte sich nicht entwickeln, nicht reformieren, nicht aus seinen selbstverschuldeten Erstarrungen befreien, weil ihm das vor über tausend Jahren verbannte und verpönte Element der Weiblichkeit fehlte.

Anstatt daraus selbstkritisch Konsequenzen zu ziehen, sich der Flut der Reformatoren endlich »hinzugeben«, selbst echt weiblich zu sein, begann das Papsttum mit einem menschheitsgeschichtlich noch nie geschehenen Feldzug gegen Frauen, der sich in manchen Teilen Europas so ausnahm, als wollten die irrläufigen Herren alle Frauen vernichten. Es gab Dörfer und Gegenden in Europa, in denen Großmutter-Mutter-Tochter-Enkelin-Generationen ausgelöscht wurden.

Ab 1484 vollführte die Perversion der Kardinalskörperschaft den größten Paukenschlag gegen die damals greifbare Weiblichkeit mit der Wahl des Papstes Innozenz VIII. (1484–1492), der noch im ersten Jahr seiner Amtszeit, am 5. Dezember 1484, die Hexenbulle herausgab, infolge deren sich die christlich irregeführte Mannheit über 300 Jahre lang gegen die europäische Frauheit die horrendesten Attacken leistete, in deren Verlaufe sechs Millionen Frauen verfolgt, gefoltert und bei lebendigem Leibe verbrannt wurden.

Eine größere Entfernung vom weiblichen Leibe generell als der, den das Papsttum mit dem Anstoß des Hexenwahns demonstrierte, ist bisher in keiner anderen Religion offensichtlich geworden. Das Datum 5. Dezember 1484 bis in die nächsten 350 Jahre hinein markiert die bleibende extreme Pathologie, in die sich das Viricorpiarchat der römischen Kardinäle nach Avignon im Laufe des 15. Jahrhunderts hineinmanövriert hatte.

Sich der Weiblichkeit zu entschlagen heißt auf Dauer, nicht nur zu *eigener* Entwicklung nicht fähig zu sein, sondern auch sämtliche Entwicklungen anderer zu hintertreiben.

Die Kardinalskörperschaft betätigte sich ab dem 15. Jahrhundert atemberaubend fortschrittsquer-»läufig« stagnativ. Alles, was die Menschheit ab dem kopernikanischen Zeitalter um 1500 weitergebracht hat, setzte das römische Viricorpiarchat auf den »Index«. Bücher und Männer neuer Entdeckungen wurden gleichermaßen verbrannt (Giordano Bruno) oder mit dem Tod bedroht, wenn sie nicht abschwörten (Galilei). – Offiziell hat die Kardinalskörperschaft erst 400 Jahre nach der Entdeckung des kopernikanischen Sonnensystems dessen Richtigkeit bestätigt – um 1900! Die Liste der verbotenen Bücher *(librorum prohibitorum)* wurde erst 1966 nicht mehr fortgesetzt! Wirklich?

Die Kardinalscorporation hatte mit diesem Tun völlig das Timing von Entwicklung verloren. Sie kann nicht sterben und sie kann nicht zur rechten Zeit Leben und Neues entstehen lassen.

»Antiweiblich« heißt auch immer »antimütterlich«. Die Mütterlichkeit ist biologisch dazu fähig, neues Leben ausreifen zu lassen, es bei Eintritt der Reife zu gebären, es in den ersten Zeiten jenseits des Mutterleibs zu nähren und – was in der Regel nur noch nahest verwandte wildlebende Tiermütter können – es rechtzeitig sogenannt abzunabeln, loszulösen aus den Bindungen an das Mütterliche = in eine *eigene* Existenz zu schicken.

Das alles sind Vorgänge, die für die Entstehung des Lebens dringend benötigt werden. Sie nicht mehr zu vollführen, als Verhalten im eigenen Umgang mit auch dem *gesellschaftlichen* Leben nicht mehr auszuüben, bedeutet immer, Umfeldquatsch zu machen, wie es der Kardinalskörperschaft ab 1500 auch in Ansehung ihrer verkrunkelten französischen Heirats- und Fortpflanzungspolitik nachgewiesen werden kann: Um Frankreich, den größten Batzen des Geldzuschusses, zu behalten, den die römischen Kardinäle für die Befriedigung ihrer Prunksucht unbedingt brauchten, betreiben sie »widernatürliches Distanzgefummel« in französischen Königsbetten.

MAFIABOSS UND WEIHNACHTSMANN

Die Kardinalskörperschaft hat im selben Jahrhundert, in dem sie damit begann, sich die ungeheuerlichsten Ausfälle gegen die gesamte Weiblichkeit Europas zuschulden kommen zu lassen (»Hexenverbrennung«), auch das zweite Markenzeichen nekrophil-destruktiver Viricorpiarchate präsentiert: die Ausfälle gegen die biophil-konstruktive *Männlichkeit* (»Bücherverbrennung« = Denker- und Protester-Ausmerzung).

»Der Teufel ist nur männlich« bedeutet, er wird gekennzeichnet von einer *zerstörerischen* Männlichkeit. Die kranke, sterile, erstarrende = kaputte Männlichkeit verhält sich gegen die gesunde, zeugerische, erneuernde = »heile« Männlichkeit – und siegt, weil gegen die Bündelung vieler kaputter Männer in einer Körperschaft als Machtapparatur kein Einzelner vorgehen kann.

Ab beginnendem 16. Jahrhundert wird von der Kardinalscorporation der innovative männliche Geist attackiert wie in keinem Jahrhundert zuvor – kulminierend in den Verfolgungen Brunos, Campanellas und Galileis.

Das Kinnladen-runterfallende Faszinosum des Agierens der nekrophildestruktiven Männerkörperschaft gegen den biophil-konstruktiven Einzelmann ist ein ganzes Jahrhundert lang das Pendeln zwischen Bios und Nekros *in* der Papstposition selbst.

Protestantismus und Reformatismus erscheinen der Nachwelt immer als Gegnerschaften von etwas *anderem*, dem später der Begriff »Gegenreformation« gegeben wurde. Nein, der Reformatismus ist ein Phänomen aus *demselben* heraus.

Die KaKö hatte in den *eigenen* Reihen eine beträchtliche Anzahl von Reformatoren, die sie während des gesamten 16. Jahrhunderts eliminierte und sogar in der Position des Papstes so lange ausmerzte, bis ihre letzten repräsentativen biophilen Konstrukteure in ihrem corpus ausgelöscht waren.

Mit der Ausmerzung der Reformer hat sich das Papsttum als Mafia etabliert und aus dieser Degeneration nie wieder befreit.

Eine Mafia trachtet nur danach, aus wem heraus sie ihre Finanzen mitesserisch ziehen kann. Ihr ist kein Mittel zu verrucht, zu abwegig, zu brutal, ja tödlich, um ans Ziel des ökonomischen Schröpfens der Energieentfaltung anderer Menschen zu gelangen.

Ab Innozenz VIII. (1484–1492) lässt sich für 120 Jahre ein Prinzip der Abwechslung von Destrukteur (»Mafiaboss«) und Konstrukteur (Reformer) auf dem Papststuhl erkennen. Die Mafiabosse regieren Jahre bis Jahrzehnte, nicht selten kommen zwei, drei hintereinander, schmeißen mit den Millionen der Gläubigen um sich. Dann wird ein – so auch tatsächlich in der KaKö genannter – Reformer gewählt, der notorisch immer *nicht* zu den angekündigten Reformen kommt, entweder schon uralt bis todkrank ist, wenn er sein Amt antritt, oder dessen Abreisedatum zu seinem Auftraggeber Gott fremdbestimmend vorverlegt wird. – Schon das *Erscheinungs*bild des opahaft Uralten und sein Werdegang zum Gottesknecht Ruprecht provozieren seine Figurierung als »Weihnachtsmann«.

Passiert etwas mehr als einmal, steckt System dahinter. Die Mafiabosse sind für die Kardinalskörperschaft unerlässlich, denn sie bereichern letztlich *alle* Mitglieder der römischen Viricorporation. Die Reformer wedeln nur etwas mit der Rute für die Gläubigen, damit das Volk die Hoffnung auf die Güte Gottes nicht verliert. Ist die Hoffnung kurz genährt, geht es Jahre und Jahrzehnte mit dem Reibach der Mafiabosse weiter.

Die Mafiabosse wurden in der Geschichtsschreibung über das Papsttum als »Nepoten« und »Simoniten« begrifflich verzärtelt.

»Nepoten« sind Vetternwirtschaftler, Neffenbegünstiger und ökonomische Selbstbediener.

»Nepotismus« muss härter als Despotismus der Selbstbereicherung gekennzeichnet werden. Die Nepoten haben sich und Mitglieder ihrer Familien oder Personen ihrer Neigung zu Multimillionären gemacht, kaum saßen sie auf dem (Profit-)»eiligen Stuhl«! Bischofssitze und Kardinalshüte wurden wie »von der Stange« verkauft, als seien die Päpste Immobilienhändler und Hutmacher.

»Simoniten« sind Positionsverschacherer und Ämterverkäufer. Sie machen Geld mit klerikalen Posten wie »Domherr«, »Abbé«, »Bischof« und »Kardinal« und wurden nach den Verkäufen »über Nacht« Millionäre.

Auf Gemälden um die Zeit der Regentschaft des Piccolomini-Papstes Pius II. (1458–1464) fallen »reihenweise« *Jünglinge* mit Kardinalshüten auf. – Die Kardinals-Position war nicht nur der oberste Rang in der Priesterhierarchie für die sogenannten Bischofskardinäle, sondern sie konnte auch an Männlichkeiten allen Alters ohne Positionsdurchlauf vergeben werden – aus zwei Gründen: Eine reiche Familie kaufte für einen ihrer jüngeren Söhne einen Kardinalshut (Wert ein paar Millionen heutiger harter Währungen) – so geschehen mehrfach bei den Medicis. Giovanni Medici, der spätere Ablasspapst Leo X. (1513–1521), wurde mit 13 Jahren Kardinal. – Oder Jünglinge waren Geliebte der Päpste, ihre Neffen oder die Söhne von nahestehenden Familien und sollten eine rechtzeitige Lebensversicherung vom Liebhaber, Onkel oder Familienfreund zugeschanzt bekommen. – Oder »unser« außerordentlicher päpstlicher Gesandter, Giulio Mazzarino, sollte als designierter Regierungschef Frankreichs mit einem hohen Titel »abgesegnet« werden, den auch er bekam, ohne je Priester gewesen zu sein. Mazarin hat auch später nie die (Keuschheits-)Gelübde abgelegt.

Werden die Papstdaten der Mafiabosse mit den Daten der nichtmafiotischen Ausnahme-Päpste verglichen, erweist sich die Behauptung, Päpste wurden Mafiabosse, wie von selbst:

Nepoten

Innozenz VIII. (29. 8. 1484–25. 7. 1492), geboren 1432, gestorben mit 60 nach 8 Jahren Regentschaft.

Alexander VI. (11. 8. 1492–18. 8. 1503), geboren am 1. 1. 1431, gestorben mit 72 nach 11 Jahren Regentschaft.

Reformer

Pius III. (22. 9.–18. 10. 1503), geboren 1439, gestorben mit 64 nach nur 26 *Tagen* Regentschaft.

Nepoten

Julius II. (1. 11. 1503–21. 2. 1513), geboren am 5. 12. 1453, gestorben mit 59 nach 9 $^1/_2$ Jahren Regentschaft.

Leo X. (11. 3. 1513–1. 12. 1521), geboren am 11. 12. 1475, gestorben mit fast 46 nach 8 $^1/_2$ Jahren Regentschaft.

Reformer

Hadrian VI. (9. 1. 1522–14. 9. 1523), geboren am 2. 3. 1459, gestorben mit 64 $^1/_2$ nach 1 $^3/_4$ Jahren Regentschaft.

Nepoten

Klemens VII. (19. 11. 1523–25. 9. 1534), geboren am 26. 5. 1478, gestorben mit 56 nach fast 11 Jahren Regentschaft.

Paul III. (13. 10. 1534–10. 11. 1549), geboren am 29. 2. 1468, gestorben mit 81 $^1/_2$ nach 15 Jahren Regentschaft.

Julius III. (8. 2. 1550–23. 3. 1555), geboren am 10. 9. 1487, gestorben mit 67 $^1/_2$ nach 5 Jahren Regentschaft.

Reformer

Marcellus II. (9. 4.–1. 5. 1555), geboren am 6. 5. 1501, gestorben mit 54 nach nur 21 *Tagen* Regentschaft.

Nepoten

Paul IV. (23. 5. 1555–18. 8. 1559), geboren am 28. 6. 1476, gestorben mit 83 nach über 4 Jahren Regentschaft.

Pius IV. (25. 12. 1559–9. 12. 1565), geboren am 31. 3. 1499, gestorben mit 66 $^1/_2$ nach fast 6 Jahren Regentschaft.

Pius V. (7. 1. 1566–1. 5. 1572), geboren am 17. 1. 1504, gestorben mit 68 nach 6 Jahren Regentschaft.

Gregor XIII. (14. 5. 1572–10. 4. 1585), geboren am 1. 1. 1502, gestorben mit 83 nach fast 13 Jahren Regentschaft.

Sixtus V. (24. 4. 1585–27. 8. 1590), geboren am 13. 12. 1520, gestorben mit fast 70 nach über 5 Jahren Regentschaft.

Reformer

Urban VII. (15.–27. 9. 1590), geboren am 4. 8. 1521, gestorben mit 69 nach nur 12 Tagen Regentschaft.

Nepot

Gregor XIV. (5. 12. 1590–16. 10. 1591), geboren am 11. 2. 1535, gestorben mit 56 ³/₄ nach nur 10 *Monaten* Regentschaft.

Reformer

Innozenz IX. (29. 10.–30. 12. 1591), geboren am 20. 7. 1519, gestorben mit 72 ½ nach nur 61 *Tagen* Regentschaft.

Nepot

Klemens VIII. (30. 1. 1592–5. 3. 1605), geboren am 24. 2. 1536, gestorben mit 69 nach 13 Jahren Regentschaft.

Reformer

Leo XI. (1.–27. 4. 1605), geboren am 2. 6. 1536, gestorben mit fast 69 nach nur 26 *Tagen* Regentschaft.

Nepoten

Paul V. (16. 5. 1605–28. 1. 1621), geboren am 17. 9. 1552, gestorben mit 68 nach fast 16 Jahren Regentschaft.

Gregor XV. (9. 2. 1621–8. 7. 1623), geboren am 9. 1. 1554, gestorben mit 69 ½ nach fast 2 ½ Jahren Regentschaft.

Urban VIII. (6. 8. 1623–29. 7. 1644), getauft am 5. 4. 1568, gestorben mit 76 nach fast 21 Jahren Regentschaft.

Innozenz X. (15. 9. 1644–1. 1. 1655), geboren am 7. 5. 1574, gestorben mit 80 nach 10 ³/₄ Jahren Regentschaft.

»Weihnachtsmänner«

1. Der erste Reformer im Jahrhundert des Pendelns zwischen Mafiaboss und Weihnachtsmann war Pius III. (22. 9. 1503–18. 10. 1503), ein integrer Mann, Gegner Alexanders VI., von dem er sich für dessen Wahl zum Papst nicht hatte kaufen lassen, da Feind von Bestechung und Positionen-Verkauf. Bei Amtsantritt schwer krank, an Gicht leidend. Gicht jedoch ist keine Verurteilung zu einem plötzlichen Tod. Trotzdem war Pius III. schon 10 Tage nach seiner Krönung (8. 10.) tot.

2. Der zweite Reformer war Hadrian VI. (9. 1. 1522–14. 9. 1523), gewählt 20 Jahre nach Tod des letzten Reformers. – Er war Sohn eines Zimmermanns, damals Deutscher. Theologie-Professor, Universitäts-Rektor, von Kaiser Maximilian I. als Erzieher für Maximilians Enkel, den späteren Karl V., engagiert.

Polyglott, war Hadrian in Spanien tätig, auch zur Zeit, als er gewählt wurde – eine Besonderheit und von vornherein ein Signal der Kardinalsrunde, diesmal keinen »Filz«-Spezialisten gewählt zu haben. Als Ausländer und Nicht-Verstrickter sollte er angeblich das römische Machtgeflecht auflösen. Hadrian VI. bemühte sich und starb. In Rom blieb alles »beim Alten«, schlimmer: Die römische Kardinalscorporation verschloss sich zu einer inner-italienischen Trutzburg. Bis zum Polen Karol Wojtyla (Johannes Paul II. 1978–2005) waren die Päpste für 450 Jahre nur noch Italiener.

3. Der dritte Reformer war Marcellus II. (9. 4. 1555–1. 5. 1555). Es wirkt zynisch, nach 32 Jahren Regentschaft von drei Nepoten schnell mal mit Marcellus II. einen Bibliothekar zum Papst zu wählen, von dem man weiß, dass er als Reformer von vornherein auf »verlorenem Posten« sein wird. Er war ein Gelehrter, übersetzte Weltliteratur aus dem Lateinischen und Griechischen, arbeitete an der von seinem Vater begonnen Chronologie für die Kalenderreform. Papst Julius III. (1550–1555) hatte ihn zum Direktor der Vatikanischen Bibliothek gemacht.

Die Chroniken stellen Marcellus II. als ersten wahren Reformer vor, was ihm zum Verhängnis wurde. Er starb angeblich an einem Schlaganfall, obwohl er für das Normalalter eines Papstes relativ jung und bei Amtsantritt auch noch rüstig war. Marcellus II. hatte geplant, eine Reformbulle zu erlassen!

Ein Hinweis darauf, dass beide Reformer, Hadrian VI. und Marcellus II., die ursprüngliche Gestalt der Päpste wiedergewinnen wollten: Sie behielten ihren Geburtsvornamen als Papstnamen – gegen die seit Jahrhunderten vorgenommene Praxis der Namensänderung. Sie wollten das göttliche »Ich habe dich bei deinem Namen gerufen!« wieder einführen, um die Päpste an ihren religiösen Auftrag zu erinnern.

4. Der vierte Reformer war Urban VII. (15. 9. 1590–27. 9. 1590). Die Zäsuren zwischen den Reformern werden immer länger. Zwischen drittem und viertem liegen 35 Jahre Nepotengaudi.

Frommer Jurist, gütig, großmütig, stabile Gesundheit, die ihm nichts nützte. Noch in der Nacht nach seiner Wahl »erfasste« ihn ein Fieber, das der Nachwelt bis heute – medizinhistorisch unhinterfragt – als »Malaria« »erläutert« wird. – Solche plötzlichen Fieber waren vor dem 20. Jahrhundert fast immer ein Indiz für selbst- oder fremdverschuldete Vergiftungen durch jemanden von ganz nah nebenan. Urban VII. starb noch *vor* seiner Krönung nach nur 12 Tagen Amtszeit, die er delirisch verbringen musste.

Urban VII. verabscheute die Selbst- und Familienbereicherung auf dem Papstsitz. Seine kleine Barschaft von 30 000 Skudi vermachte er einer Stiftung, die arme Mädchen mit einer Mitgift ausstatten sollte. Das ist gegen die Multimillionen-»Dinger«, die sich die Nepoten vor und nach ihm leisteten, so betschwesterlich auf die Tränendrüsen drückend, dass Wahl und Ermordung eines solchen »Heiligen«, der ja bis zu Benedikt XVI. als »Heiliger Vater« und »Eure Heiligkeit« angeredet wird, wie eine Parodie des ursprünglichen Papsttums wirkt: einen Tischler Jesus oder Fischer Petrus wählen und sofort killen!

Bei diesem heiklen Befund des nach 35 Jahren abermals prompten Schwindens einer bislang unangefochtenen Gesundheit eines Papstes aus dem Reformlager – »ausgerechnet« in der Nacht nach seiner Wahl – hat die Kardinalscorporation ab nun auf »Vorsicht« »gemacht«. Den Reformern in den eigenen Reihen musste zumindest kosmetisch Genüge getan werden, denn *zu* offensichtlich war es den fünf Nepoten zwischen den beiden Reformern Marcellus II. (9. 4.–1. 5. 1555) und Urban VII. (15.–27. 9. 1590) gesundheitlich »den Umständen alter Männer entsprechend« sehr gut gegangen, jahrelang!

Das theaterhaft wirkende »Zwei bis fünf Nepoten auf einen Reformer«, das jahrzehntelang beobachtet werden kann, sollte einmal in die umgekehrte Gleichung verwandelt werden, auch wenn Sorge dafür getragen wurde, dass kein Papst die Kardinalscorporation von *oben* aus zu reformieren begann, was Urban VII. und Marcellus II. vorgehabt hatten. Deswegen wurde ihnen buchstäblich überhaupt keine Zeit zum Praktischwerden gelassen. Der eine starb 21, der andere 12 Tage nach seiner Wahl – ihr Reform-Vorläufer Pius III. (22. 9.–18. 10. 1503) nach 26 Tagen!

So wurde schon gleich nach Tod des nächsten, auch nur relativ kurz residierenden Nepoten, Gregor XIV. (1590–1591), der fünfte Reformer gewählt:

5. Innozenz IX. (29. 10. 1591-30. 12. 1591). Er wird als freundlich und »würdevoll« beschrieben. Er verfasste in seiner Freizeit Texte über die griechischen antiken Politiker und Philosophen, war ein sparsamer Amtsstrukturalist, rationalisierte die Behörden des Vatikans, benahm sich stadtväterlich positiv, bekämpfte die Straßenkriminalität in Rom, modernisierte die sanitären Anlagen und ließ den römischen Fluss Tiber »neu fassen«. Er erkrankte am 18. 12. – woran? Auf einer Pilgerfahrt soll er sich dazu noch erkältet haben, so dass er innerhalb weniger Tage starb. Von Gicht und sonstigen Ursachen für eine Bettlägerigkeit und Gebrechlichkeit schon zu Anfang des Pontifikats wird nichts gesagt.

6. Der sechste Reformer war Leo XI. (1. 4. 1605-27. 4. 1605), amtierend nach der 13-jährigen Mafiaboss-Ära seines Vorläufers, Klemens VIII. (1592-1605). Leo XI. ist vierter und letzter Medici-Papst. Echt religiös, wollte Leo XI. sich von seinem Medici-Großonkel, Papst Leo X., dem er mit Namen und Nummerierung folgte, absetzen und »Besen im Augiasstall« der Prasser und Schröpfer spielen. Er bestellte eine Kommission zur Reformierung der Wahlprozedur des Konklave, in dem es auch »käuflich« und »bestechlich« zuging. Auch das Amt des Papstes stand im freien Handel der Petrus-Pervertierer für jeden kardinalen, wirtschaftlich potenten Mann zur Verfügung.

Leo XI. tat das Gegenteil von seinem verwandten Namensvorzähler Leo X. (1513-1521), dem Schuldverschreibungs-, genannt »Ablasspapst«. Leo XI. schaffte in Rom Steuern ab! So viel reformerische Chuzpe auf dem Papstthron war auch für einen Medici-Angehörigen gefährlich. Bei der Papstkrönung erkältete er sich – schon wieder eine verpatzte Krönung eines Reformers! Erkältung im *August*, im heißen Sommer in Rom? – Und das in den Massen von Stoffen, die bei einer Krönung um den Leib des alten Mannes gehüllt werden! Da wäre »Hitzschlag« eine überzeugendere Todesursache gewesen, die das staatssekretarielle Kardinaliat in Rom zur Erläuterung des sofortigen Ablebens des Reformpapstes hätte ausstreuen können, das aber nur verlauten ließ: starb an den Folgen einer Erkältung.

Die Folge des reformerischen Leichtsinns der guten Großväter ist immer der baldige Tod – auf jeden Fall *vor* Durchsetzung der Reformen.

Leo XI. war der Vierte, der die Monatsfrist eines Pontifikats nicht erreichte. Vor ihm starben innerhalb einer Ein-Monats-Frist: Pius III. (22.9–18. 10. 1503 = 26 Tage), Marcellus II. (9. 4.–1. 5. 1555 = 21 Tage) und Urban VII. (15.–27. 9. 1590 = 12 Tage). Diesem flotten Sterben auf dem Fuße folgten die frühen Tode der zwei weiteren Reformer des gegenreformatorischen Jahrhunderts des Papsttums: Innozenz IX. (29. 10.–30. 12. 1591 = 61 Tage) und Hadrian VI. (9. 1. 1522–14. 9. 1523 = 20 Monate). Auch Hadrians anderthalb

Jahre sind keine übliche Papstsitzzeit, die mindestens zwei bis drei und höchstens 20 Jahre (und darüber) dauert. Von den zwölf Nepoten zwischen den Jahrhundertwenden 1500 und 1600 saßen elf langfristig fest im Sattel, und nur die sechs Reformer mussten so schnell wie »möglich« abgeschüttelt werden.

Doch schon die sechs »Aufrechten« waren dem System zu viel. Es ging in der Folgezeit daran, sich selbst allerfrechest felsenfest zu installieren und die Experimente mit kurzlebigen Reformern zu beenden.

Nachdem sich sechs päpstliche »Linke« innerhalb des 16. bis zu Anfang des 17. Jahrhunderts vergeblich todeskämpferisch abgemüht hatten, der »Krake« Kardinalscorporation ein paar Fangarme abzuzwacken, wurde die Reihe der Selbstbediener und Reaktions-Torhüter ungebrochen fortgesetzt. Wegen des ganzen 16. Jahrhunderts laufender Verfolgung und Bekämpfung der Protestierenden hatte das Papsttum in den Jahrhunderten danach die Protest-Szene so im Griff, dass sie keine Weihnachtsmann-Retuschen für die Gläubigen mehr für nötig hielt.

Den letzten Versuch der Reformer, einen der Ihren zum Papst zu erheben, erstickten die »Falken« im Keim. 40 Jahre nach drei Mafiabossen war wieder die Stunde für eine »Taube« gekommen. Urban VIII. starb am 29. Juli 1644. Das Konklave trat am 5. September zusammen. Der moderate Guido Bentivoglio hatte Chancen, neuer Papst zu werden. Er war 1607–1615 Nuntius in Flandern und 1616–1621 Nuntius in Paris, ein »Ausgleichspolitiker«, ein Literat, der – bis heute gelesene – Memoiren und Abhandlungen über Flandern und Frankreich hinterließ. Dass ihm in seiner Jugend prophezeit worden war, im Vatikan zu sterben, sah er als Wegweiser zur eigenen Papstposition. Er starb zwei Tage nach Beginn der Wahlprozedur in einem Zimmer neben dem Raum, in dem die Kardinäle mit der Pokerei begonnen hatten. »Ein Fieber« hatte den 64-Jährigen »dahingerafft«!! Gewählt wurde nach einer Woche der »Hardliner«, Innozenz X.

Nach dem letzten Reform-Papst Leo XI. (1.–27. 4. 1605) hat es bis zum 20. Jahrhundert nie wieder einen kurzlebigen »Weihnachtsmann« auf dem Papstsitz gegeben. In bleibender Regelmäßigkeit saßen die Päpste ihre Perioden zwischen zwei und 20 Jahren auf dem Chefsessel ab. Wenn mal einer es in Zukunft nur zu 1¼ Jahren brachte, dann war er wie Alexander VIII. (6. 10. 1689–1. 2. 1691) kein Reformpapst mehr. – So etwas wie Wochen- und Monats-Pontifikate kamen bis zu Johannes Paul I. 1978 nicht wieder vor.

Die gesamte Papstgeschichte hat nur 15 Päpste, die schon nach ein paar Tagen/Wochen starben. Neun verteilen sich in den Jahrhunderten vor dem

16. Jahrhundert. Alle ein bis zwei Jahrhunderte gibt es einen, manchmal zwei »Kurzstrecken-Sitzer«, dafür dann mal in den nächsten zwei Jahrhunderten keinen. In dieser 1½-Jahrtausend-Spanne ist wegen des Altersstadiums der Protagonisten keine Auffälligkeit des zu zeitigen Ablebens zu verzeichnen. Erst im 16. Jahrhundert zwischen 1503 und 1605 gibt es plötzlich fünf eilig dahinschwindende Päpste, zuzüglich dem einen in der Kürze von anderthalb Jahren.

Die Zahl von – innerhalb *eines* Jahrhunderts – sechs Verblichenen *vor* Vollendung der normalen Papstlebenszeit kann die Papstgeschichte nicht mehr mit Altersschwachheit durchmogeln. Alt sind zu ihrem Beginn – mit minimalen Ausnahmen – alle Päpste ab Jahrtausendwende 1000. Die Zahl der sechs bedenklich früh und plötzlich gestorbenen Päpste ist ein Drittel des Gesamteinsatzes von 19 Päpsten zwischen 1503 und 1605.

Neun vorzeitig gestorbene Päpste in anderthalb Jahr*tausenden* können dem System nicht vorgeworfen werden, obwohl der eine oder andere »Kurzatmige« auch schon in den alten Zeiten »umgenietet« worden sein kann. Doch sechs in nur hundert Jahren – das ist eine Epidemie des vorzeitigen Papststerbens, vor allem, da es sich bei den Reformern abgespielt hat und außerdem auch noch *alle* betraf, aber im selben Jahrhundert *nur einen* Nepodespoten. – Es muss nicht immer das malarische Vergiftungsfieber oder die wechselbäderische Krönungserhitzungserkältung gewesen sein. Auch der Tod Hadrians VI. kann der Kardinalscorporation angerechnet werden. Der Theologie-professorale ausländische Reformpapst wurde »ausgelaugt«, ist an der psychischen Schwächung der Resignation gestorben, nachdem er bemerkte: Er beißt reformerisch auf Granit. In Rom ist keine innercorporative Veränderung der Kardinals-Apparatur möglich.

Die Zahl sechs der päpstlichen Sofort-»Abgänge« entspricht überraschend ungefähr den sieben Gegenpäpsten, die im 15. Jahrhundert – einem Jahrhundert zuvor – die Kardinalskörperschaft erschüttert haben.

Mitte des 15. Jahrhunderts hat sich die Kardinalscorporation klargemacht, dass sie nach mehr als einem Jahrtausend Praxis des Gegenpapsttums ihren UFEBA-Anspruch selbst untergräbt, da es sich bei den gezählten Gegenpäpsten um kardinalscorporativ gewählte Päpste handelte und nicht um die noch zusätzlichen,»zahllosen« selbsternannten, die es auch gab.

Aber – das Gegenpapst-Prinzip war ein *letztes* Zeichen für Demokratismus. Auch die Minderheitsfraktion durfte einen Papst stellen!

Bevor die Kardinalskörperschaft ganz im diktatorischen Absolutismus während des 17. Jahrhunderts erstarrte, schwenkte sie nach den multiplen

Gegenpäpsten im 15. Jahrhundert um zum Pendeln zwischen »Mafiaboss und Weihnachtsmann« im 16. Jahrhundert – mit der inhumanen Begleiterscheinung der Beschleunigung des Sterbens einiger alter Herren, *wenn* diese und *sobald* diese aus der Position des Papstes von *oben* her am totalitären Herrschaftsinstrument der KaKö nur etwas zu relativieren versuchten.

Dass der habituelle »Weihnachtsmann«-Mord im ganzen 16. Jahrhundert wirklich geschah, belegen die seltenen Kurzpontifikate in den 1500 Jahren zuvor und belegt das Verschwinden dieser autodestruktiven Aktivität der Kardinalskörperschaft zu Anfang des 17. Jahrhunderts.

Es gibt nur einen einzigen Unter-30-Tage-Papst in den Jahrhunderten danach, den sofort nach Amtsantritt gestorbenen Johannes Paul I., 1978, über den der Schriftsteller Yallop in seinem Buch *Im Namen Gottes* schon kriminalistisch recherchiert hat. –

Konzilsabschaffung

Unter den gegenreformatorischen Strategien der KaKö wären zuallererst nicht die inquisitorische Raserei gegen unzählige Personen, nicht die Kriege gegen protestantische Staaten zu nennen, sondern die Tilgungen der letzten Spuren von solidarischem Miteinander im *eigenen* Bereich. – Die Kardinalscorporation schaffte im 16. Jahrhundert nicht nur den Alternativpapst ab, sondern auch ihr »Parlament«, das Konzil.

1200 Jahre lang tagten Konzile. Konzile waren theologische Debatten, die dominiert wurden von religiösen, nicht körperschaftlich herrschenden Spezialisten. Noch im 15. Jahrhundert bestand unter den Theologen die Auffassung des Konziliarismus. Wie im republikanischen Staat das Parlament über Kanzler, Präsident oder Prime Minister steht, so sollte in der christlichen Religionsgemeinschaft das Konzil über dem Papst stehen, das – wie bei den Konzilen 1409 und 1414/18 geschehen – den Papst auch absetzen konnte.

Papst-Absetzen war nach Beginn der reformatorischen Massenbewegung in Europa für die KaKö kein Thema mehr. Bis einschließlich zum vorvorletzten Konzil 1545–1563 tagten in den Jahrhunderten zuvor 19 Konzile, die ein- bis dreimal im Jahrhundert abgehalten wurden, vor allem, wenn sich politisch-religiöse Streitfragen entzündet hatten. – Das letzte *vor*-reformatorische Konzil fand zwischen 1512 und 1517 statt. Kurz danach, am 31. Oktober 1517, der Meteorit-Aufprall der Luther'schen Thesen gegen den Ablass, wonach sofort ein neues Konzil einberufen werden sollte, dessen Beginn die nächsten drei Päpste 30 Jahre lang hinauszögerten und das dann weitere drei

*Offizial-Brüder Louis XIV (rechts) und Philippe d'Orléans
Gemälde von Charles Beaubrun um 1644*

Mother-Son-Cloning
Anna d'Austria mit einem Bildnis ihres Offizial-Sohnes Louis XIV
Gemälde der Schule Pierre Mignard um 1653

Louis Apollon
Louis XIV als Tänzer im »Ballet royal de la Nuit«
von Jean Baptiste Lully – Kostümzeichnung von Henry de Giessey 1654

*Louis XIV mit blonder Lockenpracht,
Federhut und Stock zu Pferde bei der Belagerung von Marsal 1662
Aus dem Gobelin-Zyklus »L'Histoire du Roi«
Nach Charles Le Brun
Anonymer Wandteppich*

Päpste zwischen 1545 und 1563 verschleppten, an- und aussetzten und von Stadt zu Stadt verlegten, bis seine Funktion, innerkirchliche Richtlinien zu setzen, ausgehöhlt wurde und die hin- und hergeschickten Teilnehmer demotiviert waren und in der Mehrzahl dem Konzil fernblieben. Erst der Halb-Reformpapst Pius IV. (1559–1565) re-installierte das Konzil am 18. Januar 1562 und führte es bis zum selbstbestimmten Ende am 4. Dezember 1563. – Danach gab es 306 Jahre kein Konzil mehr, das »nächste« erst wieder 1869, einberufen von Pius IX. – um das Ansehen der Kirche wiederherzustellen! Es gab in den Jahrhunderten zuvor schon einmal eine längere Pause zwischen Konzilen. Zwischen dem 8. Konzil von Konstantinopel (869/70) und dem 9. Konzil, dem 1. Lateran-Konzil (1123), lagen 253 Jahre. Die einzige Pause im Konzilsrhythmus ist nicht zu vergleichen mit dem Abwürgen der Konzile nach 1563, welches während der Vorbereitungen und während des Verlaufs des 1545/1563-Konzils auf jahrzehntelang schleichendem Wege schon vorher geschah. Normalerweise dauerten Konzile ein bis zwei Jahre, höchstens einmal vier, aber nicht 18! Und die 306 Jahre »Pause« zum nächsten »Anstands-Konzil« Papst Pius' IX, dem 20. und vorletzten, abgehalten 1869/70 im Vatikan, bedeuteten die Abschaffung des Kontrollorgans über der KaKö.

Zum Vergleich mit dem Konzilsabwürgen die Machenschaften der lebenden Kardinalsprodukte auf dem französischen Thron: Dort wurde die Volksrepräsentation der Tagung der Generalstände 174 Jahre ausgesetzt, von 1615 bis 1789. Bei den noch »höheren«, den Weltherrschafts-ambitionierten Herren waren es 306 Jahre, in welcher fast doppelt so langen Zeit innerhalb der katholischen Kirche ein mitbestimmendes Gruppenmiteinander aufgehoben worden war. Mit der Abschaffung der Konzile wurde sogar die *formelle* Kontrollinstanz gegenüber den Päpsten außer Kontrolle gesetzt. Es gab ab Mitte des 16. Jahrhunderts nicht einmal mehr eine katholische, öffentlich sich zeigende Meinungsbildung. Schon am Nimbus der Unfehlbarkeit der vatikanstaatlichen Machtapparatur zu kratzen war in Zeiten des Antiprotestantismus zu gefährlich und musste erstickt werden. So sollte auch nicht mehr ein Forum tagen, das an diesem Nimbus immer gekratzt hatte.

Die Konzile waren keine Männergesangsvereine oder Universitätsseminare. Das Konzil von Konstanz (1414–1418) hat sein Versprechen, dem Protestierer Jan Hus freies Geleit zu garantieren, gebrochen und den dissidenten tschechischen Kirchenmann arretiert, ihm den Prozess gemacht, ihn am 4. 5. 1415 zum Tode verurteilt und am 6. 7. 1415 bei lebendigem Leibe verbrannt. – Das Konzil war also auch eine selbsternannte Kirchen-Gerichtsbarkeit und ist wie im Falle von Jan Hus erbarmungslos Hierarchie-reaktionär gegen einen Antihierarchiker und Prä-Protestanten vorgegangen. – Trotzdem war es sowohl eine Rechtsprechungs- als auch eine Gesetzgebungsinstanz, die sich auf alles, was innerhalb der Kirche geschah, bezog und die dem Doppelpapsttum in mehreren Anläufen ein Ende gemacht hat.

Der Fakt der Außerkraftsetzung des mit Gerichtsbefugnissen ausgestatteten innerkirchlich wirkenden Quasi-Parlaments für 306 Jahre kann nicht symptomatisch genug gewertet werden für den Vorgang der Totalisierung, mit der die Kardinalskörperschaft jeglicher Kritik an ihrer Existenz und an ihrer Behandlung der Gläubigen begegnete, wonach eine Selbstreinigung unmöglich gemacht wurde.

Eine juristische Person bedarf in gewissen Abständen der Reinigung genauso wie eine natürliche Person. Tut die Körperschaft das 300 Jahre lang nicht, »stinkt sie zum Himmel« wie ein 300 Tage lang nicht gewaschener Körper. Dass mit dieser Selbstvernachlässigung das Verhältnis der Kardinalskörperschaft auch zum Göttlichen zerstört worden ist, bedarf keiner besonderen Herleitung mehr.

Mafiabosse

Es versteht sich von selbst, dass alle Frankreich-Saboteure zu den Mafiabossen gehörten. Alle waren Nekros und Destrus, die die Zersetzung der Bios und Konstrus in Frankreich vornahmen, um Frankreich als Schröpfgebiet zu halten, es über einen Zeitraum von 150 Jahren gefügig zu machen und seine Anbindung an die KaKö zu garantieren.

Die Liste der Frankreich-Infiltratoren beginnt mit Leo X. (1513–1521), der die erste Kardinalsbraut herstellte, und endet mit Innozenz X. (1644–1655), der Mazarin, den Beschaffer und Erzieher von Ludwig 14, beschützte.

Schon der erste Versuch einer Ehe zwischen dem Papst und dem französischen König war nicht das Ergebnis eines Zufallsflirts, sondern eine kalkulierte Drei-Phasen-Aktion:

1. 1515 – Verheiratung von Leos jüngerem Bruder Giuliano mit einer nahesten Verwandten Franz des Ersten, der Giuliano dafür zum französischen Herzog von Nemours erhob. Schlag ins Wasser: Leos Bruder starb ein Jahr nach der Hochzeit!

2. 1515/1518 – Auf solche sozio-naturalen Unbilden vorbereitet, hatte Leo X. zur selben Zeit eigenmächtig gegen die Privilegienrechte des (immer noch) römischen Kaisers seinen Neffen ersten Grades, Lorenzo, zum Herzog von Urbino gekürt und ihm damit den Weg geebnet, in den französischen Hoch-

adel einheiraten zu können. Franz I. hatte für den Papstneffen eine entfernte Verwandte gefunden und die Hochzeit mit ihr für 1518 angebahnt.

3. 1519/1533–1519 Naturalisation des Papstneffen Lorenzo durch Franz I., der ihn – wie vier Jahre zuvor den Papstbruder – zum *französischen* Herzog machte, um Lorenzos 1519 geborene Tochter Katharina eine französische Hochadlige werden zu lassen, die nun direkt in die Königsfamilie einheiraten konnte, was sie nach 13/14 Jahren 1533 tat: Hochzeit mit Prinz Henri, Franz' zweitem Sohn (141, X, S. 477f.).

Als gebürtiger Bankier trat Leo X. außerdem mit seiner Erfindung der Jenseitsschuldscheine hervor, indem er am Prinzip der Diesseitsschuldscheine nur kleine Veränderungen vornahm. Die Gläubigen wurden zu Schuldnern, die zahlten. Der *Gläubiger* wurde der Papst, der für die ihm zugeflossenen materiellen Beträge die immateriellen Sündenkonten der Einzahler »ausglich«: Je voller die Kasse, desto doller der Sünden-»Ablass«! Gegen diese nackteste Kommerzialisierung des christlichen Glaubens verfasste Luther am 31. 10. 1517 seine 95 Wittenberger Thesen – das Zündungsmoment der protestantischen Massenbewegungen.

Das Komplott gegen Frankreich wird fortgesetzt von Klemens VII. (1523–1534), Vetter ersten Grades von Papst Leo X., nur zweieinhalb Jahre jünger als Leo, mit dem er schon in dessen Pontifikat engstens zusammenarbeitete. Klemens war Vizekanzler Leos X.

Klemens VII. ist der Vollender des ersten päpstlichen Dynastie-Coups in Frankreich. Er brachte 1533 als »Brautvater« seine Großnichte, Katharina Medici, nach Frankreich zur Heirat mit dem späteren König Henri II. Damit war es ihm gelungen, den Streit mit Luther auf eine persönlich-perfide Art zu lösen. Allen Bestrebungen von Kaiser Karl V., ein Konzil einzuberufen, um Reformen *innerhalb* der Kirche voranzubringen, hatte Klemens sich widersetzt, ja Vorbereitungen für ein Konzil hintertrieben. Die von Karl V. beschworene Einheit der Kirche, was politisch bedeutete »Einheit Europas«, für die der Kaiser sich auf dem von ihm einberufenen Augsburger Reichstag (8. 4. 1530) einsetzen wollte – für Klemens kein Thema.

Das Vettern-Duo der jungen (!) finanzgenialen Medici-Päpste Leo und Klemens hatte während seiner zusammen fast 20-jährigen Regentschaft – über den Auf-verlassenem-Posten-Papst Hadrian VI. hinweg – mit antifeudalen Tricks der KaKö »aus der Patsche geholfen«, die Weichen gestellt für eine Geschichtsfälschung, die den Kardinälen ihre Pfründe bis heute sicherte, aber Frankreich in ein Tollhaus verwandelte.

Der dritte Medici-Papst – wenn auch sehr weitläufig verwandt und aus dem Mailänder Zweig stammend, war Pius IV. (1559–1565). Er betätigte sich im Inneren als Reformer, überstand ein Attentat, starb aber im Jahr darauf ebenfalls überraschend, was auf eine Fremdeinwirkung deutet. Nach außen setzte er die Politik seiner beiden Medici-Vorläufer fort. Er stützte in Frankreich das korrupte, antiprotestantische, französisch-italienische Regime der Königin Katharina, seiner Namenscousine. In die Regentschaft Pius' IV. fällt der Beginn der Alleinherrschaft Katharina Medicis über Frankreich. Pius IV finanzierte Katharinas mörderische Anti-Hugenotten-Aktionen. Damit legte dieser Papst die Basis für die Staatsterror-Entfesselung, die unter Katharina Medici 30 Jahre lang in Frankreich wütete: Insgesamt acht Hugenottenkriege von 1562 bis 1598. – In Pius' Pontifikat fiel der erste (1562–1563), an dem sich alle weiteren sieben entzündeten.

Katharina Medici zu finanzieren, was während ihrer Unheilwirkungszeit alle länger amtierenden Päpste taten, hieß, ein namenloses, erstes neuzeitliches Chaos in Frankreich anzurichten, so dass alles Reformieren in Rom dagegen wie Hausputz eines Massenmörders wirkt.

Eine zentrale Bedeutung in der Antiprotestanten-Frankreichpolitik kommt Pius V. zu (1566–1572), Sohn einer Schafhirtenfamilie:

Erzreaktionärer Papst, warf mit Bannflüchen und Exkommunikationen nur so um sich, ging besonders gegen Papst-renitente Hochadlige vor, die er »entadeln« wollte. Er maßte sich an, Königin Elisabeth I. von England »abzusetzen« (25. 2. 1570). – Kurz danach erhob er unberechtigterweise Cosimo Medici in den Großherzogstand (5. 3. 1570), das heißt, er spielte Kaiser, machte Medici zu einem landesherrschenden Regenten! – Er finanzierte Katharina Medici, was wie bei seinen Vorbossen heißt, er machte ihr das Kriegführen und Fließbandmorden möglich, das ohne Unsummen von Bestechungs- und Zuwendungsgeldern nicht durchzuführen gewesen wäre.

Pius V. brachte mit seinem gewählten Namen und seinem Tun – in direkter Anknüpfung an seinen Vorläufer Pius IV., den dritten Medici-Papst – etliche Kontinuitäten zum Ausdruck, unter anderem die päpstliche Medici-Aristokratisierungs-Politik fürs Mitbieten der papstnahen, reichsten italienischen Bankiersfamilie auf dem europäischen Herrscher-Heiratsmarkt. Er bereitete den zweiten Coup der Lancierung einer Medici-Braut in die französische Regierung vor. Der von Pius V. »vergroßherzogte« Cosimo Medici, ein weitläufiger Vetter des *Katharina*-Medici-Zweiges, war der Großvater *Maria* Medicis, der zweiten Kardinalsbraut auf dem französischen Thron.

Da besonders Hochadlige sich papstrenitent und protestierend äußerten – wie Heinrich VIII., Elisabeth I., Friedrich der Weise, wie die schwedischen Könige und die südfranzösischen Navarra-Könige, wie die französischen Großherzöge Bourbon-Vendôme und Chatillon –, war Pius V. »auf den Trichter gekommen«, Adlige einfach »abzusetzen«, womit er aufs Erste keinen Erfolg hatte. Jedoch ungleich effizienter war er damit, die Marschroute der Medici-Papst-Vorläufer, Leo X. (1513–1521) und Klemens VII. (1523–1534), fortzuführen und papstgenehme Leute wie die Medici-Bankiers hochzuadeln und damit landesherrscherfähig zu machen.

Ein Schafhirt wird »Kaiser« und »entthront« mit verschiedenen Tricks Teile des europäischen Hochadels – die Höllenversion eines Grimm'schen Märchens! Bevor Louis XIV dieses Verfahren im größten Landesstil praktizierte, hatten ihm das schon hundert Jahre früher seine Produzenten vorexerziert.

Pius V. ist einer der zwei Päpste im Zeitraum zwischen 1500 und 2000, die heiliggesprochen wurden – 1712 von Klemens XI. (1700–1721). Das Heiligsprechen der KaKö ab den Zeiten ihres Verfalls hatte nichts mehr mit spiritueller Heiligkeit zu tun. Es war eine Auszeichnung wie der »Nationalpreis« des Deutschen Diktatorischen Regimes. Den »Vatikanpreisträgern« wurde die Plakette »heilig« verliehen, wenn sie besondere Verdienste bei der Stabilisierung der Kardinalskörperschaft geleistet hatten. Pius V. managte die Anhebung der Medicis in den europäischen Hochherrschaftsadel, mit deren Hilfe die zweite Lancierung einer Medici-Braut auf den Königsthron in Frankreich vorgenommen werden konnte.

Pius' V. unmittelbarer Nachfolger war Gregor XIII. (1572–1585), Wunschkandidat des spanischen Zerstörers, König Philipp II., strammer Gegenreformator, der das persönliche Antiprotestantengebaren der Päpste auf die Spitze trieb. Nach der Bartholomäusnacht – der Hinterrücks-Ermordung Zehntausender Protestanten in Frankreich, die angelockt, entwaffnet und in Arglosigkeit gewiegt worden waren durch die scheinbare Versöhnungshochzeit zwischen Katharina Medicis Tochter, Marguerite de Valois, und dem Sohn der Hugenottenkönigin Jeanne d'Albret von Navarra, dem späteren König Henri IV –, nach diesem Fanal des ersten Staatsterror-Aktes der Neuzeit ließ Gregor XIII. in Rom feiern, Glocken läuten und Dankgottesdienste abhalten.

Er klemmte sich hinter eine irisch-katholische Invasion ins Papst-unabhängige England, die missglückte. Danach sponserte er Mordkomplotte gegen die englische Königin Elisabeth I. (1533–1603, Königin seit 1558).

Sixtus V. (1585–1590) war ein ultrarechter Verbarrikadierer des Status quo, ließ Gelder ins katholische Polen zum Kampf gegen den dortigen Protestantismus fließen, unterstützte die Armada, die unbesiegbare spanische Flotte, gegen England, die Juli/August 1588 eine vernichtende Niederlage erlitt.

Sixtus V. verhängte am 9. September 1585 den Bannfluch über den französisch-protestantischen König Henri III de Navarre, späteren König Heinrich den Vierten von Gesamtfrankreich, und dessen Vetter ersten Grades, Henri de Bourbon-Condé. Damit sollte die alternativ-protestantische Führungsspitze Frankreichs außer Gefecht gesetzt werden. »Bannfluch« bedeutete, jedermann wurde vom Papst aufgefordert, den Verfluchten zu ermorden, was im Falle von Henri IV über 20-mal versucht wurde, bis es schließlich am 14. Mai 1610 »klappte«.

Sixtus V. exkommunizierte die Bourbonenfürsten, nachdem Henri 1583 Kronprinz für Gesamtfrankreich geworden war. Von 1574 bis 1589 regierte der letzte Valois-König, der Transischwule Henri III, dessen jüngerer Bruder und Thronerbe, Hercules d'Alançon, 1583 gestorben war.

Dadurch rückte Henri, der protestantische Navarra-König und Vetter zweiten Grades des großfranzösischen Königs Henri III, zum Thronfolger auf. Die Kardinalscorporation sah rotes Licht, Warnstufe 1: Zuerst mal mit der ideologischen Waffe des Bannfluches arbeiten!

Ende 1590: Katharina Medici ist seit fast zwei Jahren tot und der Protestant Henri IV seit Mitte 1589 französischer König, nachdem ihr letzter überlebender Sohn, Henri III, vom Mönch Jacques Clément ermordet wurde.

Da kommt Gregor XIV. (5. 12. 1590–16. 10. 1591) in Rom an die Macht und mischt sich wie alle seine Vorläuferbosse in die Verhältnisse in Frankreich ein, denn er muss etwas gegen den protestantischen König vor den Toren von Paris tun. Gregor XIV. schickt ein päpstliches Heer gegen Henri nach Frankreich. Geld dafür ist genug vom Finanztalent, Gregors Vorgänger Sixtus V., gehortet worden. – Gregor erneuert am 1. März 1591 den Bannfluch gegen Henri IV, zum ersten Mal geschleudert vom Vorpapst Sixtus V. am 9. September 1585.

Klemens VIII. (1592–1605) war ein extrem wütender Inquisitionär gegen alle diejenigen Männer, die sich das ihnen von den Papstparasiten zugewiesene Pechleben nicht mehr gefallen lassen wollten. – Der kardinalscorporative SD feierte Triumphe auf seinem Verfolgungszug, der das »Papasitentum« stärker machte, als es je zuvor war: Hunderte Anti-Papst-Herrschaft-Denkende und -Handelnde werden unter dem Nepodespoten, Klemens VIII., bei lebendigem Leibe verbrannt, darunter der Dominikanermönch und kopernikanische Philosoph Giordano Bruno (1600).

Klemens VIII. vollendete die Medici-Heirats-Politik seiner drei Vorgänger Leo X., Klemens VII. und Pius V.

Die fünf Schritte des viricorpiarchalisch-operativen »Kunstgriffes«, nach dessen Gelingen Frankreich unbefreibar für Jahrhunderte im Griff der KaKö lag, waren:

1. Supervision der Heiratsverhandlungen zwischen den Medicis und dem französischen König, Henri IV, die sofort nach der Stuhlbesetzung Klemens' VIII. begannen. Die Verhandlungen wurden zwischen zwei Mitgliedern der Kardinalscorporation geführt, dem französischen Kardinal Gondi und dem Exkardinal Ferdinando Medici, der sich aus seiner 24-jährigen Mitgliedschaft im Kardinalskollegium suspendieren ließ, weil er nach einer Häufung von Morden und Skandalen im Hause Medici das Imperium 1588 übernehmen musste.

Kardinal Pierre de Gondi (1533–1616) war Sohn des ehemaligen florentinischen Bankiers Antonio Gondi (1486–1560), einem Medici kleineren Formats. Papst Klemens VII. hatte Antonio Gondi – als »Kammerzofe« verkleidet – 1533 neben vielen anderen KaKö-Spezialisten in der Gefolgschaft der 14-jährigen Katharina Medici für die Heirat mit dem späteren französischen König Henri II eingeschleust, um von den »Secret-Service«-Leuten der KaKö sofort nach Ankunft in Frankreich Papst-kooperierende Bank- und Bethäuser bauen zu lassen. Die Gondis gehörten schon 26 Jahre später, ab Katharina Medicis Regierungszeiten, zu den einflussreichsten französischen Bankiers, Militärs und Prälaten.

Die Aufnahme der Heiratsgespräche zwischen Gondi und Medici 1592 verhinderte nicht, dass zwischendurch die KaKö-Strategie der Bemächtigung Frankreichs umschwenkte auf direkte Attacken gegen den Scheinkatholiken Henri IV, der die schon 1592 ihm angebotene Maria Medici zuerst *nicht* heiraten wollte. 1593 und 1594 fanden zwei Attentate auf den König statt, verübt von Jesuitenstudenten. Bis heute bestreiten die Jesuiten ihre Drahtziehung.

2.–17. 9. 1595: Aufhebung des Bannfluches gegen den französischen König Henri IV. Der Akt war keine Verständigungsgeste gegenüber dem im Herzen protestantisch gebliebenen Henri IV, sondern notwendig, um die Heiratsverhandlungen zwischen den Medicis und dem französischen Hof überhaupt führen zu können, der mit noch wirkendem Bannfluch nicht hätte kardinalskörperlich berührt werden dürfen. – Nachdem die Attentate in den zwei Jahren zuvor wegen exakt arbeitender französischer Abwehr und eines gut funktionierenden Bodyguards um den König, der nur einmal leicht verletzt wurde, nicht zum Erfolg geführt hatten, mussten die Ultras in der Kardinalscorporation wieder zur Heiratsstrategie zurückkehren.

3.–10. 4. 1599: Ermordung von Henris Mätresse, Gabrielle d'Estrées, um den Platz an der Seite des Königs frei zu machen, der beabsichtigt hatte, Estrées zu heiraten, was ein paar Wochen nach dem Attentat hätte geschehen sollen. – Erst nach dem Mord an Gabrielle zeigte Henri sich einlässlich, das Medici-Heiratsangebot anzunehmen.

4.–17. 12. 1599: Klemens VIII. annulliert die 1572 geschlossene, kinderlos gebliebene Ehe zwischen Henri IV und Margarete von Valois. – Ehe-Annullierungen sind ein päpstliches Rarissimum, das nur bei Involvierung päpstlicher Interessen gewährt wurde.

5.–17. 12. 1600: Nach der Prokura-Trauung von Maria Medici und Henri IV am 5. Oktober 1600 in Florenz – ebenfalls Realtrauung der beiden in der Kathedrale von Lyon durch Kardinal Pietro Aldobrandini. – Klemens VIII., ehemals Ippolito Aldobrandini, hatte drei Neffen kardinalisiert, die älteren Pietro und Gian Francesco für die Vornahme von politischen Aktionen, den jüngsten 13-jährigen Silvestro fürs »Vernarrtsein«. – Kardinal Pietro Aldobrandini war der verlängerte Arm des Papstes in und außerhalb Roms. Er war nach den Prokura-Hochzeits-Festivitäten in Florenz 1600 nach Frankreich gereist und hatte November und Dezember im Gefolge von Henri IV verbracht. – Dass ein italienischer Kardinal – rechte Hand des Papstes – den König von Frankreich traut, war ein Novum.

Übernächster Nachfolger Klemens' VIII. und nach dem Weihnachtsmann-Zwischenspiel direkt anschließender neuer Mafiaboss auf dem Stuhl von Plethi und Krethi war *Paul V.* (1605–1621), erster päpstlicher Mentor des noch jungen Richelieu. Während des viermonatigen Aufenthaltes des 22/23-jährigen du Plessis (späterer Richelieu), wurde er 1607 in Rom vom Papst empfangen und machte großen Eindruck auf ihn.

Drei Beispiele des Sich-Einmischens von Paul V. in Frankreich zeigen, dass es der Kardinalscorporation um Weltmacht ging, um das Präsentsein auch in den *Köpfen* der Menschen – zu dem Zweck der Schröpfung von deren Finanzen, versteht sich:

Am 27. Oktober 1614 hatte der drei Wochen zuvor für erwachsen erklärte König Ludwig der Dreizehnte die Versammlung der französischen Generalstände eröffnet. Repräsentanten aus allen Teilen des Volkes hatten sich zu Debatten in Paris versammelt und erklärt, dass dem französischen König die Krone von *Gott* verliehen werde. – Was? Von Gott? Wer ist das? Die Krone muss sich der französische König von den Herren Borghese, Farnese, Cibo,

MAFIABOSS UND WEIHNACHTSMANN 233

Die vier Kontinente verehren Papst Paul V. (1605–1621)
Gravur von Mystère d'Iniquité, Anfang 17. Jahrhundert

Caraffa, Borgia, Medici, Aldobrandini, Peretti, Ghislieri, Ciocchi, Rovere, und Boncompagni aufsetzen lassen und dafür Millionen blechen! Darum ging es und um weiter nichts. – Paul V. forderte über seinen Nuntius in Frankreich den Widerruf der Erklärung der französischen Volksvertretung. – Da das Papstinfiltrat Maria Medici gerade mit Concino Concini, dem aus Italien eingeschleusten Erzeuger ihrer Königskinder, auf dem französischen Königsthron saß, konnten die Generalstände zur Rücknahme von deren Erklärung gezwungen werden.

Darüber hinaus maßregelte Paul V. den Rektor der Universität, der die Oberhoheit des Papstes in Frage gestellt hatte. Entlassung! Immerhin nicht mehr Erwürgung und Verbrennung, wie vor 60 Jahren gegen den Rektor Du Bourg verübt!

Was dem Papst das Wichtigste war: In Frankreich machte neben den Hugenotten eine zweite religiöse Bewegung von sich reden, der Jansenismus oder Gallikanismus – zu summieren als französische christlich-religiöse Selbstständigkeit und Unabhängigkeit vom Papst. – Auslöschen! – Ging nicht schnell. Erst hundert Jahre später gelang das dem Kardinalsimplantat Louis XIV.

Paul V. bereicherte seine Familie Borghese so sehr, dass sie sich mit den beiden mächtigsten italienischen uradligen Familien Colonna und Orsini messen konnte. Besonders viele Millionen »steckte« der Papst seinem Lieblingsneffen und Kardinalsprotegé Scipioni zu. – Wofür die Orsinis und Colonnas (die aus dem Grafen-Geschlecht der Tuskulum hervorgegangen waren) anderthalb Jahr*tausende* gebraucht hatten, das »erwirtschaftete« Paul V. sich und den Seinen innerhalb von anderthalb Jahr*zehnten*. – Leichter und schneller konnte sich die Pervertierung des Papsttums nicht outen.

Gregor XV. (1621–1623) machte im Oktober 1622 Paris zur Erzdiözese. Er wurde nach seinem Vorgänger Paul V. der zweite päpstliche Mentor Richelieus und spielte eine Hauptrolle im Werdegang des späteren Kardinaldiktators über Frankreich. Er empfing Richelieu in Rom, verlieh ihm am 5. September 1622 den Kardinalshut. Der Papst unterstützte – wie immer es die Mafiabosse taten – finanziell die antiprotestantische Politik in Frankreich, die Richelieu auch schon vor seiner Ernennung zum Regierungschef 1624 betrieb – als Staatssekretär des Äußeren und des Militärs ab 1616 und dann nach seiner Verbannung wieder ab 1620 aus dem Hinterhalt, untergehakt unter die an den französischen Hof von ihm zurückdiplomatisierte Königinmutter Maria Medici.

Gregor XV. konnte nunmehr mit Richelieu als einem Mitglied der Kardinalscorporation sichergehen, dass alles getan werde, Frankreich ebenso wie

Böhmen »protestantenfrei« zu bekommen. Er hatte mit seiner Finanzierung der katholischen Söldnerheere den Protestantismus in Böhmen »ausgerottet«. Vor allem ließ er dafür sorgen, dass nach dem Sieg über den calvinistischen Kurfürsten Friedrich V. am 8. November 1620 während des Managements seines Vorgängers, Paul V., nun die »Aufräum-Arbeit« gemacht wurde, wozu er einen italienischen »Herzog Alba«, den aus der Papstfamilie Caraffa stammenden Bischof Carlo Caraffa, einsetzte, der nach vollbrachtem Auftrag die Protestanten-»Ausrott«-Meldung nach Rom durchgab.

Urban VIII. (1623–1644) ist die Schlüsselfigur in der Beschaffung des Kardinalsbabys Louis XIV. Er war in seiner Jugend zweimal für mehrere Jahre papstdiplomatisch in Frankreich tätig, ab 1601 als außerordentlicher Gesandter und noch einmal ab 1604 als päpstlicher Nuntius. Er kannte sich in Paris und vor allem am Hofe Heinrichs des Vierten genau aus und wusste, welche Gefahren für das Selbstbedienungs-Papsttum vom damals in Richtung Demokratie orientierten Protestantismus ausgingen, als dessen geheimen Kopf die Kardinalscorporation Henri IV realisierte, das Schaf im Wolfspelz auf dem französischen Königsthron.

Urban VIII. trieb die päpstliche Selbst- und Familienbereicherung auf die Spitze, hob einen Bruder und zwei Neffen in den Kardinalsstand und überhäufte weitere Brüder und Neffen mit Reichtümern. Er hob seine Leute nicht nur »finanzgeistlich« an, sondern *er*hob sie auch »weltwirtschaftlich« in den Fürstenstand – von einem Papst wieder eigenmächtig am Kaiser vorbei! – Barberinis wurden noch vor Borgheses und Farneses so raketenhaft reich und politisch mächtig, dass in Rom ein Wortspiel umlief, das Verbindungen zwischen Barbaren und Barberinis herstellte: »Quod non Barbari fecerunt, Barberini fecere.« (»Was die Barbaren nicht zerstört haben, zerstören die Baberinis.«)

Urban VIII. pflasterte Rom mit Standbildern von sich selbst. Im Gegen*zug* seiner eigenen Firmamentisierung setzte er einen Gegen*akzent*, die Maßregelung und Niederzwingung des echten Firmament-Spezialisten Galilei, indem er Galilei 1633 zum Widerruf zwang und ihn unter Hausarrest stellte, obwohl der progressive kopernikanische Gelehrte angeblich ein Freund des »schöngeistigen« Papstes war, der schwülstige Gedichte schrieb und in der Hoffnung auf seine auch literarische Verewigung drucken ließ.

Dieser Papst war »mit allen Wassern gewaschen« und bestgeeignet, den Coup gegen die französische Thronfolge zu supervisieren. Er war der dritte päpstliche Mentor Richelieus und ebenfalls Mentor und enger Freund von Giulio Mazzarino, später auch von Campanella, die er beide mit der gewagtesten »Mission« eines Papstes beauftragte, der Fälschung der französischen Bourbonendynastie.

Auch »passiv« hatte Urban etwas mit Fälschung zu tun. Er unterdrückte die Veröffentlichung seines Geburtsdatums. Er ist der einzige Papst der Neuzeit, der das tat! Nur das Datum seiner Taufe ließ er heraus. – Obwohl Sixtus V. (1585–1590) die Astrologie verdammt hatte, hielt der neue Papst sich an diese päpstliche Vorgänger-Verfügung nicht und beschäftigte sich intensiv mit Astrologie, wusste er doch, dass mit den Daten seiner Geburt »esoterisch rumgemacht« werden konnte. Wegen seiner Neigung zur Astrologie war Urban ein Fan von Campanella und ein Promotor von dessen Transferierung nach Frankreich zum Zwecke der astrologischen Fälschung vom Horoskop des Dieudonné und der fingierten Prophezeiung der Sonnenkönig-Regentschaft des späteren Louis XIV.

Innozenz X. (1644–1655) spielte eine so verschleierte Rolle in der kardinalscorporativen Frankreichpolitik, dass er nichts mehr mit der »Operation Kronprinz« zu tun zu haben scheint, war doch das Kardinals»bankert« Louis XIV zu Amtsantritt von Innozenz X. schon sechs Jahre alt. Wie immer wird beim näheren Hinsehen alles ganz anders.

Nach der Beschaffung Ludwigs des Vierzehnten 1638 und der Lancierung Mazzarinos 1643 als eines italienischen engen Papstvertrauten an die Spitze des französischen Staates für die fast 20 Jahre Interimsregierung während der Unmündigkeit Ludwigs des Vierzehnten wurden dringend noch weitere päpstliche Mitwirkungen gebraucht, die mit einem Meisterstück von Fälschung und diplomatischem »Als ob« der Nachfolger Urbans VIII., Innozenz X., vollbrachte.

Urban VIII. war mit den Selbstbereicherungen und der Selbstnoblifizierung der Familie Barberini auch aus innerkirchlicher Perspektive heraus »etwas« zu weit gegangen. Es wird berichtet, dass der Papst im Alter vorm Sterben von Gewissensbissen geplagt gewesen sein und beichtväterliche Hilfe in Anspruch genommen haben soll. – Mit dem »Junge Hure, alte Betschwester«-Verfahren können die Abgänge auch von Super-Wucher-Päpsten noch stilvoll hinbekommen werden. Das System änderte sich nicht. Aber die Öffentlichkeit hatte die Machenschaften Urbans schon wegen der »Verfürstung« und dem Bauprotz der Barberini-Familie »mitbekommen«. Es war nach dem Papsttod in Rom wieder mal Unruhe entstanden.

Innozenz X. musste Lippenbekenntnisse von sich geben und Strohpapst-Scheinaktionen gegen die Barberinis vornehmen lassen. Das tat er. Innozenz berief eine Untersuchungskommission, die sich mit den von den Barberinis angehäuften Reichtümern beschäftigen sollte, und beschlagnahmte sogar Barberini-Besitzungen! – Aber Kardinal Mazarin, inzwischen französischer Regierungschef, drohte mit Reaktionen! Innozenz nahm alles zurück. Mazarin und Innozenz kannten einander genau. Innozenz war ein enger Freund Urbans VIII., dessen Generationsgenosse. Innozenz war in seinen jüngeren Jahren von Urban VIII. mit Mazzarino als Begleiter des Urban-Neffen Francesco Barberini nach Spanien gesandt worden, auf welcher Reise die Männer anderthalb Jahre miteinander verbrachten.

Nachdem Innozenz X. ab 1644 als Barberini-Untersuchungs-Kommissionär aufgetreten war, hatten sich die Barberinis schnell mal nach Frankreich unter den Schutz ihres dort Regierungschef gewordenen alten Freundes Giulio Mazzarino begeben, waren mit Hilfe von Mazarins »Drohung« und der Rücknahme aller päpstlichen Aktionen gegen die Barberinis nach Italien zurückgekehrt und hatten sich wieder in ihre Besitzungen begeben – ein Akt der Nasführung der Öffentlichkeit wie schon Mazarins Doppelspiel vor der Wahl Innozenz' X.

Als Innozenz zur Wahl anstand, hatte der französische erste Minister, Jules Mazarin, der in seiner Doppelposition als Kardinal ja mitwählen musste, ein Veto nach Rom geschickt, das zu spät angekommen war – Mazarins Veto ungültig! So einfach geht das mit dem politischen Theaterspielen!

Für Mazarin lag Politik dicht neben Theater. Er war ein genuin begabter Schauspieler – machte viel Theater in seiner Jugend – und verstand etwas von Effekten, der Wirkung von öffentlich Dargestelltem. – Mazarin wollte Spanien 14 Jahre später (1558) endlich zu einem Friedensvertrag mit Frankreich bringen, den 23 Jahre dauernden Kriegszustand zwischen den Ländern beenden, den jungen König Louis XIV mit der ältesten spanischen Königstochter Maria-Theresia verheiraten. Spanien zögerte. Mazarin machte Druck, was nichts nützte. Da foppte er die Spanier mit einer diplomatischen Schachzug-Attrappe. Er verlegte den französischen Hof im November 1658 nach Lyon, in die Nähe von Savoyen, angeblich zu dem Zweck, dort Heiratsarrangements für Louis XIV und die Prinzessin Margarete von Savoyen zu treffen, was in Wirklichkeit hieß, Spanien eifersüchtig zu machen und in Zugzwang zu bringen. – Schon nach einem Monat, im Dezember 1658, gaben die Spanier endlich nach, machten den von Mazarin gewünschten Frieden und willigten in den Heiratsvertrag zwischen Louis XIV und der Infanta ein.

Mazarin hat sich in seiner Regierungsarbeit an der Spitze Frankreichs dutzendfach als Meister von genauesten politischen Zeiteinteilungen erwiesen. Er war ein unvergleichlicher Timing-Profi: Was muss in welcher Stunde an welchem Tage gegen oder für welche Person und mit welcher Reise geschehen, damit eine geplante Aktion auch wirklich gelingen kann? – Ohne solche Fähigkeiten hätte Mazarin den vierjährigen Aufstand ganz Frankreichs gegen ihn während der Fronde 1648 bis 1653 weder physisch *noch* politisch überlebt. Die Verspätung des Vetos gegen die Wahl Innozenz' X., Mazarins Freund aus alten Mazzarino-Tagen, war eine Methode, um der Öffentlichkeit nicht die fortgesetzte, *privat und* politisch gebrauchte Nähe zwischen neuem Papst und italienischem Kardinalsregenten auf dem Stuhl des französischen ersten Ministers ins Bewusstsein kommen zu lassen.

Wie sich während der Fronde 1648 bis 1653 herausstellen sollte, benötigte Mazarin vor allem die finanzielle Hilfe Innozenz' X. überlebensnotwendig. Daher war es für ihn opportun, sich öffentlich als angeblicher Oppositioneller gegen diesen Papst zu präsentieren. Die französische Gesellschaft hatte von allem, was zwischen den Klerikern unterschwellig lief, null Ahnung.

Es versteht sich von selbst, dass auch die Barberinis sich »erkenntlich« zeigten und Mazarin in den schweren vier bis fünf Jahren der Fronde unterstützten, in denen ganz Frankreich gegen seine Regierung aufstand, ja gegen seine Position, als nichtadliger, italienischer Kurienbeamter an der Spitze des französischen Staates römische kardinalscorporative Politik zu machen.

»Erkenntlich«? – Päpste und ihre reich gewordenen Familien und Freunde finanzierten selbstverständlich ihre Parteien, die von Gegnern bedroht wurden. Sie machten, sowie sie den Geldhahn für sich aufdrehen konnten oder im Besitz der Gelder waren, Politik nach eigenen Interessen. – Mazarin war in Frankreich als Fortführer der Richelieu-Politik *das* Bollwerk gegen jegliche Reformierung, Moderierung, Republikanisierung, Demokratisierung! Innozenz X. ist der Letzte in der Reihe der Päpste in den anderthalb Jahrhunderten von 1500 bis 1650, der den Prozess der Eindämmung des Protestantismus abschloss und vor allem den KaKö-Sohn Louis XIV auf dem Thron Frankreichs durch Kardinal Mazarin, ein Mitglied der römischen Kardinalscorporation, gesichert und geschützt in die Zeiten *katholisch* konformer Herrschaft führen ließ.

Das wirtschaftspolitische Regierungsprinzip der Kardinalscorporation war schon seit Hunderten von Jahren Religions-Fälschen und Gläubige-Täuschen. Die Beschaffung von Louis XIV war für den Clan nichts Ungewohntes.

Ein Haupttrick der Fälschungen der kardinalen Mafiabosse war, einfach ihre größten Verstöße gegen das menschliche Miteinander als »heilig« zu deklarieren, obwohl es sich um pure Aktivitäten des Teuflischen handelte. Allen voran die Einrichtung des »Sant' Offizio« vom 66- bis 80-jährigen Paul III. (1534–1549). Das »Sant' Offizio« war das Gestapo-Hauptquartier der Kardinalskörperschaft, die berüchtigte Kontrollbehörde der Gegenreformation, die 50 Jahre später auch die Verfolgerin Brunos, Campanellas und Galileis werden sollte. Das »Satan Offizio« musterte nicht nur die Schriften der Rebellen auf ihre Vatikanstaatskonformität, sondern wurde unverzüglich auch gleich sehr deutlich *körperlich* praktisch, installierte ein Gefängnis in den Kellern der »heiligen« Hallen, in dem die Protestierenden und Erneuernden aller Couleur einsitzen und manchmal auf ihre Hinrichtung warten mussten.

»Heilig« war auch die Verwandlung Roms in einen McCarthy'schen Kontroll- und Schnüffelstaat unter dem 79- bis 83-jährigen Paul IV. (1555–1559). Alles, was nur schon *nachdachte*, wurde inquisitorisch observiert. 1559 veröffentlichte Paul IV. den ersten Index verbotener Bücher, der von Papst zu Papst »vervollständigt« wurde. Ein Fanal der Komplettierung der Dissidentenliste wurde durch den Medici-Henri-IV-Heiratspolitiker, Klemens VIII. (1592–1605), gesetzt: Auch alle Bücher jüdischer Autoren kamen in Verruf!

Die jahrhundertelang nicht endenden Unerhörtheiten, die sich der römische Kardinalsbetrieb gegen die christlich gläubige Menschheit leistete, kulminierten in dem Skandal, den Innozenz X., der letzte Papst der »Operation Frankreich«, lostrat – seine Verfolgung des in Frankreich sich verbreitenden Jensenismus, einer christlich-protestantischen Glaubensrichtung neben den Hugenotten.

Der Theologe und Philosoph Cornelius Jansen (1585–1638), Bischof in der belgischen Stadt Ypern, hatte etwas gemacht, was doktrinär-dogmatischdiktatorische Systeme am höchsten »auf die Palme bringt«.

Dissidenten konnten die neo-feudalistischen Apparatschik-Despoten des sogenannt-kommunistischen Ostblocks in Harnisch versetzen mit störenden Texten von deren Gurus Marx und Engels, deren originale Anti-Herrschafts-Gedanken von den Widerständlern gegen die Ostblock-Diktatoren verwendet wurden.

Cornelius Jansen hatte Passagen aus dem Werk des Kirchenvaters und Bischofs von Hippo (Nordafrika), Aurelius Augustinus (354–430), genommen und sie gegen die – alle Menschen unterwerfende – Unfehlbarkeits-Anmaßung der Kardinalskörperschaft gerichtet. Vor allem ging es um das »rote Tuch« der Kardinalscorporation, den freien Willen des Menschen in Glaubensfragen und das persönliche Verhältnis zur Göttlichkeit mittels der göttlichen Gnade.

Was Jansen mit seiner Augustinischen Zitatensammlung beabsichtigte, hieß in praxi: Abschaffung der Kontrollbehörden der Kardinalskörperschaft, vor allem der Inquisition!

Augustinus lebte zu einer Zeit, da um 400 das Papsttum zwar schon zu einer politischen Institution umgeschwenkt, aber noch nicht paralysiert und pervertiert war wie ab 1400.

Die Kardinalskörperschaft des 17. Jahrhunderts nahm sich heraus, auch die Texte eines der Ihren – eines Bischofs und theologischen Weltautors – im Spiegel der Neuinterpretation Jansens mitzuverdammen.

Die Verdammung von Jansens *Augustinus* begann mit Innozenz X. und wurde von seinen Nachfolgern eisern fortgesetzt, bis der KaKö-Kooperator, Louis XIV, verlangte, dass jeder französische Prälat ein Schriftstück unterschrieb, mit dem die Verurteilung des Jansen'schen *Augustinus* bestätigt wurde. Das war die Voraussetzung der Handhabe Ludwigs des Vierzehnten, am Schluss der Verfolgungskampagne die Jansenisten als Bewegung in Frankreich auszulöschen, was ihm zu Anfang des 18. Jahrhunderts schließlich gelang.

Am Doppelbann der Kardinalscorporation gegen Jansen *und* Augustinus kann das Leid der Menschheit unter dem KaKö-Drachen veranschaulicht werden. Ein Clan von Juristen, Politikern, Diplomaten und Unternehmern ging gegen einzelne Theologen und deren Hunderttausende Anhänger vor. Jansen und Augustinus waren Bischöfe! Alle weiteren führenden Protestierer waren es ebenfalls, oder sie waren Mönche, Äbte und Theologieprofessoren, wie Bruno, Calvin, Hus, Latimer, Luther, Münzer, Savonarola, Wycliff ...

Alles, was unter dem Stichwort »Protest« in der christlichen Gesellschaft ab etwa 1400 geschah, war ein Kampf von Religionsprofis gegen Wirtschaftsprofis, bei dem die Theologen gegen die Ökonomen den Kürzeren zogen. Das monopolkapitalistisch funktionierende Unternehmen »KaKö« hatte sich unter der Zelebrierung von Glaubensritualen vollständig aus dem Glaubensbekenntnis herausbegeben. Seine 180-Grad-Kehrtwenden-Entfernung vom Leben, vom Ursprung des Glaubens, der einmal eine Lebensgemeinschaft repräsentierte, war mit keiner theo-logischen Argumentation und mit keiner sozio-logischen Aktion wieder zurück auf den Ursprung des Christentums zu bringen.

Pädopapst und Holocaust

Es gab gegen Luthers Ablass-Kritik nichts zu diskutieren. Es gab da nichts zu modifizieren und zu reformieren. Luther half mit Argumenten, den Geldzufluss vom Bürger zum Kardinal zu stoppen, den Geldhahn zuzudrehen. Und dieser Stop stellte gleichzeitig die ganze usurpierte Existenz des römischen Kardinals-Corpiarchats in Frage.

»Behüteter« Louis XIV und »behüteter« Philippe d'Orléans empfangen
am 24.3.1662 den spanischen Botschafter und seine Delegation
(alle Ausländer »behütet«, nur die französischen Höflinge nicht, denen ein Hut
auf dem Kopf im Beisein des Königs gemäß der Etikette nicht erlaubt war).
Aus dem Gobelin-Zyklus »L'Histoire du Roi« nach Charles Le Brun
Wandteppich von Jean de La Croix

*Louis XIV (hinter ihm Philippe d'Orléans) erneuert das Bündnis
mit den Schweizern am 18.11.1663 in der Kathedrale
Notre Dame in Paris
Aus dem Gobelin-Zyklus »L'Histoire du Roi« nach Charles Le Brun
Wandteppich von Jean-Baptiste Mozin*

*Oben: Louis XIV und Philippe d'Orléans (links im Bild)
besuchen eine Gobelin-Werkstatt am 15.10.1667
Wandteppich von Etienne Le Blond*

*Unten: Louis XIV und sein Sohn,
der »Grand Dauphin«, empfangen den persischen Botschafter
Gemälde von Antoine Coypel
Anfang 18. Jahrhundert*

»Desdemona«
Phantom-Maria-Medici
Isabella Medici
Gemälde von Agnolo Bronzino um 1553

Was für eine Existenz? – Reich waren Könige und Fürsten und immer mehr manufakturell-kapitalistische Produzenten, Händler, Hersteller, Künstler und erst recht Bankiers ja auch, die zu großen Anteilen mit zu den antipäpstlich Protestierenden gehörten. Um Geld allein kann es also nicht gegangen sein.

Unter den vielen Lebens-dysfunktionalen Abnormitäten der *viri*corpiarchalisch sich formierenden Kardinalskörperschaft wurde noch nicht das »*Pädopapsttum*« diskutiert, das sich auch hinter dem Begriff »Nepotismus« verbirgt (»nepos«, lateinisch »Neffe«). – Unter zehn Päpsten wird bei sieben unverfroren berichtet: Er war vernarrt in seinen Neffen, er überhäufte seinen Neffen mit Reichtümern, er delegierte die Amtsgeschäfte an seinen Neffen. – Die Päpste mit solchem Tun sind zwischen 50 und 80 Jahre alt, die »Neffen« zwischen 14 und 29! In diesem Altersabstand handelt es sich dann auch um Groß- bis Urgroßneffen, zu denen der Verwandtschaftsgrad, wenn er überhaupt bestand, sich immer mehr verdünnte und der libidinöse Gehalt der Beziehung zwischen Alt und Jung sich »verdickte«.

Warum taucht nie eine *Nichte* auf, in die der alte Herr vernarrt ist? – Weil die katholische Kirche seit ihrem Ausschluss von Frauen aus allen Positionen der Hierarchie – außer in isolierten Nonnenklöstern – seit der Synode von Elvira 306 ein Magnet für Schwule ist.

Zuerst war das Frauen-Verbindungs-Verbot eine strategische Maßnahme. Die Kardinalskörperschaft wollte sich eine »Armee« von Männern aufbauen, die ohne Schwierigkeiten überall einsetzbar war. »Frau und Kind« heißt im Zeitalter der »Viehzucht«: Sesshaftigkeit, Heimat anlegen, Dauerbeziehungen eingehen. – Das Problem existiert noch heute. Firmen bevorzugen Unverheiratete, um besser lokalbeweglich mit ihnen verfahren zu können.

Das Zölibat war eine Anti-Heirats-Vorschrift, ein Gebot gegen eine lebenslängliche heterosexuelle Partnerschaft. Doch im Laufe der Jahrhunderte war mit dieser de-facto-wirkenden Anti-Frauen-Regelung die Kirche zu einem Hort für hauptpersönlich schwule Männer geworden – nebenpersönlich für hetero-polygam-promiske Männer, jedenfalls für alle diejenigen, die das von der Kirche selbst orthodoxierte menschliche Lebenslangkonzept »Ein-Mann-eine-Frau-plus-Kind« für sich nicht verwirklichen konnten.

Aus der sexual-dynamischen Personenstands-Expertise der sich selbst outenden Klerikerbiografien von Äbten, Bischöfen, Kardinälen, Mönchen und Priestern kann der Prozentsatz von Homos und polygam-promisken Heteros herausgefiltert werden: ¾ Homos und ¼ Heteros sammeln sich in dem, was »katholische Kirche« genannt wird.

Wenn ein Kirchenmann darin hetero auftritt, dann äußert er sich immer polygam-promiskuitiv bis zu den konzilgerichts aufgelisteten 200 Frauen des abgesetzten und gefangen genommenen Gegenpapstes, »Johannes XXIII.« (1410–1415).

Da sich drei Viertel der Männer innerhalb der Kirche als manifest oder latent sexuell auf Männer bezogen zeigen, muss beim römisch katholischen Viricorpiarchat von einem homosexuellen Verband sui »generis« gesprochen werden, der jahrhundertelang Schwulen seine Türen öffnete. Mitglieder dieses Viricorpiarchats wurden nie wegen ihrer sexuellen Orientierung verbrannt, nur aus Hierarchie-politischen Gründen.

Die Schwulen, die versuchten, sich *außerhalb* des christlichen Viricorpiarchats zu verwirklichen, waren »selber schuld« und »schön blöd«, wenn sie sich verfolgen und verbrennen ließen.

An dem schwulen Freudenhaus »katholische Kirche« musste bis zu Petersdomkuppel-ausufernden Rundungen gebaut werden, nachdem das antike Rom untergegangen war und die christliche Religion sich immer mehr unter den europäischen Völkern verbreitete.

Die antike Kultur des römischen Weltreiches war zwar nicht so pro-homosexuell wie die griechische, aber doch als deren Bewunderer und Derivat gegenüber der homosexuellen Frage lax. Von einer solchen Laxheit kann bei der jüdisch-christlichen Sittenideologie nicht gesprochen werden, im Gegenteil, gemäß den alttestamentarischen Anti-Schwulen-Ausfällen, die die Christen in ihren Sittencodex übernahmen, herrschte nach Verfall des römischen Reiches immer mehr eine dezidierte Anti-Schwulen-Politik.

Die noch heute kaum fassbare Perversion entstand, dass sich im »Äußeren« der europäischen Gesellschaften die jüdisch-christliche Anti-Homosexualität breitmachte, die die Kirchenmänner selber propagierten und mit ihren Verurteilungen praktizierten, dass sich aber ebendieselben Kirchenmänner einen Schutzapparat aufbauten, um für 1500 Jahre ungestört Homosexualität praktizieren zu können. – Solch eine Schizophrenie hält ein Gemeinwesen auf Dauer nicht schadlos aus, denn die Kirche war nicht nur ein schwuler Schutzverein, sondern zugleich in der allgemeinen Gesellschaft auch ein schwuler Verfolgungsclan.

Diese Schizophrenie ist erst am Ende des 20. Jahrhunderts aufgeflogen, als der schwule Schutzraum »Kirche« im Laufe der zweiten Hälfte des 20. Jahrhunderts seine pädophile Liebeskultur aufgab und in sexuelle Gewalt vom Priester bis zum Bischof, verübt gegenüber Messknaben und Abteijünglingen, ausbrach.

Mit der Sprengung der pädophilen Abteilung des schwulen Freudenhauses »katholische Kirche« ist aber immer noch nicht das Ganze als Schwulenverein enttarnt worden.

Die schwule Liebesform und sexuelle Praxis hat viele Ausdrucksweisen, die alle in der Männerherberge »katholische Kirche« Unterkunft finden und fanden. Die unter den Päpsten deutlichst hervorgetretene ist die Geilheit von erwachsenen Männern auf junge und jüngste Männlichkeiten ab Pubertät, in genau dem Alter, in dem die Nepo-Popos sich befinden, in die die Päpste »vernarrt« sind.

Mit dieser Liebesform und sexuellen Praxis haben die Prälaten nicht erst in der Papstposition angefangen. Die Popos der Nepos wurden schon während der ganzen klerikalen Laufbahn frequentiert. Die Kardinäle frönten ihrem Verlangen in ihren prunkenen Palästen – bei gleichzeitiger Verfolgung und Verbrennung außerklerikaler Bürger, die sie wegen »Sodomie« verfolgen ließen.

Am tollsten trieb es der Mafiaboss Julius III. (1550–1555), der England unter Maria der Blutigen (1553–1558) mit dem Fallbeil zurück zur Papstgefolgschaft zwingen wollte. Er war offen schwul und befriedigte seinen Nepotismus »unverwandt«. Er adoptierte den 15-jährigen Stricher Innocenzo (der Unschuldige) als »seinen Bruder«, den er auf der Straße in Parma aufgepickt hatte, und ernannte ihn zum Kardinal!

Gegen das Pädopapsttum als sexuelle Praxis: »Wenn der Pädopapa mit dem Nepopopo ...!« ist nichts zu sagen, aber dagegen, dass diese Praxis *außer* Haus der Kirche tödlich verfolgt wurde und dass sie verbunden war mit einer Ressourcen-Vergeudung sondergleichen – immer wieder verharmlost mit dem fast schäkernden »Du du!«-Wörtchen der kardinalen »Prunksucht«.

Die Situation war tödlich ernst: Für die Aufrechterhaltung des Pädopapsttums mussten Millionen Menschen leiden und sterben. Das hätte billiger gehabt werden können – mit der Aufhebung des jüdisch-christlichen Pädo-Tabus, das es in den antiken Kulturen um das alte Israel herum *nicht* gab, weswegen dort auch keine vergleichbare Deformation eines homo-orientierten Kardinalsviricorpiarchats entstand.

Das klerikale Viricorpiarchat schmorte in seiner denaturierten Formation und Konzeption ja nicht sektenhaft vor sich hin, sondern es verunstaltete das gesamte gesellschaftliche Leben: Über der Heterowelt der Gläubigen hatte sich eine Homokirchenkrake errichtet, die mit allen Mitteln des Terrors die Unterjochten dazu zwang, die Ressourcen für ihr Pädoprassen zu erwirtschaften. Das sollte keiner wissen. Das sollte nicht rauskommen. Die eigenen Reihen wurden total Info-verdichtet.

»UFEBA«-Doktrin, »freier Wille«, »Gnadenverhältnis zu Gott« – alles Scheingefechte wie die vielen anderen in den vorigen Jahrhunderten auch. Es ging darum, den *corpus fide* separiert unter Männlichkeiten zu erhalten. Die Spitze der Infamie: Das Homopädopapsttum erdreistete sich, die Regeln der *Heterobürger* zu bestimmen, zu definieren, zu kontrollieren und bei der Durchführung dieser Kontrolle Millionen von Frauen zu verbrennen – solche Frauen, die Teile der heterosexuellen Selbstregulierung waren, die unter anderem dafür sorgen konnten, Kinder zu bekommen und Kinder zu verhindern. Es brauchte 500 Jahre, bis der Menschheit am Ende des 20. Jahrhunderts die klerikale Systemfälschung zu Bewusstsein kam, die anfällig macht auch für andere Systemfälschungen wie eine Dynastie-Vermasselung.

Missbräuchlich war das Verhältnis zwischen Männern und Jünglingen damals noch nicht. Das beweist ihr Einvernehmen und ihr Schwelgen in den verpufften Ressourcen der zur Ader gelassenen Gläubigen. – Da die Jünglinge schon mit 13 einen Kardinalshut aufgesetzt bekamen und dadurch in dem »Kollegium« »drin« waren, fiel es *nicht* auf, was mit ihnen unter ihren Röcken gemacht wurde. Aus den Gemälden ab der Renaissance gucken ein *Viertel* der Kardinäle milchgesichtig heraus.

Die Päpste vergaben drei Kardinalshüte: Es gab erstens den Bischofskardinal als höchste Position in der Priesterlaufbahn. Es gab zweitens den Kurienkardinal als Beamten des Vatikanstaates, das eigentliche Mitglied der Kardinalscorporation, das de facto im Verband die Päpste wählte, weil die Bischofskardinäle, die Diözesen-Vorstände, die wie Regierungspräsidenten als kuriale Außenstellen wirkten, in Jahrhunderten vor dem 20. nicht nach dem Tod eines Papstes für die Wahl des neuen Oberhauptes schnell anreisen konnten. – Und es gab drittens den Bubenkardinal – für ganz »bestimmte Zwecke«.

Es ist pharisäisch, wenn der jetzige Papst wettert, er wolle die Tore der Kardinalscorporation für Schwule künftig schließen. Dann kann er gleich ganz zumachen, wenn er dabei bleibt, Frauen draußen zu halten! Als ob je ein Priesteramtsanwärter bei seiner Bewerbung schriftlich oder mündlich angemerkt hätte, er sei homosexuell! Und als ob das jemals einer tun wird, wenn der durchgreifende Papst verlangte, eine Rubrik dafür in den Antragsfragebogen zu setzen!

Die Argumentation gegen die krud-schwule Pädopraxis der – von 306 (nach *hetero* Christi Geburt) bis ins 21. Jahrhundert hinein maskulin-reservierten italienischen – Kardinalskörperschaft, die mit ihrer Dynastiefälschung

»Louis XIV« im 17. Jahrhundert der gesamten französischen Heterosexualität die Zunge herausgestreckt hat, fiel als Rüpelstückeinlage spaßig aus. Die Deformation des Viricorpiarchats der Kardinäle hat aber im 20. Jahrhundert wegen ihrer Mitwirkung am Dritten Reich ein Ausmaß erreicht, bei dem spätestens jeder Spaß aufhört.

Papst Pius XII. hat sich der Mittäterschaft am Holocaust schuldig gemacht, da er eine »Garantenstellung« innehatte, mit deren Hilfe er den Abbruch der qualvollen Zyklon-B-Vergasung von acht Millionen Europäern hätte erreichen können: sechs Millionen jüdisch gebürtiger Europäer, zwei Millionen in Europa lebender Roma und Sinti.

»Garantenstellung« ist ein juristischer Terminus, der eine unterlassene Hilfeleistung oder ein nicht vorgenommenes Tun als Straftat qualifiziert: Jemand kommt auf einem einsam gelegenen Weg an einem Schwerverletzten vorbei und unternimmt keine Rettungsaktion, zu der er fähig gewesen wäre. Der Verunglückte stirbt nach Weitergehen des Passanten. Der Vorbeigehende ist am Tod des Verunglückten schuld. – Oder: Jemand befindet sich mit jemandem auf einer Tour. Einer der beiden erkrankt oder verunglückt schwer. Fremde Hilfe gibt es gerade nicht. Der andere unternimmt keine Schritte, den einen zu retten, im Gegenteil, der Gesunde verlässt den Kranken. Der Verunglückte stirbt. Damit macht der Gesunde sich einer Tötung durch Unterlassen schuldig.

In einer ähnlichen Position befand sich Pius XII. Er wusste, dass die Vernichtungs-Corps der Nazis hätten durch mutiges konzertiertes Einschreiten von oben und außen gestoppt werden können. – Deutsche katholische Bischöfe und evangelische Pfarrer hatten 1939 von den Kanzeln gegen die Euthanasie, gegen die mitten in Deutschland geschehene Autoabgas-Ermordung von über hunderttausend geistig und körperlich Behinderten und sozial Auffälligen, öffentlich Stellung bezogen. Hitler ließ die Fließbandmorde beenden. – 4000 nichtjüdische Deutsche hatten in Berlin und Düsseldorf gegen die Inhaftierung ihrer jüdischen Ehepartner demonstriert. Die für die Deportation »erfassten« Gefangenen wurden freigelassen und konnten wegen des Protestes ihrer Partner das Dritte Reich überleben.

Eine Anti-Auschwitz-Bulle des Papstes Pius XII. hätte unter allen Umständen eine ähnliche Wirkung gehabt: Gaskammern abschalten lassen und das Leben von Millionen Menschen gerettet. Die Auschwitz-Bulle hätte der ganzen Welt die Nazis als Verbrecher entblößt, vor allem dem deutschen Volk die Augen geöffnet, das danach zu einem effektiveren Widerstand befähigt gewesen wäre.

Der Papst hat nicht einmal bei der Deutschen Botschaft im Vatikan protestiert, nachdem er von den Vorfällen in Osteuropa informiert worden war.

Dass die Kardinalscorporation ein solches herrenkörperschaftliches Fehlverhalten – den Tiefstpunkt ihrer sogenannten Unfehlbarkeit – ausgebrütet und als ihre Repräsentation in Pius XII. gewählt hat, passierte ihr nicht aus Versehen oder aus Unwissenheit. Die Wahl Pius' XII. geschah 1939 und war ein Bekenntnis der Kardinalscorporation pro Nazi-Deutschland. Pius XII. war jahrelang Nuntius in Deutschland, sprach fließend Deutsch und hatte einen deutschen Liebhaber, mit dem er auch in Rom weiter zusammenlebte. – Pius XII. hat als Nuntius Pacelli in Deutschland den Prozess der Entzivilisierung, der Vernazifizierung der deutschen Gesellschaft, mit eigenen Augen erlebt und als Gesandter des Vorgängerpapstes, Pius XI., begleitet.

Auch wenn die Kardinalscorporation bisher die Mittäterschaft ihres Repräsentanten am Holocaust nicht zugegeben hat, spielt das keine Rolle für die Definition ihres Verbrechens.

Ein Verbrechen wird nach Kategorien des Gesetzes festgestellt, ob der Täter die Feststellung akzeptiert oder nicht.

Eine juristische Person muss sich die Taten ihrer natürlichen Personen anrechnen lassen.

Für die Vergebung einer Tat sind drei Erfordernisse vom Täter zu erfüllen:

1. Eingeständnis seiner Tat und ihre Verurteilung, Bekenntnis seines Fehlverhaltens, Entschuldigung beim Opfer.

2. Mitarbeit an der Ursachenforschung: Wie ist es zu seinem Tun gekommen?

3. Sorge zu tragen, dass sein Tun sich nicht wiederholt, er nicht noch einmal straffällig wird.

Keine der drei Maßnahmen ist von der Kardinalskörperschaft nach 1945 geleistet worden. Das Verfahren gegen sie wegen ihrer Auschwitz-Mittäterschaft ist also noch »anhängig«!

Vor allem Punkt 3 ist in Ansehung der Kardinalskörperschaft nicht gewährleistet: Es besteht Wiederholungsgefahr.

Die KaKö müsste sich, um das dritte Erfordernis der Vergebung einer Tat zu erfüllen, als Viricorporation auflösen. Sie muss zu einer gemischt-geschlechtlichen Körperschaft werden. Andernfalls bleibt die Wiederholungsgefahr bestehen. Im Falle des Viricorpiarchats der Kardinalskörperschaft kann es geschehen, dass sie in neuen Fällen, die der Mittäterschaft Pius' XII. am Holocaust ähneln, abermals schuldig wird.

Ja, aber die Päpste haben doch eine der größten europäischen Kunstphasen provoziert, die Renaissance! Sie haben zugleich in überwiegender Mehrzahl der italienischen Sinnenfreude und Multi-Amourösität präsidiert. Gerne weiter so mit Sinnenfreude und Multi-Amourösität! Aber bitte am FKK-Strand und nicht auf dem Rücken von Millionen unterjochter Energielieferanten, die schon von frühestem Alter an rundumdieuhr schuften mussten, um der Selbstverherrlichung und Selbstverliebtheit alter Männer Nahrung zu liefern und der Ausgestaltung ihres zweiten Frühlings zu dienen. Mona Lisa wiegt Schweiß und Blut der Millionen körperlich und geistig Untengehaltenen nicht auf.

Alle Superstars der auslaufenden Renaissance, Botticelli, Leonardo, Michelangelo, Tizian, Raffael, Lotto, Giorgione, Coreggio, Pontormo, Bronzino, sind im 15. Jahrhundert oder um 1500 geboren, also entwicklungsgeschichtlich in diesem Ausklang des einst blühenden Papsttums »hergestellt« worden. Der hundert Jahre jüngere Caravaggio (1570–1610) ist kein Renaissance-Maler mehr.

Die zehn Maler des 15. Jahrhunderts wirkten noch in das Wahnsinnig-Werden des Papsttums hinein, hätten sich aber mit dieser Vielzahl im 16. Jahrhundert nicht mehr entwickeln können – zu einer Zeit, da die KaKö eine Auslösch-Manufaktur geworden war.

Die Päpste waren und sind das Haupt der katholischen Kirche.

Der Kopf muss zum Wohlbefinden der Glieder wirken. Das konnten die Päpste mal. Geschieht das Gegenteil, stirbt der Körper irgendwann unausweichlich unwiderruflich. Solch ein Prozess fand im sogenannten gegenreformatorischen 16. Jahrhundert statt, in dem es keine neuen Bottis, Michis, Tizis mehr gab. Das sollten die Kultis wahrlich raffen, wenn sie an den Päpsten noch ein gutes Haar lassen wollen.

DER FÜHRERVORLÄUFER

Psychopathische juristische Personen haben eine Empfänglichkeit für psychopathische natürliche Personen. Kardinal Richelieu war solch eine natürliche Person, die hätte Papst werden können, um die korrupt gewordene römische Kardinalscorporation von oben her zu vertreten.

Richelieu wurde aber in der päpstlichen Außenstelle Frankreich viel dringender gebraucht, um dort weiter an dem Damm gegen die Protestanten zu bauen, ihn dicht zu halten.

Waren Katharina Medici (gestorben 1589) und elf Jahre später Maria Medici (eingeheiratet 1600) mitsamt ihrem Zeugungs-Adlatus Concino Concini Kardinals-Infiltrate in Frankreich, die dort die Verhältnisse auch in katholische Unordnung brachten, so wurde Richelieu als Angehöriger der Kardinalskörperschaft ein Direkt-Emissionär, der am französischen Hof von innen her die positionelle und finanzielle Sicherung des Papsttums betrieb.

In der Reihe der mit verschiedenen Mitteln eingeschleusten oder hochgepushten Kardinalsvertreterinnen und -vertreter von 1533 bis 1715 – Katharina und Maria Medici, Concini, Richelieu, Mazzarino und Louis XIV – war Richelieu das Loch in der Drehscheibe.

Zwei Interimszeiten zwischen den fast zwei Jahrhunderten Kardinalseinwirkung auf die französischen Verhältnisse – das Königtum von Henri IV von 1589 bis 1610 und die Regentschaft Luynes' für und mit Louis XIII von April 1617 bis Dezember 1621 – hatten das Papsttum erneut zittern lassen müssen. Nur dem politisch atemberaubenden Geschick Richelieus konnte das Kardinalskollegium danken, dass es in Frankreich die Stellung behielt.

Richelieu ist die Schlüsselfigur, die schon mit den *Möglichkeiten* von moderaten politischen Interimszeiten Schluss machte, den konstitutionswilligen Hochadel »restlos« entmachtete und – zum Preis der Rückdrehung der Verhältnisse um Jahrhunderte – Frankreich ab 1624 die Missgestalt eines Führerstaates aufzwang. Richelieu konnte diesen Führerstaat mit dem aus Italien hereingeholten Papstpolitiker, seinem eigenen Nachfolger Giulio Mazzarino, und ihrer beider Produkt Louis XIV, mit dessen abgeschwächten Fortsetzern Louis XV und Louis XVI und erneut totalitär mit dem korsisch-italienischen Napoleone Buonaparte bis zur jahrhundertelangen Agonie des republikanisch-kastrierten Landes fortführen lassen.

Richelieus Tätigkeit für die Kardinalskörperschaft begann sehr früh. Als er mit Billigung von Henri IV in das Bischofsamt einsteigen durfte, obwohl er – erst 22/23-jährig – dafür offiziell noch zu jung war, reiste er 1607 nach Rom, was für die Weihung zum Bischof nicht nötig gewesen wäre. Richelieu hätte von einem französischen Erzbischof geweiht werden können. Die Bischofsweihe ist darüber hinaus ein einmaliger Akt, der an einem einzigen Tage geschieht – für Richelieu am 17. April 1607 in Rom. Richelieu trifft in der Papststadt aber schon im Januar 1607 ein und bleibt dort drei Monate.

Während dieser Zeit des Sich-Bekanntmachens mit der Kurienszene stellte Richelieu die Weichen für seine gesamte Zukunft als französischer Regierungschef. Er sprach fließend Italienisch und verstand sich bestens mit dem amtierenden reaktionären Papst Paul V.

Noch im selben Jahr wurden zwei Prophezeiungen über ein geplantes Attentat auf den protestantisch »durchseuchten« französischen König Henri IV verbreitet. Ein Jahr später, 1608, begann François Ravaillac, der Attentäter, tätig zu werden. Keineswegs war Ravaillac ein sogenannt wahnsinniger Einzeltäter. Er stand in Verbindung unter anderem mit Henri 1608 »abgelaufener« Mätresse Henriette d'Entragues, die sich rächen wollte und schon 1604 mit ihrer Familie ein Attentat auf Henri IV versucht hatte. – Eine ihrer Freundinnen, Jacqueline d'Escoman, hatte herausbekommen, dass Ravaillac auf seinen Reisen nach Paris immer bei Entragues' wohnte, um zu eruieren, wie er dem König nahe kommen könnte. Als Escoman Spitzenrepräsentanten des Hofes sprechen wollte, um sie über den Attentatsplan zu informieren, waren weder die Königin Maria Medici noch Henris Beichtvater Pierre Coton – obwohl im Louvre anwesend – zu sprechen, die an der Verhinderung des Attentats eigentlich hätten interessiert sein müssen (73).

Nachdem das Attentat im Mai 1610 gelungen war, wurde Jacqueline d'Escoman verhaftet, ihr der Prozess wegen Kindesvernachlässigung gemacht – man suchte einen Vorwand, sie einzusperren, um sie an der Verbreitung ihres Wissens zu hindern. Sie wurde zu lebenslänglicher Haft verurteilt! – Der Fall ist das Kleinod eines Beleges für die Mittäterschaft von Juristen bei Staatsstreichen und in totalitären Regimen.

Erst der nächste Regent, Charles de Luynes, ließ Escoman sieben Jahre später frei. – Luynes hatte nichts mit dem Attentat auf Henri IV zu tun. Er kannte damals Louis XIII noch nicht, dem er erst ein Jahr später zum ersten Mal begegnete. Luynes war ein einfacher Mann aus Südfrankreich, mit seinen beiden Brüdern nach Paris gekommen, um dort sein Glück zu machen. Das gelang ihm auch – auf ganz unrichelieusche Weise brachte er es schließlich bis zum Regierungschef Frankreichs.

Richelieu war ein Mann des Hinterrücks, der Konspiration und der Spionage. Sein großer Moment war am 27. Oktober 1614 gekommen, als Louis XIII den französischen Ständetag eröffnet hatte, und Richelieu, noch Bischof von Luçon, als einer der Vertreter der katholischen Geistlichen während der Tagung auftrat. Richelieu redete 1615 öffentlich vor der amtierenden Königinmutter. Er machte einen großen Eindruck auf sie – mit dem Erfolg, dass er am 24. November 1616 von ihr in die beiden wichtigsten Regierungsämter als Ressortchef eingesetzt wurde, ins Außenamt und Militärdezernat.

In diesen Positionen und in dieser Nähe zu der Aktualregentin war Richelieu auf einen Schlag allen Personen nah, die in der Regierung arbeiteten. In der sprichwörtlichen Windeseile lernte er, wie mit wem umzugehen war, wen er wie einsetzen musste, um zu seinem Ziel der Usurpation des Staates zu gelangen – für sich selbst und die kardinalscorporativen Interessen.

Nach dem »Coniniputsch« sah es so aus, als sei Richelieus politische Karriere bereits beendet.

Der offizielle französische Regierungschef nach der Ermordung von Henri IV war Concino Concini, Maria Medicis aus Italien mitgebrachter Kumpel für die Aufgabe der Genvermasselung des französischen Herrschergeschlechts und für die Gesamt-»Kardinalisierung« des französischen Throns.

Am 13. Mai 1610 war Maria Medici zur Königin gekrönt worden – mit der Befugnis, als Alleinregentin zu fungieren, wenn der König Henri IV, ihr offizieller Mann, abwesend, krank oder tot sei. Und schon am nächsten Tag war er tot! – Medici wurde noch am Tage des Attentates – 14. Mai 1610 – vom Parlament als Regentin bestätigt. Sie machte ebenso zeitlich unmittelbar prompt den Erzeuger ihrer Kinder, Concino Concini, zum Regierungschef. Er wurde zum Marquis d'Ancre hochgeadelt und als »Maréchal de France« politisch-militärisch Regierungs-spitzenmäßig definiert. Damit war alles getan, dass das Paar vom Attentat auf Henri IV bis zum Conciniputsch am 24. April 1617 regieren konnte. Der offizielle Nachfolger von Henri IV, Louis XIII, war in dieser Zeit ein Heranwachsender von achteinhalb bis 15 $^1/_2$ Jahren.

Concini benahm sich in der Position des Staatsleiters desaströs. Richelieu bemerkte sofort, als er ab 1616 täglich mit ihm umgehen musste, dass Concini regierungsunfähig war. So hatte Richelieu begonnen, mit dem päpstlichen Nuntius Gespräche zu führen, wie die Situation zu meistern wäre, da niemand mit Concini zusammenarbeiten könnte. Medici/Concini waren zwar Papst-genehm, ruinierten aber Frankreich.

Die Krise wurde kurzerhand vom Liebespaar Luynes – Louis XIII gemeistert und Concini am 24. April 1617 von Vertrauten Luynes' erschossen. Die bisherige Regentin, Maria Medici, bekam sofort Hausarrest, schlimmer, sie wurde in ihren Gemächern im Louvre eingesperrt, die sie tagelang nicht verlassen durfte. Anschließend verfügten Louis – Luynes ihre Verbannung nach Blois, 150 km südöstlich von Paris. – Und Medicis Doppel-Dezernent, Bischof Richelieu, musste sich in sein Bistum Luçon zurückziehen.

Charles de Luynes übernahm die Regierung für den bei dem Concini-Attentat erst 15 $^1/_2$-jährigen Louis XIII, der zum ersten Mal in seinem Leben wenigstens formal wirklich König war. Nach dem Mord an seinem Sozial-Vater Henri IV 1610 musste Louis XIII sieben Jahre lang die italienische Fremdherrschaft seiner Mutter und ihres Mitbringsels Concini ertragen, die ihn peinigten und demütigten.

Das französische Volk jubelte und nannte ab der unsanften Absetzung des italienischen Destrukteurs seinen König »Louis le Juste« (der Gerechte), denn die gesamte Kardinals-kooperierende Führerfraktion Concini-Medici-Richelieu war vom Hofe abgeräumt worden. Entspannte Zeiten begannen. Doch niemand – vor allem nicht das momentane Herrscherpaar Louis – Luynes – war auf die Schleichaktionen gefasst, mit denen sich Richelieu auf die Macht über Frankreich zubewegte.

Richelieus erster Schachzug mit Doppeleffekt: Der Noch-Bischof von Luçon klemmte sich hinter die Noch-Königinmutter Maria Medici. Sie war seine Gönnerin. Sie hatte ihn ein halbes Jahr vor dem Conciniputsch in die beiden wesentlichen Regierungsämter eingesetzt.

Richelieu hatte in den dramatischen Tagen der Arretierung von Maria Medici die Konditionen des Verbannungs-Vertrages und des Hof-Abschieds-Zeremoniells für die Königinmutter ausgehandelt.

Nun ging es darum, die Richelieu-Mentorin an den französischen Hof zurückzubugsieren, was mit einem dreieinhalbjährigen Aberwitz an Mutter-Sohn-Verwringungen gelang, die von Richelieu diplomatisch und anwaltlich begleitet worden waren.

Zuerst wurde Maria Medici im Februar 1619 von ihrem Bewacher aus dem Schloss in Blois, dem Rudimentär-Königinnen-Sitz ihrer Verbannung, heimlich freigelassen. – Luynes und Louis XIII hatten nicht aufgepasst und aus Unwissenheit für diese wichtige Position des Bewachers der ehemaligen Kardinalsbraut einen der Komplotteure gegen Henri IV bestellt, einen Attentatskomplizen der Medici, den Herzog von Epernon, dem sich nun die beste Gelegenheit bot, erneut die Messer gegen die zu moderate neue Regierung von Charles de Luynes zu wetzen, nachdem das Ergebnis des Henri-IV-Attentats – die Medici-Concini-Herrschaft – außer Kraft gesetzt worden war.

Sowie Maria Medici am 22. Februar 1619 auf freiem Fuße war, organisierte sie sich eine Armee, was ihr als Herkömmling aus der reichsten italienischen Bankiersfamilie keine Schwierigkeiten bereitete, und rückte gegen ihren Sohn, den rechtmäßig amtierenden Ludwig 13, »zu Felde«, wurde nach einem vierwöchigen Krieg von der königlichen Armee geschlagen.

Den Friedensvertrag zwischen Mutter und Sohn vom 30. April 1619 handelte Bischof Richelieu für Maria Medici aus!

Da der Vertrag nicht zu Richelieus gewünschter Rückkehr Maria Medicis an den Pariser Hof geführt hatte, wurde im nächsten Jahr für Juli bis August 1620 der zweite Mutter-Sohn-Krieg »organisiert«, der wieder etwa vier Wochen dauerte und erneut mit der Niederlage der Mutter gegen den Königssohn endete.

Zweiter Friedensvertrag zwischen Mutter und Sohn, abermals von Richelieu ausgehandelt, diesmal am 10. August 1620 unterzeichnet – nun mit dem Ergebnis der Einwilligung Ludwigs des Dreizehnten, seine Mutter dürfe zurückkommen nach Paris, müsse aber den Aktual-Regenten, Charles de Luynes, akzeptieren. Tat sie – vorgegebenermaßen. Was sie hinterrücks tat, zählt in der Chronik zunächst nicht, nämlich für Richelieu als Staatschef in spe die Messer gegen die derzeitigen Regenten Louis und Luynes zu wetzen.

Richelieu hatte mit seiner Königinmutter-Retour-Taktik erneut seinen großen Zeh in der Tür der französischen Regierung: Wiedereinzug der Königinmutter in den Louvre noch im selben Jahr – Oktober 1620.

Im nächsten Jahr plötzlicher Tod des noch ein paar Tage zuvor gesunden 43-jährigen Luynes (14. 12. 1621).

Ein Jahr später: Erhebung Richelieus in den Kardinalsstand (5. 9. 1622) – durch seinen zweiten päpstlichen Mentor, Gregor XV.

Richelieu hatte schon 1619 als Gegenleistung für seine ersten Verhandlungen nach dem ersten Mutter-Sohn-Krieg verlangt, Louis XIII und Luynes müssten ihn in Rom als Kardinal vorschlagen.

Luynes hatte sich zögernd verhalten und zunächst Richelieus Begehren nicht entsprochen, weil er die Positionserhöhung Richelieus und dadurch dessen Machtzuwachs gefürchtet hatte.

Richelieu nicht Kardinal, die Königinmutter nicht zurück im Louvre – da war einfach der zweite Mutter-Sohn-Krieg angezettelt worden, der anschließend eine zweite Richelieu-Verhandlung erzwang: Diesmal ließ Richelieu *in* den zweiten Mutter-Sohn-Versöhnungs-Vertrag schriftlich hineinsetzen, dass Louis und Luynes als »Gegenleistung« für Richelieus »Dienste« den Kardinalshut bei Papst Paul V., Richelieus erstem päpstlichem Mentor, beantragen müssten. – Seit König Franz' des Ersten Konkordat von Bologna, 1516 – geschlossen mit dem damaligen Papst Leo X. –, konnten die Päpste die französischen Bischöfe und Kardinäle nicht von allein einsetzen. Der französische König durfte die Nominierung eines Geistlichen für die höchsten Kirchenämter beim Papst einreichen. Wenn er es nicht tat, bestand keine Möglichkeit für einen Prälaten, französischer Bischof oder Kardinal zu werden.

Es wird klar, dass zwischen den Mutter-Sohn-Kriegen und Richelieus Kardinalswürde ein Zusammenhang besteht, der Richelieus Bahn in die zentrale Macht hinein diente. Noch im Jahr von Richelieus Kardinalserhebung, 1622, will die Königinmutter den soeben »behüteten« Kardinal zum Regierungschef machen. – Es gab dafür keinen sachlichen Bedarf. Nach Luynes' Tod führte den Staat sehr kompetent der jahrzehntelang erfahrene Kanzler Nicolas Brulart, marquis de Sillery. Er hatte schon während der fünf

Jahre von Luynes' Regierung alles Administrative geleitet und teilte sich die Staatsgeschäfte nach Luynes' Tod mit seinem ebenso gediegenen Sohn. Beide Männer waren Staatsrechtler. – Der Nachteil dieser Balance-Politiker für die KaKö-Leute: Sillery war jahrelanger Mitarbeiter von Henri IV und nicht auf *ihrer* Seite!

Am 19. Mai 1623 lässt Richelieu sich als Bischof von Luçon suspendieren, unterschreibt die Entlassungsurkunde, obwohl er noch kein Amt am Hof im Louvre innehat. Er ist sich sicher, dieses in Bälde zu bekommen, obwohl die »Bälde« noch ein Jahr dauern wird. Sein Schlussstrich unter seine Tätigkeit als Bischof von Luçon ist ein deutliches Signal für die Einschienung seiner Bahn direkt nach Paris an die Spitze des Staates.

Und doch zögerte Louis XIII noch ein ganzes weiteres Jahr, Richelieu in die Regierung aufzunehmen. Erst am 29. April 1624 lässt er Richelieu Mitglied des Kronrates werden und bestellt ihn nach einer weiteren Wartefrist von fast vier Monaten am 13. August 1624 zum *Chef* des Kronrates. Von diesem Moment an ist Richelieu in dieser Position schon der De-facto-Regierungschef – seine Ernennung zum Ersten Minister des Staates am 21. November 1629 ist dann nur noch eine Formalität. Trotzdem enthüllt auch dieses Hinauszögern der Formalität für die Ermächtigung Richelieus, Führer des Staates zu sein, Ludwigs Reserve gegenüber dem dubiosen Mann.

Ludwig der Dreizehnte kann Richelieu »von Hause aus« nicht leiden. Er wollte sich diesem Mann lange nicht ausliefern. Aber »dieser Mann« hatte Methoden, sich den widerstrebenden König gefügig zu machen.

Richelieu ist mit etlichen Charakteristika seiner Person ein 20.-Jahrhundert-Vorläufer. Er verfügte über ein Freud vorwegnehmendes Verständnis der Gefangenschaft von Menschen in ihren Kind-Eltern-Verstrickungen. Er wusste, dass der pure Kontakt zwischen Louis XIII und seiner Mutter, Maria Medici, eine schwächende Wirkung auf den Jünglingskönig haben wird. Louis XIII war während der Mutter-Sohn-Kriege 17 $^1/_2$ und 18 $^1/_2$.

Maria Medici peinigte ihren ältesten Sohn ab seinem zweiten Lebensjahr und schlug ihn regelmäßig mit der Peitsche, bis er noch als Kind sie einmal bat, sie möge vor ihm weniger oft in der Öffentlichkeit hinknien, ihn dafür umso weniger hinter den Türen der Öffentlichkeit peitschen.

Der fast 30 Jahre amtierende Leibarzt Ludwigs des Dreizehnten – Jean Héroard – war Arzt und Chronist, aber kein Psychoanalytiker. Niemand, auch Ludwigs Freund Luynes nicht, half Ludwig, die destruktive Beziehung seiner Mutter zu ihm zu bearbeiten. – Im Gegenzug war Ludwig ungerührt gewesen, Medicis Partner Concini umbringen zu lassen und seine Mutter einzusperren und dann vom Hof zu verbannen.

Eine dauerhafte Trennung Ludwigs von seiner Kindesmisshandlerin hätte eine heilende biografische Wirkung auf ihn gehabt, heilend auch im Sinne von »reifend«, erwachsen zu werden, in Ludwigs Fall, mit der schwierigen Situation, als König schwul zu sein, umgehen zu können.

Diese Reifung Ludwigs des Dreizehnten blieb »dank« Richelieus Mutter-Sohn-Wiedervereinigungs-Strategien aus – für ganz Frankreich verhängnisvoll.

Die Rückführung der Mutter an den Hof im Louvre, mitten hinein in Ludwigs Liebes- und Arbeits»raum«, hatte unter allen Umständen dieses destruktiven Mutter-Sohn-Verhältnisses negative, schwächende Wirkungen auf den Sohn, die sich in den Jahren nach Rückkehr der Mutter an den Hof in Paris auch prompt erwiesen.

Richelieu hatte mit seiner Pro-Mutter-Politik die beiden Stemmeisen in der Hand, die ihn zurück ins Machtterritorium und nun an die Spitze der Macht hebeln konnten: Seine Gönnerin und Vertraute re-installiert in der höfischen Machtposition »Königinmutter« *und* Louis XIII, den eigentlichen Herrscher, psychisch regredierend, entwicklungsretardierend, allgemein Widerstands-geschwächt, was mit dem Verlust seines Freundes und Regierungschefs Luynes ein Jahr nach der Mutterrückkehr besiegelt wurde.

Politisch hatte Louis' erzwungene Regredierung unter die Bevormundung seiner Mutter eine umgehende Wirkung. Schon zwei Monate nach Maria Medicis Rückkehr an den Hof im Louvre, Ende 1620, begann Louis XIII mit einer Serie von Protestanten-Kriegen, die erst aufhörten, als sich im Laufe 1629 Maria Medici so sehr mit Richelieu zerstritten hatte, dass ihre endgültige Verbannung vom französischen Hof absehbar war und 1630 auch geschah. Die neun Jahre Protestantenkriege Ludwigs des Dreizehnten im Inneren des Landes, seine im Jahrzehnt zwischen 1621 und 1629 »unstillbar« prolongierte und territorial verbreiterte muttersöhnlich provozierte Destruktivität – ein Paradebeispiel der Wirkung von Psychopolitik!

Richelieu war im Oktober 1620 mit der Rückkehr der Königinmutter an den Königshof im Louvre vorangekommen, aber noch nicht Generaldirektor Frankreichs geworden.

Dass er sich in diese Position hineinzwängte, verdankte er einer anderen 20.-Jahrhundert-Fähigkeit. Er konnte sich Gestapo-gashaft verflüchtigen und Giftschlangenkopf-vervielfachen. Als Regierungschef hatte er überall in Frankreich und Europa an zentralen Stellen des politischen Geschehens »lebende Wanzen« installiert, so dass jeder Versuch einer Erhebung gegen sein

Regime scheiterte. Richelieu wusste von allen Konspirationen so rechtzeitig, dass er in ihren Keimstadien gegen sie vorgehen konnte.

Doch so weit war es für den frischgebackenen Kardinal Richelieu auch 1622 immer noch nicht. Jetzt musste erst einmal der König gezwungen werden, Richelieu als Regierungschef einzusetzen. – Louis XIII tat es erst zwei Jahre später. Und hat danach allen Versuchen widerstanden, Richelieu abzusetzen. Seine Frau, Anne d'Autriche, war seit dem ersten Aufkreuzen Richelieus am Horizont des Machthimmels über dem Louvre eine Gegnerin des Klerikers – sie, die gläubige Katholikin, aus einer religiösen Position heraus. – Sogar Maria Medici selbst begann im Laufe des 20er Jahrzehnts Richelieu zu hassen, nachdem sie bemerkte, wozu er sie benutzt und wie er sie nach Einnahme der Regierungschef-Position marginalisiert hatte.

Als Louis XIII Ende September 1630 tödlich krank darniederlag, machte die Königinmutter die Pflege ihres Sohnes davon abhängig, dass er nach seiner Gesundung Richelieu zu entlassen habe. Stattdessen wurde *sie* »entlassen« und nun als aufgeflogene Gegnerin Richelieus ein für alle Male vom Hof und aus Frankreich verbannt.

Die herkömmliche Geschichtsschreibung schlägt die fast 20-jährige scheinbare Hörigkeit Ludwigs des Dreizehnten gegenüber Richelieu seiner Dummheit zu. – An Politik nicht interessiert und dafür auch nicht begabt, habe Louis XIII lieber auf dem Pferd gesessen und die Lästigkeiten der politisch-administrativen Geschäfte nur allzu gerne Richelieu überlassen.

Fast 20 Jahre Anschmiedung an einen Usurpator, den er »mon cousin« anreden musste, den er mit *einer* Unterschrift hätte absetzen und den er mit *einem* Kommando hätte hinrichten lassen können – aus Dummheit?

Louis XIII wusste nach dem Conciniputsch, wie sich ein König eines Landesgehassten entledigt. Niemand in Frankreich mochte Richelieu. Die Bevölkerung ächzte unter den während der Richelieu-Regierung vervierfachten Steuern. Die Adligen Frankreichs bis zu den Herzögen versuchten alle paar Jahre, den halbbürgerlichen Kleinadligen Armand-Jean du Plessis vom Thron zu putschen. – Ludwigs Frau und schließlich auch Ludwigs Mutter waren gegen Richelieu. Der Pariser Hof verödete. Niemand drängte sich in die Nähe dieser entmenschten Machtmaschine. Und Louis XIII hätte 18 Jahre aus »Liebe«, aus Sympathie, aus Blödheit zu Richelieu, dem Diktator, gehalten? Gegen alle?! – Das widerlegen seine zwei Jahre Weigerung, Richelieu als Kronratsvorsitzenden, und seine sieben Jahre Weigerung, Richelieu als Regierungschef einzusetzen. Das widerlegt seine genuine Abneigung gegen Richelieu, den er, als er ihn schließlich 1624 zum Chef des Kronrates machte, schon zehn Jahre lang kannte, seit Richelieus Auftritten auf dem Ständetag in

Paris ab Oktober 1614. Louis XIII hatte den ab November 1616 in den Ämtern »Armee« und »Außenpolitik« sitzenden und damit schon mächtigen Richelieu nach dem Conciniputsch 1617 ebenfalls wie seine Mutter vom Hofe *verbannt*, ihm auferlegt, den Bischofssitz Luçon nicht zu verlassen.

Richelieu hat Louis XIII erpresst: »Wenn ich jetzt nicht De-facto-König werde, gibt es in Frankreich Bettnachrichten, gibt es ›Wanzenmitschnitte‹ von außerordentlichem, vor allem königlich ungebührlichem Horizontalem!« – Und nach gleicher Masche wurde die Herrschaft Richelieus zwei Jahrzehnte lang mit-gesichert: »Wenn mir etwas passiert, veröffentlicht mein Freund Theophraste Renaudot in unserer Zeitschrift *Gazette* ein paar Details oder starten meine Korrespondenten mit ein paar Informationen für die europäische Öffentlichkeit.«

Mit solchen und vielen weiteren Hinweisen mehr hängte Richelieu 20 Jahre lang über den Kopf des Königs Louis XIII das permanente Damoklesschwert von Louis' sexueller Unangepasstheit, das herabsausen würde, wenn Richelieu nicht in absehbarer Zeit zum ersten Minister gemacht würde oder wenn er danach gewaltsam zu Tode käme oder lebendig außer Funktion des Regierungschefs geriete.

Der Blick der Geschichtsschreibung auf die Vergangenheit ist immer noch heterosexuell ausschließlich, wenn nicht sexuell unempfindlich, das heißt sexuell non-kategorial. Die stärkste Kraft des Menschen spielt entweder eine untergeordnete Rolle beim Umgang mit historischen Daten, oder sie wird allein heterosexuell interpretiert. Es gibt noch keinen Unisex- oder Bisex-Blick auf die Vergangenheit mit der Wahrnehmung der verschiedenen sexuellen Ausprägungen und Verhaltensformen Hetero-, Homo- und vor allem auch A-Sexualität, in der sich Staatsheld Richelieu zeigte.

Die Geschichtsschreibung tut so, als sei Schwulsein und Lesbentum erst etwas Gegenwärtiges und in den Vergangenheiten entweder gar nicht oder zeitlich und kulturell ganz weit weg im griechischen Altertum Vorgekommenes. Falls es in der eigenen Kultur des Christentums auch stattgefunden habe, dann als Abart und Verbrechen, das mit dem Tode bestraft wurde, in welcher seiner letzten Spiegelung es plötzlich notgedrungen erwähnt werden muss.

Die Verklemmtheit der Geschichtsschreibung in Homo-Angelegenheiten geht so weit, dass das Denken aussetzt und das Forschen unterbleibt, wenn Wege zur Wahrheit sich eröffnen. Eine freie geschichtswissenschaftliche Diskussion über die Homosexualität eines Königspaares und deren Folgen auf Krieg und Frieden der damaligen Zeit und auf die Geschichte eines Landes hat es bisher noch nicht gegeben.

Ohne diese Diskussion in Anbetracht des Paares Anne d'Autriche und

Louis XIII kann die »Retorten«-Entstehung des Louis XIV nicht begreifen, vor allem kann nicht die ungeheure Macht des damals gebürtig als »klein« geltenden Mannes Richelieu verstanden werden, in die er sich über das sexuelle Top-Secret-Befinden des Königspaares manövrieren konnte.

Denn nur und nochmals nur weil Richelieu den *schwulen* König Louis XIII im Griff hatte, ihn ab 1624 lebenslänglich in den erpresserischen Schwitzkasten nehmen konnte, war Richelieu befähigt, 18 Jahre über Frankreich und mit den Ausläufern seiner Macht auch über Europa zu herrschen.

Richelieu hatte sich genaue Kenntnisse über die *Art* des königlichen Verlangens verschafft, über das Spezifikum der sexuellen Praxis des Königs und über die Personen, mit denen Louis XIII sie ausübte.

Die Biografik geht über ein Detail hinweg, das Richelieus Sich-Verschaffen von Kenntnissen über die intimen Angelegenheiten Ludwigs des Dreizehnten indiziert: Bei der Auswahl der Supervisorinnen im Vorschub-Wöchnerin-Zimmer von Anne d'Autriche für das Erscheinen des Dieudonné Louis XIV fällt nur der Hinweis, Richelieu nahm als zweite Kontrolleurin die Witwe von Ludwigs ehemaligem Kammerdiener, Seigneur de La Chesnay, den Richelieu als Spion gegen Louis XIII eingesetzt hatte, so dass nach dem Tod des Kammerherrn dessen Frau genauso fähig sein würde, geheime Dienste zu leisten. Ein Kammerdiener ist ressortmäßig nicht geeignet dafür, den König in *staats*bezogenen Diskussionen zu bespitzeln: »Mit wem hat der König sich gegen Richelieu gedanklich ausgetauscht?« So etwas geschieht nicht in Schlafzimmern oder Vorzimmern, zu denen der Kammerdiener Zugang hat. Richelieu wollte von Herrn La Chesnay wissen: Was macht der König mit wem im Bett? – Auch wenn Ludwig versucht hat, in den letzten Momenten der Anbahnung eines Sexualkontaktes den Kammerdiener und alle anderen Bediensteten »draußen« zu halten, ging das »Draußenhalten« von Beipersonen organisatorisch nicht vollständig. Ein Zurückschleichen des Secret-Sexual-Spions, sein Lauschen an den Wänden und Türen, hat ihn nur allzu leicht einen akustischen Zeugen von Bescherung und Erfüllung sein lassen: »Schatz tiefer, ich hab' Geburtstag!« gestöhnt mit der Stimme des Königs – und schon war Richelieu im Besitz der Information, die er haben wollte!

Bei Publikmachen der sexuellen Spezifika des Königs riskierte Louis XIII nicht nur Beschämung vor seinem Volke, sondern auch die Todesstrafe. – Noch in der Generation von Ludwigs des Dreizehnten Offizial-Söhnen wurden Liebhaber des offen als schwul gehandelten Philippe d'Orléans öffentlich verbrannt, wenn es staatlich opportun war, den Offizial-Bruder des Königs Louis XIV von gewissen unliebsamen Einflüssen zu säubern!

Richelieu hatte sich so in die Intimangelegenheiten des Königspaares »hineingefressen«, dass er *alles* wusste. Die Königin Anne d'Autriche stand unter orwellscher Dauerobservation.

Schon 1630 wusste Richelieu, dass von diesem Königspaar unter keinen Umständen mehr ein Kind, geschweige denn ein *männlicher* Thronerbe, zu erwarten war. Nur aus diesem Fundus des Intimwissens konnte, ja musste Richelieu den Knaben-Beschaffungs-Coup versuchen und fand in Mazzarino einen optimalen Kooperateur.

Bei der Beschaffung eines Thronerben für Ludwig den Dreizehnten ging es zuallererst um die Erhaltung von Richelieus eigener Machtposition, die er nur in Verbindung mit diesem homosexuell gefesselten König innehatte. Richelieu war bei der Planung des Coups – in den 1630er Jahren – erst Mitte 40! – Die natürlichen Thronerben, Louis' jüngerer Bruder Gaston, Louis' Sozial-Halbbrüder César de Bourbon, duc de Vendôme und Henri de Verneuil oder Louis' Sozial-Vetter Bourbon-Condé – alle vier junge Männer zwischen 20 und 30 – hätten der Richelieu-Herrschaft ein Ende gemacht.

Aber das »Unglaublichste«: Louis XIII war nicht gern König, war vor versammelten Menschen verlegen, ja auch im persönlichen Gegenüber mit einem Menschen unbeholfen. Er war viel lieber ein Mann des Volkes: ein Koch, Bäcker, Schmied, Musiker, Choreograph, Reiter, Soldat, Jäger. – Schon Ludwigs Tendenz von Abdankung und Rücktritt zugunsten seiner Thronerben aus der eigenen Generation musste Richelieu genauso energisch entgegentreten, wie er die Komplotte des Adels bekämpfte.

Drei der Kronerben Louis' hatten sich als heterosexuell gezeigt und als sohnliefernd bewiesen. – Frankreich hätte so gut wie keine Probleme gehabt, wenn Gaston, César oder Bourbon-Condé die Regentschaft nach alter Weise übernommen hätten.

Richelieu hat Ludwig 13 immer observieren lassen. Eine Episode dazu: Ein Spion ist einmal in die Gemächer Cinq-Mars' gedrungen und hat den Jüngling »splitternackt« angetroffen, sich mit Jasminöl für seinen Besuch bei Ludwig 13 Gesamtkörper-eincremend! (123, S. 16)

Es ging um die härteste staatspolitische Auseinandersetzung Frankreichs an einer Wegkreuzung zum Kapitalismus: republikanisch-konstitutionsmonarchistisch oder diktatorisch-absolutistisch. – Ludwig 13 war auf der ersten Spur. Nach Schema Henri-IV – Sully und Elisabeth-I. – Burghley hatte er mit konstitutionell orientierten Praktikern die Geschicke Frankreichs schon gelenkt. Er wollte die Sillerys *nicht* entlassen. Sillery Vater (1544–1624) war Parlamentarier, Sillery Sohn (1583–1640) Botschafter und Staatssekretär.

DER FÜHRERVORLÄUFER 259

1616 war Sillery (Vater) von Concini/Medici zum ersten Mal entlassen worden, die *Richelieu* ins Außen- und Militäramt einsetzten. Luynes tat das Gegenteil, berief Sillery sofort nach dem Conciniputsch zurück. Ab 1623 fuhr Richelieu seine zweite Attacke gegen die geordnete Staatsmacht. Schon ein halbes Jahr nach Erhalt seines Kardinalshutes (5. 9. 1622) kündigte er seine Stellung als Bischof von Luçon (19. 5. 1623). Nicht wie sonst festigte der Kardinalshut einen Bischof(ssitz), nein, dieser Kardinalshut war das Diplom für Richelieu, um der Staatsführer Frankreichs werden zu können. Als Ludwig 13 am 1. Januar 1624 den Kanzler Sillery entließ, entließ er *zwei* Konstitutions-monarchistische Top-Regierungspraktiker, auch Sillerys 41-jährigen Sohn und designierten Nachfolger, Pierre Brulart, marquis de Puisieux et de Sillery. Dieses Datum markiert nach der Ermordung von Henri IV am 14. Mai 1610 den zweiten Anschlag der KaKö auf die französische Entwicklung zur konstitutionellen Monarchie und schiente die Verhältnisse für unabsehbare Zeit in Richtung »Absolutismus« = Diktatur und Staatsterrorismus ein.

Wenn die sexuelle Frage nicht gestellt wird, kann das Verhältnis zwischen Louis XIII und Richelieu nicht richtig eingeschätzt werden. In diesem Verhältnis wurzelt die Vorgeschichte und das Gelingen der »Operation Kronprinz«.
Die sexuelle Frage gegenüber Ludwig dem Dreizehnten hat einen Aspekt, der der Tabu-beladenste ist im ganzen antihomosexuellen jüdisch-christlichen Corpiarchat. Es gibt keinen Gesellschafts-diskutablen Begriff für dieses Tabu, und der, den es krückenhaft gibt, umschreibt das Geschehen als das sogenannt passive Sexualverlangen des Mannes und ist darüber hinaus auch noch falsch, weil es bei Sexualität überhaupt nichts Passives gibt.
Die Präferenz eines »wortlosen«, spezifisch männlich-homosexuellen Verlangens war zu Ludwigs des Dreizehnten Zeit gesellschaftlich – auch höfisch – so anathematisch, dass damals »Rauskommen« tödlich gewesen wäre und noch heute die Aufdeckung und Beschäftigung mit dem Thema schwierig ist.
Die Schwulenunterdrückung ist nicht vollständig aufgehoben. Offen als homosexuell leben, lieben, arbeiten und neuerdings sich Rechtsfolgen-»fest« auch verbinden – ja, Kinder adoptieren noch immer nein.
Das »Nein« gegenüber Homosexualität bezieht sich ebenfalls auch noch auf Lebensaspekte, von denen die Schwulen nicht bemerken, dass die »Neins« ihnen schaden:
Männer der Vergangenheit aus der gesamten abendländischen Kultur dürfen immer noch nicht als schwul »erscheinen«. Damit wird den Schwulen ein Geschichtsbewusstsein geraubt, was insofern schädlich ist, als die Schwu-

lenbefreiung jederzeit von einer reaktionären Regierung aufgehoben werden kann. Wenn aber sozusagen die halbe Kultur schwul war, geht das Rückgängigmachen von Schwulenrechten nicht oder schlecht. Wenn im Kulturbewusstsein fest verankert ist, dass sämtliche Maler der italienischen Weltspitze von Giotto bis Caravaggio schwul waren, dass Heilige wie Franz von Assisi schwul waren, dass Philosophen wie Kant, Schopenhauer, Kierkegaard, Politiker wie Friedrich II. von Preußen, Washington, Robespierre, Saint-Just sich ganz oder teilweise am anderen Ufer des Triebflusses aufhielten, dass vor allem Komponisten undicht waren oder »voll« zur anderen Seite abflossen – von Händel bis zu Hugo Wolf über Schubert, Brahms, Bruckner –, wenn das alles »draußen« ist, sind in der Gegenwart auch bei reaktionären Regierungen nicht mehr so leicht Mehrheiten zur Gesetzesänderung gegen Schwule zu bekommen.

Feministinnen haben daran gearbeitet, den Frauen ein Kulturbewusstsein herzustellen, in der Vergangenheit eine Präsenz von Erfinderinnen, Politikerinnen, Entdeckerinnen, Philosophinnen, Abenteurerinnen, Naturwissenschaftlerinnen, Ärztinnen, Malerinnen, Schriftstellerinnen zu heben. Diese Hebung verlief außen vor der maskulin-dominierenden Gesellschaft und wurde daher von ihr nicht vereitelt.

Aber schwule Kulturgrößen in der Vergangenheit zu outen verstößt direkt gegen die Interessen des Viricorpiarchats, auch die gesamte Geschichte als heterosexuell zu drapieren, vor allem jede männliche Größe als »heterophil« in der Kultur einzunisten und über die Homosexualität von historischen männlichen Kulturarbeitenden den Mantel der Heteronorm zu hängen.

Dieser Mantel verhindert auch, dass Einzelheiten über das schwule Begehren »herauskommen«, die belanglos wären, wenn nicht gerade über sie – wie sich im Falle Ludwigs des Dreizehnten erweist – Politik gemacht wird.

Es gibt nicht *das* Schwule und *den* Schwulen, sondern eine Vielheit von schwulem Begehren. Die Formen differieren untereinander extremer, als das Begehren von heterosexuellem Mann und heterosexueller Frau sich voneinander unterscheidet.

Für die verschiedenen Formen des schwulen Begehrens gibt es keine Begriffe, außer Slangwörter. Diese Slangwörter lassen sich nicht ethisch »anheben«, auch wenn sie andauernd gebraucht werden, wie es dem Wort »schwul« schließlich gelang. Das gelang diesem Wort nur, weil es von einem Defektbegriff (»schwül/schwul«) zu einem Kampfbegriff umgewertet werden konnte. Mit Tätigkeiten wie »arschficken«, »blasen« und »wichsen« lässt sich nichts erkämpfen. Daher sind sie nicht sinnzuveredeln, bleiben in der Schamzone: »Darüber spricht man nicht!«

DER FÜHRERVORLÄUFER 261

Weil in Ansehung von Ludwigs des Dreizehnten homosexueller Präferenz darüber gesprochen werden muss, die Slangwörter noch den längst toten Protagonisten aber beleidigen, müssen Wörter erfunden werden, die weder beleidigen noch falsch oder ungenau noch wegen ihrer Diskretion so peinlich sind, dass sie schamlos rot werden lassen, so etwas wie »fordern« für »ficken« und »sich verschenken« für »sich ficken lassen«!

Um dem Dilemma Ludwigs des Dreizehnten, in das Richelieu perfekt einsteigen konnte, einen Ausdruck zu geben, muss das Dilemma erst einmal einen Ausdruck *bekommen*.

Schwule unterteilen sich in vier Grundsatzbegehren, die eine Person als Ganze oder zum Teil oder phasenweise bestimmen können. Anlegend an die Organe, mit denen Homosexualität betrieben wird, kann sich den vier Präferenzen mit »Schwertträger«, »Mundschenk«, »Treuhänder« und »Rosenkreuzer« angenähert werden, mit Wörtern, die es in anderen Sinn-Zusammenhängen schon gibt, die jedoch in sexuellem Zusammenhang sofort klarmachen, um wen und was es sich handelt. Vor allem diskreditieren diese Analog-Wörter niemanden wegen eines Begehrens.

Dass die Wörter zu Anfang ihrer Benutzung befremdlich wirken, ist nicht die Schuld des neuen Begriffs, sondern die Schuld der Unterdrückung der Homosexualität. Der Unterdrückung folgt bis heute in Ansehung von Schwulenfragen eine gesellschaftliche Verklemmung, die *freies* Forschen und Entdecken unmöglich gemacht hat.

Für die Erkenntnis des Dilemmas Ludwigs des Dreizehnten ist Empfindlichkeits-schonungsloses = »etepetete«loses Schauen ins Schwarze des Problems unabdingbar.

Die drei ersten Begriffe »Schwertträger«, »Mundschenk« und »Treuhänder« machen auf Anhieb keine Verständnisschwierigkeiten, vor allem deswegen nicht, weil auch Heteromänner Schwertträger, Mundschenke und Treuhänder sind, das heißt, auch sie »arbeiten« mit Schwanz, Mund *und* Hand, wenn sie sich sexuell dem *weiblichen* Geschlecht nähern.

Die Vollverruchtheit am Schwulen-»Komplex« liegt in der Präferenz des Rosenkreuzertums, weil dieses Verlangen sich aus den Hetero-Stereotypen herauskatapultiert hat und fälschlich dann doch wieder mit etwas Weiblichem kurzgeschlossen wird, um dem verwirrten Machoismus eine Idee zu verschaffen, wie dieses *männliche*, außer Kultur gefallene Begehren funktioniert, das als »weiblich-passiv« missverstanden wird.

Schließmuskel – Ring oder Rosette, deswegen »Rosenkreuzer« –, Mastdarm und Prostata sind keine Passivitäten, sondern Organe, die genauso aktiv wie Schwanz, Hand und Mund »agieren«. Manche Männer haben diese

Organe Trieb-»aktiviert«. Das kann schon allein aus anlagebedingt organischen Besonderheiten so sein, ehe die Psyche noch ihre Zutaten mit in das Begehren mischt.

Der Begriff »passiv« für ein spezifisches Sexualverlangen ist schon deshalb Unsinn, weil vor allem profiliert *aktiv*-strategische Personen von Alexander dem »Großen« über Cäsar bis zu Friedrich dem »Großen« von diesem Verlangen gekennzeichnet waren, gerade militärisch Überbegabte. Auch Napoleon, der sich aus Mangel an durchbrechendem sexuellem Rosenkreuzerverhalten von seinen eigenen Hämorrhoiden stechen lassen musste.

Zu den militärisch Überbegabten gehörte auch Ludwig der Dreizehnte, der alle seine Kriege und militärischen Schachzüge gewonnen hat. Die vier Star-Strategen Alexander, Cäsar, Friedrich II. und Napoleon werden in der Geschichtsschreibung als militärische Genies gefeiert. Ludwig 13 gebührt solch ein Feiern ebenfalls, wenn es schon unternommen wird.

Wie ineffektiv die Zuweisungen »aktiv« und »passiv« sind, erweist sich auch darin, dass selbst das »aktivste« Organ »Phallus« sich »passiv« benehmen kann, sogar und gerade im heterosexuellen Feld, wenn zum Beispiel der »einwandfrei« heterosexuelle Woody Allen in einer filmischen Selbstdarstellung zu einer begehrten Frau »Blow me, blow me!« ruft. – Huren wissen, dass Heteromänner nicht selten ins Bordell kommen für ein »Sich-Verschenken« an die Organe Mund und Hand der Prosti.

Trotzdem gibt es ein Sonderproblem der Rosenkreuzer. Ihr Verlangen *kann* mit einer Aversion gegen Frauen einhergehen, die bei Friedrich dem »Großen« so weit führte, dass er sich ein Schloss erbauen ließ, in das Frauen keinen Zutritt hatten. Friedrich 2 hatte seine Pflichtheirat absolviert, aber sich geweigert, auch nur eine einzige Pflichtnacht mit seiner Gemahlin zu verbringen. – Friedrich nannte sein Schloss »Sans souci«. »Ohne Sorge«? Als Frauen-allergischer Rosenkreuzer hätte er doch null Sorgen mit Frauen zu befürchten gehabt. – Dem Titel seines Schlosses liegt der französische Slang »sans poussi« zugrunde, und dann macht die Weihe und Widmung dieses ausschließlichen Herren-Hauses des fließend Französisch sprechenden preußischen Königs einen Sinn: »Ohne Muschi«!

Es besteht kein Gran Zweifel daran, dass Ludwigs des Dreizehnten Begehren Rosenkreuz-terminiert war und in Ludwigs Fall wie bei Friedrich 2 sich auch nie änderte oder mit anderen Begehrtypen mischte oder bisexuell auffächerte: Frauen gegenüber Schwertträger, Männern gegenüber Rosenkreuzer. Eine nicht selten bei Heteromännern anzutreffende Kombination.

Die ersten Liebhaber Ludwigs des Dreizehnten waren sehr viel älter als er.

Wenn ein Knabe sich an einen Mann heranmacht, geschieht das immer aus der Rosenkreuzer-Position, wie es Gad Beck schon überzeugend in seinen Memoiren *Und Gad ging zu David* enthüllt hat.

Mit Hand und Mund können den Jungs genug Gleichaltrige dienen. Ludwig 13 hatte von früh an einen Aufwachsenskumpan, Henri de Verneuil, den illegitimen Sohn zwischen Henri IV und Henriette d'Entragues, marquise de Verneuil. Mit dem kleinen Verneuil teilte Ludwig 13 schon im ersten Jahrzehnt das Bett, so oft er wollte.

Aber der männliche Leib des Gleichaltrigen war für Ludwig 13 eben nicht der Kick, der ihm erst mit dem 33-jährigen Luynes widerfuhr. Und da der neuneinhalbjährige König die Macht hatte, über seine Intimbedingungen zu bestimmen, fing die Verwirklichung seiner Triebinteressen für christliche Verhältnisse früh an. Was heißt »früh«? – Wenn die *Männer* über den Beginn einer Mann-Knaben-Beziehung bestimmen konnten, dann begann diese Beziehung ebenfalls in einem Alter des Knaben um zehn, da die Pagen in diesem Alter an Höfe kamen und Jungs in den Dienst von Bauern und Handwerkern traten. – Und für alt-arabische, antik-griechische und antik-persisch-mediterrane, gar erst polynesische Verhältnisse wäre das Alter des Knaben von neuneinhalb für den Beginn seiner Beziehung mit einem Mann auch nicht früh (gewesen).

Die Freunde Ludwigs des Dreizehnten nach Luynes, die im Geschichtsbewusstsein haften geblieben sind, haben alle den Hetero-»Kick« am Stecken: Toiras, 16 bis 17 Jahre älter als Louis, entstammt noch der Generation Luynes'. Saint-Simon ist bisexuell, heiratet später und wird Vater des berühmt gewordenen Memoirenschreibers. Ebenfalls bisexuell ist Cinq-Mars.

Das Rosenkreuzertum Ludwigs des Dreizehnten ergab eine weitere Schwierigkeit für die Geschichtsschreibung, Ludwigs Homosexualität zu diskutieren, welche Schwierigkeit beim Offizial-Sohn Philippe d'Orléans nicht besteht, da der zu den schwulen oder bisexuellen Schwertträgern gehörte und zweimal verheiratet war – »gesegnet« mit Kindern und Söhnen! Philippes Homosexualität zeigte sich erst als Erwachsener, und seine Freunde waren Knaben, Jünglinge und jüngste Männer. »Darüber lässt sich reden!«.

Schon die Mythologie macht mit dem Rosenkreuzertum meist peinlich herum.

Der germanische Mythos fand einen Trick, dieser Spezialmännlichkeit ein Denkmal zu setzen in der Gottfigur Loki, der die Kunst der Verwandlung beherrschte, Mann und *Stute* war, als Menschen-verwandtes Geschöpf nicht Ross, Pferd, Schimmel, gar Hengst. Es heißt deutlich »Stute«, was gewagte

Schwule heute in die Anzeigenblätter nehmen, wenn sie Rosenkreuzer-Verlangen signalisieren wollen.

Loki ist der Lichtgott. Licht? Was der Mythos nach außen verlegt hat, geschieht im Mann innen – beim Akt. Es wird im Kopf hell, explosionsartig! Die Griechen haben dem Phänomen in der Gestalt des Prometheus eine noch verklemmtere »Rechnung« getragen, sogar mit Zensur-Beigeschmack. Prometheus ist der griechische Lichtbringer, sozio-geschichtlich der Feuermacher! Er soll für die Verführung der Menschen zum Feuer von Zeus bestraft worden sein. Er wurde vom Göttervater lebenslänglich nackt an einen Felsen angekettet. Das *soziale* Feuermachen wäre kein Grund zu solch einer Bestrafung. – Da ein Mythos immer auch sexual-phänotypisch arbeitet, handelt es sich bei der Prometheus-Geschichte um die Symbolisierung und gleichzeitige Diskreditierung des männlichen *inneren* Feuermachens, das bestraft wird – eine Praxis, die im Lauf der Entwicklung *aller* Viricorpiarchate mehr oder weniger in Verruf kam.

Mit einer sexualverschlüsselten Pointe hebt der Mythos seine eigene Verdrängung wieder auf: Ein Geier kommt regelmäßig angeflogen und pickt Prometheus an der Leber herum, die sich wegen Prometheus' Unsterblichkeit ständig regeneriert. – Zeus, der oberste olympische Schwertträger, gehörte einst zu Prome-theus, wie beide Namen noch klanglich den Bezug der beiden Männer zueinander andeuten. Aber Zeus kommt nicht mehr selbst in einer verwandelten Gestalt zu Prometheus und unternimmt den Leber-Pick-Akt. Das lässt der Mythos einen Geier machen, einen phallisch wirkenden Raubvogel.

In der Mythe von Zeus und Ganymed erlauben sich die Griechen noch Direktheit. Der alte Schürzenjäger Zeus ist so alt, dass nun ein Jüngling »es« ihm »bringen« muss, den Zeus sich noch in der phallischen Figurine des Adlers selber holt. Ganymed wird Zeus' »Mundschenk«, sagt der Mythos mit vorgehaltener Hand! Da haben »wir« die zweite sexuelle Direktheit, die der Mythos im Falle des Mann-Knaben-Verhältnisses noch durchlässt, was er in dem Mann-Mann-Verhältnis Zeus-Prometheus nicht mehr tut.

Die Leber als Reinigungsorgan macht »sauber« = hell. Auch sie steht in Verbindung zu »Licht« und liegt körperlich nicht so weit ab vom eigentlichen Rosenkreuzer-Territorium, wie Siegfrieds, des *menschlich*-mythischen Lichthelds, »eindringliches« Mal zwischen den Schultern, in das Hagen sich speertödlich bohrt. – Das postmythische Mann-Mann-Eindringen war in der viricorpiarchalischen Sittenordnung fortan für den Rosenkreuzer immer nur noch schmerzhaft oder tödlich.

Die Lichtbringer und Lichtmacher sind mit ihrem Originalverlangen aus der Macho-Kultur gefallen, so dass ihr Verruf einer ganzen Nation zu Unheil gereichen kann.

Das Sich-Ergeben Ludwigs des Dreizehnten unter Richelieu ist eine Folge des Rosenkreuzer-Tabus. Weil sich diese Männer-Charakteristik nicht mehr entwickeln und in der Kultur ausdrücken darf, muss sie sich in psychischen Verunstaltungen winden.

Ein Schwuler der anderen drei Begehrdynamiken hätte sich von einem Richelieu nicht 20 Jahre lang biografisch zurichten lassen. Der Speer der Richelieu'schen Totalmacht unternahm an Louis XIII eine auf 20 Jahre ausgedehnte Hagen'sche Siegfriedstötung.

Das Verhältnis Louis XIII – Richelieu wird von zwei Schwulen-Tragödien Ludwigs des Dreizehnten eingerahmt, die in der Biografik nicht als solche vorkommen, von denen nur Daten-Strandgut in die Chroniken gespült worden ist!

Zu Anfang steht das unnatürliche Ende der Knabenehe Louis – Luynes. Am Ende steht die Dreiecksbeziehung Richelieu – Cinq-Mars – Louis XIII, an deren unglücklichem Ausgang alle drei Männer gestorben sind.

Wann die sexuelle Beziehung zwischen Louis und Luynes begonnen hat, ist mangels Tagebucheinträgen der Beteiligten nicht genau zu terminieren, von der Affekt-Chronik dieses Verhältnisses her handelt es sich aber um ein für Louis XIII früh begonnenes Liebesverhältnis, das zu Zeiten seiner Eheschließung mit Anne d'Autriche, als er gerade 14 war, schon bestand. Ein Merkmal der Knabenliebe oder Knabenehe, wie sie im Brauchtum nur noch in Randgesellschaften weit weg von den großen europäischen, nord- und südamerikanischen und asiatischen Corpiarchaten zu finden ist: vonseiten des Knabens her freiwilliger früher Beginn zwischen seinem neunten und elften Lebensjahr, aber auch frühes Ende zwischen seinem 14. und 15. Lebensjahr. Dieses frühe Ende ist für die weitere Mannwerdung des in der Knaben-Mann-Beziehung halberwachsen gewordenen Jünglings unerlässlich.

In der feudalen Gesellschaft des Christentums noch in Brauchresten vorgekommene Mann-Knaben-Beziehungen, wie sie die Begriffe »Lustknabe« und »Page« und vor allem das englische, allerdeutlichste, langsam aus dem Gebrauch verschwindende Wort »catamite« nahelegen, wurden regelmäßig von der Machtposition des Mannes aus geknüpft. Ein Junge oder Jüngling kam in den »Dienst« eines Mannes. Das Wort »Dienst« konnte in allen Gesellschaftsschichten eine sexuelle Beziehung zwischen Mann und männlichem Heranwachsendem einbegreifen, weil diese Beziehung von gesellschaftlich gegen sie gerichteten Norminstanzen nicht kontrolliert wurde und schwer zu kontrollieren war, wenn der Junge oder Jüngling ihr zustimmte. Die Komplikation zwischen Louis und Luynes begann damit, dass der *Mann* in den Dienst des neuneinhalbjährigen Knabenkönigs Louis XIII kam. Nur weil hier der Knabe positionell höchst mächtig war, konnte der Mann in diese Stellung kommen, Liebhaber des mächtigen Knaben werden und als solcher dort auch bleiben. Der gegnerische Wille der Königinmutter Maria Medici konnte in dieser Intim-Angelegenheit Ludwigs des Dreizehnten nichts ausrichten. Sie sprach von Ludwigs Verhexung durch Luynes und trachtete mit Regierungskumpel Concini danach, Charles de Luynes umzubringen, so dass dieser ins Louvre-Appartement über Louis XIII einzog, um jeden Tag und jede Nacht mit dem König zusammen zu sein, was die Organisation eines Anschlags auf Luynes erschwerte. Wie sich aus dem *Journal* des Leibarztes Héroard ergibt, waren die Wohnungen der lovers über die »Schwulentreppe« so miteinander verbunden, dass sie wie ein heutiger Maisonnette-Komplex zusammengehörten. Als Louis XIII im November 1615 mit Anne d'Autriche zwangsverheiratet wurde, bestand die Wohngemeinschaft Louis – Luynes schon.

Ausgerechnet zu der Zeit, in die entwicklungsgeschichtlich für den Jüngling die Trennung der beiden Liebenden hätte fallen müssen, wurden sie durch den Conciniputsch noch enger aneinandergeschweißt, als sie es vorher waren. Vielmehr, ihre Beziehung wandelte sich von einer sexuellen in eine politische, was eine Knabenliebe nicht aushält und gegen ihre Funktion und Bedeutung gerichtet ist. Louis und Luynes mussten in dem Moment zusammen Frankreich regieren, als sie sich in der Dynamik der Trennung voneinander befanden und wegen dieser Dynamik des Voneinander*weg* ihr politisches *Zusammen*wirken nicht optimal war, sie Fehler begingen, bis schließlich die Trennung unnatürlich mit Luynes' gewaltsamem Tod vollzogen wurde.

Namentlich aufgelistete Mätres Ludwigs des Dreizehnten erscheinen nach dem Tod Luynes' erst wieder ab Ende 1624, als Richelieu schon im Amt des Regierungschefs saß und das ganze Leben Ludwigs in den Griff genommen hatte.

Neben der Regredierung in die SM-Mutter-Sohn-Beziehung Maria Medici – Louis XIII 1619/1620 widerfuhr Ludwig dem Dreizehnten zwischen 1617 und 1621 etwas Zweites, seine Unreife Fixierendes. Ludwig 13 war Ende 1621, als Luynes starb, gerade 20 Jahre alt. Regierungschef-verwaist und politisch untrainiert, hätte er viel Zeit gebraucht, um die Männlichkeits- und Königsreifung im Alleingang fortzusetzen. Diese Zeit ließen ihm seine Mutter Maria Medici und deren Motiv-Motor und politischer Günstling Richelieu nicht. Allein regieren – das konnte Ludwig 13 aus einem Mangel an Begabung für Simultanität und Polyphonie nicht, zu denen ein politisch erfolgreich Agierender fähig sein muss, wozu sein Offizial-Sohn Louis XIV im vergleichbaren Alter außergewöhnlich fähig war.

Die seit zwei Jahren nach dem Luynes-Tod amtierenden Ludwig-13-Co-Regenten, Vater und Sohn Sillery, zwang Richelieu von der Seite des Königs und oktroyierte ihm eine perfide, (sexual-)politische »Männer-Melange«: Duldung der vollständigen Entmachtung durch einen asexuellen Regierungschef, der Louis' ganzes Leben unter Kontrolle nehmen würde: Ausleben der sexuellen Präferenzen des Königs – ja, aber zum Preis des hundertprozentigen Gewährenlassens Richelieus in allen politischen Aktionen!

Aus den Lebensläufen von zumindest drei »Favoriten« Ludwigs des Dreizehnten ergibt sich, dass Louis XIII eine Fortsetzung von »Liebe und Arbeit« nach seiner Beziehung zu Luynes mit seinen späteren Freunden angebahnt hat, da Toiras, Saint-Simon und Cinq-Mars auch politische Positionen innehatten, die aber immer mit Richelieus Schaltzentrale in Einklang stehen mussten. Toiras wurde schließlich von Richelieu aus der Nähe des Königs gedrängt. Cinq-Mars wollte solch einer Versetzung aus der königlichen Nähe zuvorkommen, indem er den letzten Putsch gegen Richelieu versuchte.

Die Louis-XIII-Richelieu-Verbindung funktionierte mit Ach und Krach bis 1638, bis ausgerechnet in das Jahr der Erscheinung des staatlichen Kardinalsproduktes Louis XIV hinein.

Als hätte Richelieu seinem entmachteten König einen Trostpreis für den schwulen Identitätsverlust der Beschaffung eines »frisierten« Königssohnes zahlen wollen, stellte er dem König sein Mündel vor: Henri Coiffier de Ruzé d'Effiat, marquis de Cinq-Mars. – Der 17/18-jährige Cinq-Mars war mit elf/ zwölf Jahren Halbwaise geworden. Sein Vater, Antoine Coiffier de Ruzé, marquis d'Effiat, ein enger militär- und finanzpolitischer Mitarbeiter Richelieus, starb 1632 während einer Schlacht. Effiat hatte zuvor seinen Sohn Henri (späteren Cinq-Mars) in die Obhut Richelieus gegeben, der ab nun für Cinq-Mars als Vormund fungierte.

Mitten in der Pubertät – dieser sexualdramatischen Zeit – sich auf einen Mann als Vater beziehen zu müssen, einen Mann, der geradezu entkörpert war – von Himmler'scher Männlichkeitsmürbe gekennzeichnet, immer nervös, von Kopfschmerzen gepeinigt, oft krank, ja manchmal wahnsinnig bis epileptisch –, das war für beide, nun im Neffen-Onkel-Verhältnis einander ausgelieferten Männlichkeiten eine laokoonhafte Verschlingung, aus der sich der Jüngling mit seiner Beziehung zum König Ludwig 13 herauszureißen versuchte.

Liselotte von der Pfalz hat eine Grotesk-Kontur von Richelieus Verhalten übermittelt, eine Verbildlichung seiner epileptischen Anfälle: Richelieu habe sich anfallweise als Pferd gefühlt und so dargestellt! Kein Loki'scher Verwandlungstrick vom Mann zur Stute, um ein Originalbegehren zum Ausdruck zu bringen, sondern eine psychotische Folge der Nichtwahrnehmung von Rosenkreuzer-Stimmungen bei Richelieu höchstselbst. Richelieu überkamen solche Pferdeanfälle wie Sprünge in eine andere Person (Krankheitssyndrom der multiplen Persönlichkeit), wobei in seinem Falle »die andere Person« kein Mensch, sondern ausgerechnet das damals Lebens-organisatorisch naheste Tier war, das noch im 17. Jahrhundert eine Hauptrolle im Leben als alltäglicher Begleiter der Mehrzahl der Männer spielte. Sogar der Kardinal Richelieu ließ sich auf dem Pferde reitend malen, weil ihn diese Position auch als Kriegsherr auswies. – Wenn Richelieu ein Pferde-Anfall schüttelte, in dem er das Pferd zwanghaft spielte mit Geh- und Galoppweisen, mit Hufausschlägen, Kopfschütteln und Wiehern, dann musste er ins Bett gebracht werden. Per In-Schweiß-Versetzen versuchten seine Angestellten eine Art Rückführung aus seiner Stutenpersönlichkeit ins Mannsein. Hinterher konnte Richelieu sich regelmäßig an seine temporäre Trans-Animalität nicht mehr erinnern (132, S. 422).

Liselotte von der Pfalz kam erst 1671, 30 Jahre nach dem Tod Richelieus 1642, an den französischen Hof. Sie hatte Philippe d'Orléans, Ludwigs des Vierzehnten Offizial-Bruder, in zweiter Ehe geheiratet. Sie entwickelte sich im Alter zur Co-Staatsrepräsentantin von Ludwig 14. Ihr Sohn, Philippe d'Orléans II., wurde der Regent für den nach Tod von Ludwig 14 erst fünfjährigen Thronfolger Ludwig 15. Elisabeth Charlotte duchesse d'Orléans – so ihr offizieller französischer Name – war mit der Hofszene vollkommen verflochten, was aus ihren über 5000 erhaltenen Briefen ersichtlich wird. Sie hatte noch Primärzeugen der Richelieu-Ära kennengelernt. Die Darstellungen des Richelieu'schen Kammerdieners Olivier, die Berichte engster Vertrauter, Ärzte und Mitarbeiter Richelieus decken sich – über andere Beschreibungen – mit dem Phänomen »Pferdeanfall«. Richelieu hat darüber hinaus »periodisch« Krankheiten an seinem Sexualorgan »Hintern« »ausgebrütet«: Abszesse, Hämorrhoiden, Geschwüre, die ihn am Sitzen hinderten und an denen er schließlich starb. Er ließ sich jeden Tag einen Klistier verabreichen, schloss sich mit Ärzten und Dienern für eine semi-sexuelle »Taktier«-Session ein. Immerzu war er von innen und von außen krankheitshalber an dem Organ tätig – ließ an ihm tätig werden –, das er zur Verwirklichung seiner Stutenpersönlichkeit gesund gebraucht hätte. – Zeitgenössische Gegner beschimpften ihn mit Verweis auf sein vielfältiges körperliches Ausflippen in Krankheiten an Kopf und Arsch, das durchgesickert war (28, II, S. 95 ff. und 14, S. 90).

Der 17/18-jährige Conq-Mars erkannte – als Ludwig 13 für ihn Feuer gefangen hatte – die Chance seines Lebens, in führende höfische Positionen zu kommen. Er wird umgehend befördert, am 27. März 1638 zum »Grand-Maître de la Garde-Robe«, eine hohe Position, in die ein 17/18-Jähriger ohne »Protektion« des Höchsten, ohne Hochdienspirale, nicht hätte gelangen können. Ebenso schnell ging seine Erhebung zum »Grand-Écuyer«, dem jüngsten Oberhofmeister, ein Jahr später am 15. November 1639. – Die Chroniken haben Cinq-Mars' Geburtsmonat und -tag »unterschlagen« – es ist später nur sein Geburtsjahr 1620 bekannt geworden –, weil sein exaktes jugendliches Alter verschleiert werden sollte.

Es entzündete sich zwischen Louis XIII und Cinq-Mars eine Leidenschaft, die sich im Laufe der Liaison sehr bald »kistig« verzog und von Nebenbeziehungen Cinq-Mars' unterbrochen wurde. Streite und Versöhnungen – auch des 20. und aller anderen Jahrhunderte Beiwerk der spannungsgeladenen Liebe.

Was nicht zum normalen Beiwerk von Aphrodites Patengeschenk gehörte, war Richelieus puffmuttelige Supervision dieses Männerverhältnisses, das von ihm selbst gestiftet worden war und welches er so lange wie möglich erhalten wollte. Genau in der Anlaufzeit der Königinnen-Scheinschwangerschaft ab Dezember 1637 wollte Richelieu das wackelige Selbstgefühl des Strohvaters Ludwig 13 stärken, den König mit der Befriedigung von dessen eigentlichem Sexualverlangen »bei Laune« halten. – Richelieu war vor acht Jahren die Todeskrankheit des Königs Karriere-bedrohlich in die Existenz gefahren. Nach der zweiten Begegnung zwischen Ludwig 13 und Mazzarino am 2. August 1630, während der der päpstliche Sonderbeauftragte für heikle Angelegenheiten dem König von Frankreich die Beschaffung eines Kronprinzen als Lösung des Fruchtbarkeitsdebakels des Königspaares Anna Ö. und Ludwig 13 schmackhaft zu machen versuchte, war der 28/29-jährige Ludwig 13 zwischen dem 22. und 30. September 1630 schwer krank geworden und drauf und dran, an einem Darmgeschwür zu sterben. Die Letzte Ölung wurde ihm verabreicht, da man ihn aufgegeben hatte. Ludwigs ärztlicher Betreuer, Jean Héroard, lebte seit zweieinhalb Jahren nicht mehr. Kein anderer Arzt konnte helfen. – Da geschah das Wunder von Ludwigs Heilung.

Richelieu, der ungewöhnlich Wissende von psychosomatischen Zusammenhängen, war gewarnt worden. Jetzt, im Endstadium der »Operation Kronprinz«, musste Ludwig 13 unbedingt lebendig bleiben. Die Pseudozeugung im Dezember 1637 für Louis XIV war während der Zeit der Begegnung zwischen Ludwig 13 und Cinq-Mars schon »passiert«, aber die »Operation Kronprinz« brauchte Ludwig noch für die Vorschubzeugung des Ersatzprinzen, Philippe d'Orléans, in zwei Jahren. Nur *ein* beschafftes Baby zum Königstatus war zu riskant. Wenn schon Bourbon-Dynastie-Festnähen, dann doppelt! Damals konnte dem Kind und auch dem erwachsenen König hunderterlei Missgeschick passieren – krankheitsnatürlich und fremd-einwirkungshalber. Die »Operation Kronprinz« musste für alle Widrigkeitsfälle einen *zweiten* Dauphin beschaffen. Sie wollte die Sicherung dieser Dynastie annähernd hundertprozentig betreiben.

Richelieu selber wirkte, wie vor 20 Jahren 1619/20 in den Königin-Mutter-Sohn-Verhandlungen zwischen Maria Medici und Ludwig 13, kuppelnd-versöhnlerisch – nun zwischen Cinq-Mars und Ludwig 13. – Es gibt das rare Dokument eines Wiedervereinigungs-Vertrages zwischen Cinq-Mars und Louis XIII, von beiden unterschrieben, von Richelieu ausgehandelt und Notariats-bestätigt: »Wir, die Endunterzeichneten, bezeugen, tun kund und lassen wissen, dass wir einander sehr zugetan und miteinander sehr zufrieden sind, ja nie zuvor so vollkommen harmoniert haben wie gegenwärtig. Um das zu bestätigen, haben wir diese Urkunde unterschrieben: Louis. Auf meinen Befehl: Effiat de Cinq-Mars, vollzogen zu Saint-Germain am 26. November 1639.« (58, S. 356)

So gingen die Zeiten weitere Jahre dahin, das zweite männliche, als königlich ausgegebene Baby, genannt Philippe d'Orléans, war am 21. September 1640, zwei Jahre nach Erscheinen Ludwigs des Vierzehnten, geliefert worden, wieder »empfangen« um das Datum von Mariä unbefleckter Empfängnis, 8. Dezember, diesmal 1639. Da schreckte Frankreich zwei Jahre später, 1642, von einem neuen Komplott gegen Richelieu hoch. Ludwigs des Dreizehnten Geliebter hatte mit dem Parlamentspolitiker François Auguste de Thou zusammen Richelieu entmachten wollen. Die Männer waren von Richelieus Spitzeln ausspioniert und des Hochverrats überführt worden.

Das Cinq-Mars-Komplott ist nicht nur das letzte in Richelieus Regierungszeit, sondern steht auch in einer langen Reihe von Putschversuchen, die mit der Hilfe des spanischen Königs Philipp IV., Bruder der französischen Königin Anne d'Autriche und Schwager Ludwigs des Dreizehnten, gemacht wurden.

Cinq-Mars' Putschvorbereitungen werden abgebrochen, weil ein Spion Richelieu am spanischen Hof von dem Geheimvertrag zwischen Philipp IV. und Cinq-Mars, geschlossen am 13. März 1642, erfahren hat. Inhalt des Vertrages war: Nach Entmachtung Richelieus sollte die spanische Armee sofort in Frankreich einmarschieren und die neue Regierung gegen militärische Widerstände der Richelieu-Administration unterstützen.
Woher hatte Cinq-Mars die Autorität, mit dem König von Spanien solch einen militärischen Staatsvertrag zu schließen? Er war ein mittlerer Militärführer und kein Botschafter oder außerordentlicher Gesandter mit bestimmten Vollmachten.

Dass Ludwig 13 selber diesmal der Anstifter gewesen sein könnte und Cinq-Mars mit einem Beglaubigungsschreiben ausgestattet hätte, die Liebenden sich gemeinsam von der Krake Richelieu befreien wollten, die Revolte vom Ausland ausgegangen, Ludwig 13 an ihr nicht als beteiligt erschienen wäre, dadurch die Tellerminen der Richelieu'schen Deponien über das Sexualverhalten des Königs nicht hätten hochgehen können – all das entspränge der Lothar-Roman-Fantasie nunmehr schwulengefärbter Geschichtsschreibung. Derart homo-romantisch verlief das letzte Richelieu-Komplott nicht, und die ganze Story endete im Gegenteil eines Romanzen-Happy-Ends.

Die neueste sexuell farblose Geschichtsschreibung vermutet den jüngeren Bruder Ludwigs des Dreizehnten hinter dem letzten Putschversuch gegen Richelieu. Gaston d'Orléans sei an Cinq-Mars herangetreten und habe ihn zu dem Vertrag mit Spanien autorisiert. – Gaston hat sich während der ganzen Regierungszeit Richelieus mit diesem »angelegt«, wurde mehrmals vom Hofe verbannt, musste wegen aufgeflogener Komplottversuche, an denen er beteiligt war, sogar aus Frankreich fliehen. Am 12. Mai 1634 hatte Gaston schon einmal einen »Beistandspakt« mit Spanien geschlossen, der einen Krieg gegen Frankreich abwenden wollte, auf den Richelieu sich zubewegte und den er ein Jahr später, am 19. Mai 1635, auch wirklich begann, der 24 Jahre dauern sollte und der 1642 während der Cinq-Mars-Komplott-Anleierung bereits seit sieben Jahren an den spanischen Kräften zehrte.

Unklar bliebe bei der Version »Gaston = Drahtzieher des letzten Versuchs einer Revolte gegen Richelieu« jedoch, was Gaston von einem Gelingen des Putsches 1642 gehabt hätte: Richelieu tot, entmachtet, gefangen ... Dann lebten aber noch vier legitime Herrscher über Frankreich, Ludwig 13, Anna d'Austria und die beiden geschmuggelten Kronprinzen, die bei Absetzung oder Tod des Königspaares Interimsregenten gebraucht hätten – eine Position, die von altem Brauch her oft die Onkel ersten Grades einnahmen. – Wollte Gaston Interimsregent werden? Oder ging es ihm um die Aufdeckung der »Operation Kronprinz«? Wegen der über 20-jährigen Unfruchtbarkeit des Königspaares und Gastons Wissen um die Intim-Bedingungen von Bruder und Schwägerin kann die Fälschung des Dieudonné Gaston nicht entgangen sein, die zuallererst ein Anschlag auf Gastons Kronerbrecht war. Was hätte Cinq-Mars vom Gelingen des Putsches gehabt? Er hätte seinen Liebhaber Ludwig 13 vom Halblebenslang-Drachen befreit. Aber dann Komplikationen über Komplikationen: Cinq-Mars war ein Filou und spielte auch homosexuell mit den entzündeten Feuern für sich »doppeltes Spiel«. François Thou, mit dem zusammen Cinq-Mars den Deal mit den Spaniern durchgezogen hatte, war sein Liebhaber! Wieder haben die Verwirrungen eines jungen Schwulen eine eminent politische Rückwirkung.

Vor allem ist die Gestalt des im Schatten von Cinq-Mars stehenden François Auguste de Thou für den *politischen* Hintergrund des versuchten Attentats hervorzuheben. Thou war 1642 schon Mitte 30 (geboren 1607), 13 Jahre älter als Cinq-Mars. Er war Jurist, staats- und verwaltungsrechtlicher Spezialist, Berater von Parlamentariern, zugleich ein Intellektueller, der von Ludwig 13 als »Grand-Maître de la Bibliothèque du Roi« eingestellt worden war, in welcher Nähe zum König er Cinq-Mars begegnete. – Aus Thous mehrfachen Positionen wird deutlich, dass er ein antitotalitärer Non-Absolutist war. Er gehörte zu den französischen Adligen, die sich auf dem Moderationsweg befanden.

Was immer und immer wieder vergessen wird, dass auch Ludwig 13 zu den »moderationswilligen« Landadligen und Landesführern Frankreichs gehört hat und er von Richelieu 20 Jahre lang gezwungen wurde, aus seinem »konstitutionellen Herzen« eine Mördergrube zu machen. Auch und gerade in der notgedrungenen Zusammenarbeit zwischen Ludwig 13 und Richelieu kommt Ludwigs Einlässlichkeit zum Ausdruck, sich als Regent kooperativ zu verhalten. Nur entsprang es nicht Ludwigs freiem Willen, jahrzehntelang einem Absolutisten dienen zu müssen.

Nachdem Richelieu am 4. Dezember 1642 gestorben war, blieb dem ebenfalls schwer kranken Ludwig nicht mehr viel Zeit, sein »wahres verfassungsbindendes Gesicht« zu zeigen. Aber er zeigte es allerdeutlichst in seiner letztwilligen Verfügung. Er bestimmte in seinem Testament, dass seine Frau, Anna von Österreich, nach seinem Tod wohl seine Erbin, aber keine Alleinherrscherin sein dürfe. Sie müsse zusammen mit einem Gremium regieren, in dem sie nur *eine* Stimme bekam.

Das war genau das, was die Engländer zur selben Zeit in der Anbahnung ihrer konstitutionellen Monarchie gesellschaftlich prozedierten und schließlich durchsetzten.

Vier Tage nach Ludwigs Tod (14. 5. 1643) lässt Anna Ludwigs Testament vom Parlament annullieren, welch selbes Parlament sie dann auch noch als absolute Alleinregentin bestätigt! – Hinter dieser Ermächtigung stand Mazarin, den Ludwig der Dreizehnte interessanterweise nach Richelieus Tod *nicht* als dessen Nachfolger zum Ersten Minister macht, wie es Richelieus Willen entsprochen hätte. Ludwig beruft Mazarin einen Tag nach Richelieus Tod nur in den Kronrat, macht ihn aber nicht zum Chef desselben, wie er das vor 18 Jahren mit Richelieu notgedrungen gemacht hatte.

Der italienische kardinalscorporative Politiker Mazzarino trieb schon seit 1639 sein politisches Wesen in allen Königshof-Hintergründen Frankreichs und hat die paar Monate zwischen Richelieus Tod und Annas Aufhebung des Ludwig-13-Testaments *best* überstanden, um nun – von Anna ernannt – der neue De-facto-Alleinregent über Frankreich zu werden.

In den 20 Jahren des Richelieu-Totalitarismus waren die Pariser Parlamentarier so entgrätet worden, dass sie sich Annas/Mazarins Staatsstreich gefallen ließen. Als sie sich fünf Jahre später in der Fronde erhoben, war es zu spät. Mazarin konnte mit der Unterstützung der römischen Kardinalscorporation und deren Verzweigungen in ganz Europa nicht mehr auf Dauer echt aus der Macht ausgehebelt werden.

Annas Betätigung als Brücke zwischen den beiden Usurpatoren und Absolutisten Richelieu und Mazarin zeigt, dass sie keinen modernen politischen Sachverstand besaß, dass sie Richelieu nur *persönlich* nicht leiden konnte, aber nun mit Mazarin »*systemisch*« dasselbe wie »Richelieu in Grün« an die Macht hievte.

Cinq-Mars wurde auf der Rückreise von Spanien nach Frankreich zusammen mit seinem Freund Thou gefangen genommen, und beiden wurde der Hochverratsprozess gemacht. – Um Ludwig 13 zur Unterschrift des Todesurteils gegen Cinq-Mars zu zwingen, musste Richelieu dem König ausspionierte Intim-Details über Cinq-Mars und seinen neuen Freund Thou hintertragen lassen, die so beleidigend für Ludwig 13 waren und ihn auf dem Zahnfleisch des Liebenden gehen ließen, dass er in Zorn gegen Cinq-Mars gebracht werden konnte.

Am 12. September 1642 Vollzug des Todesurteils – Köpfung von Cinq-Mars und Thou in Lyon. Louis XIII erkrankt, Richelieu ebenfalls. Richelieu sowieso schon furunkelgeplagt, ist nur noch zum Auf-dem-Bauch-Liegen fähig. Die beiden in Cinq-Mars emotional verwickelten Hinterbliebenen des einmalig schönen männlichen 22-jährigen Exemplars, sein Vormund Richelieu und sein ehemaliger königlicher Liebhaber, werden in ihren Betten zueinander getragen, um ein Abschlussgespräch über Cinq-Mars' Ab- und Ausriss aus ihren Seelen zu führen. Richelieu erholt sich trotzdem nicht wieder, stirbt knappe drei Monate später am 4. Dezember 1642. Louis XIII folgt beiden am 14. Mai 1643.

Cinq-Mars hat versucht, seinen Vormund Richelieu zu ermorden, einen Mann, den er zwischen elf/zwölf- und 17/18-jährig in den wesentlichen Zeiten seiner Mannwerdung als persönlichen Machthaber über sich erlebt und erlitten hat. Wenn das Verhältnis Richelieu – Cinq-Mars ein positives gewesen wäre, hätte sich Cinq-Mars nicht in dem versuchten Staatsstreich verstiegen oder wäre er bei diesem Versuch mit 21/22 Jahren durch leichtsinniges Verhalten nicht tödlich gescheitert.

Cinq-Mars war in Richelieu ähnlich verhakt wie sein Liebhaber Louis XIII, der als junger Mann im gleichen Alter von 22 Jahren Richelieu auch anheimgefallen war, aus welcher Verhakung Cinq-Mars und Louis XIII nur der Tod befreien konnte.

Richelieu verübte an Cinq-Mars das gleiche Verbrechen wie 20 Jahre zuvor an Louis XIII. Das Verbrechen heißt »Wachstumssabotage«, »Stop von Entwicklung«, »psycho-alchimistische Verquirlung ins Gegenteil, in den Gang eines Heranwachsenden nicht nach vorn, sondern nach *hinten*«, fremdwörtlich genannt »Regredierung«. Mit diesem Verbrechen, ausgeübt an aufwachsenden Schutzbefohlenen, weist Richelieu sich spätestens als kernfamiliär geprägt und verunstaltet aus, wetterleuchtend und glockenläutend auch in dieser Charakteristik als Vorläufer des 20. Jahrhunderts, das sich mit Wachstumsstop = psychischer Reifungsblockade über seine ganze méchantene Wirkungszeit hinweg an seinen Kindern verging.

Das Wiedervereinigungs-Dokument zwischen Louis XIII und Cinq-Mars, gestempelt von Puffmuttl Richelieu, war für Cinq-Mars das Siegel für seine Retardierung. – Aber der 26. November 1639 – das Datum des Cinq-Mars-Louis-Versöhnungskontraktes – lag in Richelieus »hochsensiblem« Zentrum der zweiten Beschaffungszeit der »Operation Kronprinz«, kurz vor der zweiten Scheinzeugung des zweiten Kardinalsbabys, Philippe d'Orléans: Krankheit und Sterben Ludwigs des Dreizehnten hätten den Zeugungs-Termin von Anfang Dezember zu Mariä Empfängnis am 8. Dezember 1639 verpatzt. Richelieu brauchte den vitalisierenden Triebstoß Ludwigs für mindestens noch ein paar Wochen.

Jedoch der 18/19-jährige Cinq-Mars hätte nach anderthalb Jahren Bett-

DER FÜHRERVORLÄUFER 275

beziehung mit Ludwig 13, die von Richelieu auf geheime Weise supervisiert wurde, den Abschied gebraucht, das Ende, die Trennung, das Raus und das Weg von beiden »alten« Männern. Die Geschlechtsakte Cinq-Mars – Louis XIII geschahen immer als »Heilige-Anna-Selbdritt«-Arrangements mit Spiritus (e)rektor Richelieu im Raum über den Sexprozedierenden. So etwas derart dick Eltern-Beigemischtes kann eine sexuelle Beziehung nicht auf Dauer aushalten.

Cinq-Mars' Wegstreben wurde von Richelieu vereitelt. Der nächste große Rausriss-Termin, März 1642, zweieinhalb Jahre später, geschah dann mit einer vier-Männer-tötenden Explosion und riss Richelieu selbst mit.

Die gashafte Allpräsenz Richelieus ist eine Art der Personauflösung, die sich in Richelieus Familie nicht nur bei Armand-Jean gezeigt hat, sondern auch bei den beiden Geschwistern, die ihn altersmäßig einrahmten. Seine um ein Jahr jüngere Schwester Nicole endete geisteskrank. Sein um zwei Jahre älterer Bruder Alphonse erlitt Schreber'sche Gottesanfälle, in denen er sich selbst für Gott hielt. Auf Grund dieser psychischen Erkrankung musste Alphonse sich vorerst von der Laufbahn des Priesters verabschieden. Er brach seinen Werdegang zum Bischof von Luçon ab und ging ins Kloster, weil er mit Menschen plötzlich nicht mehr umgehen konnte, was ein Bischof als Gemeinderepräsentant tun muss. – Da der Familie du Plessis durch Vertrag mit der Diözese Luçon der Bischofssitz zustand, musste der jüngste Sohn, Armand-Jean, sein begonnenes Militärstudium abbrechen und in die Priesterlaufbahn einsteigen, sonst wäre das Anrecht der Familie auf die Position des Bischofs von Luçon verfallen.

Es wird in der biografischen Literatur über Richelieu oft behauptet, er sei von Jugend auf körperlich gebrechlich gewesen. Herangezogen für solche Darstellung wird ein Ausspruch von Richelieus Mutter über ihren dritten Sohn in einem Brief: »Mon pauvre malade« (»Mein armer Kranker«). (75, S. 42) – Aus dem Zuweilen-krank-Sein des Kindes wird eine Dauerkränklichkeit Richelieus von Jugend an fantasiert, der als Staatsleiter in der Tat sehr oft krank war. Aber zur Militär-Laufbahn, die Richelieu zuerst eingeschlagen hat, konnte kein kränklicher Jüngling antreten. Nur die stärksten, zähesten und gesündesten wurden angenommen, und als solcher hat Armand-Jean du Plessis sein Studium begonnen! Permanent porös und antoaggressiv krank wird Richelieu erst ab 1607, vom »Stichmoment« seiner Bischofsposition an.

Bei dem – körperliche Rückwirkungen zeigenden – sogenannten Wahnsinn der drei jüngeren Geschwister Alphonse, Armand-Jean und Nicole handelt es sich um Folgen von Fehlbehandeltwerden durch die Mutter Suzanne du Plessis, die ab 1590, dem Jahr des Todes ihres Mannes François, mit ihren insgesamt fünf Kindern allein umging.

Die beiden Ältesten, Françoise und Henri, beim Tod des Vaters zwölf und zehn, waren in allen Lebensäußerungen bis zu ihren Toden sogenannt normal. Henri heiratete, hatte Kinder, war einer der beliebtesten Männer am französischen Hof von Henri IV. Françoise heiratete, hatte Kinder, die später das Vermögen und den Titel »Herzog von Richelieu« vom Kardinalsonkel erbten.

Die drei jüngsten Geschwister Alphonse, Armand-Jean und Nicole waren 7, 5 und 4, als sie nach dem Tod des Vaters der Mutter »anheimfielen«. Richelieus Mutter war schon Botin des im 19., und erst recht im 20. Jahrhundert überhandnehmenden Syndroms der Seelenverklinschung, der kernfamiliengeschrumpften Eltern-Kind-Liaison mit über den Elterntod hinausgehenden, unlösbaren, in alle Lebensbereiche hineinwirkenden Verstrickungen. – Suzanne La Porte, die Mutter Richelieus, Tochter des Pariser Juristen und Parlamentsabgeordneten François La Porte, war von ihren Eltern in einer Art »Pfarrersehe« mit einem hässlichen Mann früh verheiratet worden, der dann aus ihrem Leben zwölf Jahre lang verschwand.

François du Plessis, Richelieus Vater, hatte jemanden ermordet und musste untertauchen. Er ging ins Ausland, schloss sich der Gefolgschaft des zukünftigen französischen Königs Henri III an (1574–1589), zuerst König von Polen (1573), der ihn begnadigte und später in staatliche Schlüsselpositionen Frankreichs einsetzte.

Rückkehr von François du Plessis zu seiner zwölf Jahre lang treu auf ihn wartenden Ehefrau Suzanne nach Paris Mitte der 1570er Jahre. Suzanne war inzwischen Ende 20. Ab nun die Willkommens- und Abschiedszeugungen der fünf Kinder, da der zur Aufbesserung des Status der Familie der bürgerlichen Ehefrau La Porte geheiratete adlige Ehemann du Plessis sehr beschäftigt und in seinen Funktionen als Innenminister, Polizeipräsident und Geheimdienstchef unter den Königen Henri III und Henri IV in Kriegs- und Friedenszeiten viel auf Trab war.

Bindung der *prüden* Mutter – auf welche Eigenschaft der Mutter in allen Chroniken hingewiesen wird – vor allem an ihre drei jüngsten Kinder, die psychisch aus dem zweiten Uterus nicht mehr »rauskommen«.

Die zwölf Jahre Wartetreue – für frühere Jahrhunderte eine weibliche Tugendkategorie sondergleichen – gelten im Falle von Suzanne du Plessis dem Mordsgatten, auf den mehr als ein Jahrzehnt gewartet wird, der sich nur nicht zwölf Jahre im Krieg befindet, sondern auf der Flucht vor den staatlichen Strafverfolgungsbehörden.

Die zwölf »mütterlichen« Wartejahre enthalten das Richelieu'sche Psycho-Deformations-Konzept, mit dem er von zu Hause aus auf die französische Menschheit losgelassen wurde. Mme du Plessis' zwölf Jahre Gemahlsreservierung geschahen nicht aus sexuell-emotionaler Treue, sondern in einer Mischung aus System-Folgsamkeit und Elternbindung, da Suzanne La Porte François du Plessis nicht freiwillig gewählt hatte. Sie wurde von ihren Eltern mit ihm zwangsverheiratet. »Nach der Hochzeit zwölf Jahre Treue« heißt dann, Sexualität als orgastische Horizontale vakant, vertikal durch die Rippen geschwitzt zuerst nach oben in Bindungen an die Eltern, meist an die Mutter der treuen Hausfrau, und nach Tod der Eltern – bei Freiwerden der gefühlsbesetzten Stellen – Bindung nach unten an die eigenen Kinder, die, involviert in die vertikale Liebesrotation, die Eltern lebenslänglich Huckepack mit sich tragen.

»Treue« unter dem monogamen Dogma heißt in Kurzfassung: Anstatt zur Seite »verheiratet« zu sein, wie es normativ erscheint, nach oben oder unten, mit den eigenen Eltern oder den eigenen Kindern.

Heute wird an dieser Degeneration der Eltern-Kind-Beziehung eine natürliche Person nicht mehr regelhaft wahnsinnig wie bei Familie du Plessis die drei Mutter-Emotions-strangulierten jüngsten Kinder Alphonse, Armand-Jean und Nicole, dafür eskaliert jedoch die Gesellschaft, die ab dem 20. Jahrhundert in *vertikaler* Liebesrotation formiert ist und die sexuelle Horizontale nur noch darstellt und medien- und werbeöffentlich ausbeutet, in Gesamtwahnsinn.

Richelieu hatte als Militärstudent aus seinem Bindungs-Komplex heraus instinktiv das richtige Feld zum destruktiven Abreagieren und Ausagieren betreten. Er wäre ein unauffälliger führender Soldat geworden. Erst durch die Aufpropfung seines Trainings in Gotteskriegerschaft bis zum Bischof und durch seinen Eintritt in die römische Kardinalscorporation wurde Richelieu ein politisch-destruktiver Führer pro katholisches Viricorpiarchat – mit der muttersöhnlichen Spezifikation des Männerhasses, des Hasses auf alles gewordene, durchstrukturierte Männliche, das die masku-amorphe Schauerweiblichkeit, die Richelieu in roter, wie bluttriefender, nicht endend langer Soutane auf seinen Staatsporträts demonstriert, am Fließband ermorden will und wirklich ermorden ließ.

Richelieu agierte gegenüber Frankreich nicht nur *aktiv* kleinfamiliär-mütterlich, Konzentrations-observierend allpräsent, sondern er wird auch »passiv« von Infiltrationsschüben gejagt, unter denen seine Pferdeanfälle die markantesten sind.

Der Staatsführer verstand sich aufs Fälschen und Infiltrieren schon in eigenen Angelegenheiten. Er verschleierte sein Geburtsdatum und seinen Geburtsort. Er ließ alle Seiten aus den Kirchenbüchern des französischen Provinzdistrikts »Richelieu« herausreißen. Und auch in Paris ist kein Eintrag zu Richelieus Geburt zu finden.

Die Vernichtung von Armand-Jean du Plessis' Geburtsurkunde hatte drei Ziele:

1. Richelieu mochte als erster Minister des Staates nicht an die Öffentlichkeit dringen lassen, dass er in jungen Jahren sein Geburtsjahr gefälscht hatte, um schon vor der offiziellen Altersgrenze Bischof werden zu können. – Es gibt nur noch Richelieus Taufeintrag und von diesem Datum aus bis zu zwei Jahre vorgerückte Geburtstage mit Fragezeichen.

Wenn von »schwerer Geburt« Armand-Jeans gesprochen wird, dann ist auch eine komplizierte Geburt nach ein paar Wochen abgeschlossen. Babys wurden sofort nach der Geburt getauft, es sei denn, es handelte sich um öffentlich demonstrierte Zweittaufen als Staatsakte, die für künftige Herrscher vorgenommen werden mussten. Als Baby hatte Richelieu jedoch noch keine Herrscherposition inne wie sein Kardinalssohn Louis XIV, der als Viereinhalbjähriger öffentlich zweitgetauft wurde (21. 4. 1643).

Richelieus im Kirchenbuch von Saint-Eustache in Paris noch erhalten gebliebener Tauftermin ist der 5. Mai 1586. Die Erholungszeit der Mutter nach der komplizierten Geburt vorausgesetzt, ist eine vor diesem Tauftermin nicht frühere Geburt als Ende März 1586 wahrscheinlich, auf keinen Fall der offiziell mehrheitlich immer noch geglaubte 9. September 1585, fast ein Dreivierteljahr vor der Taufe.

2. Richelieu wollte seine Zeitgenossen über seine niedrige adlige Herkunft und sein kleinbürgerliches Aufwachsen täuschen. Er fälschte sich in seinen autobiografischen Äußerungen als uradlig und Hochadels-versippt.

Die Familie du Plessis war zu Richelieus Geburt Ende März 1586 erst seit einem Dreivierteljahrhundert aristokratisiert worden, was damals als »neuadlig« galt. Uradel ragte schon im 16. Jahrhundert ins Mittelalter. Du Plessis' kamen aus der Gegend Richelieu, einem Landratsbezirk, dessen Name Armand-Jean seinem Geburtsfamiliennamen du Plessis hinzufügte. Im französischen Bezirk Richelieu ist Armand-Jean aber nicht aufgewachsen, sondern in Paris in einer kernfamiliären Vierzimmer-Stadtwohnung.

3. Vertuschung von Richelieus präzisen Geburtsdetails wegen astrologischer Ängstlichkeit: Wie sein Regierungszeit- und Kronprinz-Coup-Compagnon, Papst Urban VIII. (1623–1644), wollte Richelieu (1624–1642) keinem astrologischen Machtmissbrauch ausgeliefert sein. – Mit Geburtsdatum und

Geburtsort können zum Beispiel Spekulationen über Erfolg, Laufbahn, Regentschaftsende und Tod gemacht und im Volk gestreut, mehr noch, es können Schwachpunkte einer Biografie aufgefunden werden.

Die Astrologie-hörige amerikanische Präsidentschaftsgattin Nancy Reagan war vom Washingtoner Präsidialamt gefürchtet, weil sie für ihren Mann Ronald Reagan (1980–1988) häufig Termine blockierte, an bestimmten Tagen und Zeiten den Präsidenten der USA »außer Gefecht setzte«.

Im 17. Jahrhundert war die Astrologiegläubigkeit noch viel verbreiteter als im 20. Jahrhundert. Wallenstein ergab sich andauernd »dem Sternepositionsberechnen« und konnte die *sozialen* Gefahren, die ihm drohten, nicht wahrnehmen. Er erlag einem Attentat, das die Sterne ihm nicht warnend angekündigt hatten!

Richelieu passte zu der römischen Kardinalscorporation nicht nur, als *sei* er ein Stück von ihr, sondern er *war* auch ein direkter Körperteil dieser Körperschaft, die aus Rom nach Paris »langte«: Antiprotestantisch und antifranzösisch, was beim Franzosen Richelieu auf den ersten Blick nicht so erscheint, sich aber in vielen Einzelheiten erweist, vor allem in Richelieus Antiheterosexualität. – Der französische Hof war unter Richelieus Herrschaft höflingsleer. Sonst war dieser Hof über Jahrhunderte hinweg ein heterosexuelles Kleinod und ein multi-amouröser Venusberg. Frauen drängten sich in ihm, um dem jeweiligen König nahezukommen oder Verbindungen mit den Hof- und Hoch-Herren einzugehen. Auch nichtadlige Frauen konnten libidinöse Karrieren machen, wie Marie Touchet (1549–1638), die schon selbst einer »Genealogie« von »natürlichen« Töchtern entsprang. Ihre Mutter war eine illegitime Arzttochter, ihr Vater oberer Soldat und Militärprofi für Charles IX (1550–1574, König seit 1560), dem Katharina-Medici-Sohn, dessen Geliebte sie wurde, mit dem sie den »Bastard« Charles de Valois, comte d'Auvergne, hervorbrachte. Später heiratete Marie Touchet den Gouverneur der Provinz Orléans, François de Balzac d'Entragues, und wurde Mutter der Henri-IV-Mätresse und -Attentäterin Henriette d'Entragues. – Sogar unter der ebenfalls wie Richelieu gesamt Gefühls-unempfindlichen Katharina Medici, Königin-Mutter-Regentin von 1559 bis 1589, ging es noch heterobrisant am Hofe Frankreichs zu. Katharina Medici unterhielt eine Frauen»truppe«, die beauftragt war, politisch wichtige Männer zu verführen und aus ihnen Medici-relevante Geheimnisse herauszubekommen.

Die Anti-Protestanten-Manie Richelieus wäre leicht verständlich gewesen, wenn seine Supervisionsmutter selbst Protestantin gewesen wäre. Sie war das nicht vom Gebetsbuch her. Aber sie lebte schon in der kleinbürgerlichen Formation des kapitalistischen Familienaufbaus mit zu enger Mutter-Kind-Beziehung ohne großfamiliäre Beipersonen, die elterliches Missverhalten oder antikinderliches Querwollen gegen das Verhalten der Heranwachsenden ausbalancieren konnten. – Was der Protestantismus als gesellschaftlicher Fortschritt im Sinne von Mehr-Genossenschaftlichkeit brachte (»Hugenotten« hießen »Eidgenossen«), das brachte er leider als familiäre Fehlentwicklung der Reduzierung der Bezugspersonen für das aufwachsende Kind, welche Reduktionen sich selbstverständlich auch schon in städtischen bürgerlichen *katholischen* Familien vom 16. Jahrhundert an abzeichneten.

Richelieu war ein Menetekel der kapitalistisch-bürgerlichen Psychostruktur der Menschen, die im 20. Jahrhundert gesamtgesellschaftliche Verheerungen anrichteten, die Richelieu noch als Einzelgeißel Frankreich zufügte.

Richelieu hatte einen antiprotestantischen Affekt, der wie Hitlers antijüdischer Affekt in frühkindlichen Prägungen wurzelt. Er war von einer Protestanten-Eliminierungs-Sucht getrieben und zwang seinen König, Ludwig den Dreizehnten, zyklisch Kriege gegen die französischen Protestanten zu führen, gegen ihre Gebiete, Städte und Stellungen in Frankreich. Er wollte gemäß seinem Testament den entstandenen protestantischen Staat im katholischen Gesamtstaat Frankreichs vernichten. Er behandelte die Protestanten politisch wie Geschwüre des französischen Volkskörpers, die Richelieus physischen Körper am Ende seines Lebens unheilbar befallen hatten.

Die Furunkel-Beschneidung der Protestanten im Inneren Frankreichs hinderte Richelieu nicht, Beistandspakte mit europäischen protestantischen Ländern zu schließen. Im politischen Außenbereich kamen die Protestanten Richelieu nicht geschwürnah. Im Gegenteil, Richelieu wollte die protestantischen Länder zwingen, in Frankreich nicht einzudringen, falls dort eine protestantische oder Protestanten-freundliche Erhebung geglückt wäre. Über die Verträge mit den europäischen protestantischen Ländern hielt Richelieu die Inland-Protestanten in Schach.

Das Ineinandergreifen von pathologischen Viricorporationen und pathologischen »Führerpersönlichkeiten«, das sich im Zusammenwirken zwischen römischer Kardinalskörperschaft und Richelieu gezeigt hat, erlaubt die Früherkennung eines Phänomens, das sich im 20. Jahrhundert nach Besiegelung des Endes der feudalistischen Gesellschaft europaweit verbreitet hat.

Pathologische »Führerpersönlichkeiten«, am extremsten zum Ausdruck gekommen in der europäischen Einstampf-Figur Adolf Hitler, müsste es im kapitalistischen System eigentlich nicht geben, und es hat sie in den Gebieten, in denen der Feudalismus sozio-»organisch« abgelöst wurde, in Großbritannien, Skandinavien, in Holland und in der Schweiz, als staatsleitende Gesellschafts-Würger auch nicht gegeben.

»Pathologischer Führer« ist eine Begleiterscheinung des Feudalismus: Wenn ein sozio-psycho-physio-beschädigter Mann Kronerbe wurde, war er genauso wie der unbeschädigte Thronfolger vom Gottesgnadentum installiert worden und musste ausgehalten werden wie Iwan der Schreckliche, Richard III. und wie der ab 40 wesensveränderte spätwüterische Heinrich VIII. – Die Russen wollten sich im 18. Jahrhundert einen zweiten Iwan den Schrecklichen nicht gefallen lassen. Nachdem sie bemerken mussten, dass der Kronerbe, Peter III., zur Ausübung von Schrecklichem tendierte, wurde er umgebracht und seine geistig, physisch und psychisch nicht beschädigte Frau, Katharina II., als Herrscherin installiert und ihrer 34-jährigen Balance-Regentschaft der Weg geebnet – eine schnelle, gekonnte Lösung: Politische Gewalt im richtigen Moment eingegrenzt ausgeübt, verhindert das Abrutschen ins Chaos des Ganzen – noch heute ein Prinzip, dessen sich die Briten befleißigen. Lieber *einer* Person oder *einem* Geschehen ein Ende mit Schrecken machen, als einen Schrecken ohne Ende für alle erdulden müssen. – Frankreich hat 20 Jahre lang versucht, Richelieu ein Ende zu machen, was nicht gelang, wodurch er imstande blieb, der französischen Nation einen Jahrhunderte-Schrecken ohne Ende zu produzieren.

Die Destru-Führer des 20. Jahrhunderts Hitler, Stalin, Mussolini und Franco hatten alle als Partner eine destruktiv funktionierende Viricorporation, aus der sie hervorgingen und im Verband mit der sie tätig waren: Alle Führer wurden von feudal-derivaten, semi-militärischen Männerorganisationen inthroniziert, die unter dem Etikettenschwindel »Kommunismus«/»Diktatur des Proletariats« und »(National-)Sozialismus«/»Deutsche Arbeiter-Herrschaft« die jeweiligen Völker zur politischen Akzeptanz von vor-mittelalterlichen Horden mit Anführern zwingen konnten. Dass diese neofeudal-militanten »Männergruppierungen«, die sich hinter postfeudalen bürgerlichen Parteien verbargen, als juristische Personen ebenfalls »erkrankt« waren, zeigt ihr Wildgewordensein am definitiven Ende des Feudalismus zu Anfang des 20. Jahrhunderts, welches Ende der Erste Weltkrieg markiert.

Feudalismus war für mindestens die Hälfte der Männer ein phasenweise spaßiges Abenteuer. Das Abenteuer hieß »Krieg«: Mann mit Mann, Mann gegen Mann, Mann auf Trab, Mann auf Pferd, Mann im Zelt, Mann im »Feld« und immer wieder Mann im Rambazamba-Rausch der Sach- und Personzerstörung, genannt »Gräuel«, verübt von jeder Soldateska.

Der Feudalismus brauchte diese Kriege systemstützend. Der Kapitalismus braucht sie nicht. Dass er zur Stabilisierung seiner Existenz angeblich die Waffenproduktion, also damit auch den Krieg braucht, ist ein feudales Relikt, was spätestens die Materialschlacht schon des Ersten Weltkriegs »offenbarte«. Der Kapitalismus ist zum Funktionieren seines weltweit heute durchgesetzten Systems vielmehr auf den Konsum angewiesen.

Die Hälfte des »Bestandes« der Männer, die jahrhundertelang »jubelnd« in die feudalen Kriege zogen und ebenso »jubelnd«, »begeistert«, »heißen Herzens« und voll »vaterländischer Liebesgefühle« auch noch in den Ersten Weltkrieg marschierten, ist nach dessen Ende durchgedreht. Mit dem Ende dieses Krieges wurde klar: »Führer, Mannschaft, Abenteuer« – weg. Das inter-nationale Horden-Ausagieren musste jetzt mit ganz verschiedenen Mitteln national »irgendwie« *mitten* in der Gesellschaft durchgepaukt werden. Der Krieg, der sonst immer irgendwo »außen« begonnen wurde, wurde nach innen verlegt, hinein in die Demokratie oder den »Kommunismus«.

Dafür das bleibende Symbol der (italienischen) »Faschisten« = fasces = Ruten! Bündel von (Männer-)Ruten = Peitschen = Säbeln, nun vorm Haus im Volk wie früher weit weg im Krieg.

DIE KARDINALSBRAUT

Die KaKö-V-Frau

Für die »Operation Kronprinz« konnten bisher drei Täter »dingfest« gemacht werden: eine juristische Person und zwei natürliche Personen, die römische Kardinalscorporation und Armand-Jean du Plessis, Kardinal Richelieu, zusammen mit seinem Adlatus Giulio Raimondo Mazzarino, Kardinal Mazarin.

Eine »conditio sine qua non« – eine Bedingung, die nicht hinweggedacht werden kann (ohne dass der Erfolg entfiele) – für diese Täter-Amalgamisierung von einer juristischen Person mit zwei natürlichen Personen ist die italienisch gebürtige französische Königin Maria Medici.

Am Ende des Jahres 1630, in dem die »Operation Kronprinz« begann, wurde Maria Medici endgültig vom französischen Hof verbannt. Obwohl sie daher mit der »OpK« in direktem Sinne wenig zu tun hat, muss sie als das Verbindungsglied zwischen römischer Kardinalskörperschaft und den beiden natürlichen »Körpern«, Richelieu und Mazarin, gesehen werden, vielmehr – um das Bild ihrer *weiblichen* Funktion genau zu machen – als die »Verbindungs*scheide*«, in die vom römischen Kardinalskörper mit unübersehbaren Personen und Aktionen in einem Zeitraum von 30 Jahren (1600–1630) permanent eingedrungen wurde, was Ausgeburten von Destruktionen zur Welt gebracht hat.

Maria Medici war kardinalscorporative V-Frau in größtem Stil mit europaweit wirkenden Verheerungen. – Richelieu entledigte sich ihrer in dem Moment, als er sich mit Mazzarino, dem V-*Mann* der Kardinalskörperschaft, verheiratet hatte und nun die Verbindung zwischen Richelieu und Rom auf ungeahnt flutschige Weise über das Webschiffchen Geheimdiplomat Mazzarino funktionierte, der Anfang des Jahres 1630 seine Arbeit aufgenommen hatte.

Maria Medici konnte während der drei »Tage der Geprellten«, genannt »Journée des Dupes« (10./11./12. November 1630), in die politische Wüste geschickt werden, da sie von Richelieu für null Komma nichts mehr gebraucht wurde.

Auch wenn die »Operation Kronprinz« erst acht Jahre später vom Erfolg gekrönt wurde, erfüllen die 30 Jahre Wegbereitung Maria Medicis für diesen Coup d'état die Definition der »conditio sine qua non« und machen Medici zur Mittäterin.

Das erste päpstliche Attentat auf Frankreich mit Desastern, die Hunderttausende Tote provozierten, erwies sich nach 60 Jahren Wütens (1533–1593) als »Schlag ins Wasser«. Mit König Heinrichs des Vierten Konversion zum Katholizismus (1593) und seiner wirtschaftlich und friedenspolitisch stabilen Regentschaft von zwei Jahrzehnten (bis 1610) war Frankreich dort angekommen, wohin es sich ohne die Staatsterroristin *Katharina* Medici nach dem von Rom noch unabhängigen König Franz dem Ersten (1515–1547) sowieso und von allein entwickelt hätte.

Die Kardinalscorporation musste sich gegen Frankreich ein zweites Attentat ausdenken, das sie der Einfachheit halber noch einmal mit einer Medicibraut vollführte.

Die Verheerungen der ersten papstpathologischen Agentin in Frankreich (1533–1589) kennt die Welt – ungefähr, da Katharina Medicis »Bartholomäusnacht« (23./24. 8. 1572) mit innerhalb von drei Tagen Zehntausenden ermordeten Hugenotten ein staatsterroristischer Paukenschlag war, der sich von den Menschheits-gewohnten Verwüstungen des Krieges unterschied: Von Regenten bestellte und von Untergebenen ausgeführte Massenmorde – vor allem im *eigenen* Territorium – sollten zum inhuman gesteigerten Markenzeichen der Neuzeit werden.

Die gesellschaftlichen Katastrophen Frankreichs, verursacht von der zweiten papstpathologischen Agentin aus derselben Familie der Papst-kooperierenden italienischen Bankiers Medici kennt die Welt nicht, vor allem nicht, dass und wie Maria Medici mit noch subtileren und geheimeren, vor allem mit para-amourösen Mitteln endlich zum Kardinals-gewünschten Erfolg der politischen Machenschaften des römischen Unternehmens in Frankreich gekommen ist.

Von Maria Medici führt ein direkter Weg zu ihrem Offizial-Enkel Louis XIV. Sie hat mit nur *einem* Privattoten und mit ein paar tausend Kriegstoten während der zwei von ihr angezettelten Show-Feldzüge 1619/20 gegen ihren Sohn Ludwig den Dreizehnten das von Rom aus angestrengte Ziel, Frankreich protestantenfrei zu machen, erreicht und erscheint deswegen mit ihrer massenmörderischen Tante, Katharina Medici, kardinalspolitisch nicht verwandt zu sein. In ihrer Intention von *gesellschaftlicher* Zerstörung, die *Maria* Medicis Schreib-Tisch-und-Bett-Täterinnenschaft zugrunde lag, ist sie aber doch vom Kaliber ihrer Tante – mit dem Unterschied, dass Maria Medicis destruktivem Tun die Effektivität auf dem Fuße folgte und Frankreich sich nicht noch einmal wie bei *Katharina* Medici gegen die päpstlichen Infiltrationen wehren konnte, denen es über die Fremdherrschaftskette der Kardinäle Richelieu und Mazarin und ihres Produktes Louis XIV gänzlich erlag.

Maria Medici war über ein Jahrzehnt lang (von 1616 bis Ende der 1620er Jahre) mit dem Kardinalsmachthaber Richelieu engst befreundet. Ohne sie hätte er nicht Regierungschef von Frankreich werden können. Maria Medici hat Richelieu im Laufe von acht Jahren (1616–1624) sechsmal in Schlüsselpositionen eingesetzt, aus denen er die Geschicke Frankreichs in Richtung kardinalscorporativer Interessen zuerst einschienen und dann unbremsbar zufahren konnte:

1. Am 24. November 1616 überträgt Maria Medici dem gerade 30-jährigen Bischof die Leitung der wesentlichen Staatsmacht-Ämter Militärressort und Außenamt.

2. Nach ihrer Gefangennahme während des »Conciniputsches« (24. 4. 1617) wird Richelieu Maria Medicis Anwalt. Er verhandelt für sie mit dem neuen Regierungschef, Charles de Luynes, dem Mätre Ludwigs des Dreizehnten, und legt die Basis für den Erhalt von Maria Medicis Extern-Königinschaft in Blois (3. 5. 1617–22. 2. 1619).

3. Am 19. Mai 1617 ernennt Maria Medici Richelieu zum Vorsitzenden ihres Rudimenthofes (Lordsiegelbewahrer) in ihrer Königinnen-Exklave Blois.

DIE KARDINALSBRAUT 285

4. Richelieu vertritt Maria Medici bei den Friedensverhandlungen mit ihrem Sohn Ludwig 13 nach dem von ihr angezettelten ersten Mutter-Sohn-Krieg (Ende Februar bis Ende April 1619), Vertragsschluss am 30. April 1619 (Traité d'Angoulême).

5. Richelieu führt die Verhandlungen Maria Medicis nach ihrer zweiten Niederlage im zweiten von ihr provozierten Mutter-Sohn-Krieg (Juli/August 1620) gegen Ludwig 13. Richelieu erzielt nun das Ergebnis der Wiederherstellung von Medicis Position als Königinmutter mit Medicis neuer politischer Einflussnahme am Pariser Hof im Louvre, in den sie Oktober 1620 kraft des Richelieu-Vertrages zurückkehren darf – *plus* Erstattung aller ihrer »Auslagen« von 300 000 Livres für die zwei Mutter-Sohn-Kriege! Zweiter Friedensvertrag zwischen Mutter und Sohn, geschlossen von Richelieu am 10. August 1620 (Traité d'Angers).

6. Maria Medici verlangt von ihrem Sohn, Ludwig 13, die Ernennung des frisch-»behüteten« Kardinals Richelieu (5. 9. 1622) zum französischen Regierungschef und drückt dessen Einsetzung zum Vorsitzenden des Kronrates gegen den Willen Ludwigs nach zweijähriger psychischer Bearbeitung ihres Sohnes schließlich durch (17. 9. 1624).

Kernfamilienhorror

Maria Medici ist als französische Königin, die bei ihrer Ankunft in Frankreich im November 1600 kein Wort Französisch sprach, mit allen ihren Begleiterinnen, Begleitern, Begleiterscheinungen und Begleitumständen ein Produkt von drei Kardinälen: Ippolito Aldobrandini (späterer Papst Klemens VIII.), Pierre de Gondi (Bischof von Paris, späterer Botschafter beim Vatikan) und Ferdinando Medici (späterer Großherzog der Toskana).

Zum zweiten Mal begann die Vorgeschichte einer Medici-Königin von Frankreich mit einer päpstlichen Eigenmacht-Noblifizierung eines Medici-Familienstranges, um die Kardinals-kooperierenden italienischen Bankiers abermals auf dem europäischen Heiratsmarkt des Hochadels mitbieten zu lassen. – In diesem Medici-Familienzweig passierten Scheußlichkeiten, und über ihn wurden Ungeheuerlichkeiten verbreitet, mit denen eine aus ihm »entsprungene« Tochter bestgeeignet erschien, kardinalsgesteuerte Skrupellosigkeiten am laufenden Band im fremden Land zu begehen.

Der Großherzoglinien-Begründer, Cosimo Medici (1519–1574), wurde 1537 von Kaiser Karl V. »verherzogt«. Karl V. brauchte ein paar hunderttausend Golddukaten, die er vom 18-jährigen Muttersohn Cosimo Medici bekam, dessen Vater im siebten Lebensjahr des Kindes gestorben war. Kaiserliche Gegenleistung für die Finanzspritze in heutiger Millionenhöhe war der persönliche, noch nicht erbliche Herzogtitel, mit dem jedoch der frischgebackene »duca« Cosimo in den europäischen bedeutenden Adel einheiraten konnte, was er tat, indem er zwei Jahre später, 1539, die spanische Altadlige Eleonora di Toledo ehelichte.

Mit den acht erwachsen gewordenen Kindern dieses Paares lief etwas nach feudalen Verhältnissen schief. – Wie bei den französischen Du-Plessis-Richelieu geschahen auch bei den italienischen Medici schon kleinbürgerlich-kapitalistische, maternell-Kindes-strangulative Emotions-Einengungen, die zu fremd- oder selbstschädigenden Explosionen im Erwachsenenleben der Medici-Toledo-Söhne und -Töchter führten. – Zuerst starb 17-jährig 1557 die älteste Tochter Maria.

Die 1522 geborene Mutter Eleonora di Toledo starb 1562 und folgte ihrem gesamten Kindermittelfeld ins Grab. Die 17-jährige Tochter Lucrezia starb 1561 der Mutter voraus, sofort nach ihrer ungewollten Eheschließung. Es schlossen sich an der 18/19-jährige Giovanni (Erzbischof und Kardinal von Pisa!) und der 14/15-jährige Garzia.

Francesco Maria, der älteste Sohn von Cosimo und Eleonora, der zukünftige Vater der französischen Königin, Maria Medici, wollte den Herzogtitel seines Vaters Cosimo familiär erhalten und musste sich dafür an den römisch-deutschen Kaiser heranmachen, der Lehnsherr über Deutschland *und* Italien war und die alleinige Befugnis hatte, Personen und Familien zu adeln oder innerhalb des Adels zu erhöhen. – Francesco Maria heiratete 1565 Johanna von Österreich, die zehnte Tochter (das 13. Kind) des Kaisers Ferdinand I., des jüngeren Bruders Karls V., und bekam mit ihr sieben Kinder, von denen vier das Kleinkindstadium überwanden. Maria Medici, geboren 1573, war die jüngste überlebende Tochter, nicht das jüngste Kind.

Kaiser Ferdinand I. kam nicht mehr zur Verleihung des erblichen Adels an die Medicis. Er wollte das Gebaren dieser Familie erst beobachten lassen, ehe er sie ebenbürtig machte, denn erbliche Großherzöge waren wie Kurfürsten und Landgrafen als Landesherren regierende Adlige.

Da griff der erste »heilige« Papst der Neuzeit ein, Pius V. (1566–1572), und erhob 1569 den alten Cosimo Medici in den Großherzogstand, wozu der Papst nicht berechtigt war und was Cosimos Sohn, Francesco Maria, immer noch wenig nützte, weil die päpstliche Erhebung in den Großherzogstand nicht den *erblichen* Adel brachte. Doch der Papst in Rom machte mit der Großherzogserhebung Cosimos schon einmal in Richtung Kaiser in Wien

Druck, mit der Erblichkeit des nunmehr *Groß*herzogs Medici bald nachzuziehen, was auch wirklich geschah.

Der Nachfolger Kaiser Ferdinands I. war sein Sohn Maximilian II., der Bruder Johanna d'Austrias (verheiratet mit Francesco Maria Medici). Kaiser Maximilian II. ließ sich erweichen und schickte nach dem Tod Cosimos (1574), des durch den Papst zu Unrecht »Vergroßherzogten«, den Adelsbrief für den erblichen Großherzogtitel im November 1575 nach Florenz. Francesco Marias Ländereien in der Toskana wurden dadurch zum Staatsgebiet erklärt. Sein Titel lautete ab nun »Granduca di Toscana«.

Kaum war die »Verstaatlichung« der Medicis geschehen, ereignete sich in dem großherzoglichen Familienstrang ein Skandal mit zwei toten Ehefrauen, so dass sich die Fama an die nächsten Medici-Tode heftete und einer ganzen Reihe von Toden im Hause Medici die Natürlichkeit des menschlichen Verendens absprach.

Innerhalb einer Werktagswoche von fünf Tagen im Juli 1576 geschahen zwei Eifersuchtsmorde in der Großherzog-Medici-Familie. Isabella, die zweite Tochter Cosimos, Francesco Marias direkt jüngere Schwester, geboren 1542, wurde mit 33/34 Jahren von ihrem Ehemann, Paolo Giordano Orsini, duca di Bracciano, am 6. Juli 1576 im Ehebett erwürgt. Und der jüngste Großherzog-Bruder, Pierro Medici (1554–1604), erstach am 11. Juli 1576 seine Ehefrau Eleonora di Toledo (die Jüngere). – Verpfiffen hatte das leichtsinnig-fremdgängerische Treiben der Medici-Schwägerinnen Francesco Maria selbst, das neue Oberhaupt der Familie, der ältere Bruder Isabellas und Schwager Eleonoras. Die hintergangenen Ehemänner und Schwäger schritten parallel sofort zur Tat.

Der Fall machte Landes-»Schlagzeilen«, handelte es sich doch um einen Skandal der nun berühmtesten italienischen Großherzogsfamilie, die ein Jahr zuvor regierendes Haus geworden war.

Der italienreisende englische Dramatiker Edward de Vere, 17. Earl of Oxford (1550–1604), machte aus dem Stoff seinen berühmten *Othello*, den er wie alle seine Stücke mit dem Namen des aus Stratford kommenden, analphabetischen Londoner Pferdekutschers und Komparsen in Oxfords Theatertruppe, William Shakespeare, bemänteln musste. – Was Oxford als Angehöriger des englischen Hochadels aus Rücksicht auf seine Zeit- und Standesgenossen zu einer Außenseiter-Problematik eines nordafrikanischen, in Venedigs Diensten stehenden Generals machen musste, das spielte sich in Wirklichkeit im damaligen *Zentrum* von Herrschaft ab, in einer neuadligen, kaiserlich versippten italienischen Großherzogsfamilie. Und es geschah dort zur schrillsten Sichtbarkeit zwei Mal gleichzeitig! – Aber auch dieser familiäre Doppel-Eifersuchtsmord im höchsten Milieu war kein italienischer Einzelfall. Der italienische Komponist Carlo Gesualdo, duca di Venosa (1560–1614), sollte ein paar Jahre später seine in flagranti ertappte Ehefrau zusammen mit ihrem Liebhaber »auf einen Schlag« ermorden! Die »Othello«-Vorlage für Edward Oxford war aber Isabellas (Desdemonas) Ersticktwerden im Ehebett durch den hochdotierten eigenen Ehemann, den Herzog von Bracciano mit den vielen Os im Gesamtnamen (Paolo Giordano Orsini) (Abb. 18).

Stiefmutter(um)triebe

1578, zwei Jahre nach diesem Skandal, starb Maria Medicis Mutter, Johanna d'Austria, die Ehefrau Francesco Marias (geboren 1547, verheiratet 17/18-jährig 1565, gestorben mit 30/31 Jahren). – Schon zwei Monate später heiratete Francesco Maria seine Langzeitmätresse Bianca Cappello. Die Gerüchte beginnen zu sieden.

1583 stirbt der sechs/siebenjährige Thronerbe, Maria Medicis Bruder Filippo, einziger Sohn Francesco Marias aus seiner ersten Ehe mit Johanna d'Austria. Todesursache unbekannt, kolportiert wird dauerhaft mürbe Gesundheit des Heranwachsenden, die schließlich ganz »verendet« sei.

Ein Jahr später, 1584, stirbt Maria Medicis Schwester Anna. Von Anna sind sowohl beste Gesundheit als auch Lebensfreude übermittelt worden. Die Todesursache des kräftigen jungen Mädchens sei ein plötzlich auftretendes und nicht stillbares Nasenbluten gewesen, bis Anna buchstäblich verblutete.

Die reichste Familie Italiens, nun ein europäisches Herrscherhaus, sollte nicht in der Lage gewesen sein, die besten Heilerinnen und Heiler ihrer Zeit an den Hof nach Florenz zu berufen, um die schwierige Gesundheit des Thronerben Filippo zu stabilisieren und Tochter Annas plötzliche Krankheit, die nach einem Unfall aussieht, zu kurieren?

Die Fama kocht: Bianca Cappello, zweite Frau Francesco Marias, wollte mit ihrem Mann einen eigenen Medici-Thronerben produzieren, dafür musste der Sohn der Vorbuhlerin »umgelegt« werden. Und Anna, die lebenslustige prallgesunde Kaiserenkelin, sollte gleich mit ab »in den Himmel«, weil sie »was« mitbekommen hat und als Rächerin ihrer hocharistokratischen Mutter, Johanna d'Austria, die Stellung gegen die geringstgebürtige Stiefmutter Bianca Cappello behalten wollte.

Maria Medicis Schwester Eleonora, Tochter Francesco Marias aus seiner ersten Ehe mit Johanna d'Austria, kam mit dem Leben davon, weil sie sich im Jahr des Todes ihrer Schwester Anna, 1584, aus dem Spannungsgebiet der Stiefmutter herausheiraten konnte. Ihr Gatte ist Vincenzo I. Gonzaga, duca di Mantova.

Aber ach, es bewegte sich in Bianca Cappello-Medicis Bauch nichts. Die zweite Großherzogin der Toskana erwies sich als unfruchtbar. Laut Fama machte sie daher etwas, das menschliche Fantasie übersteigt und damit wie der Doppel-Eifersuchtsmord in der Familie Medici vor sieben, acht Jahren Realitätscharakter bekommt.

Bianca Medici kaufte von drei Florentiner Schwangeren die Embryos, die ihr nach der Geburt als Babys geliefert werden mussten. Es sind zwei Mädchen und ein Junge. Den Jungen behält Bianca und gibt ihn gegenüber ihrem Mann mit vielen simulierten Schwangerschafts- und Geburtstricks als eigenes Kind aus, die zwei Mädchen lässt sie umbringen. Die Spitze des Makabren: alle drei Mütter des Deals werden ebenfalls umgebracht.

Das sind Vorgänge, die in der Familie von Ludwigs des Vierzehnten Offizial-Großmutter geschehen sein sollen und die direkt zu dem Vor*gehen* der »Operation Kronprinz« führen würden, wenn sie wahr wären.

Obwohl von einem Krimi-dramatischen Stoff, hat sich bisher die seriöse Geschichtsschreibung nicht bemüßigt gefühlt, den Wahrheitsgehalt der radikal-destruktiven familiären Ursprungsbedingungen der zweiten Frankreich-Verheererin und zweiten Medici-Königin Maria aufzuklären, um mit Faktendetails aufwarten zu können.

Dass der Baby-Beschaffungs-Horror bei den Medicis in Marias Elterngeneration etwas mit der Realität zu tun haben kann, ergibt sich aus dem plötzlichen Doppeltod von Fürst und Fürstin Medici 1587, nur drei bis vier Jahre nach den Toden der Kaisertochter-Johanna-Kinder Filippo und Anna Medici kurz hintereinander 1583 und 1584. – Der Fürst Francesco Maria Medici stirbt plötzlich in der Nacht vom 19. zum 20. Oktober 1587, erst 46 Jahre alt, und ein paar Stunden danach folgt ihm am 20. Oktober 1587 seine zweite Ehefrau, Bianca Medici.

Da die Medicis ein Hof geworden waren, musste eine öffentliche Erklärung abgegeben werden, die »Malaria« lautete, eine der beliebten Todesarten der Reformpäpste! – Längst hat sich ergeben, dass »Malaria« oder »Purpur-Fieber« eine Verschleierung von Vergiftung war, an der 1621 auch Charles de Luynes, der Richelieu ab 1617 im Wege stehende französische Regierungschef, gestorben war und von der im 16. und 17. Jahrhundert viele »ungewollte« Zeitgenossen plötzlich dahin»gerafft« wurden.

Der Unterschied zwischen körpereigenem und körperfremd verursachtem Fieber: Wenn das Fieber von Entzündungen oder Ansteckungen herrührt, gibt es eine Krankheitskurve von Tagen, wie einmal in Ludwigs des Vierzehnten Fall belegt. Es gibt die Möglichkeit eines Kampfes des Fiebrigen. Henri IV hatte mehrmals ein solches zeittypisches Fieber, das er nach Tagen der Krankheit überwand. – Die fremd-einwirkend verursachten Fieber führen demgegenüber sofort zum Tod: Vorgestern noch ist Luynes Feldherr vor Monheurt, gestern macht er Tagebucheintragungen über seine Zukunft mit Reflexionen, wie er sich dieses Duo infernal Maria Medici und Richelieu vom Leib, vor allem, vom Lebenslauf, halten will, da sind deren über viele Personen weit reichende Kraken-Krallen pesthauchend schon in seinen Leib gedrungen, der gegen die Invasion des Giftes keine Abwehrkräfte mobilisieren kann. – Im Gegensatz dazu wird das körpereigen produzierte Fieber als Warnung benutzt, als Signal, innere Heilungskräfte anzustacheln und äußere Heilverfahren anzuwenden, was in Ludwigs Vierzehnten Fall ein genialer außenseiterischer Volksarzt mit der Verabreichung von schlecht gewordenem Wein versuchte, der die Infektion »bündelte« und vom königlichen Patienten mitsamt den Keimen ausgespuckt wurde – so die Übermittlung der Genesung Ludwigs des Vierzehnten von diesem Fieber.

Der Doppeltod von Francesco Maria und Bianca Medici sei ein Unfall gewesen, sagt die Fama. Eigentlich sei die vergiftete Torte für Kardinal Ferdinando Medici, den jüngeren, zu Besuch gekommenen Bruder Francesco Marias, gedacht gewesen. Francesco Maria habe sie aus Versehen gegessen und sei prompt verschieden. Bianca habe sich selbst vergiftet. – Vier Florentiner Gerichtsmediziner haben 2006 in den Leichen der beiden Arsen gefunden! (139)

Bei der Klärung der Wahrheit interessiert die Gruselstory um die Stiefmutter Maria Medicis nur Background-halber, um den inhumanen Morast abzustecken, aus dem diese Frankreich-Hochnehmerin gekommen ist.

Was Maria Medici ganz persönlich betrifft, stimmt an ihrem zeitgenössisch-aristokratischen Verhalten nichts. Ein Kind, das beim Tod seiner leiblichen Mutter viereinhalb bis fünf Jahre alt war, hätte von dieser Mutter etwas »mitbekommen« müssen. Vor allem hätte sich der mütterliche Einfluss fortwirkend in der Psyche der Heranwachsenden »festgesetzt« über den ständigen Kontakt mit den älteren Schwestern, der weitere fünf bis sechs Jahre anhielt. Maria Medici war zehn, als es mit dem Geschwisterverschwinden begann, zuerst starb 1583 der Bruder Filippo, dann im Frühjahr 1584 die

DIE KARDINALSBRAUT 291

Schwester Anna. Nach ein paar Monaten verschwindet die älteste Schwester Eleonora mit etwa 16, um den Herzog von Mantua zu heiraten. Die noch nicht oder kaum elfjährige Maria Medici (geboren am 26. 8. 1573) verliert auf *einen* Schlag ihr gesamtes mütterliches, kaiserlich gebürtiges Umfeld, das sie im ganzen ersten Jahrzehnt mitgeprägt hat. Ihre älteren Schwestern haben nach dem Tod der kaiserlichen Mutter Elternfunktionen für die jüngere Schwester eingenommen. Die Kinder lebten zusammen im Palazzo Pitti der Medicis in Florenz.

Und kein plastisches »Kinderstuben«-Detail Maria Medicis, der französischen Königin für 30 Jahre, ist übermittelt worden, in dem ihre Mutter Johanna d'Austria, ihre Schwestern Eleonora und Anna und ihr Bruder Filippo vorkommen!

Maria Medici regierte über Frankreich in drei verschiedenen Kombinationen: 1600 bis 1610 mit Ehemann Henri IV, 1610 bis 1617 mit Kumpan Concini, 1620 bis 1630 mit Richelieu und Louis XIII als Königinmutter. 1617 bis 1620 war sie mit Günstling Richelieu exiliert, der auf Medici von fern und nah einwirkte. In den 30 Jahren Maria Medicis als Königin von Frankreich sind unzählige Personen mit ihr umgegangen, haben sie erlebt, ihr gedient, haben sie beobachtet. Und trotzdem: Nichts Einprägsames blieb über ihren kaiserlich-mütterlichen Ursprung in den Chroniken, nichts über Medicis muttergebürtig-höfische Form und Sitte. Immer nur wurde etwas über Medicis *Außer-Form* kolportiert, über ihr Nicht-Einpassen ins Französisch-Höfische, über ihren absoluten Mangel an familiärem, geistigem und Seelenadel. Sie wurde von Frankreich als »Hure« und »Fischweib« abqualifiziert.

Die hinterbliebenen Skulpturen bestätigen eine Verrutschung von Seins-Befindlichkeiten: Henri IV – ein Philosoph auf dem Königsthron, mal mit sokratischem Lächeln, mal mit märtyrisch-weinendem Wissen. Und dieser Erste Mann Frankreichs ist bei seiner Ehefrau an etwas »Letztes« geraten, mit einer verzogenen, aufgeblasenen Abgeschmacktheit verkuppelt worden. Geist, Seele, Anmut, Aura seiner Ehefrau sind verdunstet in Show-Ambition und geronnen zu Kostüm-Ambiente.

Personenaustauschung

Die Geschichtsschreibung wird sich mit dem Gedanken anfreunden müssen: Maria Medici ist mit zehn Jahren »ausgetauscht« worden.

Nachdem alle Hinterbliebenen der Kaisertochter Johanna d'Austria auf verschiedene Weise »außer Haus« gebracht worden waren, wurde die Tochter Maria auch »irgendwie beiseitegeschafft« und durch ein »Gossenkind« ersetzt.

Der Medici-Familienchef, Francesco Maria, brauchte die Position der »Königstochter jüngsten« für heiratspolitische Verbindungen mit den europäischen Herrscherhäusern. Wer »jüngste Tochter« war, war ihm für dieses Heirats-Millionen-Geschäft gleichgültig. Um Maria Medicis Hand hielten der Herzog von Lothringen, der Kurfürst von Bayern, der Großherzog von Savoyen, der König von Spanien und der Kaiser in Wien an – noch vor dem König von Frankreich! Auch der italienische Adel interessierte sich für die »überlebende« Medici-Tochter: Der Fürst von Parma, der Herzog von Ferrara und der duca di Braganza. Ganz weg durfte dieses letzte Mädchen aus Francesco Marias erster Ehe mit Johanna von Österreich also nicht sein, wie die anderen »verendeten« Kinder, vor allem die Tochter Anna.

Warum ausgetauscht und nicht gelassen, wer sie war und wo sie war?

Es gibt eine feministisch noch nicht gehobene, bis heute Schlagzeilen liefernde Aberration männergesellschaftlich verunstalteter Frauen mit einem *Revierkomplex*. – Eine mit diesem Komplex behaftete Frau fühlt sich dazu getrieben, die Vorgängerin ihres begehrten Mannes, wenn es ihr nicht gelingt, den Mann »ganz« für sich zu bekommen, zu ermorden. Die Nachbuhlerin will erste und einzige Frau ihres Freundes werden, wozu sie der nur *fremd*gehende Mann nicht machen will. Er bleibt mit seiner Erstfrau verbunden. Die Zweitfrau attackiert die Erstfrau. Diese Attacke kann sich bis zum Mordimpuls auch gegen die Kinder der Erstfrau ausweiten.

Männer haben das Hebbel'sche »Da kann kein Mann rüber!«-Syndrom, verarbeitet im Stück *Maria Magdalena*. Wenn Männer erfahren, dass ein Kind, das sie aufziehen, nicht von ihnen gezeugt worden ist, verstoßen sie es, ja flüchten aus der Beziehung, wie Ibsen es schon in der *Wildente* entblößt hat.

Obwohl beide Fehlverhaltensweisen Auswirkungen der kleinbürgerlich-verengten »Mein-und-Dein«-separierenden kapitalistischen Psyche sind, hat der Komplex in diesem Ausnahmefall bei Frauen als emotional-sexuelle »Nachkommerinnen« fatalere Auswirkungen als bei Männern. Männer hauen ab, verstoßen das »Kuckucksei«. Frauen wollen das Nicht-zu-ihnen-Gehörende beseitigen. – Die libidinöse Territorial-Pathologie von Frauen mit Revierkomplex trachtet danach, alles Dagewesene in der Nähe des begehrten Mannes auszulöschen und mit dem Eigenen zu ersetzen.

Was Frauen sehr selten im *Innen* von Verhältnissen deviant motorisch antreibt, das ist der Spiegel vom männlichen Vorgehen im Politisch-Territorialen

DIE KARDINALSBRAUT

Schiefer Haussegen
Medaille zum fünften Hochzeitstag
des Königs Henri IV und der Königin MM-Dublette
von Guillaume Dupré 1605

Henri IV im Kostüm eines römischen Cäsaren
Bronze-Büste von Barthélemy Prieur 1601–1605

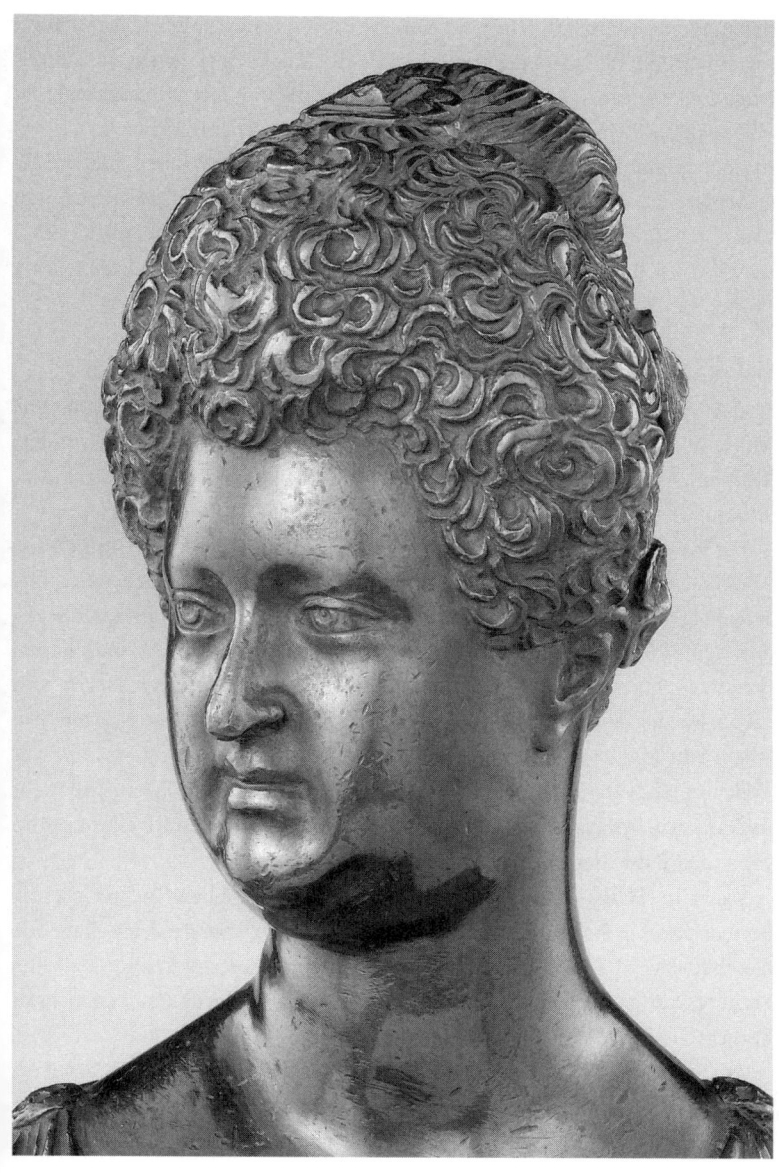

»Die Hergelaufene«
Francesca Dosi alias Maria Medici
in antikem Kostüm
Bronze-Büste von Barthélemy Prieur 1601–1605

der *äußeren* gesellschaftlichen Verhältnisse, die, seit sie als Viricorpiarchat geregelt wurden, bis heute das Tagesgeschehen *einer* Gruppe gegen die andere, *eines* Volkes gegen das andere, *einer* Kultur gegen die andere füllen: Prinzipiell »Nuke them!«. So schob sich in Europa *eine* Kultur über die andere.

Auch wenn das Territorial-Pathologische das Markenzeichen aller im Viricorpiarchat organisierten *Gesellschaften* aller Länder ist und zu allen Zeiten war – zwischen Feudalismus und Kapitalismus hat sich daran nichts geändert –, muss das Krankheitsbild ebenfalls angesprochen werden, wenn es bei Frauen in den *privaten* Verhältnissen vorkommt.

Der Austausch, die Auswechslung Maria Medicis wäre das kurioseste Detail in der Vorgeschichte der Louis-XIV-Beschaffung, wofür die Kardinäle, die Maria Medici dann zur französischen Königin manövrierten, noch nichts konnten, welchen Vorgang sie sich aber einmalig raffiniert zunutze gemacht haben.

Bianca Cappello-Medici war vom »Böse-Stiefmutter«-Syndrom gekennzeichnet, das bis heute nachhallend in den Grimm'schen »Hausmärchen« Eingang gefunden hat. Sie hielt nichts Vorläuferinnenhaftes in ihrem »Reich« aus, dem sie nun präsidierte. Schon zwei Monate nach dem Tod von Johanna d'Austria, Francesco Marias erster Frau, musste Bianca ihren Herrn und Liebhaber als *Ehe*mann fürs Leben »erwerben«. Das höfliche Warten von *einem* Jahr bis zur nächsten Heirat nach dem Tod der Erstpartnerin – wie es Volksbrauch war – ging bei Bianca nicht, obwohl es sich in ihrem Fall nicht um ein sexuelles Warten, sondern um einen *sozial*-demonstrativen Aufschub gehandelt hätte, den Bianca nicht aushalten konnte.

Wenn im Hause Medici wenigstens noch *eine* Erst-Ehen-Tochter als millionenschweres Pokerobjekt bleiben musste, dann musste dieses lebende Geschäftskalkül ein Substitut der Originaltochter aus erster Ehe sein, eine Fremde, auf gar keinen Fall ein Kind, das noch in Bezug zur ersten Frau Francesco Marias stand.

Auf dem italienischen freien Babymarkt wäre alles zu haben gewesen, denn auch Frauen und junge Mädchen aus gehobenen Familien wurden zuweilen ungewollt schwanger und bemühten sich darum, das Geborene unterzubringen, anstatt es umbringen zu lassen.

Aber im Falle der Auswechslung Maria Medicis ging es um die Beschaffung einer *Zehn- bis Elfjährigen* – ein unvergleichlicher Vorgang in der Geschichte des Feudalismus. Und die Maria-Medici-Dublette durfte kein Kind aus »hohen« Verhältnissen sein, da Bianca Cappello selbst aus niederen entspross. Um auf Bianca nicht Schatten zu werfen, musste das Dublee der im

DIE KARDINALSBRAUT 297

Original halberzherzöglichen Maria Medici aus allertiefsten Gesellschaftsschlünden herkommen, und von Merkmalen solcher Herkunft bersten die Nachrichten über die zweite Medici-Königin von Frankreich geradezu.

Heutige Argumente über damalige Herkünfte geraten allerleichtest in die falschen Hälse von Kränkungen, weil die gegenwärtige Gesellschaft des 21. Jahrhunderts Benachteiligungen gemäß der alten Klassen-Herkünfte weitgehend aufgehoben hat und es sich nicht mehr schickt, nach Geburtsverhältnissen überhaupt zu fragen. Solche Fragen waren damals an der Tagesordnung. Wenn sie heute gestellt werden, beziehen sie sich auf die damaligen Umgangsformen und beleidigen nicht die gegenwärtigen. Untersuchungen von Standeszugehörigkeiten sind unerlässlich, wenn mit ihnen politisches Fehlverhalten zu Beginn der Neuzeit aufgeklärt werden kann.

Bei Einbruch der Neuzeit gelang es immer wieder einzelnen Frauen, die allmählich sich senkenden Standesschranken mit einem beachtlichen biografischen Stabhochsprungs-Können zu überspringen.

Heinrich VIII. von England (1491–1547) heiratete unter seinen sechs Ehefrauen vier nichtadlige: Anne Boleyn (1533), Jane Seymour (1536), Catherine Howard (1540) und Catherine Parr (1543). Seymour starb nach der Geburt des Thronfolgers (1537). Boleyn (1536) und Howard (1542) ließ Heinrich VIII. hinrichten, weil er ihrer aus verschiedenen Gründen überdrüssig geworden war und ihnen Ehebruch »unterschob«.

Henri IV wollte zweimal adlig »niedrige« Frauen heiraten, Gabrielle d'Estrées und die sogar halbbürgerliche Henriette d'Entragues, Tochter Marie Touchets.

Frauen aus allen gesellschaftlichen »Kreisen« wären fähig gewesen, regierende Positionen einzunehmen, und haben das in Ausnahmefällen auch getan, wie Katharina I. von Russland, gebürtige Bauerntochter, ehemalige Geliebte und dann Ehefrau Zar Peters I.

Die Mitregentinnen in der Position der Mätresse kamen meist vom feudal definierten Unten oder Unteren. Augusts des Starken von Sachsen hochgeadelte Gräfin Cosel war väterlicherseits kleinadlig und mütterlicherseits hanseatisch = bürgerlich. Preußen-Königs Friedrich I. Mätresse, Katharina die »Kleine«, ehemalige Wirtstochter Rickers, gewordene Frau von Kolbe, kulminierte als herrschende Landgräfin von Wartenberg. Wilhelmine Enke wurde als Gräfin von Lichtenau Friedrich Wilhelms II. Partnerin und Mutter mehrerer gemeinsamer Kinder.

Die weltberühmt gewordene Marquise von Pompadour, Geliebte und dann Freundin Ludwigs des Fünfzehnten, hatte zwar eine adlige Mutter, aber einen bürgerlichen Vater, wurde geboren als Jeanne-Antoinette Poisson! Der Ursprung von Gräfin Dubarry, Ludwigs des Fünfzehnten letzter bedeutender Mätresse – diskussionslos ganzgossig!

Um das Problem und die Bravour des Hochkommens von Frauen im Spätfeudalismus geht es im Falle Maria Medicis nicht. Sämtliche Emporkömmlinginnen saßen fest im Identitätssattel auf ihrem Ritt nach oben.

Doch Maria Medici trat als Königin von Frankreich an mit einer *falschen* Identität, in der sie schon ihre vergangenen 17 Jahre verbringen musste.

Maria Medici als Ausgetauschte lebte in umgekehrter Anastasia-Dynamik. Die bürgerlich gebürtige Anastasia-Herausforderin *wollte* die jüngste Tochter des letzten Zaren sein. Jedoch, die Öffnung des Grabes, in dem die erschossene Zarenfamilie verscharrt worden war, bestätigte kein Fehlen eines Familienmitgliedes. Und noch sicherer wirkte schließlich gegen die Ansprüche der duplizierten Persönlichkeit »Anastasia«: Eine Gewebeprobe ergab: Die Anastasia-Dublette war mit den Romanows *nicht* verwandt.

Das MM-Substitut *musste* vorgeben, mütterlicherseits Kaiserenkelin, Großnichte Karls V. und väterlicherseits Großherzog-Bankiers-Tochter zu sein, ein Kind einer der bedeutendsten italienischen Familien. Eine Medici zu sein, mit der Renaissance-Reputation ihrer zwei großen Papstonkel, Leo X. und Klemens VII., im genealogischen Rücken und mit ihrer Nichtenschaft von Katharina, Erst-Medici-Königin Frankreichs, ergab zu Beginn der Neuzeit eine vorzügliche Herkunftskontur, zu der die wirkliche Person, die 1600 an den französischen König Henri IV verkauft worden war, vorn und hinten, oben und unten nicht passte.

Die MM-Dublette musste ihr Großherzogtochter-Leben ab zehn und ihr Königin-von-Frankreich-Leben ab 27 fälschen, denn mit ihrer wahren Herkunft hätte sie niemals in diese Position einheiraten können – ein ähnlich total korrupt machender Vorgang wie ihn der MM-Offizial-Enkel Ludwig 14 erleiden und dann als Machthaber, Frankreich schädigend, ausagieren musste.

Die »Milchschwestern«-Fiktion

Zur selben Zeit, in der das Maria-Medici-Original »beiseitegeschafft« und mit einem Duplikat ersetzt wurde, 1584, kam – laut arg- und ahnungsloser Geschichtsschreibung – in das Haus Medici zum MM-Double eine »Milchschwester«, die der halbverwaisten MM-Darstellerin die Plätze der verschwundenen Geschwister ersetzen sollte.

DIE KARDINALSBRAUT

Mit dem Auftritt der »Milchschwester« Leonora Dosi in den Chroniken begann eine Kette von Seltsamkeiten und feudal-sittenspezifischen Unstimmigkeiten, die bis zum Tod dieser Frau 1617 im Leben der MM-Dublette nicht mehr abrissen und die nur verständlich werden, wenn vorausgesetzt wird, dass da nicht *eine* neue fremde Person in den Medici-Palast kam, sondern es kamen *zwei* »Milchschwestern«, eine Zehnjährige, die MM-Dublette, und Leonora Dosi, ein 16-jähriges junges Mädchen, um …? – Schon häufen sich die Ungereimtheiten aristokratischer Funktionen der *älteren* »Milchschwester« für die jüngere: Wozu kam Leonora Dosi in den Medici-Palast? Zur Aufsicht? Zur Erziehung? Zur Freizeitgestaltung der fünf bis sechs Jahre Jüngeren? – Zofen und Gespielinnen höherer Töchter sind gleichaltrig gewesen, Gouvernanten mindestens doppelt so alt.

Vor allem sticht das Absurde ins Auge: Eine steinreiche Familie wird regierender europäischer Hof und heftet an die jüngste, nun »Prinzessin« genannte Tochter ein einziges »Geschöpf« von aberwitziger feudaler »Niedrigkeit«, eine Tochter aus einem nichtehelichen Verhältnis einer Katharina Dosi mit einem Tischler, der den französischen Namen Jacques de Bastein gehabt haben soll, der eher Jacopo Bastiano geheißen hat und wie Mazarin und Lully von den Geschichts-Retuscheuren für französische Real- und Aktenverhältnisse französisiert und geadelt wurde. In Florenz hießen stockitalienische Tischler, die nichteheliche Kinder produzierten, nicht Jacques de Bastein!

Wo war die 16-jährige Leonora Dosi *vor* 1584? Und was heißt der geschichtslaunisch ihr gegebene Titel »Milchschwester von MM«?

Es gibt ein kollektives Unbewusstes auch bei Universitätsfakultäten und damit auch bei *ihnen* Freud'sche (Gruppen-)Fehlleistungen. – In der französischen, italienischen und Anglo-Geschichts-Literatur wird unhinterfragt der Begriff »Milchschwester« (»sœr de lait«, »sorella di latte«) und sein englisches Äquivalent »fostersister« zur Kennzeichnung der Mephista des MM-Duplikats benutzt, die 33 Jahre – von 1584 bis 1617 – nicht von seiner Seite weicht, bis sie 1617 mit 49 Jahren in Paris hingerichtet wird.

»Sœr de lait« existiert im Deutschen nicht mehr als aktuell überlebtes eigenständiges Wort, ebenso nicht im Englischen, das auch keine »milksister« kennt. »Fostersister« bedeutet einen viel umfassenderen Aufwachsensbezug – mit Schwerpunkt auf dem gleichzeitigen *sozialen* Aufwachsen bei Adoptiveltern oder Paten.

Der Begriff »Milchschwester« oder »Milchbruder« entstammt den aristokratischen Gepflogenheiten, die geborenen Kinder nicht von den adligen Originalmüttern selbst stillen zu lassen; das mussten andere Frauen tun. »Milchgeschwister« waren keine Blutsverwandten, sondern »Muttermilch-

Verwandte«. In der Regel waren die »Milchgeschwister« etwa gleichaltrig. *Ein Säugling war Mutter*milch-Empfänger, der andere *Ammen*milch-Nützling. – Der Adel nahm für die Ammenfunktion nur sehr junge Frauen in Anspruch, die gerade Mutter geworden waren. Es konnte wohl mal vorkommen, dass eine Frau öfter als Amme tätig war und es dann auch »Ammengeschwister« mit einem größeren Altersunterschied gab – das eine wurde ein paar Jahre später als das andere gestillt. In einem solchen Falle hätte aber bei der jüngeren »Milchschwester«, der Original-Maria-Medici, noch ein älteres »Ammen-Geschwister« aus der Familie Medici existiert haben müssen, worüber die Chroniken nichts berichten, zum Beispiel nichts darüber, dass die Wäscherin Katharina Dosi auch die Amme von Maria Medicis älteren Schwestern gewesen sei, die im selben Alter wie Leonora Dosi waren.

Eine Frau der jüdisch-christlichen Kultur stillt normalerweise nicht *fünf bis sechs Jahre* hintereinander ihr *eigenes* Baby und Kleinkind und betreut *gleichzeitig* noch ein paar Ammenkinder, bis sie mit ihrer unversiegenden Brust bei dem Stillen eines 5¼ Jahre jüngeren Ammenbabys »angekommen« ist. Dieser Vorgang wäre so ungewöhnlich, dass sich darüber Einzelheiten mitgeteilt hätten.

Die reine Bedeutung des Begriffes sagt, »Milchgeschwister« sind *gleichaltrige* »Mutter- und Ammen-Geschwister«. Somit ist der Terminus zur Kennzeichnung des Verhältnisses der beiden Frauen MM-Double und Leonora Dosi nicht korrekt.

Die Begriffe »sœr de lait« etc. in der MM-Literatur eiern um einen Tatbestand engster Nähe zwischen MM-Dublette und Leonora Dosi – nicht nur einer Herkunfts-, sondern auch einer *Geschichts*nähe, das heißt, das MM-Substitut und Leonora Dosi haben schon gemeinsame Jahre miteinander verbracht, *ehe* sie ihren raren Job im neu verfürsteten Haus Medici antraten.

Die lebenslange partnerschaftliche Verbindung von zwei jungen Mädchen, die eine vor-, die andere nach-pubertär, ist etwas ganz Unhöfisches. Wenn die Prinzessinnen und Herzoginnen in fremde Länder zum Heiraten geschickt wurden, hatten sie Begleitpersonen. Darunter befanden sich junge Zofen und alte Kammerfrauen, die beide als Heimatreste in die Fremde mitgebracht werden durften und das Leben der neuen Königin oder Herzogin auch viele Jahre weiter begleiteten.

Beim Verhältnis zwischen der MM-Dublette und Leonora Dosi handelt es sich aber um eine biografische Verkettung, um eine Galeeren-Schwesternschaft, die die Zeitgenossen übermittelten und die mit vielen Merkmalen in die Chroniken Eingang fand.

DIE KARDINALSBRAUT 301

Unter den 200 Personen im Gefolge der MM-Dublette auf dem Weg und der Schiffsfahrt von Florenz nach Frankreich, Oktober bis Dezember 1600, zum Vollzug der Hochzeit zwischen Henri IV und MM war auch Baccio Giovannini, MMs Beichtvater und zukünftiger »aumônier« (»Almosenier« – ein heute in beiden Sprachen verloren gegangenes Wort; gemeint ist jemand, der so etwas war wie ein religiös determinierter Hofmeister).

Als der König am 9. Dezember 1600 in Lyon zu MM ins Schlafzimmer gegangen und erstaunt war, dass er eine »komische«, Anfang 30-jährige kleine Frau an der Schwelle der Tür sitzend vorfand, klärte Giovannini ihn später auf: »Die Königin führt ein junges Mädchen (!) namens Leonora mit sich, das ihr ununterbrochen seit den Zeiten des Großherzogs Francesco [Medici], Marias Vater, folgt. Niemand anderes als sie hat jemals den Kopf [der Königin] berührt, noch irgendwie der Königin in ihren persönlichen Bedürfnissen assistiert. Die Königin wünscht, dass [diese Begleiterin] ihr im selben Dienst weiter zur Verfügung steht.« (34, S. 89 f.) – Der »Michelet«, Frankreichs Standardwerk der Geschichte, ein Konzentrat von Chroniken und Berichten, formuliert drastischer, womit Henri IV überrascht wurde, als er seine Frau zum ersten Mal sehen will: »Als er in ihr [MMs] Zimmer tritt, musste er lernen, dass man an der Tür dieses Zimmers zu jeder Stunde, so spät oder früh man kommt, eine Art schwarzer Zwergin mit düsteren Augen wie Höllenkohle finden wird. Diese Gestalt, das zweifelhafte Individuum, war nicht etwa ein Teufel, sondern im Grunde die wichtigste Persönlichkeit dieses Hofes, die ›Milchschwester‹ der Königin.« (144, IX, S. 68).

Jeden Abend im Louvre bis zum »Conciniputsch« am 24. April 1617 trafen sich die Königin und Leonora zu zweit hinter verschlossenen Türen, um die Ereignisse des Tages durchzusprechen und gemeinsam Entschlüsse für fällige Handlungen zu fassen und Entscheidungen zu treffen.

»War die Königin lesbisch?«, möchte das 21. Jahrhundert denken. – Nein. Sie wird von allen Chronisten als sogenannt kalt, das heißt, als völlig unempfindlich für die Reize *beider* Geschlechter beschrieben. – Die MM-Dublette hat Leonoras Prozess und Hinrichtung im Jahre 1617 nach dem »Conciniputsch« unbeschadet überstanden und war nur daran interessiert, wie sie ihre höfische Position der Königinmutter, aus der sie der »Conciniputsch« herauskatapultiert hatte, wieder einnehmen konnte.

Das MM-Dublee hatte 1600 mit dieser 32-jährigen Frau, die der einzige Mensch war, der ihren Kopf berühren durfte, laut offizieller Chronik schon 16/17 Jahre in Florenz auf die gleiche verschweißte Weise zusammengelebt – im Palazzo Pitti der Medicis. Aber darüber hinaus war das MM-Substitut mit seiner »Galeerenschwester« noch weitere zehn Jahre, nämlich ihr ganzes 27-jähriges Leben lang, »liiert« gewesen.

Warum braucht noch die französische Königin eine täglich-nächtliche Beaufsichtigung? Sie hätte froh sein können, die lästige Aufpasserin von Florenz loszuwerden. Sie hätte in Paris die Macht dazu gehabt, Leonora zu entlassen, sowie sie im Louvre eingezogen ist. Henri IV wollte Leonora sofort zurückschicken. Sie war der Grund des ersten Ehekrachs.

Leonora war für die MM-Dublette die personifizierte Rahmenbedingung, das permanente »Substitutsfitting«, das minütlich von rechts und links die außer Fasson geratene Ersatz-MM wie begradigen, im heutigen Verständnis Computer-regulieren musste, wenn MM ausfranste und drohte, in ihren Sub-Ursprung, ihre Gossenwahrheit, zurückzusinken. – Vor allem ging es darum, 1584 bei Eintreffen des Schwestern-Duos im Medici-Palast die Kleinere, aber »Hochdotierte« – das Medici-Tochter-Implantat – zu »halten«, sie daran zu hindern, wegzurennen oder etwas Ungebührliches zu tun und etwas Unflätiges zu sagen. Für diesen Zweck brauchte die »böse Stiefmutter«, Bianca Cappello-Medici, die diesen Herzog-Tochter-Jüngsten-»Tausch« inszeniert hatte, einen Dompteur, der nicht von der Seite des Kindes wich. Leonora musste täglich dem kleinen MM-Double seine neue Identität als Fürstentochter einpumpen. Und dann blieb einfach zur Sicherheit die Dressurreiterin Leonora 33 Jahre lang weiter auf dem Pferd des MM-Duplikats sitzen.

Prinzenschreck-Schraube

Als die MM-Dublette in der Kathedrale von Lyon am 17. Dezember 1600 Henri IV in Person heiratete, war sie Ende 20 und hatte über die Hälfte ihres Lebens auf dem europäischen Heiratsmarkt des Hochadels kursiert. Die Chance MMs in Frankreich war das Alter des Königs Henri, der schon 46 war. Für alle anderen höfischen Partien war das MM-Dublee inzwischen zu alt. – Ludwig 13 und Anna Ö. waren mit elf Jahren vertraglich und mit 14 Jahren zeremoniell verheiratet worden.

Obwohl sich die ersten europäischen Häuser für MM interessiert hatten, war es bis dahin zu keiner Verständigung gekommen. Das will »etwas« heißen, denn die altadligen Regime hätten vom Bankhaus Medici Millionen bekommen, wenn sie mit ihm eine Verbindung eingegangen wären. Die Medicis zahlten bei Hochzeiten mit ihnen *immer*, unabhängig davon, ob sie eine Adlige zum Heiraten bekamen oder eine der Ihren ausführten. Doch in der

DIE KARDINALSBRAUT 303

finanziellen Wirklichkeit der Heiratsverabredungen verdienten die Medicis dabei Multimillionen. Kaiser Ferdinand I. bekam 100 000 Golddukaten, als er seine zehnte Tochter, die 17-jährige Erzherzogin Johann von Österreich, 1565 für die Hochzeit mit Francesco Maria, Cosimo Medicis ältestem Sohn, hergab.

König Franz dem Ersten von Frankreich wurden für den Deal mit Papst Klemens VII., dessen Großnichte Katharina Medici als Frau seines zweiten Sohnes Heinrich zu akzeptieren, die Kosten ersetzt, die ihm seine Kriege gegen Kaiser Karl V. verursacht hatten. – Henri IV nahm 600 000 Golddukaten entgegen, als er einwilligte, MM zu heiraten. Das waren damals 1,8 Millionen französischer Livres – über zehn Millionen heutiger Währungswert.

Henri hatte beim Großherzog Ferdinando Medici, den er in seinen Briefen an ihn »mein Bruder« anredete, schon *vor* Schließung des Heiratskontraktes (25. 4. 1600) 1 174 147 Golddukaten Schulden, eine Summe von 3,5 Millionen Livres.

Genau um solche Zins-Gewinne ging es dem Bankhaus Medici bei seiner Heiratspolitik. Die Medicis brauchten das Einheiraten in den europäischen Hochadel für die Erhöhung ihrer Reputation, um unter den europäischen Fürsten neue Schuldner zu gewinnen und um ihre alten Schuldner zu neuen Kreditaufnahmen zu bewegen.

Und ab Cosimo I. wollten die Medicis Europapolitiker werden, nannten mit der Großherzogswürde 1575 nun einen Staat ihr eigen, der ihnen erlaubte, Diplomaten zu entsenden und von den europäischen Höfen solche in Florenz zu stationieren – ein ungeheurer Machtzugewinn, der ökonomisch wiederum in barer Münze zurückfloss.

Aber die in Florenz akkreditierten Diplomaten hatten für die Heiratsbemühungen der neuen Medici-Fürsten den Nachteil, dass die Botschafter der Länder Bayern, Lothringen, Savoyen, Spanien und des Kaiserreichs, die Heiratsabsichten angemeldet hatten, vor Ort ein Auge auf das Heiratsobjekt und seine »häuslichen Verhältnisse« werfen konnten. Und nachdem sie einiges von den unverhältnismäßig vielen Toten im Fürstenhaus Medici zugetragen bekommen hatten, rieten sie ihren Landeschefs von einer Einheirat der annoncierten Medicibraut in die ausländischen Herrscherfamilien ab. – Rudolf II. (1552–1612, Kaiser ab 1576) hatte die MM-Dublette für seinen jüngeren Bruder Matthias (1557–1619, Kaiser ab 1612) vorgesehen und konnte sich trotz verlockender Summen, die ihm winkten, nicht positiv entscheiden.

Zu dem Auge der Diplomaten auf die Medici-Gesamt-Verhältnisse kam ein Blick auf das Heiratsobjekt selbst, das wegen seiner seltsamen Doppelstock-Persönlichkeit gar nicht zu sehen war oder das auf die Aristokraten aus den fernen Ländern keinen Adels-adäquaten Eindruck machte, der die ab 1587 unter dem offiziellen Titel »Großherzogsnichte« laufende Medicibraut als Kaiserin, Königin oder regierende Großherzogin empfahl.

Es gibt über die MM-Dublette noch aus ihren florentinischen Tagen ein Zeugnis, dem keine Antiposition gegen die Königin von Frankreich nachgesagt werden kann, weil zu diesem Zeitpunkt diese Position für die Medicibraut noch in fantasieentrückter Ferne stand: »Gute Gestalt, obwohl etwas rundlich. Die Nase fein, aber der Mund ohne Ausdruck. Das Lächeln wirkt gezwungen. Den Augen, der Blüte einer Person, fehlt die Lebhaftigkeit. Und die fast gänzliche Abwesenheit von Augenbrauen macht es schwierig, den Charakter eines Gesichtes zu erfassen, das nichts Bemerkenswertes an sich hat, außer dass es nicht versehen ist mit Annehmlichkeit[en].« (147, S. 13)

Solch eine Beschreibung eines Florentiner Augenzeugen, der den Palazzo Pitti frequentierte, genügte, um die vielen Bewerber für das MM-Duplikat, die jahrelang »um das Haus scharwenzelten«, abzuschrecken.

Das französische Konversations-Standardwerk des 19. Jahrhunderts stößt noch nach – die vielen Memoiren und Gemälde, die die französische Königin zum Gegenstand haben, komprimierend: Die MM-Dublette war »eine Person von stattlichem Aussehen, groß, dick, mit runden Augen, kalt, hochmütig, prunksüchtig, faul, rachsüchtig und von zänkischer Launenhaftigkeit« (97). – Das alles sind Eigenschaften, die aus dem Begriff »Adel« herausfallen und die in der Tat die echt »Edlen« aus ihrem Verhalten selbst- und kindererzieherisch seit Generationen herauszufiltern versuchten.

Europa-sprachlos

Eine weitere Befremdlichkeit: Die MM-Dublette sprach keine einzige Fremdsprache. Was machte sie fremdsprachlos seit fast zwei Jahrzehnten in Florenz, wartend im Medici-»Stall« auf den Ausritt zum Heiraten in ein fremdes Land?

Die Original-Maria-Medici war unter ihrer Wiener Mutter, Johanna von Österreich, und mit ihren älteren Schwestern polyglott aufgewachsen. Deutsch, Spanisch und Französisch waren die ersten Sprachen, die sie neben Italienisch gelernt hatte und nie wieder verlernt hätte.

Seit über 50 Jahren war der Wiener Hof mit dem spanischen Hof fast identisch, da Karl V. als Kaiser in Deutschland (ab 1519) und als spanischer König Karl I. (ab 1516) in Personalunion die Verbindung der Länder begründet hatte. 200 Jahre lang heirateten Kaisertöchter aus Wien nach Madrid und umgekehrt Königstöchter aus Madrid nach Wien.

Vor allem wegen des sich jahrhundertelang drehenden Heiratsroulettes der herrschenden europäischen Adligen mussten ihre Töchter Fremdsprachen lernen. Das war für »höhere Töchter« neben »Benimm« das Einzige, was sie lernten und lernen mussten. Die Schottin Maria Stuart wurde schon mit fünf Jahren als zukünftige Frau Franz' II. nach Frankreich transportiert, wuchs dort mit ihrer neuen »Muttersprache« Französisch auf und behielt trotzdem ihr Englisch aus ihren Kleinkindzeiten, mit dem sie fortsetzen konnte, als sie nach dem frühen Tod ihres Mannes mit 16 zurück nach England geschickt wurde.

Auch bei der MM-Dublee-Kontrast-Gestalt Anastasia war der erste Hinweis auf den willkürlichen Austausch einer Person: Das Double konnte *kein* Wort Russisch, behauptete jedoch, es hätte seine Muttersprache in der Ohnmacht nach der Erschießung aller anderen Familienmitglieder verloren und das akzentfreie Deutsch von Schweizer Gouvernanten erlernt! Warum hat sie nicht auch dieses Deutsch in der Ohnmacht verloren? – Keine Antwort!

Das MM-Substitut hat niemand gefragt, warum es als Enkelin des römisch-*deutschen* Kaisers nicht wenigstens über Brocken von außeritalienischen Sprachen verfügte, die beim Aufwachsen der Mutter, Johanna von Österreich, in Wien gelernt werden mussten und die in den Sprachschatz ihrer Tochter in Florenz eingegangen wären. Denn die Original-Maria-Medici war nicht nur mit ihrer österreichisch gebürtigen *Mutter* umgegangen, sondern auch mit einer Schar von mitgebrachten Deutsch, Spanisch und Französisch sprechenden Begleitpersonen, die erzieherisch und sprachlich auf die Kinder der neuen Großherzogin der Toskana eingewirkt haben.

Das Fremdsprachen-Analphabetentum einer Frau, die vorgegebenermaßen unter »fremd« sprechenden Menschen aufgewachsen ist, ist nicht nur ein Indiz, sondern ein *Beleg* für den Person-Austausch, wie sich schließlich mit sogenannt modernen Mitteln bei dem selbsternannten Double Anastasia erwiesen hat. Die Sprachprobe ist zwar ein »konservativer«, aber deswegen nicht minder sicherer »Lackmustest« zur Enttarnung von international tätigen »dupliken Persönlichkeiten«.

Die linguistische Insolvenz des MM-Duplikats ist außerdem ein Beleg für seine auch nicht *teil*höfische Herkunft. Es verbrachte seine gesamte Zeit in Florenz ohne andere Sprachen als Italienisch, und es erwies sich in Frankreich als unfähig, die für es fremde Sprache zu erlernen, um seiner gehobenen Position entsprechend sich gesellschaftsfähig zu artikulieren.

Das MM-Substitut kam ohne ein Wort Französisch am 3. Dezember 1600 in Lyon an, obwohl es seit einem Dreivierteljahr wusste, dass sein Lebensweg nach Frankreich führt: 25. April 1600 Heiratsvertrag zwischen Henri IV und MM-Double, 5. Oktober 1600 Prokura-Hochzeit zwischen den beiden in Florenz, danach Abreise der MM-Dublette nach Frankreich.

Das MM-Dublee sprach während seiner 30 Jahre Königinschaft in Frankreich nur äußerst mangelhaft Französisch, kam niemals über das Sprachniveau subalterner Fremdarbeiterinnenschaft hinaus. – Das Gleiche galt für die Galeerenschwester der Königin, Leonora Dosi.

Ganz anders zum Vergleich die echte Aristokratin Sophie-Auguste von Anhalt-Zerbst, die mit 14 nach Russland fuhr, um den Thronfolger, Peter III., zu heiraten und nach 20 Jahren die alleinregierende Zarin Katharina II. zu werden. Sie war schon zweisprachig aufgewachsen – mit Deutsch und Französisch. Und sie war fähig, Russisch so exakt zu erlernen, dass sie mit der für sie neuen Fremdsprache ihr neues Land »in den Griff« bekam und später Teile ihrer Memoiren auf Russisch schrieb.

Henri IV war bei seiner ersten Begegnung mit dem MM-Double vor allem darüber entsetzt, dass dessen Mitbringsel Leonora Dosi »Erste Kammerfrau der Königin« werden sollte, wofür er die Vicomtesse de Lisle vorgesehen hatte. »La Dame d'atour« war eine höfische Position zwischen dem Körper der Machtträgerin und erstem sie umgebendem Kollektiv. Hunderte Etikettendetails mussten beherrscht werden, auch wenn unter Henri IV »Etikette« noch kein Krampf war wie unter Louis XIV. Die Position der »Ersten Kammerfrau der Königin« konnte in Frankreich um 1600 nur eine adlig geborene oder eine adlig verheiratete Frau einnehmen.

Leonora Dosi sollte, so der Kompromissvorschlag von Henri IV, einen adligen Franzosen heiraten. Der Vorschlag wurde von der MM-Dublette zurückgewiesen, denn eine solche Heirat hätte Leonora aus der Galeerenschwesternschaft mit dem MM-Duplikat entfernt.

Das MM-Duplikat

Wer war das MM-Duplikat? Wer war die Hintergrundsperson, der zuerst die »Großherzogin der Toskana« und dann die »Königin von Frankreich« aufgepfropft wurde? – Diesen gordischen Knoten für die Freiwerdung der Wahrheit durchzuhauen ist Frankreich zu peinlich gewesen, weil das Ergebnis noch dem letzten Königsverliebten der Nation ins Gesicht geschlagen hätte.

Das MM-Duplikat war Francesca Dosi, die dritte Tochter, das fünfte Kind der Wäscherin Katharina Dosi und des Tischlers Jacopo Bastiano, die nächstjüngere Schwester Leonoras. – Katharina Dosi und Jacopo Bastiano waren einfache Florentiner Leute, die in der Nähe der Medicis lebten, Freunde von Bianca Cappello aus deren Vor-Großherzogin-Zeiten. Katharina Dosi und Jacopo Bastiano bekamen zusammen ab 1562 überlebensfähige Kinder. Der älteste Sohn war Balthasar. Ihm folgte 1564 der zweite Sohn Andrea. Danach kamen die Schwestern Cassandra 1566, Leonora 1568 und – aus dem bisherigen Zwei-Jahres-Rhythmus sich ergebend – schon 1570 Francesca, die die »verschwundene« Maria Medici zuerst doubeln und dann darstellen musste. Francesca kann auch 1571 oder 1572 geboren sein. Zwischen ihr und Leonora läge dann ein früh verstorbenes und in die Chroniken nicht mehr aufgenommenes Geschwister. Dosi-Bastianos waren nicht nur einfache, sondern auch »normale Leute«, die ihr einmal zur Schau gestelltes Verhalten nicht änderten.

Die Wahrscheinlichkeit, dass die MM-Dublette etwas älter ist als die Original-Maria-Medici ergibt sich aus allen *nicht* von Rubens gemalten Bildern, auf denen die End-20-Jährige schon wie Anfang 30 aussieht, die Anfang-30-Jährige wie Mitte 30, die Mitte-40-Jährige wie Ende 40. Diese überraschende Wirkung geschah zu einer Zeit, in der Bilder den Dargestellten auch schmeicheln sollten, vor allem den höchsten Machthabern des Landes schmeicheln mussten, besonders wenn sie weiblich waren. – Die Schwestern Leonora und Francesca waren auf keinen Fall fünf bis sechs Jahre auseinander. Leonora Dosi machte sich oft bis zu acht Jahren jünger, was ihr noch in ihrem Hexenprozess 1617 abgenommen wurde – ihr Alter war demnach geringer als das der Königin-Schwester, was für die Zeitgenossen »rüberkam« und dafür spricht, dass die Schwestern nur zwei, höchstens drei Jahre voneinander entfernt waren.

Die Geburtsurkunde von Francesca Dosi wurde für den Vorgang des Person-Austausches vernichtet. Francesca Dosi durfte es nach ihrem biografisch dauerhaften Rollenspiel als Maria Medici nicht mehr geben. – Solche Spurenverwischung war im Falle der Medicis leicht möglich, da diese selbst auch immer noch florentinische Stadtherren, so etwas wie Bürgermeister von Florenz waren, die täglichen und vor allem nächtlichen Zugang zu den Akten, Papieren und Zeugnissen der Bürger im Magistratsarchiv hatten und einszweidrei eine störende Geburtsurkunde verschwinden lassen konnten.

Die Gewissheit des Wissens »MM-Dublee = Francesca Dosi« ist mit der Hilfe der psychoanalytischen Kategorie der »Fixierung« zu erwerben. Diese Fixierung bestand zwischen dem MM-Duplikat und Leonora Dosi so lange, bis

Leonora hingerichtet wurde, wie die Details darüber aus allen Quellen nur so heraustrudeln. »Fixierung« ist das Gleiche, was mit dem Kunstbegriff »Galeerenschwesternschaft« schon erfasst wurde. Zwei Personen sind *psychisch* aneinander siamesisch-Zwillings-ähnlich »angewachsen« und verhalten sich im Leben duohaft. Eine solche Fixierung kann zwischen Menschen nur in deren *erstem* Jahrzehnt hergestellt werden und nur zwischen Primärpersonen: Kinder sind auf ihre Aufwachsensbegleitenden, auf ihre Eltern oder älteren Geschwister fixiert, wenn im ersten Jahrzehnt Emotionsbindungen geschlungen und im zweiten Jahrzehnt nicht wieder gelöst wurden.

Da ab 1584 das Duo Leonora und Francesca Dosi in den Palazzo Pitti einzog und ab da verkettet alle Dinge miteinander unternahm, kann von einer Lösung zwischen den Schwestern keine Rede sein, im Gegenteil, sie sind in ihrem Leben im Louvre eine Karikatur der in den psychoanalytischen Therapien aller Schulen verhandelten »Bindung«, die zur besseren Lebensmeisterung *aufgehoben* werden soll.

Die Fixierung bestand nicht nur von Francesca auf Leonora, sondern auch von Leonora auf Francesca. Alle Zeugnisse über die beiden Frauen sprechen von Formen der wie physischen Verkopplung: »Leonora weicht nicht von der Schwelle« und »ist der einzige Mensch, der den Kopf der Königin berühren darf«. – Leonora wird in den 17 Jahren des Louvre-Lebens der Schwestern immer als Schatten von Francesca beschrieben. Somit ergibt sich auch aus dieser Perspektive eine Primärpersonen-Verwachsung Leonoras mit Francesca – resultierend aus dem Zusammensein der Frauen schon in ihrem ersten Jahrzehnt.

Ein *Hinzu*kommen Leonoras zu Francesca, dem MM-Dublee – Leonoras *alleiniger* Einzug in den Palazzo Pitti erst 1584, nach dem Verschwinden der älteren Geschwister Medici – schließt sich damit aus. Die jungen Mädchen können sich nicht erst im zweiten Lebensjahrzehnt kennengelernt haben, weil sie dann nicht mehr im von niemandem bestrittenen Krankheitsbild der Fixierung ein Leben lang hätten verharren müssen.

Ein Merkmal der Verkettung von Leonora und Francesca Dosi ist ihr *gemeinsamer* französischer Analphabetismus. *Beide* können kein Französisch, als sie ankommen, und beide lernen es nur für den Bruchstückgebrauch: »Äck de grone Uut« (»Ich die grüne Hut!«), würde eine Italienerin sagen, wenn sie in deutschsprechenden Ländern ohne besondere deutsche Sprachkenntnisse eine neue Kopfbedeckung kaufen wollte und auf das von ihr begehrte Modell im Laden tippte. – Genauso wird von französischen Spöttern das Französisch der MM-Dublette karikiert.

Alles, was an schriftlichen Zeugnissen von den italienischen Schwestern auf dem französischen Königinnenthron übermittelt wurde, rührt von zweisprachigen Sekretärinnen und Sekretären her.

Wenn Herder sagt, die Entwicklung der Sprache und die Entwicklung der Seele seien eins, dann heißt das: mehrere Sprachen sprechen = mehrere Seelen haben! – Normalerweise können auch Erwachsene noch die Sprache des Landes, in das sie einwandern, gut erlernen. Dass das bei *beiden* Italienerinnen Leonora und Francesca Dosi in Paris nicht gelang, obwohl sie rund um die Uhr hätten Sprachunterricht nehmen können, zeigt ihre Seelenverclinchung. Sie waren wegen dieser psychischen Deformation nicht fähig, sich *seelisch* dem fremden Land gegenüber zu öffnen – und damit auch nicht *sprachlich*. – Von der seelischen Unempfindlichkeit der italienischen Schwestern für Frankreich sind die hinterlassenen Zeugnisse ebenfalls voll. Leonora, in der Position der »Grauen Eminenz«, bestand nur aus Raffgier und Hortungssucht, gerichtet besonders auf Schmuck und Edelsteine. Und Francesca (Italienisch »die Französische«!), in der Position der Königin, hatte nur einen Darstellungstrieb, da sie ab ihrem zweiten Jahrzehnt schon in Florenz auf Darstellen festgelegt worden war.

»Was die Bilder sagen«

Ein Mittel, die Vertauschung Maria Medicis zu verdrängen war, ein falsches Kinderbild der Original-MM in Frankreich zu verbreiten. Der Vorgang wirkt wie eine bewusste »Nachfälschung«, da es sich nicht um ein leicht missdeutbares – eine Anonyme darstellendes – Bild eines unbekannten Malers handelt, hängend in Hintertupfingen, sondern um ein genau spezifiziertes Stargemälde aus den Uffizien in Florenz, gemalt vom Spätrenaissance-Künstler Bronzino. Das Bild der Phantom-Maria-Medici stellt Isabella Medici dar, die 25 Jahre später von ihrem Ehemann im Bett erwürgte »Desdemona«. Sie war die um ein Jahr jüngere Schwester Francescos, also eine Tante der Original-MM (Abb. 18)!

Die Verwirrung steigert sich: In den Uffizien, der mit Medici-Porträts gespickten ersten Museumsadresse von Florenz »hängt« eine Maria Medici, bei der es sich aber um eine zweite Tante »unserer« Francesca-Dosi-Vorlage handelt, um die ältere Schwester Francescos – auch von Bronzino gemalt, der 1572, ein Jahr *vor* der Geburt des MM-Originals starb.

Bronzino war der Familien-Maler der Medici, hat die Gesichter der problematischen Oberschichts-Protagonisten zwischen Feudalismus und Kapitalismus fotografisch exakt »eingefangen«. Die beiden Schwestern Isabella und Maria Medici zeigen, dass es ein Medici'sches Familien-Gesicht gab. Die Mädchen ähneln auch ihrem Vater Cosimo, der – versteht sich – als Auftraggeber Bronzinos ebenfalls von diesem »verewigt« wurde.

Ein Vergleich mit den Bildern der MM-Dublette, die nicht von Rubens gemalt wurden, enthüllt, dass es phänotypisch »gnadenlos« keinen Zusammenhang zwischen den Medici-Gesichtern und dem Gesicht der Francesca Dosi gibt. Deshalb wurden Bilder vom MM-Original vernichtet. Die Unähnlichkeit zwischen Original und Ersatz sollte nicht »von den Wänden schreien«.

Am deutlichsten kommt diese Gesichtsdifferenz mit Hilfe des Königsfamilienbildes zum Ausdruck – datierbar auf das Jahr 1608, da der zweite Sohn der MM-Dublette, Nicolas, geboren am 13. April 1607, auf dem Bild etwa ein Jahr alt ist (s. S. 314). Frans Pourbus, der Hofmaler von Henri IV, habe – so wird übermittelt – alle »Betroffenen« lebensecht »getroffen«.

Jahrmarktspossenhaft wird der Personentausch bei einem Nebeneinander der Gesichter der Francesca Dosi und ihrer Offizial-Mutter, Johanna d'Austria. Es »kommt« ein ähnlicher Widerspruch »heraus« wie der, der zwischen der »hochnordischen« Anne d'Autriche und dem »tiefst«-mediterranen Ludwig 14 schon entstand. – Von Johanna d'Austria gibt es ein paar Bilder in der österreichischen Sammlung »Ambras« (5). Hoffnungslos der Versuch, zwischen der Kaisertochter und Francesca Dosi eine gesichtsverwandte Übereinstimmung herstellen zu wollen. Vor allem der Nasenbeginn an der Stirn ist bei Johanna d'Austria völlig anderes als bei Francesca Dosi. Bei Johanna wächst die Nase kaum merklich aus dem Delta zwischen den Augen heraus. Johannas Nase ist flach und klein. Die Nase Francescas ist groß, springt weit vor und startet schon direkt zwischen den Augen, erhebt sich nicht sanft aus der Stirn (s. S. 293, 313). Die Augen Johannas liegen »zurück« im Augenbett, sind mandelförmig. Die Augen Francescas sind rund, quellen immer etwas schilddrüsenforciert hervor, gucken mit einem Schizo-Funkeln flackrig drein – wie eine Verfolgte, eine unfreiwillig in eine Rolle Gestopfte, schauen muss.

Auch das Bronzino-Porträt vom jungen Francesco Maria Medici, dem Vater der Original-MM, ließe sich nur schwer mit der Doublette in Verwandtschaft bringen, weil Flächen, Partien, Dimensionen, Gesichtsorgan-Abstände bei Francesco Maria und Francesca Dosi nicht übereinstimmen.

Ganz anders fällt ein weiterer Vergleich aus: die »schlagende« Ähnlichkeit zwischen den Dosi-Schwestern Leonora und Francesca. Es »lief« bis in das 20. Jahrhundert ein Bild »um«, das für ein Porträt der jungen Leonora gehalten wurde, nach neusten Forschungen eine bisher nicht aufgeschlüsselte junge Frau darstellt (s. S. 312). Dass dieses Bild bisher dem französischen Hofmaler François Quesnel (1543–1619) zugeschrieben wurde und sich als Jugendporträt der Leonora Dosi überlieferte, ist auf eine Ähnlichkeit zwischen der Dargestellten und Leonora zurückzuführen, welche Ähnlichkeit überzeugend besteht, wenn dieses Bild mit der unbestrittenen Profil-Zeichnung der Francesca Dosi verglichen wird (s. S. 313). Die Gravur wurde im Jahr ihrer Herstellung 1587 datiert, entstand in Florenz, gibt die etwa 17-jährige Francesca Dosi wider, drei Jahre nach dem Personentausch, zu einer Zeit, da die Protagonistin noch Fürsten-Heirats-Kandidatin war.

Die Medicis und die Habsburger sind durchweg hell- und rotblond.

Die MM-Dublette hat immer Locken, oft voluminös gekräuselt und aufgetürmt, mittel- bis hellblond, meist in allen Frisuren hell.

An den Plastiken muss den Maria-Medici-Verehrern schmerzhaft deutlich werden, dass das MM-Double Perücken trägt (s. S. 293, 295). Denn Francesca Dosi hatte, wie ihre Schwester Leonora auf dem mit ihr identifizierten Bild, von Geburt an schwarze Haare, die sich bei der alten Francesca Dosi alias Maria Medici fast wieder originalfarblich, weil etwas ergraut, in die Höhe türmen.

Wegen der Schwarzhaarigkeit der Dosi-Schwestern war es auch nötig, dem Double der blonden Maria Medici nicht nur eine Perücke aufzusetzen, sondern auch die schwarzen Augenbrauen, die bei der »zugeschriebenen« Leonora ziemlich ausgeprägt in Erscheinung treten, für eine bessere Wirkung des gefälschten Blonds auszurasieren, wovon der Florentiner Zeitzeuge irritierenderweise berichtet – vom fast gänzlichen Mangel der Augenbrauen, die nach der Rasur künstlich nachgezogen wurden (s. S. 304)!

Kaum wird klar, dass das MM-Double während seiner ganzen Zeit als französische Königin blonde Perücken getragen haben muss, lassen sich die Perücken auch auf den Gemälden verifizieren. – Der Hinweis auf die Kopf-Berührungs-Exklusivität beim Eintreffen der Schwestern in Frankreich: »Nur Leonora dürfe den Kopf der Königin berühren, weil kein anderer Mensch ihn jemals berührt hat«, enthüllt sich heute als Perücken-Schutz-Maßnahme und Warnung: Hände weg vom Kopf der Königin, mit dem was nicht stimmt, was niemand merken soll!

Rubens hat mit seinem Zyklus von 24 Bildern aus dem Leben der französischen Königin MM an ihrer Mythologisierung gearbeitet. Diese Bilder haben bis heute auf das Kulturbewusstsein eine fälschende Wirkung, weil sie dem MM-Double als einer Monroe des 17. Jahrhunderts huldigen. – Rubens hat von der MM-Dublette erst am 22. Januar 1622 den Auftrag zum Zyklus

»Leonora Dosi«
Portrait of a Woman
Gemälde von Adriaen Thomasz Key
(früher zugeschrieben François Quesnel um 1600, darstellend Leonora Dosi)

Francesca Dosi 17/18-jährig 1587 in Florenz
Anonymer Kupferstich

Die MM-Dublette mit ihren Kindern Ludwig 13,
Elisabeth, Christine und im Körbchen Nicolas,
links Henri IV, unter ihm der Maler des Bildes
Gemälde von Frans Pourbus d. J. 1608

DIE KARDINALSBRAUT 315

»L'Histoire de Marie de Médicis« bekommen, als die Königin um 50 war. Das junge MM-Dublee hat Rubens nicht gekannt. Alle seine 20-jährigen Monroe-Maria-Medicis sind erfunden, respektive nach Modellen junger Zeitgenossinnen angefertigt. – Aber da Rubens ein Maler der ersten Reihe war, hat er Wahrheiten der MM-Dublette festgehalten, die ihm durch die Apotheose der Emporkömmlingin, Francesca Dosi, hindurch gelungen sind – hindurchgeschlüpft oder *beabsichtigt* durchgelassen. Denn Künstler erster Güte haben immer die Absicht, sozio-psychische Wahrheiten der Menschen ihrer Zeit darzustellen, was ihnen mit erstklassigen Mitteln gelingt.

Rubens' MM-Double als Athene hat Augen, die denen der »zugeschriebenen« Leonora Dosi ähneln, das Trick-Leuchten, das Diebisch-Verschmitzte im Triumph darüber, dass den italienischen Schwestern genau zur Jahrhundertwende 1600 der Geheimaufstieg von den nichtehelichen Wäscherin-Tischler-Töchtern zur Doppelkönigin von Frankreich gelungen ist.

Im Gegensatz dazu: Das Altersbild der inzwischen entmachteten Königin ähnelt einer der späten und bis heute verbreiteten Darstellungen der Leonora Dosi. – *Francesca* Dosi zeigt auf dem Bild als alte MM-Dublette ihr wahres Gesicht, beraubt von allem höfischen Beiwerk und Gezier – eine Frau zum Fürchten, der niemand allein im Mondschein begegnen will. Aber auch eine Frau, die nun von allen verstoßen worden ist. Die Medici-Fürsten nehmen die Gefälschte nach der Verbannung der Königin aus Frankreich nicht wieder zurück. Sie hat ihren Auftrag erfüllt, sie ist für nichts mehr zu gebrauchen. Ein Altersruhesitz, würdig einer Königin von Frankreich und Großherzogin der Toskana, wird ihr in den geräumigen Häusern in Florenz nicht gewährt. Francesca Dosi ist keine der Ihren, für die sich die Medicis verpflichtet fühlen müssten! – Sie muss Ende 1641 bei den Erben von Peter Paul Rubens, dem Mythologen ihrer Maria-Medici-Rolle, um Unterkunft bitten und stirbt bei ihnen ein Dreivierteljahr später in Köln (3. 7. 1642).

Eine ehemalige Weltpolitikerin findet nach ihrer Verbannung auch vom Hof ihrer jüngsten Tochter Henriette in London trotz ihrer fünf noch lebenden Kinder keinen Platz zum Sterben. Auch die Kirche nimmt die Gefälschte nicht auf, nicht der Erzbischof von Köln, kein Kloster öffnet ihr seine Pforten. Niemand Klerikal-Gebundenes will – auch nur sterbehalber – mit der ehemals gigantischen In-die-katholische-Bresche-Schlägerin noch paktieren, denn sie ist vom Kardinal Staatsführer Richelieu mit Stumpf und Stiel aus der Königinposition in Frankreich herausgerissen worden. So lebt die gebürtige Bürgerin bei Bürgern in einem fremden Land ihre letzten Monate und stirbt bei ihnen im Einklang mit ihrer Herkunft.

Richelieu outet die Dosen

Den Durchbruch zur historischen Wahrheit – der »Abschaffung« von Maria Medici und ihrer Ersetzung durch Francesca Dosi mit Anwachsung von Schwester Leonora Dosi – haben zwei Zeitzeugen angestemmt, indem sie Wahrnehmungen hinterließen, die eine Decodierung des Geheimnisses ermöglichen.

Der »Kronzeuge«, der Beiträge zur Scherbensammlung für die Montagetechnik lieferte, ist »ausgerechnet« Richelieu selbst, der effizienteste Nutznießer der Großherzogin- und Königinfälschung. Richelieu war ein genialer Menschenkenner, der sich mit dieser Fähigkeit zum Beherrscher Frankreichs gemacht hat. Ihm entging auch nichts Meta-Territoriales, er erkannte Menschen, wenn sie zur Tür hereinkamen, und verwandelte seine Fähigkeit contra-ärztlich gegen das ganze französische Volk.

Richelieu hat die Schwestern Dosi in zwei Phasen erlebt, einer präliminarischen während seiner Teilnahme an der Ständetagung (les États généraux) in Paris von Oktober 1614 bis März 1615 und in der Hauptphase der notwendigen Zusammenarbeit mit beiden Protagonistinnen während seiner Position als Ressortchef für Militär- und Außenpolitik (November 1616 bis April 1617).

Richelieu sprach fließend Italienisch – Voraussetzung für seine spätere Mitgliedschaft in der Kardinalscorporation und für seine Kontakte mit der römischen Vatikan-Szene, noch ehe er Kardinal wurde. Er war so gut wie der einzige politisch Ambitionierte und dann politisch Mächtige am französischen Hof, der die Realherrscherinnen, die Dosi-Schwestern, italienisch »nehmen« konnte, was ihm auch nach dem Conciniputsch zugute kam und ebenfalls während seines – weitere zehn Jahre bestehenden – Zusammenwirkens mit der MM-Dublette. Er hat das Geheimnis der Schwesternschaft von Königin und »Dienerin« nicht gekannt, aber seine Beobachtungen so wahrheitsannähernd formuliert, dass die »Milchschwestern«-Tarnung der Schwestern Dosi platzte.

Richelieu beschreibt in seinen Memoiren das Verhältnis der Frauen untereinander drastisch als Fixierung. Treue, Sorge und Emsigkeit im Dienen Leonoras für Francesca seien unvergleichlich. Aber die Zärtlichkeit im Sicherkenntlich-Zeigen der Königin gegenüber ihrer – als Erste Kammerfrau verkappten – Schwester Leonora sei noch beispielloser. – Richelieu kannte sich an den europäischen Höfen und in der europäischen Geschichte aus. Das Umeinanderherumwuseln der Schwestern sprengte auch den bekannten Günstlingsbezug zwischen Regent und Realregierendem. Das Schärfste: Die

MM-Dublette erschien Richelieu so vereinsamt, als wäre sie *allein* auf der Welt und könnte niemals jemand anderen finden, wenn sie Leonora verlöre (164, II, S. 232).

Die psychodeformatorische Verwachsung der Protagonistinnen provozierte schon die Zeitgenossen, Fragen zu stellen. – Die Schwestern gaben ihre Antwort mit der Behauptung ihrer »Milchschwesternschaft«: Die Mutter Leonoras hätte als Amme die (nur) 15 bis 20 Monate jüngere (!) Original-Maria-Medici an die Brust genommen.

Richelieu wusste nichts von der Herkunft Leonoras, kannte weder ihren Mädchennamen Dosi – der sie als Nichtehelich-Geborene ausweist –, noch ihr Geburtsdatum, das Leonora eigenwillig bis zu acht Jahren vorverlegte, mit dem sie auch variierte wie mit ihren Nachnamen.

Bevor sie Marquise d'Ancre und Marschallin von Frankreich wurde – wozu sie ihre Schwester, die Königin von Frankreich, nach der Ermordung von Henri IV erhob –, führte sie sieben Nachnamen. Sie veränderte ihren Geburtsnamen Dosi in Dori, nannte sich dann Sophar, danach Peponelli, legte sich den Doppelnamen Peponelli-Dori zu und adaptierte »schlussendlich« das adlige, ausgestorbene italienische Geschlecht der Galigaïs, die Dante in seiner *Göttlichen Komödie* auftreten lässt (102, S. 17 f.). In Frankreich firmierte Leonora unter Galigaï bis zur Erhebung in den Marquisen-Stand. Richelieu kannte sie nur unter Gaï, der Kurzform des Namens Galigaï. Mehr kannte ganz Frankreich nicht von dieser Frau, deren Herkunft Richelieu als geheimnisvoll beschreibt (a.a.O.).

Die Behauptung der Schwestern Dosi, sie stünden in einem Altersunterschied von 15 bis 20 Monaten und im Verhältnis einer »Milchschwesternschaft« zueinander, erweist sich im Zusammenhang mit der Auffindung ihrer originalen Geburtsurkunden als Eingeständnis ihrer *natürlichen* Schwesternschaft. Erst in der zweiten Hälfte des 20. Jahrhunderts tauchte Leonora Dosis Geburtsurkunde auf, die sie als Dianora Dosi ausweist und auch die Zeit ihrer Geburt festhält: 2 Uhr nachts am Mittwoch, dem 19. Mai 1568 (147, S. 11).

Auch die Geburt des Maria-Medici-Originals konnte in der zweiten Hälfte des 20. Jahrhunderts auf den Monat fixiert werden: Nicht am 26. April 1573, wie noch Anfang des 20. Jahrhunderts angenommen wurde (164 I, S. 3), sondern am 26. August 1573.

Angesichts dieser Eckdaten lässt sich das Potemkin'sche Dorf der »*Milch*schwesternschaft« mit einem urkundlich bezeugten Altersunterschied von fünf Jahren nicht mehr errichten. Das Maria-Medici-Original müsste entsprechend der »Milchschwestern«-Saga 1569/70 geboren sein, was bei Medicis nicht möglich war, weil um diese Zeit Anna Medici, die zweite Tochter von Francesco Maria und Johanna von Österreich, geboren wurde.

Leonora Dosi zu verjüngen – ihre Geburt drei/vier Jahre bis 1571/72 aufgerückt –, um altersmäßig in die Nähe vom Maria-Medici-Original zu kommen, wurde noch um 1900 versucht (102, S. 19). Das geht jedoch nach Auffindung der Geburtsurkunde von Dianora Dosi auch nicht mehr, die innerhalb des festen Zwei-Jahres-Rhythmus der Kindergeburten bei der Wäscherin Katharina Dosi und dem Tischler Jacopo Bastiano zur Welt kam.

Mit Hilfe der Dianora-Dosi-Geburtsurkunde, für die es weder einen Grund gab, sie zu fälschen, noch einen Grund, sie verschwinden zu lassen, ist nun auch der Transnominalismus Leonoras belichtet und ihr Familienstand der Nichtehelichkeit belegt worden.

Darüber hinaus klärt sich das Geburtsdatum der MM-Dublette – angelehnt an die Geburt Dianora Dosis am 19. Mai 1568 und die Behauptung der (»Milch«)Schwestern, sie stünden in einem Altersunterschied von 15 bis 20 Monaten zueinander: Francesca Dosi kam zwischen August 1569 und Januar 1570 zur Welt, war drei bis vier Jahre älter als das Maria-Medici-Original und demnach 1600 bei ihrer Verheiratung mit Henri IV schon 30. So sieht sie auch aus.

Das erste französische Journal *Mercure français*, spezialisiert auf Geschichte und Mythologie, zuerst jährlich erschienen ab Anfang des 17. Jahrhunderts, brachte auch manchmal einige die Zeitgenossen interessierende Einzelheiten aus der Gegenwart. In der Nummer IV von 1617 wird auf Seite 235 der Italiener Vincenzo Ludovici zitiert, der sich über das Verhältnis zwischen den Schwestern Dosi äußerte, die in den – ihre Schwesternschaft fast völlig unsichtbar machenden – aristokratischen Positionen der Königin und der Marschallin von Frankreich einander öffentlich gegenüberstanden. – Die Vertraulichkeit zwischen den Protagonistinnen käme – wie Ludovici berichtet – aus ihrer langjährigen Beziehung, die zurückreiche in das Alter *Leonoras* von zehn bis zwölf, also nicht erst ab 16, was noch heute kolportiert, da an Leonoras Allein-Eintritt 1584 in das Haus der Medicis geglaubt wird. – Der Beginn des Verhältnisses der Protagonistinnen in Leonoras Alter von zehn bis zwölf schiebt den Anfang dieses Verhältnisses um ein *halbes* Jahrzehnt hinunter und befindet sich dann mit der acht- bis zehnjährigen MM-Dublette schon in der Nähe vom Start der Beziehung von Geburt an.

Der Altersunterschied zwischen den real existierten historischen Personen, der Großherzogin Maria Medici, geboren 1573, und ihrer »Zofe« Leonora Dosi, geboren 1568, lässt sich nach Auffinden von Dosis Geburtsurkunde nicht verschmälern. Der behauptete Altersunterschied von eineinviertel bis anderthalb Jahren, den die Protagonistinnen zur Sprache bringen mussten, um ihre dem Louvre befremdliche Fixierung aneinander als »Milchschwesternschaft« glaubhaft zu machen, bestand zwischen den *historisch* präsentierten Personen, in deren Gewande im Louvre die »Dosen« agierten, nicht. Die getäuschte »Milchschwesternschaft« mit einem echt wirkenden Altersunterschied von eineinviertel bis anderthalb Jahren war eine Schutzlüge, mit der die natürliche Schwesternschaft bei eben demselben *wirklichen* Altersunterschied bedeckt werden konnte. Ende der historischen Biomathematik!

Morbus Medici

Zwei nichteheliche italienische Wäscherin-Töchter schafften es, in verteilten Rollen französische Königinnen zu werden, und das fremde Land, ohne seine Sprache zu beherrschen und ohne mit dem Volk eine Verbindung einzugehen, zusammen fast zwei Jahrzehnte lang und allein noch ein weiteres Jahrzehnt zu beherrschen.

Es kann durchaus von *zwei* Königinnen gesprochen werden, denn nach der Ermordung von Henri IV, an der die Emporkömmlinginnen beteiligt waren, ging ohne beide nichts mehr. Vor allem Leonora Dosi stieg auf zur Drahtzieherin und allmächtigen »Vorzimmerdame«, die »genommen« werden musste, wenn irgendetwas von der MM-Dublette, der nun *regierenden* Königin von Frankreich, gewollt wurde. Das hieß, dass ohne italienische Sprachkenntnisse am französischen Hof nach der Ermordung von Henri IV auch nichts mehr lief.

Das Vorkommen hat Pfiffigkeit, weil die feudalen Regeln komplett über den Haufen geworfen wurden.

Das Treiben der Schwestern Dosi an der Spitze des französischen Hofes war schon original-historisch gespickt mit Komischem und ergäbe das Material, aus dem Amüsierstücke wie »Viva Francesca« noch und noch gefertigt werden können. Zwei Ereignisse um *Francesca* Dosi sind sogar in die Geschichtsschreibung als »komische Nummern« der MM-Dublette eingegangen: die »Journée des Dupes« Anfang November 1630, die »Tage des Übertölpeltwerdens«, die Richelieu mit schwankhaften Mitteln verfahren ließen, um das MM-Duplikat aus der Position der Königinmutter auszubooten und erneut in Haft nehmen zu lassen. – Und während der non-Jeanne-d'Arc'schen Kriege der Mutter gegen den Sohn (MM-Double gegen Louis XIII) 1619 und 1620 gab es aufseiten des MM-Dublees eine militärische Lächerlichkeit, die »Drôlerie des Ponts-de-Cé« am 7. August 1620, die soldatischen »Albernheiten an den (drei) Brücken des Flusses Cé«, womit die Niederlage der MM-Dublette besiegelt und sie als militärische Stümperin enttarnt wurde.

Die Lancierung der Schwestern Dosi über die Maria-Medici-Doubleschaft und ihre Platzierung auf dem französischen Königsthron geschah jedoch im Rücken mit einem familiären Vielfachmord, der die Bühnenmorde des Elisabethanischen Theaters zu Jahrmarktspossen herunter»spielt«. Und das Ereignis verursachte zeitgenössisch und auf unabsehbare Zukunft Destruktionen, so dass es nicht einmal eine Vorlage für Tragödien liefert, sondern auf den Seziertisch von Menschheits-Allerscheußlichstem gehört und dort theatralisch unbehandelbar bleiben wird, bis alle seine Ursachen herausgefunden sind.

Nachdem die Austauschung Maria Medicis mit Francesca Dosi auch ohne Leichenfunde und DNS-Analysen als zweifelsfreier Fakt bloßgelegt werden konnte, müssen auch die Gerüchte über die Mordtaten im Hause Medici als Fakten enttarnt werden. Der Befund entblößt elf unnatürliche Tode, für die nicht allein die »böse Stiefmutter« Bianca Cappello verantwortlich ist, sondern mit ihr im gemeinsam täterischen Verband auch der zu seiner Zeit älteste männliche Medici, der Vorstand der Medici-Familie dieser Linie, Francesco Maria: Erst-Ehefrau Johanna von Österreich, drei ihrer Kinder – Filippo, Anna und Maria – die drei gekauften Mütter, die den beschafften Sohn des Ehepaars Bianca-Francesco-Maria liefern sollten, die zwei weiblichen Babys, die nicht »gebraucht« wurden, und das Mordspaar am Schluss selbst, zu Tode gekommen durch einen Gifttorten-Verzehrs-Irrtum (139).

Großherzog Francesco Maria Medici war schon eine elterlich zugerichtete »Führerpersönlichkeit« nach Schema des 20. Jahrhunderts: Vom Vater misshandelt, von der Mutter fixiert. Er war ein eigenbrötlerisch gestörter junger Mann, den in seiner Jugend Agnolo Bronzino als charismatisch schönes, verwirrtes Männergesicht spiegelt und der von Giovanni Bizzelli als ein schlanker, filigraner junger Mann verewigt worden ist (5, S. 52), der sich dann jedoch im Verlauf der nächsten Jahrzehnte seines 46-jährigen Lebens voluminös verdreifachte und in göringschen Dimensionen mit den dazugehörigen Prunk-, Trunk- und Fresssüchten auseinanderging.

Francesco Maria war Hobby-Chemiker, der eine »Giftküche« sein eigen nannte, damals »alchimistische Werkstatt« geheißen, in der er täglich faustische Versuche mit Elementen, Materialien, Pulvern und Tinkturen anstellte, aus welcher Tätigkeit auch alle Menschen-*zu*setzenden Essenzen resultierten, so dass seine Mätresse Bianca sich in der Mordsapotheke nur zu bedienen brauchte. Jedes ungewollte Mitglied des Hauses verschwand auf andere

DIE KARDINALSBRAUT

Weise, damit hinter den einzelnen Verscheidungen kein gesundheitsfräsendes System entdeckt werden konnte.

Zuerst, 1578, kam die Großherzogin der Toskana, Johanna von Österreich, an die Reihe, in deren Nähe sich Bianca Cappello als »Vertraute« gestohlen hatte, so dass der Anschlag gegen sie eine 29/30-jährige Arglose traf. Nach fünf bis sechs Jahren, 1583/84, Abräumung des auf Stiefmutter Bianca unangenehm wirkenden Fremdkörpers, der Johanna-Medici-Kinder: Wegheiratung der Ältesten, Eleonora, die im Herzogtum Mantua in Sicherheit war und erst 1611 für damalige Verhältnisse ihren eigenen normalen Tod als 43-Jährige starb. Ermordung von Sohn Filippo und mittlerer Tochter Anna – auch von Maria, dem MM-Original, das nicht einmal ein Grab »sein eigen nennen durfte«, da Maria Medici total verschwinden musste und deshalb verscharrt oder ins Wasser geworfen wurde.

Im 16. Jahrhundert gab es noch keine selbstlaufende Kriminal-Recherche. Wo kein Kläger, da kein Richter. Ein Fund einer Leiche allein krümmte noch keinen Finger eines »Staatsanwaltes«.

Nach dem Austausch von Maria Medici durch die um ein paar Jahre ältere Francesca Dosi – plus Anhang Leonora Dosi – waren alle Medici-Familienangehörigen außer dem Mordsehepaar weg, niemand von den nahen Personen, die den Austausch hätten bemerken können, war noch regelmäßig da.

Die Bediensteten von Bianca Cappello-Medici werden sich gehütet haben, ein »Lebenswörtchen« über das, was sie nach Auftritt des MM-Doubles wahrnahmen, außer Haus fallen zu lassen. Die Medicis waren das Regentenpaar von Florenz und hätten jede Person »kalt«gemacht, die gegen sie etwas vorgebracht hätte.

Für die Erkenntnis der Vertuschungsgewalt der Medicis ist es wichtig, sich zu vergegenwärtigen, dass trotz der Großherzog-Erhöhung die Familie Medici kein feudaler Hof im eigentlichen Sinne geworden war. Sie lebte in einem Palast. Ein Palast war eine vergrößerte Villa, ein geschwollenes *Ein*-Familienhaus, das von der sogenannten Hausfrau und ihrem Mann bis zu jedem Diener und jeder Dienerin überwacht werden konnte. – Ein Schloss war demgegenüber eine kleine Stadt. So waren die Schlösser auch vor der Entdimensionierung vom Dinosaurier »Versailles«. »Leben im Schloss« hieß ein großgruppenverzweigtes Nebeneinander mit vielen Trakten und »Seitenflügeln«, in denen auch relative Selbstständigkeiten, vom König oder herrschenden Adligen nicht ganz zu übersehende Unabhängigkeiten, gelebt werden konnten. Ein kettenhaftes Verschwinden von vier familiären Hauptpersonen, Mutter und drei Kindern, hätte im Vielpersonen-Kosmos Schloss nicht ohne Rückwirkung auf die obersten Mörderinnen und Mörder geschehen können. – Noch in der Architektur lässt sich der Unterschied zwischen Schloss und Palast als erweiterte Villa erkennen. Ein Schloss ist eine ausgedehnte selbstständige Dorf- bis Stadtanlage, ein Palast ist ein *Ein*-Haus-»Komplex« mitten in einer Straße zwischen vielen anderen Einzelfamilienhäusern, mit denen sich der Palast nicht selten sogar Wand an Wand berührt, wie es an den italienischen Palazzi nachvollzogen werden kann.

Es war nach »Einschub« der verkleideten »Königstochter Jüngsten«, Francesca Dosi alias Maria Medici, im Hause niemand mehr da, der von irgendeiner Seite aus den frappierenden Vorgang hätte »zur Sprache« bringen können.

Verwandtschaftstaubheiten

Eine verblüffende und nicht leicht bemerkbare Auffälligkeit im »Mosaik des Wahnsinns« ist die »Kontaktsperre« zwischen ältester überlebender Tochter Eleonora Medici, verheirateter Gonzaga, Herzogin von Mantua, und dem MM-Duplikat. Miteinander aufwachsende Schwestern legen Bezugsplattformen, auf denen später auch dann Kontakte geschehen, wenn bei hohen Leuten die Schwestern – was die Regel war – voneinander weggerissen wurden. Es werden Briefe gewechselt, Besuche arrangiert, sobald sich ein späterer Kontakt trotz der Schwierigkeiten des Reisens und Entfernungen-Überbrückens ermöglicht. Anne d'Autriche korrespondierte mit ihrer Schwester Maria, späterer Kaiserin in Wien, und mit ihrem Bruder Philipp IV. von Spanien und sah beide wieder.

Eleonora Medici-Gonzaga erscheint nur einmal im erwachsenen Leben der MM-Dublette – als Gast mit ihrem Mann, dem Herzog von Mantua, während der Festivitäten der Prokura-Heirat zwischen der MM-Darstellerin und dem Henri-IV-Stellvertreter, seinem Grand-Écuyer Roger Bellegarde, am 5. Oktober 1600 in Florenz. Diese Prokura-Hochzeit wurde mit Millionen verpulverter Demonstrations-Dukaten, Europa zittern lassend, so auftrumpferisch zelebriert, dass die – ganz Florenz turbierende – Feier »blöd« ausgesehen hätte, wenn die noch lebende älteste Tochter aus der Ehe Francesco Maria Medicis mit der Kaisertochter Johanna von Österreich nicht dabei gewesen wäre.

Danach gibt es noch einen Verweis auf Eleonora Medici-Gonzaga, weil sie die Verbindung zu Rubens hergestellt hat. Rubens war bis 1607 »Hofmaler« bei den Gonzagas und wurde 15 Jahre später von der MM-Dublette in Paris für ihre Apotheose unter Vertrag genommen. Dann verschwindet Eleonora Medici-Gonzaga von der Szene der Königin von Frankreich.

Keine weiteren »Familien-organischen« Nähebelege tauchen jemals wieder auf, was befremdlich ist, da die älteste Schwester Eleonora Medici für die sechs Jahre jüngere Maria Medici ein Mutterersatz war. Die Schwestern haben ab 1578 nach dem Tod der Mutter, Johanna von Österreich, noch *sechs* Jahre zusammengelebt. — Besonders unter dem Druck einer »bösen Stiefmutter« schließen sich die überlebenden Geschwister aus der ersten Ehe des Vaters nach dem Verlust der Mutter eng zusammen. Die Medici-Schwestern waren beim Tod der Mutter 4 ½ bis 5 (Maria), 8 bis 9 (Anna) und 10 bis 11 (Eleonora). Als 1583/84 Trennung und Tod eintraten, waren sie 10 bis 11 (Maria), 14 bis 15 (Anna) und 16 bis 17 (Eleonora).

Die zehn gemeinsamen Jahre in entscheidendem Alter zwischen erstem und zweitem Jahrzehnt in häuslichem und sogar höfischem Zusammenleben prägen Menschen lebenslänglich. Eine Korrespondenz auf dieser Basis wäre das Geschwister-Natürliche gewesen. Eleonora Medici-Gonzaga hat bis 1611 gelebt. Dass es diese Korrespondenz nicht gibt, enthüllt etwas Unnatürliches. Beide Frauen waren in Positionen, die einen Briefwechsel wie den zwischen Tochter und Mutter, der französischen Königin Marie Antoinette und der Kaiserin Maria Theresia in Wien, geradezu erzwungen hätten: Königin von Frankreich und Herzogin von Mantua.

Es existiert bezeichnenderweise von der MM-Dublette überhaupt kein Briefwechsel, wie er von anderen Herrscherinnen überliefert wurde, Dialoge der mächtigen Frauen mit politischen und geistigen Größen der Zeit, wiederum einzigartig bezeugt von Katharina II. von Russland, aber auch von Elisabeth I. von England, Margarete von Navarra und *Katharina* Medici. Von der MM-Dublette sind nur Zweckschreiben erhalten, die ihre sekretärischen Personen nach Instruktionen für sie geschrieben haben.

Die Chronik berichtet nichts über Besuche der Herzogin-Schwester Eleonora Gonzaga bei der Königin von Frankreich. Das Biografisch-»Organische« wäre die Anwesenheit Eleonora Medici-Gonzagas im Dezember 1600 bei der Real-Hochzeit in Lyon gewesen, überhaupt die Begleitung der jüngeren Schwester auf dem Schiff nach Frankreich. Aber da es Maria Medici nicht mehr gab und statt ihrer eine als Maria Medici, Königin von Frankreich, verkleidete Francesca Dosi reiste und von *deren* Schwester Leonora Dosi begleitet wurde, gab es niemals einen Anlass dafür, dass Eleonora Medici-Gonzaga, die einzige Überlebende des Familien-Desasters 1584, jemals aus eigenem Antrieb mit der MM-Dublette den Kontakt aufnahm. Und genauso wenig gab es auf deren Seite einen »eigenen Antrieb«.

Der austauschende Person-Betrug, der mit der Medici-Tochter Maria veranstaltet wurde, hat sich auf Schleichwegen der ältesten überlebenden Medici-Tochter in Mantua vermittelt – spätestens bei Ansehung der Unähnlichkeits-»Bescherung« während ihrer Begegnung auf der Prokura-Heirat am 5. Oktober 1600 in Florenz. Eleonora Medici-Gonzaga konnte auf die Geschehnisse nur mit einem lebenslänglichen Schweigen reagieren, weil sie zu entfernt und positionell zu schwach war, rechtliche Schritte zu unternehmen. Solche krassen Vorgänge wie Austausch eines Familienmitglieds »vermitteln« sich einer Familiendynamik auch über viele Kilometer hinweg. Zwischen Eleonora und Maria *bestand* ein Verhältnis, zwischen Eleonora und der MM-Dublette konnte keines entstehen, sonst hätte es einen »weiterlaufenden« Kontakt gegeben, wie er zwischen der MM-Dublette und der gleichaltrigen Christine von Lothringen eingerichtet wurde, die 1589 Francesco Marias jüngeren Bruder, den Exkardinal Ferdinando Medici, MMs Offizial-Onkel, heiratete. MM-Dublees »Tante« und Freundin Christine reiste von Oktober bis Dezember 1600 mit nach Frankreich zur Realhochzeit zwischen der MM-Dublette und Henri IV.

»Vermitteln«? – Fast ein Jahrzehnt ist Rubens für das Herzogs-Ehepaar von Mantua tätig. Und sollte von etwas so Zentralem in der Familie der Herzogin, dem Mord und Ersatz ihrer jüngsten Schwester, die Königin von Frankreich wurde, nichts »mitbekommen« haben? Die Medicis standen damals im Zentrum des öffentlichen Interesses, wie es sich aus dem »Landesthema« des Eifersuchts-Doppel-Ehefrauen-Mords 1576 ergab. – Rubens hat auch die nachfolgenden Ungewöhnlichkeiten im Hause Medici mitbekommen, welche Fakten ihn zum raffinierteren Fälschen in seiner Apotheose des Lebens der französischen Königin angestachelt haben. Statt seiner hatten 20 Jahre später seine Erben Erbarmen mit der europäisch Herumgestoßenen nach ihrer gewaltsamen Entsetzung aus der Position der französischen Königinmutter.

Die Kardinalsgifttorte

Es gab auch einen Familien-mächtigen Mitwisser des Austausches, der im Begriff war, gegen die völlig aus den Fugen gerutschten Verhältnisse im Hause Medici etwas zu unternehmen, Francesco Marias jüngerer Bruder, Kardinal Ferdinando. Er tauchte in der Fama als Adressat eines Giftanschlags von Bianca Cappello-Medici auf. Dieses Detail wirkt zuerst als »reine« populative Ranküne-Erfindung und entblättert sich bei Annäherung an den Kardinal als ebenso wahrheitsgesättigt wie alle anderen sogenannten Gerüchte. – Kardinal Ferdinando Medici sollte vom Paar Francesco Maria und Bianca Medici vergiftet werden. Das »Ansinnen« der antihumanistischen Alchimisten wirkte auf sie zurück und verwandelte sich für sie selbst zur Todesursache. Kardinal Ferdinando besuchte Bruder und Schwägerin regelmäßig. Er war inzwischen in Florenz »stationiert«, um das Treiben des sich ungewöhnlich abstoßend benehmenden Paares aus der Nähe beobachten zu können. Ihn bedrohten nicht die Morde im Hause Medici, die lagen vier bis neun Jahre weit zurück in der Vergangenheit. Es war der Zerfall des Meuchelpaares, der den Kardinal beunruhigte. Von Gelagen und nicht mehr Fantasie-fassbaren Ausschweifungen des sterilen-conter-fertilen Ehepaares waren Nachrichten ins Land gesickert. Der frische Großherzogthron wackelte.

Was Kardinal Ferdinando am meisten bedrohte, war das Aufwachsen des gefälschten Medici-Sohnes Antonio im Hause seines Bruders. Antonio, der aus Biancas Fünffach-Mord an den drei nichtehelichen Müttern und ihren zwei nichtmännlichen Babys hervorgegangen war, wuchs als klassisch beschafftes Kind seit 1576 im Hause Medici heran, war inzwischen zehn bis elf Jahre alt. Kardinal Ferdinando wusste, dass diese Attacke auf die feudalen Dynastie-Regeln hätte selbstschädigend wirken können. Schließlich lief die Beschaffung Antonios, die sich dem Bruder des Täters ebenfalls vermittelt haben musste, zu simpel ab, war im Gegensatz zu der Beschaffung von Louis XIV nicht gedeckt und eingekleidet in zeitgenössische religiös-astrologische Sinnfälligkeiten, inszeniert vom Regierungschef Frankreichs, Richelieu, einem der größten politischen Talente in der Geschichte des Viricorpiarchats. Schlimmer, Antonios Beschaffung war über fünf Leichen in Florenz gegangen (drei Mütter und zwei weibliche Babys), was Mitwissende und Rächer provozierte, die aufstehen würden, sowie das Duo infernal zur Hölle gefahren war.

Das landesweite Auffliegen des beschafften Medici-Thronerben hätte ein Verlustiggehen des Großherzogtums mit sich bringen können. Wäre die Fälschung geplatzt, wäre Antonio – der angeblich leibliche Sohn von Bianca und Francesco Maria – verjagt und der Thron des Großherzogs umgestoßen worden.

Kardinal Ferdinando arbeitete jahrelang an dem Problem. Damit war er Feind Nummer 1 des Paares und sollte bei einem seiner Besuche »abgeschafft« werden. Das Paar traf durch eine Verwechslung der Gifttorte sich selbst und starb seinen schwerverdienten Doppeltod. Das Imperium »Medici« fiel an Kardinal Ferdinando und nicht an Antonio, den Vorschub-Sohn des gestorbenen regierenden Paares Bianca und Francesco Maria.

Ferdinando hatte für diesen Moment vorgesorgt. Er quittierte den Kardinalsjob und wurde Chef des großherzoglichen Medici-Familien-Zweiges – mit allem, was zu einem Landesherrscher dazugehörte. Er setzte die Geschichte der Medicis mit Heiraten und Kinderkriegen Dynastie-typisch etwa 200 Jahre fort, bis die Großherzöge im 18. Jahrhundert in der männlichen Linie ausstarben und das Großherzogtum der Toskana wegen Verwandtschaft mit den »Kaiserlichen« an die Habsburger fiel. Den gefälschten Bianca-Francesco-Sohn, Antonio machte Ferdinando zum Bastard! Der Exkardinal begradigte die Wahrheit der Verhältnisse nur mutterseits, führte Antonio als nichtehelichen Nebensohn seines Bruders Francesco und stemmte ihn damit aus dem Medici-Erbe heraus – ein beachtlicher Vorgang der genealogischen Flurbereinigung, die Frankreich nicht zuteil werden konnte, weil dort die Beschaffung viel geheimer und im größten Stil vom obersten Oben inszeniert verlief.

Was doch alles ein Medici, der Florenzer »Bürgermeister«, an Personen-»stands«-Hü-und-Hott am Ende des 16. Jahrhundert noch selbstherrlich machen konnte!

Verrottungsspur

Dass es gegen die Verabschiedung des gefälschten Großherzogssohns, des neuerlichen »Bastards«, Antonio Medici, keine Kläger gab, indiziert ein in der Stadt Florenz verbreitetes Wissen über alles, was im Hause Medici gelaufen war. Dieses Haus war jedoch keineswegs schon jahrhundertelang eine Mördergrube, wie es die Geschichtsschreibung gern hinstellen möchte, die die biografischen Wurzeln der zweiten Medici-Königin von Frankreich freilegen muss.

Die Medicis erschienen erstmals um 1300 in den Urkunden der Stadt Florenz und waren etwa 200 Jahre lang beliebt, entwickelten sich zu Stadtgönnern und Stadtgrößen, denen – wie in anderen europäischen Gegenden Fürsten und Königen – manchmal sie kennzeichnende Namen gegeben wurden. Die Beinamen entblößen ein nahes Verhältnis zwischen Volk und Regent und auch die Position eines Herrschers, die sich die Medicis im Laufe ihres Hochkommens in Florenz erklommen hatten. Es gibt sogar zweimal »il Popolano« (»den Volkstümlichen«), einen »il Magnifico« (»den Wunderbaren«) und einen »lo Sfortunato« (»den Unglücklichen«). Die Medici-Männer wurden zuweilen auch heftig attackiert, mehrere ermordet oder auch schon mal aus der Stadt vertrieben.

Die Medici-Familie war wesentlich am Aufstieg von Florenz zur führenden Renaissance-Stadt beteiligt. Aber nach 200 bis 300 Jahren trat wie bei sich abhalfternden Adelsdynastien auch bei den Medicis etwas Ähnliches ein: Erschöpfung der Familienkraft. Es wurden Fehler im Sozialfeld gemacht, die zu Mangelerscheinungen in der Psychostruktur der *männlichen* Nachkommen führten: Falsches Männer-Verhalten, Heiraten von »falschen« Frauen, Sturz in die familiäre Massen-Destruktionsdevianz, die im Mörderpaar Francesco Maria und Bianca Cappello den nicht mehr zu unterbietenden Tiefststand erreicht hatte.

Das Verhängnisvolle und gesellschaftlich Gesamt-destruktiv-Wirkende: Die Medicis waren kein echtes Adelsgeschlecht, das nach seiner Blüte verwelkte und abstarb, sondern sie waren von Anfang an als kapitalistisch starke Bankleute über *Geld* organisiert. Wie bekanntlich Geld *nicht* stirbt, sondern sich von allein vermehrt, hatte dieses Bankprinzip eine Rückwirkung auf die Familie, die wegen ihres unermesslichen Reichtums nicht sterben konnte, als sie dynastisch ausgelaugt eigentlich hätte sterben müssen.

Dieses dahinsiechende Nicht-Sterben der Medici-Dynastie hat der Exkardinal Ferdinando, der Begründer der neuen Genealogie, *familien*politisch noch einmal in den Beginn von Leben ummünzen können. Aber nur da. Nicht auf dem Gebiet des *Staats*politischen. Denn *psycho*deformierend geprägt war Kardinal Ferdinando auch – das zweitjüngste Mitglied der Horror-Geschwister, der sich und andere zersetzenden Kinder des Paares Cosimo Medici – Eleonora di Toledo, welche Kinder sich als Erwachsene nur noch selbst- und fremdschädigend verhalten konnten.

Ferdinando hat mit seiner Großherzogs-Nichten-Politik am kardinalscorporativen Antifrankreich-Konzept weitergewirkt – so lange, bis es eine ganz Frankreich betreffende Zerstörung zeitigte.

Ferdinando war, als er 1587 neues Haupt des verrotteten Medici-Familienzweiges wurde, 38 Jahre alt (geboren 1549). 24 Jahre lang hatte er in kardinalscorporativer Verbindung gelebt, wie üblich seine Laufbahn mit 13/14 Jahren als »Bubenkardinal« begonnen (1563).

Da es in der Medici-Geschwister-Reihe vor Ferdinando drei Brüder und nach ihm einen Bruder gab, konnte Ferdinando zu Anfang seines Lebens nicht damit rechnen, je Medici-Imperiums-Boss zu werden. Vor ihm fungierte der Älteste, Francesco Maria. Dann gab es Giovanni, den 1544 geborenen, 1562 mit 18 Jahren der Mutter, Eleonora di Toledo, vorausgestorbenen ersten Medici-Kardinal dieser Familie, den Erzbischof (!) von Pisa. 1562 war außerdem der dritte Medici-Bruder Garzia gestorben, geboren 1546. Und nach Ferdinando kam noch Piero, der Jüngste, der aber wegen des Eifersuchtsmordes an seiner Frau 1576 als neuer Familienchef ebenfalls ausfiel, obwohl er bis 1604 gelebt hat. – Gesellschafts-führende Männer konnten sich zwar Gattinnenmorde erlauben, ohne hingerichtet zu werden – auch Herzog Gesualdo ging nach seinem Doppelmord nur marginal bestraft zurück in sein »bürgerliches« Leben –, aber für neue repräsentative Familienpositionen langte es bei einem Mörder dann doch nicht. Ferdinando Medici war der Einzige, der diese Position innerhalb seiner siechen Familie noch einnehmen konnte. Und er nahm sie voll als 24 Jahre lang in der Kardinalscorporation tätiges Mitglied wahr.

Er ließ die MM-Dublette mitnichten wie den gefälschten Sohn des Paares Bianca-Francesco-Maria in der Versenkung einer unauffälligen Biografie verschwinden, sondern nutzte die kuriose Existenz des »Prinzessinnen«-Dublees im Hause, um mit ihr die kardinalscorporative Heiratspolitik gegen Frankreich fortzusetzen.

Ferdinando wusste, dass eigene Töchter, die er mit der von ihm 1589 geheirateten, mehr als doppelt so jungen Christine de Lorraine tatsächlich hervorbrachte, zu spät gekommen wären, um Henri IV, den »falschen katholischen Fuffziger«, an die Zügel zu nehmen.

1587 war Henri IV noch nicht König, sondern nur Proforma-Kronprinz von Frankreich, also ging es Ferdinando zuerst um den Erhalt der MM-Dublette für jedwede europäische heiratspolitische Partie. Das MM-Duplikat war 1587 17/18 Jahre alt, in bestem heiratsfähigem Alter. Das Millionen-ergiebige Heiratsgeschäft der Medicis durfte sich auch Ferdinando nicht entgehen lassen, obwohl ihm als nächstem Mitglied der Familie die Implantierung Francesca Dosis an die Stelle der Maria Medici, Tochter seines vergifteten ältesten Bruders Francesco, nicht entgangen sein konnte. – Die MM-Dublette war jung und kostümierbar mit jeder Herrschergattin-Staffage.

Mit der Belassung des MM-Doubles, Francesca Dosi, in der Rolle der Großherzogin Maria Medici, beginnt Ferdinandos verbrecherisches Agieren, weil er wusste, dass »seine Nichte« gefälscht war und dass diese Fälschung desaströse Auswirkungen auf jeden europäischen Thron haben würde, auf den er das camouflierte Gossenkind »platzieren« würde.

Erst mästen, dann fressen

Ferdinando Medici entpuppte sich schon sehr bald als in enger Verbindung zu seiner entfernten Tante, *Katharina* Medici, stehend – 1587 noch herr-

DIE KARDINALSBRAUT

schende Königinmutter von Frankreich. *Sie* war es, die ihm seine zukünftige Ehefrau Christine de Lorraine, ihre Enkelin, vermittelte, womit auch von Ehefrauseiten her alles in der »Familie« der Kardinalskörperschaft blieb. Katharina Medici war daran interessiert, dass auch die *Frau* Ferdinando Medicis eine ihrer Vertrauenspersonen war. Dieser Brückenbau, den die fast 70-Jährige vor ihrem Tod unternahm, galt der Rettung oder Vollendung ihres Lebenswerkes: Auslöschung der französischen Protestanten, an welchem Plan auch Ferdinando sehr bald nach seiner Inthronisation als Großherzog der Toskana zu arbeiten begann. Die offiziellen Verhandlungen zwischen Ferdinando und dem von Henri IV nach Florenz gesandten Kardinal Gondi begannen 1592. Was schon früher inoffiziell begann, ist nicht bekannt.

Henri IV war am 3. August 1589 König von Frankreich geworden – nach dem Tod Katharina Medicis am 5. Januar 1589 und Ermordung ihres letzten überlebenden Sohnes, des Königs Henri III, am 1. August 1589. Aber Henri IV war Protestant! Er – als König von Navarra (seit 1572) – und sein Vetter ersten Grades, Henri Boubon-Condé, waren 1585 von Papst Sixtus V. mit dem Bannfluch belegt worden. Paris verschloss im August 1589 seine Tore und ließ den Protestanten-König nicht herein. Drei Jahre lang nicht.

Die Belagerungen von Paris, verbunden mit Schlachten anderswo zwischen Protestanten und Katholiken, kosteten Unsummen. Henri IV brauchte Geld, streckte Fühler aus beim Europa-Herrscher-Bankhaus Medici, schickte den Italienisch sprechenden Kardinal Gondi 1592 nach Florenz, der ein Sohn des nach Frankreich eingeschleusten florentinischen Bankiers Katharina Medicis war und als deren ehemaliger »Grand Aumônier« am Hofe der alten Medici-Königinmutter gegen den zu vertrauensseligen Henri IV doppeltes Spiel trieb.

Ferdinando Medici in Florenz gab Henri IV Geld bis zu der schwindelerregenden Höhe von über drei Millionen Livres – aber blieb beim acht Jahre lang wiederholten Verlangen der Gegenleistung: Heirat der »Nichte« des Großherzogs, der MM-Dublette!

Die historische Gestalt Ferdinandos, Großherzogs der Toskana, war bestens geeignet, in etwas abgewandelter Position die Kardinalskörperschafts-Politik fortzusetzen, Frankreich per Infiltration und Implantation von kardinalscorporativ genehm agierenden antiprotestantischen Spitzenleuten vom Thron selbst aus zu dirigieren. – Ferdinand war über 20 Jahre lang Mitglied des römischen Weltherrschafts-Gremiums, mit dessen Zielen und Machenschaften bestvertraut und identifiziert. Und er war plötzlich durch den Tod seines Bruders Herr eines Imperiums mit unbegrenzten finanziellen Mitteln, die er als Erstes in Millionenhöhe zum protestantischen, Paris belagernden König fließen ließ. Immer nach dem Märchenhexen-Prinzip »Hänsels und Gretels«: Erst mästen, dann fressen!

Ab Ausstieg Kardinal Ferdinando Medicis aus der Kardinalscorporation und seinem Antritt als Großherzog der Toskana ist die Kardinalskörperschaft direkt am Ball der Medici-Heiratspolitik. Es »sitzt« in Florenz eine orignal 17-jährige, offiziell 14-jährige Hinterbliebene des human dekompensierten Ehepaares Bianca und Francesco Medici, eine »Nichte« des neuen Hausherrn. Mit ihr kann die Kardinalskörperschaft über ihren Mittelsmann aufs Neue Heiratspolitik in Richtung Frankreich machen. Diese Politik ist spätestens nach fünf Jahren mit offiziellen Verhandlungen zwischen Henri IV und dem Medici-Fürst belegt, geführt vom *zweiten* Mitglied der Kardinalskörperschaft, Kardinal Pierre de Gondi (seit 1587), Bischof von Paris (seit 1569) – Botschafter Frankreichs beim Vatikan in spe (1595), weil Henri IV noch als protestantischer König von Navarra und offizieller König von Gesamtfrankreich bis 1593 Paris belagern muss und noch keinen Botschafter nach Rom entsenden kann. Doch Gondi ist schon mal als Bischofskardinal – angeblich – an und auf der Seite von Henri IV!

Die Kardinalscorporation kann für die psychische Verunstaltung, die Francesca Dosi in der Rolle der Maria Medici angetan wurde, anfänglich nichts, weil Francesca Dosi alias Maria Medici seit 1584 ein Produkt der psychopathischen Bianca Cappello, zweiter Großherzogin der Toskana, ist. Aber der Exkardinal Ferdinando steigt 1587 nach Tod des Giftküchenpaares, Bianca und Francesco, nicht nur in das Medici-Imperium ein, sondern auch in den Frevel, der Francesca Dosi angetan worden ist, an welchem er weitere 13 Jahre mitwirkt und den er für die Lancierung der zweiten Kardinalsbraut auf dem französischen Thron fortsetzt.

Frankensteinerin

An Francesca Dosi alias Maria Medici ist ein Menschenversuch verübt worden, wie schon 60 Jahre zuvor an ihrer entfernten Offizial-Großtante, *Katharina* Medici.

Die Horror-Wirkung der zwei Medici-Königinnen auf dem Thron Frankreichs hat nichts mit Frauen zu tun. Die Kardinalscorporation hat zwei weibliche Menschen so deformiert und Destruktions-konditioniert, bis die Versuchsobjekte als ihre Werkzeuge maschinenhaft von selber auf Ausrottspur liefen. Insofern stimmt nicht, was von einem Sultan über Frankreich gesagt

DIE KARDINALSBRAUT   331

und im historischen Bewusstsein der Franzosen gespeichert wurde: Frankreich hätte deshalb so große Probleme bekommen, weil es – im Gegensatz zur Türkei – Frauen als Herrscherinnen zuließe!

Die katholische Kirche ist die Vorläuferin der Psychoanalyse – mit Ergebnissen nach hinten heraus und zum Schaden der Menschen, versteht sich. Aber *ein* Grund für das über tausendjährige Überleben der Kardinalscorporation ist ihre präzise Kenntnis von Menschen, mit der sie die Beherrschten immer wieder von Neuem ohne deren Bemerken konditionieren und dirigieren konnte. Richelieu ist kein Einzelfall.

Die Beichte kann von ihrer ursprünglichen Idee her als ein Menschenheilmittel verstanden werden, sie funktioniert wie eine psychotherapeutische Sitzung. Doch im Laufe der Jahrhunderte ist die Kardinalscorporation nicht nur politisch-ökonomisch pervertiert worden, sondern hat sich auch psychologisch in ihr Gegenteil verkehrt, so dass sie die Beichte zu einem Instrument der Gehirnwäsche verfälschte. Mit ihr, mit Predigten und mit den Maßnahmen der ständigen geistig-psychischen Gängelung sind Menschen insgesamt im Einflussgebiet der Kirche deformiert worden. Nicht *Formung* des Menschen, nicht das hohe Lied des Rousseau'schen »Émile« als Hinführung des Menschen zu sich selbst, sondern *Ver*formung geschah jahrhundertelang, denn anders kann aus Mensch nicht Kasse gemacht werden.

Verformung der Menschen ist das Tagesgeschäft der Kardinalskörperschaft seit ihrer Versackung zu einer Mafia ab 1500 geworden. Insofern war das, was Francesca Dosi angetan wurde, für die Kardinäle kein Sonderfall, nur die Kuriosität des Mädchen-Austausches und der Dosi-Schwestern-Verschweißung sticht zeitgenössisch opernhaft heraus.

Jede Zeit hat ihre eigenen Mittel, schon lange wirkenden Phänomenen ein eigenes Gesicht zu geben. Zur Prokura-Hochzeit der MM-Dublette mit Bellegarde für Henri IV am 5. Oktober 1600 wurde in Florenz die erste erhaltene Oper aufgeführt – Jacopo Peris »Euridice«!

Francesca Dosi ist zu einer Frankensteinerin verunstaltet worden.

Der Milieuwechsel schädigt eine Person nicht, wie Hunderttausende Lebensläufe beweisen. Menschen werden aus vielen Gründen in ihrer Jugend »verpflanzt« oder wandern in späterem Alter aus. Ein Milieuwechsel als Milieu*änderung* schädigt nicht per se.

Francesca Dosi musste 16 Jahre lang (von 1584 bis 1600) etwas ganz anderes ertragen. Sie wurde zu Beginn der Pubertät – mit 13/14 Jahren – aus ihrem Milieu nur teilweise herausgenommen. Ihre Eltern und Geschwister lebten noch »um die Ecke«, blieben dort, bis Francesca als Maria Medici Florenz verließ. Die Familie Dosi-Bastiano wäre also täglich von Tochter Francesca zu kontaktieren gewesen. Aber Francesca durfte bei ihrer Familie »nebenan« nicht mehr sein, sie musste eine biografische Rolle spielen – die Tochter und dann die Nichte im Großherzoglichen Medici-Palast. Doch das Allerschlimmste: Aus ihrem Ursprungs-Milieu, aus dem sie sich bis 30-jährig nicht emanzipieren konnte, um echt in ihr neues Leben schlüpfen zu können, wurde Francesca noch ein Mitglied an die Seite *gebunden*, die eineinviertel bis anderthalb Jahre ältere Schwester Leonora Dosi, die als angeschweißte »Neben-Ich«-Kontroll-Instanz das Leben des MM-Duplikats stündlich überwachte. – War die mitgegebene ältere Schwester Leonora für Francesca zuerst ein Trostpflaster als Familienersatz, so wirkte sich das »Neben-Ich« beim Erwachsenwerden als Installierung einer lebenslänglichen Psychodeformation aus.

Wenn Gäste kamen, die die großherzogliche Tochter sehen wollten, dann wurde Francesca Dosi Staatskleid-hergerichtet vorgeführt. Und es kam zu der Wirkung, die sie auf den Zeitzeugen vom Palazzo Pitti gehabt hat: Verspannt, unecht, im Prinzip blöd! (s. S. 304)

Richelieu hatte eine zweite Spur zur Erkennung der Schwesternschaft von MM-Dublette und Leonora Dosi gelegt, indem er das Hof-befremdliche Verhältnis der Protagonistinnen untereinander als Domptur entzifferte. Doch hat Richelieu die Domptur irrig interpretiert, weil ihm einige Daten fehlten. Und trotzdem hat er einen weiteren Hinweis auf das sich hinter der »Milchschwesternschaft« verbergende Originalschwestern-Verhältnis gegeben. – Richelieu kannte die MM-Dublette aus Tausenden Einzelheiten und wusste, dass sie ein Sack von Ungebändigtheiten ist, den er jahrelang wie den sprichwörtlichen »Sack Flöhe hüten« musste. Denn nach Leonoras Tod war *Richelieu* der Dompteur der MM-Dublette. So dachte er, der Großherzog Ferdinando Medici habe Leonora Dosi zu dem Zweck eingestellt, seine Nichte dem Willen des Fürsten gefügig zu machen, Leonora sei die KaKö-Zwischenstelle für die Dressur des MM-Doubles (164, II, S. 233).

Erst das 20. Jahrhundert kennt den genauen Weg der geschichtlichen Biografie von Leonora Dosi in das Haus Medici. Sie wurde nicht erst von Ferdinando eingestellt, sondern schon 1584 von Bianca Cappello-Medici »organisiert«, mitsamt dem MM-Duplikat. Jedoch um *Domptur* ging es bei der Funktion Leonora Dosis immer, mit allen Kombinationen der jeweiligen Medici-Familien-Oberhäupter.

Die Pfropf-Persönlichkeit der MM-Dublette brauchte eine Stütze ihres »Propf-Ichs«, das noch als Königin von Frankreich Nachbesserung der

DIE KARDINALSBRAUT

Doppelstock-Psyche benötigte. Der deutsche Flaps für psycho-spirituelle Unstimmigkeiten, »eine Schraube locker haben«, passt »genial« auf die Beschreibung der MM-Dublette. – Immer wieder, wenn sich die Psychopfropfung lockerte, kam Leonora Dosi mit den richtigen Werkzeugen, um den »Medici'schen Tafelaufsatz«, Francesca Dosi als Maria Medici, erneut festzuschrauben.

Solch eine psycho-soziale Situation wie die Domptur *einer* Schwester durch die andere gab es bei echten »höheren« Töchtern nicht, auch nicht bei Patriziern, zu denen die Familie Medici ohne Einschränkung gezählt werden muss. Für die Original-Maria-Medici hätte der Fürst und Onkel Ferdinando keine Willens-Dompteuse gebraucht. Jede höhere Tochter war *einheitlich* sozio-psychisch strukturiert, keine war vom Grundsatz ihrer gesellschaftlichen Position her eine Pfropf-Persönlichkeit. Die höhere Tochter wusste, dass Raus- und Fremdheiraten ihr Job war, den sie gewissenhaft ausübte, der besonders *vor* Antritt keinen Anlass zum Ausflippen gab.

Ganz im Gegenteil die Lage der Francesca Dosi, die als »gebürtige« nichteheliche Wäscherin-Tochter Dutzende Male ausrastete nur bei dem Gedanken, Kurfürstin von Bayern, Großherzogin von Savoyen, Königin von Spanien oder römisch-deutsche Kaiserin zu werden, was alle paar Monate vor der Tür stand. – Nur Zuckerbrot und Peitsche ihrer schwesterlichen Dompteuse brachten sie auf Vorderfrau, Gattin eines europäischen Herrschers werden zu können.

Nicht nur der beschaffte Louis XIV, der Offizial-Enkel der MM-Dublette, hat seinen Dichter gefunden – Andersen, der seinen Zustand im kleiderlosen Kaisertum imaginierte –, sondern auch die zu Lebzeiten und noch danach sehr berühmte Herrscherin MM wurde zwei Jahrhunderte später literarisch »erfasst«: von E.T.A. Hoffmann, der ihr ein Denkmal in Gestalt der (Prinzessin) Olympia setzte. Olympia ist künstlich, eine Puppe, versehen mit einem Motor, der sie mechanisiert agieren lässt. – Um eine solche mechanisierte Persönlichkeit handelt es sich bei der MM-Dublette.

Die Frankensteinerin funktionierte noch besser, weil präziser als die erste Kardinalsbraut, Katharina Medici, die auch schon Opfer eines Menschenversuchs war, der aber nicht zu dem gewünschten Erfolg der Permanent-Steuerbarkeit geführt hatte.

Katharina war eine Homuncula gegenüber allem, was Humanität betraf, aber sie war noch eine verselbstständigte, selbstlaufende, nicht täglich maschinell steuerbare Person, die demnach auch Fehler machte – im Hinblick auf ihre Kardinalskonformität. Der Menschenversuch an Katharina Medici war bei dem Mädchen im *ersten* Lebensjahrzehnt verlaufen – und war abgeschlossen, als sie im Alter von 14 Jahren durch ihren Großonkel, Papst Klemens VII., nach Frankreich transportiert wurde.

Menschenversuche

Für den Menschenversuch an Katharina Medici zeichneten ihre beiden Großonkel verantwortlich, die Kardinalsvettern Medici, die späteren Päpste Leo X. und Klemens VII. Es war im europäischen Kulturbewusstsein nach dem Säuglingsversuch des römisch-deutschen Kaisers Friedrich II. das Wissen gespeichert: Der Mensch ist konditionierbar. *Er* wird – *es* wird aus ihm –, was mit ihm in Kindheit und Jugend gemacht worden ist. – Friedrich II. (1194–1250), beschaffter oder auf dem Marktplatz von Jesi öffentlich persönlich geborener Sohn der sizilianischen Kaiserin Konstanze, wollte wissen, welche Sprache der Mensch spricht, wenn mit ihm nach seiner Geburt *nicht* gesprochen wird. Der Kaiser stellte Ammen an, die ein Schock Babys bestens versorgen mussten, aber mit ihnen nicht sprechen durften. Die Babys starben alle! Wenn mit Babys nicht gesprochen wird, gehen sie zugrunde.

Dieses Ergebnis machten sich die Medici-Kardinäle bei der Aufzucht von Katharina Medici zu eigen. Sie hatten die jungen Eltern der 1519 geborenen Katharina, inklusive der Großmutter väterlicherseits, umbringen lassen und das komplett verwaiste Baby an Ammen und Versorgerinnen gegeben – wiederum mit einem speziellen Auftrag: *Gefühllos* sprechen, funktional betreuen! Und statt Beziehung zwischen Eltern und Kind – die Speicherung der Botschaft: Königin von Frankreich werden und Protestanten ausrotten!

Trotz der Humanitätsschrumpfung des Produktes aus dem ersten Labor der Herstellung einer Kardinalsbraut hatte die Homuncula Katharina Medici vor allem mit ihrer gelernten französischen Sprache und mit ihrer hochadligen französischen Mutter, Madeleine de la Tour d'Auvergne, mütterlicherseits Bourbonin, im phylogenetischen Rücken noch eine rudimentär-eigenständige Seele.

Bei der Herstellung der zweiten Kardinalsbraut, der MM-Dublette, wurde anders gearbeitet: Auslöschung von allem Eigenen, *italienische* Frankensteinerin bleiben, jegliche Einlässlichkeit gegenüber Frankreich verhindern. – Die MM-Dublette hatte keine Freundinnen, in ihrer Nähe nur »etikettiert« ein paar französische Damen des Hofes, die sich ihr gegenüber genauso me-

DIE KARDINALSBRAUT 335

chanisch verhielten, wie das MM-Duplikat selbst es war. Die Damen versprachen sich Vorteile im Kontakt mit dem MM-Double.

Die Bezugslosigkeit der gealterten MM-Dublette, dieser ehemals mächtigen Königin von Frankreich, deren Formation immer mehr vom Double Francesca Dosi abplatzte, belegt sich aus ihrer Zeit nach ihrer zweiten Verbannung. Die MM-Dublette irrte in Europa herum, wurde zuerst von ihrem dritten Sohn Gaston zwischen 1631 und 1638 in den Niederlanden und Belgien »aufgefangen«, versuchte sich dann ab November 1638 noch einmal königinmutterhaft bei ihrer Tochter Henriette, Königin von England, wurde jedoch von der Londoner Volksvertretung nach zweieinhalb Jahren Misswirkens in England Mitte 1641 aus dem Lande verwiesen! Nur Rubens' Erben haben sich ihrer erbarmt und ihr in ihrem Haus in Köln ab 12. Oktober 1641 einen Alterssitz und Sterbeplatz (3. 7. 1642) eingeräumt.

Um sich in optimale Kenntnisse vom Menschen zu bringen, haben sich die Mitglieder der Kardinalskörperschaft zum Zwecke seines optimierten Dirigiertwerdens immer mit allem Wissen der jeweiligen Zeit beschäftigt und keine modernen Neuheiten für die eigene Information ausgespart. So tun sie es noch heute. Sie müssen das tun, um sofort auf das Neue *reaktionär* reagieren zu können.

Nach Freuds »Drei Abhandlungen zur Sexualtheorie« (1905) mit der Grund-Information: »Schon das Baby ist sexuell!« setzte Pius X., der zweite »Vatikanpreisträger« zwischen 1500 und 2000, die Kommunion der Jugendlichen um ein halbes Jahr*zehnt* früher an. *Vor* der Publikation von Freuds bahnbrechendem, Onanie-Tabu-aufhebendem Werk wurde die katholische Kommunion wie die protestantische Konfirmation in einem Alter um 14 abgehalten, zu Beginn der Pubertät. Jetzt wollte die KaKö die jungen Menschen mit der Einführung der »Kinderkommunion« plötzlich schon ab 9 »erreichen«, weit vor der Pubertät! Aus Dankbarkeit für die »Rettung« der noch »unschuldigen« Kinder »heiligte« Pius XII. 1954 seinen Vorvorläufer Pius X.!

Nach der »Sexuellen Revolution« ab der 1968er Zeit fühlte sich Papst Johannes Paul II. bemüßigt, sofort nach Regierungsantritt 1978 eine antisexuelle Bulle herauszugeben: Vorehelich nein, nebenehelich nein, mehrpersonell nein, homosexuell nein, selbstbefriedigend nein, ehelustvoll jenseits von Kinderzeugung nein, Verhütung nein = Protestantismus muss auch auf dem Gebiet der menschlichen Intimität bekämpft werden.

Die KaKö geht den Menschen ihres Einflusses noch heute an die Wäsche: »civil union« (Ehe für Lesben und Schwule) = nein! Abtreibung = nein! Die Ehe für alleleut ist nicht dazu da, auch noch Lesben und Schwule mit der sehr problematischen Lebensform der Liebesheirat zu be»pechen«, weil in ihr und mit ihr sehr schnell auch das lesbisch-schwule Eheglück dahinschwinden kann. – Es geht bei der »civil union« darum, dem sich entwickelnden Liebchen in der Provinz einen Sittenführer an die Hand zu geben. Sollte ein reaktionärer Vater, Lehrer oder Priester das Heranwachsende bedrohen: »Du darfst das nicht machen! Du darfst so nicht werden!«, dann kann das Provinzliebchen auf die Lesben- und Schwulen-Ehe verweisen: »Ist sogar vom Gesetz her erlaubt!« – »Familie«, wie Schwullesben argumentieren, »sind wir auch. Wir wollen die gleichen Rechte wie die Heteros!« Gegen Abtreibung = für Lebensschutz, wie der neueste Vertreter der KaKö, Benedikt XVI., zu argumentieren scheint? – Abtreibung ist ein so komplexes Tun, das nur Frauen und nur diejenigen Männer etwas angeht, die sich verantwortlich sexuell auf Frauen beziehen. Das tun die Nachthemdväter nicht. Über Abtreibung dürfen sie erst wieder etwas sagen, wenn sie sich *öffentlich* zu Beziehungen mit Frauen bekennen – in Liebe *und* Arbeit, wenn sie in ihren eigenen Reihen Frauen aufnehmen und öffentlich sichtbare Partnerschaften mit Frauen eingehen. Den Latenzböcken muss eine Stellungnahme zur Abtreibung untersagt werden.

Neben der Information über den Baby-Versuch Friedrichs II. erfuhr die Menschheit noch in Kaiser Friedrichs Jahrhundert von einem »unnatürlichen« Menschenversuch, der sie so verstörte, dass sie ihn – auch unter den fachbezüglichen Wissenschaftlern – von Generation zu Generation aufs Neue »vergisst«: die »wilden Kinder«. – Ab dem 13. Jahrhundert tauchten erstmals Jugendliche auf, die, hervorgegangen aus ausgesetzten Säuglingen, in Gemeinschaften verwandter Artgenossen aufgewachsen waren – ein seit dem Altertum bekanntes Phänomen. Sie waren von Tiermüttern und Tiergemeinschaften angenommen und aufgezogen worden. Der berühmteste Fall im 19. Jahrhundert war der »Wolfsjunge« – nach seiner Rückkehr in die menschliche Gemeinschaft bei seiner Weiterentwicklung vom französischen Arzt Itard begleitet, der über ihn eine Langzeit-beobachtende Expertise verfasste, woraus Truffaut den weltberühmten Film gemacht hat.

Ab ausgehendem Mittelalter wurden bis heute etwa 50 »wilde Kinder« auf der nördlichen Hemisphäre »angetroffen«. – Das die Menschheit Verstörende an diesem (halb)»natürlichen« Menschenversuch ist dessen Ergebnis: Der Mensch steht nicht *über* dem »Tier«. Er erweist sich als ein Teil seiner verwandtesten Mitgeschöpfe, sowie er unter ihnen aufwächst. Die von der menschlichen Gemeinschaft aufgefundenen ehemals ausgesetzten Babys waren Bären, Wölfe, Schafe, Ziegen ... geworden. – Zum überwiegenden Teil

DIE KARDINALSBRAUT 337

»kommt« aus dem Menschen das »heraus«, was ein Kollektiv mit ihm gemacht hat. – Der »Wolfsjunge« konnte wohl noch schreiben, aber nicht mehr menschlich sprechen lernen.

Der Bezug zu Friedrichs II. Baby-Sprach-Versuch verändert daher nach Hinzuziehung der Kenntnisse über »wilde Kinder« das kaiserliche »Labor«-Ergebnis: Beim Sprechen mit Babys geht es nicht um die grammatikalische Sprache, sondern um die emotionale Sprache. Tiereltern und Tiergemeinschaften ab der Art der Vögel sprechen ebenfalls mit ihren Jungen, auch wenn der hochfahrene Mensch diese Sprache nicht versteht. Alle teilnehmenden Beobachtungen in Natur-Tiergemeinschaften haben die sprechende und erziehende Umgangsweise zwischen erwachsenen und heranwachsenden Exemplaren ohne Ausnahme bewiesen.

Für das Wissen der Kardinalscorporation war die aus den »wilden Kindern« sich ergebende Menschen*herstellung* das Entscheidendste: Wird mit einem Baby gar nicht gesprochen = tot. Wird mit einem menschlichen Baby Tiergesprochen = Tier. Wird mit einem Eisbärbaby »menschlich« gesprochen = Knut! Wird mit einem menschlichen Baby mit einer Botschaftsinfiltration, einer Zielweisung, nur *funktional* gesprochen = enthumanisierte Homuncula (Katharina Medici). Und wird aus einem jungen Mädchen noch im zweiten Lebensjahrzehnt ein Milieu-Karussell mit Doppeldrehung gemacht, entsteht eine Frankensteinerin, etwas Milieu-Unverträgliches, was sich innerlich wie aneinanderreibende Unter-Erd-Scheiben dramatisch ruhelos bewegt und sich äußerlich wesenlos marionettenhaft verhält (MM-Dublette).

Von Jugend an zur gefälschten Person hergestellt worden zu sein, dann wird im ganzen weiteren Leben alles Fälschung. Was bei Louis XIV Jahrhundert-prägend zur großen Fälschung eskalierte, das funktionierte auch schon bei der MM-Dublette in kleineren Dimensionen. Sie fälschte und log immer. Eine andere Politik konnte sie nicht machen. Und jedwede Politik, die sie machte, kam im Endergebnis »falsch raus«.

Das Problem »denaturierten« Umgangs mit Heranwachsenden wurde in abgewandelter Form bei Kaspar Hauser bekannt. Kommunikativ runtergeschraubt und Kontakt-reduziert betreut, ergab sich eine reduzierte Rest-Person, die sich in der menschlichen Gemeinschaft nicht mehr ganz zurechtfand.

Ähnliches wird sich erweisen bei der Langzeitbeobachtung der »Kellerkinder« des Amstätter familiär-sexuellen Gewalttäters.

Robotermaschinisten

Dass die politischen Fehlverhaltensweisen der Medici'schen Kardinalsbräute auf dem französischen Thron nichts mit dem Verhalten von Frauen zu tun haben, ergibt sich daraus, dass Männer nach einem ihnen zugefügten Menschenversuch sich genauso verhalten hätten. Die beiden Kardinalsbräute Katharina Medici und das MM-Double waren nur ein Ersatz in der Politik der Kardinalskörperschaft, weil Männer im Kampf um Frankreichs Protestanten-Eliminierung die KaKö nicht weitergebracht hätten. Krieg ging nicht, Diplomatie ging nicht = nicht mehr. Offiziell schwule Beziehungen mit französischen Königen gingen noch nicht. Plötzlich bekamen die von den Kardinälen seit 1200 Jahren verpönten Frauen für eine Geheimoperation eine Spezialbedeutung. Sie sollten Pilotinnen im Cockpit eines gewagten Anfluges ins Zentrum der französischen Staatsmacht werden.

Die Kardinalskörperschaft musste ihr Unterfangen per Heiratspolitik mit der Hilfe von selbstfabrizierten weiblichen Monstern versuchen. Eigene Papst- und Kardinalstöchter halfen auch nicht. Der Hexenpapst, Innozenz VIII. (1484–1492), und der Borgia-Papst, Alexander VI. (1492–1503), hatten etliche Töchter, über die hinweg sie Heiratspolitik betrieben, konnten damit aber nur italienische potente Familien einfangen. Auch mit Papsttöchtern war kein Einlass in regierende Häuser außerhalb Italiens zu bekommen. Die Kardinäle mussten den jahrzehntelangsamen Weg der äußerlich hochgeadelten Medici-Töchter und der innerlich konditionierten Kardinalsprodukte gehen.

Aus den Fehlern bei der Herstellung der ersten Kardinalsbraut, Katharina Medici, war gelernt worden. Die zweite Kardinalsbraut musste zu einer frankensteinerischen Olympia, aufs maschinelle Reaktionsvermögen reduziert werden.

Die MM-Dublette war am französischen Hof immer von einer Schar von Italienern umringt. Ihr Beichtvater, der Botschafter von Florenz (der Gesandte ihres Offizial-Onkels Ferdinando) und der päpstliche Nuntius führten den (Ein-)Flüsterbeirat an. Die drei waren aber nur die Maschinisten des ersten Kreises, die Spezialisten für die Knöpfe zum Ein- und Ausschalten der Aktionen der Königin von Frankreich. Daherum scharten sich die Jesuiten, hervorgegangen aus einer Organisation – der Societas Jesu –, die 1534 von dem gebürtigen Spanier Ignatius von Loyola eigens zu dem Zweck gegründet worden war, eine geistige Armee gegen den Protestantismus und alles Protestantische, wo es sich zeigte, zu formieren.

Die Hörigkeit der Königin von Frankreich gegenüber der Politik der römischen Kardinalsrunde nahm solche Ausmaße an, dass das MM-Dublee

DIE KARDINALSBRAUT   339

nach der Ermordung von Henri IV alle Aktionen am französischen Hof von
Rom aus steuern ließ, dass die royale Maschinette alle Entscheidungen nach
Italien zum Vatikanstaat delegierte, dass sie Papst Paul V. (1605–1621) sogar
fragte, welchen Juristen sie zum Chef des obersten französischen Gerichts
machen sollte. Gerade von dieser höchstrichterlichen Position aus musste
papstgerecht agiert werden, denn in die Urteile der französischen Gerichte
griff das MM-Duplikat andauernd ein.

Die Roboterin »MM-Double« hatte bestimmte kardinalscorporativ ge-
steuerte Funktionen, die sie alle erfüllte.

Bei Homuncula Katharina Medici war das Programm »Protestanten-Aus-
löschen« *einmal* eingegeben worden. An ihm wurde während Katharinas Leben in Frankreich nachgebessert. Aber es verblasste im Laufe der 56 Jahre des
Losgelassenwerdens des Papstproduktes auf Frankreich, vor allem führte das
eingespeicherte Programm mit dieser Lebens-Anfangs-Fernsteuerung selt-
samerweise trotz Hunderttausender Toter nicht zum programmierten Ziel.
Beim zweiten Menschenversuch musste daher eine Von-Stunde-zu-Stunde-
Programmierung der zweiten Kardinalsbraut unternommen werden.

Für die Von-Stunde-zu-Stunde-Programmierung war der Kardinalskörperschaft noch etwas zusätzlich Satanisches eingefallen. Nicht nur der italienische Direkt-Kurien-Beratungs-Schweif um die MM-Dublette, nicht nur die
psycho-angeschweißte italienische Schwester, *Leonora* Dosi, sondern auch
noch ein einzelner italienischer Mann wurde dem MM-Double beigegeben –
für bestimmte, sehr ausgeklügelte Zwecke. Es war Concino Concini, ein
Nichtadliger, dem es gemäß der höfischen Etikette eigentlich unmöglich gewesen wäre, offiziell an der Seite der Königin zu leben.

Über diesen Mann, der 17 Jahre neben der MM-Dublette mehrere Aufgaben der Kardinalskörperschaft erfüllte, besteht in der französischen Geschichtsschreibung immer noch keine Einigkeit.

Die Programmierung und die »Formatierung« = Computerisierung der
zur Frankensteinerin gemachten MM-Dublette sind allgemein schwer verständlich. Vor allem die Entblößung der (juristischen) Person des Maschinisten, des fernsteuernden Programmierers »Kardinalskörperschaft«, gelingt
mit der generalisierenden Behauptung noch nicht. Auch die Aufzählung der
Schandtaten der MM-Dublette »bringt's« nicht allein: Zehnjährige Zermürbung von Henri IV, seine Ermordung, Inthronisierung Concinis als Quasi-
Regent, sechs Jahre später Berufung Richelieus als Regierungschef und die
Fortsetzung mit der Menschenmisshandlung am ältesten Sohn Louis XIII:
Schlagen, Peinigen, Demütigen, Quälen mit gegen ihn gerichteten Entschei-

dungen – um einen Masochisten herzustellen, der sich sein ganzes erwachsenes Herrscherleben von einem Mitglied der Kardinalscorporation schlagen, peinigen, demütigen lässt. Das alles könnte als auf »eigenem Mist« der Verbrecherin erscheinen – Hintermännergruppe »KaKö« = unschuldig.

Jedoch: mit der Einschmuggelung des Herrn Concini nach Frankreich, mit der Anheftung dieses gewöhnlichen Mannes an die Seite der von ihrer Herkunft aus ebenfalls gewöhnlichen Frau Dosi, kann die Arbeitsweise der KaKö transparent und endgültig verständlich gemacht werden.

Die KaKö hat mit der Verfrankensteinerung der Francesca Dosi als MM-Dublee nicht angefangen, hat allerdings 13 Jahre an dieser Personverformung ab 1587 bis 1600 weitergewirkt.

Doch die Verschweißung des MM-Doubles mit Concini ist allein eine Machenschaft des Kardinalskollegiums ganz (juristisch-)persönlich, agierend mit ihrem (natürliche Person-)Spezi, Exkardinal Ferdinando Medici.

Der Geheimstagent

Concino Concini als Beigabe für die MM-Dublette war im Heiratsprozedere in Lyon nicht vorgesehen. Der Vorgang seiner Einschmuggelung an den Hof von Paris war so sublinear, dass Concini nicht auf der Liste der in der Entourage des MM-Duplikats aufgeführten Personen stand. Er konnte von den Italienern offiziell nicht vorgestellt werden, also wählte man einen inoffiziellen direkten Weg, um ihn in den Hof von Henri IV »reinzudrücken«.

Concini, dieser Non-Positionierte, erschien nicht auf der Liste – aus Angst, er könnte von den Franzosen zurückgewiesen werden. Er bekam stattdessen sofort nach seinem Eintreffen in Frankreich eine scheinbar unverfängliche Position. Er sollte Leonora Dosi, die zweite eingeschleuste Person an der Seite des MM-Duplikats, die auch nicht auf der Liste stand, heiraten! Womit gleich beide »Fremdkörper« als Kardinalsgürtel um die MM-Dublette legitimiert wurden.

Was sich mit dieser politischen Figur, Concino Concini, alles ereignet hat, ist so der heute sprichwörtliche »Wahnsinn«, dass der »Hammer« der KaKö-Aktivitäten direkt in den französischen Thron hinein und dann vom französischen Thron heraus niemandem mehr zweifelhaft bleiben wird.

Concini, geboren 1575, war das Tolldreisteste, was sich an Günstlingen und Usurpatoren in der Neuzeit an die Spitze eines Landes gemogelt und gevögelt hat.

Der Usurpator
Concino Concini
Kupferstich von B. Moncornet um 1617

Die Trivial-Geschichtsschreibung bucht Concini als von der MM-Dublette mitgebrachten italienischen Liebhaber, zumindest als ihren Sekretär. – »Liebhaber« fällt weg, da die MM-Dublette keine Liebende war. Es gibt keinen Hinweis auf einen Mätre, der ihr zu libidinösen Diensten gestanden hätte. Ihre Charakterisierung als »kalt« rührt von ihrer Fixierung auf ihre Schwester her, die Einzige, die sie sogenannt liebte. Fixierte Menschen sind immer kalt, können emotional positiv nur denjenigen Primärpersonen gegenüber reagieren, an die sie gebunden sind. Richelieu »liebte« nur seinen nächstälteren Bruder, den ersten Kleriker in der Familie du Plessis, den Gottessimulanten und späteren Kardinal Alphonse du Plessis de Richelieu. Der spanische faschistische General Franco und der deutsche Naziführer Röhm »liebten« nur ihre Mutter ...

Zum Sekretär eignete sich Concini auch nicht, da er wie die MM-Dublette kein Wort Französisch sprach, als er in Frankreich ankam. Sekretärinnen und Sekretäre der MM-Dublette konnten nur solche Personen sein, die fließend Italienisch *und* Französisch sprachen und schrieben, um als Übersetzer, Dolmetscher und Korrespondenten zu fungieren.

Die differenzierte Geschichtsschreibung häuft Merkmale der Unstimmigkeiten, wenn sie Concini berührt. Er war 1600 bis 1617 immer mit der MM-Dublette zusammen. Er demonstrierte die Art seiner Nähe zur Königin auch noch mit seinem Schuhe-Zubinden, nachdem er die Gemächer der Königin verlassen hatte, damit der ganze Louvre wusste, worum es bei seinem Verhältnis zur Königin ging.

Die MM-Dublette hatte sogleich nach dem ersten Zusammentreffen mit Henri IV am 9. Dezember 1600 in Lyon den ihr von der KaKö oktroyierten und als eigen ausgegebenen Willen durchgesetzt: Concini und Leonora Dosi heirateten am 12. Juli 1601 schon nach einem halben Jahr ihres Eintreffens im Louvre. Sie taten es abgeschirmt von der höfischen Öffentlichkeit diskret in Saint-Germain-en-Laye, nur in Anwesenheit von König und Königin. Denn wie sollte dem französischen Hof diese Heirat dieser Personen als höfisches Ereignis kredenzt werden?! Die Dubiosität beider Italiener hatte ein solches Maß erreicht, dass mit ihnen auch nicht über die Positionen von Günstling, Favorit, Mätre und Mätresse mehr Eindruck zu machen war.

Herr und Frau Concini bekamen zwei Kinder, eine Tochter, die noch vor der Ermordung Concinis am 24. April 1617 starb, und einen Sohn, der die Eltern überlebte. Henri IV musste für beide Kinder Pate sein. Darüber hinaus wurde er andauernd genötigt, mit Concini Zeit zu verbringen, obwohl sich die beiden sprachlich nicht verständigen konnten! Trotzdem wurden aufwendige Essen in Concinis »Hotel«, seinem Pariser Palais, arrangiert, zu denen der König erscheinen musste. Und vice versa war Concini eine MM-Dubletten-Mitgift, die unaufhörlich ins höfische Bild gebracht werden musste, die sich immerzu an der Seite von König und Königin zeigen durfte. Concini wirkte wie ein zweites »Milchgeschwister« des MM-Dublees.

Die Königin wird gegenüber Concini als hypnotisch willenlos beschrieben. Sonst Willens-pingelig ohne jede Kompromiss-Grandezza, war die MM-Dublette vor Concini apathisch.

Für die an den feudalen Haaren herbeigezogene Kammerherren-Position Concinis bekam er schon ein Jahresgehalt von 200 000 Livres, aber die waren nur sein Taschengeld. Ihm wurden heimlich jährlich viele Millionen »nachgeworfen« und »zugesteckt« – die Ressourcen dieser immensen Zuflüsse blieben ungenannt.

Als Henri IV am 14. Mai 1610 in seiner Kutsche von François Ravaillac erstochen worden war, wurde Concini vom MM-Double zügig in aristokratische Etagen »befördert« – zum »Marquis d'Ancre« und zum »Maréchal de France«. Concini war ab nun zwar nicht nominell, aber de facto Regierungschef, obwohl er weder Kenntnisse vom französischen (Staats-)Recht noch in der französischen Sprache hatte. Sein Titel »Marschall Frankreichs« ist besonders grotesk, weil er nie ein Schlachtfeld »besuchte«, auch nicht »wenigstens« eine militärische Ausbildung durchlaufen, das heißt, niemals eine Uniform getragen hat! Eine größere Kränkung der französischen Armee ist nicht denkbar.

In den letzten Jahren seines Lebens führte er Verhandlungen mit Papst Paul V., um das verwaiste italienische Herzogtum Ferrara für acht Millionen Golddukaten zu kaufen. Concini beabsichtigte, sich nach seinem französischen Staatsgeld-Reibach als Herzog von Ferrara frühberenten zu lassen. In Frankreich hatte Leonora Concini das Marquisat d'Ancre für 300 000 bis 400 000 Livres gekauft. Die Eheleute trugen den Titel Marquis und Marquise d'Ancre.

Concini unterhielt eine von ihm selbst bezahlte Armee, die zahlenmäßig stärker war als die des Königs Ludwig 13. Er ging und fuhr immer nur aus mit einer Bodyguard von 200 Mann. Als er von den Soldaten des Königs am 24. April 1617 beim Eintritt in den Louvre erschossen wurde, hatte er Wertpapiere für zwei Millionen Livres in seinen Taschen. In seinem Palast fand man weitere Papiere in gleicher Millionenhöhe und eine Edelsteinsammlung seiner Frau im Werte von vier Millionen Livres.

Die Concinis werden als permanent zänkisches Ehepaar beschrieben, nicht flüssig an den für Franzosen sehr wesentlichen Stellen, an denen es nur ausnahmehalber zu den zwei Zeugungen der Concini-Kinder gekommen war. – Der Rausch des Geldflusses, der staatlicherseits auf die Concinis gelenkt worden war, sollte aber nicht enden und kannte keine Höhepunktlimits. Die Concinis waren sogenannt unersättlich beim Sich-Bereichern.

Nach dem Conciniputsch am 24. April 1617 – Concinis Erschießung und Gefangennahme Leonoras – wurde aller Unmut des Landes über die abermalige Verrutschung der französischen Staats- und Gesellschaftsverhältnisse nach der Ermordung von Henri IV an dem italienischen Emporkömmlingspaar ausgelassen. Concini war nur *einer* der Komplotteure gegen Henri IV, nicht *der* Attentatshintermann, wie vom Volke vermeint wurde, das Concinis toten Körper zerstückelte und seine Glieder unter einer Statue des ermordeten Königs grillte.

Es könnte also sein, dass sämtliche Zeugnisse über Concini übertreiben. Doch dem ist nicht so. Vor allem Richelieu – zwischen 1616 und 1617 noch Concinis Untergebener – war mit schärfstem politischem Augenmaß gesegnet. Er beklagte sich, dass man mit dem Chaoten Concini nicht zusammenarbeiten könne. Richelieu konspirierte mit dem päpstlichen Nuntius und machte sich an den den Conciniputsch vorbereitenden Charles de Luynes heran, Liebhaber des 15-jährigen Ludwig des Dreizehnten. Hinter dem Rücken seiner offiziellen Befehlsgeber, der Königin und ihres derzeitigen Regierungschefs, bot er den beiden Männern seine Dienste an – Richelieus gewagtestes politisches Meisterstück des Doppelagierens.

Die Chaotennote

Es gibt ein Zeugnis, das Licht wirft auf die Zeiten vor Concinis Transplantation an den französischen Hof, der sein ganzes Leben so verzog, dass der Mann aus den Fugen ging. In diesem Zeugnis wird der Ausgangspunkt zu Concinis Geheimposition im Herzen des französischen Hofes ab 1600 geschildert.

Der Chronist, François de Bassompierre, sich immer wieder in Details als verlässlicher »Konturist« erweisend, war Concini 1598 in Florenz begegnet, zwei Jahre vor dessen Anlauf auf die Zentralmacht, die er in Frankreich erwerben sollte. Concini war damals etwa 23 Jahre alt. Fast 20 Jahre später, kurz vor seinem Tod, nimmt er in einem Gespräch mit Bassompierre auf seine Jugend in Italien Bezug: »Meine Erbärmlichkeit! Ich versuchte, sie ausschweifend und lasterhaft zu bemänteln.« – Mit zwei verschiedenen Wörtern wird das Gleiche wiederholt. Zur Verstärkung des Beschriebenen fügt Bassom-

DIE KARDINALSBRAUT   345

pierre Concinis italienisches Originalwort an: »scapillate« (»scapigliato«,
»verrucht«). Alles sei Concini entglitten. – »Einige Male im Gefängnis, einige
Male verbannt, am häufigsten ohne Geld und unablässig im Durcheinander,
in der Verwirrung von schlechtem Leben.« (13, II, S. 107)
Concini hatte sein Jurastudium abgebrochen. Er war biografisch »gekreuzigt« von drei höchstdotierten Männern seiner Familie, mit denen er in Florenz nicht mithalten konnte. Sein Vater, Giovanni Battista Concini, ist oberster Steuerbeamter im Herzogtum Toskana, einer der wichtigsten Männer für den Großherzog Ferdinando, da er das Geld der Landsleute eintreibt. Concinis ältester Bruder Cosimo ist Botschafter des Herzogs beim Kaiser in Wien. Der nächstältere Bruder Bartholomeo, ebenfalls Jurist, wird Senator. Und Concini selbst ist ein »Versager«, ein »Tunichtgut«, als welcher er sich selbst noch auf der Spitze seiner Macht in Frankreich seinem alten Bekannten Bassompierre bestätigt.

Dieser seltsame »Abenteurer«, wie er in den internationalen Enzyklopädien geführt wird, ein Mann mit dem ungewöhnlich nachnamigen Vornamen Concino, hätte keinen Wert für die florentinisch-römischen Organisatoren des Heiratsgeschäfts mit dem französischen König Henri IV gehabt? Concini war mit einer in der Toskana angehäuften Schuldenlast von 8000 Livres am französischen Hofe angetreten, wie er sich selbst ironisiert! Und nun ist er in der höchsten Position Frankreichs! Aus Zufall?

Zeugnisse in Kombination reden schneller, als Menschen denken können. Concini wurde nicht auf die Liste der MM-Begleitpersonen aufgenommen. Aber ihm wurde ein Begleit*schreiben* mitgegeben, das versuchen sollte, ihn für immer in den französischen Hof einzunisten. – Bellisario Vinta, Notar und Staatssekretär des Großherzogs Ferdinando Medici, verfasste dieses Schreiben, mit dem er für das Verbleiben Concinis im Louvre warb. Bellisario Vinta ist eine Schlüsselfigur im Manöver der Lancierung der MM-Dublette auf den französischen Königsthron. Er war der Jurist an der zentralen Stelle, der den Heiratsvertrag zwischen Henri IV und dem MM-Double formulierte, der die Liste der Begleitpersonen »komplettierte«. Anstatt 50, wie genehmigt, waren es 200! – Eine Gelegenheit, ihre Männer im Fummel von Brautjungfern an die französische Staatsspitze zu schleusen, bot sich der römischen KaKö so leicht nicht noch einmal.

Dem Juristen Vinta gelingt mit seinem Schreiben die Concini-Verpflanzung mitten in den Louvre hinein. Zunächst stellt Vinta Concini als seinen Neffen dar, was die Geschichtsschreibung genealogisch ungeprüft übernommen hat. Vinta ist weder Bruder von Concinis Vater Giovanni Battista noch

Bruder von Concinis Mutter Camilla Miniati. Ein genauer entfernterer Verwandtschaftsgrad wird nicht angegeben. »Neffe des zweitmächtigsten Mannes im Staate Toskana« macht sich gut, vielmehr macht so viel Eindruck und macht Druck, so dass eine Zurückweisung Concinis im Moment der Personenüberprüfung vor der Hereinlassung nach Frankreich diplomatisch unmöglich gewesen wäre.

Außerdem entwirft Staatssekretär Vinta ein atemberaubend hochdotiertes Bild vom Chaoten Concini, als sei dieser der persönliche Botschafter des Großherzogs und seine Zurückweisung würde beinahe eine Kriegserklärung bedeuten. Neben der Verwandtschaftung mit dem zweiten Mann im Großherzogtum Toskana wird Concini als Abkömmling der »Grafen Penna« herausgeputzt, was im Deutschen den süßen Doppelsinn einer unfreiwilligen Charakterisierung Concinis als »Penner« bekommt! – Danach werden die Positionen von Concinis Steuerbeamtem-Vater, Giovanni Battista, und von Concinis Diplomaten-Bruder, Cosimo, miniatur-ziseliert ausgemalt. Argumentativ nachpumpend wird behauptet, die Familie Concini sei dem MM-Double – durch Prokura-Heirat am 5. Oktober 1600 schon Königin von Frankreich – und dem Großherzog der Toskana extrem lieb und wertvoll und solle beiden weiter dienen. Und zu der – den Florentiner Herrschern so sehr lieben – Familie Concini gehöre eben auch das Mitbringsel ohne Portefeuille, Concino Concini (102, S. 13).

Durch diese Aufplusterung des Concini-Umfeldes im Text übersehen die Franzosen, dass zwei Dinge im Schreiben fehlen: 1. Welche Position hatte Concini in Italien inne? 2. Welchen Grund hat er, im Gefolge der Königin von Frankreich an den Hof im Louvre zu kommen? – Kein Beruf Concinis wird genannt, keine Fähigkeit, kein religiöses Amt. Und nicht einmal Geld hat der Mann!

Da drei Concini-Männer, Vater Giovanni Battista und die zwei älteren Brüder, Cosimo und Bartholomeo, eng mit dem Großherzog Ferdinando Medici zusammenarbeiten, muss Concino, der vierte, der dritte Sohn der Familie, wirklich so chaotisch gewesen sein – wie es Richelieu später bestätigen sollte –, dass Concino im Palast und in der Verwaltungszentrale des florentinischen Großherzogs in *gar* keiner Position Verwendung finden konnte. Es wird nicht einmal von niederen Chargen berichtet, die Concino eingenommen hätte.

Eine nunmehr einzigartige Verwendung ergab sich aber im Verlaufe des Jahres 1600 für Concino Concini, den Spezialisten für das Unterhöfische.

Der Samenbankier

Die Beteiligten, die um 1600 einen Heiratskontrakt für Herrscher schlossen, wussten, dass die sexualpolitische Seite der Vereinbarung nach menschlichen »Viehzucht«-Verkommenheiten zu prozedieren war. Die Angetrauten wurden aufeinander befohlen, den Geschlechtsakt zu vollziehen. Und bevor die medizinischen Ausfälle passierten – *er* unfruchtbar, *sie* unfruchtbar, Paar in Kombination unfruchtbar –, gab es zwei einkalkulierte Begattungsunfälle, für die der Unterschiebungs-Notdienst vorgesehen war: Der Herrscher war schwul und konnte gar nicht mit Frauen, oder der Herrscher war amourös-heterosexuell und konnte nur mit Frauen, die er liebte. – Dass ein Herrscher »ausgerechnet« die Frau liebend begehren würde, mit der er zusammengezwungen worden war, kam bei einer aus religions- und allianzpolitischen Gründen von fern vertraglich vereinbarten Partnerin nur zwischen einem und zehn Prozent der hochherrschaftlich Verheirateten vor.

Es gibt nicht nur über homosexuelle Männer viele Vorurteile, sondern auch über heterosexuelle. Eines ist, heterosexuelle Männer »könnten« mit jeder Frau, für jeden Heteromann sei »Loch gleich Loch«. – Je amouröser sich Heteromänner in Frauen verlieben, umso weniger sind Frauen für sie austauschbar.

Henri II (1547–1559), das erste Kardinalsbraut-Opfer einer Medici-Infiltration, war solch ein Mann. Alle seine Kinder sind von »Loch-ist-Loch«-Männern, von Unterschiebungsgehilfen, gezeugt worden. Die römischen Kardinäle hatten also schon Erfahrungen mit diesem Typ von Heteromann auf dem Thron Frankreichs.

Henri IV (1589–1610) hatte sich in der Öffentlichkeit als Frauenliebhaber seit 20 Jahren einen Namen gemacht.

Fürst Medici, Notar Vinta und Kardinal Gondi, die an dem Heiratsdeal mit dem König von Frankreich seit fast einem Jahrzehnt arbeiteten, waren auf die Idee gekommen, den 25-jährigen arbeitslosen Concino Concini als »Zuchtbullen« nach Frankreich »einzuführen«.

Als vor 70 Jahren die Misere zwischen Henri II und Katharina Medici, der Erst-Kardinalsbraut, herauskam – zehn Jahre kein Kind –, musste mit der Organisation von Hilfszeugern erst begonnen werden! Ein immens schwieriger Vorgang, weil die Zahl der Mitwissenden so klein wie möglich gehalten werden sollte. – Den Ersatzgatten aus Florenz gleich mitzuschicken, wie die Kardinäle es diesmal handhabten, war einfacher und lief geheimer.

Bellisario Vinta konnte im Heiratskontrakt die Funktion seines »Neffen« Concini als Samenbankier nicht auflisten. Zum einen schickte sich das nicht, zum anderen war nicht von vornherein ausgemacht, wie Henri IV sich der MM-Dublette sexuell gegenüber verhalten würde. Man hatte ihm ein Gemälde der Bräutigam-Anwärterin geschickt, das sie als 17-Jährige zeigte. Es kam eine 13 Jahre Ältere im Dezember 1600 in Lyon an! Henri IV stellte sofort fest, er kann mit dieser sozial gepfropften und Galeeren-Schwestern-angeketteten Frankensteinerin nicht. – Sowie es der höfische Anstand zuließ, reiste er ab und fuhr zu seiner damaligen Mätresse, Henriette d'Entragues, mit der er prompt ein Kind zeugte, die er neben die Gemächer der Königin im Louvre einziehen und die beiden Frauen Genossinnen und später Mordskomplotteurinnen gegen ihn werden ließ.

Es gibt mehrere Hinweise darauf, dass die beiden Henri-Könige II und IV, die den dritten, den schwulen König Henri III, eingerahmt haben, heteroamourös waren. Hetero-amourös heißt Beziehungs-monogam. Der amourös heterosexuelle Mann kann nur mit Frauen, die er begehrt, und er kann so lange, wie er sich auf eine geliebte Frau bezieht, mit keiner anderen.

Aus den Verhältnissen von Henri IV mit Frauen ergibt sich dieses Verhalten zweifelsfrei. Er hat immer lange Phasen eine Frau geliebt – die bekanntesten Mätressen waren: Françoise de Montmorency (la Belle Fosseuse, 1579 ff.), Gabrielle d'Estrées (1592–1599), Henriette d'Entragues (1599–1604), Jacqueline de Bueil (1606–1608), Charlotte des Essarts (1608–1609) und Charlotte Marguerite de Montmorency (1609–1610). – Henri IV war keineswegs generell impotent, nur der Frankensteinerin gegenüber. Er zeugte noch während seines ganzen letzten Jahrzehnts Kinder, mit seiner vorvorletzten Mätresse einen Sohn, mit der vorletzten zwei Töchter. Er war in Henriette d'Entragues sexuell so verliebt, dass er ihr sogar ihr erstes Attentat auf ihn verzieh! – 1604 hatten ihr intriganter Vater und Bruder gemeinsam mit ihr einen Anschlag auf Henri IV unternommen. Henri ließ nach dem Prozess alle drei begnadigen. Die Todesstrafe gegen die Männer wandelte er in Haft um. Und Henriette entließ er aus der Haft in Freiheit!

Der spätere König Henri II war 14 Jahre alt, als er die gleichaltrige Homuncula, Katharina Medici, 1533 heiraten musste. Einige Zeit danach verliebte er sich in Diane de Poitiers (1499–1566), die ab etwa 1535 zur bedeutendsten Königsgeliebten Europas aufstieg. Sie war 20 Jahre älter als Prinz Henri. Er war 14/15, als das Verhältnis begann, sie war Mitte 30! Die Beziehung zwischen Diane und Henri II hielt sein weiteres Leben lang, also 25 Jahre, bis zu seinem Turnierunfall-Tod 1559. Die um diese Zeit 60-jährige Diane gehörte immer noch zu den schönsten Frauen Frankreichs. – Zehn Jahre, von 1533 bis 1543, gab es keine Kinder aus der Ehe zwischen Henri II und Katharina Medici.

DIE KARDINALSBRAUT 349

Die Hofpropaganda musste für den Start der Geburtsserie Katharina Medicis verbreiten, Katharina hätte bei den Mätressen von König Franz 1 und Kronprinz Heinrich Sexualkunde-Unterricht genommen, um endlich ab 1543 ihre neun Geburten anderthalb Jahrzehnte lang zu absolvieren. Das mag wohl sein. Trotzdem ist mit dieser Nachricht noch nicht Henri II als Vater von Katharina Medicis Kinder inthronisiert. Sein sehr früh gezeigtes heteroamouröses Verhalten mit seiner Beziehung zu Diane de Poitiers spricht dagegen.

Ohne phylogenetisches Verständnis von der Mitprägung des Menschen durch familiengeschichtliche »Erb«faktoren, durch Vererbung genealogischer Erfahrungen, ist der Nachweis von königlichen Nicht-Vaterschaften nicht zu erbringen. – Beide Kinderscharen, geboren von den zwei Medici-Königinnen auf dem Thron Frankreichs, hatten null politischen »Sachverstand«, was bei Originalvaterschaft von Henri II und Henri IV anders gewesen wäre.

Die Vorfahren von Henri II und Henri IV, den königlichen Scheinvätern der KM- und MM-Kinder, waren Könige und Königinnen und zuvor Hochadlige mit Kronberechtigungen und Linien-Nähe zu den Regenten von Gesamtfrankreich. Solche Familien hatten seit Jahrhunderten »Überhaupt«-Herrscher produziert, wenn auch nur regierend über kleinere Territorien. – Henri IV entsprang dem politisch versiertesten Geschlecht Frankreichs, der Königsfamilie d'Albret, die es bis zum Beginn der Neuzeit geschafft hatte, ihr Königreich Navarra gegen alle Annektierungsgelüste von Spanien und Großfrankreich zu verteidigen. *Ein* Mittel des politischen Überlebens Navarras war die Akzeptanz der femininen Erbfolge. Es gab schon vor der Henri-IV-Mutter Jeanne d'Albret, regierender Königin von Navarra, zwei Königinnen mit diesem Namen! – Die Frauenerbfolge nicht auszuschließen zeugt von politischer Intelligenz, da Frauen nicht nur die Hälfte der Menschheit sind und zur Fortsetzung des Lebens »dazugehören«, sondern auch – soweit sie echte Frauen sind – eine eigene Fähigkeit haben, politische Gebilde am Leben zu erhalten. Dynastien, die Frauen ausschlossen, waren »schön blöd« und starben zeitiger und zügiger als Dynastien *mit* Frauenerb-Herrschaften.

Die simple alte »DNS-Probe« war die familiäre Ähnlichkeitsfrage, die nach Hitlers Arier-Rappel in der seriösen Wissenschaftsliteratur 60 Jahre lang nicht mehr gestellt werden durfte, weil sie nach »Rassismus« klang.

Kein MM-Dubletten-Kind ähnelt Henri IV, im Gegenteil, alle fünf sind Concini wie aus dem Gesicht geschnitten, vor allem sein Ältester Ludwig 13. –

Concini war ein Loch-ist-Loch-Mann. Er konnte mit jeder Frau zu jeder Zeit. Er zeugte nicht nur seine zwei ehelichen Leonora-Kinder und die Henri IV untergeschobenen fünf MM-Dubletten-Kinder, sondern hatte darüber hinaus noch unzählige Affären und Verhältnisse mit »chronisch« nicht erfasster Kinderzahl. – Die Kinder der *Katharina* Medici wurden von einem samenbänklerischen Prälaten gezeugt, der bei Todesstrafe zur Geheimhaltung des Geschehens verpflichtet war. Keines der acht überlebenden KM-Kinder ähnelte Henri II.

Wenn Henri IV kein hetero-amouröser Mann gewesen wäre und doch mit der MM-Dublette gekonnt hätte, hätte es andere Mittel gegeben, ihn von der Zeugung der MM-Dublee-Kinder auszuschließen, denn das beabsichtigte die Kardinalscorporation mit ihrer Einschleusung Concinis noch als Sondertrick. Seine Aufgabe als Samenbankier stand von vornherein fest, ganz gleich, in welchen sexuellen Verhältnissen er den König von Frankreich antreffen würde.

Obwohl die Kardinalskörperschaft schon seit hundert Jahren Frauen zu Hunderttausenden auf den Scheiterhaufen der human abgewirtschafteten europäischen Männlichkeit für das Wissen um Fruchtbarkeit und deren Verhinderung verbrennen ließ, setzte sie dieses weibliche Wissen für ihre eigenen Zwecke schamlos ein. Mit der Beigabe Leonora Dosis an die Seite der französischen Königin, ehemaliger Francesca Dosi, wurde geradezu zynisch eine Frau mit schwarzmagischen Fähigkeiten und ausgeübten Techniken ins Zentrum des französischen Hofes »geschlängelt«: Verhütung, Berechnung der Tage der Fruchtbarkeit, deren Vorspiegelung und Coitus ins Gegenteil hinein, in die Zeiten der Nicht-Empfängnisfähigkeit – das alles hätte Leonora vollbracht, um Concinis Vaterschaft der MM-Dubletten-Kinder zu garantieren und eine Henri-IV-Vaterschaft auszuschließen. – Als die Kurie Leonora nicht mehr brauchte, hat sie sie fallengelassen, als Hexe denunziert und zum Tode verurteilen lassen. Die einzige Gnade, die man ihr erwies: Zuerst Enthaupten, dann Verbrennung.

Die Rechnung der Italiener ging auf. Concini zeugte »Hochzeitsnacht«-prompt den neun Monate später geborenen Kronprinzen Ludwig 13 und noch weitere vier der insgesamt sechs Kinder der MM-Dublette – nur Nicolas nicht, den am 13. April 1607 geborenen zweiten Sohn, das dritte Kind, da Concini zur Zeugungszeit, Mitte des Jahres 1606, in Italien war. – Weil das zweite und dritte Concini-erzeugte Kind ein Mädchen war, bangten die Ex- und Akut-Kardinäle nach ein paar Jahren um den »Zur-Sicherheit«-Kron-

DIE KARDINALSBRAUT 351

prinzen, den nach fünfjähriger Pause männlicher Kinder – nach der Geburt Ludwigs des Dreizehnten am 27. September 1601 – ein bisher anonymer Gevatter-Begatter zeugen musste. Als Concini 1606 aus Italien zurückkam, ging es weiter mit *seiner* Kinderschar für den Thron Frankreichs: Gaston (25. 4. 1608) und Henriette (25. 11. 1609). Das Nebenheraus-Produkt Nicolas brauchte man nach der Geburt des zweiten männlichen Concini-Babys Gaston nicht mehr und ließ es im November 1611 nach viereinhalb Jahren Lebens sterben.

Concini als »Zuchtbulle« war für die Kardinalskörperschaft perfekt, weil er aus dem Hause Medici selbst kam – nicht als Blutsverwandter, doch saß er fest im Bestimmungssattel der drei florentinischen Toppolitiker Steuervater, Kardinalsfürst und Vertragsjurist. Dabei wurde die politische Verhaltenschaotik des Zeugungsgesandten hingenommen. Concini richtete ja nicht bei den Medicis in Florenz oder bei den Kardinälen in Rom Verheerungen an, sondern im französischen Regierungszentrum Louvre, was der KaKö sogar willkommen war, was sie mit seiner scheinbar funktionslosen Transportierung als »Co-Zeuger« direkt an die Seite des französischen Königs im Schilde geführt hatte.

Die MM-Dublette verhielt sich gegenüber Concini *partner*schaftlich und nicht apathisch, wie es wirkt, wenn er nur als funktionsloses Etwas am französischen Hof herumhängend und -fuchtelnd gedacht wird. – Dieses »Partnerschaftlich« löst ohne Wissen von Concinis Funktion in der Gefolgschaft der MM-Dublette Befremden aus. Concini war ab 1610 nach der Ermordung von Henri IV offizieller Co-Regent der Königin von Frankreich und vorher ihr inoffizieller Königskindermacher und heimlicher Realgatte, auf den sie sich bezog, dem zu Lebzeiten des Königs finanzielle und danach politischmilitärische Rechte eingeräumt werden mussten.

Deshalb Henris Sich-gefallen-Lassen des »Anschlusses« Concinis an seine Frau und an sich selbst. Der König war ihm gegenüber »zu Dank« verpflichtet, weil Concini ihm die demütigenden Sexualverrenkungen abnahm, eheliche Königskinder zu zeugen, was eigentlich Henris Aufgabe war.

Die Leibverminung

Mit dem Zeugungs- und Gebärpaar Concini-MM-Dublette hatten die Kardinäle Frankreich erstmals direkt in ihrer Hand. Man konnte sich langsam fädenspinnend der Ermordung von Henri IV nähern, dem in seinem Herzen protestantisch gebliebenen König. Man konnte konspirieren, ohne als Drahtzieher oder Anstifter zu schnell von der französischen Öffentlichkeit diskutiert zu werden, wie noch bei den Attentaten von 1593/94 durch Jesuitenschüler.

Rom hatte den französischen Hof ab Königsheirat der Offizial-Exkardinal-Medici-Nichte unter Kontrolle: Die italienischen Schwestern Dosi agierten subversiv von innen her, Henri IV aushöhlend. Und drei italienische Kurienkumpels agierten offiziell von außen ebenso: Baccio Giovannini, der Beichtvater der MM-Dublette, der päpstliche Nuntius namens Guido Bentivoglio und Giovan Battista Bartolini, der Botschafter des Großherzogs der Toskana. Diese drei Italiener hatten, wenn sie wollten, stündlich Zugang zur Königin und konnten über sie als »Mittelsfrau« im Louvre herumdirigieren.

Henri IV war schließlich so aus seiner Balance-Identität gerutscht, dass er das »Außen Katholik und innen Protestant« nicht mehr für sich selbst und für den Staat überzeugend hinbekam.

Henris sehr alter Beichtvater, René Benoist (1521–1608) – ein Pariser Volksprediger, der seine Funktion, den König als »confesseur du roi« zu kontrollieren, lässig nach Schema »des Teufels Großmutter« gehandhabt hatte –, starb nach 15 Jahren Tätigkeit. Henri bestellte als Nachfolger für diese Position den extremen Jesuiten, Pierre Coton (1564–1626), einen erst 44-jährigen, zehn Jahre jüngeren, eloquent-suggestiv redenden Mann.

Ohne Bewusstsein von der Lancierung der drei sich hinter höfischen Positionen verbergenden Italiener an die Spitze des französischen Staates und von ihrer Heftung an den »Leib« der französischen Königin bleibt die Ernennung des Jesuiten zum Seelen-Infiltrator des Königs unverständlich.

Die Ernennung Cotons zum neuen Beichtvater des Königs wird von der zuständigen Biografik sogar als staatsführerisch gekonnte Entscheidung von Henri IV eingeschätzt – mit den Gegnern zu paktieren und sie bis ans Herz heranzulassen.

Die Jesuiten sind von Papst Paul III. eigens in einer Bulle 1541 als Armee gegen alles Protestantische ab»gesegnet« worden – nicht als Brust-an-Brust-Krieger, sondern als spirituelle »Rektoren« direkt in die Brust des Feindes hinein wirkend, wie es volkstümlich komprimiert wurde: »von hinten durch die Brust ins Auge!« – Henri IV wusste das, war er doch schon mehrmals Zielscheibe von Attentaten, deren Pfeile bis heute Jesuiten-hintermännerisch-abgeschossen diskutiert werden.

Vor dem Panorama der Invasion des kardinalskörperschaftlichen V-Leute-Trios Concini und der Dosi-Schwestern plus der Guard von klerikalen Direkt-Emissären, firmierend in harmlos erscheinenden diplomatischen und

DIE KARDINALSBRAUT

religiösen Ämtern, ist Henri IVs Heranziehung des Jesuiten Pierre Coton als königlichen Beichtvater das Fallen ins selbstaufgestellte Schwert. Und in der Tat bewegte sich Henri ab dieser Zeit wie von Fäden gezogen auf sein Attentat zu, das ein sogenannt Irregeleiteter am 14. Mai 1610 dann nur noch zu verüben brauchte.

Seit über 40 Jahren hatte Henri IV nicht zählbare Attentate überstanden. Sein letztes *suchte* er. Trotz von allen Seiten auf ihn zukommender Warnungen, oft eingekleidet in Prophezeiungen, war er selbst längst so ferngesteuert, dass er die Attacke nicht mehr parieren konnte. Mit dem Jesuitenbeichtvater hatte sich die Falle um ihn endgültig geschlossen. Als seine ihn liebenden, ihn bewachenden Beschützer am Morgen des geplanten Mordes baten, seine Leibwächter zu verstärken und auf der geplanten Kutschenfahrt Sonderschutzmaßnahmen ergreifen zu dürfen, lehnte er ab.

Die zerstörerische Präsenz von vier verschiedenen Kurienleuten am »Leibe« des französischen, innerlich protestantisch gebliebenen Königs ist heute nicht richtig vorstellbar. Doch die »Zersetzung« des Königs, die drei von ihnen (Concini und die Dosen) ab 1600 und der vierte (Beicht»vater« Coton) ab 1608 betrieben, war ein seelischer Vorgang, der sich im Gesicht Henris abgebildet hat, das immer mehr resigniert, weint bis schreit und dann sich nur noch vorgealtert maskenhaft zusammenhält.

Die psychische Aushöhlung des Königs lässt sich mit einem Sozial-Vorgang beschreiben, der zeigt, wie griffig und zugriffig die offiziellen und inoffiziellen italienischen Gesandten sich am französischen Königshof verhielten.

Der Botschafter des Großherzogs der Toskana, Bartolini, war ein täglicher »Zureiter« der Königin, der Offizial-Nichte Ferdinando Medicis. Als der Conciniputsch am 24. April 1617 dieses »Pferd« außer Funktion setzte, war der florentinische Botschafter der Einzige, der die Situation für seinen Herrn und damit für die gesamte Kardinalskörperschaft rettete. Alles hing am seidenen Faden, die Königin war eingesperrt worden, Concini erschossen. Jemand Fremdes plötzlich an der Macht in Frankreich, den die KaKö noch nicht im Griff hatte, ja, der ihr so gut wie unbekannt war: Charles de Luynes, Liebhaber des 15 $\frac{1}{2}$-jährigen Königs Ludwig 13, die beide während der sieben Jahre Concini-MM-Dubletten-Herrschaft keine politische Rolle gespielt hatten!

Der florentinische Botschafter war der einzige Mensch, der sich einen geheimen Zugang zur gefangen genommenen Königin verschaffen konnte. Sie war in ihren Gemächern verschlossen worden, Wachen postierten vor ihrer

Suitentür, kein Rein und kein Raus möglich. Nur Bartolini erreichte das Unmögliche – entweder *in corpo* über den Schornstein, oder er hat die Wachen vor der Tür mit einer Lebenspension ausgestattet, über welche Stundenschnell flüssig gemachten Bestechungssummen nur ein Angehöriger des Bankhauses Medici verfügte.

Der Botschafter war trotz Kontaktverbots und MM-Dublee-Quarantäne schon in den ersten Tagen zur Königin vorgedrungen und hatte mit ihr die zukünftigen Strategien festgelegt: Verhandlung mit dem aufständischen Sohn, dem nun endlich De-facto-König gewordenen Ludwig 13. Das Allerwichtigste: Die Verhandlungen müssen für die Königin von jemand ganz Bestimmtem geführt werden, vom zukünftigen Mann der Kardinalscorporation am französischen Hofe, vom Bischof Armand-Jean du Plessis de Richelieu, dem Regierungsmitglied für Militär- und Außenpolitik! Und das Fernziel: Alles daransetzen, so bald wie möglich wieder ins Amt der Königinmutter zurückzukehren!

Der Botschafter erreichte mit diesem seinem Geheimeinstieg in die Gemächer der eingesperrten Königin alles. – Er hatte sofort nach der Erschießung Concinis an den Großherzog der Toskana einen Eilkurier geschickt, denn der *Medici*-Usurpator auf dem Thron Frankreichs war gestürzt worden.

Wie die Geschichte es dann weiter vorgeführt hat, haben die kardinalscorporativen V-Männer mit den harten wirtschaftspolitischen Aufgaben die kurze Chance des Entgleitens Frankreichs aus ihren Händen durch den Conciniputsch umgehend zunichte gemacht.

Königs-Gen-Vermasselung

Die Hervorbringung der fünf französischen Königskinder durch das Paar Concini-MM-Dublette hatte für die römischen Kardinäle noch einen »Rosenkavalier«'schen Ochs-auf-Lerchenau-»Schick dazu«:

Auf vier Thronen Europas saßen alsbald diese unstatthaft produzierten französischen Königskinder, in Wirklichkeit erzkatholische Italiener: Frankreich = Ludwig der Dreizehnte, Spanien = Elisabeth, Frau von König Philipp IV., vermählt mit ihm in der Doppelhochzeit der Spanier Anne d'Autriche und Philipp IV. mit den eingezeugten Italienern Ludwig 13 und Elisabeth de France, vertraglich festgelegt im August 1612. – Das dritte Kind, die zweite Tochter Christine, heiratete nach Savoyen – für die Päpste ein sehr wichtiger Pufferstaat, gelegen unter der inzwischen protestantischen Schweiz, westlich neben Italien, südöstlich von Frankreich. Christine riss die Herrschaft über

DIE KARDINALSBRAUT 355

das kleine Land nach dem frühen Tod ihres Mannes an sich, geriet gemeinsam mit ihrem Liebhaber in Streit mit ihren zwei Schwägern, den noch der bewährte Streitschlichter Giulio Mazzarino nach Jahren schlichten musste. – Und die dritte Tochter Henriette heiratete in das von Heinrich VIII. papstgetrennte England ein – als Frau des englischen Königs Karl I. Bei politischem Talent hätte diese Frau Katharina-Medici-gleich die Verhältnisse in England zurückdrehen können, was sie versuchte. Es gelang ihr nur, das Herannahen der englischen Revolution zu beschleunigen und damit die Hinrichtung ihres Mannes, den sie nach rechts extremisierte, zu provozieren und »unverrichteter Dinge« nach Frankreich zurückzukehren!

Im 17. Jahrhundert war das Wissen von der phylogenetisch-stammesgeschichtlichen Prägung des Menschen noch lebendig, das in der zweiten Hälfte des 20. Jahrhunderts unter der Gen-Dogma-Diktatur verschüttet wurde, die weltweit wissenschaftlich indoktrinierte, die Gene *allein* bestimmten das Leben des Menschen. Die brandjüngste Entmachtung dieser Ideologie-Diktatur rückt den Menschen wieder zurecht in das Koordinatensystem von *vier* Beeinflussungen bei seiner Entstehung: 1. *physio*genetisch – angeborenes »Material«, 2. *psycho*genetisch – erworbene Merkmale, 3. *sozio*genetisch – gesellschaftliche Determinierung, 4. *phylo*genetisch – Vererbung von Ahnen-Erfahrungen (50 Jahre lang als angeblich unwissenschaftlich streng verpönt) (91).

Wie stark jeder einzelne Faktor wirkt, kommt auf das Verhältnis aller vier zueinander an. Gesetzt den Fall der Ausgewogenheit der drei ersten Einflüsse, haben Körper, Psyche und Gemeinschaft dann immer noch die Rechnung ohne den Wirt der sogenannten stammes-, besser familiengeschichtlichen Erfahrungen gemacht, wenn nicht die Phylogenese – die Herkunftsgeschichte – bei der Prägung des Menschen mitberücksichtigt wird.

Die französischen Chronisten schlagen die Hände über dem Kopf zusammen, weil Ludwig 13 nichts von seinem Offizial-Vater Henri IV »geerbt« hätte, weder die politische Größe noch die robuste Gesundheit noch die amouröse Heterosexualität. Als Henri IV am 14. Mai 1610 mit 56 Jahren ermordet wurde, fanden die Ärzte bei der Sezierung seines Körpers einen gesunden Mann vor, der hätte 80 Jahre alt werden können, wie sie verlauten ließen.

Ludwig der Dreizehnte war kein Sohn von Franzosen, geschweige denn von französischen Königlichen, und hat sich so auch verhalten. Väterlicherseits entstammte er seinen Real-Großeltern, der herkunftsunbekannten florentinischen Bürgerin Camilla Miniati und dem Steuerjuristen Giovanni Battista Concini – dessen Abstammung von den Grafen Penna durch Ludwigs Vater, Concino Concini, nur nebulös demonstriert, aber genealogisch nicht aufgeschlüsselt hergeleitet wurde. – Ludwig 13 zeigte sich in seinem Leben deutlich als ein Formalist wie sein steuerjuristischer Großvater, Giovanni Battista Concini. Ludwig war auf die Wahrung der Vorschriften bedacht, geradezu ängstlich, wie man behauptet. Viel mehr für seine Regenten-Aufmerksamkeit ließ ihm Richelieu bei den Staatsgeschäften nicht mehr übrig!

Noch ausgeprägter war Louis XIII ein Enkel seiner *mütterlichen* Großeltern, der Eltern des Maria-Medici-Doubles, Francesca Dosi: Wäscherin-Oma Katharina Dosi und Tischler-Opa Jacopo Bastiano. Ludwig 13 »kam« vor allem auf seinen Großvater Jacopo. Er war ein Praktiker: Bastler, Bühnenmann, Musiker, Koch, Bäcker, Reiter, Soldat und Jäger.

Ludwig dem Dreizehnten fehlte in seiner *phylo*genetischen Wirklichkeit auch das *Medici'sche* Erbe. Sohn einer Original-Medici-Mutter gewesen zu sein, die in Florenz im Palazzo Pitti aufgewachsen ist, daraus wäre dann fast ein »Königssohn« entstanden, denn die Medicis waren auf ihre Weise ein italienisches Herrschergeschlecht, das die Stadt Florenz und das Land Toskana seit Jahrhunderten in ihrer Gewalt hatte. – »Herrschen« hieß, die generationenlang erworbene Fähigkeit auszuüben, Städte, Länder oder Nationen zu *führen*, was sich im Verhalten einer ganzen Familie niederschlägt.

Bei allen Concini-MM-Dubletten-Kindern kann nur von politischem Straucheln und Fuchteln gesprochen werden. – Auf dem französischen Thron saßen ab Francesca Dosi und Concino Concini nicht mehr die seit Jahrhunderten führungsgeübten Aristokraten, sondern KaKö-weisungstrainierte Unterste, die Unterste hervorbrachten, die sich psychosozial nicht schnell genug in der hohen Position, in die sie hineingezeugt und hineinverheiratet worden waren, zurechtfanden.

Auch der jahrzehntelang als französischer Kronprinz positionierende Gaston, jüngerer Bruder Ludwigs des Dreizehnten, zeigte sein ganzes Leben ein hilfloses Hin und Her zwischen Protest und Affirmation. Er war sogar so »naiv«, seinen in zweiter Ehe geborenen Sohn nicht sonderzuschützen. Ein Sohn Gastons kam für Richelieu schon einem Staatsstreich nahe. Richelieuregime-adäquat starb Gastons Sohn schon als Säugling. – Die Mutter von Henri IV, Jeanne d'Albret, hatte sofort bemerkt, was los war, als ihr erster Sohn von einer Pflegerin aus »Unvorsichtigkeit« aus der französischen Thronfolger-Gefahrenzone heraus- und ins Jenseits hineinbefördert worden war. Ihren nächsten Sohn, den späteren Henri IV, überließ sie niemandem

DIE KARDINALSBRAUT 357

mehr. Solch eine familiär-politische Selbstschutz-Intelligenz brachte der Concini-MM-Dubletten-Sohn Gaston nicht auf.

In phylogenetischer Hinsicht war die erste Kardinalsbraut auf dem französischen Thron, Katharina Medici, ganz anders als das MM-Duplikat. Katharina Medici war stammesgeschichtlich väterlicherseits eine echte Medici, mütterlicherseits eine französische Hochadlige. Obwohl sie von den beiden Medici-Päpsten, den gleichaltrigen Vettern Leo X. und Klemens VII., zu einer Homuncula »verzogen« worden war, benahm sie sich in den 30 Jahren ihrer Regentschaft über Frankreich wie eine echte Souveränin – zwar durchweg antihuman, aber beim Destruieren immer souverän. Auch wenn sie in einer Art Kaspar-Hauser-Reduktion, einer Botschafts-vergifteten Keller-Humanität, aufgewachsen war, konnte sie »von allein« herrschen, was die gefälschte Medici und alle ihre Kinder nicht konnten.

Bei Katharina Medici kann das Koordinatensystem der vier Beeinflussungen genau nachvollzogen werden: Physiogenetisch = super: bis 70-jährig gesund, neun Geburten, davon nur drei Babys früh tot, die letzten weiblichen Zwillinge und ein männliches Kleinkind, sieben Kinder wurden erwachsen. Soziogenetisch – Land, Zeit, Klasse, Aufwachsensumfeld = bestens. Phylogenetisch = optimal. Psychogenetisch = »Gesamtscheiße« (hier brauchbare Marx'sche Wortschöpfung zur Paraphrasierung von Phänomenen zwecks Sofortverständnis).

Den größten Reibach hatten die Kardinäle bei all ihren französischen Operationen mit dem auf Frankreichs Thron sich fortpflanzenden Paar Concini-MM-Dublette gemacht: Ausmistung des protestantischen Erbguts!

Nicht nur alles Französische, alles Königliche und alles Aristokratische, sondern auch noch alles Protestantische war weg aus der Stammesgeschichte des französischen Throns.

Henri IV war schon Protestant in *dritter* Generation, war als Protestant geboren, von einer protestantischen Mutter erzogen worden, die, als sie Königin wurde, Navarra als protestantischen Staat ausgerufen hatte. Und Henri IV war noch dazu mit einer protestierenden Großmutter ausgestattet, Margarete von Navarra, der Reformatorin, Humanistin und kritischen Autorin auf dem Thron des einzig übrig gebliebenen kleinfranzösischen Königreichs an der spanischen Grenze.

Aber auch die in das Königreich Navarra einheiratenden Bourbonen-Männer waren protestantisch oder alliierten sich mit Protestanten. – Papst Sixtus V. verfluchte 1585 nicht nur den damaligen Navarra-König Henri III, späteren Henri IV für Gesamtfrankreich, sondern auch noch dessen Vetter ersten Grades, den Herzog von Bourbon-Condé. Damit belegte der Papst die ganze Navarra-Sippe mit dem Bann. – Doch die erste kardinalscorporative V-Frau auf dem Thron Frankreichs, Katharina Medici, begnügte sich nicht mit solchen ideologischen Waffen. Sie ließ Henri Bourbon-Condé drei Jahre später mit Mitte 30 von seiner Ehefrau vergiften!

Die Condé-Söhne und -Enkel machten den nachfolgenden Bourbon-gefälschten Regierenden unentwegt Schwierigkeiten. Concini und die MM-Dublette verhafteten den Henri-IV-Condé-Neffen im September 1616. Louis XIII und Charles de Luynes ließen ihn nach drei Jahren Haft 1619 wieder frei.

Und es existierte noch ein gleichaltriger Halbbruder von Henri IV, der väterliche Bastard, Charles de Bourbon (der Zweite), der die Entwicklung seines königlichen Halbbruders kooperierend begleitete und den Henri IV später als einen Mann seines Vertrauens zum Kardinal machte, der überraschenderweise nach ihm schon im selben Jahr starb, in dem Henri ermordet wurde. Sicher ist sicher! Weg ist weg! – Bei den echten Bourbonen wussten die kardinalscorporativ-orientierten Leute nie, woran sie waren.

Doch die Ermordungen von Einzelnen konnten nie so sicher zum gewünschten Ziel führen, wie sich die Gen»säuberung« des ganzen französischen Bourbonen-Königsgeschlechts ausgewirkt hat.

Die für die Kardinalscorporation auf Dauer lebensbedrohliche, prohumane Genealogie von Henri IV auf dem nationalen Königsthron war mit dem Paar Concini-MM-Dublee einfach »herausgezeugt« worden. Und sollte nie wieder auf den französischen Thron zurückkehren.

Die Sohnvermanschung

Die – Frankreich schadenden – Taten der MM-Dublette bündelten sich in vier Destru-Verhaltensweisen:

1. die fünf genetisch gefälschten Königskinder mit Concini hervorbringen,
2. Henri IV ein Jahrzehnt lang zermürben und danach ermorden lassen,
3. als Alleinregentin zusammen mit Concini auf dem Thron Volks-ausbeuterische Desaster anrichten und
4. dem Mitglied der Kardinalskörperschaft, Richelieu, die Regierungsgewalt übertragen.

Es gab noch eine fünfte, landesbreit und historisch weit in die Zukunft wirkende dunkle Tat der italienischen Geheim-Usurpatorin Francesca Dosi auf dem französischen Königsthron. Das war das psychische Kaputtmachen des eigenen ältesten Sohnes – das menschlich sogenannt Ärgste, weil es Dosis Inhumanität gegenüber einem vollkommen Wehrlosen zum Ausdruck brachte. Wegen ihrer eigenen Herkunft aus kleinbürgerlichen Kernfamilien-Bedingungen war Francesca Dosi ein Opfer des Übertragungs-Mechanismus: Menschen agieren ihre ungelösten Probleme – ihnen eingehandelt in ihren Ursprungsfamilien – in ihren neuen Beziehungen zu Partnern und vor allem zu ihren Kindern aus.

Jenseits des Auftrags, den sie von den Klerikalen bekommen hatte, den Thronfolger zu denaturieren, zu destabilisieren und zu deformieren, auf dass er klerikal sein Leben lang dirigierbar war, hasste Dosi ihren Erstgeborenen, Ludwig den Dreizehnten, auch aus eigenem »Antrieb« vom Beginn seines Lebens an, obwohl sie mit seiner Geburt die hohe Weihe der solventen französischen Königin empfangen hatte, männlichen Nachwuchs für die Dynastie-Erhaltung geliefert zu haben.

Francesca Dosi reagierte ihren Hass auf ihre Familienmänner an ihrem Sohn, Ludwig 13, ab. Sie hatte zwei ältere Brüder und einen nichtehelichen Vater, die alle an ihr Kindesmisshandlung, sexuellen Missbrauch und ab Beginn ihrer Pubertät, zu welcher Zeit sie noch bei ihren Eltern Dosi-Bastiano lebte, sexuelle Gewalt verübt haben können. Francescas Überführung in den Job des Maria-Medici-Doubles geschah erst, als sie 14 war.

Francesca Dosi führte während ihrer Königinnen-Zeit eine Ranküne-Persönlichkeit vor – »rachsüchtig« beschreibt sie die zeitgenössische Chronik –, ein Merkmal jüngerer und jüngster Geschwister. »Rachsucht« ist kein Reagieren auf Aktualverletzungen, sondern die Sucht nach Rache für lange zurückliegende, psychisch eingespeicherte Verletzungen durch aufwachsensbegleitende Familienmitglieder – das späte Sich-Austoben an Unschuldigen, den Übertragungsobjekten, die dafür büßen müssen, was dem einstigen Kind von seinen älteren Geschwistern und Eltern vor langer Zeit angetan wurde.

Francesca Dosi hatte nicht nur zwei ältere Brüder, sondern auch noch zwei ältere Schwestern (Cassandra und Diadora alias Leonora), die bei der Jüngsten foppend und folternd zugelangt haben können.

Aber Francesca Dosi brauchte auch jemand Schwaches, um erstens irgendwem ihre personelle Gesamtverheerung als Frankensteinerin zu »entgelten«, um zweitens die nie wieder aufhörende Gängelung durch ihre ältere Schwester Leonora ins Gegenteil der Fesselung eines ihr Unterworfenen zu verkehren und um drittens die Existenzwut über ihr Verkauftwordensein explosivartig auszuagieren.

Francescas Wut auf die Leute ihrer Herkunft bezog sich auf alle ihre Ursprungs-Familien-Mitglieder, die sie ab 14-jährig in die falsche Existenz gezwungen hatten. Die psychisch nicht bearbeitete, im Verhalten bewusst nicht steuerbare Wut der MM-Dublette richtete sich also auch gegen ihre Mutter, die Waschfrau Katharina Dosi.

Gegenüber Ludwig 13 kam der ganze Wust des Unbehagens an der eigenen Doppelstockpersönlichkeit »ungehalten« heraus. Ludwig ähnelt mit seinem norditalienisch-süddeutschen Gesicht den Angehörigen Francesca Dosis am meisten, besonders ihrer älteren Schwester Leonora (Abb. 26).

Ihr Verhältnis zu ihren jüngeren vier Kindern ist ebenfalls nicht unproblematisch. Sie hat nicht gerade »aufbauend« auf ihre anderen Kinder gewirkt, die eine Scheiterungsspur in ihren feudalen Positionen nach sich ziehen – ein weites Feld, das der Beackerung harrt: die gefälschte Maria Medici als Mutter! – Und doch kann schon aus den Bruchstücken der Überlieferung gesagt werden, dass Francesca Dosi mit keinem anderen ihrer Kinder so spektakulär destruktiv umging wie mit ihrem ältesten Sohn, Ludwig 13, was sich in Ludwigs Erwachsenenleben fortsetzte bis zu ihren zwei Kriegen gegen ihn.

Für ihre Position als »Oma« der »Königsfälschung Louis XIV« bezeichnend ist die frühe Verheiratung ihres Sohnes mit der spanischen lesbischen Prinzessin Anna d'Austria, mit der sie zwischen den Eheleuten »Unverständnis« doppelt und dreifach säte. Auch wenn Francesca Dosi von den psychosexuellen Bedingungen der »Zukünftigen« ihres Sohnes noch nichts gewusst hat, hat sie destru-instinktiv abermals eine Lunte zu zukünftiger Zerstörung gelegt. Hätte Dosi ihrem Sohn Zeit gelassen, sich selbst eine Kompromiss-Frau aus den Reihen der französischen Hochadligen zu suchen, hätte er als Rosenkreuzer eine Unterschiebungs-willige und -fähige Gattin finden können, die auf die feudal-akzeptierte Weise die Dynastie mit ihren Männerbeziehungen hätte fortsetzen können.

Es gibt nichts, was Dosi im Leben ihres Sohnes positiv bewirkt hätte. Die Chroniken sind schon von Louis-klein auf voll von nur Scheußlichem, Peinvollem, Sadistischem.

Mit dem bei Francesca Dosi zum Vorschein kommenden Übertragungs-Mechanismus gegenüber ihrem ältesten Sohn Ludwig 13 outete sie sich selbst auch noch speziell als Nicht-Angehörige der Oberschicht, denn bei Adligen *vor* Beginn der Verbürgerlichung *aller* Menschen gab es solch einen Übertragungsmechanismus nur in Ausnahmen, da aristokratische Kinder in der Regel nicht (nur) bei, mit und unter ihren leiblichen Eltern aufwuchsen, sondern eine Schar von Begleitpersonen um sich hatten, die die schlechten Einflüsse von *einer* Bezugsperson korrigieren und relativieren konnten.

Das Maß des Schreckens elterlichen Fehlverhaltens zum Überfließen gebracht: Die MM-Dublette schlug ihrem Sohn auch noch den Aufbau seiner Identifikation mit dem König Henri IV kaputt, indem sie ihm mit achteinhalb Jahren die positiv besetzte Vatergestalt für immer raubte und Ludwig nun dem nicht gewussten Originalvater-Chaoten Concino Concini aussetzte, den sie zum realen König machte, mit dem Ludwig 13 sich nicht identifizieren konnte.

Louis XIII liebte seinen Offizial-Vater Henri IV zärtlich, nannte ihn »papa«, auf den der Knabe mit seiner ganzen Fantasie zulebte, wenn er ohne ihn in Saint-Germain-en-Laye lange Zeiten verbringen musste. Henri IV hatte den physisch nicht eigenen Sohn psycho-sozial als Sohn angenommen, war ein echtes Vater-Sohn-Verhältnis mit ihm eingegangen und hatte versucht, die negativen Verhaltensweisen der Mutter zu korrigieren. Dadurch konnte Louis seine Mutter zu Lebzeiten Henris psychisch von sich weghalten. Er hatte nur ein organisatorisches Verhältnis zu ihr, kein emotionales. Er nannte sie distanziert »mère«, nicht »maman«.

Die gestörte Unübereinkunft zwischen Mutter und Sohn hält Rubens noch im Louis-Krönungsbild seines Maria-Medici-Apotheose-Zyklus fest, obwohl alles an Schönheit der 30 Jahre jünger gemalten Frankensteinerin erfunden ist. Nicht erfunden sind die Gesten und Blicke, die fragenden Augen des 13-jährigen Jünglings an der vor ihm knienden Mutter vorbei, seine ganz weit weg von ihr gehaltene rechte Hand, die die ausgestreckte Hand der Mutter ins Leere reichen lässt.

Von 8½ bis 15½ – in welchen Jahren Ludwig 13 ein beleidigendes und geknechtetes Schattendasein unter dem Realregenten-Paar Concini-Dosi führen musste – verläuft die entscheidende Zeit der Mannwerdung, die Ludwig 13 als erniedrigter Königsgnom verbringen musste: Sozial-Vater-Beziehungs-Abbruch, Real-Vater-Schimäre – mit Staatssadist Concini ein Brett vor der Zukunft. Kein Wunder, wenn Migräne und Melancholie sich in Ludwig 13 auch jenseits seiner gesellschaftlich erzeugten Homosexuellen-Problematik als Reaktionskonzept festsetzten, das manchmal in eruptiv-sprengenden sexuellen Momenten auseinanderbarst.

Die Frankensteinerin hat psychopolitisch alles getan, damit ihr Kronprinzsohn Ludwig 13 so verunstaltet wird, dass er lebenslänglich in einem administrativen SM-Verhältnis zu dem De-facto-Regenten Richelieu gefangen wird. – Nach dem Gelingen des Ausbruchsversuchs ihres Sohnes 1617 im Conciniputsch hat sie dreieinhalb Jahre gegen ihren Sohn alles – bis zu den

Höhepunkten von zwei Kriegen – unternommen, was an Hard- und Soft-Kriminalität möglich war, bis um den verzweifelten Ludwig die Falle Richelieu zugeschnappt war, der dann mit seinem Monsterbaby Louis XIV ganz Frankreich zu Frankenstein verunstalten würde.

Intelligence-Coup

Um nicht einen Schatten des Verdachts aufkommen zu lassen, die Analyse der Funktion Concinis am französischen Hof sei Fantasie-getrübt, muss auf Materialien hingewiesen werden, die das »abgekartete Spiel« der KaKö enthüllen. Bei der »Über-Land-Verschickung« Concinis hat es sich keineswegs um einen Spontaneinfall des kardinalskörperschaftlich-kooperativ agierenden Florentiner Groß(herzog)-Bankiers Ferdinando Medici gehandelt, damit der MM-Dublette Francesca Dosi, der nach ihrer Reise nach Frankreich heimatlosen Offizial-Großherzog-Nichte, neben ihrer Schwester Leonora noch ein zweiter italienischer Anker mit an Bord gegeben würde.

Die Lancierung Concinis an die Spitze des französischen Hofes war eine seit Monaten gründlich vorbereitete Strategie zur generativen Unterminierung des französischen, protestantisch »durchseuchten« Herrschergeschlechts:

Sowie der Heiratskontrakt zwischen Henri IV und dem Großherzog der Toskana am 25. April 1600 unterschrieben war, schickte der Exkardinal Ferdinando seinen Agenten Baccio Giovanini, späteren Beichtvater der MM-Dublette, nach Paris, um ihn vor Ort »ventilieren« zu lassen, wie eine Infiltration Concinis in den französischen Hof des Louvre praktisch zu prozedieren sei.

Man hatte zuerst an einen Eintritt Concinis in die Schutztruppe von Henri IV gedacht! Schließlich war die Nebenfunktion Concinis, an der Vorbereitung eines Attentats auf Henri IV mitzuwirken.

Baccio Giovanini schreibt schon am 12. Mai 1600 nach Florenz: Der Plan ließe sich nicht verwirklichen. Um den König herum seien fast nur Protestanten! Ihm so treu ergeben, dass sie ihre Stiefel nicht auszögen, ihn überallhin begleiteten, auch in den Krieg und zur Jagd (102, S. 14). Das sind die Männer, die ihren König »nostre Henri!« nennen. In diesen Ring von 15 bis 20 Mann um den König konnte kein des Französischen nicht mächtiger Florentiner eindringen!

Nächster Plan: Kann Concini ein französischer Höfling oder ein höherer Armeeangehöriger werden?

DIE KARDINALSBRAUT 363

Concini, der militärisch Unerfahrene, als Offizier? Ja, wenn er sich hätte einen militärischen Status *erkaufen* können. Doch das würde ohne riesigen finanziellen Aufwand auch nicht klappen, schreibt Baccio Giovanini an Fürst Ferdinando am 28. Juni 1600.

Der florentinische Agent befindet sich nun schon seit zwei Monaten in Paris, um für Concini eine Position zu eruieren, von der aus der Schattengatte der designierten Königin von Frankreich für die diversen geheimen Zwecke tätig werden könnte. Ergebnis: Concini würde auch als gehobene höfische und/oder militärische Person niemals zugelassen werden, wenn er sich nicht mit einem kleinen eigenen »Hofstaat« von Dienern, Pferden und der Hausführung eines Aristokraten in Paris etablierte (102, S. 15).

Resümee des außerordentlichen Abgesandten des Florentiner Großherzogs: Auf legalem Wege ginge Concinis Einschleusung in den Louvre nicht.

Also illegal! – Concini wurde im Dezember 1600 bei seiner Person-Einschmuggelung in die Entourage der MM-Dublette von den höchsten florentinischen Dienstmännern des Großherzogs flankiert: Vom als Beichtvater der MM-Dublette verkleideten Agenten Ferdinandos, Baccio Giovaninni, der in Paris bleiben wird. Und vom Staatssekretär Bellisario Vinta, der als Stellvertreter des Großherzogs und Offizial-Braut-Onkels mitgereist war!

Somit war Concini erst einmal im französischen Hof »irgendwie drin«. Alles andere würde dann noch über die Königin selbst erzwungen werden können, wie Concinis Start-Fungieren als zukünftiger Ehemann der »ersten Kammerfrau« der Königin, ihrer Schwester Leonora Dosi. Das war schon ein Adels-Usancen-überrumpelnder, erster Hof-sabotierender Schleichvorgang, der überhaupt nichts kostete!

Die Geheim-Mission Concinis verlief reibungslos nach dem alten Prinzip: Soll etwas verborgen werden, muss es entweder ganz unsichtbar gemacht oder direkt frontal herausgekehrt werden, weil das Frontal-Gezeigte so verblüfft, dass ein Nachfragen nach Unlauterkeit unterbleibt.

Die Bank der Mafia

Dass das Kardinals-Duo, Exkardinal Ferdinando Medici und Aktual-Kardinal, Pierre de Gondi, zusammen verbrecherisch tätig war und darauf hinarbeitete, Henri IV »kaputt« zu machen, ist wieder nur aus den Hintergründen ans Licht zu »zerren« – mit Daten und Fakten, die erst im Laufe der Jahrhunderte nach den Ereignissen um 1600 »herauskamen«.

Die schriftstellerischen 21.-Jahrhundert-Wende-Pointierungen wirken oft nur lesefreundlich spaßig, ja manchmal Geck-bezüglich überspitzt, jedoch komprimieren sie immer das Unglaubliche und wirklich Vorgefallene.

Mit den 14-jährigen und 30-jährigen Medici-Bräuten kamen Galionsfiguren von Banditenschiffen härtestgesottener kardinalskörperschaftlich ausgewählter italienischer Wirtschafts- und Kurienpolitiker nach Frankreich, die sofort nach Eintreffen ihre Protestanten-Entwicklungs-sabotierende Tätigkeit aufnahmen, während Kardinalsbraut 1, Katharina Medici, noch weiter heranwuchs, bis sie ihre Prälatenbabys bekommen konnte, und Kardinalsbraut 2, die MM-Dublette, sich im Olymp des französischen Hofes mit Capricen, Konspirationen und Concini-Kinder-Geburten einrichtete. Was die Bräute taten, sah man – was die KaKö-Kollegen taten, sah man nicht.

Kardinal Pierre de Gondi (1533–1616) ist Sohn des »Einwanderers« Antonio Gondi, im »Treck« vom Medici-Papst Klemens VII. und seiner Großnichte Katharina mitgebracht. – Die Gondis waren Florentiner Bankiers, eine Nummer kleiner als die Medicis, auch sie seit 1300 in Florenz »gemeldet«. Antonio Gondi (1486–1560) eröffnete sofort nach Eintreffen in Frankreich 1533 sein Bankhaus in Lyon.

Dass die Kardinalskörperschaft es für nötig befand, der Königin von Frankreich in spe ein ganzes italienisches Bankhaus mitzugeben, entblößt den wirtschaftspolitischen Hintergrund der Infiltration. Bankiers hatten die Franzosen doch selbst genug. Ja, aber es ging darum, für die Hunderte von Privatmorden und die Zehntausende von Offizial-Staatsmorden, die Katharina Medici als französische Königin verüben würde, permanent päpstliche Gelder nach Frankreich zu transferieren. – Inwieweit gerade auch französische Bankiers mit zu den Protestanten gehörten – was sie taten wie die meisten Hochadligen –, konnte die römische Kardinalsrunde nicht überblicken und voraussehen. Da war es unerlässlich, eine *eigene* Bank in Frankreich zu gründen, die hundertprozentig Rom-kardinaliter orientiert war, aus der sich die spätere Fließbandmörderin immer schnell und problemlos bedienen konnte, wobei es historiografisch hübsch neutral nur heißt: »Papst Pius IV. (etc.) unterstützte Katharina Medici in Frankreich bei ihrem Kampf gegen die Protestanten.« Solch eine »Unterstützung« hatte eine unsichtbare finanzpolitische und geldtransferierend praktische Seite, für die das aus Florenz mit eingewanderte Bankhaus Gondi zuständig war.

Über die florentinische Bank in Frankreich wurden auch spätere Transaktionen vollführt, die so etwas wie die sofort Großgeld-flüssige Bestechung der Wachtposten vor der eingesperrten Königinmutter, der MM-Dublette, nach dem Conciniputsch am 24. April 1617 ermöglichten. – Dergleichen Aufgaben übernahm das in Lyon installierte florentinische Bankhaus Gondi. Die Medicis selbst waren zu groß und zu berühmt für diesen Zweck. Ganz Europa hätte sich darüber gewundert, was die Medicis mit ihrem Umzug nach Frankreich wohl beabsichtigten!

Söhne und Enkel des Bankiers Antonio Gondi besetzten in Frankreich staatliche Schlüsselpositionen des Reaktionär-Papst-Stabilisierenden. Antonio Gondi selbst wurde unter Henri II und Königin Katharina Medici »maître d'hôtel« (so etwas wie Bauminister). Antonios zweiter Sohn Pierre, Henri Quatres Medici-Unterhändler, wurde 1569 Bischof von Paris, 1587 Kardinal. Er war Beichtvater des Königs Charles IX, »Grand Aumônier« Katharina Medicis und Spezial-Unterhändler für Henri III beim Papst, ehe er sich 1589 Henri IV anbot und die Verhandlungen mit dem Großherzog Medici zunächst über Kredite für Henris Belagerung von Paris und seine Kriege gegen die Katholiken und später über die Heirat von Ferdinando Medicis Offizial-Nichte, der MM-Dublette, führte.

Zwei Jahre nach seiner Konversion zum Katholizismus und Antritt seines Amtes als König von Frankreich 1593 schickte Henri IV 1595 den Kardinal Pierre Gondi als seinen Botschafter nach Rom – eine selbstschädigende Fehlentscheidung, weil Gondi mit seiner jahrzehntelangen Vergangenheit als Werkzeug Katharina Medicis nicht Politik in Rom *für* Henri, sondern Politik Roms *gegen* Henri machte. Als gebürtiger Florentiner und fließend Italienisch sprechender Kardinal nun in Rom stationiert, hatte er alle Macht erhalten, von dort aus in ständigem Kontakt mit der KaKö gegen Henri zu konspirieren – im Gewand des französischen Botschafters!

Gondi arbeitete bei seinen in einem Zeitraum von acht Jahren – zwischen 1592 und 1600 – sich wiederholenden Gesprächen mit Großherzog Ferdinando in Florenz auch rein für sich selbst und das Bankhaus seiner Familie. Von den 600 000 Golddukaten, die Ferdinando Medici für den Heiratsdeal mit Henri IV bewilligte, gehörte fast die Hälfte schon dem Bruder Kardinal Gondis, Jérôme Gondi, Direktor der Gondi-Bank. Henri IV musste an die Gondis sofort 250 000 Golddukaten abführen, die er gar nicht zu sehen bekam, weil er sie ihnen seit Jahren schuldete. Heutiger Wert ein paar Millionen.

Das Sichhineinfressen des reaktionären Katholizismus in den progressiven Protestantismus war ein genau kalkulierter wirtschafts- und finanzpolitischer Vorgang.

Kardinal Pierre Gondis Neffe, Jean François Gondi (1584–1654), wurde Erzbischof und Kardinal von Paris, avancierte im September 1638 zum »Nottäufer« des beschafften Louis XIV – war also Mitwisser der nächsten Kurientransaktion auf dem Thron Frankreichs! Als Enkel des Katharina-Medici-Mitbringsels, des Bankiers Antonio Gondi, war er für die Mitgliedschaft in der »Operation Kronprinz« bestgeeignet.

Die Position des Bischofs von Paris war mit Kardinal Jean François Gondi schon zum dritten Mal in den Händen von Mitgliedern der Familie Gondi. Nach Pierre Gondi, der 1595 Botschafter in Rom wurde, übernahm mit 23 Jahren sein Neffe Henri (1572–1622) die Diözese, der sie seinem jüngeren Bruder Jean François übertrug – ein Akt, für den noch die französische Königin Francesca Dosi zeichnete.

Die Position des – ab 1621 – Erzbischofs von Paris war eine allerwichtigste, Absolutismus-stabilisierende Funktion der Louvre-Machthaber, so dass Richelieu eineinhalb Jahrzehnte später Kardinal Jean-François Gondi als Mitglied in die »Operation Kronprinz« aufnehmen konnte.

Des Dieudonné-»Nottäufers«, Kardinal Jean-François Gondis, Bruder, Philippe Emmanuel, wurde »maréchal der France«, duc de Retz, Vater des berühmten Memoirenschreibers Kardinal Retz (1613–1679), eines Großneffen von Henri-IV-Medici-Unterhändler Kardinal Pierre Gondi. – Einmal drin, immer drin. Einmal oben, immer oben.

Das Verbrecherische des Henri-IV-Medici-Unterhändlers Kardinal Pierre Gondi lag nicht in seiner Verhandlungsführung, die schließlich Millionen in das eigene Bankhaus strömen ließ, sondern darin, dass er den König in den ungeheuren Betrug hineinmanövrierte, der Henri IV mit der Heirat der MM-Dublette angetan wurde. Statt einer Kaiserenkelin, einer Großnichte Karls V., wie es Henri IV offiziell vorgespiegelt wurde, heiratete er ein psychisch schwer angeschlagenes Unterschichts-Duo zweier Schwestern, die sofort nach Eintreffen in Frankreich ihre Destru-Tätigkeit aufnahmen. Auch die zwei florentinischen Aberrata, Francesca und Leonora Dosi, verübten ein Sichhineinfressen in die französischen Thronverhältnisse, das wie ein – in einem Laborversuch – injiziertes Gift eine lebendige Kultur zerstörte.

Alle anderen europäischen Heiratsunterhändler für die Offizial-Großherzogs-Nichte hatten ihre Landesherren gewarnt, nur Gondi tat es nicht, was bei ihm besonders verwerflich war, da er oft nach Florenz gereist kam und ab 1595 als französischer Botschafter am Vatikan zwischen Rom und Florenz pendeln konnte. Es besteht kein Zweifel daran, dass er die familiären Destru-Verhältnisse mit den multiplen Morden im Hause Medici noch vor Regierungsantritt des Exkardinals Ferdinando 1587 genau kannte, inklusive der Maschine Olympia Medici-Dublee, Francesca Dosi, persönlich.

Eine Invasion der im Fummel von Brautjungfern und Kammerzofen verkleideten KaKö-V-Männer verschiedener Funktionen geschah nicht bei der spanischen Königsbraut Anna d'Austria ein bis zwei Generationen später. Anna brachte echte Kammerfrauen mit. Männlich war ihr Beichtvater. Und die spanische Begleitung der Eingeheirateten begann nicht umgehend, in Wirtschaft und Politik des Bräutigamlandes zu »fummeln«.

Im Kontrast zum üblichen echten Hereinheiraten, wie es bei Anne d'Autriche verlief, entblößt sich das Politisch-Invasive der zwei Medici-Kardinalsbraut-Coups als Krieg der KaKö mit anderen Mitteln gegen das Protestantismus-empfindliche Frankreich.

Mord von langer Hand

Ein Detail zu Großherzog Ferdinando Medicis Direkt-Verbrechen ist ebenfalls erst im 20. Jahrhundert zum Vorschein gekommen.

Die Verhandlungen um die Heirat von Henri IV mit Ferdinandos Offizial-Nichte, der MM-Dublette, zogen sich die ganzen 1590er Jahre hin. Henri IV lebte mit seiner De-facto-Frau Gabrielle d'Estrées zusammen, was den florentinischen Großherzog noch nicht bedrohte, da Mätresse nicht dasselbe wie Königin bedeutete. Henri IV war offiziell noch immer mit Margarete von Valois, Tochter Katharina Medicis, verheiratet – seit 1572.

Doch da geschah etwas die Kardinalscorporation Alarmierendes: Henri IV wollte auf dem französischen Thron »Heinrich VIII. von England« spielen, seine Geliebte heiraten, die Mutter seiner drei Kinder zur Königin von Frankreich machen – eine drastisch familienpolitische Veränderung Frankreichs probieren, ohne auf die päpstliche Annullierung seiner ersten Ehe zu warten.

Der Hochzeitstermin kurz nach Ostern 1599 war schon festgelegt, als Gabrielle einem Giftanschlag erlag – sehr schlecht und auffällig gemacht, nicht als Malaria-Fieber kaschiert und plötzlich tot, sondern mehrere Tage grauenhafter Todeskampf.

Jahrhundertelang wurde der Anschlag »rechten«, reaktionären Kreisen in Frankreich zur Last gelegt, da Gabrielle weder Tochter aus einem Herrscherhaus noch Jungfrau war, im Gegenteil, zum vierten Mal von ihrem Liebhaber und Bräutigam, dem König von Frankreich, schwanger, als er sie heiraten wollte.

Da gelang dem außerordentlichen Historiker Jacques Bolle mit den Mitteln der Kriminal-Recherche und Kombinations-Montage eine außerplanmäßige Entdeckung: Die Korrespondenz eines Medici-Geheimagenten, stationiert in Frankreich, mit seinen Leuten in Florenz brach nach dem Mord an Gabrielle d'Estrées ab. Aufgabe erfüllt, Mission beendet. Rückreise angesagt.

Daraus schließt Bolle, dass Exkardinal Ferdinando, Großherzog der Toskana, der Mörder Estrées' war, weil er ein konkret politisches und kein abstrakt sittensentimentales Anliegen hatte. Henri IV sollte nicht Gabrielle d'Estrées, sondern die Offizial-Nichte Ferdinandos heiraten, was dieser genau ein Jahr nach dem Mord an Estrées (per Heiratskontrakt im April 1600) auch wirklich tat (22).

Papst Klemens VIII., ehemaliger Kardinal Ippolito Aldobrandini, machte nun keine Schwierigkeiten mehr. Er gewährte Ende 1599 endlich die Annullierung von Henris erster Ehe, damit dem Heiratsvertrag zwischen dem Haus seines ehemaligen Medici-Kardinals-Kollegen und dem französischen König nichts mehr im Wege stand.

DER MANN MIT DEN MASKEN

Die Story

Maestro Mazzarino ist der politische Enkel von Concini-Gattin Francesca Dosi alias Maria Medici.

Nach den Fragen: »Ist Louis XIV wirklich gefälscht worden?«, »Hat er es als Erwachsener gewusst?« und »Wie war die Vorgeschichte, welche sozio- und psychopolitischen Bedingungen haben diesen französischen Staatsstreich des 17. Jahrhunderts ermöglicht?« interessiert zum Schluss der Beweismontage: »*Wie* ist Louis XIV beschafft worden? Wie fand die Transplantation eines männlichen Babys in den Gebär-Show-Room der Königin Anna d'Austria am 5. September 1638 statt? Wo sind die Realressourcen der Herkunft Ludwigs des Vierzehnten zu suchen?«

Völlig überraschend hat ausgerechnet der berühmteste Schriftsteller in der Ära nach Louis XIV, der 1694 geborene und 1778 gestorbene François-Marie Arouet, sich »Voltaire« nennende Dramatiker, Romancier, Essayist, Philosoph, Mahner und Verspotter seiner Zeit, eine Louis-XIV-Eingebung gehabt. – Ein guter Schriftsteller ist Medium seiner Zeit und muss für alle ihre Probleme empfänglich sein, unabhängig davon, ob er sie knackt. Voltaire legte die Lunte zur Art der Beschaffung Ludwigs des Vierzehnten, ohne dass er sich bewusst Gedanken über das Vorkommnis selbst gemacht hätte.

DER MANN MIT DEN MASKEN 369

Louis XIV war um 1700 derart Etiketten-verbarrikadiert und massenszenisch gottgleich thronfest stilisiert, dass – im Gegensatz zu den Zeiten der »Fronde« 1648 bis 1653 – der Gedanke, er sei nicht von einer Königin geboren, sondern für den Thron von Frankreich von einer Frau Irgendwer geliefert worden, kaum noch möglich war.

Der Baby-Lieferant war Giulio Mazzarino, der sich nur in der Reihenfolge der Inhaber des Regierungsamtes auf Frankreichs Thron von der MM-Dublette als »Großmutter«-Regentin herleitete. In seiner politischen Tätigkeit als Erster Minister Frankreichs von 1643 bis 1661 hat er nichts mit seiner italienischen Landsgenossin, der Halbchaotin Francesca Dosi alias Maria Medici, zu tun. Mazzarino war ein extrem befähigter, genuin denkender und handelnder Landesführer. Die Tat, die ihn in diese Position katapultiert hat, war die Beschaffung von Louis XIV. Richelieu, der vor Mazzarino amtierende Realherrscher und Chef der »Operation Kronprinz«, konnte das nicht selbst machen, konnte den Vorgang nur denken, planen und schließlich anordnen. Die Herbeischaffung des Babys lag dann in den Händen von Mazzarino, dem vertrauenswürdigsten Intimus Papst Urbans VIII.

Es gab in der Bastille, dem alten französischen Staatsgefängnis, einen »Mann mit der eisernen Maske«, der für Spekulationen schon unter den Zeitgenossen sorgte. Er hat nämlich seine Maske während seiner Gefangenschaft nie abgenommen. Wenn er das getan hätte, wäre er umgehend getötet worden.

Warum ist die Maske dem Geheimgesichtigen diktatorisch aufgesetzt und von niemandem jemals heruntergerissen worden?

Der »Mann mit der eisernen Maske« wäre in Vergessenheit geraten, wenn nicht der gewitzte Voltaire behauptet hätte, hinter der Maske habe sich ein älterer Halbbruder mütterlicherseits oder ein illegitimer Sohn Ludwigs des Vierzehnten verborgen (182, S. 200ff.), was Alexandre Dumas den Älteren zur Ausarbeitung seines Romans *Le Vicomte de Bragelonne* inspirierte. Darin tritt der Maskenmann als Zwilling von Ludwig 14 auf.

Fünf übermittelte historische Details um den »Mann mit der eisernen Maske« bestätigen, dass Voltaire und Dumas die richtige Eingebung zur Enträtselung dieses Mannes und der Funktion seiner Maskierung hatten.

1. Der »Mann mit der eisernen Maske« hatte täglich und nächtlich zwei Bewacher, die ihn hätten töten müssen, falls er die Maske abgenommen hätte. Der Mann hat immer mit der Maske gelebt und nur maskiert mit Menschen kommuniziert. Der Gefängnisarzt durfte die Zunge des Mannes sehen, aber nicht das Gesamtgesicht. Der Mann hat mit der Maske gegessen, mit ihr geschlafen und ist mit ihr gestorben.

2. Mehrere Dokumente in den Archiven der Bastille erwähnen den »Mann mit der eisernen Maske« (190, S. 369 ff.). Zeitgenossen wussten von ihm, darunter Liselotte von der Pfalz, die Schwägerin Ludwigs des Vierzehnten, zweite Ehefrau von Ludwigs Offizial-Bruder Philippe d'Orléans (131, II, S. 32). Der letzte Geheimnisträger war Ludwigs nahester Minister (von 1699 bis 1709), ein Nachfolger Colberts, der Finanz- und Kriegsminister Michel de Chamillart (1652–1721). Schwägerin und engster Mitarbeiter Ludwigs, die etwas wussten – dann musste es sich um ein Geheimnis gehandelt haben, das den König selbst betraf (183, I, S. 505).

3. Der »Mann mit der eisernen Maske« hat ein Kaspar-Hauser-ähnliches Dasein geführt. Er war sein Leben lang bewacht und eingesperrt, am Schluss seines Lebens in der Bastille, hat dort außer seinem Maskenzwang nicht qualvoll leben müssen. Er bekam gut zu essen, konnte lesen, was er wollte, was er immerzu tat. Er war also gebildet, und er war sehr fromm.

Die Bastille war kein Hain für Menschenrechte. Alle Personen, die dort gefangen wurden, hatten ein folterisches Leben, nur der »Mann mit der eisernen Maske« nicht. Er genoss als Einziger einen Quasi-Hotel-Aufenthalt mit der einzigen Verpflichtung, immer seine Maske aufzuhalten, die in der Realität keine Gesichts-einschneidende eiserne Maske war, sondern eine Samtmaske!

4. Der »Mann mit der eisernen Maske« hatte wie Ludwig 14 eine bräunliche Gesichts- und Körperhaut, war physisch wie der König in bester Form und befand sich im Alter von Louis XIV.

5. Minister Chamillart wurde von seinem Schwiegersohn, dem zweiten Marschall de La Feuillade, vor seinem Sterben 1721 angefleht, das Geheimnis über den »Mann mit der eisernen Maske« zu lüften, was der Sterbende nicht tat – mit der Begründung, es handele sich um ein Staatsgeheimnis und er habe geschworen, es niemals zu enthüllen. Er wolle mit der Einhaltung dieses Schwurs sterben. Sogar sechs Jahre nach dem Tod Ludwigs des Vierzehnten, dem Chamillart den Schwur geleistet hatte, fühlte sich der einstige Mitarbeiter des Königs an sein Gelöbnis gebunden (183, I, S. 505).

Mit dem Wort »*Staats*geheimnis« hat der Sterbende jedoch einen Teil des Geheimnisses preisgegeben: Um den »Mann mit der eisernen Maske« besteht eine Wahrheit, die den ganzen französischen Staat anging. Und da Ludwig 14 der Staat selber war – gemäß seinem berühmten Ausspruch –, hatte der »Mann mit der eisernen Maske« etwas mit Louis XIV höchstselbst zu tun.

Dumas' Idee vom in der Bastille gehaltenen Zwillingsbruder Ludwigs des Vierzehnten weist in die Richtung der Art von Ludwigs Beschaffung: Mit und um Ludwigs Person ist etwas – was seine Geburt betrifft – gemauschelt worden. Es gibt *zwei* Ludwige. Einer ist unterdrückt und vor der Öffentlichkeit Frankreichs verborgen worden!

Es gab bei der Organisation Ludwigs des Vierzehnten eine ganze Anzahl von Ludwigen, von denen in letzter Minute vor seinem ersten öffentlichen Auftritt *einer* ausgewählt wurde.

Ein Detektiv muss gewöhnlich Einzelheiten einer Tat, ihres Umfeldes und ihrer Vorgeschichte rekonstruieren und zu einem sinnfälligen Ganzen montieren, um den *Täter* zu finden, der sich prinzipiell versteckt hält.

Die kulturkriminologische Analyse der Beschaffung Ludwigs des Vierzehnten hingegen fand den Täter Mazarin, ehemals Mazzarino, schnell, ebenso seine Anstifter, Beauftragenden, Tat-ermöglichenden Hinterfrauen und Hintermänner. Nur die Tat selbst blieb lange Zeit das größte Rätsel.

Um die in der Geschichte Frankreichs und Italiens herumliegenden Scherben zur Gestalt eines Ganzen zusammenzufügen, ging der Weg von Irrtum zu Irrtum. Die Amphora fiel mehrmals in sich zusammen. Sie hielt erst dann, als um die Bruchstücke die Klammer der zwei unverzichtbaren Eck-Bedingungen angelegt wurde.

Die »Operation Kronprinz« musste wegen der flächendeckenden, schon ab 1637 ganz Frankreich überrollenden Vorankündigung eines »Dieudonné«-Dauphins im September 1638 reibungslos funktionieren, wofür zwei Erfordernisse unumgänglich waren: 1. ein erzgesundes hundertprozentig sicheres männliches Baby, 2. absolut – es muss wiederholt werden –, absolut dichte Geheimhaltung. An beiden Erfordernissen scheiterten alle Hypothesen der Beschaffung. Die zwei wichtigsten waren:

1. Mazarin »entnahm« ein männliches Baby aus dem Stall seiner verheirateten Schwestern Hieronyma Mancini und Laura Margareta Martinozzi, die im Zeitraum um die öffentliche Erstpräsentation Ludwigs des Vierzehnten im September 1638 am laufenden Band Kinder bekamen. Mazarins spätere Zusammenführung seiner Nichten mit Louis XIV erlaubte es, die Möglichkeit der Beschaffung Ludwigs aus Mazarins eigenen Familienbeständen in Betracht zu ziehen. Denn Mazarin machte seine Nichten zu Sozialschwestern Ludwigs, ließ sie mit ihm aufwachsen und erziehen – ab 1653, als nach den vier bis fünf Jahren »Fronde« 1648 bis 1653 seine Position als Regierungschef »felsenfest« gesichert war. Daher warf sich die Frage wie von allein auf: Ist Louis XIV auch Blutsbruder oder Vetter ersten Grades der nach Paris geholten Mancini- und Martinozzi-Mädchen?

Das Mitwissen der Ehepaare Mancini und Martinozzi hätte fortgesetzt staatswackelnde Erschütterungen provoziert. Sie jedoch nach der Lieferung ermorden zu lassen – so destruktiv wollte der nicht prinzipiell nekrophile Mazarin bei seiner eigenen Familie nicht gehen.

Gegen diese Version spricht auch die Kalkulation der Exaktheit des Zeitpunktes von Ludwigs erstem öffentlichem Auftritt. – Tommaso Campanella hatte Ludwigs Erscheinungstermin astrologisch vorherberechnet. Der »Empfängnis«-Zeitraum war für Louis XIV um »Mariä unbefleckte Empfängnis« am 8. Dezember 1637 eingegrenzt und das Datum der gemeinsamen Louvre-Nacht der »Stroheltern«, des geplagten Königspaares Anne d'Autriche und Louis XIII, im selben Bett propagandistisch durch das Land geweht worden.

Auf solche Festlegungen konnte eine natürliche Geburt nicht »abgestimmt« werden. Die Mazarin-Schwestern Hieronyma Mancini und Laura Martinozzi bekamen zwar um 1638/1639 Kinder, aber eine Terminierung auf Campanellas 70. Geburtstag am 5. September 1638 wäre bei einem »Deal« mit Mazarins Schwestern unmöglich gewesen, ebenso die Erfüllung der Notwendigkeit, zu diesem Zeitpunkt ein männliches Baby zu liefern.

2. Wegen des Bedarfs eines solchen männlichen Babys und des Erfordernisses der absoluten Geheimhaltung erledigen sich auch alle anderen Schwangerschaftsverabredungen – etwa ein Babykauf nach dem Vorbild von Maria-Medici-Stiefmutter Bianca Cappello, die ein fremdes männliches Baby von einer Ungewollt-Schwangeren erwarb, um es als eigenes ausgeben zu können.

Mit auch nur einem minimalsten »Falls« konnte die »Operation Kronprinz« nicht arbeiten.

Doch es wären Kontakte zu Schwangeren denkbar gewesen, die schon einige Monate *vor* dem ersten öffentlichen Erscheinen von Ludwig 14 entbunden hätten. – Aber: Wie der Teufel es so will, hätten alle unter Vertrag genommenen Frauen *weibliche* Kinder bekommen! Mazarin durfte sich auch nicht einmal auf Spuren von »Eventualitäten« einlassen.

Jeder Gedanke, die »Operation Kronprinz« von Schwangeren her aufzuziehen, von verwandten oder fremden Müttern in spe, fiel »hinten runter«. Die Unsicherheiten um das Baby selbst – seine Geburt, sein Geschlecht, seine Gesundheit = alles Unwägbarkeiten, die das Unternehmen hätten scheitern lassen können.

Und beim Einsatz von fremden Schwangeren – der Installierung einer Babyfactory – wäre es wiederum mit dem Erfordernis der Geheimhaltung nicht zum »Absolutismus« gekommen. Geheimhaltung vor den Müttern über den Zweck des Baby-Erwerbs? Ja, aber Undichtheiten wären riskiert worden. – Und das ganze Louis-XIV-Mütter-Umfeld nach der Abgabe der vertraglich festgesetzten lebenden Babys zu ermorden, wie Bianca Cappello es gemacht

DER MANN MIT DEN MASKEN

hat? Der Mann für solch eine Tat war Mazarin nicht, dass er seinem hergeholten neuen König von Frankreich einen so blutigen Lebensanfang hätte zumuten wollen.

Wie lief die Beschaffung also?

Der mit Top-Secret-Angelegenheiten schon seit Jahren betraute und bestbewährte Kirchenbeamte ohne Ressort und engste Papstvertraute Giulio Mazzarino, ab 1639 Jules Mazarin, begleitete Mitte des Jahres 1638 eine Anzahl frisch geborener männlicher Babys, »entnommen« aus einem süditalienischen Waisenhaus, auf einem Transport in Richtung Paris. – Die Waisenhäuser waren meist Klöstern zugeordnet, bevölkert von ungewollten Babys, die der Kirche »auf die Schwelle gelegt« werden konnten, wie es heute nach einer Serie von Ermordungen ihrer eigenen Babys durch ihre Mütter in deutschen Krankenhäusern mit der »Babyklappe« wieder eingerichtet worden ist. – Aus psycho-sozialen Gründen wollen und können nicht alle Schwangeren ihr geborenes Kind aufziehen. Das Baby-Aussetzen durchzieht schon die ältesten Mythen der Menschheit.

Wer Kinder brauchte, konnte sich im 17. Jahrhundert aus dem lebenden Fundus der Kirche bedienen. Der große französische Mathematiker, Naturwissenschaftler und Philosoph d'Alembert bezog sich aus einer solchen Herkunft. Seine Mutter war die berühmte Pariser Salondame Mme de Tencin, zu deren Leben sexuelle Beziehungen mit Männern gehörten, aber Kinderaufziehen nicht passte.

Mazzarino kannte sich in seiner Kindheitsgegend der Abruzzen genauestens aus. Detaillierte Erklärungen für den Zweck der Baby-Entnahme aus mehreren Waisenhäusern der Region waren nicht nötig. Männliche Babys für die Züchtung von Soldaten und Prälaten wurden immer gebraucht. Kein Kloster wunderte sich, wenn von einem Kurienbeamten »ein Schock Knaben« aus dem Waisenhaus »entführt« wurde.

Warum der Transport so weit weg aus Süditalien und nicht von näher her, zum Beispiel aus Südfrankreich? – Mazzarino hatte in Südfrankreich keine Verbindungen, kannte sich dort nicht so aus wie in Süditalien. Und besonders Südfrankreich war Protestanten-durchsetzt. Was das heißt, wusste die Kardinalscorporation seit Luthers Klöstersprengungen ein Jahrhundert zuvor. Luther war ein ehemaliger Mönch, seine Frau, Katharina von Bora, eine ehemalige Nonne. Das südfranzösische Königreich Navarra wurde fast ein halbes Jahrhundert protestantisch regiert, was tief ins französische Volks- »fleisch« des katholischen Gesamtstaates geschnitten und bis zum protestantischen König Henri IV geführt hatte.

Für die Vertuschung der »Operation Kronprinz« war es das Klügste, Frankreich selbst in die eigentliche Beschaffung überhaupt nicht zu involvieren. – Wenn Frankreich von der Aktion etwas mitbekommen hätte, dann nur über einen Baby-Gruppen-Transport, eine Fahrt von »Ich weiß nicht woher« nach »Ich weiß nicht wohin« in der Kutsche »Ich weiß nicht wofür«.

Der Transport wurde in einem »Staffellauf« vorgenommen, um die Wissenden von einer Säuglingsfahrt vom »Woher?« zum »Wohin?« so einzuschränken, dass sich niemand unter den Begleitpersonen der Babys einen »Reim« von der Bedeutung der kostbaren Fracht machen konnte. – Es waren mehrere Babys, die aus unbekannten Gründen zu unbekannten Zwecken und Zielen »reisten«. Ammen, Ärzte und Bewacher wurden alle paar hundert Kilometer ausgewechselt. Für gute Bezahlung fand man sie in jedem Ort, in dem Station gemacht wurde. So ging es etwa zwei Monate lang von Süditalien bis nach Paris.

Der Transport der Babys begann im Mai 1638. Das Baby, das am 5. September 1638 dem französischen Hof präsentiert wurde, hatte die Größe eines halbjährigen Säuglings (Abb. 1). – Der frühe Zeitpunkt der Abreise der Babys aus Süditalien war nötig für die Einplanung von Stockungen. 1638 dauerte eine Reise in Kutschen von Süditalien nach Paris ein bis zwei Monate.

Es mussten etwa zehn Babys ausgewählt und transportiert werden, um nach Beobachtung der Gesundheit der einzelnen Jungs den strammsten nehmen zu können. Das Risiko des Sterbens des einen oder des anderen auf der Tour durfte das gesamte Abenteuer nicht gefährden. Louis XIV hatte also Beschaffungs-»Brüder«. – Alle Babys blieben nach ihrer Ankunft in Paris in einem von der Öffentlichkeit abgeschirmten »Start«-Heim während ihrer Wartezeit im Juli und August 1638, bis der gesündeste, schon zweimal zahnende Säugling von der Hebamme Per(s)onne in der Nacht von Samstag, dem 4., auf Sonntag, den 5. September 1638, in den Weh»theater«-Raum der Königin Anne d'Autriche im Schloss Saint-Germain-en-Laye überführt werden musste.

Mazzarino hielt sich laut bisheriger Chroniken zwischen Ende 1636 und Ende 1639 doch in Rom auf! Unter all den präzisest ausgetüftelten Schwierigkeiten des Endspurts dieser Aktion war es das Leichteste, einen vorher instruierten Grenzbeamten an einem bestimmten Grenzposten anzuweisen, einen markierten Transport aus Italien als »regierungserforderlich« topsecret ohne Grenzpapierformalitäten nach Frankreich durchzulassen. Die Gründe für die heimliche Grenzüberschreitung mussten dem Beamten nicht genannt werden, auch nicht den Kurieren, die diese Auflage zu der Grenzübergangsstelle brachten, durch die Mazzarino unerkannt mit seinem Transport reisen wollte. Genauso geschah es auf der Rückreise Mazzarinos von Pa-

DER MANN MIT DEN MASKEN 375

ris nach Rom zwischen 6. September und November 1638. Im Dezember 1638 wird Mazzarino in Rom wieder sicher bestätigt.

»Easy« wäre es auch gewesen, jegliche Hinweise auf die Grenzpassierung Mazzarinos mit seinem Babykutschen-Konvoi später zu vernichten. Richelieu ist so mit den Amtsbüchern, die Auskunft zu seiner Geburt geben konnten, umgegangen: Rausriss all dessen, was ihm nicht passte. – Über Mazzarinos Aufenthalt in Frankreich zwischen Juni und September 1638 gibt es (bisher) keine Zeugnisse.

1640 wurde Mazarins Geheimreise nach Süditalien für die Beschaffung des zweiten Königspaar-Sohns, Philippe d'Orléans, aus *Frankreich* organisiert, in das Mazarin Ende 1639/Anfang 1640 für immer übergewechselt war. – Erst nach der öffentlichen Präsentation des Ersatzkronprinzen, Philippe d'Orléans, Ende September 1640 hat Mazarin wieder eine diplomatisch *sichtbare* politische Funktion für Frankreich eingenommen – in Turin den von der zweiten Concini-MM-Dublee-Tochter Christine entfesselten Streit am Hofe von Savoyen zwischen der Herrscherin-Witwe Christine und ihren Schwägern, den Brüdern ihres gestorbenen Mannes, zu schlichten, was Mazarin lange in Turin hält.

Der »Mann mit der eisernen Maske« ist neben dem König von Frankreich ein Veteran aus dem ersten Mazzarino'schen Babytransport der »Operation Kronprinz«. – Dumas' Zwillingshypothese ist die letzte Scherbe, die die Rekonstruktion von der Beschaffung Luigi Magnanis alias Louis XIV komplett macht.

Ein eineiiger Zwillingsbruder, der den Uterus der Königin Anna am 5. September 1638 verlassen hätte, wäre umgebracht worden, da das Leben eines solchen Zwillings die Gloriole von der Einmaligkeit des Königs gestört und viel Unfug im Lande heraufbeschworen hätte – überall aufzutreten und zu sagen: Ich bin der König. Ich mache alles ganz anders ...

Dass der Zwillingsbruder von Luigi Magnani am Leben gelassen wurde, indiziert seine Herkunft aus außer-Anna-uteralen Schößen. – Zwischen den Waisenhaus-Säuglingen aus Süditalien war zufällig ein eineiiges männliches Zwillingspaar, das man mit auf den Transport genommen hatte. – Zu dieser ersten Zufälligkeit kam die zweite: Unter den Jungs schnitten die Zwillinge gesundheitlich am besten ab. Man nahm einen der ihren für die Position des Kronprinzen. – Warum gab man den anderen nicht zurück in die »Babyklappe«, wie die Übrigen aus dem Trupp? Alle anderen den Transport aus Süditalien überlebenden »Kronprätendenten« wurden irgendwo in französische Klöster gegeben oder vor die Türen von französischen Kirchen gelegt.

Sie mussten dort ihr schlichtes Dasein fortsetzen, mit dem sie in Süditalien schon begonnen hatten – und sollten bewusst nie etwas über ihre frühkindliche Teilnahme an einem Babywettbewerb um den Posten des zukünftigen Königs von Frankreich erfahren.

Der Zwillingsbruder des Kronprinzen wurde nicht zum »backfish« gemacht, bekam die rare Aufgabe des Ersatz- oder Reservekönigs. Die einmalige Gelegenheit wollte man weiter nutzen: Wenn dem Dauphin etwas passiert wäre, hätte man jederzeit sein Ebenbild hervorzaubern können. Louis XIV war zweimal in seiner Jugend lebensgefährlich krank. – Man wusste nicht, ob die zweite Beschaffung des nächstjüngeren Prinzen, Philippe d'Orléans, gelingen würde. Blieb das Königspaar Anne d'Autriche und Louis XIII am Leben? War es weiter gesund und willig, noch einmal bei einer Beschaffung mitzuwirken, die dann erst seine Fähigkeit, auf natürlichem Wege Kinder hervorbringen zu können, in der Volksmeinung unanzweifelbar installierte? – Und nach der Organisation von Philippe d'Orléans wollte man den Louis-XIV-Zwilling auch nicht beiseiteschaffen, weil dieses »Zur Sicherheit« zu sehr verlockte, das Substitut aufzubewahren. – Auch der jüngere Beschaffte, Philippe d'Orléans, konnte sterben. Was gab es nicht alles für natürliche und im 17. Jahrhundert unnatürliche Todesarten, um Babys »von der politischen Bildfläche« verschwinden zu lassen!

Man hatte mit Louis' eineiigem Zwilling immer einen »Dritten« in petto, den man in einer Art dynastischer Speisekammer verstaute, aus der man sich jederzeit hätte bedienen können, wenn der Notfall eingetreten wäre. Nach einer kurzen Trainingszeit hätte man den hervorgezauberten Königsersatz auf den Thron gesetzt, ihn möglicherweise besser als das Original dirigieren können. Seine Wesensveränderung wäre den Höflingen als Krise oder vorübergehende Geisteskrankheit des Königs suggeriert worden. Das Zeitalter war noch direkt-theatralisch oder »operal« und verlangte sowieso von allen höfischen Mitspielenden die Darstellung von Rollen.

Die Palette der im Voraus fantasierten Notfälle provozierte das »Zur-Sicherheit«-Existierenlassen des Zwillings von Luigi Magnani. Ein Austausch des Regenten im Falle des kranken oder sterbenden Königs konnte nur mit Zwillingen gedacht werden. Selbst wenn mit dem Prozedere des Ersetzens Tücken verbunden gewesen wären, hat die Existenz eines Ersatzes die Kronprinz-Operateure entspannt und – Substituts-gepolstert – ihren Tagesgeschäften in größerer Ruhe nachgehen lassen. Genau diese Ruhe wiederum entfaltete die Energie der Operateure, dem Buben aus dunkelster Waisenhaus-Nacht-und-Nebel-Aktion den unvergleichlichen Siegeszug ins Europablendende Licht des »Sonnenkönigs« wegzubereiten.

So ist das erste Jahrzehnt der beiden »ungleichen Brüder« hingegangen. Luigi Magnanis Schatten wuchs in einem französischen Edel-Waisenhaus auf, einem Kloster des Vertrauens von Richelieu und Mazarin – ohne Information darüber, wer er ist und was mit ihm geschieht. Er war gebildet und im Lesen trainiert, was für eine gute geistige Ausbildung spricht.

Als die beiden beschafften Königssöhne Louis XIV und Philippe d'Orléans ihr gefährliches erstes Jahrzehnt durchlaufen hatten, hätte man den Louis-Zwilling nicht mehr gebraucht. Aber Mazarin blieb bei der Sicherheitspolitik, auch wenn es von Jahr zu Jahr immer unwahrscheinlicher wurde, dass der Zwillingsbruder von Luigi Magnani noch in das Königsamt hätte eingesetzt werden müssen – oder können.

Der biografische Bruch von einem Kaspar Hauser *sui generis* zum »Mann mit der eisernen Maske« kam in der Stunde des Wissens, als im Januar 1666 Anna d'Austria auf dem Sterbebett den »Fall Louis XIV« ihrem Offizial-Sohn, Luigi Magnani, offenbarte, womit sie auch die Zwillingsstory aufdecken musste.

Luigi Magnani wollte ungern einen Ersatz für sich selbst behalten. In-Freiheit-Entlassen – ging nicht, weil dann ein zweiter König von Frankreich herumgelaufen wäre. Seinen italienischen Zwillingsbruder töten – das wollte Luigi Magnani auch nicht. Die Zwillinge verlangt es zyklisch-biografisch nach ihrem Uterus-Kumpanen. Diese und andere Tatsachen aus der Zwillingsforschung könnten an Luigi Magnani verifiziert werden, wenn sein Leben auf den Befund hin, er war ein süditalienischer eineiiger Zwilling, untersucht werden würde. Luigi Magnani wies ihm verschiedene Aufenthalte zu (52, S. 992) und holte ihn am 18. September 1698 ziemlich nah zu sich, denn die Bastille lag nicht so weit von Versailles entfernt.

Das Ding

Jules Mazarin hat die Folgen seines Tuns für die »Königsfälschung Louis XIV« nicht einschätzen können und sie auch nicht mehr erlebt, weil sie erst 1668, sieben Jahre nach seinem Tod im März 1661, über Frankreich und Europa hereinbrachen, als die Diskrepanz zwischen einem gottgnädig herrschenden französischen König und einem aus Süditalien beschafften, ursprünglich ausgesetzten Landleute-Kind den zwischen Fiktion und Realität gekreuzigten Protagonisten Luigi Magnani alias Louis XIV zu zerreißen drohte.

Die Wucherung dieser »Königsfiktion Louis XIV« in den – seine Zeit verdunkelnden – »Roi Soleil« ist heldentypisch für ausgesetzte und dann »über

Ecken« wieder gesellschaftlich hereingeholte männliche Kinder. – Luigi Magnani ähnelt seinen männlichen Bombasto-Vorläufern aus der griechischen Antike, den bis heute im Bewusstsein der westlichen Kultur überlebenden Heroen, die alle in irgendeiner Abweichung »Elternscheiße am Bein haben« – ausgesetzt wie Ödipus, fast zu Tode geröstet wie Achilleus, doppelt gezeugt wie Herakles, aus dem Vaterschenkel geboren wie Dionysos, ganz ohne irdene Mutter wie Aeneas und Achilleus, emotional-spezial-vaterverknotet wie Odysseus, Theseus und abermals Aeneas. Der schrill unnormale Ausgangspunkt ist für die – ihre abnorme Herstellung überlebenden – Männer eine Dauerpumpe, die sie in die Übergröße schwellen lässt.

Nachgewiesenermaßen hat Mazarin seinen »Findling« ab dessen zweiter Hälfte des zweiten Heranwachsens-Jahrzehnts in politischer Arbeit unterrichtet. – Und Mazarin sollte sich um die Bildungsgrundlagen des *Erst*jahrzehnt-Heranwachsenden nicht gekümmert haben? – Dem Urteil Saint-Simons, Luigi Magnani sei vernachlässigt und nicht ausgebildet worden, kann nicht gefolgt werden. Es gab genug hundertprozentige Vertrauensleute, in der zweiten, dritten Generation abstammend von Eltern, die die italienische Erst-Medici-Invasorin, Katharina Medici, mit nach Frankreich hereingebracht hat. Es gab immer total zuverlässige Kirchen- und Klöster-Mitglieder, mit denen zu Tausenden Richelieu sich umgeben hatte, um seinen Staat zu stabilisieren, seine Herrschaft unumstürzbar zu machen. Es gab also Lehrer zuhauf, die Luigi Magnani hätten unterrichten können und auch dürfen, ohne nur in den Verdacht zu kommen, dem gefährdeten Transportobjekt aus Süditalien etwas zuleide tun zu wollen.

Das aus süditalienischen Landregionen stammende Kind Luigi Magnani war geistig aber nicht aufnahmefähig genug, wie Saint-Simon die Folgen dieser Transplantation ins höfische Milieu nach Paris richtig beschreibt, denen er nur falsche Ursachen unterlegt. Wie Luigi Magnani im Einzelnen aufwuchs und wie viel sein Verdünnte-Luft-Milieu am französischen Hof versucht hat, ihn zu bilden, kann Saint-Simon nicht beurteilen, da sich seine Kenntnisse vom König aus der Versailler Nähe erst auf einen Zeitraum zwischen 1690 und 1715 beziehen. Saint-Simons Eindruck von Ludwig 14 kann mit den Extremen pointiert werden: Er war ein witterungsunempfindlicher Bauer mit einem genuinen Theatertalent, um äußerst eindrucksvoll die Rolle des Königs spielen zu können (169, S. 358 f.). Jedoch, rein praktisch, ohne »majestätisches Gezier« war der König »weniger denn mittelmäßig begabt … Man brachte ihm nicht einmal ordentlich Lesen und Schreiben bei. So blieb er sein Leben lang unwissend und hatte von den Hauptdingen der Welt, von

Geschichte, von den Zeitereignissen, vom Geld- und Verwaltungswesen, von der Genealogie des Adels [!!!], von den Gesetzen keine Ahnung ... Schmeichelei war der einzige Weg, sich den König geneigt zu machen ... Er war ruhmsüchtig.« (168, S. 350 ff.)

Schmeichelei ist die Kommunikation der Fälschung, einzig adäquates Mittel einer gefälschten Person, mit ihrer Umwelt, zu der sie nicht passt, umgehen zu können. – Sich zu solch einem antik-nordafrikanisch reanimierten Popanz wie dem »Sonnenkönig« aufzublasen im halb nordisch, halb mitteleuropäisch, fast gesamtatlantisch, gallisch-keltischen Frankreich, das völlig andere Volkstraditionen hat – solche eine Selbst- und Königsabnormisierung geht nur mit geistiger Eingeschränktheit, die nicht Ludwigs Waisenhausherkunft zur Last zu legen wäre, sondern seiner phylogenetisch geistig- »niedrigst« denkbaren Abstammung. – Die Königsfälscher hatten an derartige tertiäre Probleme bei ihrer Beschaffung nicht gedacht. Für sie zählte allein, einen überlebensfähigen, körperlich und geistig gesunden Knaben zu organisieren, der *alles* übersteht und so lange herrscht, bis jeder Ansatz von Widerstand gegen die römische Kardinalscorporation aus Frankreich herausregiert worden war. Um solch ein stures Ziel erreichen zu können, war stures Verhalten auf dem französischen Königsthron brauchbarer als geistige Differenziertheit. So spielte die Tatsache von Luigi Magnanis Eingeschränktheit den Organisatoren des Kronprinzen auch noch in die Hände ihres Konzepts. Der simple südmediterrane Mann hatte kein Gefühl für das französische Volk – und für Europa erst recht nicht.

Luigi Magnanis Waisenhaus-»Kollege« Jean Le Rond d'Alembert (1717–1783) stammt von »Höchst-Geistigen« ab – war Sohn der Salondame Claudine Guérin de Tencin (1682–1749) und des Artillerie-Kommissars Louis Camus, Chevalier Destouches (1668–1726) und hat es trotz Kindheits-Kombination von Waisenhaus und seinen ersten vier bis fünf Jahren in einer Glaserfamilie zu einem der größten Geister Frankreichs in seiner Epoche gebracht – neben Diderot und Voltaire.

Seine biologischen Eltern, die auf physio- und phylogenetische Weise in ihm wirkten, hat er nicht gekannt! Salondame war im Paris des 18. Jahrhunderts so etwas wie heute eine Professorin für Kulturwissenschaften. Soziopsychisch haben auf d'Alembert seine Betreuenden im Waisenhaus und in der Glaserfamilie gewirkt, die ihn adoptierte.»Mutter« nannte er die Glasermeisterfrau, die ihn aufzog. Sein biologischer Vater hat für ihn nur Arrangements getroffen, die seine Bildung optimierten, ist aber nicht lebensgeschichtlich erfahrbar an den Sohn »herangetreten«. – Hinzu kommt eine

Identifikation mit dem Heiligen, dem d'Alembert die Hälfte seines Namens verdankt. Er war als Baby auf die Stufen der Pariser Kirche des heiligen Jean Le Rond gelegt worden. Zum Identifizieren braucht ein Mensch geistige Kraft. Luigi Magnani konnte sich nicht einmal mit seinem Paten Mazarin identifizieren, der mit Unterbrechungen fast 20 Jahre um ihn war. In sein Mündel floss nichts von Mazarins Befähigung für die europäische Friedenspolitik. Luigi Magnani blieb »ahnungslos« gegenüber Geld, Verwaltung und Gesetzen, wie Saint-Simon ihn richtig beschreibt – und das, obwohl er jahrelang von Mazarin höchstpersönlich in Politik unterrichtet wurde!

Saint-Simons gesamte Einschätzung des Königs wird durch Luigi Magnanis konfusen Umgang mit den Staatsfinanzen bestätigt, durch das Wucherbauen und inflationäre Kriegstreiben, durch das Ende der Regentschaft mit einem Staatsfinanz-Minus von 18 Haushalten! Nicht zu vergessen die Dezimierung der Franzosen um fünf Millionen Menschen während Luigi Magnanis über 50-jähriger Herrschaft: Kriegs- und Seuchen»opfer«, Eingesperrte, Verhungerte, Verfolgte, Vertriebene.

Mit der Hyacinthe-Rigaud-Perücke und den seidenbestrumpften, hochhackig beschuhten, im Tanzschritt voreinander gestöckelten Beinen und dem Hermelinoberkleiderwolkenwulst sieht Luigi Magnani als 63-Jähriger 1701 wie eine resignierte zypriotisch-sizilianische Babuschka auf Fotos um 1900 aus (S. 174). Unfasslich, dass vor dieser Staatsterror-Schwuchtel mit Gehstock in der affektiert abgespreizten rechten Hand und mit an der linken Hüfte demonstrativ befestigtem Historiopappmaché-Schwert ein immer noch virulentes Absolutismus-affirmatives Geschichtsverständnis der Franzosen niederkniet. Das Nationalgetue huldigt bis heute einem König »Überschnapp«.

Luigi Magnanis bräunlich-gelbliche Haut und Mitteleuropa-dyslokale Schlitzaugen verblüfften Jacob Burckhardt, den berühmten Schweizer Historiker des 19. Jahrhunderts, so sehr, dass er Luigi Magnani mit einem »mongolischen Ungetüm« und einer Märchenhexe assoziierte (29, S. 103).

Dass Luigi Magnani kein Verhältnis zu Frankreich hatte, pfeifen die historischen Spatzen von allen Dächern des Frankenlandes. Als Erklärung wird das spanische Erbteil seiner Offizial-Mutter, Anna d'Austria, angeboten. Aber zu Spanien hatte er auch kein Verhältnis.

Die Herholung Luigi Magnanis aus Süditalien galt nicht nur der besseren Geheimhaltung der »Operation Kronprinz«, sondern diente darüber hinaus auch zwei weiteren Zielen der Kardinalskörperschaft:

1. Noch im Vollbesitz des Wissens von der vierten Kraft im Menschen, des stammes- = familiengeschichtlichen Erbteils, wollte die Kardinalscorporation die französischen Könige *italianisieren*.

Entfremdung vom französischen Volk stellten alle italienischen Königsagenten der KaKö auf Frankreichs Thron zur Schau, Luigi Magnani tat es am stärksten.

2. Der Kehrseiten-Medaillen-Effekt der Italianisierung der französischen Herrscher – die Sub-Liierung der aristokratischen Fälschungen mit den römischen Klerikalen, den Süd-Italienern (!) – versteht sich von selbst.

Luigi Magnani entstammte den Abruzzen, der Aufwachsensgegend seines Beschaffers Mazzarino. Die Abruzzen liegen dicht neben dem Vatikanstaat Rom.

Die vier Schritte der KaKö-Unterwanderung des französischen Throns machen die Taktik der Italianisierung der französischen Herrscher beim zweiten Medici-Coup deutlich:

1. Aufzucht und Einschmuggelung einer italienischen Kardinalsbraut ins französische Herrscherbett.

2. Mit »Fernzeugung« und Gebärung von italienischen Kindern Zerstörung der französischen Thron-Phylogenese, wodurch die formal-juristisch berechtigten Thronfolger ab nun für das französische Königsamt unfähig gemacht wurden und leicht gezwungen werden konnten, den dritten und günstigsten Schritt zur KaKö-Politik auf dem französischen Thron selbst zu vollziehen:

3. Die königs»abgefuckten« Regenten oder ihre Rechtsnachfolgerinnen setzten direkte Mitglieder der KaKö als Regierungschefs ein (die Kardinäle Richelieu und Mazarin).

Als sich die Sterilität der »neuen Insolventen« – Ludwig 13 und Anna Ö. – bemerkbar machte,

4. »Operation Kronprinz« = Beschaffung der Thronfolger aus süditalienischem Volkskontingent.

Die Frankreich-unterminierende Arbeitsweise mit Hilfe der »Rauszeugung« des französischen Herrschergeschlechts aus der Thronfähigkeit erweist sich nicht erst an Louis XIII und seinen Geschwistern, den Kindern der MM-Dublette mit Concini, sondern »himmelschreiend« auch schon bei den vier Söhnen der Katharina Medici mit Prälatenvater »Irgendwoher«. Alle drei italianisierten Pseudo-Valois-Könige, Franz 2 (1559–1560), Karl 9 (1560–1574) und Heinrich 3 (1574–1589), benahmen sich idiotistisch sogar *innerhalb* der von ihnen geführten katholischen Politik. Alle vier Söhne Katharina Medicis ließen sich in bestem Mannesalter umbringen: Franz 2 und Karl 9 von der eigenen Mutter, weil sie von Katharina Medici unabhängige katholische Politik machen wollten. Heinrich 3 und sein jüngerer Bruder Hercules d'Anjou d'Alençon fielen einem Mitglied der eigenen Fraktion zum Opfer. Heinrich 3 entblödete sich nicht, die stärksten Männer des katholischen Blocks, die Herzogs-Brüder Guise, ermorden zu lassen, und fiel dann selbst dem Mönch Jacques Clément regelrecht ins Messer – ein halbes Jahr nach dem Tod seiner Mutter, die den in Frankreich verhassten Transvestiten auf dem Thron vollends kopflos, innerlich und äußerlich »entmannt« zurückließ.

Ein von der Geschichtsschreibung nicht bemerkter Königsdefekt, den die KaKö mit der Italianisierung der französischen Regenten beabsichtigt hatte, zeigte sich noch bei Ludwigs des Vierzehnten Nachfolger, Ludwig dem Fünfzehnten. Obwohl Ludwig 15 der Urenkel Ludwig des Vierzehnten war und sich das phylogenetische »Material« des Italienischen in den drei Generationen nach Ludwig 14 verdünnt hatte, beging Ludwig 15 etwas Regenten-Kopfloses in Richtung Italien. Er kaufte 1768 die italienische Insel Korsika. Korsika war keine kleine Insel mit ein paar Fischern, sondern gehörte mit Sardinien und Sizilien seit Jahrtausenden zu dem Gesamtgebiet Rom/Italia. Die italienischen Groß-Inseln sind genauso Italien, wie das Festland der Halbinsel Italien ist. Sie beherbergen italienische Volksteile, die in verschiedenen Dialekten sprechen. Sie sind landesteilweit ausgedehnt wie Provinzen und Unterländer einer Nation.

Korsika wurde nicht überfallen und per Krieg schmerzhaft eingemeindet, wie Ludwig 14 es mit den im Osten Frankreichs gelegenen Ländern Elsass und Lothringen betrieb. Die Insel wurde auch nicht besetzt, wie Spanien es mit den Niederlanden und mit Süditalien machte, wonach ein jahrhundertelanger Befreiungskampf begann. Korsika wurde einfach gekauft – für nichts und wieder nichts, nur so, wie Ludwig des Fünfzehnten Mätresse, Mme de Pompadour, jahrelang delirisch »in Hülle und Fülle« Pomp- und Prunkzeugs kaufte.

Im Unterschied zu »gewöhnlichen« Eroberungen, die sich auszeichnen durch Kampf gegen die Okkupatoren bis zu deren »Rausschmiss« oder durch Ergebung und Selbstauflösung der Okkupierten als eigenständiges Volk, begann Korsika in einer Doppelsituation zu schwelen: Es blieb wegen seiner Insellage »bei sich«, also italienisch. Und es folgte mechanisch der ab nun beginnenden Verwaltung durch die Franzosen. Es konnte nicht aufgehen im fremden Neuen, und es hatte keine Kraft, das Alte als eigenständige Identität zu bewahren. Diese Situation besteht bis heute. Die Korsen leisten einen skurrilen Widerstand. Die Männer »arbeiten nicht«. Es kursiert in Frankreich das geflügelte Wort: Alle Zuhälter sind Korsen!

Die Korsen haben an Frankreich wegen der Attacke gegen ihre Identität eine sofortige Rache genommen. Die Rache hieß Napoleon. Napoleon wurde 1769 in der korsischen Hauptstadt Ajaccio geboren, ein Jahr nach dem Verkauf Korsikas an Frankreich.

Der Korse Napoleon als französischer Staatsführer hat ein Jahrhundert vor dem Ersten Weltkrieg Frankreich und Europa die bis dahin größten Blutopfer zugefügt. Derselbe Napoleon mit denselben Begabungen hätte als *italienischer* Korse allenfalls genuesischer Soldat bis zum General werden und seine Fähigkeiten in irgendwelchen Kriegen erschöpfen, aber keine gesamteuropäischen Katastrophen mit den ersten erreichten Millionen von Kriegstoten anstellen können. Französischer Kaiser – das ging nur mit dem Ding der Französisierung des italienischen Landesteils Korsika.

Der Macher

Mazarin hatte wegen seiner Herkunft keine Ahnung von der Zerreißprobe zwischen gesollt »hoher« Abstammung und eingelöst »armselig«-niedriger Herkunft, aus der er sein Mündel Luigi Magnani »her*holte*«.

Mazarin kommt aus einer ehemaligen Außenseiterposition, die nach ihrer Überwindung beflügelt, konzentriert, verstärkt und *nicht* zerreißt. – Giulio Mazzarinos Vater, Pietro Mazzarino, stammt aus einer sizilianisch-jüdischen Familie, die er verlassen hat. Nach seiner Konversion zum Katholizismus nannte er sich »Mazzarino«, gemäß der süd-mittelsizilianischen Stadt Mazzarino, die es noch heute gibt.

Dass Juden sich Ortsnamen gaben, war ein Brauch, der zu Namen wie Guggenheim, Horkheimer, Oppenheim(er), Polheim ... geführt hat.

Giulio Raimondo Mazzarino zeigt in seinem Werdegang die zwei Merkmale von Söhnen getaufter oder real-säkularisierter Juden: Sie können sich im Falle von Begabung zu Weltspitzenmännern auf allen Gebieten der christlichen Kultur entfalten, wie es Marx, Rathenau und Freud vorexerzierten, auch wenn in den beiden letzteren Fällen die Zugehörigkeit zur jüdischen Religionsgemeinschaft noch nicht formell aufgekündigt wurde. Doch auch schon die innere kultische Trennung vom orthodox gläubigen Judentum der Eltern provozierte bei den Söhnen eine Glanzlaufbahn in die Emanzipation zu einer gesamt-gesellschaftlichen Bedeutung hinein (Adler, Einstein, Haber, Hofmannsthal, Oppenheimer, Schnitzler ...). Auch Nostradamus, dem mathematischen Futurologen unter den Astrologen, dessen Eltern zum Katholizismus wechselten, gelang ein Mutationssprung in die überkonfessionelle metanationale Weltgeltung.

Das Erreichen von Weltspitze im Gebiet der Begabung wird von dem anderen Phänomen unterstützt, das bei Söhnen emanzipierter Juden beobachtet werden kann: das Woody Allen'sche »Zelig-Syndrom«. Zelig ist im gleichnamigen Film von Woody Allen ein aus dem »Ghetto« »entlassener« und gesamtgesellschaftlich in die Nation eines Landes »hereingelassener« Sohn von ehemals »gefangenen« Juden. Er hat die Fähigkeit zur Multi-Identität. Er kann ungehindert Grenzen überspringen, mehrere Personen sein, mehrere Seelen mit verschiedenen Sprachen haben und es mehreren Herren recht machen.

Einem »normalen« National-Italiener wären die Metamorphosen Mazzarinos unmöglich gewesen, vom Juristen über einen Offizier in der Armee von Papst Gregor XV. (1621–1623) zum politischen Beauftragten des neuen Papstes, Urban VIII. (1623–1644), spezialisiert auf heikle europäische Angelegenheiten. Von dort transmutierte Mazzarino sich weiter zur »rechten Hand« und »Grauen Eminenz« des französischen Regierungschefs, Kardinal Richelieu, bis er mit Hilfe Königin Annas im Amt von Richelieus Nachfolger, des Ersten Ministers Frankreichs, fest installiert war und sich umgetauft hatte in Jules Mazarin!

Die Freilassung, auch der Frei*gang* der Juden aus ihrer religiösen Gebundenheit in meist Nichtreligiosität hinein – die erkauft wurde mit der Formalität des Einstiegs in eine der christlichen Religionsgemeinschaften – hat in ganz Europa biografische Potenzen freigelegt, vor allem im 19. und 20. Jahrhundert, bis zur Zerschlagung dieses gesamtgesellschaftlichen, dynamisch-progressiven Prozesses durch die Nazis.

Die »Freilassung« der europäischen Juden ist etwas ganz anderes als das Zerreißdrama, in das Luigi Magnani ab dem Tod seiner Offizial-Mutter, Anne d'Autriche, eingespannt wurde.

Die Dynamik ging bei Luigi Magnani nicht nach vorn, oben und zu allen Seiten, sondern jagte in ihm Potenzen gegeneinander, ja ließ sie einander aufheben und zerstören. Der ehemalige Bühnenkünstler und Tänzer Louis XIV hätte sich ohne die ihm angetane Zerreißung als einer der bedeutendsten Theater- und Opernförderer auf dem französischen Thron profiliert.

Anstatt Mephisto auftreten und die Rolle des Widersachers spielen zu lassen, wurde das Teuflische Luigi Magnanis Sache ganz und gar, nah und fern,

Tag und Nacht. Es gab kein Abtreten des satanischen Prinzips »Verhinderung« mehr.

In Mazarins Person liegt der Beschaffung Luigi Magnanis etwas Tragisches zugrunde. »Tragisch« ist nicht »traurig« im Sinne von »schlecht«, wie der Begriff gegenwärtig verkommt. In der Tragödie geschieht Scheitern dadurch, dass mehrere Personen Recht haben, mehreren Prinzipien zum Recht verholfen werden soll und gerade trotz solcher Multi-Poli-Anstrengungen etwas nicht zeugerisch-gebärend zum neuen Leben durchbricht, sondern – sich gegenseitig störend bis zerstörend – »nach hinten rausgeht«, Chaos provoziert.

Die Beschaffung Luigi Magnanis durch seinen Paten und Mentoren ist vonseiten Mazarins solche eine Tragik. Mazarin war anders als seine ihm vorlaufenden Un- und Abartigen, Kardinal Richelieu, Königin MM-Dublette und Katharina Medici, die sexuellen Niemandsländer und emotionalen Mondlandschaften, korrupte, zynische und Einzelschicksal-verachtende, Leichen produzierende und über diese dann – zu ihren Zielen gelangend – hinweggehende Destru-Typen wie heute die die Erde reinreitenden Öl-Auto-Computer-und-Co-Magnaten und die sie vertretenden Politiker.

Richelieu wollte unbedingt seine KaKö-stützende Regierung fortsetzen. Er war zum Erscheinungsdatum vom Dieudonné erst Anfang 50. Dass er schon vier Jahre danach sterben würde, hatte Richelieu nicht voraussehen können. Als Mazarin für die »Operation Kronprinz« tätig wurde und ihr mit dem Babytransport aus Süditalien zum Siege verhalf, wusste er noch nicht, dass er schon ein paar Jahre später selbst französischer Regierungschef werden würde. Richelieu war bis zu seinem Tod fest im Sattel dieser Position, aus dem er nie durch eine der zahlreichen äußeren Attacken geworfen worden war, sondern plötzlich durch eine innere Attacke, die Revolte seines Körpers gegen die Ermordung des eigenen Ziehsohns Henri de Cinq-Mars, den Richelieu im September 1642 hatte köpfen lassen.

Der Einstieg des 27/28-jährigen Giulio Mazzarino in die Politik Frankreichs gelang mit einem diplomatischen Meisterstück, der Lösung des Mantuanischen Erbfolgestreits. Begehrter Schauspieler, überwältigender Redner und trickreicher Kartenspieler von Jugend an, hatte Mazzarino alle seine Verstellungstalente aufgeboten, die einander feindlichen Länder miteinander zu versöhnen. Französisch und Spanisch sprechend – er hatte zwei Jahre in Spanien Jura studiert –, war er zwischen den sich zum Krieg rüstenden Parteien hin- und hergeritten. Andauernd hatte er – von den jeweiligen Machthabern unbemerkt – seine Kompetenzen überschritten, hatte die Feldherren der königlich spanischen und der kaiserlich deutschen Armee, beide gebürtige Italiener, zu Zugeständnissen bewegen können, bis alle in den Streit Verwickelten an den Verhandlungstisch verführt waren und der Mantuanische Frieden am 27. Oktober 1630 geschlossen werden konnte.

Bevor das geschah, gibt es ein Ereignis, das den jungen Mazzarino in die Weltgeschichte »einführte«. Die einander feindlichen Armeen waren zum Kampf aufmarschiert. Die ersten Geschosse sausten schon hin und her, da preschte ein Reiter durch die Reihen, setzte sich den Kugeln aus, schwenkte den Friedensvertragsentwurf der Regenten in einer Hand und schrie: »Pace! Pace!«

Der einsame Friedensreiter zwischen den »schussfertigen« feindlichen Armeen, die in ein paar Minuten Hunderte Männer erledigt hätten, ist ein Völker-verbindendes Bild für den Erfolg eines großen Europapolitikers, das nie vergessen werden wird. Dieser 28-jährige Mann riskierte sein Leben, um einen Weltkrieg zu verhindern, in den der Mantuanische Erbfolgestreit den schon laufenden Dreißigjährigen Krieg in Mittel-Nord-Europa (1618–1648) hätte ausufern lassen können.

Mazarin war in erster Linie auch während seines ganzen späteren Lebens Konfliktlöser und Friedensmacher. Seine Beschaffung eines Kronprinzen für das sterile französische Königspaar geschah zum Zwecke der innenpolitischen Befriedung Frankreichs. Sie diente dem Ziel, den »Bruderzwist im Hause Bourbon« zu legen. Das Wissen Gastons und Césars (Ludwigs des Dreizehnten Brüder) von der Unfruchtbarkeit des regierenden Königspaares und den intimen Gründen dafür provozierte die erstgradig verwandten, sich schon mehrmals ausgewiesenen Väter und Kronerben in spe immer wieder zu Konspirationen gegen Ludwig 13 und das Regime von Richelieu. Mazarin wollte dazu verhelfen, die Königschaft des noch jungen Ludwig des Dreizehnten zu festigen. Mazarin war nur ein Dreivierteljahr jünger als Ludwig 13, dem er zum ersten Mal begegnete, als beide Ende 20 waren. – Wie Mazarins zukünftige Entwicklung zeigte, war er ein typischer Gleichgewichtspolitiker. Er schlichtete den Familienstreit im Hause Savoyen im Juli 1641. Er konnte den protestantischen Herzog von Bouillon im September 1642 zur friedlichen Übergabe der Festung Sedan bewegen. Er schloss für Frankreich nach 30 Jahren Krieg den Westfälischen Frieden 1648 und nach 24 Jahren Krieg zwischen Frankreich und Spanien den Pyrenäen-Frieden 1659, der noch einmal an den Sieg von Mazarins Verhandlungen im Mantuanischen Erbfolgestreit 30 Jahre zuvor anschloss.

DER MANN MIT DEN MASKEN 387

Mazarins Auftrag als späterer französischer Regierungschef lautete, seinem Mündel den französischen Thron unbedingt zu sichern – im Mantel der alten Regeln des französischen Erbkönigtums und in Gestalt eines eigenhändig eingeschmuggelten Usurpatorbabys, das er zu einem fähigen Regenten erziehen wollte. Er konnte sich nicht vorstellen, dass er einen der scheußlichsten europäischen Diktatoren ausbrütete.

Jules Mazarin war persönlich ein »gemütlicher« Typ. Er hat den französischen Hof nach Richelieus Tod wiederbelebt: Frauen, Feste, Opern, Ballette ...

Mazarin gehörte zu den »Nepoten«, den »Neffenliebhabern« unter den Mitgliedern der KaKö. Eine nahe Beziehung zu einem 14-jährigen Neffen Mazarins ist belegt, die der Neffe über dieses Alter hinaus jedoch nicht überlebte.

Mazarin hat seinem Mündel Luigi Magnani eine »schöne« Jugend ermöglicht, hat nicht jedes Jahr wie sein Vorgänger einen französischen Hochadligen oder »Hochmilitärischen« ermorden lassen. Er befreite die Königin Anne d'Autriche aus ihrem politischen Kellerdasein, in das Richelieu sie jahrzehntelang gesperrt hatte. Die Protestanten wurden in dem von Richelieu hinterlassenen Status quo konserviert, sie waren nur noch eine Religionsgemeinschaft, aber kein gesellschaftlich-politischer Faktor mehr mit fortgesetzten Gefahren für den katholischen Gesamtstaat.

Die »Fronde« war eine Explosion, zu der Richelieu die Lunte gelegt hatte. Frankreich wollte den Aufstand probieren, weil der neue Regierungschef Mazarin schwach erschien und allen althergebrachten Regeln widersprach: Kein Adliger, kein Königsverwandter für die Interimsregentschaft während der Unmündigkeit des Königs Ludwig 14, ja nicht einmal ein Franzose und echter Geistlicher, kein Priester, kein Bischof, also auch kein Inhaber einer religiösen Funktion, welche Bedingungen Richelieu noch alle erfüllte.

Und doch ist Mazarin die Schlüsselperson in der »Operation Kronprinz«, ohne die das Unternehmen nicht hätte gelingen können: Herbeischaffung des italienischen Säuglings, den französischen Fremdkönig bewachen, aufziehen und in Macht trainieren, bis er fähig ist, ohne neue protestantische Widerstände gegen die KaKö-Verhältnisse in Frankreich allein zu regieren.
Genau an diesem Tun Mazarins zeigt sich die Dialektik der Mazarin'schen Wirkung. Bewusst hat er einen »Prime Minister«, einen autoritär regierenden, katholisch gesicherten, KaKö-kooperierenden König herstellen wollen und auch hergestellt. – Mag ihm nicht negativ angerechnet werden, dass er

nicht wissen konnte, ein psychisches Monster fabriziert zu haben, das sich erst längere Zeit nach Mazarins Tod »entpuppte« – nach dem Geständnis der sterbenden Anne d'Autriche mit der nun bewusst erlebten Diskrepanz: »Gesollt von oben, real von unten und noch dazu von außen!«

Mazarin, der italienische Kardinalskönig auf dem französischen Thron, hat die Angst vor einem Mordanschlag gekannt. Er hat die »Fronde« mit zweimaliger Verbannung aus Frankreich überstanden. Er legte sich nach seiner Rückkehr eine Schutztruppe von 200 Mann zu.

Mazarin hatte aber keine Vorstellung davon, welche *inneren* Ängste sein Mündel paralysieren würden, als »ein Stück Scheiße« aus Süditalien auf dem gottgegebenen französischen Königsstuhl sitzen zu müssen.

Die sich aus der Emanzipation entfesselnde Dynamik eines Sohnes von konvertierten oder säkularisierten Juden war massenhaft die Dynamik der Überidentifikation mit dem neuen Gemeinwesen, in das hinein sich emanzipiert wurde. – Im Ersten Weltkrieg musste die jüdisch gebürtige Gruppierung in Deutschland im Proporz-Vergleich mit dem ganzen Lande den höchsten Anteil Gefallener beklagen. Jüdische Soldaten wollten mehr als alle anderen für ihr »Vaterland« verbluten, ganz gleich, aus welchen Schichten sie kamen. – Am französischen Offizier Alfred Dreyfus ist dieser Vorgang der Überidentifikation ebenfalls zu beobachten. Dreyfus ist Opfer einer puren, antisemitisch-tendenziösen Fälschung von Dokumenten gewesen, hat zwei Jahrzehnte seines Lebens gelitten, zuerst im Verfahren gegen ihn, dann auf der »Teufelsinsel« während seiner zehnjährigen Haft. Nach seiner Rehabilitierung wanderte er nicht etwa nach Amerika aus, sondern kehrte zurück in den Stand des französischen Offiziers und marschierte in den Ersten Weltkrieg, aus dem er siegreich hervorging!

Bei jüdischen *Deutschen*, die um 1900 aus einer Überidentifizierung mit ihrem Land agierten, kam dadurch leider nicht Sieg heraus.

Albert Ballin, Generaldirektor der Reederei »Hapag«, der um 1900 größten Schifffahrtslinie der Welt, motivierte seinen Freund Wilhelm II. zum Ausbau einer immer größeren Flotte, mit der Wilhelm vermeinte, gegen Großbritannien »vorgehen« und siegen zu können. Nach der Niederlage der Deutschen im Ersten Weltkrieg nahm Ballin sich das Leben.

Rathenau verlängerte den Ersten Weltkrieg, der wegen Deutschlands desparater Rohstofflage nach ein paar Monaten zu Ende gewesen wäre, um vier Jahre – mit einer genialen Idee, die Rohstoff-Ressourcen innerhalb Deutschlands zu erkunden und zu koordinieren. Dadurch war Deutschland von der Lieferung neuer Rohstoffe zur Produktion von Nachschub-Waffen nach der

Blockade durch die Alliierten unabhängig. – Schön für die Militärs, schauderhaft für die zehn Millionen Männer, die in den nun sich vier Jahre hinziehenden »Materialschlachten« ihr Leben lassen mussten.

Aus den – mit dem Nobelpreis gewürdigten – chemischen Erfindungen Fritz Habers wurde Giftgas produziert, das als chemische Waffe im Ersten Weltkrieg eingesetzt werden konnte.

Einstein – überidentifiziert mit seinem neuen Land Amerika – unterschrieb das Wissenschaftler-Ja-Wort zur Produktion von Atomwaffen.

Maximilian Harden, der Herausgeber der Kulturzeitschrift *Zukunft*, spielte sich als Sittenwächter auf, erledigte die homosexuelle Kamarilla um Kaiser Wilhelm II. – Gut? Nein schlecht, weil Harden damit das gesamte intime Beraterfeld um Wilhelm 2 zerstörte, vor allem den balanciert und besonnen agierenden, den eigentlichen Staatsführer, Fürst Eulenburg, der 20 Jahre lang den bedenklich politisch defekt sich benehmenden deutschen Kaiser an der Hand führte. Nach Abholzung Eulenburgs und aller anderen Kaiser-Freunde durch den Homosexualitätsskandal am Berliner Hof schlidderte Wilhelm in die Zündung des Ersten Weltkriegs hinein.

An den Psyche-verzerrenden Folgen bei konvertierten Juden und deren Nachfahren ist allein die christliche Gesellschaft schuld, die mit den religiös verwandten Juden seit über einem Jahrtausend nicht klarkommt. Das antike Rom war gegenüber Andersgläubigen lässig und ließ allen im Weltreich eingemeindeten Völkern die religiöse Selbstständigkeit bei gleichzeitig gewährtem Bürgerrecht. Die Christen verweigerten abgrenzungsneurotisch den Juden, aus denen sie sich herleiten, die Bürgerrechte und zwangen in allen europäischen Ländern der jüdischen Bevölkerung für Jahrhunderte eine Sonderstellung auf, die die Christen auch noch »lokalisierten« und »Ghetto« nannten. Die meisten Berufe waren Juden verwehrt. Die Emanzipation zum gleichberechtigten Bürger gab es für Juden nur zum Preis der religiösen Selbstaufgabe. Das Verlassen der jüdisch-orthodoxen Kultgemeinschaft brachte schon genug innerjüdische Sozialkonflikte mit sich, vor allem den Verlust der uralten Orientierung, der durch den Gewinn per Überidentifizierung mit dem christlichen Umfeld wettgemacht werden sollte.

»Komplexe« und seelische Krankheiten entstehen immer durch soziales Fehlverhalten, dürfen aber deshalb nicht unbetrachtet und unanalysiert bleiben. Die jahrhundertelange soziale Misshandlung der Juden hat erst während des Endes der jüdischen Emanzipation verheerende Rückwirkungen auf die christliche Mantelgesellschaft gehabt.

Mit wem war Mazarin überidentifiziert? Nicht mit Italien oder Frankreich, sondern unglücklicherweise mit der reaktionären Kardinalskörperschaft, die so auf ihn stand, dass er noch ein Jahr vor seinem Tod 1660 Papst werden sollte!

Mazarins Vater war als konvertierter Jude in seinem Herkunftsort nicht mehr erfolgreich. Die Juden schlossen die Abtrünnigen aus. Und die übrigen, nichtjüdischen Italiener nahmen Pietro Mazzarino nicht richtig und nicht schnell genug auf. Sein Hutmachergeschäft ging pleite. Er musste mit ganz etwas anderem neu anfangen. Er ging nach Rom und trat in den Dienst des Fürsten Colonna, der aber auch kein gewöhnlicher Italiener war, sondern in den Diensten der spanischen Fremdherrscher über Süditalien stand.

Giulio Mazzarino begleitete als 17-Jähriger einen Sohn Colonnas nach Spanien, studierte dort Jura, hatte vorher in Rom die Jesuitenschule besucht. Nach seiner Rückkehr aus Spanien ab Anfang seiner 20er Jahre diente er für fünf Jahre in der päpstlichen Armee – als Infanterie-Kapitän!

Wegen seiner engen Freundschaft zu den Barberinis, von denen ein Bruder zu der Begleitung des Colonna-Sohnes auf der Reise nach Spanien gehörte, begann Mazzarinos Aufstieg zum späteren Vertrauten des Barberini-Papstes Urban VIII.

Die Kardinalskörperschaft nutzte die Energie-Entfaltung des Sohnes eines konvertierten Juden für ihre eigenen reaktionären Zwecke und Ziele. Die KaKö bediente sich des politischen Genies Mazzarinos, unmögliche Dinge zu planen und zu verwirklichen.

Mazzarino ging in dieser Herrenkörperschaft auf. Selbst Priester werden? – Nein, weil das zu dem ehemaligen, phylogenetisch in ihm noch wirkenden Judentum nicht gepasst hätte. Aber kardinalskörperschaftlich von Rom nach außen verlegter Regent über Frankreich zu sein, um die antiprotestantischen KaKö-Aktionen durchzuziehen – das ging.

Ganz klar und ganz ungemauschelt offen setzte Mazarin die Richelieu-Politik entwicklungsgeschichtlich nach hinten zugunsten der KaKö fort. Er senkte die horrenden, von Richelieu vervierfachten Steuern *nicht*. Er beschnitt weiter die Rechte der Hochadligen und des Parlaments, was im »Endeffekt« für die Realität Frankreichs hieß: Weiterbau an der Blockade gegen den Fortschritt, gegen den europäischen Lauf der Dinge auf die konstitutionelle Monarchie zu. Herrschaftssättigung, Machtverteilung, verfassungsgemäße Einbindung eines Regenten? – Absolut nicht! Mazarin bekämpft Frankreich und dessen Entwicklung zur Demokratie während der »Fronde« mit den Geldern der Kardinalscorporation. Er schiebt sich in die Position des französischen Regierungschefs hinein, Seit' an Seit' in tuchfühlender Beratung durch seinen Mentor, Papst Urban VIII., der 1644, ein Jahr nach Kürung Mazarins zum französischen Regierungschef, beruhigt die Augen schließen kann.

Dass die Post-Konversions-Intelligenz von Söhnen selbst-entjudifizierter Eltern *nur* Landes-altruistisch eingesetzt wurde, kann nicht behauptet werden. Mazarins Selbst- und Familienbereicherung verlief so ungeheuerlich progressiv gigantisch wie die Vervierfachung des Umsatzes der Rathenau-Elektro-Gesellschaft AEG durch die Vier-Jahres-Verlängerung des Ersten Weltkriegs. Bei der Emanzipation der Juden aus den eigenen Reihen kommt es darauf an, mit wem sich die neuen Nicht-mehr-Juden identifiziert haben und ob es sich nur um eine *neue* Identifizierung handelt oder um eine Überidentifizierung. Identifizierung ist etwas Gesundes, Überidentifikation etwas Krankes. Ob eine Überidentifizierung vorlag, kann immer am Selbstschädigungseffekt ermessen werden. Rathenau hat seine Idee von der Rohstoff-Koordinierung innerhalb ganz Deutschlands der deutschen Militärführung zur Verfügung gestellt, genau denjenigen Männern, die ihn zwei bis drei Jahrzehnte lang gedemütigt hatten. Rathenau wollte Offizier werden, was ihm wegen seines Judentums verwehrt geblieben war.

Ein noch viel schlimmerer Vorgang der Selbstschädigung lag dem Verhalten von jüdischen Firmeninhabern (ein Drittel) innerhalb des Konzerns der chemischen Industrie »IG Farben« zugrunde. Die »IG Farben« waren die größten Sponsoren Hitlers, die mit Millionen seine destruktiven Vorregentschafts-Umtriebe in Deutschland finanzierten. So weit hätten Juden – auch jüdische Großindustrielle – nicht gehen dürfen. Sie wussten, dass Hitler nicht nur extrem rechts, sondern auch extrem judenfeindlich war. Die jüdischen »IG-Farben«-Firmen achteten nur auf das Kapitalismusfreundliche Hitlers, der ihnen durch seinen Großindustrie-Verbindungsmann Hermann Göring als kooperativ zurechtgebogen worden war.

Die Überidentifizierung, die bis zur Umarmung des Todfeindes führen kann, entspringt einem geheimen Destru-Motiv – die Überidentifizierung *ist* ein subversiver Destruktionsimpuls.

Rathenau war Pro-Europa-Denker. Wie kommt er plötzlich dazu, der deutschen Heeresleitung einen industriellen Kriegsführungsplan zu schenken, mit dem Deutschland am Fließband jahrelang fähig gemacht wurde, Waffen zu produzieren und Nachbarn zu (zer)schlagen?

Mazarin wusste, dass die Kardinalscorporation die Erzfeindin der Juden war und zu seiner Zeit als solche auch noch permanent agierte. Nur *sie* machte den Juden immer wieder das Leben zur Hölle, auch wenn sich mal einer ihrer Päpste – meist aus finanzpolitischen Erwägungen – judenfreundlich äußerte. Die Ideologie »Juden raus, Juden falsch, weil Mörder ›unseres‹ Heilands« wurde unablässig von der KaKö verbreitet.

Der joviale Mazarin saß auf den Schößen der Erzfeinde der Menschen seiner Herkunft.

Dass in seiner Überidentifikation mit der KaKö ein Destru-Moment zugrunde lag, kommt in seiner »Instinktlosigkeit« bei der Behandlung seines Mündels Luigi Magnani zum Ausdruck.

Mazarin hätte die Chance gehabt, die Monströsisierung Luigi Magnanis zu verhindern. In seinem Verhältnis zum beschafften Königssohn gab es Ähnlichkeiten zu der Beziehung zwischen Eltern und ihren adoptierten Kindern. Auch wenn die Problematik Luigi Magnanis durch die Umstände der ihm bevorstehenden Landesregentschaft noch durch viele Details verkrasst worden war, hätte Mazzarin trotzdem mit seinem Mündel wie mit einem adoptierten Kind umgehen müssen, dem die Adoption so früh wie möglich mitgeteilt werden muss, weil dadurch das Ungewöhnliche des sozialen Geschehens noch in die Person des Heranwachsenden *hinein*wachsen, ein Teil von ihr werden kann.

Wenn die Wahrheit spätestens zu Pubertätsbeginn Luigi Magnani offenbart worden wäre, hätte er mit einem Märchenprinz-»Ach so!« in seiner Ungewöhnlichkeit weiterwachsen können, was ihm bei seiner Herkunft aus dörflich-städtischem Milieu zu ungeahnten Öffnungen in Richtung »Volk« befähig hätte. Die Nachricht am Ende seines dritten Jahrzehnts kam für ihn viel zu spät, um noch »wachsenden« Einfluss auf ihn haben zu können.

Luigi Magnani sollte KaKö-ausgeklügelt *kein* Mann des Volkes werden wie Henri IV, auch wenn er »aus dem Volke« gekommen war. Er sollte ein volksverschlingender Drache werden, ausgestattet mit dem Pesthauch des Reaktionären der marode gewordenen Kardinalscorporation. Und eben solch einen Drachen produzierte Mazarin von Anfang an.

Mazarin wird von Frankreich als Begründer des »Grand Siècle« gefeiert, des »großen Jahrhunderts« der totalen Menschenschinderei unter dem Sonnenfinsterniskönig.

Frankreich verdrängt die italienische Herkunft Mazarins, wann immer sich dazu eine Gelegenheit bietet. Er war unter allen italienischen Usurpatoren ab Katharina Medici der sichtbarste und KaKö-festest gebundene Italiener. Die Franzosen spielen schon mit dem Namen Mazarins Schamtheater. Anstatt – wenn sie seine Geburt und Jugend erwähnen müssen – dem Namen »Mazzarino« hinten ein O und in der Mitte zwei Zs zu geben, setzen sie in die Mitte ein einziges Z und lassen den Namen enden mit einem I, das dann nur noch weggehaucht zu werden braucht, um aus dem Italiener *Mazarini* den Franzosen *Mazarin* zu machen. Die Aussprache vervollkommnet dann das Französische zu »Masaröon« – und schon ist er von Anfang an ein Vollfranzose, da kann die italienische »Accademia Nazionale« noch so deutlich vom »Cardinale Mazzarino« schreiben.

Als »Retter des Absolutismus« huldigt der *Dictionnaire du Grand Siècle* Mazarin. – Jawohl: Mazarin als (Stellvertreter-)Regent für den unmündigen Ludwig 14 war nach dessen Beschaffung der zweitwichtigste »Vorgang« der »Operation Kronprinz«, denn die eigentlich regentenberechtigten Verwandten Ludwigs des Dreizehnten hätten das Ergebnis des Babytransportes aus Italien zunichtegemacht und die Verhältnisse doch noch in Richtung Protestantismus und Konstitutionalismus aus dem Absolutismus befreien können. Denn der Absolutismus ist eine Tortur des Volkes von unten bis oben gewesen und ist eine Tortur immer wieder dort, wo er erzwungen wird.

REFLEKTIERTE FAKTEN

»NOBLESSE OBLIGE«

Die Destrukteure auf dem französischen Thron ab Francesca Dosi bis zu Luigi Magnani über Leonora Dosi, Concino Concini, Armand Richelieu und Giulio Mazzarino waren »kleine« bis »kleinste Leute«, kamen aus damals definiert »niederen« bis »niedrigsten« Verhältnissen. Ihre historio-literarische Denunzierung riecht nach »Adelsschmiere«.

Die Klasssenfrage hat sich bei Missetätern des 20. Jahrhunderts nicht mehr gestellt. Bei der Analyse von Naziverbrechen hat sie sich nie quergelegt: Stop! Unten ist beautiful! Bitte Schonung aller kleinen Leute! Die Naziführer Hitler, Goebbels, Röhm, Bormann, Höß ... kamen aus »kleinsten« Verhältnissen, alle anderen aus kleineren bis mittleren (Göring war gemischt: Vater Diplomat, Mutter Kellnerin). Mitläufer kamen aus mittleren bis »großen« Verhältnissen.

Kein Analytiker der Nazi-Herkunftsverhältnisse und Nazi-Verhaltensweisen hat sich selbst Vorsicht verordnet: »Da sind ja sozial Unterdrückte und Benachteiligte zu den fürchterlichsten Massenmördern aufgestiegen! Wir dürfen die nicht hart anfassen, weil sie wegen ihrer vorherigen Unterdrücktheit in ihrer sozialen Niedrigkeit für ihr Tun nichts oder wenig konnten.«

Prinzipiell gab es die Klassenproblematik im 20. Jahrhundert nicht mehr, sie spielte bei der Diagnose von Destruktivität keine Hauptrolle. Wenn, dann negativ-definitorisch: Weil Destrukteure aus dem gesellschaftlichen Bereich ab unten bis Mitte kommen, sind sie in bestimmten, auch psychisch engen = kleinmachenden Verhältnissen aufgewachsen – zusammengefasst in dem Begriff »Kernfamilie« –, die die späteren schädigenden Eruptionen erklären.

Nach den neofeudalistischen, fälschlich »kommunistisch« etikettierten Diktaturen, die alle von »klein«- bis »kleinst«gebürtigen Männern errichtet und unterhalten wurden, ist der »Klassenschutz«-Gedanke gänzlich aufgehoben, der sich nach Marx' Denken: Revolution müsse von unten kommen = »Diktatur des Proletariats« – eingenistet hat.

Die Analyse von Geschehnissen an der Spitze des französischen Staates zu Beginn der Neuzeit hat zweifelsfrei ergeben: Die gesellschaftlichen Veränderungen, die ab 1500 unter dem Begriff »Reformation« in allen Teilen Europas angebahnt und in vielen auch durchgesetzt wurden, trugen *alle* Klassen, Schichten und Gruppierungen der Gesellschaft, vom Bauer bis zum König über den Städter, den Landadligen und Prälaten. Vor allem die französischen »Niedrigsten«, die »Camisards« und »Va-nu-pieds«, kämpften am zähesten und längsten gegen ihre Ausbeutung durch Luigi Magnani, den Tendenz-Büttel der Kardinalscorporation auf dem Thron Frankreichs. Noch in seinen letzten Jahren vor seinem Tod 1715 setzte er alles daran, sie auszulöschen, was ihm schließlich 1712 gelang.

Bei der harten Argumentation gegen die Dosi-Schwestern, gegen Concini, Richelieu und Luigi Magnani, ging es nicht um Herkunftsfragen, sondern um die Freilegung von Devianz. Die Kardinalscorporation musste zu dem übelsten Mittel greifen, sich nicht nur gesellschaftlich unterster, sondern auch deformierter Menschen zu bedienen, um zu ihren Destru-Zielen zu kommen, wobei sie mit den Kardinalsbräuten sogar so weit ging, Deformation zum Zwecke der Destruktion selbst zu erzeugen.

Da zu den Protestanten Angehörige vor allem auch mittlerer und hoher Schichten gehörten, die ganze Staaten aus der Ausbeutung durch die KaKö befreiten – vom Papsttum ablösten –, war die KaKö auf herkunftlich »kleinste« und psychisch deformierteste Leute angewiesen.

Unter der Regentschaft Katharina Medicis, die zu den »Deformanden« gehörte, obwohl sie aus »hohen« Verhältnissen stammte, und unter der Regentschaft der Dosischwestern im Verbund mit Concini hatte die Destruktivität das Maß des Faschistischen erreicht, das Frankreich zu zerrütten begann.

Die Wertpapiere in Höhe von zwei Millionen Livres, die Concini in seinen Taschen hatte, als er am 24. April 1617 erschossen wurde – wo sollten die denn hingehen? Banküberweisungen machte man damals schon direkt, indem man zu einer Bank ging. Concinis Armee- und Schutzsoldaten wollten in Cash bezahlt werden. Zu Hause fand man bei Concinis noch einmal Wertpapiere in Höhe von zwei Millionen Livres. Wer kann widerlegen, dass Concini solches »Taschengeld« nicht jede Woche, jeden Monat *einmal* mit sich führte? Nur um es nach Italien aufs dortige eigene Konto zu schicken, um das Herzogtum Ferrara kaufen zu können? So etwas wäre über die italienische Gondi-Bank in Frankreich gelaufen. Es muss sich um noch geheimere Dinge bei dem »Taschen«- und häuslichen »Matratzen«-Geld gehandelt haben.

Der KaKö fiel in der Position Concinis als De-facto-Landeschef Frankreichs etwas Ungeahntes, ach was, ab spätestens 1610 etwas Geplantes in die Schöße: Die KaKö hatte 60 Jahre lang im Kampf gegen die Protestanten in

Frankreich zwischen 1533 und 1593 Unsummen investieren müssen. Die wollte sie jetzt zurückhaben! Der Sohn des florentinischen Finanzpräsidenten Giovanni Battista Concini und Günstling des Exkardinals und Aktual-Bankiers Ferdinando Medici war der richtige Mann für solche Transaktionen: Kanalisierung französischer Volksgelder nach Rom zu den Schröpfern und Prassern.

Kein Wunder, dass das französische Volk hungerte und fror. Die Gesetze wurden vom Trio infernal, Concini und den Dosen, verschärft. Auf Diebstahl von Holz stand der Tod! Ein 14-jähriger, in seinem Hemdchen schlotternder Jüngling, der sich erlaubt hatte, bei Eiseskälte von irgendeinem Holzstoß ein Stück zu nehmen, ohne gefragt und ohne bezahlt zu haben – (womit?) –, wurde ergriffen und »standrechtlich« hingerichtet – per qualvollem Aufgehängtwerden, zur Abschreckung anderer Holzberechtigter.

Die Humanität von Henri IV war in seinem Satz auf den Punkt gekommen: »La poule au pot tous les dimanches« (»Jeden Sonntag ein Huhn im Topf«). Was auch gleich das andere Menschenrecht umfasste: »Le bois au poêle tous les jours« (»Täglich ein Stück Holz im Ofen«). – Unter der Herrschaft des Trio infernal verhungerten und erfroren in harten Wintern die Menschen »scharenweise«.

Die Summe von zwei Millionen Livres in Wertpapieren, die Concini bei seiner Erschießung mit sich führte, war der gleiche Betrag, um den Henri IV *acht* Jahre lang mit dem Exkardinal und Bankier Ferdinando Medici gefeilscht hatte. Schließlich bekam er im Dezember 1600 für die Einheirat der Horrorbraut 1 800 000 Livres (gutgeschrieben). Und etwas mehr als solch ein Sümmchen liegt noch einmal im Hause der Concinis herum.

Da kann sich niemand noch so Gutgläubiges aus dem Fakt herausglauben, Concini habe nicht nur sich und seine Frau um Multimillionen bereichert, sondern auch regelmäßig Gelder in schon damaliger Millionenhöhe – das wären heute Multimillionen bis Milliarden! – an seine Auftraggeber nach Florenz und Rom aus- und abgeführt.

Das postfreudianische und postmarxistische Denken kann und muss sich mit allen Formen und Vorkommnissen des Pathologischen beschäftigen: Vom obersten Steuerstaatsbetrug bis zur »untersten« Kindesmisshandlung. Vonnöten ist eine Gleichverpflichtung, die Devianz überall dort zu sichten, wo sie geschieht, sie zu analysieren und dann zu bekämpfen. Wo sich Deformatives im Inneren eines Menschen nach außen hin destruktiv benimmt, muss es angegangen werden. Und das muss so auch bei der Sezierung von

Destru-Phänomenen in der Geschichte gehandhabt, eine Schonung darf niemandem gegenüber vorgenommen werden.

Auch sollte es alsbald ein postfeministisches Denken geben, da Feministinnen dazu tendierten, Deformatives bei Frauen nicht scharf sehen und Destruktives durch Frauen nicht verfolgen zu wollen. Wenn jemand Deformationen aufweist, mit denen er oder sie Destruktionen verübt, muss sich die Gesellschaft ihm oder ihr analytisch und – soweit möglich – therapeutisch widmen. Wo die Devianz sitzt, darf für die Defensive der Gesellschaft gegen Destruktivität nicht von Belang sein, ob bei Ethnien, sexuellen Orientierungen, Religions-, Geschlechts-, Berufs- oder Einkommens- sowie restlichen Standeszugehörigkeiten.

Leonora Dosi war eine *Abusata assoluta*, was sich aus ihrem libidinösen mann- und fraulosen Verschweißtsein an ihre jüngere Schwester Francesca enthüllt, außerdem aus ihrer anal-deformierten Fetischierung von Edelsteinen, mit denen sie sich für Millionenvaluta in ihrem Palast ausstaffierte. Hinzu kommt die Befremdlichkeit von Leonoras Poli-Nominalismus. Bis zu ihrem 32. Lebensjahr hat sie in Italien unter sieben verschiedenen Nachnamen firmiert.

Der Genealogie-Verderber des französischen Königsgeschlechts und der Sonderfinanzier der Kardinalscorporation, Concino Concini, hatte – wie konnte es anders sein?! – *auch* einen »Komplex«, das »Schliemann-Syndrom«, das 250 Jahre später phänotypisch zum ersten Mal bei dem Altertumsforscher Heinrich Schliemann begriffen wurde.

Schliemann hatte einen älteren Bruder, der mitten in der Pubertät starb. Die Mutter ersetzte ihren verlorenen Sohn Heinrich durch den Nächstgeborenen, den sie ebenfalls »Heinrich« nannte. Schliemann berichtet, er habe als Junge vor dem Grab seines Bruders, wenn er es pflegend besuchen musste, wie vor seinem eigenen Grabstein gestanden, auf dem »Heinrich Schliemann« eingraviert worden war!

Zwischen Concino Concini und seinem nächstälteren überlebenden Bruder Bartholomeo gab es noch einen Bruder, der vor der Geburt Concinos gestorben war. Hitler und Stalin hatten diese Geschwister-Konstellation.

Die Einsetzung eines Neugeborenen in die Gefühls-Position eines gestorbenen älteren Geschwisters hat Ich-zermürbende, Person-verwackelnde Folgen für das Nachgeborene. Das neue Kind kann nicht ganz jemand Eigenes werden, wird nicht nur mit einem Toten *belastet* – mit ihm im Gefühlshaushalt der Mutter identifiziert –, sondern ist auch immer schon vorzeitig selber wie »etwas« tot.

Das »Schliemann-Syndrom« entsteht nicht, wenn das jüngere Geschwister noch zu Lebzeiten des älteren geboren wird. Das »Schliemann-Syndrom« setzt voraus, dass das ältere Geschwister *vor* der Geburt des nachfolgenden stirbt, so dass das Nachgeborene nicht einmal zu einer eigenen Rumpf-Identität ansetzen kann, weil es von seiner Mutter mit dem Gestorbenen »besetzt« wird – für das Nachgeborene eine mürbe machende, entgrenzende Ausgangsposition, die in seinem Erwachsenenleben immer wieder zu Ich-Zusammenbrüchen führt.

Bei der biografischen »Ausarbeitung« des »Schliemann-Syndroms« kommt es auf Zusatz-Aufwachsensbedingungen an, unter anderem auf Sonderbegabungen, die die Ich-Mürbe des jüngeren gegenüber dem toten älteren Geschwister immer wieder stabilisieren können.

Für Künstler und Forscher sind Ich-Mürbe und Person-Löchrigkeit beste Voraussetzungen, um ungewöhnliche Ergebnisse zu erzielen. – Die seelische Dünnwandigkeit befähigte Schliemann, zig Sprachen zu erlernen, weil er sich in viele fremde Kulturen hineinversetzen konnte. Dieses Talent, jemand anderes oder woanders, nicht nur örtlich, sondern auch zeitlich in anderen geschichtlichen Epochen zu »sein«, befähigte Schliemann, den fast 3000 Jahre vor ihm schreibenden Homer genau zu verstehen. Gegen die Meinung seiner zeitgenössischen Schul-Historiker nahm Schliemann Homer wörtlich und grub an der Stelle, die Homer geografisch für die Lage Trojas angegeben hatte. Und siehe: Zwölf Schichten einer Stadtanlage, die in ihren Ruinen Troja ähnelte, kamen zum Vorschein!

Vor der Geburt von Maria Callas starb ein zwischen ihrer Schwester und ihr geborener Bruder – noch als Kleinkind. Sie selbst sah schon als ein solches jungenhaft aus. Als Sängerin entwickelte sie sich zur rollensprengenden größten Bühnengestalt der zweiten Hälfte des 20. Jahrhunderts. Sie »entgrenzte« sich in die Seelen der »unterdrückten« Frauen, denen sie genuin ihre Stimme gab und ihre dramatische Ausdruckskraft verlieh.

Concini hat keine Sonderbegabungen gehabt. Er bricht sein Jurastudium ab und beschreibt sich selbst als jemanden, der »gar nichts« kann, der mit eigenen Worten »schlecht lebt«, womit er präzise getroffen hat, dass er schlecht in sich selber »sitzt« (13, II, S. 107).

Gerade deshalb war er prädestiniert für die KaKö, Undurchsichtiges auszuüben und Grenzüberschreitendes auszuführen, Dinge, die eine normal Ich-gewandete Person nicht machen könnte, sondern nur ein Ich-Schwamm, an dem jeder herumdrücken kann, wie er will.

MITSCHULD DER KÖNIGE

Wahrheit pendelt sich in der Mitte ein, wenn der Proust'sche Gedanke richtig verstanden wird: In Wirklichkeit ist alles auch immer anders.

Frankreich ist von Katharina Medici bis Luigi Magnani für die Interessen der Kardinalscorporation »umgelegt« worden. Die Pflicht-zölibatären, eigentlich amourösen »Analphabeten« haben sich als Meister der Verführung betätigt.

Doch die Franzosen haben auch mitgespielt – und das nicht nur in der Gestalt ihres Mannes Armand-Jean du Plessis, Kardinal de Richelieu. Sie haben die Neu-Erotischen aus Italien freiwillig reingelassen.

François I und Henri IV – Letzteren ganz besonders – trifft eine Mitschuld am von der Kardinalskörperschaft in Frankreich jahrhundertelang angerichteten Chaos. Niemand, auch der Papst nicht, konnte einen französischen König zwischen 1500 und 1600 zwingen, eine bestimmte ausländische Frau zu heiraten oder einen seiner Söhne heiraten zu lassen.

François I (1494–1547, König seit 1515), der 1533 den Heiratskontrakt mit dem zweiten Medici-Papst, Klemens VII., über die Vermählung seines zweiten Sohnes Henri (später König Henri II) mit der Papstgroßnichte Katharina Medici schloss, agierte nach dem bis heute üblichen Politiker-Kalkül: Nur wirtschaftliche Erwägungen und Machtinteressen motivieren zu Handlungen. Von volkspsychologischen Auswirkungen ihrer Handlungsweisen haben Politiker keine Ahnung und wollen sich in dieser Pflicht auch nicht trainieren. Sie stehen einem menschlichen Ganzen vor, dessen Geschichte, Gegenwart und Zukunft sie eigentlich permanent bei ihren Aktionen im Kopf haben sollten. Vor allem beim wirtschaftspolitisch bedeutsamen Hereinholen von Ausländerinnen und Ausländern muss auf sittenpolitische und klassenspezifische Divergenzen geachtet werden. Gelingt eine Assimilation der Hinzukommenden an die »Eingesessenen«? Oder kann den seit Generationen Landesanwesenden eine Metamorphose mit den Eingewanderten zu etwas volkspsychisch Neuem zugemutet werden?

Franz 1 brauchte Geld, als er gedankenlos unachtsam etwas französisch-traditionell Königs-Unübliches tat – einen seiner Söhne mit einer väterlicherseits fremdländischen Bankierstochter zu verheiraten, deren Adel einer Selbstnoblifizierung ihrer Familie »entstammte«.

Die »Medici-Brothers«, die Kardinäle Giovanni und Giulio Medici, waren seit 1513 in verteilten Rollen Repräsentanten der Kardinalscorporation, Giovanni als Papst Leo X., Giulio als »Vizekanzler«, heute die Position des Kardinalstaatssekretärs. 1515 machten sie ihren Neffen Lorenzo zum Herzog von

Urbino, der dadurch 1517 die südfranzösische Hochadlige Madelaine de La Tour d'Auvergne heiraten konnte, die ihm 1519 Katharina Medici gebar. – Die Eltern wurden von den »Medici-Brothers« umgelegt, die Tochter für den »Katharina-Hauser«-Menschenversuch »eingebuchtet« und das Ergebnis, die 14-jährige Homuncula, 1533 an Franz den Ersten verkauft. Dass es wirklich so zuging, bestätigt auch die Jugendlichkeit der päpstlichen »Medici-Brothers«, die die Kardinalscorporation ausnahmsweise einmal riskieren musste. Seit 600 Jahren war kein Papst mehr unter 40, als er sein Amt antrat! Und nach Tod des zweiten »Medici-Brothers« 1534 war bis heute nie mehr ein Papst unter 40 – also tausend Jahre lang immer zwischen 50 und 80 bei Antritt! Allein für die Medici-Kardinalsbraut-Transaktion mussten die beiden Medici-Päpste ausnahmsweise junge Männer sein. Die KaKö stand unter dem zeitlichen Druck des auf sie zurollenden Protestantismus. Sie konnte mit der Ausführung des heiratspolitischen Unterwanderungsplans nicht noch 20 Jahre warten, bis die Medici-Vettern im papstfähigen Alter von 50 bis 60 waren. Nach Tod Leos X. 1521 blieb Kardinal Giulio Medici weiter in der realen Machtposition des Kardinalstaatssekretärs, saß das Reformflügelschlagen des Interims-»Weihnachtsmanns«, Hadrian VI., anderthalb Jahre aus und stieg 1523 zum Papst Klemens VII. auf und in die direkten Heiratsverhandlungen mit Franz dem Ersten ein.

François I war als Graf Angoulême, Sohn des Herzogs von Orléans, aus entfernter Verwandtschaft in die Lücke des sohnlosen Vorgängers Ludwig des Zwölften eingesprungen, der dreimal verheiratet und dessen Thronfolgervakanz nicht vorauszusehen war. Franz 1 erwies sich als ein »Dritte-Wahl-König«, weil der Sohnmangel auch schon beim Vorgänger Ludwigs des Zwölften, Charles VIII, »passiert« war. Franz ging aus *zwei* Linien-Debakeln hervor, da Karl 8 *und* Ludwig 12 maskulin-dynastisch »ausliefen«. – So zeigte sich Franz 1 auf dem Königsthron weder landespolitisch noch europapolitisch für den plötzlich notwendigen Einsprung ins Landesführungsamt genügend vorbereitet. Infantilismen, Trotzhandlungen und undiplomatisches Gepoltere ließen ihn Staatsgelder verplempern.

Franz 1 war 1519 zur Kaiserwahl angetreten. Das hatten französische Könige seit Jahrhunderten nicht mehr getan. Ja – als politischer Nachfahre Karls des Großen, des franko-germanischen Superreich-Königs, wäre auch der französische König Franz der Erste berechtigt gewesen, zum Kaiser des »Heiligen Römischen Reiches« gewählt zu werden, das aber seit mehreren Jahrhunderten Deutsch sprechende oder im engeren Sinne deutsch gebürtige Fürsten in das Zentralamt wählte. Das Kaiserreich hatte sich außerdem den

Untertitel »deutscher Nation« gegeben – ein weiterer Hinweis auf seine Deutschlastigkeit.

Was aber die Kandidatur Franz' des Ersten zum »römisch«-deutschen Kaiser ganz ins Fantastische abdriften ließ, ergibt sich aus der Änderung des Wahlrechts, denn seit Maximilian I. (1459–1519, Kaiser seit 1493) war das Kaiserreich auf eine De-facto-Erbmonarchie umgestiegen. Die Fürsten wollten zur Kaiserwahl nicht mehr die beschwerliche Reise antreten *müssen*. Sie gaben nur noch von fern Voten zum neuen Erben ab, und die hießen formell einfach immer »Ja!«.

Es war pur unsinnig vom französischen König, sich zur Wahl des Kaisers überhaupt noch aufzustellen. Den gleichen Unsinn beging Mazarin mit seinem Mündel Luigi Magnani 140 Jahre später, 1658, wieder, als die Erb»wahl« Leopolds I. (1640–1705) anstand.

Der politische Unsinn hatte aber Kettenrassel-Methode und heimste das Schmoll-Ergebnis ein: Weil ihr »Uns« nicht gewählt habt, zeigen »Wir« euch irgendwann, wenn es »Uns« passt, wer in Europa der wahre Herr im Hause ist.

Schon 1519 stand hundertprozentig fest, dass die deutschen Fürsten den Enkel des gestorbenen Kaisers Maximilian I. wählen würden, den 1500 geborenen späteren Kaiser Karl V.

Was Franz 1 als Franzosen trotzdem herausforderte, war das Halbspaniertum Karls V., der 1516 als Erbe seiner spanischen Mutter, Johanna der Wahnsinnigen, als Karl I. spanischer König geworden war. – Franz 1 agierte aus dem primitiven »Was der Junge kann« – Karl war mit 16 spanischer König geworden –, »das kann ich auch!«

François I unterlag, wie zu erwarten war, bei der Kaiserwahl und musste sein düpiertes Ego danach in *vier* Kriegen gegen Karl V. »zum Ausdruck bringen«! – Außerdem rationalisierte Franz 1 – wie später Luigi Magnani – seine Aggressionen gegen das habsburgisch-deutsche Kaiserreich und das habsburgisch-spanische Königreich mit der Umklammerungs-Neurose: Von allen Seiten sei Frankreich nun von Spanien umgeben – das sei zu viel, denn Holland gehörte auch noch zu Spanien. Somit hatte Frankreich überm Kopf Spanien, unter den Füßen Spanien und mit dem Deutschen Kaiserreich jetzt Spanien auch noch vor der Brust. Deshalb seien Franz' vier Angriffskriege gegen dieses Großgebilde das richtige Mittel, sich des Übermaßes an Spanien um Frankreich herum zu erwehren.

Dass Franz 1 nicht nur umklammerungsneurotisch agierte, sondern auch egopathologisch, zeigen seine drei Kriege gegen das England Heinrichs VIII., mit dem er auch rivalistisches Getue zu laufen hatte.

Franz der Erste verlor alle Kriege und war nach jeder Niederlage von Unrast getrieben, Gelder für den nächsten herbeizuschaffen.
Da bot sich die Lösung Medici an! Franz ließ sich nicht von dem Fahrstuhladel seiner zukünftigen Schwiegertochter abschrecken. Papst Klemens VII. persönlich würde Katharina Medici zur Hochzeit 1533 nach Frankreich führen, da könnten die französischen Alt- und Hochadligen nicht meckern!

Dass es Franz dem Ersten *nur* um Millionen-Summen ging, die ihm von dem Medici-Papst Klemens VII. für die Einheirat Katharina Medicis in die französische Königsfamilie gezahlt wurden, ergibt sich auch noch aus einem anderen von ihm geschlossenen Heiratsdeal. Sein Appetit auf Kriegsgeld war nicht zu stillen.

Franz' Schwester, Margarete von Navarra, sprang helfend ein und zog mit ihrer Tochter ein zeitgenössisch emanzipatorisches Exempel durch. Um für Franz Gelder zu mobilisieren, ließ sie ihre Tochter, Jeanne d'Albret, mit dem superreichen, »echt«-deutschen Kleve-Fürsten Wilhelm V., vielsagend genannt Wilhelm der Reiche (1516–1592), verkuppeln, der die militärischen Marotten von Jeannes Onkel, Franz 1, finanzieren sollte. – Sowie es zur Hochzeitsnacht käme, sollte Jeanne einfach unaufhörlich schreien, strampeln und sich zur Wehr setzen. Niemand am Hof von Navarra durfte Jeanne Gewalt antun. – Herzog Kleve hatte die Gelder an Franz 1 schon gezahlt, man hatte sich erkenntlich gezeigt und dem deutschen Medici-ähnlichen Krösus die Nichte des Königs von Frankreich vermählt. Dass Jeanne sich gegen die Einlösung der Ehe wehrte, war Freierpech! – Die Ehe musste später von Papst Paul III. (1534–1549) wegen Nichtvollzugs annulliert werden. Jeanne d'Albret heiratete in zweiter Ehe einen Mann, den sie wirklich mochte, Antoine de Bourbon, mit dem sie den französischen König in spe, Henri IV, hervorbrachte.

Entschuldigend muss bei der Mitwirkung Franz' des Ersten an dem antifranzösischen Medici-Braut-Komplott der Kardinalscorporation darauf hingewiesen werden, dass von seiner Seite für Katharina Medici in Frankreich unauffällige Mediokrität geplant war. Sie wurde nur Frau des *zweiten* Sohnes, der als König nicht an die Reihe kommen sollte, da der älteste Sohn Franz' des Ersten längst die Kindergefahrenzeiten überstanden hatte und als Franz der Zweite Nachfolger seines Vaters werden würde.

Franz der Erste konnte nicht voraussehen, dass er sich mit Katharina Medici eine Homuncula ins Nest geholt hatte, die sich als eine Fließband-Einzel- und -Massenmörderin in ganz Frankreich entpuppen sollte, um sich 42 Jahre lang als französische Königin zu etablieren, zuerst als Konsortiumskönigin neben ihrem Mann Henri II und nach dessen Tod in der Position der Königinmutter über drei insolvente Königssöhne.

Die Entschuldigung »Hab's nicht gewusst« gilt für Henri IV nicht. Es ist ein Zitat von seinem engsten Mitarbeiter Maximilien duc de Sully übermittelt, dem eigentlichen Staats-Stabilisator in der Zeit der Henri-IV-Regentschaft. Die Co-Regenten Henri und Sully hatten jahrelang über die Erhaltung des französischen Throns nachgedacht. Henris Ehe mit Margarete von Valois, Tochter Katharina Medicis, war kinderlos geblieben, die Vermählten waren durch die »Bluthochzeit« der Bartholomäusnacht 1572 sofort auseinandergerissen worden, da die Hochzeit nur ein Vorwand Katharina Medicis gewesen war, um alle wichtigen Protestantenführer nach Paris zu locken, sie hochzeitsfeierlich zu entwaffnen und dann ermorden zu können.

Henri IV hatte sich inzwischen als Sohn-zeugend erwiesen (zwei Söhne hatte ihm Gabrielle d'Estrées geboren: César und Alexandre). Die Nachfolgerin der ermordeten Estrées war wieder eine unterste Adlige, Henriette d'Entragues. Die Staatsmänner scheuten zurück vor Henris Eheschließung mit einer Nicht-Ebenbürtigen und ihrem Aufstieg zur französischen Königin, weil eine solche Verbindung auf zu große Widerstände im Lande stoßen würde. Also sah sich das Team nach geeigneten Heiratsobjekten unter den europäischen Herrscherhäusern um.

Als Sully und Henri auf »Maria Medici« zu sprechen kamen, äußerte Henri sich reserviert: »Der Herzog von Florenz hat eine Nichte, die – sagt man – ganz hübsch sein soll, aber sie kommt aus einem Hause niederen christlichen Adels, das den Titel ›Fürst‹ nicht länger als 60 oder 80 Jahre trägt. Die Vorgänger waren nur vom Rang der berühmtesten Bürger ihrer Stadt [Florenz]. [Und sie kommt] von derselben Familie wie die Königin Mutter Katharina [Medici], die Frankreich so viel Furchtbares angetan hat und mir selbst im Besonderen noch mehr. Ich fürchte mich vor dieser Verbindung. Ich ängstige mich davor, so viel Schlechtem wiederzubegegnen, für mich, die Meinen und den Staat.« (34, S. 30 f.)

Auch wenn Henri IV diese Sätze nicht gesagt haben sollte, komprimiert der Text alles, was Henri IV an Erfahrungen mit einer Medici-Braut in Frankreich gemacht hat. Katharina Medici war seine Schwiegermutter. Er hat sie persönlich gekannt. Sie war die Mörderin seiner Mutter und unzähliger seiner Freunde. Sie hat seine Brüder umbringen lassen. Es sah mit der männlichen Erbfolge im Hause des inzwischen protestantisch gewordenen Navarra blendend aus. Und dann starben plötzlich die zwei ganz gesunden Brüder Henris im Kleinkindalter!

MITSCHULD DER KÖNIGE

Henri IV hätte sich nicht noch einmal mit der Familie Medici einlassen dürfen. Er hatte als 18-Jähriger eine Tochter der Erst-Medici-Invasorin heiraten müssen, Margarete von Valois, und war dadurch in eine vierjährige Gefangenschaft geraten, während der er täglich hätte ermordet werden können. Gerettet hatte ihn nur seine vorgespiegelte Sofort-Konversion zum Katholizismus. Aber sein Überleben wurde ihm dadurch von der Teufelin nicht garantiert. Erst vier Jahre später (1576) gelang ihm die Flucht aus dem Louvre und damit in die Einigermaßen-Sicherheit vor seiner ihn von nah und fern bedrohenden Schlächterin.

Henri IV wusste 30 Jahre später alles über Katharina Medici, war sich darüber im Klaren, was erneut auf ihn zukommen würde, vor allem, dass eine Medici-Braut mit Scharen von undurchsichtigen italienischen »Päpstlichen« nach Frankreich käme, die seine eigene Balance-Politik aushebeln würden.

Auch wenn er nicht wusste, dass er mit der MM-Dublette eine Frankensteinerin heiratete und keine Kaiserenkelin, hätte er Vertrauensleute wie seine ganz und gar erprobten und ihm ergebenen Bodyguards Erkundungen in Florenz vornehmen lassen müssen, denn beim Heiraten ging es für ihn auch um etwas spezifisch Körperliches. – Alle anderen Höfe machten es so, schickten nach Florenz Späher oder beauftragten ihre Diplomaten, mit Spezial-Lupen (die es damals schon gab!) auf die privat-persönlichen Verhältnisse des Großherzogs zu schauen. Nach Durchsickern der Morbido-Facts aus dem neuen Herrscherhaus in Florenz wichen alle anderen Heiratskandidaten trotz der gemachten »Morgengaben«-Angebote in Multimillionenhöhe vor einer Heirat der MM-Dublette zurück.

Henri hätte sich nicht auf Kardinal Pierre Gondi, den jahrzehntelangen »Kumpel« Katharina Medicis, verlassen dürfen, als er jemanden mit der Verhandlungsführung in Florenz betraute.

Von Henri Quatres »Vollendung« – wie Heinrich Mann ihn glorifizierte – kann ab seiner MM-Dubletten-Heirat keine Rede mehr sein. Im Gegenteil: Henri IV hat mit der Heirat der Medici-Frankensteinerin sein Lebenswerk zerstören lassen und die ganzen zukünftigen Verheerungen von Dosi-Concini bis »runter« zu Ludwig dem Fünfzehnten selbst eingeschient. Er tat es sehenden Auges, denn er wusste aus fast 50 Jahren Lebenserfahrung – er war 47, als er die MM-Dublette heiratete –, dass mit dem italienischen, damals erst vor 25 Jahren hochgeadelten Bankhaus Medici etwas nicht stimmte, dass dessen Frauen sich als französische Königinnen nicht eigneten.

PROTESTANTISCHE EHE

Henri IV ist ein Kollaps passiert. Er konnte die feudal-sittliche Trennung zwischen Sozialehe und Sexualverhältnis nicht mehr genau vollziehen. In seiner Person wetterleuchtet die verhängnisvolle Fehlentwicklung der protestantischen Ehe-Ethik.

Die Protestanten waren mit ihrer Reduktion des Führerprinzips ein gesellschaftlicher Fortschritt. Das Wort »Hugenotten«, wie die Protestanten sich in Frankreich nannten, entstammt dem franko-germanischen Wort »huguenot« = »Eidgenosse«: Papst *ganz* weg! Kardinäle auch. Priester wieder wie die ersten Religionsführer der Christen als »Rabbiner«, Älteste, Weise, Lehrer, Religionsgemeinschafts-Vorstände.

Der Konflikt mit dem vatikanischen Establishment führte schon ab dem 14. Jahrhundert zu nicht endenden gesellschaftlichen Eruptionen gegen die sich diktatorengleich gebärdenden Papst-»Kaiser«, Erz-Bischöfe und Kardinal-Fürsten.

Von der römischen Kardinalscorporation als eigentlicher Herrschaftsapparatur bekamen die europäischen Christen kaum etwas mit. Doch der Konflikt der Bürger mit den real erlebbaren Kirchenobersten genügte der Kardinalskörperschaft, um mit allen ihr zu Gebote stehenden Mitteln gegen den Protestantismus vorzugehen. Ab 1500 war ihr Mittel zur Verteidigung der Festung »Frankreich« die Manipulation der französischen Königsdynastie.

Gegen das zweite Bewegungs-Agens der Protestanten, die Durchsetzung der lebenslänglichen Monogamie, hatten die Kardinäle nichts einzuwenden, vollzogen die Protestanten doch etwas, das auch im katholischen Sittenkodex stand, aber nur lippenbekenntnishalber praktiziert wurde: Gott schließt die Ehe und kennt keine Scheidungen! – Obwohl der allein agierende Gott im Himmel nicht einmal eine Ehe kennt, wurde diese Doktrin zu einem Bollwerk der Christen. Sie ist eine ihrer vielen Hinzufügungen zum Judentum, dem die Christen ihre Religion entnommen haben. Die Juden erlauben Scheidung.

Das *katholische* Prinzip der Lebenslänglichkeit einer Ehe war im Feudalismus noch keine »Daumenschraube« auf den Geschlechtsteilen der Menschen, da Ehe primär als eine Sozialgemeinschaft verstanden wurde. Eine Ehe regelte Dinge, produzierte Nachkommen, zog sie auf, übergab ihnen das Erworbene und Gehabte. – Dieser Sitte entspricht auch das katholische Gebot: »Du sollst nur für Fortpflanzungszwecke geschlechtlich agieren!« – Wozu denn sonst?! Zur Fortpflanzung war die Ehe ja da. Und es war schon schwierig genug, die Geschlechtsorgane außer Lust in Tätigkeit zu bringen, um Nachkommen zu produzieren. Bloß nicht noch öfter müssen! Man war für das Gebot »Nur Vermehrungsverkehr!« dankbar.

Lust wurde zwar »verteufelt« – stimmt schon! Aber nach Adornos später formuliertem Prinzip »Es gibt kein richtiges Leben *im* falschen« – was katholischerseits hieß: »Es gibt keine Geilheit *in* einer ungeilen Beziehung!« –, gibt es richtiges Leben *neben* dem falschen und Geilheit *außerhalb* einer ungeilen Ehebeziehung, in einer *nebenehelichen* Beziehung, die nicht öffentlich gezeigt wird, die im sozial repräsentierten Leben nicht vorkommt und die so lange hält, wie die Flamme der Geilheit brennt.

Das Verhängnis der protestantischen Ehe-Ethik sollte sich in dem Kompromiss zeigen, dem Versuch der Vereinbarung von Unvereinbarem: »Nicht nur sozial heiraten, sondern auch sexuell heiraten!« war das neue sittenpolitische Glaubensbekenntnis, das Luther minutiös vorgelebt hat. Geile Hochzeit mit der Auflage: »Sexuelles Nebenheraus gibt es nicht mehr, braucht es nicht mehr zu geben, weil es das (Geilheits-)Gefühlsheiraten gegeben hat!«

Diesem Gebot folgte der biografische Horror für alle Menschen auf dem Fuße. Die Doktrin »Die (geilen) Gefühle müssen lebenslänglich bleiben« enthüllte sich als größte sittenpolitische Fehleinschätzung der menschlichen Sexualität. Beim bis heute massenhaft zelebrierten Versuch der Erfüllung des Gebots geschah der Abrutsch der menschlichen Sexualität in eine Hölle, aus der der bürgerlich-kapitalistische Sittenkodex die Menschen noch immer nicht befreit hat. – Auch wenn die Protestanten wie die Juden »rein« rechtlich eine Scheidung erlauben, ist Scheidung nicht »sittlich«. Gottgefällig ist für die Protestanten das Verheiratetbleiben von Partnern, die sich gefühlsgeheiratet haben.

Schon der erste europäische Protagonist dieses Diktats, Martin Luther, hat die Folgen der selbstverordneten Hölle an Geist und Leib vorexerziert: fett werden, krank werden, depressiv werden, Schizo-Anfälle bekommen, sich in Verfolgungswahn hineinsteigern und mit destruktiv-ideologischen Durchbrüchen gegen »den Juden« und »den Bauern«, den geistigen und biologischen Lebensborn der Gesellschaft zu helfen versuchen – weil Luthers eigener Born, die sexuelle Lust, versiegt war. Und statt ihrer täglich mit viel Gebet und Gesang am Dauertropf »des Herrn« hängen, der gegen diese Verirrung gar nichts machen konnte und der Luther gegen dessen Symptome auch nicht half.

Soziale Arrangements können lebenslänglich bleiben, geile Gefühle nicht. Schon nach anderthalb Jahren beginnen sie, sich zu verflüchtigen. Die meisten jahrzehntelang Aneinandergeketteten wissen, wie viel Aroma der Attraktivität nach den Zeiten der Verdunstung durch das Zusammenleben noch an den Partnern zu riechen ist!

Das protestantische Zeitalter der »Goldenen (Liebes-)Hochzeit«, das mit Heinrich dem Achten von England und Heinrich dem Vierten von Frankreich begonnen hat, war kein goldenes Zeitalter der Liebe, sondern das Pech der Sexualität. Was Heinrich VIII. mit seiner Hollywood-Star-antizipierenden Ehepathologie als Paukenschlag äußeren Frauenschreckens vorführte, das peitschte sich in den Ehen der untergeordneten Bürger als Strindberg'scher »Totentanz« hoch. – Heinrich VIII. zelebrierte das Kippen aus den feudalen Ehepantinen. Anstatt *einmal* heiraten und fünfmal lieben musste er sechsmal heiraten, zwei Ehefrauen hinrichten, sich von zweien scheiden, eine sterben und sich von einer überleben lassen.

Die Normalos heirateten einmal, um nie mehr zu lieben.

Henri IV litt – notgedrungen von der katholischen Erzfeindin Katharina Medici verursacht – unter einer zu engen Kind-Mutter-Beziehung, die das familiäre Markenzeichen des protestantischen Kapitalismus werden sollte und die den Trugschluss der 50 goldenen Liebesjahre überhaupt erst ermöglicht.

Henri IV konnte die Trennlinien zwischen Sozialheirat und Sexualsaison, zwischen Regel-Ehe und Ausnahme-Liebe, nicht mehr ziehen, diese Grenzen nicht mehr wahrnehmen und sich ihnen gegenüber nicht mehr feudal-adäquat verhalten. – Er wollte seine Geliebte Gabrielle d'Estrées, mit der er schon drei Kinder hatte, mitten in ihrer vierten Schwangerschaft nach sieben Jahren Beziehung (zwischen 1592 und 1599) heiraten, obwohl er wusste, dass sein Tun ein Krieg provozierender Verstoß gegen die feudale Sittenordnung gewesen wäre: Ein König musste höchstgeborene und jungfräuliche Frauen heiraten. – Eine Mätresse aus niederstem Adel, Mutter seiner drei Kinder und zum vierten Mal von ihm schwanger, provozierte als Königin damals alle Menschen gleichzeitig, wäre nur mit schärfsten Widerstandsaktionen über die Bühne gegangen und hätte unendlich schwelende Querelen nach sich gezogen.

Noch Henris Offizial-Enkel Luigi Magnani musste 85 Jahre später seine Mätresse, die Kleinadlige Françoise de Maintenon, in zweiter Ehe heimlich heiraten, weil der feudale Staat bei einer öffentlichen Heirat zwischen König und Mätresse immer noch in den Grundfesten gewackelt hätte. Luigi Magnani verband sich mit Françoise Maintenon so heimlich, dass die Nachwelt nicht einmal ganz sicher ist, ob eine formell zelebrierte Eheschließung überhaupt stattfand.

Wie Gefühls-durcheinander Henri IV war, belegt sein Verhalten um die geplante Hochzeit mit Gabrielle d'Estrées. Er benahm sich »kopflos«, denn er proklamierte seine bevorstehende Hochzeit mit Estrées zu Ostern 1599, setzte seine »Braut« jedoch den Gefahren eines Attentats aus. Er ließ sie allein, reiste weg, statt ab dem »Aufgebot« nicht mehr von ihrer Seite zu weichen, die »Sicherheitskräfte« um Estrées zu verstärken und in höchste Alarmbereitschaft zu versetzen.

Henris Tun entblößt seine »modern«-männliche Ambivalenz gegenüber dem Heiraten: Gemusst ja, gewollt nein, denn die Angst vor dem Sich-Verflüchtigen der Geilheit, die sich ab der Hochzeit notorisch auf und davon macht, ist unter Männern verbreitet – rinnt in ihren »Adern« doch phylogenetisch von Vater zu Sohn zu Enkel zu Urenkel die immer gleiche Erfahrung: »Klappe zu, Affe(ngeilheit) tot!«

Henri IV ist sein feudalspezifischer Lapsus nicht nur mit Gabrielle d'Estrées passiert, er benahm sich seiner nächsten Mätresse gegenüber wieder »kopflos«. Er schrieb an den Vater von Henriette d'Entragues eine Eheverpflichtung! Er sei bereit, Henriette zur Gemahlin des Königs zu machen.

Abermals handelte es sich um eine Kleinadlige, diesmal sogar nur um eine Halbadlige, deren Mutter, Marie Touchet, die Mätresse von Charles IX war.

Henri IV heiratete Entragues nicht und provozierte den tödlichen, nie versiegenden Zorn Entragues', die 1604 gegen ihn zu putschen versuchte und 1610 zu seinen Attentatsdrahtziehenden gehörte.

Auch bei der Wahl der MM-Dublette benahm Henri sich Protestanten-Ideologie-verseucht. Er hatte eine »brave«, das heißt unkomplizierte deutsche Prinzessin abgelehnt – mit der Begründung, die deutschen Fürstinnen lägen wie ein Weinfass im Bett. – Mit diesem Feudalehe-adäquaten Verhalten waren sie bestgeeignet, Kronerben zu empfangen, in sich reifen zu lassen und gesund zu gebären. Doch Henri IV schwebte ein »geiles *Ehebett*« vor. Er hatte sich ein Bild der MM-Dublette schicken lassen, das sie als 17-Jährige zeigt – und verliebte sich in das Bild! Er schrieb an seine »Verlobte«, Kontrakt-Verheiratete (ab April 1600) und Prokura-Ehefrau (ab Oktober 1600) Briefe ähnlich denen Heinrich von Kleists an seine Verlobte: Anweisungen, wie die Braut sich verhalten und den Bräutigam recht innig lieben sollte, damit sie eine zufrieden machende Ehe führen könnten! (34, S. 20, 23 ff.)

Kaum etwas enthüllt den feudal-kapitalistischen Zusammenstoß im Gefühlsleben dieses Königs mehr als seine Liebesworte für die Frankensteinerin, ehe er mit seiner »Zukünftigen« in unmittelbar physischen Kontakt gekommen war.

Mozarts »Zauberflöten«-Schmachten »Dies Bildnis ist bezaubernd schön!« hat 200 Jahre später den Ehebrunst-Stuss zementiert. – Als die 30-jährige MM-Dublette im Dezember 1600 erstmals vor Henri stand – ihre Schwestern-»Hexe« neben sich –, brach das Wahnbild, das er sich von seiner blonden schwellenden florentinischen Ehefrau gemacht hatte, sofort zusammen.

Henri IV war staatspolitisch ein biophiler Weltmeister. Er heilte das zerrissene Land, er baute nach den ersten Kardinalsbraut-Verwüstungen, die 30 bis 40 Jahre gedauert hatten, Frankreich wieder auf. Er schaffte etwas psychisch Überwältigendes, indem er formal vom protestantischen Glauben abschwor und als katholischer König »firmierte«. – Glauben ist Identität. Henri verstand es, seine wahre Identität noch einmal zu verstellen, diesmal nicht zum Schutz seines eigenen Lebens, sondern zum Schutz des ganzen französischen Volkes. Von 1593 bis 1600 erholte sich das Land. Henri krümmte keinem Protestanten ein Haar, im Gegenteil, er behielt alle Genossen und Mitarbeiter aus den Zeiten seiner Navarra-Königschaft um sich. Er schützte die Protestanten auch staatsrechtlich in seinem Edikt von Nantes 1598. – All das war der Kardinalscorporation ein Dorn im Auge, denn das hieß: Beibleiben der auf Gesamtprotestantismus zulaufenden Verhältnisse in Frankreich, unter dem Deckmantel des temporär katholischen Gebetsbuches des Königs.

*Sexual*politisch befand sich Henri IV jedoch keineswegs in einer Meisterschaft, im Gegenteil in einer rätselhaften Knechtschaft.

Ab dem 16. Jahrhundert änderten sich die Produktivverhältnisse in der Gesellschaft und – diesen Prozess spiegelnd – die Privatverhältnisse »im Hause«. Beide schoben sich aufeinander zu und lösten wirtschaftlich und sittlich den Feudalismus ab, bis aus ihm im 19./20. Jahrhundert gänzlich der Kapitalismus hervorgegangen war.

Das vollständige Scheitern Henris auf der intimen Ebene kann jedoch nicht nur mit gesellschaftlichen Entwicklungen erklärt werden, denn nicht nur die allgemeine protestantische Moral hatte in Henri IV hineingewirkt, sondern auch die spezifisch psychische Deformiertheit hatte ihn gekennzeichnet, die die protestantisch-kapitalistische Moral bis heute mehrheitlich produziert.

Henris Mutter, Jeanne d'Albret, war schon eine »bürgerlich«-unglückliche Gattin. Eine echte Feudalfrau hätte die Verheiratung mit dem nicht gewollten deutschen Fürsten Kleve »mit links« genommen, im traditionellen Gefühl: »Meine Geschlechtsorgane sind ein ›Handwerkszeug‹, um Dynastien zu erhalten. Und nebenbei schaue ich mich um nach meinen Liebhabern und Liebhaberinnen für Herz und Hintern!« – Jeanne d'Albret aber wollte *eheliebεn*. Ihr Mann Antoine de Bourbon war noch von echt feudalem Schrot und Korn. Er heiratete Jeanne d'Albret halb aus Pflicht und verlebte seine Kür außerhalb von ihr. Zur selben Zeit wie Henri IV wurde Antoines nebenehe-

Henri IV
Kupferstich um 1608
(Privatbesitz)

licher Sohn, Charles de Bourbon, geboren, gezeugt mit Antoines Geliebter, Louise de la Béraudière, demoiselle de Rouet!

Jeanne d'Albret wurde trotz ihrer Königinnen-Position auf sexuellem Gebiet zu einer »Hausfrau«, die darauf wartete, dass ihr Mann für sie Zeit hat. In solchen Zeiten wurden Jeannes fünf Kinder gezeugt: 1551, 1553, 1555, 1557 und 1558. Zwei Jungs und ein Mädchen starben im Baby- und Kleinkindalter. Die mit Henri IV überlebende jüngste Tochter Cathérine (1558–1604) verbrachte eine heterosexuell-unglückliche Protestanten-Biografie. Es klappte auch bei ihr nicht mit dem Ehelieben. –

Henri IV zeigte sich auf dem emotional-sexuellen Gebiet im Vollbild des Muttersohns, entblößte eine Mutterbindungs-geschädigte Psyche. Seine Frauenbeziehungen kennzeichnete alle etwas Sadomasochistisches:

Sadismus gegenüber Gabrielle d'Estrées. – Drei Kinder mit der Kleinadligen wären schon gesellschaftliche Provokation genug. Henri musste darüber hinaus noch eine Frau nehmen, deren Mutter, Françoise Babou de La Bourdaisierre, sich sogar feudal-dubios verhielt: Babou bekam jedes ihrer sieben Kinder von einem anderen Mann und wurde mit ihrem letzten Liebhaber umgebracht! – Die Heirat Henri/Gabrielle sollte ausgerechnet im vierten bis fünften Monat der »Braut« stattfinden – die zukünftige Königin von Frankreich mit dickem Bauch vorm Altar! – Solche Pläne verraten einen geheimen Anti-Impuls: Henri wollte Estrées längst loswerden. Mit seinem Heirats-Vorpreschen leistete er ihrer Ermordung Vorschub.

Und nach zwei Monaten ging's auch schon erneut geil los mit der Dubiosa Seconda Henriette d'Entragues. Das schriftliche Eheversprechen für Entragues war ein Affront gegen sie. Henri dekretierte nämlich: Heirat, *falls* Entragues einen gesunden Sohn von ihm zur Welt bringt! Prompt bekam sie eine damals nicht lebensfähige männliche Frühgeburt, so dass Henri sich vom Heiratsversprechen zurückziehen konnte. – Das ganze Verhältnis Henri/Henriette lief als Sadomasochismus ab: Geilheit mit Putschen! 1604 versuchtes Komplott Henriettes, mitten aus dem Schleimhautkontakt heraus. 1605 Henris großes Verzeihen.

Wie die Biografen sich dieses kontradiktorische Verhalten erklären? Um besser Doublebind und Ambivalenz ausleben zu können.

Gegenüber der MM-Dublette läuft Henri-seits dann alles als Masochismus pur. Es wären trotz vieler Komplikationen im Gesamtarrangement noch Einzelakte des Widerstandes gegen Concini und die Dosi-Schwestern möglich gewesen, die Henri alle nicht unternimmt.

Es gab so viele französische Hochadlige, die Henri hätte heiraten können, wenn er denn eine Liebesehe haben wollte. Aber es durften nie greifbar nahe ebenbürtige, es mussten immer weitest entfernte Frauen sein, unterste oder ausländische. Und nicht nette Sächsinnen, Polinnen, Bayerinnen, Österreicherinnen, die Henris politische Nachfahren auf dem Thron heirateten. Henri reizte die zweite Teufelin von Florenz.

Auch schon die unteren Französinnen, Estrée und Entragues, waren mit einem familiären Unheiligenschein umgeben, keine hohen *reinen* Frauen wie seine Mutter. Immer hatten Henris Gespielinnen einen »Ruch« um ihre Existenz. Beide Mätressen waren extrem geistig eingeschränkt, um auch noch einen innerpersonalen Akzent gegen seine hochgeistige Mutter, Jeanne d'Albret, und seine Kultur-bleibend geistig produzierende Großmutter, Margarete von Navarra, setzen zu können.

So viel Stumpfheit, wie sie Entragues kennzeichnete, hatte Henri IV unter französischen Frauen suchen müssen. Sie teilt fünf Jahre mit Henri das Bett, bringt drei Kinder von ihm zur Welt – zwei davon werden erwachsen – und zückt trotzdem hinter seinem Rücken den Dolch gegen ihn. Entragues war so grotesk an ihre Familie gebunden, dass sie an der Vorbereitung des Komplotts von Vater und Bruder, kleinen »Hofintriganten«, aktiv mitwirkte. – Für wen sollte Henris Ermordung erreicht werden? Aus Entragues' späterer Verbindung mit Henris Jesuiten-Beichtvater, Pierre Coton, für den zweiten Mordversuch 1610 lässt sich schließen: Schon beim ersten Versuch ging es um die Machtübergabe an Concini und die Dosi-Schwestern. Die Entragues-Familie übernahm für gute Intriganten-Bezahlung nur die Drecksarbeit. – Für den zweiten, nun gelingenden Mordversuch 1610 zeichnet Entragues deutlich als aktive Mittäterin. Der Mörder Ravaillac war mit ihr befreundet, wohnte bei ihr »stop-over« während seiner Reisen nach Paris, um die Treffbarkeit des Königs auszukundschaften. In Wäldern um ihr Schloss wurden die Flugblätter mit der Warnprophetie vom bevorstehenden Attentat auf Henri gefunden. – Und solch eine »Dame« wollte Henri zur Königin von Frankreich machen! Die wäre auf »dasselbe in Grün« wie die florentinische Frankensteinerin herausgekommen. Die Kardinalscorporation hätte sich auch hinter Entragues geklemmt und wäre mit ihr an dasselbe Ziel gelangt wie mit der MM-Dublette, ohne dafür sonderliche Anstrengungen unternehmen zu müssen.

Estrées war umfassend töricht, in eine Hochzeit, die sie zur Königin von Frankreich machen würde, mit einem Vier- bis Fünf-Monate-Bauch einzuwilligen und ab Aufgebot sich nicht mit drei »Vorköstern« und zehn Leibwächtern zu umgeben, die ihre Vergiftung oder Erdolchung verhindert hätten.

Das protestantische Ehe-Ethik-Unglück, das ab dem 19. Jahrhundert ganz Europa überzog, sich auch in der katholischen Branche durchsetzte und die Intimverhältnisse bis heute zerrüttet, musste gleich bei der ersten bedeutenden Protagonistin des Protestantismus, der Königin von Navarra, Einzug ins Schlafzimmer halten.

Aus Jeanne d'Albrets Liebesehe-Misere heraus produzierte sie ihrem zweiten Sohn Henri IV einen der gefährlichsten Gewalt-entfesselnden psychischen Zustand, das »Schliemann-Syndrom«. – Ihr erster Sohn, Henri duc de Beaumont, wurde am 21. September 1551 geboren und starb am 20. August 1553 mit fast zwei Jahren. Jeanne war zu dieser Zeit im fünften Monat mit ihrem zweiten Sohn schwanger, der am 14. Dezember 1553, vier Monate nach Tod des älteren Henri zur Welt kam und den sie ebenfalls »Henri« nannte.

Wenn um Jeanne d'Albret echt-aristokratische Verhältnisse geherrscht hätten, hätte sich durch die Vergabe des Namens vom gestorbenen Vorkind für das Nachgeborene bei diesem noch kein »Schliemann-Syndrom« eingenistet. Der Kontakt zwischen Kindern und physischen Eltern war im Feudalismus lose. Namenswiederholungen bedeuteten nur, *soziale* Funktionen einzunehmen. »Heißt wie der Vater, der Großvater, der ältere gestorbene Bruder« bezog sich auf ein Amt, das die »vorlaufenden« Heinriche auch schon hatten oder hätten haben sollen.

Bei einer gefühlsmäßig halbvakanten Ehefrau und Mutter, die auf Interims- und Pflicht-Sex mit dem Ehemann warten muss, nimmt jedoch jedes Kind eine Partner-Ersatz-Funktion ein, die bis über den Tod der Mutter hinaus für das Kind lebenslänglich erhalten bleibt. – Eine echte Aristokratin hatte noch keine solche Liebeslücke, gerissen durch ihren Ehemann, in der ihre Kinder hätten Platz nehmen müssen.

Jeanne d'Albret wollte ihren ältesten Sohn zu Ehren ihres Vaters, des noch amtierenden Königs Henri II de Navarra, ebenfalls »Henri« nennen, denn ihr Sohn sollte die Position des Großvaters dereinst übernehmen. Und da der erste Sohn mit Namen »Henri« starb, gab sie ihrem zweiten Sohn wieder den Namen »Henri«.

Wäre Jeanne eine übliche (katholische) Adlige ihrer Zeit gewesen, entfernt von ihren physischen Kindern, die sie von Erziehenden betreuen, vor allem die Gefühlsbeziehungen von angestellten Wahleltern einnehmen ließ – kein Schaden bei einer Benennung ihres zweiten Sohnes mit dem Namen des gestorbenen ersten. Das »Schliemann-Syndrom« entsteht durch einen *inneren* Vorgang der biologischen, betreuenden Mutter des toten und des nachgeborenen Kindes. Sie ersetzt in ihrem »Gefühlshaushalt« das tote Kind durch das nachgeborene. Dieser Platz-Ersatz ist der entindividuierende, Identitäts-kollabierende Vorgang.

Das emotionale Lückenbüßertum ist das Verhängnis. Die Vakanz-Platzierung geschieht in abgeschwächter Form sogar bei Personen, die einen anderen Namen und ein anderes Geschlecht haben, und kann sich auch beim Tod anderer naher Bezugspersonen der Mutter vor der Geburt des neuen Kindes ereignen. Wenn Vater, Mutter, Bruder, Schwester der Mutter sterben und sie kurz darauf ein Kind zur Welt bringt, kann sie das Neugeborene in die verlorene Gefühlsposition des gerade gestorbenen Primär-Verwandten einsetzen. Das ist immer schwierig für das Nachgeborene, weil sein Gang in etwas Eigenes erschwert wird. Das Gefährlichste des »Schliemann-Syndroms« ist der Einsatz eines frisch Geborenen in die Vakanz eines kleinen, noch unreif gestorbenen älteren Geschwisters gleichen Geschlechts – plus Vergabe desselben Vornamens.

Der ältere Navarra-Heinrich starb im Alter von zwei Jahren, bevor der jüngere Heinrich auf die Welt kam, und schwebte noch täglich im Raum der Lebenden. Von ihm wurde geredet. So war auch Henri IV immer schon zugleich ein toter Heinrich. Denn dieser tote Heinrich, in dessen Verlust die Mutter den neugeborenen Heinrich einsetzte, hat es nur bis zu zwei Jahren geschafft. Mit diesem Zweijährigen identifiziert zu werden bedeutete für Henri IV, zu Teilen seiner Person nicht nur jemand anderes, schon Totes sein zu müssen, sondern auch noch jemand ganz Kleines, was hieß, nicht ganz und allumfassend erwachsen werden zu können, sondern teilweise – in den intimen Aspekten seiner Person – auf einer Stufe zweijähriger Infantilität stehen bleiben zu müssen.

Henris Benehmen auf emotional-sexuellem Gebiet war infantil-repetierend und tödlich. Tödlich für seine erste große Geliebte, Gabrielle d'Estrées, für ihr viertes Kind, das mit der vergifteten Mutter sterben musste, für seinen ersten Sohn mit Henriette d'Entragues, für sich selbst und für Frankreich.

Auch gegen seinen ältesten Offizial-Sohn, Ludwig den Dreizehnten, tat Henri IV etwas, das seine psychische Fixierung auf sein Ursprungsmilieu enthüllt. Henri erlag dem familiären Musterzwang. Sein Vater, Antoine Bourbon, war gestorben, als Henri achteinhalb war, wodurch er muttersöhnlich noch mehr auf die Problemseite seiner Mutter »rutschte«. Henri IV ließ sich ermorden, als sein an ihm zärtlich hängender und auf ihn angewiesener Offizial-Sohn achteinhalb war. Wie Rathenau war Henri IV gewarnt worden. Er fühlte, dass ein neuer Anschlag auf ihn geplant war. Er ergriff keine Vorsichtsmaßnahmen, wie zigmal zuvor. Er hatte resigniert. Er wollte sterben. Er wusste, dass sein »Ja«-Wort, die MM-Dublette als autonome Königin zu bestätigen – für den Fall seiner Abwesenheit, seiner Krankheit oder seines Todes –, seinen Untergang besiegelt. Und unterschrieb die Ermächtigung für seine Frau trotzdem. Einen Tag nach ihrer Krönung wird er erstochen! Die Unbewältigtheit seines Halbtotseins hatte nicht eher geruht, bis Henri IV am französischen Hof mit Concino Concini einen »Schliemann-Syndrom«-Bruder auftreten ließ, der zusammen mit der geheirateten Frankensteinerin Frankreich noch einmal auf Destruktionskurs segelte, als sei der König der Kapitän dieses Totenschiffes. Ohne ihn und sein Toter-Bruder-Spielen hätten die drei Teufel, Concini und die Dosen, den Louvre nie betreten und aus den Angeln heben können.

GESUNDE GENEALOGIE

Henri IV ist ein zweiter Kollaps passiert: Konnte er Liebe und Ehe nicht mehr trennen, so schloss er Königschaft und Königs-Ich in eins, wie es feudal-gesellschaftlich nicht üblich war.

Feudal war »König« ein von oben, dem Göttlichen, übertragenes und deshalb heiliges, letztlich unpersönliches Amt und daher zur Seite, zu den Verwandten hin, auch eine ersetzbare, austauschbare Position. Es herrschte anders als beim korrupt gewordenen Papsttum keine »Vetternwirtschaft«, sondern eine »Vetternleihe«. Das Amt des Königs behielt ein König familiär nur so lange, wie er es mit männlichen legitimen Nachkommen »versorgte«. Blieb er diese Nachkommen »schuldig«, verfiel das Amt nach seinem Tod an seine Brüder, Vettern oder Neffen. Mit diesem Bewusstsein der Entlehnung und Vorläufigkeit wurde im ganzen Feudalismus regiert. Wenn ein König ohne männliche Erben starb, begann eine schlichte Rechnung: Wer ist sein nächster Verwandter? Mit dieser Erbfolge-Mathematik war es leicht, den neuen König zu bestimmen. Schummeln war jetzt nicht mehr möglich, weil damals die gesamte Genealogie aller Hochadligen einsehbar vorlag.

Henris Ich zeigte frühkapitalistisch-bürgerliche »Kernverengungen«, die zu den zu scharfen Separierungen in »Mein« und »Dein« führten. Unter diesem Mangel an Gruppenorientierung des Menschen leidet das kapitalistisch-bürgerliche Zeitalter noch heute.

Henri IV fühlte sich so eng auf seine Person bezogen verpflichtet, männliche Thronerben zu liefern, als wollte er einen Familienbetrieb vererben, was umso schlechter vonstatten ging, je enger die Eltern-Kind-Beziehung wurde, weil das Sohn-Ich von Abgrenzungsimpulsen gegen den Vater geschüttelt wurde und mit diesen antiväterlichen Ekel-Anfällen das väterliche

Erbe zugrunde richtete. Kluge Firmeninhaber wissen das längst und vermachen ihren Betrieb entfernt verwandten oder nichtverwandten Nachfolgern, sowie sie bemerken, dass sich ihre Söhne Vater-querläufig benehmen.

Henri IV hätte überhaupt keine Linien-Erben produzieren müssen. Es hat bis 1588 seinen legitimen Vetter ersten Grades gegeben, Henri duc de Bourbon-Condé, Sohn des Bruders seines Vaters. Dieser Vetter sah Henri IV fast Bruder-ähnlich, wurde Erbvater einer Reihe von Söhnen, Enkeln und Urenkeln. Je weniger Söhne-Fortpflanzungsdruck, umso besser funktionierte das Linien-Erhalten. Generationenlang entsprossen den Boubon-Condé-Ehen Söhne, die sich immer wieder an Komplotten und Konspirationen gegen die Usurpatoren von Concini bis Mazzarino beteiligten und die mit ihrer Bourbon-Conti-Verzweigung in der zweiten Hälfte des 18. Jahrhunderts halfen, die Französische Revolution vorzubereiten.

Solche Dynastie-Probleme, wie sie Henri IV wälzte, gab es schon vor ihm immer wieder unter den französischen Königen. Das französische Thronwackeln ist nicht erst ein Problem der beginnenden Neuzeit, verursacht durch die Spezialrüttlerin Katharina Medici, die mehrmals Könige ins Wanken brachte und schließlich den Untergang der Valois herbeiführte.

Bei dem Wackeln der Kapetinger, dem vorvorigen Königsgeschlecht vor den Bourbonen, lässt sich ein Prinzip erkennen, das deutlich macht, wie und warum sich das Ende einer jahrhundertelang regierenden Dynastie ziemlich genau über zwei bis drei Generationen ankündigt. Solch eine Ankündigung zeigt sich schon bei dem Geschlecht, das vor den Valois herrschte, und sie beginnt mit Ludwig dem Neunten:

Louis IX entstammte der Dynastie der Capetiens, die mit Hugues Capet (987–996) begannen, sich auf Robert le Fort (gestorben 866) bezogen und über 200 Jahre maskulin-regierend fortsetzten.

Louis IX, le »Saint« (der »Heilige«) (1214–1270, König ab 1226) hatte elf Kinder, darunter sechs Söhne. Sein viertes Kind und zweiter Sohn wurde sein Nachfolger:

Philippe III, le Hardi (der Kühne) (1245–1285, König seit 1270) hatte sieben Kinder, darunter fünf Söhne. Sein zweiter Sohn wurde sein Nachfolger:

Philippe IV, le Bel (der Schöne) (1268–1314, König seit 1285) hatte sieben Kinder, darunter vier Söhne. Sein ältester Sohn wird sein Nachfolger:

Louis X, le Hutin (der Streitsüchtige) (1289–1316, König seit 1314).

Plötzlicher Bruch. Ludwig 10 stirbt schon mit 27. Ihm folgt sein jüngerer Bruder, fünftes Kind seiner Eltern:

Philippe V (1293–1322, König seit 1316). Auch er stirbt jung, mit 29, hat

»nur« Töchter. Ihm folgt auf dem Thron sein jüngerer Bruder, sechstes Kind und dritter Sohn:

Charles IV, le Bel (der Schöne) (1295–1328, König seit 1322). Er hat drei Frauen. Seine erste Ehe wird wegen Kinderlosigkeit päpstlich aufgelöst, als er König wurde. Seine zweite Frau stirbt 1324 nach zwei Ehejahren. 1325 heiratet er seine dritte Frau (gestorben 1371). Drei Jahre später, 1328, ist er selber tot, erst 33 Jahre alt. Mit der dritten Frau hat er eine Tochter. Vorher starben vier Kinder als Babys.

Mit diesem seltsamen jung-brüderlichen Dreier-Königs-Gestottere sterben die Kapetinger in der männlichen Linie aus. Sie müssen über ihr letztes überlebendes weibliches Kind »weitermachen«. Karls des Vierten einzige überlebende Tochter Blanche heiratet 1344 Philippe duc d'Orléans et comte de Valois und beginnt die Dynastie der Valois mit ihm Söhne-direkt und Vettern-indirekt bis zum Aussterben des Geschlechts mit dem Katharina-Medici-Sohn Henri III.

Wer wissen will, warum plötzlich drei Brüder doppelversagen, in der Staatsführung und in der Zeugung überlebensfähiger Söhne, muss in die Innen-Verhältnisse schauen, den mühevollen Maulwurfsgang in die Intim-, Ehe- und Eltern-Kind-Verhältnisse antreten, in denen Frauen negative Hauptrollen spielen mussten, die in der Geschichtsschreibung nicht reflektiert werden. Alle drei letzten Capetiens-Brüder brachen nach nur wenigen Jahren Königschaft zusammen und starben dazu auch noch jung.

Eine nur nach Blinzeln auf die Daten und Taten sich erweisende Regel: Wenn Väter maskulin überziehen, wenn sie sich diktatorisch-destruktiv hervortun, wirkt sich ihr Verhalten negativ auf ihre Beziehung zu Frauen und Kindern aus. Söhne und männliche Enkel solcher Männer können sich mit dem ins Schuftige Ausgearteten nicht mehr identifizieren. Es beginnt der dynastische Abstieg, der bis zum Erlöschen der Fähigkeiten der nachwachsenden Männer führt, zu lieben und zu arbeiten.

Ludwig der Neunte wurde vom Papst für »heilig« erklärt, weil er krass eine pro-kardinalscorporative Politik machte. Er rottete nach 300-jähriger Existenz die in ganz Europa verbreiteten, vor allem in Südfrankreich in der Stadt Albi niedergelassenen Katharer aus, auch Albigenser genannt. Die Katharer (»die Reinen«) waren eine christliche Gemeinschaft, die zu den Urchristen, vor allem den Kardinalskörperschafts-losen und fleischlosen = vegetarischen, zurückkehren wollten. 1229 fanden ihre letzten, von Ludwig 9 betriebenen Massen-Ermordungen statt.

Ludwig 9 bestieg den französischen Thron mit 12 und herrschte 44 Jahre

GESUNDE GENEALOGIE 419

lang – eine ähnlich lange Zeit wie Luigi Magnani. Sein Vater starb mitten in seiner Pubertät, was durch den Abbruch der Vaterbeziehung in diesem Alter des Jünglings muttersöhnlich Gewalt-enthemmende Wirkungen haben kann. Ludwig 9 führte zwei Kreuzzüge und wütete auch im Nahen Osten. Innerhalb des Königshofes machte er etwas weiteres Scheußliches und für die ganze Entwicklung der Königsregentschaft Folgenschweres. Er führte den »confesseur du roi« ein, einen gehirnwaschenden Agenten des Papstes, angeschweißt an den König von Frankreich, ein persönlicher Vorbote der KaKö-Umtriebe 300 Jahre später in Frankreich. Der Beichtvater des Königs ist eine Position des ständigen Behandelns und Beeinflussens des Königs – ein direkter Emissär aus Rom, den sich alle Nachfolger Ludwigs des Neunten aus noch unbekannter Schwäche gefallen ließen.

Die Söhne und Enkel Ludwigs des Neunten konnten nicht Linien-unberührt weitermachen, wie die Dynastie bis zu Louis IX gelaufen war. Der Enkel Philippe IV brachte zwar noch Söhne hervor, aber alle starben herrschaftsunfähig nach zwei bis sechs Jahren Regentschaft kurz vor und kurz nach 30-jährig.

Bei den Valois geht es ebenso zu wie bei den Capetiens. Die Genealogie läuft hundert Jahre unauffällig normal, bis zu Louis XI (1423–1483, König seit 1461), der mit dem »Absolutismus«-Krampf von Louis IX fortsetzt. Als destru-politischer Vorläufer der Kardinalskönige Richelieu und Mazarin und Luigi Magnanis schlägt er 1465 einen Aufstand des revoltierenden Adels nieder, der sich unter dem bezeichnenden Titel zusammengefunden hatte: »Ligue du bien public« = »Liga des guten Volkes«. Schon im 15. Jahrhundert ging es um eine Verbindung der Promotoren für die Rechte der Öffentlichkeit – im Kampf gegen das sich diktatorisch entfesselnde Führer-Königtum. – Ludwig 11 machte seinen herzöglichen Nachbarn, den Burgunderfürsten, Karl den Kühnen, platt und riss sich dessen Land Burgund unter den Nagel. Er ist so skrupellos und korrupt gewesen, dass es nach ihm mit der Weitergabe der Königsfackel an die nächste Generation nicht mehr klappt. Sein Sohn Charles VIII hat keine Söhne mehr. Nach dessen Tod springt ein Vetter ein, Louis XII, der ganz anders sein will als sein Vorvorläufer, nämlich »Vater des Volkes«, der aber auch keinen männlichen Nachkommen »bringt«.

Die Könige um 1500 befinden sich schon zu Beginn des Zeitalters der protestantischen Ehe-Ethik. Ludwig 12 heiratet dreimal, in zweiter Ehe die Witwe seines Vorläufers, Karl 8. Auch diese Verbindung hilft dem Problem nicht ab. – Bei den Liebesheiraten flutscht es nicht mehr so gut mit dem »Unterschieben«, das im Vorprotestantischen-Eheethik-Zeitalter noch bestens funktionierte. Das »reibungslose« Sohnesproduzieren viele Generationen lang geschah auch deswegen, weil den Königinnen erlaubt war, Kinder mit *ihren* Liebhabern hervorzubringen, die feudalrechtlich immer als Kinder des Ehemannes galten. Nun dominiert die Eifersucht des Königs die Ehe – die Kehrseite der Liebesheirat. Die störungsfreien gesunden Genealogien brachten immer Söhne der Könige hervor, generationenlang mit nur *einer* Ehefrau. Und eine solche Treffsicherheit in der Geburt von Söhnen geschah eben nicht nur mit des *Königs* Vaterschaft.

Ein wesentliches Merkmal bei der Störung der männlichen Genealogie: Mit dem Brutalo-Königs-Vater können sich vor allem seine ältesten Söhne nicht mehr identifizieren, die die eigentlichen Kronnachfahren werden sollten. Nach dem unheiligen Schlächter, Louis IX, schaffen es drei Generationen lang die ältesten Söhne überhaupt nicht mehr, bis die Capetiens mit den zweiten, dritten und vierten Ersatzsohn-Königen, dem Drei-Brüder-Schlagins-Wasser, versiegen. Das geschieht in vierter Generation bei den Urenkeln Ludwigs des Neunten.

Es war mit den Königssöhnen wie mit den Bienen: Verschiedene Waben, verschiedene Bestimmungen, verschiedene Ausbrütungen für verschiedene Ergebnisse: In die Wabe »Arbeitsbiene« ein Ei gesteckt, schlüpft aus ihr eine Arbeitsbiene heraus. Aus der Wabe »Drohne« »entpuppt« sich das Ei zu einer Drohne. Und aus der Wabe »Königin« entspringt eine Bienen-Königin.

»Wabe« ist in der menschlichen Familie die »Botschaft«, die Bestimmung eines Kindes zu Wunsch und Wollen eines Elternteils: Erstgeborener kommt ins Fach »Ältester und Erbe«, Zweitgeborener ins Fach »Muttersohn«, Drittgeborener ins Fach »Vermischtes«, Viertgeborener ins Fach »Allzweck«, Fünftgeborener ins Fach »zur besonderen Verwendung«, Sechstgeborener ins Fach »Reservist«. – Und so wundern sich Eltern, dass ihre angeblich gleichgeliebten Söhne so kreuzverschieden ausfallen!

Nach François I, dem ursprünglich nicht als König vorgesehenen Grafen von Angoulême, kommen vier französische Könige, die sich aus jüngeren oder jüngsten Brüdern rekrutieren: Henri II, eingesprungen für den vor Regierungsantritt ermordeten ältesten Sohn Franz den Ersten, den nicht gewordenen Franz den Zweiten.

Nächste Generation: Der zweite Sohn von Henri II, Karl der Neunte, springt ein für den von seiner Mutter Katharina Medici umgebrachten Ältesten, der ab 15-jährig nur für anderthalb Jahre François II sein konnte, ehe er dem Hamlet-Vater-Ohr-Gift-Anschlag erlag. – Nach Karls des Neunten dubiosem Zu-Tode-Kommen schon mit 24 folgt ihm Henris dritter Sohn, wird König unter dem Namen Henri III.

Der Zwang zur Zweit-Sohn- oder Jüngeren-Sohn-Herrschaft wurde diesmal von der KaKö-Agentin Katharina Medici ausgeübt, die einfach alles Älteste und Ältere über verschiedene Mittelspersonen ermorden ließ: Zuerst ihren Schwager, den ersten potenziellen Franz 2, dann ihren ältesten Sohn, den wirklichen Franz 2, dann ihren ihr nicht genügend gefügigen Karl 9 und dann noch den ältesten Sohn ihrer Rivalin und Gegenspielerin Jeanne d'Albret!

Henri IV ist ein zweiter Sohn mit der – die bürgerlich-kapitalistischen Verhältnisse vorwegnehmenden – Problematik des »Schliemann-Syndroms«.

Dieses Syndrom eines jüngeren, auch meist zweiten Kindes bekam aber bei der weiteren Aufzucht Henris die Chance, durch eine Sonderbegabung vorläufig unschädlich gemacht zu werden: Henri IV wurde zu einem Genie der Staatsführung. Von klein auf erzog ihn seine Mutter zum zukünftigen König von Navarra. Dass er einmal König von Frankreich werden würde, war in den Jahren ab 1553 nicht vorauszusehen, weil Katharina Medici, die Königin von Frankreich, vier erwachsen werdende Söhne geboren hatte.

Begabung – vom Wort her »das Gegebene« – ist eine Mischung aus Angeborenem, sozial Vorgefundenem und Anerzogenem.

Henri IV kann wegen seines »Schliemann-Syndroms« nicht zu einem normalen männlichen Ich heranwachsen, aber er bekommt ein »Landes-Ich« vermittelt, das in der Lage ist, später die schwierigsten Probleme auch für Gesamtfrankreich zu lösen. Doch Henris Landes-Ich verhindert zugleich die Übergabe des Königreiches an seinen Neffen Condé.

Henri IV hat sich schon dreimal sogenannt normal- und privat-männlich fortgepflanzt (zwei Söhne und eine Tochter mit Gabrielle d'Estrées), als er 1599 den Königin-Heiratskoller bekommt. Er will und muss psychokonstitutionell auch sein Landes-Ich fortpflanzen, versucht – halbherzig – den Weg der Heirat mit den nicht ebenbürtigen Estrées und Entragues.

Die Fortpflanzung seines gesunden Staats-Ichs konnte er nur mit Hilfe seines kranken, psychosexuell verhakten »Schliemann-Syndrom«-Ichs vornehmen. Auf der Seite dieses Ichs war aber alles unreif, kopflos, unlogisch, unfasslich »blöd« und zerstörerisch.

Auch wenn er den feudal-adäquaten Königsweg nicht gegangen wäre – bei fehlendem männlichem legitimem Erbe Übergabe des Landes an einen Neffen –, dann hätten sich *vier Schritte vor* dem Pakt mit der Florentiner Teufelin ergeben: 1. Heirat einer Landes-Hochadligen, einer Herzogin aus Frankreich = reichhaltig vorhanden. 2. Heirat einer europäisch-katholischen Prinzessin, die aber den Formal-Katholiken Henri IV toleriert = verfügbar in mehreren Exemplaren. 3. Heirat einer europäisch-protestantischen Fürstin, die ebenso wie Henri IV formal zum Katholizismus übertritt = davon gab es ebenfalls einige. 4. Heirat einer italienischen Herzogstochter, die hätte gefunden werden können.

Wenn die europäischen Bedingungen unter den ebenbürtigen Geschlechtern um 1600, als Henri der Heiratsdruck überfiel, durchgeschaut werden, standen bis zu 20 »hochgeborene« Frauen bereit, um mit Henri Königssöhne hervorzubringen.

Die Heirat der MM-Dublette aus dem Stall der Florentiner Medici bedeutete so etwas, wie die Vatikanbank zu heiraten. Vor allem wusste Henri aus Frankreichs Erfahrungen mit der ersten Kardinalsbraut ganz genau: Die Papstbank-Braut kam wieder nicht allein, sondern mit einer Flut von Agenten und Spionen der Kardinalskörperschaft, die sofort beginnen würden, die katholisch-protestantische Ausgleichspolitik Henris zu sabotieren.

Auch Maximilien de Béthune, marquis de Rosny, duc de Sully, dem ewig Gelobten, muss ein schwerer Vorwurf gemacht werden, dass er den König von diesem Untergangsritt nicht zurückhielt. Sully wusste, dass für die Gutschrift von einer Million Livre Schulden beim Bankhaus Medici eine Soldateska geschickt werden würde, um auch sein eigenes Werk zu zerstören. – Mehr als »Fummeln« tat die KaKö nach dem Untergang des Katharina-Medici-Regimes noch nicht. Es lag in den Händen der neuen Staatsführer, sich dieses »Gefummels« zu erwehren oder ihm anheimzufallen. Die Entscheidung, einen eigenen leiblichen Sohn für die Nachfolgeschaft auf dem Thron Frankreichs zu zeugen, kam allein von dem Team Henri – Sully.

Gesellschaftliches Scheitern in so großem Stil, wie es Frankreich mit Henri IV in dessen zweiter Amtsperiode widerfahren ist, kann nur mit den Mitteln der Psycho-Politik verstanden und in Zukunft verhindert werden.

Der Anlauf zu diesem Scheitern ist schon in Henris Zeit als König von Navarra zu sehen – allerdings noch nicht Krankheitssymptom-auffällig wie sein Heiratskoller um 1600.

Henris Verhalten ab 1576 nach seiner Flucht aus seiner vierjährigen Louvre-Inhaftierung liegt für die Betrachtung offen. Er hat die Zeit zwischen seinem 22. und seinem 35. Lebensjahr bis 1589 in seinem Königreich Navarra verbracht, das ihm seine – die Bartholomäusnacht überlebenden – Genossen gehalten und gegen jeden Okkupationsversuch verteidigt hatten.

Aus seinen physisch potentesten Zeiten gibt es nur die Nachricht von einer großen Mätresse, der Belle Fosseuse Montmorency (ab 1579). Aber keine Bastarde werden erwähnt. – Das außerdem Befremdliche: Henri heiratet keine Frau aus Neigung. Als Protestant hätte er sich um seine erste Zwangsverheiratung, die von seiner Mutter mit Katharina Medici arrangiert worden war, nicht kümmern müssen, hätte sich von Margarete von Valois scheiden lassen und eine neue ebenbürtige, von ihm begehrte Frau nach protestantischem Muster heiraten können. Die Montmorency war eine geborene Gräfin, womit sie das Ebenbürtigkeitssoll für die Heirat mit dem König von Navarra fast erfüllt hätte.

Henri befindet sich in Navarra jedoch im psychischen Mutter-»Einzugsgebiet« und macht das alles nicht. Er hat klugerweise die Kollision seiner beiden Ich-Anteile, des gesunden Staats-Ichs mit dem kranken, halbtoten Bruder-Henri-Ich, vermieden. In den vier Interimsjahren zwischen 1589 und 1593, als er schon König von Frankreich war, aber vor seiner Konversion zum Katholizismus von der katholischen Mehrheit des Landes nicht akzeptiert wurde, gibt es ebenfalls keine Selbstdestruktions-Auffälligkeiten.

Erst ab 1592/93, mit Beginn seiner Beziehung zu Gabrielle d'Estrées, nähert Henri seine zwei unversöhnlichen Ich-Anteile einander an. Er konnte trotzdem noch Krankheit und Gesundheit nebeneinander halten. Aber je schwächer ein Körper wird, umso stärker kommen Psychopathologien zum Vorschein, die oft *nicht* mit dem physischen Körper gemeinsam schwächer werden. – Außerdem hatte Henris Staats-Ich in den ersten sieben Jahren seiner Regentschaft über Frankreich einen solchen Triumph gefeiert, dass er *dieses* Ich fortpflanzen wollte.

Weil beim »Schliemann-Syndrom« zu wenig Ich im normal Eigenen möglich war – denn das Normale ist das Ich des toten Bruders –, ergreift die in etwas Eigenes hineinwachsen wollende Ich-Formation alles, was sich außerhalb des normalen physio-psychischen Ichs angeboten hat. Die »Schliemänner« werden nicht schizophren. Sie erscheinen nur so. Sie machen in ihrer Kindheit aus einer Not eine Tugend. Anstatt ein »Haut-und-Haar«-, ein »Ganz-und-Gar«-Ich wie die Normalos zu werden, weichen sie wegen des mütterlichen Besetztwerdens mit einem toten älteren Geschwister in etwas und in jemand anderes aus. Sie werden ein *Aliud*. Schliemann wurde Homers Sohn, identifizierte sich mit ihm, hörte seine längst verhallte Stimme, wie Aeneas und Odysseus die Stimmen ihrer Original-Väter aus dem Tartarus hörten.

Henri IV war das einzige Europa-umfassende *bio*phile Staatsgenie der Neuzeit, hob sich schon zu deren Beginn ab von den ganz oder teilweise nekrophilen Staatsgenies Richelieu, Mazarin, Napoleon, Bismarck, Stalin und Hitler. Henri verwandelte das 30 Jahre lang angerichtete Chaos Katharina Medicis wieder zum Eros des gesamtgesellschaftlichen Miteinanders. Er war

Sohn Frankreichs. Er konnte genau verstehen, was die zeitlichen Notwendigkeiten von Marianne la France waren. Anstatt in seiner Jugend psychisch Sohn von Jeanne d'Albret zu sein, war er Sohn von Jeanne d'Arc geworden, der Nationalheiligen des Landes – 1593 stieg er zu einem männlichen Nationalheiligen auf. Schon mit fünf Jahren, 1559, bei seinem ersten höfischen Zusammentreffen mit seinem Onkel Henri II, dem damaligen König von Frankreich, deutete der Knabe mit dem Finger auf den König, als er gefragt wurde, wer sein Vater sei! Der fünfjährige Henri IV reagierte mit der Jesu'schen Eltern-Aberkennungsgeste. Henri IV war bereits mit Fünf nicht mehr Sohn seiner beiden noch lebenden und in diesem Moment sogar anwesenden Eltern. Stattdessen fühlte er sich schon als Sohn und Nachfolger des Königs von Gesamtfrankreich!

Je mehr Henri IV während der ersten Zeit seiner Realregentschaft über Frankreich zwischen 1593 und 1599 in die Person eines Landesheiligen hineinwuchs, desto mehr wuchs in ihm der Impuls, diese Person auch fortzupflanzen. Der Staats-Ich-Fortpflanzungstrieb machte sich in ihm breit wie ein ordinärer Sexualtrieb, den man auch nicht abschaffen, stilllegen oder verändern kann.

Henris Verhängnis: Er brauchte zur Fortpflanzung dieses seines gesundgenialen Ichs den kranken, halbtoten Anteil seiner Person, der ihn triebhaft auf die Sirene der florentinischen Frankensteinerin zusteuern ließ, mit deren Einfuhr er sein gesundes und geniales Staats-Ich zerstörte. Da dieses Staats-Ich mit Frankreich verkoppelt war, manövrierte er sein Land zurück ins Chaos.

Die Flugblätter, die die Warnprophetie vom bevorstehenden Attentat ausstreuten, erwähnen die damals gewusste Wahrheit: Henri wird sterben, ohne legitime Nachkommen zu hinterlassen!

Bei Concini hatte sich solch ein »Schliemann'sches« Ausweich-Ich auf positivem Wege nicht entwickeln können. Aber auch bei ihm zeigt sich der Vorgang der Produktion eines *Aliud*-Egos noch in seiner französischen Zeit zwischen 1600 und 1617: Concini wird zwischen 1600 und 1610 physischer (Ersatz-)König Frankreichs als Erzeuger der Königskinder, ehe er zwischen 1610 und 1617 De-facto-König wird, obwohl alles nur fantastisch ist und er ohne eine einzige Fähigkeit für den König von Frankreich über das Land herrscht.

DER FAMILIENFLUCH

Neben der Kardinalscorporation hat sich die Familie Medici als Erzschurke im Drama der Überrumpelung der französischen Könige und der Vermasselung des feudalen Dynastie-Funktionierens in Frankreich profiliert. Die Verbandelung der Familie Medici mit der Kardinalscorporation entspricht so ungefähr der Liaison der Schweizer Banken mit den deutschen Naziherrschern. Die Medicis haben sich zweimal für die Kardinalskörperschaft ins Zeug gelegt, was wie gar nicht rechtswidrig und schuldhaft aussieht, aber wieder die typische »conditio sine qua non« ausmacht, die Bedingung, die nicht hinweggedacht werden kann, ohne dass der Erfolg entfiele.

Ohne Schweizer Banken kein Gesamtgelingen der Nazis bis zur Führung des Zweiten Weltkriegs. Alle destruktiven Aktionen, mit denen die Nazis Personen und Dinge in Asche und Schutt verwandelten, konnten mit ihren in der Schweiz deponierten Geldern nonstop bezahlt werden. Ohne die Medicis mit ihrer professionellen Amalgamisierung von Geld und Genealogie-Heimtücke kein Sieg der Kardinalskörperschaft in Frankreich. Weder ein anderes Bankhaus noch ein anderes Fürstentum Europas hätte zwischen 1500 und 1600 über die Finanzkraft und die Trickdynamik verfügt, mit denen und mit Hilfe ihrer Kardinäle, Päpste und engsten Verbindungen zu Kardinälen anderer potenter italienischer Familien die Medicis das französische Königtum »umgelegt« haben.

Die Medicis waren ein Welt-Vehikel, über das der Feudalismus in Europa schließlich abgeschafft wurde, obwohl sie angeblich angetreten waren, die feudal-katholischen Gesellschaftsbedingungen gegen den Ansturm der Protestanten zu verbarrikadieren.

Zur feudal-politischen Korrosion, die die Medicis mit ihren eingeschleusten Königinnen und dem Schwall von kardinalscorporativen Mitarbeitern in Frankreich anrichteten, passte die Zersetzung ihrer eigenen familiären Bedingungen.

Auch die privaten Verhältnisse in der Medicifamilie ab 1500 müssen in Zusammenhang gebracht werden mit der protestantischen Ehe-Ethik, die sich ab dem 16. Jahrhundert allmählich über *alle* Sitten legte, auch die katholischen: Ende der Sozial- und Sexualverzweigungen, Schrumpfung von personellem »Groß« und »Viel« auf »Klein« und »Wenig« bis »runter« zum »Kern« des 20. Jahrhunderts mit seiner »Atomfamilie«.

Die gesellschaftlichen Systeme Feudalismus und Kapitalismus haben einander nicht nur in der Wirtschaft abgelöst, sondern auch im Bett. Und für die Umwälzung der Sitten, die Reduktion von Poliamourösität auf Monogamie, stellte die Familie Medici eine Spezialdrehbühne zur Schau.

Die biografische Literatur neigt dazu, die Medicis schon jahrhundertelang als frühfaschistischen Täter zu konturieren: Durchsetzung ihrer Interessen per Mord, Anrichtung von persönlichen und sozialen Schäden = große Destru-Wirkung auf Florenz, das sie als »Bürgermeister«, genannt »Herrscher«, für Jahrhunderte dominierten.

Aber das Faschistische charakterisiert die Familie Medici nicht von Anfang ihres Auftretens an, sondern erst genau zu der Zeit, als sie mit der Zerfräsung des feudalen Systems ab 1500 begann.

Die Medicis sind nach ihrem Auftauchen um 1300 in Florenz etwa zwei Jahrhunderte lang als Wohlstandsbringer beliebt gewesen. Sie gipfeln in der positiven Wahrnehmung der Bürger mit ihren zwei »Popolano«-Herrschern. Ab 1400 titeln sie sich selber adlig, indem sie sich den »Abtreter« »di« (beziehungsweise de' = dei, »von den«) vor den Familiennamen legen.

Die Italiener haben es alle mit dem deutschen Adelssystem nicht ernst genommen. Sie waren viel zu eigenständig selbstbewusst, als dass sie sich in den Schraubstock der jahrhundertelangen Hochadelung hätten einziehen lassen. Hatte eine italienische Familie irgendwann genug Geld und Macht, adelte sie sich selbst und verfügte dann über die gleiche Reputation wie ein jenseits der Alpen gelegenes Fürstengeschlecht. Die Tuskulum, Colonna, Orsini, später die Medici, Farnese, Borghese, Barberini »pfiffen« auf die langsamen Gnadenmühlen des römisch-deutschen Kaisers und die Urkunden in der Familienarchiv-Truhe. Sie waren adlig kraft Faktizität. Die Medicis beherrschten Florenz und die Toskana schon lange wie ein Herzogtum, ehe sie diesen Titel vom Kaiser verliehen bekamen, was dann ja auch nur ein Stück Papier war, mit dem der Kaiser sich prompt sehr viel Geld hatte einhandeln können.

Erst zu Beginn der Feudalismus-Dämmerung brauchten die Medicis wegen ihres plötzlichen Interesses an ihrer genealogischen Vernetzung mit dem europäischen Urkundenadel die formell als echt adlig geltenden Titel und klopften beim Kaiser in Wien um eine Verleihung an.

Ehe die Medicis Mörder waren, vor allem »ausgerechnet« Mörderinnen produzierten, waren sie auch Opfer von Morden. Es gab einen Anschlag auf die Brüder Lorenzo il Magnifico und Giuliano Medici im Dom Santa Maria del Fiore in Florenz am 26. April 1478, dem nur Giuliano erlag, dessen nichtehelicher Sohn, der spätere Kardinal Giulio Medici und Papst Klemens VII., erst nach der Ermordung geboren wurde. – Alessandro, der ältere, nichtehe-

DER FAMILIENFLUCH 427

liche Halbbruder Katharina Medicis, den ihr Vater Lorenzo vor dem Erwerb seines Titels »Herzog von Urbino« gezeugt hatte und der schon von Karl V. in den persönlichen Herzogstand versetzt worden war, wurde mit 27 Jahren ermordet.

Das schamlose, nicht zu stoppende Reichwerden der Medicis, ihr glänzendes Gelingen in allen wirtschaftlichen Angelegenheiten, dazu ihre im Laufe des 15. Jahrhunderts erlangte politische Landesmacht in Florenz provozierte Gegner und Feinde. Bei der Invasion des französischen Königs Charles VIII in Florenz am 17. November 1494 wurden die Stadt- und Toskanischen Landesherren Medici gefangen genommen und mussten für drei Jahre Florenz verlassen.

Aber immer wieder gelang es der römischen Kardinalsrunde und den florentinischen De-facto-Fürsten Medici, die Verhältnisse zu ihren Gunsten zu etablieren und zu stabilisieren. Jahrhundertelang benahmen sich die Medicis wie weltliche und kirchliche Herrscher in ganz Europa: Ausbeuten, Unterdrücken, Nicht-Abtreten, Interessen anderer Bürger nicht berücksichtigen! So funktionierte das ganze aristokratische Zeitalter. Die Medicis hatten nur geringere höfische Bombasmen und weniger Titel-Schaugepränge zwischen Vor- und Nachnamen. Und sie waren einzigartig geldbegabt. Nicht lehensfestgeankert in einem Volk wie die Urkundenfürsten – und darin ähnlich dem Papsttum –, waren sie in Europa mobil, überall Geld zu machen, Bankhäuser zu eröffnen. Ihr Reichtum kannte keine Grenzen, wuchs unbeschränkt.

Dem moralischen Absturz der Medicis in den Othello'schen Familien-Doppelmord und in die »Böse-Stiefmutter«-Versengungen durch Bianca Cappello-Medici ging eine familienpolitische Fehlentscheidung voraus, die wenig mit dem jahrhundertelangen sozial- und wirtschaftspolitischen Gesamtverhalten der Medicis zu tun hatte. Ihnen war ein Heirats-Unfall passiert, der jeder anderen hohen Familie auch hätte passieren können, wonach die familienpsychischen Bedingungen sich so verzogen, dass Desaster begangen wurden oder ausgestorben werden musste – im Falle der Medicis die Familienmitglieder in die absurde Lage versetzt wurden, eine Frankensteinerin zu produzieren und sie als Königin auf Destrutour ins Frankenland zu verschicken.

Cosimo Medici, der 1519 geborene, spätere Muttersohn, der mit dem jahrhundertelangen Stolz der Medici-Männer bricht, auf kaiserlich verbriefte Adelstitel nicht angewiesen zu sein, stellt sich 1537 schon als 19-Jähriger bei Karl V. an, um für viel »Kohle« den persönlichen Herzogtitel zu erlangen.

Aufgeschwollen in dieser Position, kann Cosimo wie sein entfernter Vetter Lorenzo Medici, der von dessen Onkel, dem Medici-Papst Leo X., 1515 rechtswidrig geadelt wurde, auf der europäischen Adels-Heiratsbörse mitbieten. Lorenzo heiratet 1518 die französische Adlige Madeleine de la Tour d'Auvergne. Cosimo heiratet 1539 die spanische Adlige Eleonora di Toledo. Aus der ersten internationalen Verbindung der Medicis geht die spätere, zur Homuncula psycho-alchimistisch geköchelte Katharina Medici hervor, aus der zweiten internationalen Medici-Verbindung wuchert eine ganze Reihe deviant-destruktiver, vor allem männlicher Kinder, die aber nicht wie Katharina Medici von kalten klösterlichen Funktionärinnen im Auftrag der Medici-Päpste absichtlich deformiert, sondern vom kernfamiliären Milieu selbst entmenscht wurden.

Mit Eleonora di Toledo hatte Cosimo sich eine Braut aus dem gruseligsten europäischen Familien-Drachennest geholt.

Drei spanische Männer unter dem Namen Toledo hatten sich in die Liste des Schreckensbuches der beginnenden Neuzeit ganz oben eingetragen.

1. Bruder Fernando Álvarez di Toledo, 3. Herzog von Alba (1508–1582), General, der sich in die Menschheitsgeschichte so prinzipiell als Massenmörder eingraviert hat, dass er jahrhundertelang als Staatsterror-Gestalt Nummer 1 galt, bis er aus dieser Position von Adolf Hitler verdrängt wurde. Er ist unvergesslich geblieben als Gouverneur Philipps II. in den Niederlanden, das er seit 1567 der spanischen Krone mit allen »undenkbaren« Grausamkeiten erhalten wollte. Er ließ Egmont und andere aufbegehrende Adlige hinrichten. Er wütete so, dass Philipp II. ihn nach zehn Jahren zurückrufen musste. – Toledo übte bei einem Treffen mit Katharina Medici 1565 auf die französische Königinmutter Druck aus, noch schärfer = ausrottend gegen die Protestanten vorzugehen.

2. Vater Pedro di Toledo, marquéz Alba di Tormes (1484–1553), Vizekönig in Neapel, setzte ebenfalls menschheitsgeschichtliche Standards des Staatlich-Negativen. Die Spanier hatten Süditalien um 1500 genauso wie Südamerika »einfach« erobert und als Kolonie zwei Jahrhunderte lang ausgebeutet. Es gab schon vor den Campanella'schen Aufstandsvorbereitungen am Ende des 16. Jahrhunderts Erhebungen und Revolten der unterdrückten Süditaliener. Pedro di Toledo schlug die Revolten nieder, stabilisierte mit der spanischen Inquisition die Herrschaft seines Königspaares Ferdinand III. und Isabella I. in Süditalien, das heißt, Verfolgung, Folter, Scheiterhaufen hielten in Süditalien Einzug – übrigens dicht neben der kardinalscorporativen Vatikanstadt Rom, die von den Spaniern nicht bedroht und behelligt wurde, im Gegenteil, das Königreich Neapel in Süditalien nahm

sich aus, als sei es ein Stück von ihr. Über 200 Jahre haben diese beiden Systeme – mit einem nur kurzen Intervall – einträglich nebeneinander gewütet und gewuchert.

3. Vetter Francisco di Toledo di Oropesa (1516–1582) machte als dritter Toledo dieser aufs Furchtbare weltweit spezialisierten spanischen Adelsfamilie Ehre. Er wurde 5. Vizekönig in Peru und löschte dort die Inkas aus.

»Vizekönig« hieß: Der spanische König hatte »Besitzungen« – unterworfene fremde Länder – sehr weit entfernt von seinem Ursprungsgebiet, in die er nicht persönlich reisen konnte, weil er sonst den Thron in Madrid hätte wackeln lassen müssen. Zur Festerhaltung seines Thrones bestellte er Gouverneure, die sich – mit der Macht der Spanier auftrumpfend – »Vizekönig« nennen durften. So war es in Südamerika und in Süditalien. – Der Vizekönig in Peru, Francisco di Toledo, ließ gegen den Willen der spanischen Einwanderer den letzten Inka-König, Tupac Amaru, 1572 köpfen – ohne den Anlass einer Revolte der Indianer. Gerade das Einvernehmen zwischen Inkas und spanischen Siedlern war den okkupierenden Inquisitoren ein Dorn im Auge. Da hätte es gefährliche »Entkatholisierungs«-Prozesse geben, die im Volksgefühl eines Protestantentums hätten enden können. Ergo: Ureinwohner ganz weg! Deren Staat auslöschen, seinen letzten Repräsentanten Diktaturzeremoniell hinrichten lassen!

Solche Makro-Destruktionen, die gehäuft von Vertretern einer einzigen Familie begangen wurden, haben Konsequenzen auf die Mikrokosmen, die Ehen und Eltern-Kind-Beziehungen dieser familienkonzertierten Terror-Spezialeinheit. Hier wird das Politische zum Privaten. Eine Tochter, Schwester und Cousine solcher Massenvernichter, wie es die Toledos waren, kann nicht unbeschadet aus der Destru-Tradition dieser Familie hervorgehen und »heile Welt« im Privaten leben.

Das Antlitz der Eleonora di Toledo hat Bronzino im depressivsten Herrscher-Gattinnen-Porträt des Abendlandes verewigt und mit Toledos apathisch-gebrochenem, Emotions-erloschenem Ausdruck die Modernität des künstlerischen Radikal-Einstiegs in das abgewirtschaftete Gesicht des 20. Jahrhunderts vorweggenommen (5, S. 52).

Eleonora di Toledo hat keine gesellschaftliche Position innegehabt, aber in der Familienposition als Ehefrau und Mutter Medici gemeinsam mit ihrem Mann Cosimo Medici verhängnisvolle Erdrutsche losgetreten, die zu seelischen Verschüttungen durch multischädigende Söhne und selbstschädigende Töchter geführt haben. – Ihr ältester Sohn, Francesco Maria, paart sich in zweiter Ehe mit Bianca Cappello, einer der dubiosesten, kritisch noch nicht gehobenen europäischen Innenweltvernichterinnen. Eleonora Toledos jüngster Sohn ermordet seine Ehefrau, die auch eine Toledo war. Piero Medici hatte Eleonora di Toledo die Jüngere, eine Nichte seiner Mutter, Eleonora di Toledo der Älteren, geheiratet. Die junge Spanierin machte Fehler beim Fremdgehen. Schon hatte sie den Dolch ihres Ehemannes und halbspanischen Vetters im Leib! – Ihre Schwägerin, Isabella Medici, zweitälteste Tochter aus der Medici-Toledo-Ehe, rutschte im poliamourös flotten Florenz so aus ihren Eheverhältnissen, dass sie sich wegen eines Liebhabers von ihrem Mann erwürgen ließ und die Vorlage zu Desdemonas Kissen-auf-dem-Mund-Tod lieferte. Verraten wurde der Schwägerinnen-Doppelfremdgang vom co-eifersüchtigen ältesten Bruder, dem Multimörder in spe, Francesco Maria. – Diese Soziomüll-Splitter sind Einzelheiten von einem schon längst bürgerlich-kapitalistischen Familienfilz mit Neurosengeflecht, das die »beteiligten« Männer im Doppelmord an ihren Ehefrauen zu zerreißen versuchten. – Das Kindermittelfeld der Medici-Toledo-Ehe, zwei Söhne und eine Tochter, starb jugendlich unter 20 mit der Mutter Eleonora so gut wie gleichzeitig.

Gesellschaftlich unbefleckt übrig blieb von den acht erwachsen gewordenen Kindern nur das zweitjüngste, der Kardinal Ferdinando Medici, der der von seinem ältesten Bruder Francesco Maria und dessen Ehefrau Bianca produzierten Frankensteinerin, Francesca Dosi, als seiner Offizial-Nichte Maria Medici mit allen mörderischen Mitteln den Weg bahnte, noch einmal als eine Medici-Kardinalsbraut den französischen Thron zu erobern. – Zweck und Ergebnis bekannt!

SUBJEKTIVER FAKTOR

Wie Leben läuft, hat Ernst Bloch für alle frisch vergangenen, gegenwärtigen und kommenden Menschheitszeiten gültig komprimiert. Leben funktioniert zwischen objektiven Möglichkeiten (oder Unmöglichkeiten) und dem subjektiven Faktor.

Die männliche Menschheit versteht fast alles von den objektiven = gesellschaftlichen Bedingungen, aber fast nichts von den subjektiven Einwirkungen auf die Geschichte. Schlimmer: Über das Subjektive nachzudenken und es einzubringen wird seit Generationen von den Machthabern des universitären Wissenstransportes verboten. Die Aversion gegenüber dem Subjektiven, Persönlichen, sogenannt Menschlich-Individuellen, hat so weit geführt, dass es nicht mehr gekannt und seine eminente Wirkung auf Kultur, Politik, Wirtschaft und Wissenschaft nicht mehr begriffen wird. Es herrscht ein soziologistischer Fragebogenfimmel im Dienst der Götzen Statistik und Studie, der sich gänzlich dem künstlerischen Tiefeneinstieg ins Einzelne entschlägt. Das hat sowohl in der Geschichts-, als auch in der Literaturwissenschaft zu Fehleinschätzungen geführt, die an den politischen Wahrheiten vorbeidenken.

Der subjektive Faktor ist schon eine soziologische Determinante und nicht ein belangloses psycho-individuelles Phänomen, dessen gesellschaftliche Signifikanz erst über drei Denk-Ecken konstruiert werden müsste.

Wenn nur *eine* Person der zehn Protagonisten im Drama der »Königsfälschung Louis XIV« physio-spirito-sexo-psycho-logisch anders gewesen wäre, als sie es im historischen Kontext ihrer Biografie tatsächlich war, hätte dieses Drama nicht stattgefunden oder wäre anders abgelaufen.

1. Louis XIII – nicht Rosenkreuzer-schwul: Als Dosi-Concini-Sohn sogenannt simpel, hätte er mit dieser unköniglichen Kontur sein Leben lang einen ersten Minister als Staatslenker gebraucht, aber sich nicht von einer massenmörderischen Sphinx à la Richelieu erpressen lassen müssen. Er hatte mit den Staatsführern Vater und Sohn Sillery von Jugend auf seine Kooperateure bekommen. Auch als Rosenkreuzer hätte er sich nicht zu einer Trennung von seinen Regierungsmitarbeitern erpressen lassen müssen. Nur die ihm 20 Jahre lang angetane Entkorkung durch seine Mutter hatte ihn so widerstandslos gemacht, dass er weitere 20 Jahre lang einer zweiten SM-Beziehung anheimfiel – seinem »Cousin« Richelieu, wie er ihn in seinen Briefen anreden musste.

2. Anne d'Autriche – nicht lesbisch: Sie hätte ohne Weiteres Unterschiebungskinder produziert, so viel die Dynastie zum Stehen gebraucht hätte. – Aber Anne d'Autriche gebärunfähig? – Dieses Merkmal greift in den subjektiven Faktor von Ludwig des Dreizehnten »Rosenkreuzertum« hinein. Gebärunfähig – und eine Königsehe hätte wegen Unfruchtbarkeit vom Papst annulliert werden können. Doch die Misere von Ludwigs des Dreizehnten Frauen-Unverträglichkeit hätte sich seiner Neuverheiratung im Mannesalter widersetzt.

Für Richelieu, der über die Lösung des Dynastie-Problems entscheiden musste – da ab 1624 Frankreichs De-facto-Machthaber –, wäre die Annullierung der Ehe zwischen Anna Ö. und Ludwig 13 riskant gewesen. Was handelte er sich mit der nächsten Frau Ludwigs ein? Die Unterschiebungen waren politisch nicht einfach. Die Günstlinge wollten für ihre samenspendenden Dienste Macht an höchster Stelle haben, was mit Richelieus Zentralmachtposition hätte kollidieren können. – Richelieu hatte aus allernächster Nähe noch die Concini-Dosi-Günstlings-Situation gekannt. Unter diesem Verhältnis hatte seine politische Karriere begonnen und wäre wegen dieses Verhältnisses fast sofort beendet gewesen. – Außerdem gab es ein weiteres Problem bei einer Annullierung der Ehe zwischen Anna und Ludwig: Die Annullierung hätte zwischen 1624 und 1635 einen Krieg mit Spanien provoziert oder den seit 1635 mit Spanien bestehenden Kriegszustand verschärft, denn die Zurücksendung der spanisch gebürtigen französischen Königin hätte einen Bruch des Heiratskontrakts bedeutet. – Richelieu war an die Situation dieses »sterilen« Ehepaares gekettet, die er mit keinem »normalnatürlichen« oder politisch-diplomatischen Mittel ändern konnte.

Daher: Eine Anna d'Austria als heterosexuelle Gebärfähige – und alles wäre anders gelaufen.

3. Ein nicht protestantisch verengt fühlender Henri IV mit einer katholisch noch weit verzweigt aufgefächerten Psyche ohne »Schliemann-Syndrom« hätte in allen seinen Ehe- und Intimproblemen anders gehandelt: kein Einlass für die Frankensteinerin!

Der subjektive Faktor kontrastiert einem gesellschaftsgegenwärtigen, leitet sich aber immer aus *Vergangen*-Gesellschaftlichem her. Die persönlich-individuellen Bedingungen der Menschen sind von gesellschaftlichen Bedingungen erzeugt worden.

Jeanne d'Albret hätte noch keine protestantische »Hausfrau« = nach innen gedrückte »Redupers« (unsterblicher Begriff Helke Sanders' für die reduzierte Person) sein müssen, wenn ihr solche Reduzierung der eigenen Person nicht im Verhältnis zu ihrer zeitgenössisch ganz besonders emanzipierten Mutter, Margarete von Navarra, zugefügt worden wäre.

Frauen als »besseres«, weil konzeptual fortschrittliches Geschlecht haben ein – ihre voranschreitende Emanzipation ungünstig beeinflussendes – Inner-Frauen-Problem, über das sich das »Corpi-archat« sehr freut, weil dieses Problem die Energien der Frauen aufsaugt und diese bei Männern schon geschwächt antreten lässt: die Tochter-Mutter-Beziehung.

Aus vielen – historisch an den Aufbruch der Frauen gekoppelten – Gründen »produzieren« gerade starke, emanzipierte Frauen Schattentöchter. Die drei Heroinnen der deutschen Frauenemanzipation, Clara Schumann, Bettina von Arnim und Johanna Schopenhauer, hatten ihr Leben lang an ihrer Seite biografisch kaputte Partnerin-Töchter, die nicht in ihr eigenes Leben hineinkonnten und auch nach dem Tod der Bravoura-Mütter als Schemen zurückblieben.

Auch im 20. Jahrhundert ist die Tochter-Mutter-Verhakung keine Selten-

*Ludwig der Dreizehnte (1601–1643), 14/15-jährig
Gemälde von Frans Pourbus d. J. um 1616*

Der fröhliche Rollstuhlfahrer
Louis XIV mit Höflingen vor der Apollo-Fontäne in Versailles
Gemälde (Ausschnitt) von Pierre Denis Martin d. J.
1713

Die Teufelskralle
Louis XIV Mitte 1630
École française du XVIIe siècle

*Der 15-jährige Louis XIV
im Krönungsornat (7.6.1654)
Gemälde von Henri Testelin d. J.*

Louis XIV als Oberster Richter, um 1685
Henri Testelin d. J. zugeschrieben

Louis XIV (rechts) und Familie, um 1664
Hintergrund Mitte der Offizial-Vater Louis XIII (1601–1643)

Die »Nacktfüßler« versuchen, sich zu wehren
Zeitgenössische Gravur Anfang 18. Jahrhundert

Die Rubens-Monroe
Apotheose des MM-Doubles als Athene
Gemälde von Peter Paul Rubens Mitte 1620er Jahre

heit. – Isabel Allendes Tochter fällt plötzlich als 20-jährige Frau in ein Koma, aus dem sie bis zu ihrem Tod nicht wieder erwacht. Die Mutter schreibt ein gesellschaftlich akklamiertes Buch *(Paula)* über ihre sterbende Tochter. Die Öffentlichkeit ist voll und ganz auf der Seite der Mutter, anstatt tochtersolidarisch den Vorgang des Tochterauffressens mutterkritisch anzugehen. – Die Tochter von Liselotte Pulver bringt sich um. – Die Tochter des Fernsehstars, Petra Schürmann baut »schuldlos« einen tödlichen Unfall, indem ihr ein Geisterfahrer in den Wagen fährt. – Die Mutter der Schriftstellerin Annemarie Schwarzenbach vernichtet nach dem Selbstmord der Tochter gegen deren Willen Briefe und Tagebücher.

Wieder macht ein sogenannt subjektives Phänomen auch Psychopolitik. Johanna die Wahnsinnige verbrachte ihr Rückzugsleben nach dem Tod ihres Mannes angeschweißt an eine ihrer Töchter. Die Mutter der schwedischen Königin Christine zwang ihre Tochter, nicht nur mit ihr zu leben und das Bett mit ihr zu teilen, sondern auch noch den Sarg des Vaters Gustav Adolf lange Zeit neben sich im Schlafzimmer zu ertragen!

Kaiserin Sissi und Königin Marie Antoinette waren Mutter-angekettet und schafften es nicht, die politischen Schwierigkeiten, in denen sie Partnerinnen von Herrschern wurden, zu meistern. – Anders die nicht-muttergebundene Sophie Auguste von Anhalt Zerbst, die ebenfalls wie Marie Antoinette mit 14 Jahren ins fremde Land zum Heiraten verschickt wurde und einer noch viel schwierigeren Situation gewachsen war, die sie meistern, weil sie sich elterngetrennt auf ihre eigenen Kräfte verlassen konnte. Marie Antoinette blieb zeitlebens Muttertochter. Sie musste jedes Intimdetail ihres Lebens mit ihrer Mutter, Kaiserin Maria Theresia, besprechen, konnte es aber nicht selbst lösen.

Jeanne d'Albret hat sich dem staatsterroristischen Genie Katharina Medicis gegenüber kleinmädchenhaft verhalten, als sie Katharina Medici 1572 glaubte! Die Destru-Meisterin hatte realisiert, dass sie kriegerisch die Protestanten nicht überwältigen konnte. Zwei Hugenottenkriege hatten die katholisch-protestantische Situation in einem Patt zurückgelassen. Da versuchte Katharina Medici es mit der Hochzeitsumarmungs-Strategie. Jeanne d'Albret ging ihr auf den Leim, ließ sich von ihr ermorden und die gesamte protestantische politische und militärische Elite in der Bartholomäusnacht hinmetzeln. Dümmer und eingeschränkter = unerwachsener konnte sich frau gegenüber der Serienkillerin Katharina Medici nicht verhalten. Jeanne d'Albret hat auch ihren Sohn den Messern der Schlächterin ausgeliefert, der nur um ein Haar und wie durch ein Wunder sich retten konnte. Jeanne d'Albret hatte 25 Jahre Zeit gehabt, die »Vorgehensweise« Katharina Medicis zu beobachten – ganz Frankreich sah deren staatsterroristische Praktiken und konnte sich denken, dass dahinter noch Privatmörderisches versteckt war.

Ohne Jeanne d'Albrets muttertöchterliches Sich-anheimgeben an eine zentrale böse Mutterfigur keine Bartholomäusnacht und ohne Jeanne d'Albrets sexuelle Verklemmung kein »Schliemann-Syndrom« ihres Sohnes Henri IV.

4. Eine Maria Medici als echte Kaiserenkelin, als nicht Slumkind-Bankiers-Großherzog-Tochter-Gepfropfte, hätte sich als französische Königin höfisch adäquat benommen. Vor allem die galeerenverkettete, personell an ihre »Milchschwester« Leonora Dosi psychisch angewachsene MM-Dublette lieferte ein Devianzprogramm am französischen Hof, das nie Pause hatte, das bei einer nicht mit einer Schwarzmagierin schwesterlich verschweißten Königin nicht so gelaufen wäre und – mit Concini und Richelieu im Macht-Gleichschritt – die tausend Kettenreaktionen der Regierungs-Zersetzung gegen Henri IV bis zu seiner Ermordung nicht hervorgerufen hätte.

5. Das »Adoptiv«-Eltern-Paar Luigi Magnanis, Richelieu und Mazarin, hatte unverwechselbare Spezifika, ausgerechnet diesen Thronerben zu produzieren.

Der erzeugerische Vater Richelieu war von einer sogenannt seelenlosen Verhaltensstruktur gekennzeichnet, die im 20. Jahrhundert eine Massenerscheinung wurde. Er war Emotions-reduziert – Richelieu liebte nach eigener Auskunft nur seinen nächstälteren Bruder, ähnlich wie der spanische 20.-Jahrhundert-Bürgerkriegs-General und Diktator Franco auf dem Sterbebett bekannte, nur seine Mutter geliebt zu haben. Emotionsreduktion auf eine Person verursacht Lebensrestriktionen gegenüber allen anderen Menschen.

Richelieus psychostrukturelle Verfehlung des Vitalen, das sich gefühlspositiv auf alles beziehen müsste, in Kombination mit dem Polyphon-Simultan-Genie eines Politikers, geschah im 17. Jahrhundert noch nicht so oft wie im 20.

Das Gelingen von Richelieus 20-jähriger Landesregentschaft mit semi-usurpatorischen Mitteln definiert das menschliche Zusammenwirken von »objektiver Möglichkeit« und »subjektivem Faktor« unabweisbar einsichtig. Um Richelieus Machtposition zu erlangen, zu erhalten und mit ihr über die Lebensinteressen des französischen Volkes zwei Jahrzehnte lang hinwegzugehen, musste Richelieu politisch genial *und* psychisch deviant sein.

6. Luigi Magnanis Produktions-»Mutter« Mazarin war noch rarer charakterisiert als Richelieu: Politisches Genie, ehemaliger französischer Ausländer,

väterlicherseits emanzipiert-jüdisch gebürtiger Vatikansoldat, beamteter Papstvertrauter, Spitzendiplomat, Nichtpriester, Kardinal und fremdländischer Regierungschef! – Wenn nur *ein* Aspekt seines Lebens gefehlt hätte – keine oder keine so perfekt gelungene »Operation Kronprinz« von der Beschaffung Luigi Magnanis bis zur Übergabe des Landes an das süditalienische Mündel Mazarins – unter dem Königsnamen Louis XIV.

Richelieu'sche Inhumanitäts-Spezialisten produziert die patri-viricorpiarchalische Gesellschaft seit ihrer Existenz, weil diese Produktion gefühlsreduzierter Menschen mit der gesellschaftlichen Reduktion des Lebens der Frau als Mutter in einem Zusammenhang steht. »Restricted Emotionals« tauchen in allen Ländern zu allen Zeiten auf und irritieren die Menschheit als »Schreckensherrscher« oder Zerstörungsakteure. Aber die Mazarin'sche Humanitäts-Eigenart im Zusammenspiel mit schon laufender Inhumanität von Machthabern ist ein Spezifikum, das sich nur an den psychosozialen Grenzen bei der friedlichen Auflösung des europäischen Judentums ereignet hat und im 19. und 20. Jahrhundert am perfekten Ineinandergreifen von Kaiser Wilhelm II. und den Elektrokonzernchefs Vater und Sohn Rathenau, dem Reeder Albert Ballin und dem Chemie-Nobelpreisträger Haber beobachtet werden kann.

7. Campanella, der Halb-Schizophrene, scheint eine untergeordnete Rolle im Beschaffungsszenario gespielt zu haben, hatte er doch »nur« die Prophezeiung des »rex solis« und die Astro-stimmige Berechnung von dessen »Geburtsmoment« zur Königsfälschung beigetragen. – Der rationalistische Umgang mit der Welt, wie ihn das 20. Jahrhundert trainierte, kann sich mit der Bedeutung, die die Astrologie im 17. Jahrhundert massenpsychologisch gehabt hat, nicht mehr verständnishalber arrangieren.

Die Beschaffung eines männlichen Königsbabys ohne eine astrologische Geburtstermin-Absicherung wäre im 17. Jahrhundert nicht möglich gewesen. Man hatte befürchtet, der unprofessionell gewählte Erscheinungstermin eines in diesem Moment nicht wirklich geborenen Kindes hätte die Königsfälschung auffliegen lassen können. Das Real-Geburts-Horoskop des realen süditalienischen Landbuben hätte sich so krass gegen eine Königslaufbahn verweigern können, dass das royale Kuckucksei noch mehr Anfeindungen ausgesetzt gewesen wäre.

Man sieht, wie wenig Astrologie bei gesellschaftlichen Prozessen zu sagen hat, denn dem ausgesetzten süditalienischen Hirtenjungen haben die Sterne keine Laufbahn als absolutistischer Sonnenkönig Frankreichs vorherbestimmt, diese Emporkommung eines Usurpatoren *sui generis* haben die französischen Kardinalskönige Richelieu und Mazarin allein mit *gesellschaft-*

lichen Mitteln durchgezogen. Und Campanella sollte das mit einem konstruierten Europa-Herrscher-Horoskop fingiert-prophetisch durchpauken.

Die Position des Horoskopfälschers hätte irgendein zeitgenössischer Astrologe einnehmen müssen. Jedoch einen zweiten europabekannten Denker hätten Richelieu und Mazarin nicht gefunden. Descartes und Pascal hätten es nicht gemacht! Es hätte ein Wald-Feld-und-Wiesen-Astrologe ohne internationale »Glaubwürdigkeit« machen müssen.

Die Abdichtung von Luigi Magnanis Erscheinen mit einer Ankündigung des »portentose puer« (»ungeheuren Knaben«) durch einen international reputierten Religionsphilosophen, einem »Harvard-Professor« des 17. Jahrhunderts, hat nicht nur die damalige Gläubigkeit an einen »Louis mit rechten Dingen« »naturwissenschaftlich« »untermauert«, sondern den Glauben sämtlicher Wissenschaftler an Luigi Magnanis königliche Geburt bis heute erhalten.

8. Die ganze Königsfälschung ist »Soziologie«. Da braucht nicht lange mit dem »subjektiven Faktor« Ludwigs des Verrückten »herumgemacht« zu werden.

Ludwig der Wissende ist jemand anderes als Ludwig der Nichtwissende und ermöglicht eine Flut von Spekulationen, wie die Geschichte verlaufen wäre, wenn Anna von Österreich die Augen geschlossen hätte, ohne ihrem Offizial-Sohn das Geheimnis seiner Entstehung preisgegeben zu haben. Sie wollte Luigi Magnani stärken. Mit dem Mittel der psychischen Zermürbung Luigi Magnanis ist ihr das für sein politisches Agieren gelungen. Das nicht abebbende Getuschel der Zeitgenossen über seine Entstehung, die Wahrheit zum Anlass andauernder Putschversuche zu nehmen ... Auf dem Thron Frankreichs saß ja bis zum 20. Januar 1666, dem Datum des Todes von Königin Anna, ein Usurpator ohne sein Wissen. Diese kleine Änderung im subjektiven Faktor musste also unternommen werden, so schmerzhaft sie im Augenblick für den gefälschten König auch war, so furchtbar die Folgen für sein weiteres Leben, für Frankreich und Europa werden würden, denn die Zwänge des sich nun bewusst um seinen Thron ängstigenden Königs führten zu einer selbst- und fremdschädigenden Absurdität im Verhalten Luigi Magnanis und zu Grausamkeiten in und um Frankreich ohne Ende. – Eines bleibt klar: Der um die Fälschung wissende König wurde ein ganz anderer, als der von ihr nicht wissende König es gewesen war. Der Moment der Aufdeckung hatte für den königlichen Patienten im noch heiß laufenden feudalen Zeitalter keinen therapeutischen Effekt, sondern im Gegenteil einen Devianz-produzierenden »impact«, wie ihn sonst nur zehn Jahre Kindesmisshandlung im kapitalistischen Zeitalter haben können.

9. Ein zweites Paar Leonora Dosi und Concino Concini hätte es auf »der ganzen Welt« nicht geben können.

Concini erfüllte die drei Voraussetzungen für den Job des Königskinder-Erzeugers und Königinnen-Günstlings in spe: a) Er stand dem Drahtzieher und Chef der ersten Aktion »Operation Königskinder« familienähnlich nah. Er war ein Sohn Giovanni Battista Concinis, des engsten und obersten Finanzbeamten des Großherzogs Ferdinando Medici, als ob er dessen Sohn oder Neffe gewesen wäre; b) Concini war gezeichnet von einer psychischen Abweichung, dem »Schliemann-Syndrom«, das keine Massenerscheinung ist, im Gegenteil, bei dem drei Erfordernisse zusammenkommen müssen: unglückliche Mutter, gestorbenes Kind und danach geborenes nächstes Kind von gleichem Geschlecht wie das gestorbene; c) Concinis Nichtgelingen der Entwicklung eines *Aliud*-Egos, wie es Heinrich Schliemann und Henri IV gelungen ist. Die innerpsychische Position des Alternativ-Ichs musste vakant geblieben sein, um noch spät mit der Aufgabe des königlichen Samenbankiers gefüllt werden zu können.

Leonora Dosi ist auch eine *Combi rara*: von Hause aus so defekt, dass sie sich zur Laufbahn einer Gnom-Sekretärin und Dressur-Reiterin eignete, um 16 Jahre (!) die jüngere Schwester, die frankensteinische Pfropf-Persönlichkeit, zu klammern, sich mit ihr lebenslänglich zu verschweißen, auch auf die Gefahr hin, für immer Zofe einer nur designierten Potenzialbraut für europäische Herrscherhäuser sein zu müssen. Um ein Haar wäre es zu spät gewesen. Ohne Henris »Ja«-Wort für den Heiratsdeal wäre es mit den Chancen der Medici'schen Wartebraut zu Ende gewesen. Das Heiratsobjekt war schon 30! – Leonora musste sexuell stumpf und nach allen Seiten hin uninteressiert sein, um sich mit einer Reihe von Devianzen von Hause aus für den »Anschluss« an ihre jüngere Schwester Francesca Dosi zu eignen.

10. Der subjekte Faktor ist nicht nur ein Phänomen »natürlicher« Personen, sondern auch juristischer Personen, also ebenfalls von Gruppenpersonen wie einer Viricorporation, zum Beispiel der römischen Kardinäle.

Die KaKö spielt die Hauptrolle in der »Königsfälschung Louis XIV« und »darf« durch und durch in allen ihren Facetten als inzwischen so bekannt vorausgesetzt werden, dass kein Hinweis auf noch Subjektiv-Unbelichtetes mehr erforderlich ist.

Ohne Auseinandersetzung mit dem Verhalten eines Männergemeinschaftskörpers keine Erkenntnis über und keine Wehr gegen die Tendenz und Aktualität der Destruktion jeder Herrenkörperschaft.

Die Mitglieder der römischen Kardinalscorporation, inklusive deren französischer einzelkörperlicher Dependencen Richelieu und Mazarin, waren ausgezeichnete Kenner des subjektiven Faktors und seiner Bedeutung für gesellschaftliche Prozesse und hätten ohne diese Kenntnis niemals ihre Ziele erreicht.

Ehe Katharina Medici als Fremd»körper« im französischen Staat zu wüten begann, kränkelte das französische Königtum am *subjektiven* Faktor. Die objektiven Bedingungen blieben noch immer gleich.

Drei Könige hintereinander benahmen sich inkompetent: Charles VIII und Louis XII fielen in Italien ein, mussten sich jedoch unverrichteter Dinge ohne annektierendes Bleiben wieder zurückziehen. Als ob sie mit kriegerischem Gehabe über persönliche Insolvenzen und königliche Einfallslosigkeiten hinwegtäuschen wollten: Charles VIII und Louis XII konnten nicht mehr dynastisch fortsetzen, versuchten stattdessen, sich feldherrlich zu verewigen. Umsonst!

Als François I mit seinen Anwandlungen, römisch-deutsch-kaiserliches Reichshaupt zu werden, nicht durchkam, erschöpfte er die Staatsfinanzen mit Renommier-Kriegen und musste *drei* unlautere Heiratsgeschäfte mit dem Papst machen, um wieder zu Geld zu kommen.

Die Geschichte Frankreichs wäre anders verlaufen, wenn Frankreich nicht dem französischen Macho-Dynastie-Terror erlegen wäre: Franz des Ersten ältere Schwester Margarete – spätere Königin des südfranzösischen Navarra – als Königin auf dem gesamtfranzösischen Thron, und Frankreich hätte wie Britannien ein »Elisabethanisches Zeitalter«, in seinem Falle ein »Margaretanisches Zeitalter« haben können, denn Margarete Angoulêmes subjektive Faktoren als genuine Schriftstellerin, Humanistin und Protestantin waren ganz andere als die ihres jüngeren Bruders Franz.

VOLKSBEOBACHTUNG

Kardinal Richelieu war ein erster »völkischer Beobachter«. Er ahnte voraus – was 200 Jahre später der Europa-Politiker Metternich genau wusste –, dass die Presse mehr Macht hat als Regierung und Religion zusammen (101, S. 34).

Die Presse als aktuelles Nachrichtenorgan in der heutigen Form gab es um 1600 in Frankreich noch nicht. Richelieu schuf sie. Er gründete 1631, im Jahr nach den vier Treffen mit Mazzarino, auf denen – bemäntelt mit anderen politischen Themen der Zeit – die Einzelheiten der Beschaffung Luigi Magnanis besprochen wurden, das erste französische Nachrichten-Periodikum *Gazette*. Vorher, ab 1611, gab es in Frankreich nur den *Mercure français,* ein Magazin, konzentriert auf historische und mythologische Themen.

Richelieu bestellte seinen Kindheitsfreund Theophraste Renaudot zum Herausgeber der *Gazette* und behielt sich selbst die Chefredaktion vor, ohne dass er sich als Chefredakteur zu erkennen gegeben hätte. Er kontrollierte das Organ, redigierte die eingegangenen Artikel und schrieb selbst Beiträge, ließ Louis XIII Beiträge schreiben – beide arbeiteten unter Pseudonym oder namenlos.

Die *Gazette* kam wöchentlich einmal heraus, doch in loser Folge manchmal auch mehrmals wöchentlich, je nachdem, wie Nachrichten »hereinkamen«. Die erste Nummer erschien ohne Datum mit Abdruck des königlichen Druckprivilegs für Theophraste Renaudot und seine Söhne vom 30. Mai 1631.

Das Richelieu'sche »Propaganda-Instrument«, wie die US-amerikanische Professorin Kleinmann die *Gazette* treffend einschätzt (119, S. 106), beschäftigte sich camoufliert in mehreren Nummern mit der »Ankunft« des Dieudonné.

Richelieu hielt die Informationskanäle genau auseinander. Die *Gazette* war ein Hof- und Frontblatt. Sie brachte Nachrichten über Schlachten in Europa und über Ereignisse in den Herrscherhäusern. Nichts Religiöses, nichts Astrologisches! Alles, was im gesellschaftlichen Diskurs außer »Beleg« lief, hatte keinen Eingang in die *Gazette.* – Gerade mit dieser geistigen Milieu-Scheidung erwies sich Richelieu als ein Meister der Volksbeeinflussung. Die *Gazette* war zwar eine royale Waffe, die sie bis um 1900 mit dem Weiterlaufen des Erzeugnisses unter dem etwas geänderten Titel *Gazette de France* blieb, aber sie gab sich neutral faktenorientiert, als ob mit Auswahl und Art der Berichterstattung nicht *auch* Einfluss genommen werden könnte.

Die Funktion der *Gazette* im »Befruchtungs«- und »Schwangerschafts«-Zeitraum der Entstehung des »Kronprinzen« war es, die Wahrscheinlichkeit der Hervorbringung auf Königsehepaar-bio-normalem Wege bis zum So-Erscheinen der Wahrheit zu suggerieren. Es beginnt mit Berichten über die Gesundheit von König und Königin, um die Ehepartner als fit darzustellen, Kinder in die Welt setzen zu können, obwohl schon 22 Jahre kinderlos verheiratet und im damals »hohen« Alter von 36/37 Jahren. Am 16. Januar 1638 bekräftigt die *Gazette* das Gesundheits-Statement: Louis XIII gehe es bestens, er premiere gerade ein Ballett!

Der raffinierteste Trick zur Erzielung von Glaubwürdigkeit war der Abdruck des königlichen Reiseplans, der harmlos episch schon ab Oktober 1637 aufgeführt wird. Das Königspaar reist. Nichts Besonderes. Das Königspaar reist schon seit 22 Jahren. Doch gemeinsam reiste es nicht so oft und schon lange Zeit nicht mehr. Nun aber wieder. Und nicht etwa extra zu Wallfahrtsorten und Fruchtbarkeitsglaubens-Zentren, sondern nur einfach so zum eigenen Ergötzen miteinander. Und ebenso einfach senkt sich die Reise des Königspaares ins Unterbewusste des *Gazette*-lesenden französischen Volkes, das noch nicht bemerkt, dass in diesem Reiseplan ein dramatisch eingegrenzter Moment vorkommen wird: Ein Gewitter verhindert den Weiterritt des Königs – das Paar hat seine gemeinsam verbrachte Zeit beendet. Die Königin will im Louvre bleiben, der König woandershin reiten. Doch er bleibt wegen der ungünstigen Wetterbedingungen auch im Louvre und schläft im Bett der Königin, weil seine Gemächer uneingerichtet kalt seien.

Dass in dieser Nacht der neue König von Frankreich, zukünftig unter dem Namen »Louis XIV« regierend, gezeugt worden sein soll, steht selbstverständlich nicht in der *Gazette*. Die ganze Empfängnisnacht vom 5. auf den 6. Dezember 1637 kommt darin *nicht* vor. Die lässt Richelieu von außen per Mundpropaganda »in die Welt« setzen.

Es gibt eine direkte Informationsklammer um die gemeinsame Königspaar-Bettnacht, die zwei Kleriker schließen. Der Beichtvater des Königs, der Jesuit Nicolas Caussin, warnt Louis XIII vor einer Erkältung. Louis solle, nicht krank werden und die Königin nicht anstecken mit einer Grippe. – Warum nicht? Anstecken geschieht doch andauernd. – Ach ja, »wir« befinden uns im Richelieu'schen »Empfängnis«-Zeitraum, in dem das Königspaar nicht krank werden darf. – Der König hört auf Pater Caussin, reitet nicht weiter, kehrt zurück in den Louvre, schläft im Bett der Königin. – Stopp: Welches Detail stimmt bei dieser Zeugungsbeleg-Moritat nicht? Der Beichtvater hätte den König zum Bleiben in Paris bewogen – mit dem Argument: Nicht in das Gewitter reiten, um nicht krank zu werden und in die Gefahr zu kommen, die Königin anzustecken? – Aber der König hätte die Königin doch gar nicht anstecken *können*, da er ja von ihr *weg*reiten und tagelang getrennt von ihr in einem seiner Lieblingsplätze außerhalb von Paris weilen wollte.

Der zweite Teil der Info-Klammer: Gleich am nächsten Tag nach der Gewitter-provozierten gemeinsamen Nacht zwischen König und Königin im Louvre-Bett der Königin weiß »ein Mönch«, die Königin sei schwanger geworden! – Gleich am nächsten Tag »weiß« »ein Mönch« etwas, *wovon* noch nicht einmal die betreffende Frau etwas weiß? – Bezeichnenderweise wird der »eine Mönch«, der den »Engel der Verkündigung« spielt, nicht namentlich aufgeschlüsselt. Wäre zu gefährlich für ihn und die Kirche gewesen, falls die »Operation Kronprinz« nicht geklappt hätte.

Der namenlose Mönch hatte just in der »umklammerten« Nacht einen Traum, eine Offenbarung. – Inhalt: Die Königin ist schwanger! Der Mönch geht sofort zur Königin, unternimmt die zweite Prälaten-Warnung: Nicht mehr ausgehen! Nicht mehr mit dem König reisen! Nur noch gesund bleiben, sitzen und liegen! – Stop: Die Königin wollte gar nicht reisen, am wenigsten noch einmal mit dem König zusammen. – Wieder stottert »es« mit der Logik der Beweishandlung. Auch ist befremdlich, was mit dem Mönch weiter geschieht. Der Mönch wird nämlich allerpromptest in den Louvre gelassen, für seine Mission zugelassen, bei der Königin vorgelassen. – Normalerweise ist der Terminkalender der Königin von Frankreich Monate im Voraus voll besetzt.

Für den Verkündigungsmönch gibt es einen Sondertermin. Die Königin dankt. Die Königin verlässt den Louvre in Richtung Saint-Germain-en-Laye, aber nun nicht noch einmal mit ihrem Mann (Anna Ö. und Ludwig 13 sind froh, dass sie nicht mehr weitere Show-Travels *together* machen müssen!). Die Königin bleibt in Saint-Germain-en-Laye und legt sich jede Woche dickere Kissen und Tücher um den Leib.

Der Auftritt des anonymen Mönchs war wichtig, um den Rückzug der Königin nach Saint-Germain-en-Laye, ins damalige Stadtrand-Schloss, zu motivieren, um möglichst früh mit dem Auszug aus dem Louvre zu beginnen, damit niemand mehr die Königin von Nahem beobachten konnte, was sich im Stadt- und Regierungsschloss zu oft ergeben hätte.

Am 20. Januar 1638 meldet die *Gazette* das freudige Ereignis, von dem Charles Bouvard, der »médecin du roi«, Richelieu verabredungsgemäß schon am 14. Januar 1638 berichtet hatte, doch arztgemäß ohne die Eingrenzung einer Zeugungsnacht, sondern nur mit dem Hinweis auf eine Empfängniszeit zwischen Anfang November und Anfang Dezember 1637, entsprechend dem Königspaar-»Reiseplan« der *Gazette*.

Richelieu habe beim Bericht von Professor Bouvard gelacht, was von ihm sonst selten berichtet wird! – Er tat regierungsamtlich bis April 1638 so, als habe er mit der Angelegenheit nichts zu tun gehabt. Die Regierungserklärung zur »Schwangerschaft« Königin Annas sei verhältnismäßig spät abgegeben worden, um den vierten Monat abzuwarten, den die Königin bei ihren vielen Fehlgeburten so oft nicht erreicht habe. – Auch die hinausgezögerte offizielle Ankündigung Richelieus war Propaganda, um die jetzige Schwangerschaft mit den ein bis zwei Jahrzehnte zurückliegenden Falschmeldungen von Fehlgeburten in Verbindung zu bringen.

Für das Frankreich im ersten Drittel des 17. Jahrhunderts war Richelieus Propaganda-Netz so fein geknüpft, dass kaum ein Mensch ihm entgehen konnte. Heute kann Richelieu an jeder einzelnen seiner Aktionen hochgenommen und das Netz aufgeribbelt werden. Die Veröffentlichung der gemeinsamen Reise von Anna Ö. und Ludwig 13 in Richelieus »halbamtlicher« *Gazette* geschah nach dem Prinzip der »antizipierten Defensive«, die Juristen sofort gegen einen Tatverdächtigen einnimmt. Jemand verteidigt sich, ehe er angegriffen oder angeklagt worden ist: Es hängen Plakate mit dem Bild einer Ermordeten aus. Tatzeitpunkt Dienstag 14:30 Uhr. Der Mörder bringt das Geschehen beim Kioskbesitzer seines Viertels zur Sprache: »Haben Sie auch schon erfahren, was bei uns hier Schreckliches in der Nachbarschaft passiert ist? Ich war den ganzen Dienstag auf einer Dienstreise!«

Richelieu informiert die Öffentlichkeit mit seinem Reiseplan des Königspaares im Voraus verteidigungshalber. Noch ehe sich die Fragezeichen in den Köpfen der Leute errichten: »Was? Dieses alte Ehepaar, über das nicht mal etwas Fremdgängerisches nach draußen gedrungen ist? Kein Getratsche hat was gestreut. Keine Memoire hat etwas Brisantes über unseren König und unsere Königin fallengelassen! Und untereinander soll's ja auch nicht geklappt haben!« – »Doch!«, propagiert Richelieus Blatt: »Leute, stellt euch vor, unser König und unsere Königin haben viel Zeit miteinander verbracht, waren wochenlang zusammen im selben Schloss. Und dann kam auch noch die Gewitternacht, die den König zwang, im Louvre im Zimmer im Bett der Königin zu schlafen!«

Es gib ein inszeniertes direktes Vorspiel zur Gewitternacht, das der König als Darsteller gemeinsam mit seiner platonischen Favoritin, Marie Louise Angélique de La Fayette, übernommen hat. La Fayette war die zweite Hofdame Königin Annas, mit der Ludwig 13 sein heterosexuelles Image volksaufklärerisch installiert hatte. La Fayette war kurz nach ihrer Favorisierung durch Ludwig 13 ins Kloster »couvent de la Visitation« in Paris gegangen. Eine *Leibes*visitation zwischen Louis XIII und La Fayette fand damit für alle Forschungszweige der Geschichtswissenschaft unstreitig nicht mehr statt. Aber das war für das heterosexuelle Image des Königs nicht mehr nötig. Er fuhr alle paar Tage zum »Visiten-Kloster« und stellte seine Liebe zu La Fayette Vorlust-öffentlich dar. Louis XIII und La Fayette trafen sich hinter Gittern: sie von innen, er von außen – eine grenzgängerische Sichtbarkeit von Louis' Gefühlen für La Fayette. Vor allem auch eine Hörbarkeit! Die wachhabenden Nonnen und Schließerinnen hörten mit, schrieben mit, bezeugten, was und wie Louis XIII, der Theaterprofi und Choreograph, an Liebeskunst so äußerte. Und da – bitte *timing* beachten! – nahte die Nacht der Zeugung des Dieudonné, die Gewitternacht. Louis beschwor La Fayette hinter Gittern etwas zu lang, verspätete sich. Und – bitte *Thema* beachten! – La Fayette beschwor zurück, nicht ihre Liebe zu Ludwig 13, sondern sie redete ihm ins Gewissen: *Ab*schwörung! Louis möge zu seiner Frau zurückkehren! Dort liege der Schlüssel zu seiner Zukunft! – Louis gehorcht nicht nur seinem Beichtvater reisetechnisch, sondern auch seiner Favoritin liebestechnisch, reitet zurück zum Louvre, bricht von dort verspätet auf, muss wegen des schlechten Wetters zurückkehren, bleibt und schläft seiner Frau bei, direkt in der Nacht nach diesem La-Fayette-Abschieds-Treffen vor dem Gewitter! Er besucht La Fayette nie wieder.

Kein Wunder, dass ein so praktisch theatralisches Volk wie die Franzosen die Welt nicht mit Sublimationstheater beworfen hat wie Spanien, England, Deutschland, Griechenland und Italien.

Die Publicity für das Ereignis der »Zeugung« Luigi Magnanis wurde sechsfach fokussiert, auf dass ganz Frankreich mitzeugte und mitempfing: 1. Reiseplan, 2. spätnachmittäglicher La-Fayette-Kloster-Besuch mit Kommuniqué: Nicht bei der Nonne ist »Fressi«, sondern bei Louis' Frau Anna! Louis' Verzicht auf La Fayette, 3. Gewitter, 4. Warnung des Beichtvaters vor Krankheit und Ansteckung von Louis' Frau, falls Louis in das Unwetter hinausritte, 5. Louis' Gehorsam: Sein Bleiben im Louvre, Einstieg ins Bett der eigenen Ehefrau, 6. am Tage danach Offenbarung des Mönchs: Anna schwanger!

Nach dem Wissen Annas von ihrer »Schwangerschaft« »weiß« es auch schon das ganze Land, weil die Mundpropaganda die Nachricht bis in den letzten Winkel trägt. – Frankreich hat seine königliche Fake-Story, an die es bis heute glaubt, auch akademisch glaubt, denn die Biografen und Geschichtsschreibenden sind alle Universitäts-examinierte oder gar Fakultäts-formierte Leute. Sogar die Frauen verlässt der Glauben an diesen Männertrug nicht – spätestens bei den zwei Warnklammern der Prälaten um den sogenannten eigentlichen Zeugungstermin zwischen 5. und 6. Dezember 1637 hätte der weibliche Verstand wieder einsetzen müssen.

Dass das ganze Volk das *Annen*märchen von der Zeugung Luigi Magnanis in dieser einen Nacht bis heute glaubt, enthüllt die Scham einer Nation, auf dem Gebiet, das ihr so am Herzen liegt – der Mann-Frau-Beziehung –, so betrogen worden zu sein. Das Standardwerk zur Zeit, der *Dictionnaire du Grand Siècle* – warum muss dieses mörderisch-reaktionäre Jahrhundert immer noch »groß« genannt werden? –, bringt das Datum der Empfängnis genauso wie der neueste, sich auf 1000 Seiten verbreitende Biograf Luigi Magnanis (52, S. 88, 896 und 20, S. 35).

LEERE RETOURKUTSCHE

Einige Begriffe mit Anspielungen auf die Nazizeit, wie »Heideggerhimmler«, »Völkischer Beobachter« und »Ludwig Lebensborn« könnten den Eindruck erwecken, der »Königsfälschung« läge eine retourkutschenhafte Tendenz zugrunde: Bei Nachbarn auch Faschismus!

Der deutsche Faschismus, staatlich ausgetobt zwischen 1933 und 1945, ist und bleibt bisher die Krone der gesellschaftlichen Destruktivität.

Es ist aber falsch – was vor allem von Angloländern betrieben wird –, die gesamte viricorpiarchalische Destruktivität im deutschen Nazireich zu orten.

Um an Ursachen von gesellschaftlichen Fehlverhaltensweisen zu kommen, ist es auf die Dauer wenig hilfreich, sich immer nur mit der Krone eines Phänomens zu beschäftigen. Viel genauere Gesetze können erkannt werden, wenn an die Wurzeln und Keime einer Aberration gegangen wird.

Seine Samen der Destruktivität legt das Viricorpiarchat überall. Samen können strukturell besser auf den Punkt gebracht werden als in alle Richtungen verzweigte Kronen.

Einer der Punkte ist: Das Viricorpiarchat funktioniert tendenziell immer über die Fälschung von Führerpersönlichkeiten – bis heute. Wirtschaftsführer, die Gelder veruntreuen oder Milliardenpleiten durch Fehlkombinationen verursachen, sowie administrative Vorsteher, die Bürger bespitzeln lassen, sind ebenso falsche Führer.

Die Menschen werden fort und fort getäuscht von nur Macht-ambitionierten, psychisch undurchschaubaren Spitzenstrebern.

Es muss ein Früh-Erkennungs-, ein Früh-Warnsystem für pathologische Staats- und Kulturführer geben. Die Parteien müssen deutlicher dahingehend kontrolliert werden, dass sie nicht nur mit unlauteren Tricks arbeiten, sondern auch ihre Macht mit untransparenten Repräsentanten durchsetzen oder verlängern.

Amerika hat in diesem Sinne kein geklärtes Verhältnis zu den Repräsentanten des ganzen Landes. Jeder zweite seiner Präsidenten hat eine Schlagseite nach irgendeiner Personverschiefung hin, hat gehätschelte »Pathi-Pathis«, die geradezu gebraucht wirken, um das Amt des Präsidenten einnehmen zu können.

Es wäre weiterhin eine nicht beabsichtigte Wirkung der Analyse der Königsfälschung, ein seziertes Problem nur an *einer* Stelle der Gesellschaft zu lokalisieren.

Die Viricorporation der Kardinalskörperschaft eignete sich außerordentlich gut, das Zerstörerischste der gesamten Männergesellschaft vorzuführen. Alles ist männerkörperschaftlich organisiert und in seiner diesbezüglichen Destruktivität in der Gegenwart schwer oder gar nicht sichtbar zu machen.

Es kann davon ausgegangen werden, dass, wo überall Kompanien als Geschlechts-getrennte Machtblöcke agieren, Destruktionen angerichtet werden: von kleinsten meinungsbildenden Blockaden der Universitätsfakultäten über religiöse Ideologiefabrikationen bis zu – die Erde niederzwingenden – Multikonsortien.

Die NSDAP war die schlimmste Viricorporation mit Verästelungen in die einzelnen Ausrottkommandos SA, SS, SD mit Hunderten pathologischen »Führerpersönlichkeiten«.

Um herauszufinden, ob das stimmt, was hier bei dem ab dem 13. Jahrhundert zu beobachtenden pathologischen Zusammenwirken von Führern und Corporation im Papsttum diagnostiziert wurde, müssen in allen Universitäten andrologische Fakultäten gegründet werden, paritätisch besetzt von Männern *und* von Frauen. Es kann nicht – ohne Endgültigkeits-Schäden für die ganze Erde – mit der Ungeheuerlichkeit fortgefahren werden, dass dasjenige Geschlecht, das zu 90 Prozent im Einzelnen und im Allgemeinen die Zerstörungen anrichtet, *kein* Forschungsgegenstand ist, nirgendwo auf der Welt!

Der Destru-Magnetismus zwischen Männerclans und pathologischen Führern kann überall auf der Welt beobachtet werden. Der Mechanismus funktioniert bei der Mafia, er funktionierte in der Sowjetunion unter Stalin. Er re-installierte sich sehr bald nach der Gründung der DDR, bis er zu der Kontrollnetz-Abartigkeit des Stasi geführt hat. – Der Vorgang ist in dem Wüten der Besetzer von Kolonien zu beobachten gewesen. Er findet statt in Südamerika bei den Rauschgift-Rotten, die sich bis in die Regierungen hinein-»fressen«. Er herrschte in der Fremdenlegion. – Den Deckel über Asien und Afrika gehoben, und schon lugt das Phänomen aus den Verhältnissen, ganz deutlich beim Völkermord an den Tutsi. – Der terroristische Islam muss so gekennzeichnet werden: Männerclans mit Patho-Kapitänen. – Es beginnt schon mit den fälschlich geschlechtsneutral genannten »Jugendbanden«, der Zusammenrottung von *männlichen* Jugendlichen und der Affinität der Gesamtgruppe für einen destruktiv »orientierten« Anführer.

Es gibt den genauen Gegenbeweis: der segenhaft vernünftige, heilsam wirkende Einzelmann oder ein ebenso sich äußerndes Team von Männern. Henri IV und Sully waren ein solches biophil konstruktives Arbeitspaar, das

Frankreich für fast 20 Jahre Friedens- und Balancepolitik ermöglichte. Schon die beiden hatten die Vision einer europäischen Gemeinschaft, weil sie die sich andauernd aufs Neue entzündenden Kriege *los*werden wollten und zu Recht wussten und planten, eine europäische Union, in der alle Länder inbegriffen sind, würde das überflüssige militärische Gegeneinander-Vorgehen beenden. – Das Team wurde mit der Ermordung von Henri IV 1610 an seiner Weiterarbeit für die Verwirklichung einer europäischen Gemeinschaft gehindert. Sully lebte noch bis 1641, hin und wieder von Richelieu bei administrativen Schwierigkeiten konsultiert. Aber diese Konsultationen waren nur Tropfen auf dem heißen Stein der nach Henris Ermordung sich erneut loswälzenden Destru-Maschinerie der in Frankreich siegenden Kardinalscorporation, gegen die sich nicht die ganze Welt wie im Krieg gegen die deutsche Nazidiktatur erhob, so dass der Schrecken nach zwölf Jahren beendet werden konnte. Die Destruktion schwelte in Frankreich jahrhundertelang weiter.

Dass es sich in Frankreich um eine pure Destruktion gehandelt hat und um keine katholische *Wehr*, beweist das Verhalten von Henri IV gegenüber den Katholiken. *Er* hat sie nicht bekämpft, im Gegenteil, er ist aus friedenspolitischen Erwägungen zum Katholizismus übergetreten, um die Kriege innerhalb Frankreichs zu beenden. Er hat damit den Katholizismus weiter Staatsreligion sein lassen, verbunden mit der Toleranz gegenüber den Protestanten (Edikt von Nantes 1598), was hieß: Offenbleiben Frankreichs für Entwicklung.

Wenn einzelne französische Könige kritisiert wurden, dass sie der römischen Kardinalscorporation aus Inkompetenz oder psychischer Devianz den Steigbügel reichten, um in Frankreich gesellschaftliche Zerstörungen anrichten zu lassen, so war das ein Hinweis auf die Mitwirkung des dämmernden feudalen Systems an seinem eigenen Untergang, der eine *allmähliche* Überwindung, wie sie in anderen europäischen Ländern beobachtet werden kann, in Frankreich unmöglich machte.

Es handelt sich bei den Mitwirkungen der französischen Könige jedoch um Schwächen, um biografische Insolvenzen, die etwas völlig anderes sind als die systematisch zielgerichtete Destruktivität der Kardinalscorporation. Vor allem Henris persönliches Fehlverhalten auf erotisch-sexuellem Gebiet hat seiner Staatsführung sogar bis 1610 nicht geschadet. – Es war ein destruktives Ziel der KaKö, die Fehlverhaltensweisen einzelner Fürsten auszukundschaften, sie zu nutzen, um darüber Zerstörung – die Rückdrehung gesellschaftlicher Entwicklungen – anrichten zu können. Genau das ist die Definition des Teufels. »Satan« heißt hebräisch Verhinderer.

Deshalb muss die Affinität zwischen Viricorporationen und pathologischen Führern immer als Destruktivität verstanden werden, die gegen das Gesamtgesellschaftliche *und* gegen das Einzel-Männliche vorgeht. – Hitler hat, lange bevor er Staatsführer wurde, den philosophisch avantgardistischen Rudolf Steiner bis zum Brandanschlag auf das Goetheanum tödlich bekämpft und, sowie er die Staatsmacht innehatte, den gesamten biophilen männlichen Geist in Deutschland »abgeräumt« – Bücherverbrennung.

Jeder zweite Papst ab Bonifatius VIII. (1294–1303) erweist sich als »Bücherverbrenner«, was alle noch so Kritisch-Reservierten gegenüber der Entdeckung vom Destru-Zusammenhang – wirkend zwischen Viricorporation und pathologischer Führerpersönlichkeit – per »Bibelstechen« in den Lebensläufen der Päpste überprüfen können. Die Liste der im Auftrag der Päpste zu verbrennenden Bücher bestand bis 1966!

Die Geschichte des Papsttums liegt für die gesamte Menschheit offen vor deren Augen. Bitte hinsehen! Und Rückschlüsse auf alle heute noch undurchschaubaren Viricorporationen machen!

VIVA CATHOLICA

Dem Katholizismus ist unter den vier abrahamitischen Religionen heute der Vorzug zu geben. »Katholisch« heißt »universell«. Und darum geht's! Wir sind poli, multi und globi. Und dazu passt nicht mehr der religiöse Bezug auf eine Einzigkeit, eine Singularität = Monoität. Wir sind nicht mehr Jahwe, Jesus oder Allah. Wir sind alle. Und dieses »Viele«, »Alle« und »Zugleich« hat der Katholizismus im Angebot. Vor allem gibt es die religiöse Solidarität unter den männlichen *und* weiblichen Heiligen, die echt helfen, wie den 500 Juden vor Tausenden von Jahren die Jerusalemer Klagemauer geholfen hat, die ein Kraftort war und ist wie Lourdes. Doch die 50 Millionen Juden in der Welt sind dem Ort »zu viel«. Im Katholizismus gibt es *viele* Klagemauern und Statuen auf der ganzen Welt, mit denen man sprechen kann, wie mit den Wolken, wie es die indische Filmemacherin Deepa Mehta in ihrem Film *Water* gesagt hat.

Neben der Vielheit hat der Katholizismus vor und nach der Dogmatisierung durch die Kardinalskörperschaft das Persönliche, Unverwechselbare des Verhältnisses zum Göttlichen aus dem Füllhorn seiner Religiosität ausgestreut.

Jeder Mensch kann heute seinen Draht zur Göttlichkeit entwickeln. Die Jugendlichen pilgern zu Hunderttausenden zu den Weltjugendtagen der Katholiken, kommen dorthin mit ihren Freundinnen und Freunden, mit denen sie dort schmusen und schlafen und über den neuen deutschen Papst lächeln: »Was der sagt, müssen wir nicht alles mehr so genau nehmen, aber der Opa ist ganz süß!« – Das ist katholisch!

Der Katholizismus bietet die Wiedergewinnung der Person in ihrem Verhältnis zur Göttlichkeit. Und hat das immer geboten, wie es eine emanzipierte Nonne einmal in einer Podiumsdiskussion pointiert hat: »Für mich ist Jesus der Repräsentant der Übersinnlichkeit!« – Wer dieses Wort in den Mund nimmt, betont auch zugleich, dass sie und er sinnlich sind, denn das Übersinnliche kann nur in Kontakt zu einem Sinnlichen treten.

Und wenn eine jüdisch-christlich aufgewachsene junge Frau zum Islam übertritt und einen Muslim heiratet, weil sie sich aus ihrer Herkunft lösen will, hat auch *sie* Recht, weil sie sich mit diesem Schritt zuallererst zu ihrem Mann bekennt. Alles, was die Person freiwillig macht und was nicht in die Rechte anderer eingreift, ist ihr Recht und muss von Kollektiven aller Art respektiert werden.

Zugleich ist alles falsch, was als Befehl von oben kommt. Dieser Befehl von oben ist null Prozent Religiosität, sondern immer 100 Prozent Befehl eines Viricorpiarchats, wie es über tausend Jahre lang die KaKö vorexerziert hat. – Darum ging es zwischen 1400 und 1700. Die Gläubigen enttarnten mehr und mehr die Priester als Schmarotzer, Bevormunder, Befehler, Prasser und Aussauger. Sie stellten fest, dass die ganze Krake des sich über sie türmenden Kirchenapparates nicht nötig ist. Der Glauben braucht keine Apparatur.

Könige – auch wenn sie sich fehlverhielten – wurden gebraucht, weil sie Regenten waren, wie heute Bundeskanzlerinnen und Bundeskanzler gebraucht werden. Die Oberen ordneten und ordnen das Gemeinwesen. Sie waren und sind oberste Repräsentanten dieser Ordnung. Diese Funktion haben die Priester auch eingenommen oder einzunehmen versucht. Aber sie waren überflüssig, sie störten in dieser Funktion, weil es die weltliche Ordnungsinstanz schon gab.

Fürs Glauben braucht der Mensch nur ein wenig Gott-Kontakt-Anbahnung in seiner Jugend. Religionslehrende sind dafür da. Und heute nach dem Globi-Multi-Poli-Prinzip müssen sich auch die Religions-Lehrenden Warenhaus-vielfältig benehmen und viele Verhältnisse zur Göttlichkeit anbieten, auch Hinduismus, Buddhismus, Taoismus, Laotseismus und polynesischen Animismus mit seinem Lourdes-ähnlichen Ortsgeisttum. – Die Heranwachsenden möchten aus dem Angebot der Leitern zu Gott die für sie gangbarste auswählen können, wie Mutter und Vater aus dem Supermarkt das Bestschmeckende für sie heraussuchen.

Nach dem Bekanntgemachtwerden mit den verschiedenen Zugängen zur Göttlichkeit brauchen die Glaubenden in ihrem erwachsenen Leben nur noch manchmal Berater, Theotherapeuten (»Gottesheilende«), wenn sie mal etwas Besonderes wissen möchten oder in einem Konflikt stecken. Diese Funktion hatten und haben die jüdischen Rabbiner. *Mehr ist Ausbeutung, Eingriff und Diktat.* – Die Päpste waren zu Anfang nach der Zeitrechnung 1 auch noch rabbinische Theo(thera)peuten. Und haben sich im Laufe der Jahrhunderte voranschreitenden Christentums verselbstständigt zu einer zusätzlichen Herrscherkaste, die das Prinzip Ausbeutung durch die Könige noch weit in den Schatten gestellt hat. Die Aufgaben der Theotherapeuten haben sie völlig pervertiert.

Ein wichtiger Grundsatz der Psychotherapeuten ist: Nicht in die Biografie des Klienten eingreifen, nur beraten und zur Auswahl anbieten. Lösen und machen – das muss der Klient selbst. – Die Päpste ab Spätmittelalter missachteten vollständig ihre Position. Anstatt zu beraten und anzubieten, befleißigten sie sich des Befehlens und Ausraubens. Sie demütigten die christliche Menschheit jahrhundertelang, indem sie sie nur aus dem Eltern-Ich heraus misshandelten: »Du musst, du sollst, du darfst nicht!«

Wären die Päpste echte »Weltrichter« geworden, Weise im Sinne Campanellas, hätte das die Gläubigen nicht beleidigt – aber sie waren nestfüllende Nepoten!

Die Groteske eines »Index«, einer Liste mit verbotenem Gedankengut, bei gleichzeitiger Verbrennung der Menschen, die die Gedanken lieferten, verbreiteten und konsumierten! Mit dieser perfiden Durchtriebenheit hatte dieses Papsttum seinen Auftrag so verspielt, dass es unverzüglich abgeschafft werden musste. – Darum ging es allen, die sich Hugenotten, Protestanten, Reformatoren und Evangelische nannten, von denen Hunderttausende mit ihrem Leben bezahlen mussten, weil der Moloch des parasitären Papsttums den Gläubigen so viel Geld entzogen und sich über sie so viel Macht erobert hatte, dass er nicht mehr abschaffbar war.

Der Begriff »Glaubenskrieg« ist völlig unzureichend, um die Verhältnisse im 16. und 17. Jahrhundert zu kennzeichnen. Es ging nicht um Krieg zwischen Protestanten und Katholiken. Es ging um Aufstände der *Katholiken* gegen die sie auspressende Mafia der Kirchenapparatur. Und um diese Aufstände besser führen zu können, versuchten die Gläubigen Emanzipationen von vielen Dogmen, unter anderem auch von der Bevormundung durch das männliche Geschlecht, den Ausschluss von Frauen aus den Reihen der Theotherapeuten.

Dass dann im Laufe der ersten Jahrzehnte »Kinder mit den Bädern ausgeschüttet« und auch katholisch-lebendige Glaubensprinzipien selbst abgelehnt wurden, ist eine verständliche Folge des Aufbegehrens. Die Revolutionäre wollten und mussten einander erkennen. Und das machten sie, indem sie den Katholizismus vereinheitlichten, den Kult reduzierten, die Bilder von den Wänden nahmen, Farben, Formen, Gerüche und Klänge abschafften.

Die Protestanten regredierten zur Schlichtheit der Juden und kehrten zurück zum Text. Damit richteten sie neue Dogmen auf und verstießen gegen das religiöse Prinzip der Vielfalt und der persönlichen Freiwilligkeit im Zugang zum Göttlichen, denn »Text« ist nicht Religiosität. Nie.

Das alles sind heutige Auswirkungen der damaligen Nicht-Abschaffbarkeit des päpstlichen Parasitentums. Doch den Revolutionären von damals darf nicht angelastet werden, dass ihre Nachfahren heute geruchlos, tonlos, bildlos geworden sind.

DER MARQUIS VON O.

Das deutsche Naziregime hat europaweit Hunderte Sofort-Destruktionen betrieben und darüber hinaus Destruktionen angerichtet, die erst Jahrzehnte später von den nachfolgenden Generationen bemerkt werden. Zu diesen gehört die Diskreditierung des Begriffes »Volk«, dessen Verpönung nach 1945 so weit geführt hat, dass in Deutschland darüber nicht mehr nachgedacht und publiziert werden darf. Es gibt »Volk« nur noch in der Mehrzahl als »Völker«, aber nicht mehr als eine Singularität, die mit einer Person verglichen werden kann, die gesund und krank ist, die geboren wird und stirbt.

Den Begriff »Volk« aus dem Gegenwarts-Diskurs einer ganzen Gesellschaft zu streichen hat Realitäts-retuschierende Wirkungen. – Deutschland brauchte die Volksdiskussion ganz besonders, weil es ab der Neureichsgründung 1871 innerhalb von nur 130 Jahren *sechs*mal ein neues Volk werden musste.

»Volk« ist »jemand«, der sich verändert, wenn sich Gebiete, Bevölkerungen und Staatsformen verändern: 1871 – Ende der deutschen Volksteil-Seelen badensisch, bayerisch, hessisch, mecklenburgisch, sächsisch ... Hämmerung eines Großvolkskörpers, der mit dem Ersten Weltkrieg in die Brüche ging. – 1918 – Neukörper »Weimarer Republik« mit geschrumpftem Land, Abhackung von Gebieten im deutschen »Fern-«Osten. – 1933 – Diktatur. Gebietsausdehnung bei gleichzeitiger Abhackung vom jüdisch gebürtigen deutschen Volksteil. Erneuter Zusammenbruch, diesmal schon nach zwölf Jahren. – Zwischen 1945 und 1949 Schaffung von zwei neuen Volkskörpern mit der Entstehung der dazugehörenden Volksseelen BRBonn und DDR alias »Deutsches Diktatorisches Regime«. 1989 dessen Zusammenbruch und 1990 »Anschluss« an die BRBonn. Keine Möglichkeit des DDR-Deutschland, einen neuen Volkskörper unter einer eigenen neuen Staatsform zu bilden. Vermonsterung der BRBonn, indem die – zu diesem Gebilde volkspsychisch nicht mehr passenden – Ost-Glieder an den Westkörper einfach anoperiert wurden. – Und noch einmal, weil es so schön ist, Stunden null zu genießen: 1999/2000 die Gründung der Berliner Republik. Köpfung der Hauptstadt Bonn. Transplantation des alten Kopfes Berlin auf das neue Gebilde – für Politiker nur ein Umzug, für »das Volk« etwas, an dem es jahrelang mit seelisch-geistiger Neuwerdung arbeiten muss.

Die Deutschen waren ab 2000 so ver- und gestört, dass von Verlegern zum ersten Mal in der Nachkriegszeit nicht mehr vorauszusehen war, was das deutsche Volk im nächsten Halbjahr lesen wird. Lesen ist ein Barometer für die Volksseele.

Ab 2000 war ein neues deutsches Volksbaby entstanden, das mit seinen politischen Repräsentanten, Schröder und Fischer, den verdienten Veteranen der BRBonn, unter den neuen Voraussetzungen nichts (mehr) anfangen konnte. Und die beiden Parteiführer und Spitzenpolitiker waren überrascht, konnten sich nur schwer vorstellen, warum sie plötzlich in Ungnade fielen, warum sie nicht (mehr) passten und wie sie stattdessen mit dem Baby »deutsches Volk« der Berliner Republik hätten umgehen müssen.

Botho Strauß hat vor zehn Jahren darauf hingewiesen, dass es auch historisches Unglück gibt. Das Sich-nicht-erwehren-Können des deutschen, nach 1918 wiederum infantil gewordenen, Demokratie-ungeübten Volkes der Weimarer Republik gegen den Anmarsch der Nazis ist solch ein Unglück gewesen.

Es gibt aber auch historische Glücksfälle im Leben eines Volkes. Und ein solcher Glücksfall ist Angela Merkel – doppelt: als Ossi und als Frau. Die DDR *war* ein Volk. Um nun Teil der neuen BRBerlin zu werden, muss es als Volk sterben – ein schmerzhafter Vorgang, der besser gelänge, wenn das Volk der BRBonn *auch* sterben, schneller und leichter sterben würde und sich nicht einbildete, es könne leben bleiben und nach Monsterschema zwischen 1990 und 1999 die Mittel-Ost-Deutschen zu Armen und Beinen degradieren, die nur an den Westkörper drangeschraubt werden müssten. Angela Merkel ist in ihrer Metamorphose zu einer anderen Deutschen – ihrer Mutation von einer DDR-Bürgerin zu einer Gesamtdeutschen der BRBerlin – die Mutter des neuen deutschen Volksbabys geworden, das – kaum war sie Kanzlerin – seinen Schröder'schen Missmut aufgab und wieder glücklich vor sich hinpfiff.

Ohne ein Spotlight auf die Volksseele kann sich vom Thema »Königsfälschung« nicht verabschiedet werden.

Dass Frankreich über Generationen hinweg Königsfälschungen angetan wurden, hat nicht nur allgemein etwas mit der Volksseele zu tun, sondern hat auch ganz konkret jahrhundertelang weiterwirkende Folgen auf das französische Volk gehabt, von denen es sich nicht *allein* befreien kann. Ab Katharina Medici ist von der römischen Kardinalskörperschaft in den französischen Volkskörper eingegriffen worden, letztlich drei Jahrhunderte lang bis zu den Folgen der »Dynastie« der italienisch-korsischen Napoleone I und III, auf dass das französischen Volk betäubt wurde und den ganzen Vorgang »Königsfälschung« nicht mehr wahrnehmen, ihn nicht selbst aufdecken konnte.

Dass das französische Volk bis zu seinen intellektuellen höchsten Spitzen an die bourbonische Echtheit des Louis XIV glaubt, entspringt einer Volksneurose, in die es die römische Kardinalscorporation ab 1533, der Einschleusung Katharina Medicis mit ideologisch härtestgesottener KaKö-Soldateska, gezwungen hat. – In die Lage der leicht möglichen Überrumpelung hat sich Frankreich jedoch selbst schon vorher gebracht, indem es ab Ludwig dem Neunten und besonders ab Ludwig dem Elften den feudalrechtlichen Regionalismus bekämpft und auf »Zentralismus« »gemacht« hat – mit dessen Hilfe die KaKö ganz Frankreich am »Schopfe« packen konnte. – In Deutschland wäre mit seiner erhalten gebliebenen »Kleinstaaterei« eine solche Gesamt-Infiltration von KaKö-V-Frauen und -Männern unmöglich gewesen.

Die KaKö hat mit der in Frankreich betriebenen Säuberung der Protestanten den Volkscharakter der Franzosen verändert. Protestanten waren zu ihrer Zeit die Avantgarde. Sich diesen Volksteil herauszuschneiden hat bis heute unübersehbare Folgen – unter anderem die Gespürlosigkeit gegenüber der italienischen Infiltration und Implantation von Staatsführerinnen und Staatsführern.

In der Nazizeit die jüdisch gebürtige Bevölkerung aus Deutschland zu reißen, in der ersten Hälfte der Diktatur zur Auswanderung zu zwingen und in der zweiten Hälfte zu ermorden hat so schwere Wirkungen auf das deutsche Gesamtvolk gehabt, dass Deutschland danach als Weltkulturmacht untergegangen ist.

Eine ähnliche Situation musste das spanische Volk ab 1500 erleiden. Auch dort geschah ein KaKö-Wüten, die Beeinflussung der spanischen Könige, sich vom maurisch (nordafrikanisch) und jüdisch gebürtigen Bevölkerungsteil Spaniens gewaltsam zu trennen. Das bedeutete die »Austreibung« und Ermordung von Millionen von Menschen – eine Destruktion, die Spaniens Prosperität beendete und *seine* Weltkulturmacht ebenfalls zusammenbrechen ließ.

Die deutschen Neuvölker nach 1945, BRBonn und DDR, hatten das Glück, dass die ganze Welt ihnen half, das Desaster ihres Vorläufervolkes »Nazireich« zu analysieren, dessen Folgen volkspsychisch zu bearbeiten und um die Geschehnisse in der jüngsten Vergangenheit zu trauern. Es gibt kein Land auf der Welt, das sich nicht zu den deutschen Destruktionen bis zum Holocaust geäußert und Beiträge dazu geliefert hätte, um die Ursachen für diesen welthistorisch einmaligen Humanitätsausfall eines Volkes besser zu begreifen.

Seit sich die europäischen Völker zur Europäischen Gemeinschaft zusammenschließen, arbeiten sie auch an so etwas wie einer neuen »Dachverband-Seele«, die an den USA, den Vereinigten Staaten von Amerika, studiert werden kann. Es gibt noch die einzelnen, sehr unterschiedlichen Staaten, aber es gibt auch dieses Gebilde Gesamt-Amerika mit Nachteilen und Vorzügen. Nach ähnlichem Schema des Staatenverbandes ist Australien aufgebaut.

Europa hat sich auf den Weg zu einem nordamerikanischen, australischen Staatenverband gemacht. Es verändert sich dabei noch, was volkspsychisch anstrengend ist. Vom Anfang bis 1989 war es nur eine West-Nord-Süd-EU, nun ist es auch eine zuzügliche Ost-EU geworden. Kann es auch eine – unter anderem – türkisch-islamische EU werden? – Eine volkspsychologisch äußerst schwierig zu meisternde Problematik.

Frankreich und Deutschland waren die Kernländer der EU. Zwischen ihnen fand die Erst-Versöhnung nach 1945 und auch die Erst-Verschmelzung statt: Keine Ressentiments mehr gegen die ins Land reisenden Deutschen wegen der Gräuel, die die Vorläufer-Deutschen den Franzosen angetan haben!

Die Beschäftigung mit der französischen Königsfälschung ist daher kein »Fegen vor fremder Tür«. Frankreich ist so nah und teilweise deutsch-identisch geworden, dass jeder Deutsche sagen kann: »Frankreich, das bin ich auch!«

Doch ironischerweise gerade wegen dieser volkspsychischen Nähe, die auch Wurzeln im ehemaligen teilgemeinsamen Frankenreich vor und nach Karl dem Großen hat, war die Entdeckung des gefälschten Königs Ludwig des Vierzehnten mit Verzweigungen in die Vorgeschichte der Maria-Medici-Fälschung ebenfalls keinem *nachbarschaftlich* lebenden Deutschen möglich, ja, keinem Europäer.

Erst durch eine populative Multi-Transformation des Autors vom Ossi (1945–1960) zum Wessi (1960–1982) zum Aussi (1982–1999) zum Kiwi (1999–2007) geschah in der denkbar weitesten Entfernung vom Ursprung, in Manukau, dem *poly*nesischen Stadtteil Aucklands, nach dem Durchgewalktwerden vom Multi-Poli-Populativen (Viel-»Völkischen«) die Befruchtung mit der Erkenntnis: Louis XIV ist geklont worden wie Dolly, das Schaf.

Die Gemeinheit des Faktes nicht nur der künstlichen *Befruchtung*, sondern auch der künstlichen Herstellung ausgerechnet des Königs aller Könige, des »Sonnenkönigs«, trifft ein heterosexuell so versiertes Volk wie die Franzosen – das wie kein zweites der Frau huldigt, einer orgastisch selbstständigen und selbstbewussten Frau, die als hauptstadtführende Pariserin es sich leistet, in der Mittagspause mit ihrem jeweiligen Liebhaber in den Bois de Boulogne zu fahren und sich einen Quicky zu genehmigen.

Die Gesamtgemeinheit liegt darin, dass Glanz und Elend nah beieinander liegen. Die Muttergläubigkeit der Franzosen: bei der Maria-Verehrung schön und wichtig als Reverenz der göttlichen Kraft auch des Weiblichen, bei der Entdeckung Lourdes' als Heilung durch das Weibliche. – Doch ein letztes Kleist'sches Alkmene-»Ach!«: Die Unfähigkeit, die Dupierung ganz Frankreichs durch die florentinische Frankensteinerin, die Maria-Medici-Fälschung, zu durchschauen und sich beizeiten von der Missetäterin an höchster Regierungsstelle zu befreien, resultiert aus Frankreichs protestantenlos *unkritischer* Mutterverehrung. Bis heute ist von Frankreich der Francesca Dosi alias Maria Medici nicht der (historisch-kritische) Prozess für ihre Taten gemacht worden. Wenn das sofort geschehen wäre, wäre das Land besser gegen die neue und viel folgenreichere Königsfälschung des Louis XIV gewappnet gewesen. Gebetsmühlenhaft gläubig wird noch gegenwärtig repetiert, die Täterinnenschaft der MM-Dublette als Mörderin ihres Mannes sei nicht erwiesen! Mit Glauben kann nichts bewiesen werden! Und mit einer geschlossenen Tür vor einem allfälligen Verfahren auch nicht.

Die schicke Fotzik und die fickrige Phallik der Franzosen muss nun realisieren, dass ihnen unbemerkt von den italienischen kurialen Mafiabossen an die Wäsche gegangen wurde, schon vor sehr langer Zeit, aber mit Kultur-Selbstverständnis-erschütternden, jahrhundertelang schwelenden Auswirkungen.

Dass Universitätsangehörige beiderlei Geschlechts an den Nonsens der Louis-XIV-Zeugung glauben und ihren Glauben an ersten Kulturadressen publizieren, ähnelt dem 250 Jahre wütenden Glauben von Fakultätern aller Provenienz in allen christlichen Ländern, Selbstbefriedigung mache geisteskrank – ein Glauben, den die Wissenschaften in Amerika erst um 1950 aufgegeben haben (Streichung des Wahns aus den Standardwerken der Medizin!).

Dem französischen kulturellen Macho-Bewusstsein ist etwas Ähnliches wie der Kleist'schen Marquise von O... passiert. Die Marquise von O... wurde während einer Ohnmacht, in die sie durch einen Hausbrand gestürzt war, vergewaltigt und geschwängert. Die noch heute glorienverliebte französische Arc-de-Triomphe-Kultur ist im politischen Schlaf von den italienischen Nachthemdvätern, die das gar nicht machen dürften, arschgefickt worden.

LITERATURVERZEICHNIS

1) Accademia nazionale dei Lincei: Il Cardinale Mazzarino in Francia, Roma 1977.
2) Ahrbeck, Rosemarie: Morus, Campanella, Bacon. Frühe Utopisten, Leipzig 1977.
3) Ahrens, Kirsten: Hyacinthe Rigauds Staatsporträt Ludwigs XIV, Worms 1990.
4) Alambert, Jean Le Rond d' und Denis Diderot: Encyclopédie, Paris 1751. Die Welt der Encyclopédie, Frankfurt/M. 2001.
5) Ambras: Die Habsburger Porträtgalerie. Kunsthistorisches Museum – Sammlungen Schloss Ambras bei Innsbruck. *Vernissage*, 7, Stuttgart 2000.
6) Andrieux, Maurice: Les Médicis, Paris 1958.
7) Ariès, Philippe: L'enfant et la vie familiale sous l'Ancien Régime, Paris 1960
8) Association pour la commémoration de l'avènement d'Henri IV au trone de France: Les lettres au temps d'Henri IV (colloque IV, Agen-Nérac 1990), Pau 1991.
9) Association ...: Les arts au temps d'Henri IV (colloque V, Fontainebleau 1992), Pau 1992.
10) Babelon, Jean-Pierre: Henri IV, Paris 1982.
11) Bakan, Joel: Das Ende der Konzerne. Die selbstzerstörerische Kraft der Unternehmen, Hamburg 2005.
12) Baschet, Armand: Histoire secrète du mariage de Louis XIII et d'Anne d'Autriche, Paris 1865.
13) Bassompierre, François de: Journal de ma vie. Mémoires du maréchal de Bassompierre, I–IV, Paris 1870ff.
14) Belloc, Hilaire: Richelieu, New York 1929. Reprint Westport 1972.
15) Bercé, Yves-Marie: Croquants et Nu-Pieds. Les soulèvements paysans en France du XVIe au XIXe siècle, Paris 1974.
16) Berneri, Marie Louise: Reise durch Utopia, Berlin 1982.
17) Bernier, Olivier: Louis XIV. A royal life, New York 1987.
18) Bertière, Simone: Les reines de France au temps des Bourbon. Les deux régents, Paris 1998.
19) Bertière, Simone: Les reines de France au temps des Valois. »Le beau XVIe siècle«, Paris 1994.
20) Bluche, François: Louis XIV, Paris 1992.
21) Bock, Gisela: Tommaso Campanella. Politisches Interesse und philosophische Spekulation, Tübingen 1974.
22) Bolle, Jacques: Pourquoi tuer Gabrielle d'Estrées? Nouvelle enquête et solution inattendu grâce à des documents inédits des archives secrètes des Médicis, Firenze 1954.
23) Bordonove, Georges: Les rois qui ont fait la France, I–XX, Paris 1981ff.
24) Bosc, Henri: La guerre des Cévennes.1702–1710. I–VI, Curandera 1985.
25) Bourgeois, Louise: Récit véritable de la naissance de Messeigneurs les enfants de France, Paris 1652.
26) Braun, Christina von: Nicht ich. Logik, Lüge, Libido, Frankfurt/M. 1985.

27) Buonarotti, M.: Descrizione delle felicissime nozze della christianissima Maestra di Madonna Maria Medici regina di Francia e di Navarra, Firenze 1600.
28) Burckhardt, Carl J.: Richelieu, I–IV, München 1966 ff.
29) Burckhardt, Jacob: Weltgeschichtliche Betrachtungen, Krefeld 1948.
30) Burke, Peter: Ludwig XIV. Die Inszenierung des Sonnenkönigs, Frankfurt/M. 2001.
31) Campanella, Tommaso: De sensu rerum et magia, Paris 1636.
32) Campanella, Tommaso: l'Ecloga in portentosam Delphini nativitatem, Paris 1639.
33) Campanella, Tommaso: Der Sonnenstaat. Idee eines philosophischen Gemeinwesens. Deutsch von Ignaz Emanuel Wessely, Paderborn 2007.
34) Carmona, Michel: Marie de Médicis, Paris 1981.
35) Carmona, Michel: Richelieu. L'ambition et le pouvoir, Paris 1983.
36) Caroly, Michelle: Le corps du Roi-Soleil. Grandeur et Misères de sa Majesté Louis XIV, Paris 1990.
37) Cavriana, Filippo: Oratione fatta nella partita di Toscana per Francia della christianissima regina Maria de' Medici, Firenze 1600.
38) Cesbron, Pierre: La naissance en Occident, Paris 2004.
39) Chambon, Joseph: Der französische Protestantismus. Sein Weg bis zur französischen Revolution, München 1939.
40) Chevallier, Pierre: Louis XIII. Le roi cornélien, Paris 1979.
41) Cloulas, Ivan: Catherine de Médicis, Paris 1979.
42) Coudy, Julien: Die Hugenottenkriege in Augenzeugenberichten, Düsseldorf 1965.
43) Cousin, Victor: Madame de Chevreuse, Paris 1877.
44) Cronin, Vincent: Der Sonnenkönig, Berlin 1998.
45) Cronin, Vincent: Louis XVI and Marie Antoinette, London 1974.
46) Curra, Gaetano: Tommaso Campanella. Il logos cristico, via di rinnovamento e traguardo di universalità, Frankfurt/M. 2007.
47) Delamare, George: Concino Concini. Un aventurier maître du royaume de France, Paris 1946.
48) Delamare, George: Le maréchal d'Ancre, Paris 1961.
49) Dethan, George: Gaston d'Orléans. Conspirateur et prince charmant, Paris 1959.
50) Dethan, George: Mazarin et ses amis. Etude sur la jeunesse du cardinal d'après ses papiers conservés aux archives du Quai d'Orsay, suivi d'un choix de lettres inédites, Paris 1968.
51) Dictionnaire des Cardinaux, Paris 1857.
52) Dictionnaire du Grand Siècle. Sous la direction de François Bluche, Paris 1990.
53) Dinfreville, Jacques: Louis XIV. Les saisons d'un grand règne, Paris 1977.
54) Dizionario Enciclopedico Italiano, Roma 1955 ff.
55) Duden, Barbara und Jürgen Schlumbohm/Patrice Veit (Hg.): Geschichte des Ungeborenen. Zur Erfahrungs- und Wissenschaftsgeschichte der Schwangerschaft. 17.–20. Jahrhundert, Göttingen 2002.
56) Dulong, Claude: Anne d'Autriche, Paris 1980.
57) Dulong, Claude: Mazarin, Paris 1999.
58) Duneton, Claude: Petit Louis, dit XIV, Paris 1985.
59) Elias, Norbert: Die höfische Gesellschaft. Untersuchungen zur Soziologie des Königtums und der höfischen Aristokratie, Darmstadt 1975.
60) Elias, Norbert: Über den Prozess der Zivilisation. Soziogenetische und psychogenetische Untersuchungen, I–II, Frankfurt/M. 1976.

61) Enciclopedia dei Papi, I–III, Roma 2000.
62) Enciclopedia Europea, Milano 1978 ff.
63) Enciclopedia Hispánica, Barcelona 1990 ff.
64) Enciclopedia Italiana, Milano 1952 ff.
65) Enciclopedia Universal Ilustrada. Europeo-Americana, Madrid 1961 ff.
66) Enciclopedia Zanichelli, Bologna 2002.
67) Encyclopædia Britannica. New York 2003.
68) Engelmann, Bernt: Preussen. München 1979.
69) Enzyklopädie der Neuzeit, I–VIII, Hamburg 2007.
70) Erlanger, Philippe: Louis XIII, Paris 1972.
71) Erlanger, Philippe: Louis XIV, Paris 1978.
72) Ersch/Gruber: Allgemeine Encyclopädie der Wissenschaften und Künste, hrsg. v. J. S. Ersch und J. G. Gruber. Leipzig 1818 ff. Reprint Graz 1970.
73) Escoman, Jacqueline d': Le véritable manifeste sur la mort de Henry le Grand, Paris 1616.
74) Federn, Karl: Mazarin, München 1922.
75) Federn, Karl: Richelieu, Wien 1926.
76) Firpo, Luigi: Tommaso Campanella. In: Dizionario biografico degli Italiani, XVII, S. 372 ff, Roma 1974.
77) Firpo, Luigi (Hg.): Opera Latina Francofurti impressa annis 1617–1630, Torino 1975.
78) Firpo, Luigi: Tutte le opere di Tommaso Campanella. I, Scritti Letterari, Milano 1954.
79) Fischer-Wollpert, Rudolf: Lexikon der Päpste, Regensburg 1985.
80) Flasch, Thomas (Hg.): Tommaso Campanella. Philosophische Gedichte, Frankfurt/M. 1996.
81) Foisil, Madeleine: Journal de Jean Héroard. I–II. Paris 1989.
82) Forgue, Émile: Théophraste Renaudot. Créateur du journalisme de France. Une grande figure médicale de l'école de Montpellier. Paris 1927.
83) Fra Tommaso Campanella: Die Sonnenstadt, München 1988.
84) Frauenmuseum Bonn (Hg.): Katharina II., Bonn 2003.
85) »Fronde« – Papers on French Seventeenth Century Literature: Considérations politique sur la Fronde, Paris 1991.
86) Fundación Yannick y Ben Jakober: Kleine Prinzen. Kinderbildnisse vom 16.–19. Jahrhundert. Katalog zur Ausstellung 3. 10. 2003–4. 1. 2004, Kunsthalle Bonn.
87) Garstka, Britta: Ludwig XIV. Tanzender König und absolutistischer Herrscher, Hamburg 2006.
88) Gaxotte, Pierre: Ludwig XIV. Frankreichs Aufstieg in Europa, München 1951.
89) Gélis, Jacques: L'arbre et le fruit. La naissance dans l'Occident moderne (XVIème–XIXème siècle), Paris 1984.
90) Gelmi, Josef: Die Päpste in Lebensbildern, Wien 1989.
91) Gen-Dogma: Ein Dogma fällt. *Geo*, 4, 2007, S. 152 ff.
92) Goubert, Pierre: Louis XIV et vingt millions de Français, Paris 1991.
93) Gran Enciclopedia del Mundo, Barcelona 1963 ff.
94) Grand Larousse Universel, Paris 1997.
95) Grande Dizionario Enciclopedico (Utet), Torino 1984.
96) Grande Enciclopédia Portuguesa e Brasiliera. Lisboa 1946 ff.
97) La Grande Encyclopédie, Paris 1885.
98) Griffet, Henri: Histoire du règne de Louis XIII. I–III, Paris 1758.

99) Guth, Paul: Mazarin, Paris 1972.
100) Hagengruber, Ruth: Tommaso Campanella. Ein Philosoph der Ähnlichkeit, St. Augustin 1994.
101) Hartau, Friedrich: Metternich, Reinbek 1977.
102) Hayem, Fernand: Le maréchal d'Ancre et Léonora Galigaï, Paris 1910.
103) Headley, John M.: Tommaso Campanella and the transformation of the world, Princeton 1997.
104) Heiden, Rüdiger an der: Die Skizzen zum Medici-Zyklus von Peter Paul Rubens in der Alten Pinakothek, München 1984.
105) Heinecker, Willy: Die Persönlichkeit Ludwigs XIV., Berlin 1915.
106) Heinisch, Klaus J. (Hg.): Der utopische Staat. Morus – Utopia, Campanella – Sonnenstaat, Bacon – Neu-Atlantis, Reinbek 1998.
107) Henrard, Jean Paul: Henri IV et la princesse de Condé. 1609–1610, Bruxelles 1885.
108) Henri IV: Recueil des lettres missives de Henri IV, I–VIII, Paris 1843.
109) Herbillon, Emile Emmanuel: Anne d'Autriche, Paris 1939.
110) Héroard, Jean: Journal de Jean Héroard sur l'enfance et la jeunesse de Louis XIII (1601–1628). Extraits des manuscrits originaux par Eud. Soulié et Ed. de Barthélemy, I–II, Paris 1868.
111) Héroard, Jean: Journal de Jean Héroard sur l'enfance et la jeunesse de Louis XIII (1601–1628). Sous la direction de Madeleine Foisil, I–II, Paris 1989.
112) Hiebel, Friedrich: Campanella. Der Sucher nach dem Sonnenstaat, Stuttgart 1972.
113) Histoire générale de la presse française, I–V, Paris 1969.
114) Johnson, Paul: Das Papsttum, Stuttgart 1998.
115) Kathe, Hein: Der »Sonnenkönig«, Berlin(Ost) 1981.
116) Kelly, John Norman Davidson: The Oxford Dictionary of Popes, Oxford 1986.
117) Kelly, John Norman Davidson: Lexikon der Päpste, Stuttgart 2005.
118) Kermina, Françoise: Marie de Médicis. Reine, regente et rebelle, Paris 1979.
119) Kleinman, Ruth: Anne of Austria, Ohio 1985.
120) Koehler, Kurt: Die orientalische Politik Ludwigs XIV., ihr Verhältnis zu den Türkenkriegen von 1683, Leipzig 1907.
121) Kühner, Hans: Neues Papstlexikon, Frankfurt/M. 1965.
122) Kvačala, Johann: Tommaso Campanella, Berlin 1909, Reprint Aalen 1973.
123) Labatut, Jean-Pierre: Louis XIV. Roi de gloire, Paris 1984.
124) Labouvie, Eva: Andere Umstände. Eine Kulturgeschichte der Geburt, Köln 1998.
125) Lafargue, Paul: Campanella. In: Karl Kautsky und Paul Lafargue: Vorläufer des neuen Sozialismus, III, Stuttgart 1922. Reprint 1977.
126) Larousse 1866 ff. Reprint Paris 1982.
127) Lebigre, Arlette: Liselotte von der Pfalz. Eine Wittelsbacherin am Hofe Ludwigs XIV., München 1991.
128) Le Brun, Charles. 1616–1690. Peintre et Dessinateur. Exposition Versailles, Juillet–Octobre, Paris 1963.
129) Legros, E. B.: Anne d'Autriche. In: Roman d'Amat: Dictionnaire de biographie française, Paris 1982.
130) Lewis, Warren H.: Louis XIV. Der Sonnenkönig, München 1989.
131) Liselotte von der Pfalz: Briefe der Herzogin Elisabeth Charlotte von Orléans, hrsg. von Hans F. Helmolt, I–II, Leipzig 1908.

LITERATURVERZEICHNIS 461

132) Liselotte von der Pfalz: Leben und Charakter der Elisabeth Charlotte Herzogin von Orléans nebst einem Auszuge des Denkwürdigsten aus ihren Briefen, hrsg. von Friedrich K. J. Schütz, Leipzig 1820.
133) Lossky, Andrew: Louis XIV, New Jersey 1994.
134) Louis XIV: Mémoires. Présentés et annotés par Jean Longnon, Paris 1978.
135) Lublinskaya, Anna D.: French absolutisme: the crucial phase, 1620–1629. Cambridge 1968.
136) Malettke, Klaus: Ludwig XIV von Frankreich, Göttingen 1994.
137) Malettke, Klaus: Opposition und Konspiration unter Ludwig XIV., Göttingen 1976.
138) Marcel, Pierre: Charles Le Brun, Paris 1909.
139) Mari, Francesco, Elisabetta Bertol, Donatella Lippi und Aldo Polettini: The mysterious death of Francesco I de' Medici and Bianca Cappello: An arsenic murder? In: British Journal, 333, 23.–30. Juni 2006, S. 1299–1301.
140) Mazarin, Jules: Lettres du cardinal Mazarin à la reine, à la princesse Palatine ... avec notes et explications par Jules Ravenel, Paris 1836.
141) Médicis, Catherine de: Lettres, I–X, Paris 1880 ff.
142) Merle, Robert: L'Enfant-Roi, Paris 1993.
143) Meyer, Jean: La Naissance de Louis XIV, Paris 1989.
144) Michelet, Jules: Œvres complètes, I–XIV, Paris 1979 ff.
145) Mondin, Battista: Dizionario Enciclopedico dei papi, Roma 1995.
146) Montglat, François de Clermont, marquis de: Mémoires I–III. Collection des mémoires relatifs à l'histoire de France, edité par M. Petitot XLIX-LI, Paris 1825 ff.
147) Mongrédien, Georges: Leonora Galigaï. Un procès de sorcellerie sous Louis XIII, Paris 1968.
148) Mönnich, Rudolf: Tommaso Campanella. Sein Beitrag zur Medizin und Pharmazie der Renaissance, Stuttgart 1990.
149) Moréri: Le Grand Dictionnaire Historique du (Louis) Moréri, Paris 1749 ff.
150) Moeseneder, Karl: Zeremoniell und monumentale Poesie, Berlin 1983.
151) Motteville, Mme de: Mémoires de Mme de Motteville, I–V. Collection des mémoires relatifs à l'histoire de France XXXVI–XL, édité par M. Petitot, Paris 1824.
152) (Motteville, Françoise de): Mémoires pour servir à l'histoire d'Anne d'Autriche, épouse de Louis XIII, depuis 1615 jusqu'en 1666, I–V, Amsterdam 1723.
153) Mousnier, Roland: L'assassinat d'Henri IV: 14 mai 1610, Paris 1992.
154) Muhlstein, Anka: Königinnen auf Zeit. Katharina und Maria von Medici, Anna von Österreich, Frankfurt/M. 2003.
155) Navarra, Margarete von: Das Heptameron, Stuttgart 1980.
156) Pichelkastner, Eleonore: Gepudert und gemein. Zur Geschichte der Haarersatzmode. *Kunst und Auktion*, 4. 1. 2008, S. 36 ff.
157) Plötz: Der große Plötz, Freiburg 1980.
158) Porchnev, Boris: Les soulèvements populaires en France de 1623–1648, Paris 1963.
159) Ranke, Leopold von: Die römischen Päpste in den letzten vier Jahrhunderten, I–III, Berlin 1844 ff.
160) Ransan, André: Bianca Medici, Gütersloh 1981.
161) Ransan, André: Bianca Cappello, reine de Florence, Paris 1947.
162) Raumer, Kurt von: Die Zerstörung der Pfalz von 1689 – im Zusammenhang mit der französischen Rheinpolitik, München 1930.

163) Retz, Jean-François Paul de Gondi, cardinal de: Mémoires, I–II, hrsg. v. Simone Bertière, Paris 1987.
164) Richelieu, Cardinal de: Mémoires, I–X, Paris 1907 ff.
165) Richelieu, Armand Jean du Plessis de: Politisches Testament und kleinere Schriften, hrsg. v. Wilhelm Mommsen, Berlin 1926.
166) Richelieu, Armand Jean de: Testament politique, edité par Francoise Hildesheimer, Paris 1995.
167) Saint-Felix, Tomy: La Reine stérile, Paris 1958
168) Saint-Simon, Louis de Rouvroy, Herzog von: Erinnerungen. Der Hof Ludwigs XIV. Auswahl, Übersetzung und Anmerkungen von Norbert Schweiger, Stuttgart 1903.
169) Saint-Simon, Louis de Rouvroy, duc de: Parallèle des trois premiers rois Bourbons. In: Œuvres complètes, publiées par Bouvet, Comte, Dupuis, I, Paris 1964.
170) Saltini, G. E.: Tragedie medicee domestiche, Firenze 1898.
171) Schlumbohm, Jürgen (Hg.): Rituale der Geburt. Eine Kulturgeschichte, München 1998.
172) Schönberger, Axel: Die Darstellung von Lust und Liebe im Heptameron der Königin Margarete von Navarra, Frankfurt/M. 1993.
173) Schultz, Uwe: Der Herrscher von Versailles. Ludwig XIV und seine Zeit, München 2006.
174) Schwesig, Bernd-Rüdiger: Ludwig XIV., Reinbek 1986.
175) Sheehan, James J.: Der Ausklang des alten Reiches 1763–1850, VI, Propyläen Geschichte Deutschlands, Berlin 1994.
176) Shennan, J.H.: Louis XIV, London 1986.
177) Stein, Fabian: Charles Le Brun. La Tenture de l'Histoire du Roy, Worms 1985.
178) Stein, Georg: Kulturfahrplan, Berlin 2003.
179) Theweleit, Klaus: Der belgische Hitlersohn und der deutsche Überleib. *FAZ*, 24. 4. 2008, S. 40 – mit Bezug auf »Männerphantasien« I–II, Frankfurt/M. 1977 f.
180) Treccani: La Piccola Treccani, Roma 1995 ff.
181) Vemandeau, Pierre: Le médecin de la Reyne, Paris 1934.
182) Voltaire, François-Marie Arouet de: Questions sur l'encyclopédie, par des amateurs, I–VI. In: Œuvres de Voltaire, XXV–XXX, Paris 1775.
183) Voltaire, François-Marie Arouet de: Le siècle de Louis XIV, I–II. In: Œuvres de Voltaire XVIII–IX, Paris 1775.
184) Wirth Marvick, Elisabeth: The young Richelieu. A psychoanalytic approach to leadership, Chicago 1980.
185) Young, G.F.: Les Médicis, Paris 1969.
186) Yallop, David: Im Namen Gottes, München 1984.
187) Zander, Hans Conrad: Ludwig XIV. in Behandlung, Basel 1991.
188) Zedler, Johann Heinrich: Grosses vollständiges Universal-Lexikon, Leipzig 1732. Reprint Graz 1961.
189) Zglinicki, Friedrich von: Geburt. Eine Kulturgeschichte in Bildern, Braunschweig 1983.
190) Ziegler, Gilette (Hg.): Der Hof Ludwigs XIV. in Augenzeugenberichten, München 1981.
191) Zweig, Stefan: Marie Antoinette, Frankfurt/M. 1982 (zuerst erschienen 1932).

BILDNACHWEIS

B = Farbabbildungen, Seitenzahlen = Schwarzweißtafeln
© akg-images: B 11, S. 313
© Bibliothèque Nationale de France: S. 233
© bpk / Alfredo Dagli Orti: B 3
© bpk / Gérard Blot: S. 293
© bpk / Hervé Lewandowski: S. 294
© bpk / René-Gabriel Ojéda: S. 295
© bpk / RMN: B 1, B 8, S. 341
© bpk / RMN / Bulloz: B 12
© bpk / RMN / Christian Jean / Jean Schormans: B 14, 15, 16
© bpk / RMN / Gérard Blot: B 6, B 17, S. 174, S. 184
© bpk / RMN / Jean-Gilles Berizzi: S. 14
© bpk / RMN / Jean Schormans: B 26
© bpk / RMN / Michèle Bellot: S. 55
© bpk / RMN / Philippe Bernard: B 20
© Deutsches Historisches Museum Berlin: S. 181 (Inventarnummer: Gm 2003/8), S. 182 (Inventarnummer: 1991/2500), B 23 (Inventarnummer: Gm 93/60), B 24 (Inventarnummer: Gm 2005/20)
© Fundación Yannick y Ben Jakober, Mallorca, Spain/ The Bridgeman Art Library: B 10, B 19
© Galleria degli Uffizi, Florence, Italy/ Alinari/ The Bridgeman Art Library: B 18
© Musée des Beaux-Arts, Blois, France/ Lauros / Giraudon/ The Bridgeman Art Library: B 13
© Musée des Beaux-Arts, Rennes, France/ Giraudon/ The Bridgeman Art Library: S. 312
Privatbesitz: B 9, S. 411, S. 193
© ullstein bild: B 7
© ullstein bild – AISA: B 2, B 4
© ullstein bild – Imagno: B 21
© ullstein bild – KPA: B 5
© ullstein bild – Roger Viollet: B 22, S. 98

Trotz intensiver Bemühungen ist es nicht gelungen, alle Rechteinhaber ausfindig zu machen. Wir bitten, etwaige Ansprüche an den Verlag geltend zu machen.